History of Foreign Economic Theory

外国经济学说史

第 3 版

◀周志太 编著

中国科学技术大学出版社

内容简介

本书以马克思主义为指南,充分吸收理论界的前沿成果,打破经济学流派的结构,将这些流派梳理、整合起来,论述经济学说的发展,介绍各个新兴经济学派的新进展。包括经济学说史的八次革命,20世纪西方经济学的发展,古典政治经济学,斯密学说,李嘉图学说,制度经济学,边际主义,马歇尔学说和凯恩斯主义,以及重商主义,穆勒学说、西斯蒙第学说等。

在第2版的基础上,新增转型经济学、比较经济学、新制度经济学、法国调节学派、新经济地理学等内容。由浅入深,层层递进,介绍和分析各派的经济理论及其之间的传承关系,说明主要经济范畴的演变。

文字深入浅出,语言生动活泼,言简意赅,便于自学和讲授。适用于经济管理和思想政治类专业本科生、研究生,以及社会其他人士阅读和参考。

图书在版编目(CIP)数据

外国经济学说史/周志太编著. —3版. —合肥:中国科学技术大学出版社,2021.1
安徽省高等学校"十三五"省级规划教材
ISBN 978-7-312-05091-6

Ⅰ. 外… Ⅱ. 周… Ⅲ. 经济思想史—外国—高等学校—教材 Ⅳ. F091

中国版本图书馆 CIP 数据核字(2020)第 210074 号

外国经济学说史
WAIGUO JINGJI XUESHUO SHI

出版	中国科学技术大学出版社 安徽省合肥市金寨路96号,230026 http://press.ustc.edu.cn https://zgkxjsdxcbs.tmall.com
印刷	合肥市宏基印刷有限公司
发行	中国科学技术大学出版社
经销	全国新华书店
开本	787 mm×1092 mm　1/16
印张	31.5
字数	806千
版次	2009年2月第1版　2021年1月第3版
印次	2021年1月第4次印刷
定价	69.00元

作者简介

周志太,吉林大学经济思想史博士,淮北师范大学经济与管理学院教授、硕士生导师。中华外国经济学说研究会常务理事,中国经济规律研究会理事;国家社会科学基金项目评审专家,中国社会科学院优秀高级访问学者,教育部人文社会科学重点研究基地——吉林大学国有经济研究中心兼职研究员。主持多项国家社会科学基金项目及安徽省哲学社会科学重点项目;著有《协同创新网络研究》《社会主义市场经济概论》《国家农业自主创新系统论》,在《统计研究》《马克思主义研究》《改革》《社会科学战线》《西安交通大学学报(社科版)》《社会科学研究》等期刊发表论文100多篇,其中CSSCI、中文核心期刊和国家级期刊50多篇,88篇被引用,多篇被人大复印报刊资料转载。

第 3 版前言

在新中国 70 多年的发展中,经济学教材建设经历从引进吸收到融合创新两个阶段,目前已处于融合创新的新阶段。进入中国特色社会主义新时代以来,站在新的历史起点上,经济学教材要与时俱进,不但要基于全球化过程的新特点,更要考虑中国国情和发展的新实践,提炼和总结经济发展实践的新规律,体现具有中国气派、中国风格、中国特色、中国智慧。教材编写要注意做到:

面对新时代基本矛盾的变化,面对小康社会全面建成以后的新问题,回答新问题,要以中国重大改革和发展问题为导向,只有聆听时代的声音,回应时代的呼唤,认真研究解决所处时代重大而紧迫问题,才能推动理论创新。问题是创新的起点,也是创新的动力源。以问题导向、创新性编写外国经济学说史,要从实际出发,瞄准实际问题、解决实际问题。创新经济学理论体系,必须解释现实,对现实问题进行理论分析。

坚持问题导向,坚决克服两种倾向。一方面,摆脱先验论倾向,由先验的理论出发求证先验的理论,只能形成脱离实际的教条,难以解释现实问题。另一方面,克服简单套用西方模型的研究倾向。仅仅依据数学模型的抽象分析,而没有从中国现实经济问题出发,难以形成科学客观的研究成果。当然,经济学研究并不排斥模型分析方法,但不能简单套用西方模型解释经济问题。

遵循与时俱进、史论结合、史为今用的写作宗旨。在第 1 版基础上,第 2 版增加演化经济学、行为经济学、信息经济学的新进展、转型经济学、比较经济学的新进展,新增长理论与发展经济学、产业组织理论的新进展、国际贸易理论的新进展等内容。本版增加现代西方经济学流派新进展或前沿的内容,包括转型经济学、比较经济学、新制度经济学、法国调节学派、新经济地理学。新经济地理学一章由淮北师范大学经济与管理学院副教授翟文华博士撰写。

为适应教学需要和读者要求,本版对第 2 版的部分习题进行了修订,增加了习题解答和学习指导(存于百度网盘,可扫码下载)。

本版被评为安徽省高等学校"十三五"省级规划教材。本书曾作为大多数"双一流"高校的教材或教参。

周志太

2020 年 8 月 28 日

第 2 版前言

本版沿用第 1 版教材体系,保留了第 1 版教材风格,修订个别论述。

遵循与时俱进的编写原则,大幅度增加现代西方经济学流派新进展或前沿的内容。经济学理论汗牛充栋,限于篇幅,本书将介于经济学说史与现代西方经济学流派新进展之间的经济学内容省略了,如发展经济学的二元经济论。

本次修订形成的格局是:

第 1 版内容中,经济学说史部分,从前资本主义的经济思想到马歇尔的经济学说为止(即第一至第十二章),为上篇;从货币与商业循环学说到马歇尔以后的微观经济学说的发展为止(即第十三至第十八章),为中篇;新增的第十九至第二十四章现代西方经济学流派前沿内容为下篇。

产业组织理论的新进展一章,由淮北师范大学经济学院翟文华讲师撰写。

全书由翟文华、祝宝超、张晓娇校订。

本次出版得到安徽省精品视频公开课"经济学说史"和安徽省高等学校"十二五"省级规划教材《经济学说史》两个省级振兴计划项目的支持。

本书经世致用、史论结合、与时俱进,为大多数"985""211"高校教材或教参。

周志太

2015 年 12 月 28 日

前　言

本书特色如下：

经世致用。一些内容不是按照学派，而是按照学派思想的应用领域来安排结构的。例如，本书不设瑞典学派一章，该派威克塞尔学说与制度学派米契尔学说等放在货币与商业循环学说一章，有助于理解经济周期和通货膨胀的机制和治理。俄林的 H-O 理论则放在李嘉图的比较成本学说部分。

史论结合。一些重要的问题设节概述，包括经济学说史的八次革命，20 世纪西方经济学的发展，古典政治经济学，斯密学说、李嘉图学说、制度经济学，边际主义、马歇尔学说和凯恩斯主义以及重商主义、穆勒和西斯蒙第学说。

与时俱进。打破经济学流派的结构，将这些流派梳理、整合、总结起来，扼要介绍现代西方经济学主要观点的来龙去脉。分别展现 20 世纪以及近年来宏观经济学和微观经济学的重大发展和基本发展脉络。

阐述细节清楚，叙述规律全面。比较和分析经济理论与现实的关系、经济理论与政策的关系，探索经济理论发展的规律和特点。在一些基本、重大的问题上，经济学家有哪些争论，这些不同看法的道理和依据何在，如何把握经济理论的共识和不同看法之间的关系，从时间上理解各个代表人物的经济学贡献及其缺陷，从专题上理解各个问题在不同条件下的发展轨迹。在纵横交错中展示经济理论发展的"酸甜苦辣"。

吉林师范大学的崔惠永讲师撰写了"马歇尔以后的微观经济学说的发展"一章的"福利经济学"和"科斯经济学说"部分。

吉林省社会科学院经济研究所的关柏春研究员，淮北师范大学经管学院的段学慧副教授、赵美英讲师，我的研究生张永坤、张晓莹和陈朝闻校对了部分章节。

本书为安徽省高等学校"十一五"省级规划教材。在本书编撰的过程中，曾广泛地参考和吸收有关最新研究成果，在此谨表示由衷的感谢！

本书提供课件，可联系 zzt612@126.com。

周志太
2008 年 5 月 5 日

目 录

第3版前言 ······ (ⅰ)

第2版前言 ······ (ⅲ)

前言 ······ (ⅴ)

绪论 ······ (1)
  第一节　历史与逻辑 ······ (1)
  第二节　经济学与政治经济学 ······ (3)
  第三节　斯密到斯拉法 ······ (5)
  第四节　20世纪西方经济学的发展概述 ······ (8)
  第五节　学习与探索 ······ (12)

第一章　前资本主义的经济思想 ······ (13)
  第一节　西欧奴隶制社会的经济思想 ······ (13)
  第二节　中世纪的经济思想 ······ (22)

第二章　资产阶级政治经济学的前史——重商主义 ······ (28)
  第一节　概述 ······ (28)
  第二节　重商主义发展的两个阶段及其代表人物 ······ (30)

第三章　资产阶级古典政治经济学的产生 ······ (33)
  第一节　古典政治经济学概述 ······ (33)
  第二节　英国资产阶级古典政治经济学的产生 ······ (35)
  第三节　布阿吉尔贝尔的经济学说 ······ (39)
  第四节　坎蒂隆的经济学说 ······ (41)
  第五节　洛克的经济思想 ······ (45)
  第六节　诺思、斯图亚特、休谟和孟德维尔的经济思想 ······ (48)

第四章　法国古典政治经济学的发展——重农学派 ······ (55)
  第一节　概述 ······ (55)
  第二节　魁奈的经济学说 ······ (56)
  第三节　杜尔哥的经济学说 ······ (62)

第五章　经济学第一次革命——斯密的经济学说 ······ (65)
  第一节　概述 ······ (65)
  第二节　分工、交换和货币学说 ······ (67)

第三节	价值学说	(69)
第四节	分配理论——三个阶级和三种收入的学说	(72)
第五节	生产劳动学说与资本学说	(76)
第六节	经济自由主义及国际贸易学说	(79)
第七节	国家职能与赋税原则	(83)

第六章 英国古典政治经济学的完成者——大卫·李嘉图 (85)

第一节	概述	(85)
第二节	价值理论	(87)
第三节	分配理论	(90)
第四节	货币学说	(94)
第五节	资本积累和社会再生产理论	(96)
第六节	赋税原理	(97)
第七节	自由贸易理论及 H-O 模式	(98)

第七章 法国古典政治经济学的完成者——西斯蒙第 (102)

第一节	概述	(102)
第二节	西斯蒙第的经济学说	(105)

第八章 19世纪上半期的资产阶级经济学说 (109)

第一节	马尔萨斯的经济学说	(109)
第二节	萨伊的经济学说	(114)
第三节	西尼尔的经济学说	(118)
第四节	巴师夏的经济学说	(121)
第五节	凯里的经济学说	(122)

第九章 经济学的第一次大综合——穆勒的经济学说 (125)

第一节	概述	(125)
第二节	生产学说	(128)
第三节	分配理论	(131)
第四节	价值与国际价值理论	(132)
第五节	国家适度干预与社会主义学说	(134)

第十章 德国历史学派和美国制度学派 (137)

第一节	德国历史学派与资本主义精神	(137)
第二节	制度经济学概述	(148)
第三节	凡勃伦的经济学说	(149)
第四节	康芒斯的经济学说	(151)
第五节	艾尔斯和贝利的经济学说	(154)

第十一章 经济学第二次革命——边际主义 (157)

第一节	概述	(157)

第二节	边际效用学派的先驱	(159)
第三节	杜能的经济学说	(162)
第四节	奥地利学派	(164)
第五节	数理学派的经济学说	(169)
第六节	克拉克的经济学说	(176)
第七节	边际效用理论的发展	(179)

第十二章 第二次大综合——马歇尔的经济学说 (182)
第一节	概述	(182)
第二节	均衡价格论	(184)
第三节	供给定律	(188)
第四节	分配理论	(192)

第十三章 货币与商业循环学说 (197)
第一节	威克塞尔的经济学说	(197)
第二节	费雪的货币利息学说	(206)
第三节	米契尔及缪尔达尔、霍特里的经济理论	(208)

第十四章 新自由主义经济学说 (216)
第一节	熊彼特的"创新理论"	(216)
第二节	哈耶克的新自由主义经济学说	(223)
第三节	奈特和米塞斯的经济学说	(227)
第四节	坎南和罗宾斯的经济学说	(229)
第五节	社会市场经济学说	(232)
第六节	林德伯克的社会民主主义经济理论	(237)

第十五章 经济学的第三次革命——凯恩斯主义 (244)
第一节	概述	(244)
第二节	一般(就业)理论	(247)
第三节	后凯恩斯主义	(254)

第十六章 凯恩斯以后的宏观经济学说的发展 (257)
第一节	经济学第五次革命——弗里德曼的货币主义	(257)
第二节	经济学第六次革命——新古典主义	(260)
第三节	新凯恩斯主义	(262)
第四节	经济学第七次革命——公共选择学派	(266)
第五节	经济学第八次革命——斯拉法的经济学说	(273)
第六节	供给学派	(277)

第十七章 第三次大综合——新古典综合派 (280)
| 第一节 | 概述 | (280) |
| 第二节 | 汉森、托宾的经济学说 | (282) |

第三节　希克斯、哈罗德和多马的经济学说 ……………………………………… (284)
　　第四节　索洛、莫迪利安尼、杜森贝里的经济学说 ……………………………… (287)
　　第五节　新古典综合派的政策 ……………………………………………………… (289)

第十八章　马歇尔以后微观经济学说的发展 ……………………………………… (290)
　　第一节　市场结构理论 ……………………………………………………………… (290)
　　第二节　福利经济学 ………………………………………………………………… (297)

第十九章　演化经济学 ………………………………………………………………… (305)
　　第一节　概述 ………………………………………………………………………… (305)
　　第二节　理论体系 …………………………………………………………………… (310)
　　第三节　政策、作用与现存问题 …………………………………………………… (313)

第二十章　行为经济学 ………………………………………………………………… (316)
　　第一节　概述 ………………………………………………………………………… (316)
　　第二节　基本理论 …………………………………………………………………… (319)
　　第三节　政策建议 …………………………………………………………………… (324)

第二十一章　信息经济学的新进展 …………………………………………………… (330)
　　第一节　信息经济学对经济学研究内容的扩展 ………………………………… (331)
　　第二节　信息经济学对经济均衡意义和性质的认识 …………………………… (336)
　　第三节　信息经济学的理论意义 ………………………………………………… (340)

第二十二章　转型经济学 ……………………………………………………………… (341)
　　第一节　概述 ………………………………………………………………………… (341)
　　第二节　转型经济学的理论体系 ………………………………………………… (345)
　　第三节　转型经济学的规律及意义、局限、发展趋势 ………………………… (353)

第二十三章　比较经济学的新进展 …………………………………………………… (363)
　　第一节　比较经济学形成与传统方法论 ………………………………………… (363)
　　第二节　比较经济学的危机和复兴 ……………………………………………… (366)
　　第三节　新比较经济学出现和多元化发展 ……………………………………… (367)

第二十四章　经济学的第四次革命——新制度经济学 …………………………… (372)
　　第一节　概述 ………………………………………………………………………… (372)
　　第二节　新制度经济学基本理论 ………………………………………………… (376)
　　第三节　诺斯、威廉姆森的制度经济学说 ……………………………………… (384)
　　第四节　加尔布雷思的经济学说 ………………………………………………… (389)
　　第五节　新制度经济学评价与制度变迁的近期研究 …………………………… (394)

第二十五章　法国调节学派 …………………………………………………………… (399)
　　第一节　调节学派的基本理论 …………………………………………………… (399)
　　第二节　调节学派学说与积累的社会结构理论 ………………………………… (411)

第三节　调节学派的政策主张 …………………………………………（413）

第二十六章　新经济地理学 ………………………………………………（418）
　　第一节　概述：从古典区位论到"新"新经济地理论 …………………（418）
　　第二节　新经济地理学的产生 …………………………………………（429）
　　第三节　新经济地理学的基本理论 ……………………………………（434）
　　第四节　新经济地理学的实证研究 ……………………………………（438）

第二十七章　新增长理论与新发展经济学 ………………………………（441）
　　第一节　增长经济学的新进展 …………………………………………（441）
　　第二节　发展观的新进展 ………………………………………………（451）
　　第三节　发展理论中的新古典政治经济学思路 ………………………（454）
　　第四节　可持续发展理论——资源与环境融入 ………………………（457）
　　第五节　社会资本理论：发展经济学研究的一个新思路 ……………（458）

第二十八章　产业组织理论的新进展 ……………………………………（462）
　　第一节　概述 ……………………………………………………………（462）
　　第二节　新产业组织理论与其主要变化 ………………………………（464）

第二十九章　国际贸易理论的新进展 ……………………………………（473）
　　第一节　概述 ……………………………………………………………（473）
　　第二节　国际贸易理论新发展 …………………………………………（474）
　　第三节　"新"新国际贸易理论 …………………………………………（479）
　　第四节　国际贸易政策 …………………………………………………（484）

参考文献 ……………………………………………………………………（487）

绪　　论

绪论重点
- 经济学发展的一般规律
- 经济学与政治经济学的区别
- 西方经济学说史的前六次革命

　　经济学说史是研究历史上各个发展阶段各阶级的经济学说及其相互联系，研究各个历史时期具有代表性的经济观点、经济思想和经济学说，研究它们产生和发展的规律及其影响的学科。

　　经济学说史是人们对经济现象认识的发生、改进、概括，因而建立经济范畴、经济理论体系，以及不断对其更新、积累，从简单到复杂的学科。

　　经济学说史是理论经济学的重要组成部分，也是大学专业基础课之一。理论经济学研究和大学专业课程的设置上还有"经济思想史""政治经济学史""经济分析史"，三者各有侧重。经济思想史的研究范围最广，凡是有关人类社会各个历史时期社会经济问题的观点、决策，不论是否形成一定的理论体系，都可以被列入考察的视野。其源头在古希腊。因此，经济思想史的考察范围包括奴隶社会、封建社会、资本主义社会以及社会主义社会。而经济学说史是有内在联系的经济概念和范畴的整体，研究范围仅限于已形成的较完整的经济理论体系，反映人们对社会经济关系的较深层次认识。斯密的《国富论》首设专篇批判地考察重商主义和重农主义，为经济学说史学科的建立奠定初步基础。斯密以后，经济学说史越来越受到经济学家的重视，几乎任何一部经济学经典著作都包括经济学说史的内容。随着经济学的发展，特别是20世纪初以来，出现各种"经济学说史""经济思想史"著作，使这门科学逐步发展起来，并牢固树立它在经济科学研究和教学领域的地位。政治经济学史一般只研究在资本主义生产方式以及社会主义生产方式的基础上建立和发展起来的政治经济学。经济分析史把经济思想或学说中带有分析性的成果作为研究对象，更注重经济概念、范畴及其内涵、外延历史演变的分析。一般来说，经济分析史以具备一定的经济学说史知识为前提，其内容大多用于研究生教育。

第一节　历史与逻辑

　　经济学是"经世之学"。所以，不同的经济思想与学说是其所处的历史时代条件的直接产物。发达的经济学只能产生于发达的经济，落后的经济不可能产生出先进的经济学。经济发展领先于社会其他方面，经济问题的出现也必然领先，由"问题导向"的经济学和研究方法也自然领先。经济学针对经济事件和经济问题提供理论的解释，然后提出解决问题的办法或思路。当某种新的经济问题出现时，经济学家首先用现有的经济理论来进行解释；当这种理论对现实经济问题的解释不能令人满意或现实向经济学家们提出挑战并推翻现行的理论时,就会激发新经济理论的产生或旧的理论的修改,由此引起经济学中的"旧派"与"新派"的争论。经济发展有助于解决不同经济学流派之间的分歧和争论。但是,"旧"的经济问题解决,又会出现"新"的经济问题,于是又需要新的经济理论和方法。经济学就是沿着"经济问题—经济理论—新的经济问题—新的经济理论……"这种轨迹在发展演进着,而每一个经济学流派的主导理论的形成过程都有一个"三部曲":经济问题—经济政策—经济理论。

"经济学的内容,实质上是历史长河中的一个独特的过程,如果每个人不掌握历史事实,不具备适当的历史感或所谓历史经验,那么就不可能指望他理解任何时代(包括当前)的经济现象。"[①]

经济思想和学说反映不同阶级、阶层或利益集团的利益关系。经济思想,可以为维护某个阶级的利益,解决那个时代所提出的历史任务而出现;也可以为维护全人类的利益,解决那个时代甚至以后的问题而出现。因为自从奴隶社会以来的人类社会,都是阶级社会或存在各个阶层利益差别的社会,因而一般来说,反映当时统治阶级利益和要求的经济学说和政策主张,总是那个时代的主流和支配思想,它们通常是为解决统治阶级面临的重大经济和社会问题而做的理论分析和政策建议,是为巩固本阶级的经济和政治统治服务的;而代表被压迫、被剥削阶级和平民集团的经济思想或学说,通常是那个时代的支流思想,甚至是"异端邪说",它们通常总是专注于揭露和批判当时的社会弊端和矛盾,提出不同的改革或革命的主张。但这种主流和支流、正宗和异端的地位,又会随着社会革命的进行和时代演变而变化,主流变支流,支流变主流。如国家干预主义,在重商主义时代是主流,到了古典经济学时代就变成支流,再到凯恩斯主义时代又回归为主流。当然这是在不同历史条件下更高层次和内涵的重复。

外国经济学说史是研究欧美经济学说产生、发展的历史,以及欧美社会各个发展阶段上各阶级的经济学说及其相互联系的。

外国经济学说史包括马克思主义政治经济学史和西方经济学史两个部分。19世纪40年代是经济学史的转折点,马克思主义政治经济学在这个时期产生,并在50年代到60年代最终形成,这是政治经济学的伟大变革。马克思主义政治经济学产生以后,经济学的发展出现两个明显的潮流。一方面是无产阶级政治经济学随着实践的发展而不断发展;另一方面是资产阶级经济学也在不断演变。从19世纪40年代起,出现历史学派、制度学派、边际学派和新古典学派;20世纪30年代后,出现以国家干预经济为特征的凯恩斯主义和垄断竞争理论。

古典经济学是外国经济学中最为基本的理论,以后的各种争论也多是从其延伸出来的。绝大部分的西方经济学都是以私有制天然合理为前提的,争论多是围绕着经济自由主义与干预主义展开的,自由主义占据着主导地位。经济学的宏观、微观由初期的浑然一体到明显区分,又逐渐向以微观为基础的合二为一发展。根据微观假设和微观行为来说明宏观总量关系和解释宏观经济现象,已成为西方经济学的一种发展趋势,这种变化可能使宏观经济学与微观经济学在相对独立了数十年之后又趋于融为一体。

西方经济思想史学者提出两种经济思想的研究思路:相对主义和绝对主义。前者主张用经济社会发展的实际来解释经济思想的发展;后者强调用经济研究工作本身的进展来说

---

① 熊彼特.经济分析史:第1卷[M].朱泱,译.北京:商务印书馆,1991:29.

明经济思想的进程。经济理论的进步不仅仅是历史的反映,而且是科学分工和专业化的结果。受到严格训练的经济学者通过对经济领域内知识的积累,运用经济研究方法,发现问题、分析问题并解决问题。

根据社会存在决定社会意识的基本原理,本书以相对主义为主,以时间顺序为主,同一时间产生的理论,根据其影响大小和作用大小,依次叙述。

第二节 经济学与政治经济学

经济学与政治经济学之间存在一些共同点,如都采用特有的价值分析方法,分析对象主要是资本主义的经济运动等。

经济学主要是研究人与物的关系,研究人类是如何用有限的资源更多满足其更重要的需要的学科;而政治经济学是联系生产力研究人们之间的经济关系、生产关系或物质利益关系,研究人类如何建立和改革生产关系,以促进生产力发展的学科。

一、"经济分析"与"技术分析"的区别[①]

政治经济学与经济学的主要区别不是要不要研究生产关系,而是怎样研究或从什么角度去研究生产关系。政治经济学是从"经济人"的角度研究人与人的利益关系的,而经济学则是从"技术选择人"的角度看待人与人的利益关系的。

政治经济学是从社会制度和生产关系的角度去分析社会经济活动的,认为人类的一切经济关系本质上都是人们之间的物质利益关系;而经济学是从单纯的技术关系去分析社会经济活动的。由此,政治经济学中的"经济人"在这里变成"技术选择人";政治经济学中在制度和文化约束的人们之间尤其是不同阶级之间的利益博弈,在这里不仅变成各个个体之间的最大化技术选择,而且制度与文化等因素都是这种技术(理性)选择的结果(如新制度经济学等),该过程也就是单纯的利益选择过程。

研究对象角度不同,相对应的是研究范围的区别,即是以纯经济问题还是以非纯经济问题为对象,这种不同也可以说是对"客观"与"精确"的不同选择。这种区别,是与名称的改变和对象的转换相一致的。主流经济学在名称上由政治经济学改为经济学的原因之一,就是认为政治经济学研究的内容过于庞杂,范围太宽,在这样的基础上无法建立起像数学和物理学那样精确和逻辑严谨的理论体系,因此,追求方法论的进步和为经济分析提供更精确的假设前提,由此建立"精确"的经济学,成为经济学发展的主要目标。然而,精确与客观是不能兼容的。因为"客观"意味着对事物的描述或分析接近事实本身,而在现实中,影响研究对象的因素之多,几乎是无法计量且是相互关联的,其关系并具有相当的混沌性,人类现有的认识和技术手段还无法精确地描述这些关系;因而要提高精确度,就必须简化事物,对研究对象进行抽象,舍去一些因素或假设其不变,抽象程度越高,要描述的事物就越单纯,分析的难度越小,但是距离客观事实也就越远。可见,客观与精确是不能兼容的。自然,这种分离对后来的政治经济学的发展和研究范围也产生了明显影响,即由于经济学专事于那些能够被视作绝对量值而易被技术选择方法处理的研究,因此政治经济学也就逐渐减少甚至脱离了

[①] 杨文进.政治经济学与经济学的六大区别[J].学术月刊,2007(12):56-63.

这方面的研究,转向更为单纯的生产关系或者说是相对量值关系的研究。因此,两者的区别是,经济学的内容是技术分析,是"实证"的科学,而政治经济学的内容则是制度分析,是"规范"的科学。

研究对象的变化是以"边际革命"为分界的。这种转换除了社会需要外,与"边际革命"发起者的身份有关。他们主要不是从事社会科学研究的人,而是主要从事工程技术工作但热心社会经济问题的工程师,他们将工程技术分析的方法带入经济分析中,而且以工程师对待工程技术的眼光去看待经济活动,由此将传统政治经济学的生产关系分析转变为经济学的单纯技术选择。

二、"平均方法"与"边际方法"的区别

"边际革命"是用"边际方法"取代长期在政治经济学中占主流地位的"平均方法","革"了传统政治经济学研究方法、内容和结论的命,将它们转换到边际学者所确定的对象和范围,因此得出与传统政治经济学完全不同的结论。如除了新古典学派帝国主义倾向中被称为"新政治经济学"的著作,各种标明为政治经济学的著作,一般都采用平均分析方法;而标明为经济学的,主要采用边际分析方法。以平均方法为基础的政治经济学,是将各种要素作为一个整体,它们之间的配置比例保持稳定甚至固定(即固定技术系数),各要素在资源配置中都必须得到平均的收益,或资源配置均衡于各资本得到平均收益的位置(一个例外是级差土地获得边际收益,但在马克思这里有一个除级差收益外的属于平均性质的绝对收益)。平均方法虽可得到资源配置的均衡状态,但得不出该状态的精确位置。这种不确定性,是政治经济学能够容纳非精确性因素和较宽广研究范围的原因之一。"边际革命"并非因为政治经济学采用平均方法所得到的结论或建立的理论不能解释资本主义的经济关系,而仅仅是因为它不能"精确回答"这种关系。边际分析方法能够在形式上回答资源配置均衡的精确点,即各要素所获得的边际收益相等的位置,而各要素所获得的边际收益,在其假设基础上是能够被精确计量的,是符合要求的,像物理研究那样精确(这使经济学具有形式上的科学性),因此取代较不精确的平均分析方法。

边际方法在对象上只适应于可以细分的个体主体及个别量的分析,而不适应于具有整体性质的对象及整体量的分析,如整体对象无法进行边际分析,或者说采用边际分析会破坏整个系统的均衡,如在劳动与资本处于力量胶着时,单个劳动或资本的边际变动,将可能导致力量对比的彻底改变而使得均衡无法重新建立,所以整体对象是不适应边际方法分析的。与此相反,平均方法则只适应于整体对象的分析,而不适应于个体对象的分析,如在各要素都作为一个整体的情况下,边际要素价格的变动(在要素价格平均化的过程中),对整个要素价格的影响是可以忽略不计的。正是这一点,造成两种理论不同的分析过程及其结果。如在政治经济学这里,各要素都是作为一个整体参与市场的定价与分配的,在市场定价与分配的过程中,各要素的力量对比作用至关重要,甚至是决定性的;而在经济学中,每种要素都不是作为一个整体,而是作为有差异个体的集合,各自以独立的身份进入市场的,因此在市场定价与分配方面,边际要素的价格变动对整个要素的价格水平是起着决定性影响的。主体对象的个体选择与整体选择,也是经济学与政治经济学之间的重要区别之一,是各自研究方法及相应对象和范围不同而选择的结果之一。

三、行为分析和制度分析的区别

以个体对象和边际方法为主的理论,必然以行为分析为主;而以整体对象和平均方法为主的理论,则以制度分析为主。因此,以行为分析为主还是以制度分析为主,是经济学与政治经济学研究内容的重要区别之一。如以个体对象为主,经济学必然会选择以行为分析为主的内容,分析在既定制度下,无论是价值本质及其量的决定,还是"生产什么、怎样生产和为谁生产",都是由人的选择行为决定的。这种选择,决定着研究的主要内容必然是人们之间的绝对利益关系,或者说是能够被边际方法处理的技术选择性的绝对量值关系。以这些内容为主的分析,必然侧重于经济活动的表层现象,即"经济运行",重点是人与物的关系或从技术选择的角度来看待人的关系。在此基础上,制度性因素要么是外生性因素,要么是不同行为人之间的理性选择(新制度经济学、公共选择经济学等)。因此,行为分析是"经济学"著述的共同基本特征。

上述区别之间是相互关联且逻辑紧密的系统,对研究对象认识角度的选择不同,决定研究方法、对象和范围的选择不同;这些选择,又决定不同的研究内容和结论,并同时反过来决定着主体对象的选择等。

大体说来,经济学是主要研究社会经济生产力等技术性资源配置及相应的绝对关系,以个体为对象,采用边际方法,以行为分析和技术选择为主的经济学科。

政治经济学是主要研究社会经济的生产关系等制度性资源配置及对应的相对关系,以整体为对象,采用平均方法,以制度分析为主的经济学科。

第三节 斯密到斯拉法

经济思想是经济学家对客观经济世界认知的理论和观点。然而,即使对同一事物,不同学者的认知也是不同的,有时甚至是完全对立的。观点对立和派别林立,是经济学的一大特点。托马斯·库恩的"范式"(Paradigm)术语有助于说明经济思想对立和分歧的原因。范式是"一系列公认的科学成就,它们能在一个时期为实践者们提供典型的问题并提供解决方法"[①],被用来描述作为一种科学的核心构成,即为某些"科学家共同体"所普遍接受的思维定式,亦即共同的信仰、目标、基本假设和方法。马克思说,范式是对世界的基本观点,是世界观。观察家以这样一种世界观来说明和解释世界,在这样的一种世界观的指导下,形成共同语言,后组成不同的派别。库恩对标准科学描绘了长期的发展过程,其间先有范式之间的斗争,然后在新范式的指导下,才有新的科学发展。

经济学的发展是渐进性和革命性的统一。前者主要表现为一种范式内部量的积累。例如,马克思、马歇尔、凯恩斯都进行了经济学革命,它们都是开创性的,但是其理论都不完善。他们的追随者花了很长时间更新、扩充这些大师的著作,使之更加完善。这种渐进发展过程符合科学发展的一般规律。大多数经济学家按其中的一种范式从事标准的研究,究竟采取哪一种范式进行研究,取决于研究者的价值判断,即认为哪一种范式更有助于认识现实、分析现实和解决问题。

---

① Kuhn T. The Structure of Scientific Revolutions[M]. Chicago:Chicago University Press,1962.

经济学之争主要表现为经济学范式之争。范式之争导致经济思想发展中的不连续性或革命性。从重商主义到现在,经济学经过八次革命,实质上是八次大的经济学理论转折,其目的主要是说明西方经济学的历史演变过程。经济学的革命主要表现为由占支配地位的经济学模式转向另一种经济学模式的革命性的跳跃。正如英国经济学家特伦斯·W.哈奇森(Terence Wilmot Hutchison)所言:"研究经济学的较重要变革、转折点或革命,有助于说明经济学作为一门学科,期望它提供些什么是合理的,什么是不合理的。"

从18至19世纪的斯密、李嘉图的古典经济学范式到马克思主义经济学范式、新古典主义经济学范式,再到凯恩斯主义范式、新古典-凯恩斯主义范式、新古典-新自由主义经济学范式、马克思-凡勃伦-激进主义经济学范式,这些是有史以来主要的经济学范式。本书主要介绍的范式是泛指除马克思主义经济学之外的各种经济学说范式。

1. 古典经济学——经济学的第一次革命

这是以1776年亚当·斯密《国富论》的出版为标志的。该书第一次创立比较完备的古典政治经济学的理论体系,使经济学成为一门系统化的社会科学。

斯密提出经济学旨在富民强国,要增加生产,增加资本积累,扩张市场,扩大分工,提高劳动生产率。

斯密主张自由放任,充分发挥市场自由竞争、自由调节的作用,奠基了经济自由主义。他认为,资本主义经济"受着一只看不见的手的指导"。因此,国家只是一个"守夜人"。这就奠定了市场经济条件下政府职能的基本理论。

斯密创立经济人理论,以个人为本位,奠定了经济学最基本的假设前提,为经济学奠定了坚实的社会哲学基础,从而有利于其今后在更广阔的领域和空间发展。"看不见的手"理论,奠定了市场价格机制调节经济的基本理论和分工与市场相互促进的理论。他第一次宣称任何一个生产部门的劳动都是国民财富的源泉,从而明确提出劳动价值论,指出利润来自剩余劳动。

2. 边际主义与新古典经济学——经济学的第二次革命

这是以1870年法国的瓦尔拉斯、英国的杰文斯和奥地利的门格尔,他们几乎同时提出商品价值取决于主观评价的效用价值论或边际效用价值论为标志的。

"边际概念成为关键性工具,效用与消费者需求成为出发点与推动力或基本决定性因素。"他们关心的是,资源稀少的情况下如何进行分配,认为各个生产要素的边际生产力决定生产要素的价格。对各种产品用途的估价就会带来效用递减。消费者追求效用最大化,资本家追求利润最大化。这种方法是微观经济学的分析方法。这些理论构成西方微观经济学的主要内容之一。

从瓦尔拉斯、杰文斯、门格尔到马歇尔建立起微观经济学体系,边际分析、均衡分析和高等数学被引入经济分析中。

新古典革命,是以1890年马歇尔《经济学原理》的出版为标志的。该书兼收并蓄,折中地把供求论、生产费用论、边际效用论、边际生产力论等融合在一起,建立一个以完全竞争为前提,以"均衡价格论"为核心的完整经济学体系。该书把生产与流通、国内外各种经济理论综合为一个整体,资源配置是经济研究的中心。以供求决定价格的均衡价格论来代替劳动价值论,以边际生产力论来代替古典学派的由社会力量决定收入的分配理论,以经济和谐论代替阶级矛盾论。只要自由竞争,资本主义经济就能达到充分就业均衡。当代西方经济学各流派的方法和主要理论,都能或多或少地从马歇尔学说中找到渊源。

新古典经济学是以马歇尔为代表的剑桥学派和以瓦尔拉斯为代表的洛桑学派的理论，是古典经济学的延续，但它是以新的方法，从新的角度来论述自由放任思想的，使经济学更加系统化、理论化。

3. 凯恩斯主义——经济学的第三次革命

这是以1936年凯恩斯《就业、利息和货币通论》的出版为标志的。凯恩斯主义的核心是国家干预经济，扩大有效需求和解决就业问题。

需求决定供给。边际消费倾向规律、资本边际效率规律和流动偏好规律的三大规律作用使有效需求不足，必然产生大规模失业和经济危机。

开创宏观经济的总量分析方法。关心经济的总量活动，特别是支出所产生的收入效应；只有投资需求等增加，才能增产。为使就业、收入理论和利息、货币、消费、储蓄与投资理论纳入宏观理论，他还将实物经济和货币经济密切结合于一体。

强调国家干预经济：

(1) 预算是否应该平衡取决于经济需要，若失业严重，应增加赤字。
(2) 实际工资降低不一定创造更多的就业，而可能招致更多的失业。
(3) 财政政策为主、货币政策为辅，终止大规模失业。

二战后，特别是20世纪50至60年代期间，凯恩斯经济学已成为西方经济学的新正统。

4. 新制度经济学——经济学的第四次革命

这是以1937年纳德·哈里·科斯《企业的性质》的出版和1960年《社会成本问题》的出版为标志的。加尔布雷思、缪尔达尔、科斯、诺思等侧重从微观角度研究制度构成、运行及制度的经济作用，运用新古典经济学的逻辑和方法分析制度。以科斯为代表的产权理论和企业理论发展了新古典经济学和福利经济学。20世纪80年代以后，诺思的《经济史中的结构与变迁》(1981)、《制度、制度变革与经济绩效》(1992)，将微观经济学发展到制度创新与变革阶段。①

科斯在《企业的性质》创造"交易成本"的范畴，即"利用价格机制的费用"或"利用市场的交换手段进行交易的费用"。科斯在《社会成本问题》中，全面分析产权明晰化的经济功能在于克服外部性，降低社会成本，在制度上保证资源配置的有效性。只要交易成本为零，那么无论产权归谁，都可以通过市场自由交易达到资源的最佳配置。

科斯等拓展了新古典经济学的应用领域。政府的作用是制定"规则"，明晰产权，而不再从事生产活动和干预经济。利用市场经济制度是需要付交易费用的。合理的制度安排和产权的明晰与保护，对经济增长有巨大的激励效应。

5. 货币主义——经济学的第五次革命

这是以1962年弗里德曼《资本主义与自由》的出版为标志的。货币主义的核心是"货币最要紧"，货币是决定资本主义产量、就业和物价变动的唯一重要因素。财政政策除了起副作用外，不可能影响产出率和就业率。

理论革命：以现代货币数量论为理论基础，强调货币量的变动是物价水平和国民经济变动的根本原因。实行单一规则的货币政策，即按固定的货币供应增长速度投放货币。认为货币政策直接影响总需求，所以货币政策最重要。

政策革命：政府削减开支，平衡预算，让市场机制充分地发挥作用。

---

① 金国利，李静江. 西方经济学说史与当代流派[M]. 北京：华文出版社，1999.

6. 新古典主义——经济学的第六次革命

这是以1972年罗伯特·卢卡斯《预期与货币中性》的出版为标志的。他们认为,政策无效,因为"政府有政策,人民有对策","你在一段时间内可以欺骗所有的人,或在长时间内欺骗一部分人,但绝不能在长时间内欺骗所有的人。"

经济主体追求利润最大化和效用满足最大化,考虑一切有关、可得到的信息,包括他们对经济如何运行的理解在内,来形成他们的预期。理性预期暗示个人或单位是"吃一堑,长一智",他们对将来的推测一般说来是正确的。他们主观、心理的预测符合客观的理论预测。

预期被加入模型中,预期在经济模型中的作用很重要,政府政策必须被人们信任。

"理性预期"和"市场持续地迅速出清"构成新古典主义的两个主要信条,它证明凯恩斯主义的需求管理政策无效,而集中注意力于供给方面。

7. 公共选择学派——经济学的第七次革命

这是以1986年詹姆斯·布坎南《自由、市场与国家》的出版为标志的。他们运用成本收益分析法,用经济人假设分析人的政治行为,探索现代西方政体的运行、个人选择(在商品市场投货币"选票")和公共选择(在政治市场投政治选票)的运行规律。

他们认为,政治家与官员并不比一般老百姓有更高的道德水准。政治家追求自己能够获得的最大权力并能够持久化,民主政治中则追求自己能够当选并连任,官员追求自己支配的资源最大化和收入最大化。

布坎南认为,政府有时会不顾公共利益而追求由政府成员所组成的集团自身的利益,政府干预的代价是产生官僚主义,财政赤字和通货膨胀是凯恩斯主义经济政策的必然结果,对策是改革制度和法规,以遏制不断膨胀的政府势力。

8. "斯拉法革命"——经济学的第八次革命

这是以皮罗·斯拉法《用商品生产商品》的出版为标志的。该书主要探讨商品生产和商品价格决定理论。这对于马歇尔以后,西方经济学基本不再涉及价值的倾向,就是"革命"。这为凯恩斯主义的巩固发展奠定了微观理论基础。

这个"革命"否定和反对新古典经济学的边际效用价值论,主张回到李嘉图提倡的劳动价值论,解决马克思所没有解决的价值向价格转化的问题,甚至有人认为斯拉法的理论可以替代马克思的劳动价值论。

这个"革命"并未产生实际作用,是一种在凯恩斯主义经济学局部"求同"基础上与新自由主义经济学阵营的"存异"。

以上西方经济学说史上的八次革命,分别是在资本主义世界经济的不同时期内,针对出现的新情况和新问题,为求得理论解释和政策解决而产生的。

第四节 20世纪西方经济学的发展概述

20世纪二三十年代,张伯伦的"垄断竞争"理论和罗宾逊的"不完全竞争"经济学以及需求理论等微观经济学发展起来。凯恩斯《通论》的发表标志现代宏观经济理论体系的建立。这使微观经济理论和宏观经济理论成为西方经济学体系中相对独立的两个部分。在这个基础上产生了当代微观经济学和宏观经济学。

一、20世纪西方经济学的发展条件

1. 经济思想与经济问题相互影响、相互促进

古典学说难以解释20世纪30年代的大危机,这是凯恩斯主义产生的土壤。20世纪50年代和60年代,发达国家的政府得心应手地运用凯恩斯主义。70年代的两次石油危机在发达国家诱发高通货膨胀,随后又使美国等发达国家陷入"滞胀",凯恩斯主义面对这些新经济病显得力不从心,这就为弗里德曼和卢卡斯等人的反凯恩斯主义思想提供契机。这些新自由主义经济学虽在理论和方法上有些"推陈出新",但20世纪的经济不同于斯密时代:垄断和市场不完全支配经济,公共部门在经济中所占的比重越来越大,经济全球化把各国经济更加紧密地联系在一起,政府适度干预是必不可少的。

2. 复归古典

回归古典经济学是整个西方经济学在20世纪的大趋势。原因至少有3点:① 现实需要。发达国家20世纪五六十年代长期推行凯恩斯主义需求管理政策带来巨额财政赤字、政府债务、通货膨胀等后果,尤其是公共经济扩张与私人经济争夺市场,引起私有者日益不满。② 市场良好。发达国家的经济虽遭受了70年代的高通胀和80年代的滞胀,但20世纪下半期的经济发展总体是好的,这就唤起了人们对市场经济的信心。③ "市场有效"。如中国由计划体制向社会主义市场经济体制的初步成功转轨。萨缪尔森(1998)认为,20世纪是"市场胜利"的世纪,"世界各国正在重新发现市场这种资源配置工具的巨大功能"。

西方经济学不是简单地"复归古典",而是理论升华的复归。例如,弗里德曼表面上很大程度地复活古典学说的货币数量论,实际上他系统地研究货币需求函数,改造粗糙的货币数量论为"名义国民收入的货币理论",并用大量的实证研究成果来支持他的理论。新古典主义不但提出理性预期假说、卢卡斯总供给函数、实际经济周期模型等新东西,而且修改了古典经济学的一些假设和结论。

3. 现代经济学的研究中心由英国转移到美国

生产力和经济制度环境是经济学说产生和发展的土壤。经济发展中心的转移,引起经济研究中心的转移。20世纪西方经济学研究中心的转移就是由于经济发展和繁荣中心的转移。二战后,美国取代英国成为世界科技和经济发展的"领头羊"。经济学的研究中心也就随之移到美国。

自19世纪头十年英国成为"世界工厂"以来,到二战前"日不落帝国"的衰落,世界经济中心一直在英国。这期间,经济学的研究中心也一直在英国。配第、斯密、李嘉图、穆勒、杰文斯、马歇尔、希克斯、罗宾逊夫人、庇古、哈罗德、斯拉法等英国经济学家的影响和地位是20世纪50年代以前的美国经济学家无法望其项背的。凯恩斯是现代"宏观经济学之父",剑桥大学是20世纪宏观经济学发源地。当时美国经济学家大多只是凯恩斯思想的学习者和追随者。

二、20世纪经济学的研究方法

20世纪经济学之所以产生诸多"革命"和理论创新,在很大程度上得益于其研究方法和角度的巨变。方法论巨变使其呈现出鲜明的时代特征,方法的演变在某种意义上体现西方经济学的发展脉络。研究方法演变归纳为以下十大趋势:

1. 数学化成为主流经济学方法趋势

经济学应用数学研究的专门化、技术化、职业化甚至到了登峰造极的程度,使经济学更严密,表达更准确,思维更成熟。主要表现在以下二点:

(1) 计量分析法广泛运用于经济学。诺贝尔奖获得者克莱因从 20 世纪 50 年代开始提出最早的宏观经济计量模型,开辟宏观经济研究的新视野。此后随着大型计算机的诞生和使用,经济结构的各种参数得以推算出来,为制定政策提供依据。第一代计量经济学家的数理贡献在经济学方法论体系的整体性、严密性和形式化等方面发挥了巨大作用,并且主要体现在"宏观"经济研究方面。宏观经济学理论与计量方法、计量模型,以及国民收入的核算体系紧密地结合在一起,使得宏观经济理论从未像现在这样更贴近现实、更具实用性和可操作性。

(2) 统计学的广泛使用,并最终成为构建计量经济学体系的一个重要基础。统计分析的运用不但支持计量经济学的发展,还大大推动诸如发展经济学、国际经济学、技术进步和产业结构等新的理论分化和发展。

同时,滥用数学受到激烈抨击。里昂惕夫在分析 1972～1981 年间发表在《美国经济评论》的文章类型后指出,"经济学杂志中数学公式连篇累牍,引导读者从一系列多少有点道理但却完全武断的假设走向陈述精确却又不切实际的结论"[①]。

2. 实证化和专业化趋势

实证化,是解决实际经济问题的迫切要求。与这种趋势相关,整个西方宏观经济学理论的发展过程也发生了两次转换,即先是由重视对经济波动、就业和经济增长问题的研究转换到重视对财政赤字、通货膨胀、汇率变动和国际收支逆差问题的研究,后来又由重视对财政赤字、通货膨胀、汇率变动和国际收支逆差等问题的研究转到重视对经济周期、经济增长问题的研究。

专业化,是实证化研究深入发展的结果,也是借助日益丰富的分析工具而产生的结果。专业化倾向,是指越来越多地使用经济学家特有的方法、分析工具和专业术语,以至于只有受过专门训练的人才能进行经济学研究和分析,才能看懂经济学论文。于是,由实证化倾向而来的专业化倾向,通过分析手段的发展和丰富,在加强实证研究技术化倾向的同时,又逐渐脱离实证化。这一特征从凯恩斯主义宏观计量模型到货币主义和理性预期的动态模型,表现得越来越明显。长期看,实证化和专业化的倾向仍在加强,但两者之间的距离却有拉大的迹象,如非线性分析这类跨学科分析方法的引进,也许会引起经济学的较大变化。

3. 均衡分析方法与非均衡分析方法并存趋势

新古典主义在宏观分析上大胆恢复古典的均衡分析法。因为"凯恩斯革命"打破的不是均衡法本身。因此,新自由主义各派始终坚持均衡分析法,他们提出一套和凯恩斯理论体系完全相容的宏观非均衡学说,而且运用这套理论分析中央集权经济的非均衡问题。尽管宏观非均衡法不如均衡法的影响普遍,但它的生命力旺盛,影响在逐步扩大。

广义上,均衡分析方法和非均衡分析方法并没有本质上的差别,其不同点仅在于各自所涉及的均衡条件和水平的差异。特别是非均衡分析的研究对象更现实,也更强调动态性。客观上,均衡分析和非均衡分析都是对经济现象某些方面的适当反映,两者不存在根本性的相互排斥,而是相互统一、相互补充的关系。

---

① 朱绍文.经典经济学与现代经济学[M].北京:北京大学出版社,2000:361.

4. 假定条件多样化趋势

经济学家们不得不放宽假设,或修改前提,或一反传统逆向假定,以构建和拓宽其研究领域,重建和发展他们的理论,以更接近于现实,反对和解释对方的理论。贝克尔拓展"经济人"假设,认为个人效用函数中具有利他主义的因素,这才是人类行为的一般性。鲍莫尔提出"用最大销售收益来代替最大利润的目标函数",经理层薪金与销售收益的关系大于它与利润的关系。公共选择学派认为,"经济人"追求个人利益最大化,并不能得出集体利益最大化的结论。新制度主义认为,除物质经济利益外,人还有追求安全、自尊、情感、地位等社会需要。

5. 强调理性、预期和不确定性趋势

从通货膨胀问题入手,理性预期学派否定政府干预的有效性,引起凯恩斯主义各派重视理性预期问题。尽管在理性上各派未能达成共识,但预期的思想和方法的确已渗入宏观经济学各流派之中。

6. 博弈论的广泛应用趋势

博弈论的应用已延伸至政治、军事、外交、国际关系和犯罪学等学科,但其在经济学的应用最成功。博弈论研究的内容主要是决策主体的行为发生直接相互作用时的决策以及该决策的均衡问题。借助于博弈论这一强有力的分析工具,"机制设计""委托-代理""契约理论"等已被推向当代经济学的前沿。

7. 研究领域非经济化趋势

经济学研究领域与范围开始逐渐超出传统经济学的范畴,分析的对象扩张到小至生育、婚姻、离婚、家庭、犯罪等,大至政治、制度分析等。这种"侵略"被称为"经济学帝国主义"。这取决于时代主题、研究角度、个人兴趣和特长的变化。"经济学帝国主义"的里程碑是贝克尔(G. Becker)的著作《人类行为的经济学看法》(1976)。

8. 学科交叉边缘化趋势

现代经济学的大家族中又派生出演化经济学、信息经济学、行为经济学、法律经济学、实验经济学等许多交叉学科和边缘学科,百家争鸣,相得益彰。因为经济学家认识领域的拓宽和方法论的多元化,经济学与其他学科的交流和相互渗透大大加深。

9. 证伪主义普遍化趋势

实证主义与证伪主义是相互依存、相互促进的。证伪主义是实证主义的逻辑延续。布劳格在《经济学方法论》中将20世纪经济学方法史归纳为一句话:"证伪主义者,整个20世纪的故事。"据统计,20世纪七八十年代的20年间,50多本经济学方法论的著作,大都和证伪主义有一定的联系。在1991年总结的当代经济学家达成的13点共识中,有7个和证伪主义有直接联系。例如,制度经济学的方法论是证实、证伪和历史主义的。

10. 案例使用经典化趋势

经济学的"举例",不仅已发展到"经典化"的地步,而且在有些定理中如不举例已不足以说明问题,甚至所举的案例已具有不可替代性。这种案例的唯一性,既简单明了、通俗易懂,又几十年上百年一贯制,代代相传。用案例阐明一个定理、寓意一个规律已经司空见惯,如"看不见的手"。

此外,宏观和微观的联系得到宏观经济学和微观经济学的共同重视。

第五节 学习与探索

凯恩斯有一句名言:"经济学家以及政治哲学家之思想,其力量之大,往往出乎常人预料。事实上统治世界者,就只是这些思想而已。许多实行家自以为不受任何学理之影响,却往往当了某个已故思想家之奴隶,狂人执政,自以为得天启示,实则其狂想乃得自若干年以前的某个学人。我很确信,既得利益之势力,未免被人过分夸大,实在远不如思想之逐渐侵蚀力之大。……不论是好是坏,危险的倒不是既得权益,而是思想。"[①]马歇尔认为,经济思想发展,是连续的演进过程,后期的思想,不是完全推翻以前的思想,只不过加以补充而已。诸种新学说,只是补充、展开诸种旧学说,或改换其要点,而很少把旧学说完全推翻。因为在一定的时间和地点上进行研究,受到下列因素的限制:① 事物本身发展的局限;② 前人认识的局限;③ 人们推论能力的局限;④ 研究某种问题时间的局限;⑤ 研究者价值观、偏见的局限;等等。然而,任何一种经济观点和方法,只要有助于我们理解事实,就有存在的价值。

综上,学习经济学说史具有重大的理论意义和现实意义。首先,经济学说发展的规律和特点体现了人类思维演进的规律和特点。站在大师们的肩膀上,有助于获得经验和有益的知识,使我们看得更深刻更全面,有鉴别地吸取历史上某些经济思想的合理因素,提高思想水平和理论水平。比较不同经济学流派的思想和方法,可以从中获得灵感,提高分析和解决问题的创新思维能力。其次,经济学说为我国社会主义现代化建设服务。再次,经济学说为我国的经济改革以及建立和完善社会主义市场经济体制提供参考和借鉴。最后,我国经济学说史介绍西方文化,有助于体会不同文化的魅力,感受思想的广博,有助于提高文化素养。

思考题

1. 比较经济学与政治经济学。

---

① 凯恩斯.通论[M].徐毓枬,译.北京:商务印书馆,1983:330.

第一章 前资本主义的经济思想

本章重点
· 亚里士多德的经济思想；托马斯·阿奎那的经济思想

第一节 西欧奴隶制社会的经济思想

原始基督教的政治和经济主张主要有：号召人们起来报仇申冤，推翻罗马人对犹太人的黑暗统治；建立现实、平等、公共消费和劳动人民掌权的国家与社会。

1世纪70年代到2世纪中期，保罗派在教义方面大量吸收希腊、罗马哲学思想，形成新的政治主张：甘当罗马皇帝的顺民；承认奴隶制的合理性；否认地上千年王国，把理想社会演化为虚幻的天；宣扬忍耐。313年，君士坦丁堡大帝发布《米兰赦令》，宣布基督教为国教。基督教取得意识形态领域的统治地位。

一、《圣经》的经济思想

西方文明源自希伯来文明和古希腊文明、古罗马文明，具体源泉是基督教经典《圣经》。《圣经》由《旧约》和《新约》两部分组成。《旧约》所记时间为公元前2500～前1500年。《新约》所记时间从耶稣诞生至公元2世纪。《圣经》是教义，但也表明对劳动、财富、私有财产、商业和贸易的态度和对生产组织等的看法，对以后的经济思想特别是中世纪经院哲学影响很大。

(1)《旧约》反映农本思想，其谚语卷宣告："贸易之利虽大，可以失之于俄顷之间，故不应对买田之事有疑虑。""唯耕田之人所获为多。"在农业社会，农业是所有生产、生活的经济基础，受到普遍赞扬，农民是最具生产性的阶级。

(2)《旧约》禁止永久地占有土地，因为"地球和一切都属于上帝"，土地被视为氏族和家庭的财产。《圣经》视土地的家庭所有为社会力量与保持社会经济结构稳定的最重要源泉。土地的外姓异化是被禁止的，土地不允许出卖，除非所有的家庭成员都同意。如果土地被迫出卖，血缘最近的亲属有购买的第一选择权。《摩西法》规定以血缘关系为基础的土地继承权。土地继承的第一优先权是长子，其余的儿子、女儿、弟弟、叔叔等依次有权继承。

(3)《圣经》立法的基石是安息日，它是周末放松、休息和享乐日，是主人及其家属的权利，奴隶、女仆和异乡人也不例外。其源于《创世篇》，上帝用6天创造世界万物，第7天休息。"7"这个数字，广泛运用于希伯来人的生活。周末制度，是希腊、罗马等古代文化所没有的。"第7年为土地安息年"，土地每7年休耕一年，可以恢复地力。安息年的意义还有：每个7年结束，债权人被要求豁免债务人的债务，允许债务人这一年歇息，还要让他们有吃有喝，延期一年还债，也可能是指免除所有的债务，使"你们中间没有穷人"。安息年是奴隶获得自由之年。定期的奴隶解放和债务豁免，即便不曾广泛实施，也反映了人们祈求平等的强烈愿望,奴隶和债务人应被赋予赎罪的机会。

7个安息年为50年期约,即土地交易契约到50年,必须归还原主土地。地主的权利,正如它被安息年的要求所限制的那样,进一步为50年期约所限制。这种制度排除了超过50年后农业土地转让的可能性,这个条款是为了阻止大庄园主兼并小土地所有者的土地而设定的。基督教教义说,不要仅仅为了钱而简单地出售土地,而应当以不超过50年的期限出租土地。在第50年时,土地回归出租人或其继承人。安息年以及50年期约也许是为了周期性舒缓由于不幸或社会条件不足造成的社会矛盾而设定的。恰如《圣经》中众多条款中的规则一样,这些制度今天被看作规劝性的,主要依靠道德而不是借助于法令实施。

(4)《圣经》要求定期解放犹太族裔奴隶。《旧约》和《新约》虽都没有提及废除奴隶制,但奴隶的劳役为6年,在第7年中连同妻子一起获得自由,同时得到足以使他们开始自己新生活的食物和其他物品。犹太奴隶不得被虐待,逃亡的奴隶不得被重新交给他的主人,他将在自己选择的地方生活,而且不可被骚扰。《出埃及记》中规定,如果一个奴隶由于其主人的行为而很快死去,主人将受到惩罚;如果一个奴隶因此而失去一只眼睛或一颗牙齿,他将获得自由;而在罗马,主人可以处死奴隶。奴隶在下列情况下获得很高的地位乃至获得自由:为主人收养,与自由人结婚,执有财产和购买他的自由。这些条款的目的是保护奴隶免受其主人的暴力,实际上等于要求废除奴隶制。这些条款同罗马制度形成鲜明对照,《圣经》规定,牛踩踏谷粒也不得被戴上口罩,而罗马种植园奴隶,在磨石旁边工作时却被捂住嘴。

(5)《圣经》详尽规定商业法规与公平价格。商人的行为准则是:上帝和法律不允许任何欺诈和不诚实,度量衡伪造者受惩办,投机和垄断、抬高市价者与盘剥重利和伪造度量衡者同罪;特别是在饥荒年代,禁止囤积粮食;实现公平价格;凡伪造、重息、滥价、囤积居奇等行为皆为法律所禁止。

(6)《圣经》重申的核心道德信条是:"爱你的邻居如爱你自己","一个健康的道德必须像考虑自己的利益一样地考虑他人的利益"。保护弱者,安息年解除债务是其中之一。《圣经》宣布对犹太人贷款不应取利。摩西法尤为禁止高利贷,不论是"金钱、物品或其他之借贷行为皆不准生利"。摩西法禁止借贷以示慈善:① 不准取利于金钱借贷;② 不准多取于食品借贷。贫民的借贷往往不用抵押品。如果一件外套被当作贷款抵押,这件外套应该在每日黄昏前送还主人。寡妇的外套不能被用作抵押,磨坊或上等磨石也不可用作抵押——这等于用生命做抵押。《圣经》有不少条文要求以慈善保护穷人,收获时,虔诚的教徒不可全收庄稼,也不可收集杂散在田野中的谷穗,以留给穷苦人或异乡人。《圣经》详细规定保护工匠,雇主不得在当日完工后拒付工资,即使雇主支付高工资,也不得要求雇工过度延长工作时间,只能让他在剩下的时间里做一些轻活,受雇的手艺人不必承担他手艺之外的其他职责。

(7)《圣经》十分强调人类劳动的尊严与价值。劳动是时代给人类的福祉之举而不是被咒之物,辛劳得到荣誉,懒散受到谴责。基督教最著名的思想家奥古斯丁在《圣经·创世纪》中说,上帝造世时,就要人劳动,仅仅从事精神活动而不从事体力劳动是懒惰的标志。铁匠、木匠、鞋匠的劳动是纯洁正直的行为,体力劳动受尊敬。这与古希腊主要思想家轻蔑体力劳动的态度截然相反。

二、色诺芬的经济思想

色诺芬(Xenophon,公元前440~前355),古希腊著名的思想家、历史学家,生于雅典贵族家庭,是古希腊著名哲学家苏格拉底的学生。在政治上拥护贵族寡头政治,反对雅典民主政治。他著述丰富,经济著作有《经济论》等。

(1) 色诺芬在《经济论》中第一次使用"经济"一词。在古希腊语中,该词由两个词根构成,即家庭和法律,意义是"家庭管理"。《经济论》的副标题是"关于国民财产管理的讨论"。奴隶制是建立在奴隶主对生产资料和奴隶的私有制基础上的,生产以家庭为单位,"家庭管理"就是管理奴隶主庄园,研究"家庭管理"的"经济论",就是奴隶主经济学。他强调,家庭管理应该成为一门学问,其研究内容是:奴隶主如何管理好自己的财产,使财富不断增加。"一个懂得这门技艺的人,即使自己没有财产,也能靠给别人管理财产来赚钱……",财富表现为剩余产品。奴隶主要增加自己的财富,就必须致力于组织和监督奴隶劳动,他主张严管奴隶,甚至主张用驯服野兽的方法来驯化奴隶。

(2) 色诺芬的财富观反映人对满足需要的对象的价值评价。财富是对所有者有用的使用价值。若所有者不能利用所有物,就不是财富,他的财富观也体现在其对货币的认识上。他认为,即使卖掉对自己没有使用价值的东西而得到货币,若不会使用,货币也不是他的财富。在他的财富观里,成为财富的必要条件是具有客观的使用价值。但是,并非所有具有使用价值的东西都是财富,都具有价值,关键是作为对象的物必须具有满足特定主体需要的属性,因此,他的财富观体现客观价值和主观价值的结合。他还将财富区分为精神财富与经济财富,并认为贫富不是取决于物质财富的多少,而是取决于内心的满足程度。

(3) 色诺芬重视农业,鄙视商业和手工业。"农业是其他技艺的母亲和保姆。因为农业繁荣的时候,其他一切技艺都兴旺;但在土地不得不荒废下来的时候,无论是从事水上工作还是非水上工作的人的其他技艺也都将处于垂危的境地了。"[①]他把农业的作用夸张到不可思议的程度:农业是一切行业中最愉快、最有收获和最令人尊重的行业,务农是提高竞技的最适当的锻炼,是养成爱国心和正义感的最好学校,还是最便于培养人类同情心和对神信仰的行业。相反,手工业技艺粗俗,从事手工业会毁坏人的精神和身体,由外邦人和奴隶来从事这种卑贱的工作,商业也只能由外邦人和奴隶从事,雅典的自由民不应该从事手工业。他的这一观点是由当时奴隶制经济的特点决定的。他认为,奴隶主家庭管理的目的是取得更多的使用价值,而农业在奴隶制经济中居于主要地位,是奴隶制自然经济的物质基础,奴隶制的剩余产品主要来自农业。

(4) 色诺芬生活的时代,社会分工和商品货币关系已有一定发展,他从奴隶制自然经济的观点出发考察了这些问题,并提出如下有价值的思想:首先,强调分工的必要性。一个人不可能精通一切技艺,专门从事一种技艺的人必然能工作得更好;在波斯王餐桌上进食,是荣誉,而食物更可口。因为一切手艺在大城市中都是完善的,献给国王的食物的烹调方法是精美的。其次,看到分工的程度取决于市场规模。一个人只靠一种技艺,在小城市里是不能维持生活的,因为那里主顾太少,而在大城市里则不成问题。他甚至认为一个人不必从事整个技艺,而只从事其中的某个环节也足以维持自己的生活;所以大城市的分工比小城市精细,其产品比小城市精美。但是,拥护奴隶制自然经济的色诺芬,只注意到分工可以提高产品质量,而没有考虑分工对交换价值的影响,这也是其他古代学者经济思想的共同特点。

(5) 色诺芬的财政增收对策是:发展外贸、开发银矿、招徕外侨、国家投资改进商业基础设施(海员宿舍)、出租共有奴隶等。雅典财政收入依赖雅典舰队保护希腊各城邦国家而得到的贡献。公元前5世纪30年代以后,希腊各城邦国家间持续内战,雅典丧失领导地位和

---

① 色诺芬.经济论 雅典的收入[M].张伯健,陆大年,译.北京:商务印书馆,1961:20.

贡献。

色诺芬探讨了市场机制的作用，"当铜匠太多时，铜器会变得廉价，他们将趋于破产，同样，冶匠也是如此。当谷物和酒很丰富时，这些商品也会变得廉价，农业不再是有利的了，而许多人会放弃土地上的工作转向批发、零售贸易和转向货币贷放"。他意识到供求影响价格，从而影响社会劳动的分配。

色诺芬认为，人们喜欢白银，是因为白银随时能够买到有用的物品。可见，他事实上认识到作为货币的白银具有价值尺度、流通手段和储藏手段的职能。

色诺芬可能不是《雅典的收入》的作者。思想上，《经济论》重农轻商，而该书将商业作为主要财政增收途径；行为上，由于政见冲突，老师苏格拉底被处死，他本人被判终生放逐，他仇恨雅典，不可能为其财政增收出谋划策；该书提到的马其顿入侵雅典的事发生在公元前4世纪40年代，但此时色诺芬已去世。

三、柏拉图的经济思想

柏拉图(Plato，公元前427～前347)，生于雅典贵族家庭。作为苏格拉底的门生学习8年，他同色诺芬一样拥护贵族专政，反对雅典民主制度。40岁的他与锡拉库萨的君主丢尼修修士谈话，大胆谴责独裁制，丢尼修修士大怒，就逮捕了他，并送到奴隶市场去出售。他的崇拜者富人安里塞里斯赎回他，并送回雅典。朋友们募集3000德拉马克要赔偿安里塞里斯，被拒；后用这笔钱为柏拉图在郊区置了房产。柏拉图于公元前387年在这里开设"阿卡德弥亚"(Academy)哲学学园，在以后的9个世纪里，这里成为希腊的文化中心。他的经济思想主要有：

1. 带有极其浓厚的伦理因素财富观

苏格拉底哲学的基本原则是研究人类适当的行为方式，以帮助人们过上有德行的生活。柏拉图继承苏格拉底的传统，将财富分为三等：一是精神财富，如知识、克制及其他德行；二是肉体财富，如健康；三是一般的物质财富。物质财富要成为财富，必须是人类生活确实必要而合理的，应明智而适当使用。因此，财富是手段而不是目的。德行不是来自财富，相反财富却是来自德行。财富的所有者无德，就不能称之为财富；若所有者是卑贱的，则财富对他们反而是最大的恶。所以，财富价值依存于所有者的德行和是否能被贤明地使用。富人财富有些必然是通过不正当手段得到的，必然又有些是用途不当的，故他认定，富人不善，巨富与幸福是完全不相容的。不善的人就不幸福，贫穷是由于人们欲望的增多而不是由于财产的减少。这对西方经济思想的发展影响很大。

柏拉图认为，私有财产和家庭，养成利己和贪欲心，进而引起社会分歧和矛盾，追求物质财富使个人和国家趋于颓废，引起战争及内战。人们占有欲的发展将使贵族政治转变为金钱政治，进一步转变为无一定财产便不能获得荣誉和公职的寡头政治，结果是形成贫富对立的两个阶级。所以除了从事经济活动的自由民可以拥有私有财产和家庭以外，战士和哲学家都不应该拥有私有财产。他不仅主张在奴隶主上层阶级消灭私有财产，而且主张实现共妻共子，消灭家庭，建立公共食堂。在他看来，私人感情妨碍建立公共精神，只有消灭家庭，才能最终消弭私有制引起的争端，实现永久和平和团结。

2. 《理想国》中的分工思想

首先，与人类本性相一致的正义原则决定国家组织，每个人必须在国家执行一种适合他本性的职务，以解决希腊城邦的危机，克服日趋严重的贫富对立。他从国家组织原理的角度考察社会分工问题：人的多方面需求与人具备某种才能的矛盾，决定人与人是互助的。人们的需求是多样的，而又必须由其他许多人供给各种需求，于是各本其愿而形成团体，这些团体联合起来便形成国家。其次，人的专长是社会分工的根据，若一个人专门从事一种与其性情相近的职业，就能生产出更多的好产品，一国中应有专门从事各种行业的人。再次，人的先天秉性决定了每一个人应担任的职务。个人应当依本性固定从事一种职业，而若互换职业和地位，必然给国家带来祸害。综上所述，有些人生来适合当统治者，有些人生来只适合从事手工业和农业。体力劳动是奴隶的天然职业，脑力劳动是贵族的天然职业，彼此不能改变和交换。他以分工学说论证奴隶制是合理、自然和永恒存在的。

柏拉图以分工学说为基础，构造他理想国，其由三个阶层构成：最低层是农民、手工业者、商人等从事经济活动的自由民阶级，为其他阶级提供生活资料；中间层是战士，保家卫国，不从事任何经济活动；最高层是哲学家，洞察真理，具有美德，富于知识，因而专门从事治理国家的活动。

3. 货币思想

柏拉图认为，分工产生货币，产生专门从事买卖的商业、商人和市场，为了交换方便，产生对货币的需求。他还认识到货币具有交换手段和价值尺度的职能。他强调经济活动的伦理性质，反对利用货币的取利行为，认为放贷取息是威胁国家和平与社会团结的，因此否定货币的储藏手段职能。柏拉图还认为，货币作为交换手段只是一个符号，只需要有法定的偿付能力，不需要有真实的价值。因此，柏拉图具有货币名目主义的观点。

四、亚里士多德的经济思想

亚里士多德(Aristotle，公元前384～前322)17岁起，受业于柏拉图的"阿卡德弥亚(Academy)"20年。公元前335年，他的学术和社会地位达到顶峰，"阿卡德弥亚"哲学园园长空缺而他没当上，于是他开办一所与其竞争的学园——吕克昂学园，从事教育和研究。他经常与学生边散步边讲学，因此被称为逍遥学派。他完成著作170部，在政治学、经济学、逻辑学、历史、地理、动植物、生理学、医学、文艺理论等方面造诣很深，是古希腊博学多才的思想家，他的丰富著作总结了公元前4世纪以前希腊科学的成就，对后来哲学和其他科学的发展影响重大。马克思称他为"古代最伟大的思想家"，恩格斯说他是古希腊哲学家中"最博学的人物"，斯皮格尔说"亚里士多德的著作涵盖了人类知识的全部领域"。

1. 公平是亚里士多德经济伦理思想的核心和基础

公平是经济生活中最重要的伦理要求，是经济活动得以发生和持续的伦理基础。他的公平观主要是交换公平：一是互惠，二是等同。互惠是质的要求，即参与者交换得利，是交易的前提；等同是量的要求，参与者交换中得利等同，是交易持续的条件。

自然，指合乎人类和事物的本性。在他的经济伦理思想中，自然与否是经济事物和经济行为是否有价值及是否应当发生的标准。例如，财富是实现人生幸福的手段，因此，满足善良生活的有限财富是合乎自然的，而以货币形式积累财富是不自然的，因为它超出了生活需要。对于获取财富的手段，亚里士多德区分"家庭管理"与"贷殖"。"家庭管理"是为了取得使用价值而消费的有限活动，合乎人类本性，是自然的。相反"贷殖"对货币需求是无限的，这就违反了自然。货币的自然职能是便利交换，而借贷货币是为了生息，这等于让父亲生孩子，显然不自然。小商业交换的目的是获得自己需要的消费品，是自然的；大商业交换的目的是获得货币，就是不自然的。

2. 财富是达到幸福目的的所有手段集合

自然或不自然的财富观区别是财富和财富获取手段伦理化。该观点成为以后一千余年的支配观点。亚里士多德的财富观是进步的,而柏拉图的财富内涵过宽,把知识和自制等精神状态及人的健康包括在财富之内,这样从经济思想角度考察就难以把握。

3. 系统论述价值论的第一人

亚里士多德的《伦理学》论述了价值思想。[①] 这是现代经济学价值论的起点,是他对经济理论最卓越的贡献。

（1）物的二重性是直接使用和交换。前者是物品本身固有的属性,后者的产生则与分工有关。他的物品双重属性认识,后来被斯密发展为物品具有使用价值和交换价值双重价值的思想。他奠定了区分使用价值和交换价值的基础。正是在他及斯密的基础上,马克思才提出商品具有使用价值和价值两因素的思想。

（2）剩余产品是交换产生的前提。只有在劳动生产率提高导致产品除了直接满足劳动者自身消费以外还有剩余时,才有可能将其用于交换,以得到具有更高相对效用的商品;同时,在分工条件下,生产的除了满足自身需要商品以外的商品,一开始就具有"剩余"性,其使用价值和价值必须通过交换才能实现。所以是剩余决定交换的产生。但是剩余即个人占有产品的相异性所决定的只是交换产生,交换能否持续还取决于互惠是否实现。互惠要求交换参与者能够从交换中实现自身利益。只有互惠的交易是平等和有效率的,才是可持续的,这是交换存在的充分条件。他的互惠思想,是近代经济学"交易剩余"的思想萌芽。

（3）同一性和等同性是交换原则。交换参与者具有独立经济利益,所以,"没有等同性,就不能交换"。对等同性的不同理解,预示着价值理论发展史的两条不同线索。一是将交换原则理解为效用的等同。所要求的交换价值相等指的是效用相等,即交换参与者应当从交换中实现相同效用,这是互惠的本质要求。实际上,亚里士多德具有主观效用的递减思想,稀少而较难获得的物品,人们对它的评价要高于丰裕而容易获得的物品。以效用相等来理解交换原则从而以效用理解交换价值成为后来的主观价值论的源头。二是将交换原则理解为劳动成本相同。交换价值相等是指劳动成本相等,即通过交换使生产者的劳动成本得到补偿。中世纪经院学者阿尔伯特·马格努斯(1220～1280)在解读《伦理学》时提出,等量劳动只有在各自生产努力可得到其等价物时才能彼此交换。假如木匠得不到相应于他自己努力那样多的量和质的东西,他就不会继续生产床,于是木匠这个职业将被破坏。阿奎那则认为,如果制造某种物品的工人不能由此得到相似数量与质量的另一种物品,此技艺将被破坏。要公平交换,一个人的劳动必须与另一个人的劳动相等。因此,他的同一性基础是劳动成本,他主张商品按一种等于生产成本的比率进行交换,而不是按使用财物所得到的满足来计算。以劳动成本等同来理解交换原则从而以生产费用来理解交换价值成为后来客观价值论的源头。他没有明确等同性的具体含义,但他对等同性的探索意义仍然深远,马克思对此评价很高:"亚里士多德在商品的价值表现中发现了等同关系,正是在这里闪耀出他天才的光辉。只是他所处的社会的历史限制,使他不能发现这种等同关系'实际上'是什么。"

在经济学说史上,亚里士多德是第一次真正接触到价值概念的哲学家。从他开始经过经院学派的分析及重商主义学者们的发展,到斯密才形成正式的近代价值理论。其价值概

[①] 见亚里士多德《伦理学》,转引自:小罗伯特·B·埃克伦德,罗伯特·F·赫伯特.经济理论和方法史[M].杨玉生,张凤林,等译.北京:中国人民大学出版社,2001:15.

念虽很粗糙,但却是经济学价值理论的直接渊源。

(4) 货币名目主义。亚里士多德同柏拉图一样,都将货币归结为交换手段;成为货币并非由其内在特质决定,而是由法律决定的。货币是方便交换的,并提供衡量同一性的标准。

4. 财产私有比公有具有无比的优越性

这与他的老师柏拉图不同。因为:

(1) 财产私有的生产力更高,因为公有财产很少受到精心照料,人们倾向于首先考虑自己的利益,易于忽略他们期望别人来履行的义务。人们致力于自己的财产时会产生最大的兴趣和关注,财产私有给所有者带来愉快。人们热爱自我、钱、财产。如果人人把同一样东西都称为自己的,就伤害这种感情。

(2) 财产私有是广泛运用的世世代代经验,放弃它意味着背叛。

(3) 财产私有能使人们从事慈善事业,并且使他们培养节制和慷慨的品德。人们必须有足够的财产来培养节制和慷慨两种品德,而不是像柏拉图所教导的只是前者。节制而不慷慨变成吝啬,慷慨而不节制变成奢侈。

(4) 财产公有并不导向社会和平。因为人们卷入了精密的伙伴关系,就面临着种种困难。他会抱怨自己工作多而报酬少,而别人工作少报酬却多。

五、古罗马的经济思想

古罗马是继古希腊之后西方文明的又一发源地。到公元前2~前1世纪,罗马成为最大的奴隶制帝国,广泛、大规模地使用奴隶劳动,建立许多规模巨大的奴隶制农庄、手工作坊和矿场。但整个罗马时代系统思想缺乏。西塞罗也承认,"尽管条条大道通罗马,而且在语言和法律方面却有一些从那里通到了我们,但罗马遗产在思想王国还是被菲薄的。古罗马充满经济问题,但没有经济学思辨"[①]。不过,由于奴隶制发达,对农学家、法学家和早期基督教的经济思想有一定影响。

1. 农学家的经济思想

(1) 贾图(Cato,公元前235~前149),罗马元老,生活在罗马军事扩张时期,大量战俘和奴隶输往罗马,形成以奴隶制大庄园为特点的奴隶制经济。奴隶主要求不断巩固和扩大奴隶制经济,以榨取更多的剩余产品,他的代表作《论农业》反映了这种经济要求。他认为,农业是最重要的职业。奴隶主必须管好自己的庄园以增加收入。必须将维持奴隶生存的生活必需品的供应减少到最低限度,以加强对奴隶的剥削;必须让奴隶不断工作,这样奴隶才不会偷窃和犯罪;必须严加看管奴隶,不能放任自流;必须分而治之,不让奴隶聚在一起,以避免其聚众反对主人。奴隶制农庄必须生产一切生活必需品。他意识到发展农庄商品生产的必要性。他主张将农庄选在交通便利的地方。还认为在经商时,应当少买多卖。

(2) 瓦罗的经济思想。瓦罗(Varro,公元前116~前28),古罗马著名思想家,著作范围广泛,涉及习俗、宗教、戏剧、语言、天文等,经济代表作是三卷本《论农业》。他认为,农业是必需的技艺,劝告奴隶主应在农村经营土地。但他不是无条件地推崇农业,而是将经济观应用到农业:"意大利居民在农业方面最重视的好像有两点:他们付出的劳动力和费用能否得到相应的报偿?土地的观点是否有利于健康?如果对这两点回答都是否定的,而一个人仍

[①] 亨利·威廉·斯皮格尔.经济思想的成长:上册[M].晏智杰,刘宇飞,王长青,等译.北京:中国社会科学出版社,1999:33.

想经营农业,那么这个人就一定是脑子有毛病,最好是把他交给他的法定监护人看管起来。"①农民的目标是效益和乐趣。根据土地位置和肥力的不同,采用不同的耕作方法,实行农业集约经营。专业化庄园——"别庄"的生产获利极为丰厚。

瓦罗同其他许多古代思想家一样,将奴隶看成是会说话的工具。他说,工具可以分为会说话的、发出不分音节声音的和哑巴工具。奴隶、耕牛和马车分别属于前者、中者和后者。他劝告大土地所有者应当亲自料理自己的农庄,所需的各种产品应尽量由自己农庄来生产,而不要到市场上去购买。

(3) 珂鲁麦拉(Columella)著有《论农业》十二卷。在他的时代,奴隶劳动生产率极端低下,奴隶制危机早已开始。

他的重要贡献是提高劳动积极性的探索。他认为必须使奴隶对劳动感兴趣。他感到以奴隶劳动为基础的大土地占有制,已不能为奴隶主提供有利收入。他提出把农业交给隶农经营胜过交给管家的奴隶,隶农生产比奴隶生产更有效率。

2. 法学家的经济思想

尽管古罗马思想家似乎缺乏古希腊思想家的抽象分析能力,但是古罗马法学家却把对实际经济生活的研究提升到一个前所未有的高度,并取得对后世经济实践产生重要影响的成就。"罗马法学家所制定的关于经济关系的规则是具有更直接的经济重要性学说。"②他们建立一套法理逻辑,可应用于各种各样的社会形态——实际上适用于任何承认私有财产与"资本主义"商业的社会形态。③

(1) 在历史上第一次用法的形式确立私有财产权,使之与公有财产相区别。"他们几乎无限度地支持私有财产的权利,保障签订契约的作用,超过当时条件认可的适当程度。"④提出法人概念是古罗马人的一大贡献。法人可以是个人,由此个人可以利用契约自由处理自己的财产。这就将法律的非属人要素从要素中分离出来,而且强调了非属人的要素。在此基础上,古罗马法学家制定法人团体的原则。根据该原则,法人团体的财产必须与个人财产相区别。这样,即使法人所有者不断变更,法人团体及其财产可以保持不变,从而保证法人生命的持续性。这一思想,成为现代公司制度的重要来源。

(2) 深入研究与探讨与交易合同有关的价格问题。分析价格,法学家们总是以两个交换者个人的讨价还价作为研究对象,从法律的角度研究交换参与者是否有欺诈意图,而不是从更广泛的范围探讨市场。但他们的研究是后来中世纪公平价格概念的先行思想。他们的货币本质研究是有价值的,货币主要是由国家认可、法律创造的;与一般的财物有区别,任何把货币视为商品的看法都是由它在经济中所起的作用而派生的。

(3) 古罗马初期,利息被禁止。随着货币关系的发展,利息逐渐被接受,但利息率是法定的。后来,随着罗马领地扩张及借贷扩大,允许利息率在一定范围内浮动。

3. 西塞罗的思想

罗马执政官西塞罗(Cicero,公元前106~前43)通常被认为是沟通古希腊与欧洲中世纪乃至近代的政治思想史桥梁。著作有《论共和国》《论责任》等。

---

① 瓦罗. 论农业[M]. 王家绶,译. 北京:商务印书馆,1981:23.
②④ 埃里克·罗尔. 经济思想史[M]. 陆元诚,译. 北京:商务印书馆,1981:37;37.
③ 亨利·威廉·斯皮格尔. 经济思想的成长:上册[M]. 晏智杰,刘宇飞,王长青,等译. 北京:中国社会科学出版社,1999:30.

(1) 国家与公民的关系好像家庭成员之间的关系,国家是人民的事务。

《论共和国》给国家下了一个流传千古的定义,人民不是偶然汇集在一起的,而是为数众多的人依据公认的法律和共同利益集合起来的共同体。

(2) 国家的主要职责是保护个人的财产权。

西塞罗时代,奢侈浪费成为时尚。即使富裕阶级也因为过度奢侈终至负债累累。根据罗马法,到期不能偿还债务的债务人将沦为奴隶。于是在罗马出现一场"取消债务"的运动。

西塞罗提出,人们聚居在一起而形成社会,旨在保护私有财产不受侵犯。为投合民意而免除债务人的债务,这是颠覆国家的基础,将产生全面混乱。这种做法是很不公正和破坏和谐的,如同把一部分人的钱财夺走,送给另一部分人,和谐就不可能存在;这也是在废除公平,如果不尊重财产权,公平就会被完全颠覆。该运动的最终结果是废弃旧罗马法的规定,即债务人无力还债,就成为债权人的奴隶。新法令吸取西塞罗的意见,当债务人宣告他已无力还债,即可免去拘禁之苦,更不必变为奴隶。罗马法这一规定,成为近代破产法的基础。

(3) 经济社会是一个以分工为基础的互相联系着的整体。

分工形成各种专业或职业,是社会有机体正常运转的必要组成部分。分工是为了适应人们的多种需求。分工导致的专业化与需求的矛盾通过交换解决。他的分工思想虽没有超过柏拉图的观点,但影响重大:斯密的经济思想深受哈奇逊的影响,而哈奇逊承认他的分工思想直接来源于西塞罗。

六、奥古斯丁的经济思想

奥古斯丁(Augustinus,354~430),古代基督教最重要的思想家,生于罗马统治下的北非。献身基督教而未婚,他被称为基督教的柏拉图主义者,"中世纪之父",所有基督教神学家中最伟大的人物,古希腊之后的整个西方世界的精神导师。主要贡献是运用希腊哲学解释《圣经》,建立了一个完整的基督教神学体系。代表作有《忏悔录》(397)、《论三位一体》(406~416)、《论上帝之城》(413~426)。

奥古斯丁认为,奴隶制是人的制度而不是神的制度,这种制度与人类理性是相矛盾的,成为奴隶只是惩罚罪恶的人。但有罪是允许悔改的,故教会的任务不在于解放奴隶,而在于使奴隶善良。他的认识显示了他与雅典哲学家的不同之处,后者把奴隶视为天生的。

他清楚地区别神权与人权,作为人权的财产依存于帝权,是上帝将个人财产所有权通过现实的帝王而分配给人类的。他虽然把人们财产所有权的渊源仍归结为上帝赐予,但比较以往的一切均属于上帝的产权观前进一步。同时,个人财产权是通过帝王对上帝所有物分配的观点,实际上是罗马自然法观点的变种。

奥古斯丁认为,必须改变忽视劳动的早期教义,他在《旧约·创世纪》中注释,上帝创世,就要人劳动;上帝将乐园交给人,要人"保卫它,耕种它",而且"那时候没有不堪忍受的劳动,只有愉快的自愿的活动,上帝所创造的万物,也由于人们的活动而欣欣向荣"。在那个科技不发达的时代,他认为体力劳动和脑力劳动同等重要,"只从事精神活动而不从事体力劳动,乃是懒惰的标志"。

第二节 中世纪的经济思想

西欧的封建社会(5世纪~17世纪中叶)可分为三个阶段:5~10世纪,是西欧封建制产生和形成时期;11~15世纪,是西欧封建制兴盛和发展时期;15世纪末,西欧封建制度开始瓦解,17世纪的英国资产阶级革命,标志着西欧封建制度的结束。5~15世纪,是西欧封建制的形成、发展和兴盛时期,史称"中世纪"。

10~11世纪后,农业和手工业技术发展,手工业者聚集在城堡、寺院和交通要道附近,逐步兴起城市。城市兴起标志着西欧封建社会进入巩固和发展时期。但城市仍然受农村封建主的统治,市民的组织是基尔特(即行会),按规章生产。

十字军的东侵(1096~1270)促进东西方贸易的很大发展。在13~14世纪,欧洲形成意大利城市和佛兰德各城为中心的南北两大贸易地区。城市和贸易发展,使农民与市场的关系日益密切。农民开始有了货币,封建主也需要货币,于是,从13世纪起,货币地租开始在西欧流行起来。但在15世纪以前,西欧各国经济仍然是自然经济。尽管许多城市用武力或金钱摆脱封建依附,但大部分居民还是不自由的,商品经济受到很大限制,生产规模和价格由市政当局规定。

随着奴隶制崩溃和封建制的发展,基督教成为封建社会占统治地位的宗教,而教会拥有西欧大约三分之一的耕地。西欧封建社会统治阶级内部,以帝王为首的世俗权与以罗马教皇为首的宗教权为争夺统治权展开斗争;11世纪后半期开始,教皇依靠自己日益增长的势力,确立对宗教和世俗事务的无限权力。

476年,西罗马帝国灭亡,西方进入长期停滞和衰落中。529年,东罗马皇帝查士丁尼封闭柏拉图的阿卡德弥亚学园等雅典学术团体。在西方文明衰落之时,东方的穆斯林帝国兴起,在政治、经济、文化、科学等方面成为世界的领导者。1085年,一批基督教牧师聚集在西班牙的托莱多市,将在西方失传而在东方发现的古希腊典籍由阿拉伯文翻译成拉丁文,这批牧师史称经院学者。经院是基督教的学院,牧师是中世纪知识的垄断者,牧师研究的哲学是经院哲学。其基本任务是用繁琐空洞、形式主义的抽象推理来论证和维护基督教教义。经院学者的研究过程既不依赖逻辑也不诉诸经验,而是仅仅依靠信仰和权威——《圣经》和亚里士多德。简单地说,经院哲学就是用亚里士多德的思想注释《圣经》。

经院学派在封闭的王国研究抽象理论而忽视现实,其学说的特点是:① 理论与实践相脱节。② 基督教教义与教会及牧师实践相矛盾:教会宣扬禁欲,生活却奢侈淫逸;谴责大商业和高利贷,却极力积累财富,是最大的财产所有者。这就需要某种理论为其行为开脱,于是中世纪经济学最大的特点是辩护。

产生于自然经济时期的古希腊经济理论,即使是至高权威——亚里士多德的经济思想,都不适应中世纪商品经济发展的要求。经院学派的利息思想,成为现代利息理论的重要来源;对价值理论的探索是现代价值理论痛苦而漫长历史中的一个重要传统,是几种理论发展不可缺的重要环节。价值理论是在公平价格理论基础上发展起来的。熊彼特认为,中世纪思想家已广泛奠定了经济学基础。文艺复兴之后的思想家出于自负,忽视中世纪的成果,在很多领域另起炉灶,造成极大浪费,而且他们的研究成果不一定超出中世纪的水平。

一、阿奎那的经济思想

托马斯·阿奎那(Thomas Aquinas,1225～1274),意大利神学家;生于贵族家庭,后读于经院哲学重镇科隆大学,师从著名神学家、"全能博士"马格努斯;1259年任罗马教廷神学顾问和讲习。在他著作的每一页都引用亚里士多德的话,他被称为"基督教的亚里士多德",最大的贡献是以亚里士多德哲学为基础构建神学体系,除被誉为"中世纪经院哲学的百科全书"洋洋数百万字的《神学大全》外,还有四五百卷的《反异教大全》,勤奋使他早逝。1273年12月他在做弥撒时得到启示,"一生写下的这些东西几乎一钱不值,现在我等待着自己生命的终结",停止研究,未完成《神学大全》第三卷,3个月后去世。50年后他被教皇封为"圣徒""天使博士",被称为中世纪的"神学泰斗"、天主教最高哲学权威。

他的经济思想主要涉及农奴制、公平价格、货币、商业等。

1. 私有制是一种提高财产效率的制度

这是阿奎那受亚里士多德的影响而提出的。第一,"每个人对于获得仅与自身有关的东西的关心,胜过对所有人或许多别的人对共同事务的关心";第二,"当个人有他自己的事务需要照料时,人世间的事务就会处理得更有条理";第三,"如果个人都对自己的处境感到满意的话,可以使人类处于一种比较平和的境地",相反地,"在那些联合地和共同地占有某种东西的人们中间,往往最容易发生纠纷"。中世纪的财产私有潮流势不可挡。商品经济发展激发人的财富占有欲,教会是最大的财产占有者。

阿奎那进一步调和私有制与原始基督教教义的冲突,主张财产私有权属于私人,但使用权属于众人。所有者有责任通过慈善等途径将财产转移给他人使用。"上帝赐予我们的世俗财货,作为所有权是属于我们的,但对它们的使用,它们就不仅属于我们,也属于在我们的需要满足后还能救助的其他人们。"[①]

阿奎那的私有制观被新教创始人马丁·路德(Martin Luther,1483～1546)所继承和发展。路德认为,上帝青睐的主要尺度是他为社会创造财富的多寡。这一观念被韦伯高度评价为资本主义精神来源,新教改革塑造了资本主义精神。

他提出,占有和劳动获得财产权,馈赠可实现占有,劳动获得财产权。这一观点被17世纪英国哲学家洛克所继承,发展为劳动是所有权基础的学说。

2. 公平价格

"公平价格"概念由罗马帝国末期的奥古斯丁提出,但他没有充分论证。中世纪,较早论述"公平价格"的是阿奎那的导师马格努斯,在注释亚里士多德《伦理学》时,他发展亚里士多德的价值形式思想。在亚里士多德的"5张床=1间屋"的等式中,隐含床和屋所耗费的劳动相等的意思。但他的表述尚不明确。马格努斯根据日常生活中对商品交换的观察,把商品交换的平等归结为交换双方耗费相同劳动。马格努斯进一步将公平价格视为使生产的劳动耗费相等的价格。因为如果生产者在交换中不能补偿自己的劳动耗费,生产就无法继续进行。可见马格努斯已正确理解到商品价格与劳动耗费的关系。

阿奎那在一定程度上接受马格努斯的公平价格论,把公平价格视为商品与商品、商品与货币的均等,并且承认这种均等是以耗费劳动量为转移的。他还从宗教伦理的角度,强调买卖价格必须是公平的。他主张按与劳动量相符的公平价格进行交换。他是从维护封建主利

[①] 胡寄窗. 政治经济学前史[M]. 沈阳:辽宁人民出版社,1988:342.

益的角度反对商人贱买贵卖的,商人的贱买贵卖是榨取农民和手工业者,也是分享和夺取封建主的剥削收入。

阿奎那又把公平价格说成是使卖主获得"相当于他等级地位的生活条件"的价格。因为封建主也经常从不等价交换中获取额外收入,他就将商品价格与封建等级制联系在一起,从而割断商品价格与耗费劳动的关系。他进一步自圆其说:商品的公平价格不是绝对固定的,而是取决于某种评价,即取决于物品给自己带来的利益大小的评价,或者是对物品效用大小的评价。这样,他就将商品之间、货币与商品的均等解释为效用均等,而效用又是由人的主观心理来评价的。由此他推论说,当一个人急需某种物品时,买它就有利益,而另一个人卖它就有损失,这时,卖主将价格定得高于价值,也不违背公平价格。

有时,阿奎那又将价格说成是由市场供求关系决定的。他说,一个卖主把小麦拿到粮价较高的地方去出售,但如果有很多人都将小麦拿到这里出售,小麦就会降价,这样卖主得到的价格就低,这样的价格仍然是公平的价格。

3. 货币思想

阿奎那认为,自然经济是正常的,是人类幸福的根本。他反对货币关系,反对商业和高利贷;货币只是便利交换,起辅助和从属作用,不能成为社会财富的代表。他引用亚里士多德的见解,认为交换产生货币,交换是人们为了双方利益而进行的有意识活动。发明货币是为了衡量物品的价值。按照阿奎那的意见,货币的铸造权属于统治者,并且由统治者规定了货币的购买力。他就是这样利用货币名目论的观点来为统治者的贬损货币的政策做辩护的。在他看来,统治者有权铸造货币,也有权减轻货币重量和降低货币成色。

阿奎那认为,君主有铸造货币和规定货币购买力的权力,但货币应具有一定的重量和稳定的内在价值。中世纪每个封建主所铸造的货币仅仅具有地方性,当交换超出领地范围时,就要求货币足值。这种情况引起中世纪思想家对货币价值的认识具有二重性:货币价值是君主指定的价值,并为领地内铸币的贬损辩护;货币是商品,要求价值稳定。币值不稳定是一种商业危险。因为铸币的任务是要成为未来财富的担保,而在贬损以后,就再也不能成为可靠的担保了。

4. 商业思想

阿奎那虽同意早期教会的商业和商业利润罪恶论,但为了给经商的教会和封建主辩护,他又力图用诡辩方法和经院哲学的观点,证明大商业是合理的:从事贱买贵卖有两种情况免受道义谴责。第一,收入用于正当的用途,如"维持自己的家庭生活,或者帮助别人"。第二,合法地用高于买进的费用来出售一件物品,如果他原来买进时并无转手卖出的意图,而只是后来才希望卖掉它,并且在这个时期内,"他曾经对这些物品做了一些改进",或者,"由于时间地点的改变而价格有了变动",或者,由于"把这件物品从一个地方运到另一个地方是承担了风险的"。他认为,从这样的交换中赚到利润,是一种劳动报酬,而这些利润量必须足以满足商人有相当于他等级地位的生活条件。

5. 利息思想

阿奎那援引罗马法,将物品分为两类:一类是酒、小麦等"消费物";另一类是房屋、土地等使用而不被消费掉的"替代物"。前者的使用权和所有权是不能被分开的,只能把这类物品的使用权和所有权同时给予别人。出借这类商品不能收取利息,否则就是出卖不能分开出卖的东西,重复出卖同一件东西,或出卖并不存在的东西。第二类商品的使用权和所有权是可以分开的,出借这类物品可收取利息。货币属于前者,因此出借货币不能收取利息。

阿奎那的时代,罗马教廷和僧侣骑士组成的骑士团都是当时欧洲的主要高利贷者,特别是神庙骑士团,12世纪到14世纪初,一直是最大的银行机构之一。阿奎那为迎合教会和世俗高利贷者的利益,为放债取利辩护:由于出借人出借而蒙受损失,那么可以同借入人达成补偿协议而不致犯罪,因为这并不是出卖货币的使用权,而是避免损失;如出借人以合伙的形式,把货币委托给商人或手工业者,那么货币所有权仍然属于出借人,出借人冒着丧失本金的危险,可以索取部分利息,作为风险报酬。阿奎那关于利息是损失赔偿和风险报酬的说法,被后来的许多教会作家当作交换中应当遵守的公平原则加以承认。

二、阿奎那以后的思想

14世纪到15世纪,资本主义生产方式开始由其发源地意大利北部城市向法兰西、日耳曼乃至英格兰等地扩展,形成新的中心城市,各种资本主义经营管理方法如合资经营、股份制度、银行、复式簿记、汇票、信用证等相继产生。

由于英法百年战争引起的财政困难,法国君主们持续进行货币贬值。各种经济思想引起人们的关注,鲁昂学院院长奥雷斯姆(Oresme,1320～1382)的货币贬值观点最有代表性。

(1)《论货币的最初发明》(1360)是经济思想史上的第一部系统论述货币的著作。该书作者奥雷斯姆认为,由于物物交换经常产生纠纷,于是贤明人发明货币以利于交换。黄金是充当货币的最合适材料,这是由其易于携带、可以小量交换大量自然财富的属性决定的。为适应小额交换的需要,可用次优金属作为货币材料。

货币最初是以金属原形来流通的,每次交换均需称量,颇为繁琐而又易引起疑虑。故贤人将一定成色和重量的金属铸为定型的货币并刻上记印,以消除人们对它的疑虑。为进一步杜绝欺瞒,应将铸造权委托给具有最高权威的君主。货币铸造权虽委托给君主,但君主并非货币的所有者,货币是属于社会的。

货币贬值是犯罪。君主专断地变更货币比价,是将臣民财产强占为己有。由货币贬损而得来的财富是最不自然的,它比放贷取息更为不正义,君主使货币贬值是明目张胆的抢劫。奥雷斯姆认为,除非在以下两种情况下,货币可以贬值或改铸:一是流通的货币磨损太大,或者是外国低值货币的流通影响本国货币,可以收回旧货币另行改铸;二是比价的变更,当充当货币材料的各种金属的相对价值发生变动,例如金银的比价自发地发生变动,这时可以变更比价。

货币贬值的严重危害:① 币值不确定,人们不愿意使用金银购买,使流通手段不足;② 货币贬值使金银流失到国外,而外国人纷纷伪造劣币运进国内流通,促使货币混乱;③ 熔解旧币以铸造新币,总会损耗金属,使金银愈来愈少;④ 国内货币恶化,商人不愿意运进外国好货换劣币;⑤ 货币混乱使商人与工匠不知怎样进行交易,甚至君主与贵族的收入也与其他薪俸一样不能适当地确认与支付。他的这些分析类似于200年后劣币驱逐良币的格雷欣定律的内容。奥雷斯姆的结论是,君主以货币贬值取利,损害王权。

(2)法兰斯柯教团认为,货币经营业是合法有益的。如同其他产业要获得利润一样,经营货币应该获得利润,而利润来自利息。时间推移会对商品价值产生影响,赊销商品的价格高于现金交易。他们还认为,货币是一种特殊商品,特殊性是其可用于经营获利。如果货币所有者将其货币贷放出去,从放贷之日起开始,货币所有者失去其可能以货币获利的条件,故有权从开始之日起要求获得利息。这里已具有机会成本的概念和凯恩斯关于货币持有的投机动机观念。

卡罗律斯·莫利诺思(1500~1566)在《论契约与高利贷》一书中,论证高利贷利息。广义上,高利贷有两种:商业性的,通过缔约手续严格履行;二是惩罚性或补偿性的,到期不还应加以处罚。利息不应超过资产的最大收益额。

(3) 古希腊的德谟克利特、色诺芬和亚里士多德及神学家阿奎那均曾提及效用与价值的关系,而14世纪以后的学者才更为频繁地接触到效用价值问题。德国神学家奥利韦(Jean Olivi,1248~1298)指出,价值有三要素:有用性、稀少性和取悦买者的能力。商品均需具有客观上满足人的需要的能力。但是由于主观偏好,他可能对此类商品中某一方面的估价高于其他。商品越是稀少其价值越高。个人偏好和商品满足欲望的性质,对商品的价值起着很明显的作用。

经院学者、巴黎大学校长布里丹(Jean Polidan,1295~1358)认为,相对于需求而言的供给变动,影响消费者的效用程度的变化,从而影响价格。他说,满足人类需要是衡量交换事物的真正尺度,满足较大的需要其价值也较大。他已经认识到需求、效用和价格之间的关系。需求满足程度越低,欲望越强烈,单位商品效用越高,价格越高。这也是戈森定律的内容。

维也纳大学神学教授约翰尼斯·尼德尔(Johannes Nider,1380~1438)进一步发展效用价值论。他将效用区分为客观和主观的两种。客观效用是有用财货的内在实质,主观效用则是人们对财货有用状况的估计,而后者对市场公平价格或价值的决定起着极大的作用。他说,需要和愿意拥有某种商品的人数较多,而此商品的供给又少时,它总会估价较高并高价售出,所以,一件事物的正当价值依存于买者们或卖者们对其价格的考虑方式。

(4) 重视劳动是基督教的传统。在中世纪前期神父们只把劳动看成维持人类生存的必要条件。阿奎那开始将"劳动和费用"特别是前者作为公平价格的基本要素后,经院学者在涉及价格和价值时多因沿袭阿奎那之说而重视劳动,就连一些强调主观效用决定价格的神学家也不例外。尼德尔在强调主观效用决定价格的同时,把劳动作为衡量商品供给价格的尺度。

(5) 异教和农民起义的经济要求。恩格斯把异教划分为市民异教和农民平民异教。前者"要求恢复原始基督教的简单教会制度,取消独霸的僧侣等级"。后者"要求在教区成员之间恢复原始基督教的平等关系,并且承认此种关系也是市民社会的准则。它从'上帝儿女的平等'推论到市民社会时代平等,甚至已经多少推论到财产的平等"。他们的具体行动纲领是"要求农民和贵族平等,平民和城市贵族及特权市民平等,它要求取消徭役、地租、捐税和特权,它要求至少消除最不堪忍受的财富差别"[①]。

英国牧师约翰·博尔是农民起义的著名思想家,他指出,社会不平等不是与生俱来的,而是人为的制度造成的,号召人们起来打破封建制度,追求自由和普遍平等。约翰·迪士卡提出恢复早期基督教教会组织,取消私有制、一切封建特权和等级制,实行公有制。在他组织的社团中,人们彼此以兄弟姐妹相称,财产归社团所有,实行公共管理和平均分配。德国农民领袖托马斯·闵采尔不仅反对教会,而且主张消灭整个封建制度和一切剥削阶级,建立现世天国。

---

① 马克思,恩格斯.马克思恩格斯全集:第7卷[M].北京:人民出版社,1959:402-403.

三、法典、条例

(1)《萨利克法典》是在罗马法的影响下,法兰克王国创始人克洛维于6世纪初将本族不成文的习惯法修订成的成文法主要内容包括:① 确认氏族公社化,保障私人财产,耕地作为自由份地可世袭,盗窃、耕种他人田地、砍伐他人林木等受罚。② 规定身份差别和社会地位,法兰克人的地位高于旧居民罗马人,罗马人的地位高于半自由民和奴隶。③ 强化王权和封建统治秩序,规定处罚等。④ 保留聘礼、财产转移等古老习惯和氏族传统行为准则。

(2)《查理大帝庄园》是查理大帝于800年左右颁布的。它反映着西欧封建关系及封建庄园内部的管理:① 自然经济。庄园生产以农、牧两部门结合的方式进行,保留满足庄园生产、生活所需的各种手工业。② 封建等级管理。庄园的总负责是管家,协助管家的有称作侍从的庄头、马夫、收税员,有称作执事人员的看林人、守库人等。从事庄园生产的劳动者有:领有份地承担劳役的农奴、领有份地但具有自由身的贡户、没有份地的奴仆。③ 土地平均分配和使用是氏族公社的残余。④ 所有权与统治权合一。庄园领主是庄园的所有者和统治者。庄园内部设有"公平法院",体现着这种政治统治权。

(3) 威斯敏斯特条例是英王爱德华一世(1239~1307)颁布的三个影响重大的法律条例:第一条例(1275)规定教会可以占有土地;第二条例《限嗣遗赠法》(1285)规定地产世代相替地传给受地者后代,以防止土地分散,后来发展为长子继承制;第三条例《买地法》(1290)规定自由人自由转让土地。

本 章 小 结

古希腊和古罗马的经济思想维护奴隶制自然经济,增加奴隶主的财富。色诺芬、柏拉图关于财富和分工的思想,亚里士多德关于价值和经济伦理的思想,成为经济研究的出发点。阿奎那广泛研究财产、价格、货币、利息等经济问题。

思考题

1. 简述亚里士多德的经济思想。
2. 简述阿奎那的经济思想。

名词

柏拉图的"理想国"　公平价格

第二章　资产阶级政治经济学的前史
——重商主义

本章重点
- 重商主义的基本思想
- 早期重商主义与晚期重商主义的关系

重商主义是资产阶级最初的经济学说,是西欧资本原始积累时期代表商业资产阶级利益的一种学说和政策体系。马克思称重商主义是"对现代(指资本主义——引者)生产方式的最早的理论探讨"[①]。

重商主义体系是资产阶级政治经济学的前史,"真正的现代经济科学,只是当理论研究从流通过程转向生产过程的时候才开始"[②]。到了17世纪中叶,在社会经济生活中,由于工业资本逐渐取代商业资本起了支配作用,重商主义也就日趋瓦解,英国和法国先后产生资产阶级古典政治经济学。

第一节　概　　述

一、重商主义产生的条件与商业资本的经济作用

重商主义产生的经济条件是商品货币关系的发展。封建社会末期,自然经济开始瓦解,商品货币关系不断发展,生产者越来越多地为市场而生产,必然要求货币量增多。封建统治者为了追求豪华奢侈的生活需要货币,封建王朝为了支付巨额的军政费用需要货币,新兴的资产阶级为了实现资本原始积累需要大量货币,农民为了交纳地租也需要货币。总之,一切商品交换和收支都需要货币。因此,货币以及制造货币的黄金、白银成为人们追求的对象。

重商主义产生的政治条件是民族国家的形成。对外扩张需要理论支撑。意大利政治哲学家马基雅弗里(Machiavelli,1469~1527)认为,对外扩张是提高国际地位,实现国家安全及维护国内稳定、巩固国家政权的重要手段。

重商主义产生的思想文化条件是文艺复兴,用商人观点研究一切事物和现象。

在自然经济开始瓦解、商品经济不断发展和资本主义生产关系产生的过程中,商业资本"产生过压倒一切的影响"。商业资本的作用如下:

(1)促进社会分工和市场扩大,使商品生产发展更为迅速,加速自然经济的瓦解和小商品生产者的分化,促进资本主义生产关系的产生和发展。其中,有的商人从交换的中间人变为包买商,最后成为工业资本家。

---

① 马克思,恩格斯.马克思恩格斯全集:第23卷[M].北京:人民出版社,1972:151.
② 马克思,恩格斯.马克思恩格斯全集:第25卷[M].北京:人民出版社,1975:376.

(2) 15世纪末,新航路的开辟和新大陆发现,为资本主义发展开辟了新市场,西欧各国商业资本通过掠夺性外贸和海盗抢劫,积累大量的货币资本,成为发展资本主义企业的基础。

(3) 一定程度上影响新的国家政权。封建社会末期,西欧一些国家建立封建专制集权的制度,这些国家的国王与商业资本家利益一致,都希望消除历史遗留的封建割据。因为封建割据限制王权,限制商业资本的活动。因此,商业资本家支持国王建立强有力的中央集权制度,并要求国王能以强大的军事力量保护他们的外贸。而国王为维持庞大军队和宫廷奢侈的巨大开支,也依靠商人。于是,封建统治者与商业资本家结成联盟,其表现就是这些封建国家所实行的重商主义政策。由于商业资本在封建社会瓦解时期的作用举足轻重,必然导致反映商业资产阶级利益和要求的经济学说和政策——重商主义的出现。

二、重商主义的性质和基本思想

1. 性质

主张用人的观点,更确切地说,是用商人的立场来研究一切事物,寻找经济现象之间的联系。这是一个历史的进步。但重商主义者并没有深入经济生活的内部,寻找事物之间的内在联系,而是从商业资本运动的流通过程的表面现象出发,因此只是抓住经济生活的假象。重商主义者在研究经济问题时,深受欧洲文艺复兴时期人文主义(人本主义)思想的影响。长期以来,在西欧社会的思想领域中,宗教神学占统治地位,教会的神学家认为,神高于一切,而人是渺小的。人文主义者以"人"作为中心,用人性来反对封建的神性,用人权来反对神权,一切以人为标准,而不是以神为标准。

重商主义与古代西欧的经济思想不同,西欧古代的思想家,都或多或少受到亚里士多德"二分法"思想的影响。亚里士多德将经济现象分为经济和货殖两类。所谓经济就是有用的物品,即满足人们生活需要的使用价值,人们对它的需要是以人们的消费为限的。所谓货殖,就是无限地追求货币。与此相适应,人们的经济活动分为两大类,一类是追求经济财富;另一类是如何用货币赚取更多的货币,即货殖术。前者是自然合理的,后者是违反自然和受到谴责的。

重商主义"正确地说出了资产阶级社会的使命就是赚钱"[①]。

2. 基本思想

(1) 货币是最主要的甚至是唯一的财富。物质资料只有真正实现为货币时才是财富。国家经济政策和一切经济活动的目的统统归结为攫取金银。而封建主认为,财富就是物质资料和使用价值。

(2) 对外贸易和开采金银矿是财富的唯一源泉。国家保护外贸、"多卖少买",保持顺差,保证货币流进本国。

(3) 发展工业是增加出口的前提。重商主义对资本主义生产方式进行了最初的理论探讨,这种探讨在当时是符合商业资本家利益的,一定程度上促进资本主义生产关系的出现,积极推动了社会生产力的发展,也促进了市场经济的建立和发展,为古典经济思想的发展和完善奠定了思想基础。

总之,重商主义是对资本主义生产方式和正在形成的市场体制所做的最初的理论考察,其体系可概括为:主要目的是积累财富,主要财富形式是贵金属,主要获取金银的途径是外

---

① 马克思,恩格斯.马克思恩格斯全集:第13卷[M].北京:人民出版社,1973:148.

贸。因此国家应积极、主动干预经济生活。

但是，重商主义思想有许多是片面的，有些甚至是完全错误的。① 把金银与货币混为一谈。货币是商品生产和商品交换发展到一定阶段的产物，金银不是天然的货币，只有在一定条件下才成为货币。② 把财富与货币混为一谈。资本主义条件下，货币是财富，是财富的一般代表，但财富不仅仅是货币，在资本主义制度下，财富可以采取货币形式，也可以采取使用价值形式。重商主义者缺乏价值观念，不可能把表现为货币的财富与表现为商品的财富区分清楚，而是把两者绝对对立起来了。③ 把财富和利润的源泉归结于流通领域。价值是在生产过程中创造的，流通只不过是使价值得以实现而已。重商主义者从商业资本的流通公式，即货币-商品-货币（G-W-G′）出发，认为利润来自流通领域。他们只看到流通领域的表面现象，因而得出这个错误的结论。

第二节　重商主义发展的两个阶段及其代表人物

重商主义在其发展的过程中经历了两个阶段：15 世纪到 16 世纪中叶是早期重商主义阶段，16 世纪下半叶到 17 世纪中叶是晚期重商主义阶段。早期重商主义者和晚期重商主义者的基本观点是相同的，都把货币看成是财富的唯一形态，都把货币多少视为衡量一个国家富裕与否的标准，都主张多卖少买，实现外贸顺差，进而增加货币。但在如何实现外贸顺差的问题上，他们的主张和措施却是不同的。

一、早期重商主义

早期重商主义者主张采取行政手段，禁止货币输出，从而积累货币财富。在外贸上主张多卖少买，甚至只卖不买，以达到增加货币进而积累财富的目的。由于当时西欧各国商品流通的发展，货币的作用和地位急剧提高。因为当时的信用制度还很不发达，大部分交易都需要现金支付，因而积累货币就成为商业资本家事业成败的关键。当时许多西欧国家都根据早期重商主义者的主张，采取措施，甚至颁布许多刑罚严厉的法令，禁止货币输出。

早期重商主义者竭力控制货币运动，防止货币外流，使金银货币的收入必须大于支出，以达到积累货币的目的。因而马克思称他们为"重金主义"。他们对增加财富的见解，又被马克思称之为"货币差额论"。

英国早期重商主义的代表人物海尔斯在 1581 年以署名 W·S 发表的《对我国同胞某些控诉的评述》一书，是英国早期重商主义的代表作。这本书出版时，正值英国圈地运动高潮时期，也是大批金银从美洲流入欧洲的时期。贵金属流入使英国铸币贬值，物价猛涨，这就是价格革命。作者的基本主张是：第一，反对铸造和使用不足值的货币，这样做会导致本国足值的货币退出流通，并输出国外。第二，进口商品于国不利，进口本国能制造的商品害处更大。他坚决主张禁止进口外国工业品，特别是奢侈品，主张提高进口关税，保护本国工业，避免货币外流。第三，外贸要顺差，否则，货币外流，自己受损，别国致富。鼓励、扶植本国的工业，增加出口，显然这已超出早期重商主义的范围。但这些主张的目的是设法将货币保留在国内，防止外流，因此，属于早期重商主义的思想。

法国早期重商主义的代表人物是安徒安·德·孟克列钦（Antoine de Montchretien，1575~1622）。1615 年他在《献给国王和王太后的政治经济学》书中，第一次提出"政治经济

学"这个概念,并且提出以下重要的经济思想:

(1) 重视商业和商人。当时法国把人分为三个等级(1302年召开法国历史上第一次三级会议),第一等级是僧侣教士,第二等级是世俗贵族,第三等级是农民、工人以及城市小资产阶级、资产阶级,第三等级受到歧视。他明确地指出在第三等级中最重要的是商人,商业是国家经济活动的基础。

(2) 积累货币。一是反对外商在国内发展商业;二是积极发展国内工业,增加商品出口。他提出发展工业的措施:建立公立(国有)作坊;举办职业培训;引进外国先进技术,提高产品质量,提高出口商品的竞争力。

(3) 经商赚取利润是合情合理的、天经地义的。这是为商业利润辩护。

(4) 重视农民。孟克列钦认为,农民是国家的两只脚,国家的全部力量都落在这两只脚上,农民生活很苦,国王应给予关怀。

孟克列钦的上述主张,其中有的主张如发展本国工业,重视农民,已经超出早期重商主义的观点,是从早期重商主义向晚期重商主义过渡的表现。

二、晚期重商主义

早期重商主义和晚期重商主义都主张多卖少买,但前者强调少买,后者强调多卖,在顺差的前提下,允许大量购买外国商品,反对限制金银出口的法令。前者是控制货币运动,狂热要求积累货币;后者是控制商品运动,使出口多于进口,被称为"贸易差额论"。由于后者是在货币的不断运动中谋求货币增加,这种观点与商业资本的要求最相适应。后者还强调发展工业,增加出口,也被称为"重工主义"。前者是守财奴,后者是具有资本家的眼光的。

晚期重商主义代表人物是托马斯·孟(Thomas Mun,1571~1641),英国贸易差额论的创始人。他在《英国得自对外贸易的财富》中提出系统的贸易理论,此书是重商主义的"一部划时代的著作",是重商主义的圣经,主要内容如下:

(1) 商业职业是高尚的。经营对外贸易的商人是国家财产的管理者,只有外贸是增加国家财富和现金的通常手段,这就反映了当时商业资产阶级的利益要求。他说,英国没有金银矿藏,要获得金银,就要使每年出口的商品超过所消费的进口货。只要遵守这个原则,现金就会流入英国,财富就会增加。

(2) 输出货币,扩大外贸。取消禁止金银出口的法令。"货币产生贸易,贸易增多货币。"[①]这是根据他在东印度贸易公司的实践总结出来的。

(3) 采取一系列扩大商品输出的措施:

① 垦荒,积极增产经济作物,增加出口品原料,免除进口苎麻等货物的关税。

② 发展工场手工业,增加商品出口。出口取决于人口数量和技艺。

③ 少进口消费品,对某些进口消费品课以重税。对出口减免关税。他说:"在饮食和服饰方面不要过多地消费外国货,同样也可以减少进口货。"[②]

④ 发展转口贸易,买进国外商品再卖出去。"靠着别国的财物而发财。"[③]

⑤ 用本国船只运货出口,不但取得出口的利润,还可赚得运费和保险费。

(4) 竭力主张在外贸上排挤荷兰等国,垄断整个欧洲的贸易,称霸天下。

法国晚期重商主义的代表,路易十四的财政大臣让·巴·柯尔培尔(Jean Baptiste

---

①②③ 托马斯·孟.英国得自对外贸易的财富[M].北京:商务印书馆,1965:14;6;10.

Clobert,1619~1683)没有什么理论建树,只是推行一系列重商主义的政策。他认为,货币多寡决定国力强弱,因而提出一系列积累货币的措施:

(1) 积极发展国内工业。利用国家财力,兴办上百个"皇家手工工场",在他当政的20多年间,大的皇家手工工场的数量增加将近一倍,对私人手工工场发放贷款和补贴,免除捐税和兵役。鼓励外国技术工匠移居法国。

(2) 积极推行保护关税的政策,鼓励本国商品出口,同时限制外国手工业品进口。如1667年,把呢绒等进口税率提高一倍,而对原料则采用低税率。

(3) 积极发展商业,先后在国外设立东印度公司、西印度公司、近东公司、北方公司等海外贸易公司,建立庞大的海军舰队和商船队,加紧掠夺殖民地。在他执政期间,法国成为一个远洋贸易和殖民扩张的国家。

(4) 损害农民利益,禁止粮食和农产品出口,允许外国粮食和农产品进口,压低农产品价格,降低工业品成本,发展工商业,提高国际竞争力。

柯尔培尔的政策虽然促进了法国工商业发展,但使整个农业停滞不前以致破产,法国的财政经济面临严重危机,柯尔培尔因此下台,重商主义政策破产。

三、国家干预的经济政策

作为原始干预主义的重商主义体系,强调国家对国内外经济生活实行全面的、严格的干预是它的一个重要特征。在国际贸易上,重商主义实行贸易保护主义和严格的外汇管制政策,通过关税、限额、补贴和税收等办法限制外国商品,特别是生活奢侈品的进口和国内廉价原料的出口,以实现外贸顺差,获取和积累金银货币,使国家富强。在国内,重商主义者主张实行以下政策:

(1) 重视出口:大力发展生产出口制成品的工场手工业,奖励生产在国外市场有竞争力产品的厂商,发展本国工业,并限制为国内市场服务的部门。

(2) 低消费:征收消费税,对奢侈品课以高额进口税,限制国内消费,以积累更多的金银货币,为资本积累创造条件,为发展资本主义准备条件。

(3) 低工资:将工资压低到能够维持工人生存的最低水平上,通过压低工资和延长工作日的办法,为新兴的资本主义工商业提供足够而廉价的劳动力。

(4) 垄断:重商主义时期,封建王朝以法律的形式赋予大商业资本家建立垄断公司的权利,这些公司在国内外经济生活中享有种种排他性特权。商业资本通过封建王权的支持大大扩充了自己的经济实力,从而加速了资本主义的发展。

本 章 小 结

重商主义是第一个经济学流派,第一次旗帜鲜明地为经济利益进行辩护,从而为以关注经济利益为出发点的经济学研究的发展开辟道路。

思考题

早期重商主义与晚期重商主义有哪些异同?评述重商主义。

名词

重商主义　早期与晚期重商主义　重工主义　托马斯·孟　柯尔培尔

第三章 资产阶级古典政治经济学的产生

本章重点
- 古典政治经济学的性质;配第的经济学说及其地位
- 法国古典政治经济学与英国古典政治经济学的差异
- 布阿吉尔贝尔、坎蒂隆经济理论与重农学派的联系

17世纪以后,西欧封建社会内部的资本主义因素不断发展壮大,产业资本开始取代商业资本的地位,以三种方式出现:商人直接变为工业者;商人用小工头来做自己的中间人;工业者成为商人,直接为交换而生产。资产阶级生产方式及产业资本的发展为经济学分析进入生产领域提供了前提和基础。

第一节 古典政治经济学概述

一、古典政治经济学的产生

古典政治经济学是在批判重商主义中逐渐产生的。古典政治经济学理论体系取代重商主义体系的过程,与西欧社会中资本主义生产方式的产生与发展相伴。重商主义盛行时期,资本主义生产方式虽已萌芽并发展,但还处于弱小的地位,而商业资本在社会经济中占据重要地位。这个时期商业资本的发展大体是脱离生产而独立化的。马克思说:"流通过程使各生产部门通过一个第三者而互相结合起来,流通过程的这种独立化表明两种情况:一方面,流通还没有支配生产,而是把生产当作已经存在的前提。另一方面,生产过程还没有把流通作为单纯的要素吸收进来。"① 由于封建社会后期商业资本具有这种特点,因而,重商主义对资本主义生产方式的探讨未能深入其本质,只限于对流通领域中现象的描述。具体说来,重商主义考察了国内和国家之间的流通过程,主要从这种流通过程中探讨货币积累的途径。因此,重商主义虽能够提出某些在具体历史条件下具有合理性的政策,甚至能提出某些经济分析方法,如货币或贸易平衡分析,但还未能对经济范畴进行科学的分析。

古典政治经济学产生的直接原因是重商主义阻碍社会经济的进一步发展。重商主义无疑在历史上发挥过巨大的进步作用,但它毕竟是在封建社会后期,主要由封建专制政府推行的,要求国家给予强有力的干预和支持,依靠国家给予的各种特权,依靠各种垄断,特别是关税制度。在产业资本逐渐取代商业资本的条件下,有利于国家财富积累,有利于资本主义生产方式发展。同时,重商主义在西欧各国先后不同程度地遭到破产,引起社会经济的危机而衰退。在这种情况下,许多人开始关注和研究经济问题,出现探讨经济问题的热潮。一些思想家超越重商主义者眼界,到生产领域中去重新寻找国富民强的原因,这就导致古典政治经

---
① 马克思,恩格斯.马克思恩格斯全集:第25卷[M].北京:人民出版社,1975:367.

济学在 17 世纪中期的英国与法国产生。

当时没有职业经济学家,研究经济问题的主要有两类人——哲学家和医生。前者把经济作为一个系统,考察其内在联系;后者把经济作为生命有机体,考察其生理解剖学。在 17 世纪,有据可查的有关经济学的作品有 2000 多种;到 1776 年,数量上升到 5000 多种。这些著作大多是薄薄的小册子,主要是针对某些具体经济问题有感而发,或阐明观点,或想影响政策,均缺乏系统论述经济学的著作。然而,经济思想已经如此丰富,有必要利用这些素材构建政治经济学的理论体系。这项工作是亚当·斯密在 1776 年完成的。

二、古典政治经济学的性质及分期

古典政治经济学这一术语是马克思最早提出来的,并被后来的经济学家所沿用。古典政治经济学是自由资本主义时期对资本主义生产方式的理论考察,代表着产业资产阶级的利益。资产阶级古典政治经济学是在西欧资本主义制度由产生到成长阶段所形成的一种代表新兴资产阶级利益的经济理论。古典经济学维护资本主义的私有产权关系,认为资本主义制度是自然的和合理的,最有利于财富的增长。它把理论研究从流通领域转到生产领域,揭示资本主义经济生产、交换、分配和消费的一般规律;它推崇自由竞争的资本主义模式,强调竞争的市场力量使追求私利的个人为社会利益最大化做出贡献,奠定了经济自由主义的理论基础和政策主张;它还建立了政治经济学的理论框架,并提供了许多有用的经济分析工具。

古典经济学是经济学史上一个时期的经济思想和经济学说。但在不同的经济学家那里,古典经济学有不同的上限与下限,并被赋予不同的含义。经济史家马克·布劳格将 18 世纪中期到 19 世纪 70 年代之前的经济学确定为古典经济学,其代表人物有斯密、李嘉图、西尼尔、约翰·穆勒、马尔萨斯等。有的人把它规定为从斯密开始到 19 世纪 70 年代,即到边际学派出现为止。凯恩斯把它规定为从李嘉图的前辈开始到 20 世纪 30 年代,即到马歇尔和庇古等人为止。马克思把到他生活的时代为止的资产阶级政治经济学的发展,划分为两个阶段:古典政治经济学和庸俗政治经济学阶段,"古典政治经济学在英国从威廉·配第开始,到李嘉图结束,在法国从布阿吉尔贝尔开始,到西斯蒙第结束"[①]。

在马克思看来,古典政治经济学是指资产阶级政治经济学发展中的一个阶段,在这个阶段中包含科学的因素,而在 19 世纪 30 年代以后,由于阶级斗争的进一步发展,资产阶级政治经济学进入庸俗的阶段。

关于古典经济学家,马克思与西方经济学家的分歧主要有两点:一是对斯密以前的许多经济学家,马克思认为是古典经济学家,而一些西方经济学家仅把他们看作古典经济学的先驱。二是对于萨伊、马尔萨斯及其以后的一些经济学家,马克思认为他们是庸俗经济学家,而西方经济学家大多认为他们与李嘉图等人一样,是最初创立经济学理论体系的古典经济学家。本书在论述古典政治经济学时,采用马克思的规定,但同时也说明,经济学说史中的"古典经济学"术语,还有其他一些不同的含义与规定。

三、古典政治经济学的贡献

古典政治经济学在科学上的主要功绩是,根据马克思的观点,奠定劳动价值论的基础,

---

① 马克思,恩格斯. 马克思恩格斯全集:第 13 卷[M]. 北京:人民出版社,1962:41.

在不同程度上研究剩余价值的各种形式,如利润、利息、地租等,有的还对社会资本的再生产和流通做过初步的分析和探讨。古典政治经济学从"人的本性"出发,力求寻找和论证在社会经济生活中占支配地位的"自然规律",以及自然合理的社会经济制度。因此,一方面,它承认经济中存在不以人的意志为转移的客观规律;另一方面,又把这种规律及其制度看作永恒不变的,表现了它的历史局限性。但无论如何,政治经济学是具有科学意义的理论体系,正是在古典政治经济学基础上建立起来的。

古典学派在经济学说史上,第一次把理论研究从流通转到生产领域,研究资本主义生产关系的内部联系。其产生的前提:一是资本主义生产方式的产生和发展;二是无产阶级反对资产阶级的斗争尚未充分展开。因此,古典经济学较多地研究资产阶级和封建地主阶级利益的对立,但也不回避资产阶级和无产阶级之间的矛盾与对立,是同封建主义进行斗争的思想武器。

资产阶级古典经济学反映资本主义上升时期资产阶级的利益和要求,是资产阶级同封建制度及其残余进行斗争的理论武器,对于健全和巩固资本主义生产方式发挥过重大作用,也是马克思主义政治经济学的主要来源。它的自由放任思想还是现代市场经济理论的基石。

第二节 英国资产阶级古典政治经济学的产生

一、历史条件

17世纪,英国农业的资本主义经营与资本主义工场手工业几乎同时发生。圈地运动后,英国生产羊毛比生产谷物有利,所以大批土地被圈起来牧羊,工业发展大大增加原料和粮食需求,资本家纷纷租地买地从事商品生产。这样,农业生产逐渐转化为资本主义经营。但是,英国当时的农业存在封建土地所有制,工业中行会制度相当严重。旧的生产关系束缚生产力的发展,新兴的资产阶级和没落的封建地主阶级的矛盾日益尖锐,1640年英国资产阶级革命推翻封建政权以后,资产阶级和封建势力进行反复、激烈的斗争,最后达成妥协,实行议会制,议会限制国王权力,资产阶级取得部分权力,有利于资本主义的发展。

17世纪,英国的外贸也有很大的发展,特别是1588年,英国打败西班牙的无敌舰队以后,逐渐代替了西班牙的海上霸主的地位,建立很多海外贸易公司,掠夺大量资本,为国内资本主义的发展积累了原始资本。

17世纪,随着资本主义的发展,英国物理学、化学、生物学、数学等自然科学都取得相当的成就。哲学和社会科学领域,弗兰西斯·培根率先提出:人们要支配自然,必须掌握自然规律。而要掌握自然规律,又必须运用理性的方法,通过实验,深入现象内部,发现事物的内在联系。他说,感觉是知识的源泉,科学是运用理性的方法,整理感性材料,进行归纳、分析、比较、观察和实验。培根这种朴素的唯物论思想,在当时对一切科学的发展,包括对配第经济思想的发展,都产生了重大的影响。配第的研究方法是以事实、经验为依据的,并着重分析经济的数量关系,从大量的个别事实和材料推出一般,从而找出经济规律。

二、配第的生平、著作

威廉·配第(William Petty,1623~1687)是英国古典政治经济学的伟大创始人,马克思称他为"政治经济学之父,在某种程度上也可以说是统计学的创始人"①,而且称赞他是"最有天才的和最有创见的经济研究家"②。

配第生于小手工业者的家庭,14 岁开始独立谋生。1648 年获牛津大学医学博士学位,两年后被聘任为牛津大学勃拉斯诺医学院解剖学教授;1651 年始任英国驻爱尔兰总督亨利·克伦威尔的私人秘书和侍从医生,后来任爱尔兰土地分配总监,在土地分配中他自己分得 5 万英亩(1 英亩=4046.86 平方米)土地;1658 年被选为爱尔兰国会议员,斯图亚特王朝复辟以后,又投靠国王查理二世,取得男爵而成为新贵族。到晚年,出身贫贱的他已拥有 27 万英亩土地。他多才多艺,医生出身,而后成为数学家、音乐教授、测量师、造船技师等。政治上,他是毫无品德的,但这丝毫不影响他的经济理论建树,主要经济学著作有《赋税论》,1664 年写成《献给英明人士》,1672 年前后,运用数学和统计学方法写成《政治算术》,1682 年写成《货币略论》。他是英国与土地贵族有密切联系的资产阶级利益的代表者,建议加速劳动者与土地的分离。他力图证明英国负有征服世界市场的使命。

三、价值理论

价值思想的源头,亚里士多德最早发现:5 张床=1 间房子,或 5 张床=若干货币。他指出,这两种不同的东西能按一定的比例互相交换,说明它们之间有一个同质的东西,限于时代,他不可能回答同质的东西是什么。在中世纪,阿奎那提出的"公平价格",是买卖双方都不致吃亏的价格。不吃亏就是要与耗费的劳动相符合。他还认为物品的价格取决于它的效用大小,取决于人们对物品的某种评价。用主观评价来解释"公平价格",实际上否定"公平价格"。

配第在近代经济学说史上,第一个提出价值来源于劳动的思想。

(1) 区分自然价格和市场价格。自然价格,实际上是指商品的价值。他遵循培根的方法,从现象出发,找出本质联系。市场价格的中心是自然价格。"自然价值的高低,决定于生产自然必需品所需要人手的多少。"③这表明实际上他已看到自然价格是由生产商品时耗费的劳动决定的。他举例:"一个人在能够生产 1 蒲式耳(1 蒲式耳=36.268 升)谷物的时间内,将 1 盎司(1 盎司=28.3495 克)从秘鲁的银矿采出来的白银运到伦敦来,那么,后者便是前者的自然价格。"④他把价值的决定同劳动时间相联系,耗费的劳动时间相等,是交换的基础。

(2) 认识到价值与劳动生产率成反比例。

(3) 认识到分工提高劳动生产率,从而降低商品价值。

(4) 看到简单劳动与复杂劳动在价值形成上的不同作用。他认为,有技术的人比没技术的人在同样的时间创造的价值多。他在《爱尔兰的政治解剖》一书中假定:使用简单劳动,1000 天能够耕耘播种 100 亩(1 亩=666.7 平方米)土地。再假定能用 100 天的时间来研究、制造出一种新的工具,在其余 900 天却耕耘了 200 亩土地。这样有技术的一个人做的工作,等于没有技术的两个人做的工作。

配第对价值理论有重要的贡献,但仍存在下述很大缺陷。

---

① 马克思,恩格斯.马克思恩格斯全集:第 23 卷[M].北京:人民出版社,1972:302.
② 马克思,恩格斯.马克思恩格斯全集:第 3 卷[M].北京:人民出版社,1995:579.
③④ 配第.赋税论[M].陈冬野,译.北京:商务印书馆,1981:88;48.

(1) 没有把商品的价值、交换价值和价格三者区分开来。他虽认识到谷物、白银两种商品交换的基础是劳动,是由它们所耗费的劳动量决定的,但在举例说明时,他不是用谷物本身在生产中所花费的劳动量来决定谷物的价值,而是用与谷物相交换的白银在生产中花费的劳动量决定谷物价值,实际上是由商品包含的劳动比较量决定商品的价值。就是说,他还没有把价值同交换价值区别开来。因为白银就是货币,实际上又讲的是用货币来表现谷物的价值,即谷物的价格。可见,他也没有区别交换价值和价格。

(2) 没有始终坚持劳动价值论的观点。配第有一句名言:"土地为财富之母,而劳动则为财富之父和能动的要素。"就使用价值的生产或生产力发展来说,这句话完全是正确的;从价值的生产和决定看,它却是错误的。而配第的这个表述同时又是用来说明价值的。这样他就提出价值的两个尺度:劳动和自然。他说:"所有物品都是由两种自然单位,即土地和劳动来评定价值的,换句话说,我们应该说一艘船或一件上衣值若干面积的土地和若干数量的劳动。理由是,船和上衣都是土地和投在土地上的人类劳动所创造的。"[①]土地和劳动决定价值,要在这两者之间找出一个换算的标准,他用每天的口粮作为共同单位,来说明土地与劳动之间的等价关系。假设把一头小牛放在一块两英亩大的未开垦的土地上放牧,一年之内,这头牛增加牛肉为100斤,够一个人食用50天,这就是说,这块土地不借助人力生产了50天的口粮,这50天的口粮就是这块土地生产的价值,等于这块土地一年内的地租。他又假设一个人在同一块土地上劳动一年,生产出60天的口粮,多出来的这10天的口粮,就是这个人的劳动生产的价值,等于这个人的工资。

配第从土地和劳动的均等关系出发,认为衡量价值的已不是劳动,口粮是衡量土地和劳动的共同单位。他说:"一个成年人平均一天的食物,而不是一天的劳动,乃是衡量价值的共同尺度,它似乎是和纯银价值一样稳定而不变的。"就是说,他已经是用工资来说明商品的价值了。

综上所述,配第最早提出劳动决定价值的观点,这是他的贡献。但是,他的劳动价值论是不彻底的、杂乱的、前后矛盾的。他混淆了价值、交换价值和价格,他不能认识和区分劳动的二重性,以至从劳动决定价值出发,又转到土地和劳动共同决定价值,最后又转到口粮或者工资决定商品的价值。

四、分配理论

配第在提出价值论的同时,又提出他的工资理论,目的是为了替当时英国资产阶级政府规定最高工资提供根据。1349年爱德华三世时,英国曾颁布法律,规定工资的最高限额。1648年,英国又制定工资的最高限额。如超过规定限额,工资的支付者和领取者都要受罚,领工资的工人要受更重的处罚。

配第依据培根的方法,要寻找事物的内部联系,他要在法律规定的工资后面,寻找工资的自然基础。他认为工资的自然基础是维持工人生活所必需的生活资料价值。若工资增加一倍,那么他只要做一半的活就能够维持生活,这样比原来少劳动一半时间,社会就损失一半的劳动时间。但是,工资也不能低于工人所必需的最低限度的生活资料,否则工人生活得不到保证。他认为,工资高于或低于维持工人生活所必需的生活资料的价值,都是对资产阶级不利的。

[①] 配第.赋税论[M].陈冬野,译.北京:商务印书馆,1981:42.

配第的工资理论,实际上把工人每日的劳动划分为两部分:必要时间、剩余时间,有酬的、无酬的。其中包含了剩余价值思想的萌芽,这是值得重视的。

配第在工资理论的基础上,又进一步提出地租理论。他认为地租是土地生产物扣除生产费用以后的余额。生产费用是指种子和工资。他说的地租就是全部剩余产品或剩余价值。他把地租的本质视为剩余产品或剩余价值,说明了地租的来源,这是正确的。但是,他把地租量和剩余价值量等同起来,这是错误的。

配第还第一次论述地租和工资的对立关系。因为生产资料的价值是既定的,所以地租的多少就取决于工资的多少。在劳动生产率不变,谷物价格(产品价值)不变的情况下,工资愈多,地租愈少;工资愈少,地租愈多。

配第还对级差地租问题进行了初步论述。他讲到土地位置差别形成的级差地租。他也提到形成级差地租的另一个原因,即土地肥力不同,因而在同等面积的土地上,劳动生产率不同,产量不同,从而形成级差地租。马克思指出:"配第比亚当·斯密更好地阐明了级差地租。"①但配第混同地租和剩余价值,不能了解地租的本质,因此,他并没有建立起较为完整科学的地租理论。

配第认为,利息与地租一样,都是剩余价值的形式,而利息是由地租引申出来的。他认为,出租土地可收地租,货币贷放也应收利息。他认为利息就是使用别人的资本而支付的报酬,正像使用别人的土地支付地租一样,前者称为货币租金,后者是土地租金。他认为,利息既然由地租引申出来,就不能低于地租。否则人们宁愿购买土地收取地租。若某项贷款有风险,利息还要高一些。

他还指出,利息水平决定于货币供求,货币供过于求,利息就低;货币供不应求,利息就高。他把利息看作与地租一样是合理、自然的,在当时对促进资本主义的发展具有重要的意义。在中世纪,地租是合理、自然的,而利息却被认为是不合理、不自然的。配第认为,利息同地租一样公道、合理,符合自然要求,这就为资产阶级在利息形式下剥削剩余价值找到了依据。他的利息理论是反对高利贷的,高利贷的利息是没有限度的,而资本主义利息是有限度的。

但是,配第认为利息的高低取决于地租,这是不对的。他把利息的变动看作取决于流通中货币量的变动,这是错误的。他把货币与借贷资本相混同,认为利息率是由平均利润以及货币的供求状况决定的。

配第又从地租引出地价。他所处的时代,土地已开始买卖。17世纪,英国连年战争,开支很大,经常大量出售土地,到1654年,出卖的封建领地已达全部领地的50%以上。土地价格的自然基础是什么?配第的地价理论是建立在地租理论的基础上的,如果出卖土地,就是等于放弃收租权。他的结论是:一块土地的价格应该等于21年的地租额。他根据当时英国人的平均寿命计算,祖孙三代同时在世的相隔时间是21年,如祖父50岁,父亲28岁,孙子7岁。他进一步解释说:"很少有人会考虑再下一代的子孙。因为一个人做了曾祖父,他就已接近死期,因此一般说来,在直系亲属中能同时生存的,只有上述三代人。虽然有的人40岁就做了祖父,但也有些人要到60岁以上才会当祖父。这种说法,也适用于其余的人。"②

配第把地价的高低与人的寿命这种自然因素联系在一起的做法是错误的。但是,他把

---

① 马克思,恩格斯. 马克思恩格斯全集:第26卷[M].北京:人民出版社,1972:385.
② 配第.配第经济著作选集:赋税论[M].吴斐丹,张草纫,译.北京:商务印书馆,1981:43.

地价看作出卖地租的收入,实际上提出了土地价格"不过是资本化的地租,即一定年数的年租,或者说,一定年数的地租总额"①。

配第把经济增长的原因归结于劳动生产率提高、劳动者人数增加和合理的赋税。他主张不向资本征税和实行消费品进口税,鼓励生产,限制消费。

配第对政治经济学这一门科学的建立,立下了不可磨灭的功绩。

第三节　布阿吉尔贝尔的经济学说

一、法国古典政治经济学产生的历史条件

法国古典政治经济学的产生比英国古典政治经济学稍晚,代表人物是皮埃尔·布阿吉尔贝尔(Pierre Le Pesant,sieur de Boisguilbert,1646~1714),生于法国里昂。在他的时代,英国资本主义制度已初步建立,而法国却还是封建主义生产关系占统治地位,资本主义生产关系还处于萌芽状态。17世纪,法国已出现几十个规模较大的手工工场,封建制度开始走向没落。路易十四独断专行,穷奢极欲,大兴土木、建筑豪华的凡尔赛宫,对各地贵族封以高官。农民每年既交纳占自己生产的1/4到1/2的产品的地租,又交纳买卖税、耕种税、市集税、过桥税、渡船税、遗产税、捕鱼税等苛捐杂税,甚至连牲畜过路时扬起灰尘也要交"尘埃税"。捐税多而不公平,穷人多纳税,富人少纳税。路易十四发动两次对外战争,战争耗费使农民破产,全国60%的人靠乞讨为生,其余40%的人只有10%的人日子好过,另外20%~30%的人日子也难过。农村经济全面衰退,严重限制和破坏工商业发展,路易十四时期推行的重商主义政策全面破产。法国工商业是靠牺牲农业而发展的,因而农业和工商业的利益是根本对立的。这样,法国的一些思想家要求农业重于工商业,这就使法国的经济学研究、法国的古典政治经济学是在与重商主义尖锐对立的情况下产生的。

二、布阿吉尔贝尔的经济学说

布阿吉尔贝尔是法国古典政治经济学的创始人,他在担任里昂地方议会法官时,接触了不少农民案件。他深刻认识到农村经济衰落和农民生活贫困的现实。这使他主张改变政府的重商主义政策,把农业提到优先于工商业的地位,他声称自己是农业的辩护人,是为农民说话的。

他像配第一样,并没有建立完整的经济理论体系,他的一些重要经济理论观点,都是针对当时法国社会经济状况而提出的意见和建议。

1. 重视农业

布阿吉尔贝尔认为,国家经济崩溃,农民生活困苦,是牺牲农业的结果。农业是各行各业的基础,一切财富都是源于种地,只有农业能够创造财富,法国的200个行业,都是由农业提供产品的,以农业为来源。土地荒芜,农业衰落,各行业必然随着衰落,所以要重视农业。这一点与重商主义是截然相反的,法国古典经济学一产生,就与重商主义相对立,是作为重商主义的对立物出现的。

---

① 马克思,恩格斯.马克思恩格斯全集:第26卷[M].北京:人民出版社,1972:383.

布阿吉尔贝尔指出,谷物具有两面性,同时产生两种截然相反的效能:一方面,它给人提供食物,养活没有口粮就要被饿死的人们;另一方面,它供给地主将多余谷物出卖以购买奢侈品。根据第一方面的利益,要求谷物数量多而价格低廉;根据第二方面的利益,要求谷物数量多但价格也高。因此,谷物贸易与其他商品的贸易相比,具有自己的特点。其他商品有两个特点:存在可替代商品和非必需品。谷物则不然:农民不卖他的粮食不行,人又不能不买粮食。这两个非遵守不可的条件就使谷物价格常从一个极端走向另一个极端,即常从极高转为极低,或从极低转为极高。他说:"卖价低贱必然会带来的后果就是谷物价格非常高涨,这使人不能不感到惊骇,其惊骇的程度与在一种完全相反的情况下所遭遇的相同;谷价之所以奇昂,其唯一的根源是来自谷价低贱。"①

布阿吉尔贝尔根据他的价值论,坚持自由贸易,反对谷价偏低或偏高,特别是反对谷价偏低。"由于谷物的过分高价所造成的不幸和由谷价低贱所造成的不幸是同一样的东西:如果说一个是尖刀,另一个就是毒药。"②他极力反对重商主义降低粮价的政策,"谷价低贱造成的损失甚至比饥馑更加惨重"③。为保护农民,他甚至主张实行农业保护政策,禁止谷物进口,主张谷物自由输出。

2. 均衡生产

布阿吉尔贝尔认为,增加财富的重要途径就是保持各个部门之间的平衡。因为国民经济"形成一条财富的链条,只有组成链条的各个环节连接在一起的时候才有价值,一旦从中脱掉一个环节,它们就会失去价值,至少会失去最大部分的价值"②。各种商品的价格应始终保持一定的比例,以使经济平稳地发展。他从另一个角度论述劳动决定价值的原理。配第在市场价格的背后找出自然价格,引出劳动决定价值。他则从市场价格的背后寻找真正的价值,他所说的真正价值,实际上是交换价值,就是指个人劳动时间在各个不同生产部门按正确的比例分配时所决定的价值。在他看来,生产商品的每个人的劳动时间必须按一定比例分配在各个生产部门。否则,比例失调,某些商品就不能实现其价值。如果某个部门的劳动过多,商品价格就下降,使得劳动从这一部门转移出去。相反,如果某个部门的劳动过少,商品价格上涨,就会吸引一部分劳动到这个部门来。这样,通过自由竞争,使劳动得以按正确比例分配到各个生产部门,交换价值得以由各部门生产商品的劳动时间决定。

布阿吉尔贝尔在价值论上的贡献是,认为交换价值是由劳动时间决定的,并在自由竞争中形成了劳动正确比例关系。这一富于创见的思想,实际上涉及了第二种含义的社会必要劳动时间。

3. 反对货币

布阿吉尔贝尔反对重商主义政策和财富观。他认为货币不是财富,只是流通手段。在价格比较稳定的情况下,货币可以不用金银,而用纸币来代替。在他看来,只有使用价值才是财富,只有农业才是财富的真正来源。如果一个国家金银很少,但特产丰富,生活会过得很好。这种观点和重商主义是相反的。但他不承认货币是劳动创造的财富的一部分,具有片面性。他认为货币不仅不是财富,而且会给社会带来祸害,是杀人的刽子手,是社会不平等的根源和一切社会罪恶的根源。因为货币破坏了按比例交换,由于商人拼命追求货币财富,既剥削出售者,又剥削购买者,破坏了等价交换。

布阿吉尔贝尔狂热反对货币,他主张保存商品生产却又同时取消货币。列宁说:"布阿

---

① ② ③ 布阿吉尔贝尔.布阿吉尔贝尔选集[M].伍纯武,梁守锵,译.北京:商务印书馆,1984:232;230;226.

吉尔贝尔不懂得货币和商品交换的不可分割的自然联系,不懂得它是把'资产阶级劳动'的两种形式当作敌对因素对立起来。"①布阿吉尔贝尔对一种形式的资产阶级劳动进行激烈地攻击,对另一种形式的资产阶级劳动大加赞美。他的观点正是法国资本主义经济关系不够发达、小生产仍占重要地位的反映。

4. 自由放任

布阿吉尔贝尔主张经济自由放任,人们只能按照自然规律办事,否则就会受到惩罚。他说,如果人们"违抗了大自然的规律,尽管是由于纯粹的无知,正如我们已经屡见不鲜的那样,大自然将会对违抗者施加惩罚不稍稽延"②。

他认为必须对税制进行大改革。他详细说明以比例或轻微累进税制去代替旧的累退制。在旧的税制下,一个人的收入越多,税率越低;在比例制度下,税率一样;在累进制度下,税率则随收入的提高而增加。他的设想在当时意义特殊,当时教会是完全不纳税的,布阿吉尔贝尔要他们纳税,只是税率低于穷人而已。

布阿吉尔贝尔从重农立场出发,批判重商主义,是重农学派的先驱。他的经济观点后来为重农学派所继承和发展,成为一个完整的重农主义理论体系。

第四节 坎蒂隆的经济学说

一、生平、著作

理查德·坎蒂隆(Richard Cantillon,1680~1734)是17世纪末18世纪初的古典经济学家。他生于爱尔兰的一个贵族家庭,先在伦敦经商,1716年移居法国,在巴黎从事银行和贸易业务。由于他精通金融业务、十分勤勉,在很短时间里业务发展得很快,由此受到法国的财政大臣、投机家约翰·罗的妒忌。当时法国正在实施"罗氏制度",罗氏公司发行大量股票。罗威胁坎蒂隆,要他离开法国。迫于无奈,他购买大量罗氏公司的股票。但后来他在一个适当的时机把股票全部抛出,获得巨额利润。此后,他放弃在他看来比较危险的金融业务,与人合办一家普通贸易公司。以后他移居荷兰,后定居伦敦。1734年5月14日,坎蒂隆在伦敦阿尔比马尔大街的寓所里被人谋害,房屋也一起被焚。

坎蒂隆生于爱尔兰,是英国公民,但在法国度过大部分生涯。他的经济研究也大都以法国为对象,他的经济思想对法国重农学派影响重大。他被归于法国学者的行列。他一生唯一的也是重要的经济学著作是《商业性质概论》,包括三部分:第一部分共17章,涉及价值和市场价格、地租、工资等政治经济学的一般理论;第二部分共10章,主要讨论货币问题;第三部分共8章,主要考察外贸问题。坎蒂隆使政治经济学开始初步形成理论体系。

坎蒂隆的经济思想在很大程度上受配第的影响,但由于他长期生活在法国,考察法国欠发展的资本主义生产关系,使其经济理论的重农主义色彩浓厚,在农业这一领域考察政治经济学的一般理论,使他成为法国重农主义的先驱。

---

① 列宁.列宁全集:第2卷[M].北京:人民出版社,1984:164.
② 布阿吉尔贝尔.布阿吉尔贝尔选集[M].伍纯武,梁守锵,译.北京:商务印书馆,1984:232.

二、一般经济理论

坎蒂隆考察的是法国不充分发展的资本主义生产关系,因而他对于资本主义经济范畴的说明,都带有不成熟的特点。

1. 价值理论

他在《商业性质概论》开头的第一句就提出:"土地是所有财富得以产生的源泉或质料。人的劳动是生产它的形式;财富自身不是别的,只是维持生活、方便生活和使生活富裕的资料。"①这个关于财富的定义一开始就表现出与重商主义的根本对立,相对于重商主义把财富等同于金银货币的观点来说,这是一个巨大的历史进步,为把资产阶级经济学的研究从流通领域转向生产领域提供前提。

坎蒂隆认为,土地和劳动决定一切物品的价值:"任何东西的内在价值都可以用在它的生产中,所使用的土地的数量以及劳动的数量来度量。"②他确认任何物品都具有内在价值,有积极意义。不过他对内在价值的理解则是不正确的,明显地受到配第错误命题的影响,将土地和劳动看作共同决定价值的因素。尽管他有时也认为某些商品的内在价值只由劳动决定,另一些商品的价值只由土地决定,但他的基本观点仍然是,土地和劳动共同决定价值。他的错误在于混淆价值和使用价值,把创造价值的因素和与创造物质财富的因素混为一谈。他的错误还由于受到重农主义偏见的束缚,认为土地是创造价值的一个因素。

坎蒂隆虽然在价值决定问题上不是完全正确的,但他却对物品的内在价值和市场价格之间的关系做了基本正确的考察:物品的内在价值和市场价格并不总是相等的,市场上供求关系的变动,会使市场价格有时高于、有时低于其内在价值。他举例说,虽然谷物的真实价值等于生产这些谷物所使用的土地和劳动的价值,但是由于谷物有时过于充裕,有时过于稀缺,从而使其市场价格有时低于、有时高于其内在价值,即造成谷物市场价格的上下波动。不过他认为,在组织完善的社会中,物品的市场价格不会过于偏离其内在价值。市场价格是围绕其内在价值而上下波动的,这表明他已经初步认识到价值规律的作用形式。

2. 工资理论

坎蒂隆接受配第关于工资应等于最低限度生活资料价值的说法,并对最低限度生活资料价值做了具体说明。他首先考察农业劳动者的劳动价格,一个最不熟练的普通劳动者的劳动价值,至少应等于庄园主用于给他提供食物和生活必需品的土地数量加上为把一个孩子抚养到能够劳动的年龄的土地数量的两倍。这就是说,一个普通农业劳动者的劳动价值,应等于维持他生活所需要的土地产品的两倍。他将这一点推而广之,认为手工业者的劳动收入的价值,是由土地产品量决定的,即等于他们所消费的土地产品的两倍。不过他认为,手工业者的收入通常高于农业劳动者的收入。他还考察了不同的工资形式,注意到计件工资和计时工资的区别和联系。他认为,帮工一天能完成多少工作,业主心中大体是有数的,往往根据他们的工作量支付报酬。因此,即使没有监督,这些帮工为了切身利益也会尽量劳动。这里,坎蒂隆已认识到计件工资仍然是受到工作日长度制约的,实际上把计件工资看作计时工资的转化形式。坎蒂隆的工资论对后来的经济学家影响很大,特别是为斯密所接受。

---

①② 坎蒂隆.商业性质概论[M].余永定,等译.北京:商务印书馆,1986:3;21.

3. 货币理论

坎蒂隆正确地认为,货币同其他商品一样,具有内在价值:"像其他任何东西一样,金属的真实价值或内在价值同在金属生产中所使用的土地和劳动成比例。"① 同当时流行的名目主义货币论相反,他坚持认为,金银也具有内在真实价值,即生产金银时耗费的土地和劳动。他已经接近正确地理解货币的本质了。从这一认识出发,他考察货币的起源和作用:交换中,人们需要寻找共同尺度,衡量交换的商品比例和价值,这种共同尺度即交换价值,也即货币。历史上,如铁、铜、银、金等金属都充当过共同的价值尺度,最后只有金银固定地充当货币。"黄金和白银具有体积小、质量相同、易于运输、可分割、在分割时不会造成损失、易于保管、用它们制造的物品美丽而且明亮、几乎可以无限期地使用等特性。"② 所以,各国都用金银作为货币。他出色地论述金银充当货币材料的必然性,还说,由于金银具有同在它们的生产所使用的土地和劳动的数量成比例的价值,从土地和劳动的角度看,必须在实际中同它们所交换的物品相等。

坎蒂隆还考察流通中的货币量和价格之间的关系,他是早期货币数量论的较为完整的表达者。虽然他认为货币和商品在流通之前都必须具有内在价值,这一点使他与其他货币数量论者相区别,但是他还是明确提出了"一国中货币的丰裕与稀缺永远会提高或降低交易之中的一切东西的价格"③ 的观点。

坎蒂隆论述,货币增加引起价格上涨。一国流通货币量增加可由下述原因引起:"在该国发现的贵金属矿藏的开发,外国提供的津贴,外国人家庭的移居,外交使节和旅游者的驻留,而最重要的是经常性的年度贸易顺差。"④ 他认为,任何原因引起的流通的货币量增加,都会引起商品价格上涨。因为如果流通货币量增加是由开采金银矿引起的,则金银矿的所有者、企业主、矿主和所有工人的收入将增加,从而使其按一定比例增加开支,商品需求增加,最终导致一切物品的价格都普遍上涨。如果流通中的货币量的增加是由对外贸易的顺差所引起的,则一切从事与外贸有关的商人的收入增加,并且使为外国人提供商品的大批工匠等得到就业机会、增加收入,从而最终引起消费增加和物价上涨。

他的货币数量论是流通货币量增加与物价上涨之间不成严格的比例,"如一国中的货币数量增加了1倍,产品和商品的价格并不总是随之提高1倍"⑤。流通中货币量增加所引起的物价上涨的程度,取决于增加货币量所造成的消费和流通状况的变化,而这一变化在不同的商品方面,情况是不一样的。他的上述分析在货币理论史上占有重要地位。

4. 利息理论

在坎蒂隆以前的经济学家中,特别是在配第那里,利息是地租的一个派生形式。坎蒂隆正确地将利息与利润联系起来考察,并认为利润是利息的基础,虽然他对利润的理解并不十分准确。他提出,货币所有者之所以愿意把钱贷放给借款人,是因为他预期借款人将会有一笔很高的利润,"这一利润必然同借款者的需要与放贷者的担心和贪欲成比例,我以为这就是利润的来源"⑥。他进而认为,利息就是以业主所能获得的利润为基础的。

坎蒂隆还说明了一国利息率水平的决定。他不同意当时流行的一种观点,即认为一国中货币量的增加将压低该国的利息率,原因是货币充裕的时候借钱较容易。他认为,这种观点并非永久正确,一国利息率受多种因素的影响,如业主数目、预期利润、贵族和土地所有者的巨大开支等。与同时代的其他经济学家一样,他反对国家人为地规定利息率。他提出,如

---

①②③④⑤⑥ 坎蒂隆.商业性质概论[M].余永定,等译.北京:商务印书馆,1986:47;53;101;85;83;94.

果君主希望用法律调节利息率,这一调节必须以大致相当于现行市场利息率为基础,否则法律不会生效。

三、重农主义思想的萌芽

坎蒂隆的一个重要贡献,是他最早较为系统地论述重农的经济思想。他的代表作名为《商业性质概论》,但更多论述的是农业问题,特别是与土地耕种有关的问题,阐述一系列关于农业的重要思想,成为法国重农主义的先驱。重农学派的主要代表人物魁奈和米拉波都曾宣称他们的某些思想直接得益于坎蒂隆。他的重农主义经济思想主要体现在以下方面:

1. 农业是国民经济的基础,土地耕种是一国居民生存和致富的源泉

从他的自然物质观出发,极力强调农业特别是土地耕种在社会经济中的地位。土地是一切产品的物质基础,劳动是它们的形式,那么,一个国家的所有阶级和居民的消费最终都来源于农产品。他把农业年产品分为三份:① 土地所有者的地租;② 农业雇佣工人的工资和维持生产的原材料价值;③ 租地农场主的利润。坎蒂隆说,一国居民的生活资料"不是来自租地农场主保留的2/3,即来自剩给地主的那1/3,总之是来自土地所有者的土地"③。他还认为,在一种经济制度中,有权处置地产的是土地所有者,是他们推动整个经济,使之向最有利的方向发展。他由此认为,在一国中只有土地所有者是天然独立的,所有其他阶级不论是业主还是受雇者,都不是独立的,他们必须依靠土地所有者来维持生活和致富。

坎蒂隆关于农业劳动和土地产品使一国经济得以运转的观点,成为魁奈等人的思想基础之一,也为重农学派的纯产品理论提供了直接的思想来源。因为他所说的"真正地租",实际上就是指农产品中扣除了种子、工资和利润后的余额,这在剩余价值发现史上是有积极意义的。但由于当时农业资本主义生产关系发展还不充分,坎蒂隆的分析还存在许多缺陷。他以对土地所有者的极力推崇的形式来表现重农。例如,地租本来是农业雇佣工人的剩余劳动创造的,却被他归功于土地所有者的土地。又如,租地农场主才是农业生产的真正组织者和经营者,推动着整个经济的发展,但在他看来,大家却是依赖土地所有者的。

2. 社会总产品流通的初步考察

坎蒂隆第一次系统考察了农业年产品如何经过流通而在社会各阶级之间进行分配的过程,初步阐述土地所有者的支出和国民生活的关系。由于他已在事实上把一国的居民区分为租地农场主、城市手工业者和土地所有者三部分,因此他就能够正确地考察一国全部农产品如何在这三个阶级之间进行分配和流通。他的考察是:租地农场主的全部农产品通常分为三部分,1/3以货币形式交地租;剩下的2/3农产品,一半补偿成本、支付工资,另一半是租地农场主的经营利润。一般情况下,土地所有者将获得的相当于土地产品价值1/3的地租与城市手工业者相交换,购买工业消费品;租地农场主保留的2/3的农产品中,有1/6与城市手工业者相交换,这样,全部农产品的一半即3/6得以实现。剩下的全部农产品的另外一半,一部分由租地农场主和农业工人自己消费,一部分作为种子的补偿。这样,全部农产品得以实现,下一年的再生产可以继续下去。①坎蒂隆的分析虽十分粗糙,有不少的缺陷乃至错误,但它无疑为后来魁奈《经济表》的制定,提供了极有价值的启发。

---

① 坎蒂隆.商业性质概论[M].余永定,等译.北京:商务印书馆,1986:22-24.

3. 农业年产品决定一国人口的规模和变化

坎蒂隆还把农业的重要性同一国人口问题联系起来考察，提出一些有价值的人口思想。土地的年产品不仅为租地农场主和农业工人提供生活资料，而且一国其他阶级和居民也都必须依赖于土地所有者的开支。他认为，一国的人数正是取决于分配给他们的用来维持生活的资料，人数要以土地能提供的年产品量为限，"如果所有土地都用于为人提供简单的食物，那么，人类的数目就将以某种方式增加到土地所能供养的那个限度"①。进一步，他推论说，若生活资料无限增加，那么人口增长就不会受到阻碍。他提出一个有名的论断："如果人类拥有无限的生活资料，他们就会像仓廪里的老鼠那样迅速地繁殖起来。"①可见，坎蒂隆已经认为人口的增长必然受到生活资料的限制，这实际上包含了后来马尔萨斯的人口原理的一些基本思想。

第五节　洛克的经济思想

一、概述

17世纪末到18世纪中叶，英国已处于工业革命的前夜。"圈地运动"已使资本主义大农场日益增加。大量失地农民成为资本主义工业发展所需要的廉价劳动力。英国社会阶级结构愈来愈明显地区分为地主阶级、资产阶级和无产阶级。不过，社会的主要矛盾仍然是资产阶级与贵族地主阶级之间的矛盾。英国资产阶级的主要任务是铲除封建残余，从理论上论证经济自由的必要性和合理性，为资本主义生产方式的完全确立扫清道路。

从配第到斯密的《国富论》发表时期，英国经济学家基本上沿着配第的道路，在价值论、货币论、利息论、利润论等方面发展英国古典学说。虽没有最终建立政治经济学的完整体系，但无疑为古典政治经济学理论大厦的建立奠定基础。1691~1752年这段时间，是一个"充满有创见的思想家的时期，对研究政治经济学的逐渐产生来说是最重要的时期"②。这一时期重要的经济学家，包括洛克、诺思、马西、休谟、孟德维尔以及詹姆斯·斯图亚特等人。

约翰·洛克(John Locke，1632~1704)，17世纪英国著名的哲学家、政治学家和经济学家；生于律师家庭，1656年进入牛津大学，学习和研究哲学、自然科学和医学，大学毕业后留校任教；1683年因积极参加辉格党的政治活动受到迫害而逃亡到荷兰；1688年"光荣革命"时回国，任英国贸易和殖民事务大臣。他还是1694年成立的英格兰银行的发起人和大股东之一。

哲学上，洛克继承和发展培根和霍布斯的思想，强调知识起源于感性世界。他反对天赋权利说，主张"自然权利"论：在自然状态中，人人受自然法则的统治。洛克的哲学思想成为继配第之后英国政治经济学一切观念的基础。经济学上，他是配第的直接后继者之一，他的经济学代表作是《论降低利息和提高货币价值的后果》(1691)，着重讨论货币利息等问题。

---

① 坎蒂隆.商业性质概论[M].余永定，等译.北京：商务印书馆，1986：33；33.
② 马克思，恩格斯.马克思恩格斯全集：第26卷[M].北京：人民出版社，1972：395.

二、货币理论

洛克在配第之后较早讨论货币问题,已经认识到货币价值尺度和流通手段的职能。他明确提出:"货币是人们用以计算的普遍尺度,人人都用它来衡量一切东西的价值。"①货币是"推动着许多贸易的齿轮"②,洛克认为一切交换都通过货币来进行。洛克虽认为货币同其他商品一样,也具有内在价值,但对于什么是货币的内在价值,他的解释是不科学的。他从反对重商主义出发,提出金银充当货币,只是人们赋予金银想象的价值,使它们成为共同的保证物。金银的内在价值只是在于金银数量。这一点虽否定重商主义的唯有金银才是真正价值的论断,但却是不科学的。因此,使洛克在商品价格与流通货币量关系问题上,陷入货币数量论中,即错误地认为商品价格水平取决于流通中的货币量多少。

洛克的思路是:在与世隔绝的孤岛或孤立国中,币材是不重要的,"任何持久存在的物质"都可以用作货币,充当衡量物品价值的计算单位和交换媒介,任何数量的货币都是足够的,币值由流通中的货币量决定,与之成反比。货币数量论同样适合对外开放的国家,但必须做两个重要的修正:第一,币材不重要,只要币材为贸易参与国共同接受,金银天然是货币。第二,货币数量必须与贸易量维持相当的比例才能使贸易顺利进行。

洛克的意思是,一国货币量相对于他国的贸易量不能太少,否则该国货币就不足以支付,就会受到损失。如货币量下降一半,"一半地租就不能支付,一半商品销售不掉,一半劳动者失业,因而一半贸易全然丧失"③。国内商品价格非常便宜,而国外商品昂贵,"这二者使我们保持贫穷"。洛克描述通货紧缩对工农业、商业、就业、工资、进出口等的可怕影响。他的结论是:国家必须追求贸易顺差,以免它的货币存量落后于其他国家。洛克提出"财富就在于黄金和白银丰足"④,这说明重商主义对他的影响和他对重商主义政策的有力支持。不过,洛克以他的货币数量论与重商主义唯金银才有真正价值的观点相对立,认为金银的内在价值在于其数量。此外,他还提出,贸易所需的货币取决于货币数量和货币流通速度。洛克大概可以算作现代货币主义的先驱。

洛克同配第一样,混同借贷资本和货币,也认为货币数量决定利息率水平。他反对降低利息,认为正像地租率的高低受土地数量的限制一样,利息率的高低决定于货币量,正像不能立法以压低地租一样,也没有理由立法以降低利息。

同配第一样,洛克也是从地租中推论出利息,把利息看作"货币的租金"的,他还明确地把地租和利息的产生归结为生产资料和直接生产者相分离的结果。他提出,由于一些人占有了生产资料,就能够利用这些生产资料去占有别人的劳动成果,把一个人的劳动报酬转移到另一个人的口袋中。这里,洛克从他的资产阶级"自然权利"观念出发,把利息看作货币所有权分配不均等的结果,进而把利息看作占有别人剩余劳动的结果,这是有积极意义的。

三、产权理论

洛克强调劳动是财富和价值的唯一合法和合理的源泉。除了自然物以外,都是劳动创造了一切。因此,劳动是衡量人类创造物的唯一合理尺度。

洛克接受配第著名的财富生产公式,即"劳动是财富之父,土地是财富之母",但他尽力

---

①②③④ 洛克.论降低利息和提高货币价值的后果[M].何新,译.北京:商务印书馆,1962:32;19;47;9.

强调劳动在这方面较之土地更为重要:"如果说有利于认识的土地产品中,十之有九是劳动的结果,这不过是个极保守的计算。……在绝大多数的东西中,百分之九十九要归之于劳动。"① 因为如考察任何一种普通的产品,抽取劳动所给予他的影响,那么剩下来的只不过是一堆几乎没有用的原料罢了。所以,劳动创造"占我们在世界上所享受的东西的价值的绝大部分"②。这大概是抽象劳动的最初概念。如果商品的 99% 是劳动创造的,剩下的 1% 就可以忽略不计。但他还是把价值和使用价值混同了。洛克对价值理论没有兴趣。但他从劳动是价值的唯一源泉的观点出发来阐述私有制起源及合理限度的问题,提出著名的劳动产权论或劳动财产论,这是他影响最深远的论述。

洛克关注财产不平等问题,从自然状态的背景下提出他著名的财产论。自然状态是指在国家和法律出现之前的人类社会的无序状态,这是社会契约者用以说明国家产生的一种假设。霍布斯说,自然状态是"一切人反对一切人"的战争;洛克说,自然状态是受自然法制约的状态。"理性也就是自然法,教导着有意遵从的全人类:人们既然是平等和独立的,任何人就不得侵害他人的生命、健康、自由或财产。"③ 理性的人用社会契约建立政府,并要求这个受委托的机构将这些规则付诸实践。人民要求政府实现的伟大目标是"保护他们的生命、特权和地产,即我根据一般的名称称之为财产的东西"④。可见,洛克在广义上也在狭义上使用"财产"概念,广义上涵盖人类的利益和渴望;狭义上是物品。他认为财产是免除人身的、政治的和经济的不安全和不自由的重要手段,在其著作中不止一次提出了这样的问题:在没有私有财产和所有权的地方会有什么正义?并且把"专制权力"定义为"置于一切被剥夺了一切财产的人之上"的权力。私有财产是自然的权力,它来自劳动。

洛克认为,自然把地球给予人类共享,却给予人类以私有财产;凡是自然界所生产的一切都是公有财产,凡是劳动者所生产的一切,便是劳动者的私有财产。劳动产生劳动产品的所有权。因为,"每个人对他自己的人身享有一种所有权,除他以外任何人都没有这种权力。他的身体所从事的劳动和他的双手所进行的工作,我们可以说,是正当的属于他的。所以只要他使任何东西脱离自然所提供的和那个东西所处的状态,他就已经掺进他的劳动,在这上面掺加他自己所有的某些东西,因而使它成为他的财产"⑤。洛克不仅用劳动所有权来说明私有财产,而且还用劳动作为一个人所应该拥有的私有财产多少的尺度。他指出,私有财产积累应该有两种限制:个人劳动的界限和个人消费能力的界限。私有财产的积累超过了这两个界限就是对他的同胞的掠夺或剥削。他说:"财产的幅度是自然根据人类的劳动和生活所需的范围而很好规定的。没有任何人的劳动能够开拓一切土地或把一切土地划归私用,他的享用也顶多只能消耗一小部分。所以任何人都不可能在这种方式下侵犯另一个人的权利或为自己取得一宗财产而伤害他的邻人。"⑥

洛克在探讨地租和利息的起源时指出财产不平等产生的原因,在于生产性财产分配的不均而导致劳动所有权的界限遭到破坏。地租的产生,是由于土地的分配不公平突破劳动所有权的第一个界限。一个人拥有土地的数量应该适合他的劳动能力,如果其土地超过了他愿意或能够耕种的数量,而另一个人的土地少于此数量,这种不平等的结果便是后者成为前者的土地佃户。利息的产生,是由于货币分配的不平等而破坏所有权的第二个界限。由于货币或金银这些耐久性的东西是与容易腐烂的物品相交换的,便会出现一些人积累的货币量突破他所消费的东西的限制,而另一些人手中的货币少。前者把多余的货币借给后者

---

①②③④⑤⑥ 洛克.政府论:下篇[M].叶启芳,等译.北京:商务印书馆,1996:27;28;6;77;19;23.

而收利息。他说:"货币是一种不生不长、不能产生任何东西的物品。但是它却能通过契约把一个人的劳动报酬转移到另一个人的口袋中去。"①

洛克基于自然法则和自然权利提出的私有财产理论寓意非常深刻,它实际上是明确地把地租和利息归结为生产资料和直接生产者相分离的结果,明确地把非劳动收入视为对他人劳动成果无偿占有的剥削收入,明确地规定财产不平等的适度界限,也非常明确地说明只有劳动才是分配财富的唯一尺度。所以这一切都指向社会主义的财产观和按劳分配原则。以后的资产阶级经济学家用牺牲、节制、边际生产力、风险的代价等种种理由为非劳动收入进行辩护,所有这些理由从效率的观点来看也许有道理,但动摇不了洛克的财产理论,因为洛克的财产理论是关于正义的分配理论,而不是关于效率的理论。

第六节 诺思、斯图亚特、休谟和孟德维尔的经济思想

一、诺思的经济学说

达德利·诺思(Dudley North,1641~1691),英国大商人和著名经济学家;生于贵族家庭,因效忠国王而被封爵。他的《贸易论》(1691)非常严厉地批评重商主义,坚决反对国家干预经济,坚持不妥协的经济自由主义立场。他的观点激烈的《贸易论》遭到政府查禁而被埋没。詹姆斯·穆勒在1818年读了罗杰所写的传记,并找到此书的复制品,在1822年重印。李嘉图读过此书后说"我没有想到,在这么早的年代,就有人在他的出版物中表达了如此正确的观点"。马克思称诺思是"一切形式的新兴资产阶级的代表"②。他在利息问题上发展了配第理论,他已经区分借贷资本与货币,在政治经济学史上首次提出资本概念。马克思对此评价很高,认为诺思关于作为资本的货币论述是古典政治经济学的最早发现之一,并称他是第一个正确理解利息的人。

1. 货币学说

诺思以货币工具论与重商主义的货币财富论相对立。他证明,人们需要的不是货币,而是商品。穷人需要生活资料,地主需要还债,商人们需要出卖商品和购进商品。因为货币充当买卖的共同尺度,那些愿意出卖而找不到买主的人,总以为他的商品卖不出去,是因为缺乏货币。这是错误的。他指出,货币不是缺乏,货币也同商品一样,从过剩的地方流动到不足或需要它的地方去,而过剩的货币成为简单的贵金属了。对诺思来说,货币只是充当流通工具的商品。

诺思说,储藏货币不能增加个人和国家的财富,"自由财产正在增长的人才是最富的人,不管他的财产是农场的土地,还是放出去的生息货币,还是投入商业的货物"③。这是他对资本运动性的出色论述。

诺思和配第一样从地租推出利息,他进一步认为,利息应高于地租,因为土地所有者不冒什么危险,佃户不会把他的土地搬走。但债权人在不顺利的场合下会把他的资本全部丧失掉。诺思在利息率决定问题上也进步了,明确地称利息为"资本的租金",认为利息率高低

---

① 洛克.论降低利息和提高货币价值的后果[M].何新,译.北京:商务印书馆,1962:33.
② 马克思,恩格斯.马克思恩格斯全集:第13卷[M].北京:人民出版社,1962:68.
③ 诺思.贸易论[M].桑伍,译.北京:商务印书馆,1976:4.

不是由货币量决定的,而是由借贷资本的供求决定的。他举例说,荷兰利息低于英国,是因为荷兰的资本多于英国。

诺思比配第和洛克进步,他明确地把利息称作"资本的租金",并将之与地租相对立。事实上,他区分了利息与地租,"正如土地所有者出租他的土地一样,这些资本所有者常常出借他们的资金,像出租土地得到地租一样,他们从中得到叫作利息的东西,所以利息不过是资本的租金罢了"①。诺思正确地理解利息,他能够正确考察利息率的决定问题:决定利息率水平的不是流通的货币量,而是借贷资本的供求量,借贷资本增加,利息率就会降低。

2. 经济自由主义

诺思是第一个倡导经济自由主义学说的经济学家,把经济发展看作一种依照自己内在规律的自然运动过程。他说:"任何法律都不能规定贸易的价格,因为贸易的行情必然而且将会自己确定下来。但是,当这类法律碰巧抓得很紧的时候,这对贸易是个非常大的障碍,因此是不利的。"他提出一个著名的原理——整个古典经济学政策的基础,"从来也没有一个人是靠政策致富的,而和平、勤劳和自由却能促进贸易和财富增长,此外别无其他途径"。

他指出,国内外贸易都应该自由地进行,任何阻碍自由贸易的立法,都不利于国家财富的增长。一切贸易都是有利的,外贸的基本目的在于增进各国彼此的便利,减少进口损及他国出口,亦将妨碍本国贸易和经济。任何贸易限制,都将减少世界贸易量。他第一次提出:全世界如同一国一样是一个单一的经济单位。"就贸易来说,整个世界只不过是像一个国家或民族一样,在这方面各个国家就无异于各个个人。"这是关于经济全球化的最初见解。

二、斯图亚特的经济学说

詹姆斯·斯图亚特(James Denham Steuart,1712~1780)是"建立资产阶级经济学整个体系的第一个不列颠人"②,代表作《政治经济学原理研究》(1767),是第一本以"政治经济学"命名的著作。由于他的经济理论在某些方面有"重商主义的残余"③,在剩余价值起源问题上是"货币主义和重商主义体系的合理的表达者"④,他未能完成建立政治经济学大厦的任务。但整个说来,他仍然是一位古典经济学家,因为他能够客观地考察资本主义生产关系的内部联系。

1. 价值理论

匿名著作《对货币利息,特别是公债利息的一些看法》,据马克思考证,该书大约在1739~1740年出版。对劳动价值论的分析,作者在某些方面超过了配第,如商品价值通常是由耗费在生产中的必要劳动量调节的,已初步提出必要劳动量的概念。作者还区分使用价值和交换价值,坚持劳动决定价值的原理。马克思认为,这位匿名作者在价值论上的论述甚至比斯密还要"恰当得多"⑤。

斯图亚特较系统地研究价值问题,虽然受到重商主义观念的束缚,他的表述含糊不清,观点摇摆不定,但他对古典价值理论仍有如下贡献:

(1) 提出"实际价值"的概念。实际价值由三种因素决定:① 生产中所花费的平均劳动

---

① 诺思. 贸易论[M]. 桑伍,译. 北京:商务印书馆,1976:18.
②③ 马克思,恩格斯. 马克思恩格斯全集:第13卷[M]. 北京:人民出版社,1973:47;155.
④ 马克思,恩格斯. 马克思恩格斯全集:第26卷[M]. 北京:人民出版社,1972:13.
⑤ 马克思,恩格斯. 马克思恩格斯全集:第46卷[M]. 北京:人民出版社,1980:479.

量；② 工资和固定资本的损耗；③ 原材料价值。抛开混乱的表述，即在价值决定中不恰当地加上工资和原材料的价值，这一规定的重要意义是明确指出商品的价值决定于必要劳动，是对劳动价值论的重大发展。

（2）试图区分使用价值和交换价值，在斯图亚特那里这两者是以"内在价值"和"使用价值"的形式出现的。他把商品所包含的自然物资或原料叫作"内在价值"，而把耗费在商品上的劳动时间叫作商品的"使用价值"。实际上，他的"内在价值"是真正的使用价值，而他说的"使用价值"则是指交换价值。

（3）试图区分抽象劳动和具体劳动，从而触及生产商品的劳动的二重性。他写道："那种通过自身转移而创造出一般等价物的劳动，我们称之为产业。"①这里，斯图亚特称为产业创造一般等价物的劳动，实际上就是指有别于实在劳动的特殊社会劳动，也就是有别于具体劳动的抽象劳动。这一点不仅超过了配第，而且连后来的斯密和李嘉图也未能达到这样的高度。马克思对此评价很高："斯图亚特比他的前辈和后辈杰出的地方，在于他清楚地划分了表现在交换价值中的特殊社会劳动和获取使用价值的实在劳动之间的区别。"②

2. 货币理论

他是从批判休谟等人的理论开始研究货币的。马克思认为，"他是第一个提出流通中的货币量决定于商品价格还是商品价格决定于流通中的货币量这个问题的人"③。斯图亚特反对货币数量论，因为价格与一国的货币量完全无关。"商品的市场价格是由需求和竞争的复杂作用决定的，需求和竞争同一国中存在的金银数量完全无关。"相反，"商业和工业的现状，居民的生活方式和日常开支，这一切加在一起，调节并决定所需现金的数量，即转移的数量"④。

他的这个理论意义重大，表明他已经正确地理解货币流通的一般规律，即不是流通中的货币量决定商品价格，而是商品价格决定流通中的货币量。发现货币流通的一般规律是斯图亚特对古典货币理论的一个重大贡献。此外，他还正确认识到货币的储藏手段和世界货币的职能。他的货币理论对斯密和银行学派的代表人物图克、富拉顿等人都有重要影响。

三、休谟的经济学说

配第以后，英国古典经济学在货币理论方面有了长足发展，这一时期几乎所有的经济学家都在不同程度上涉足这一领域，而且提出各自不同的看法。

1. 货币数量论

大卫·休谟（David Hume，1711～1776），18世纪英国著名的哲学家、经济学家和历史学家，是斯密的密友；主要经济学著作有《论商业》《论货币》《论利息》《论贸易平衡》《论赋税》和《论社会信用》等，论著收集在《政治论丛》中（1752）。他的货币价格理论，是18世纪货币数量论的最重要的代表。

在洛克之后，休谟出色地阐释货币数量论观点，"是18世纪这一理论的最重要的代表人物"⑤，尽管他吸收了范德林特的《货币万能》中的某些观点。

同洛克一样，休谟把金属货币理解成为铸币，又把金属铸币理解为单纯的价值符号。他

---

①②③④⑤　马克思，恩格斯.马克思恩格斯全集：第13卷[M].北京：人民出版社，1972：48；48；48；156；150.

说:"十分明显,货币只是一种代表劳动和商品的象征,一种评估和估计劳动和商品的方法。"[①]他还进一步认为,货币对劳动和商品的关系是一种数量关系。从这一认识出发,休谟对商品的价格与流通中的货币量之间的关系进行了考察。他提出:"一切东西的价格都取决于商品与货币之间的比例,任何一方的重大变化都能引起同样的结果——价格的起伏。看来这是不言自明的原理。商品增加,价格就便宜;货币增加,商品就涨价。反之,商品减少或货币减少都具有相反的倾向。"[②]这里,休谟明确地表述早期货币数量论,包含三个结论:① 一国商品的价格水平取决于国内存在的货币量;② 一国流通中的货币量代表国内现有的全部商品量;③ 如果商品增加,价格就降低或币值就提高。相反,如果货币增加,价格就提高或币值就降低。

休谟等人的货币数量论是错误的,因为这种理论是建立在错误的假设之上,即在流入流通过程以前,商品没有交换,货币也没有价值,然后在流通中,一定量的商品和一定量的货币相交换,二者才取得各自的价值或价格。这种观点的根本错误在于它忽视货币的最重要职能——价值尺度,仅仅看到流通手段职能。实际上,金银能充当货币,就在于它本身是劳动产品,也具有价值。这种理论的另一个错误还在于它颠倒货币流通与商品流通的关系,从而对货币流通量与商品价格的关系做了不正确的表述。实际上,货币作为流通手段,只是商品本身形式的运动。商品流通是货币流通的基础,货币流通是商品流通的反映。因此实际情况是,流通中的货币量取决于流通中的商品价格总额与货币的平均流通速度。在金属货币流通的情况下,流通中的货币量决定于商品价格。

休谟提出通货膨胀有益论。他从出口余额导致的货币供给增加开始,提出与货币数量论一致,货币供应增长会提高价格。但他引入一个新概念——时滞,即在货币供应增长与价格的最终上涨之间的时间间隔。开始时,价格根本不涨,随后也是涨涨停停,或在经济中的不同部门上涨。在这一间隔中,货币供应量增加的好处体现出来:包括因一轮又一轮支出的额外扩张而导致的收入与就业的扩张。造成货币最初增加的出口商们,从最初具有完全弹性的劳动供给中雇佣更多的人手;而工人有更多的钱可花,消费品的需求增加,同时伴有物价温和地间隔上涨。他的这个思想直到在凯恩斯的《通论》中才得到发扬光大。

2. 国际金融和国际贸易理论

休谟被认为是一个世界主义者。根据世界主义的观点,不同国家的经济利益正如同个人之间的相互依赖和相互配合。与重商主义者不同,他不认为国际贸易量是固定的,也不认为国际贸易是一场经济战争,即一国出口的增加以另一国出口的减少为条件。他认为个人乃至国家均无须恐惧其邻居的繁荣;他们作为繁荣社区中的一员而获益良多:"社区中其他若干成员的富有有助于增长我自身的财富。无论我从事什么职业,他们消费我所在行业的产品,作为回报,又向我提供他们行业之所产。任何国家也无须恐惧邻国在各个行业与手艺上提高到如此程度而不再需要他们的产品。"对某一具体商品的外国需求的下降并不是致命的;若一国的资源是多样化的,而且又是该国积极进取和有效率的,它将会"容易地"将资源转化到国外市场很乐于接受的商品的生产中去。

为此,休谟陈述经济转移规律,即随着一国经济贸易的繁荣,该国的价格水平就会失去竞争力,这为经济危机的扩散提供舞台,导致一国停滞与另一国扩张。企业家受便宜劳动价格与供给品的诱惑,逐渐离开那些已富裕的国家和地区,涌向其他国家和地区,等他们将这

[①][②] 休谟.休谟经济论文选[M].陈玮,译.北京:商务印书馆,1984:32;36.

些地区变为富庶之地之后,会因同样的原因再离开此地。经济力量重心转移理论是休谟对国际经济学的贡献。

在国际贸易和国际金融领域,休谟反对重商主义的货币顺差论,提出著名的国际黄金流动自动调整机制理论,第一次系统阐述货币自由流动导致汇率平衡的观点。若 A 国因为贸易顺差而得硬币(货币),其价格上涨;与此同时,B 国因为贸易逆差而失硬币(货币),其价格下降。于是,A 国由于价格太高而难以维持其顺差的地位。A 国的高价格将会吸引海外进口品同时减少其出口品,而在 B 国会出现相反的情形,从而硬币(货币)将流回 B 国。

四、曼德维尔的经济学说

伯纳德·曼德维尔(Bernard Mandeville,1670~1733)1705 年发表《抱怨的蜂巢或骗子变作老实人》的寓言诗嘲笑人类自负,没有引起人们的注意,后来加入《美德的起源》和一些注释、《论社会本质之研究》等论文,于 1723 年以《蜜蜂的寓言:私人的恶德,公众的利益》为题出第三版,引起轰动。从那时起,人们就一直以各种方式讨论、解释或诋毁曼德维尔的思想,以至其读者众多,他生前出了五版。《蜜蜂的寓言》比霍布斯的《利维坦》更使正统派怒不可遏。然而对它的批判正如当年对《利维坦》的批判一样软弱无力。在这些批判者中,没有哪一个说出的真理比曼德维尔更多、更深刻。

1. 分工思想达到柏拉图后的一个高峰

曼德维尔认为:一是社会分工增加社会财富。缺乏分工使原始社会落后,而此后社会发展得益于社会分工。二是分工提高产品质量。三是国家利用自身优势组织生产,通过交换满足彼此需求,增进彼此利益。斯密虽讥讽他为"放荡的曼德维尔"(同代人评价他是一位"以仁慈和和蔼著称"的"诚挚朋友""绅士"①),但其分工思想却来自曼德维尔,"斯密关于工场手工业分工优越性的论述,几乎逐字逐句抄自《寓言》。"②

2. 节俭悖论

曼德维尔认为,道德上,应该谴责自利驱动的商业社会;但以"公共精神"为基础而建立的美德社会,是"浪漫的奇想"。他坚持认为美德与商业社会的动力之间有着不可调和的矛盾。节俭对个人而言是美德,对社会却是罪恶。节俭使失业增加、商业衰落和经济崩溃。相反,奢侈对个人可能是劣行,对社会则是好事。奢侈增加需求,刺激发明、投机和钻营,促进社会繁荣。他的这一思想,在凯恩斯学说中得到发展,得到 20 世纪的实践证实。

3. 自利与社会利益

曼德维尔把人性自私论推向极致,人就是一种自私、难以驾驭的动物。人类行为,不论是出自生命自保的冲动,还是为个人荣誉而产生的善举,一切行动都源于利己心,没有任何力量能够消灭人的利己本性。一切利他或仁爱的德行,只是想获得他人赞美或免受谴责,不过是利己主义的伪装。律师的艺术是制造人的纠纷,他们对待法律,就像贼行窃前审视店铺那样,为的是找到可利用的漏洞,为他们的罪恶目的辩护。"人们都在努力,满足彼此之间的

---

① 曼德维尔.蜜蜂的寓言:私人的恶德,公众的利益[M].肖聿,译.北京:中国社会科学出版社,2002:4.
② 晏智杰.亚当·斯密以前的经济学[M].北京:北京大学出版社,1996:209.

虚荣与欲望,到处都充满邪恶,但整个社会却变成了天堂。"①

曼德维尔首次深刻论证自利与社会利益的一致性。"人这部怠惰的机器若没有人的激情的影响,将可以被恰当地比作一台没有受到风力影响的巨大风磨。"②"若想使人类社会强大有力,就必须去唤醒其种种激情……用赞扬将人们从懒散中唤醒(哪怕是以玩笑的方式去唤醒),骄傲之心便会促使他们认真劳作。教给他们贸易与手工,你便能在他们当中唤起妒忌与竞争……这将会带来财富……良好治理,政治家便能使国家富足强大、美名远扬、繁荣昌盛。"③他认为,追求自身利益和幸福,是人们成为社会生物的伟大原则,是一切职业和事业的牢固基础、生命力和支柱;人们应当在这里寻找一切艺术和科学的真正源泉。他还认为,个人利益和社会利益之间的桥梁是制度。只有形成一种既能促进又能合理引导利己心的法律和社会制度,才能保证在追求个人利益的行为中增进社会利益,保证坏人也可为大众利益服务。斯密发展了人的本性、个人利益与社会利益关系的思想,创立经济自由主义理论。

五、马西的利息和利润理论

对利润的考察是配第以后英国古典经济理论的一个新发展。在配第时代,工场手工业还没有达到高度发展,产业资本还不是一种独立形式,因此,配第没有能够把利润作为一个独立的范畴加以考察。英国古典经济学产生时期的利润理论,主要是由马西和休谟提出的。

马西在经济学说史上,第一次系统考察利息与利润的关系,提出利润是利息的基础,利息是利润的一部分,并且总是要由利润来决定。这里,他正确地把利润看作资本的最初占有形式,利息只是利润的派生形式,这一点在剩余价值史上具有重要的意义。他还利用利润率下降来解释利息率的下降。他举例说,英国现在的利息率是4%,而过去是8%,其原因是那时英国商人利润比现在多1倍。而利润率下降的原因,马西则试图用资本积累,特别是用国内和国外的竞争来说明。马西的利润理论反映了18世纪资本主义生产方式逐步确立,产业资本进一步发展的现实。但是马西及后来的休谟都没有分析利润的源泉问题。

六、博丹和格雷欣的货币学说

1. 博丹的货币数量论

法国早期重商主义代表人物博丹(1568)详尽地解释了16世纪的价格革命,正是美洲白银大量流入欧洲,才造成物价上涨的。他提出法国当时物价上涨的主要原因是金银数量过多,而不是钱币含金量的减少。他列举法国当时物价上涨的五种原因:金银数量增多;垄断;物资稀缺;国王和权贵们寻欢作乐;货币质量降低,其中主要的或唯一的原因是"黄金和白银的充裕"。他承认降低货币的成色会造成价格上涨,但是他看到物价上涨的幅度大于钱币所含金属量降低的幅度,并把由一般货币原因引起的价格上涨同那些性质比较特殊的价格上涨加以区别。他具体分析法国金银增加的原因:葡萄牙人、西班牙人海外探险并发现美洲后获得大量金银;西班牙人海外获得大批金银,但向法国买小麦、布等生活资料,英格兰、苏格兰、瑞典、丹麦等国也需向法国买盐。因此,这些国家的货币不断流入法国。另外,与东方贸易促进法国财富增加,弗朗西斯一世在里昂设立银行,银行借贷成为法国金银充裕的又一成

---

① ② ③ 曼德维尔.蜜蜂的寓言:私人的恶德,公众的利益[M].肖聿,译.北京:中国社会科学出版社,2002:7-8;141-142;142.

因。因此，后来许多人把他看作货币数量论的最早"发现者"之一。

博丹解决物价上涨的办法是：国家提高金银价值；政府抑制垄断；国王带头节俭；除小麦外，不限制其他商品出口。这与早期重商主义有所不同。

2. 格雷欣定律(Gresham's Law)

英国财政官托马斯·格雷欣(Thomas Gresham, 1519～1579)提出"劣币驱良币"规律，指出物价上涨是铸造不足值货币的结果。法国的马莱斯特罗也持相似的观点，即物价上涨是由于货币成色不良引起的。博丹在这种讨论中持另一种观点，认为物价上涨不是表面的，而是与贵金属数量的增加关系密切。他写了《对马莱斯特罗佟谈物价高昂及其补救办法的答复》，该文编入《国家论》。

本 章 小 结

配第以卓越的拓荒者姿态开辟经济学研究的广阔领域，建立政治经济学研究方法。洛克、诺思、休谟和斯图亚特也为英国古典经济学奠定了坚实的基础。布阿吉尔贝尔探索劳动价值论和均衡理论，坎蒂隆全面深入地分析，为重农学派奠定了基础。

思考题

1. 布阿吉尔贝尔有哪些主要经济思想？
2. 论述配第的价值理论和地租理论。
3. 坎蒂隆《商业性质概论》的主旨是什么？

名词

政治经济学之父　布阿吉尔贝尔　坎蒂隆　休谟的货币数量论　单一地租税

第四章 法国古典政治经济学的发展
——重农学派

本章重点
- 重农主义;纯产品学说;《经济表》;杜尔哥学说

布阿吉尔贝尔创立的法国资产阶级古典政治经济学,在重农学派那里得到发展。重农学派产生于18世纪50年代至70年代,以魁奈等为代表,是法国资产阶级古典政治经济学的理论体系,主张经济自由和重视农业,是经济学说史上第一个真正的经济学派。重农学派是"资本的实际上最早的系统解释者"①。

第一节 概 述

一、历史条件

法国路易十四推行柯尔培尔的重商主义政策,致使农业衰退,人民贫困,财政崩溃,国民经济极端困难。加之法国与奥地利十多年的战争结束,法国战败,1715年法国财政赤字已达25亿里弗尔,相当于法国年财政收入的32倍。巨大债务使法国统治者伤透脑筋,这时来了"救星"约翰·罗(John Law,1671~1729),奇特的重商主义者。重商主义者一般迷信金银货币,罗却完全贬低金银货币,自称能从发行纸币中创造财富,帮助法国摆脱困难。

1716年,罗得到法国政府的批准,在巴黎设立私人银行并发行银行券,1718年改组为国家银行。1717年法国政府宣布,向国家纳税,银行券和银币通用,1718年又宣布国债可以用银行券偿还。开始银行钞票发行不多,并宣布以不动产为抵押,有一定成效。随后,罗任财政大臣,其做法是大量发行纸币而收回银币。他大量发行纸币,既没有足够的工商业基础,又没有充足的准备金,当时银行的保证金只有7亿里弗尔,而实际发行30亿里弗尔纸币。消息传出后,发生挤兑风潮,银行立即宣告破产。他被撤职,狼狈地逃出法国。

罗的理论和实践标志着从流通中寻找财富的重商主义的彻底破产。这从反面为重农主义的产生提供了思想前提,重农主义是作为重商主义的对立物而产生的。

重农学派产生的根本条件:18世纪的法国,正处于由封建社会向资本主义社会的过渡时期,资本主义的发展是重农学派的物质基础;启蒙学派的"自然"思想与方法影响着重农学派;长期以来,农业在法国具有重要地位。

---

① 马克思,恩格斯.马克思恩格斯全集:第25卷[M].北京:人民出版社,1975:883.

二、重农学派的功绩和特点

法国资产阶级古典经济学,在重农学派那里得到很大发展,表现如下:

(1) 其思想基础是"自然秩序"学说,认为自然秩序包括自然法则和自然的理想秩序。

自然秩序是上帝制定的至善至美的理想秩序,无论是自然界,还是人类社会都存在不以人的意志为转移、理想、永恒不变的"自然秩序"。

根据"自然秩序"来组织政府、制定政策,社会就健康,人类就幸福。否则,社会就处于病态,人类就要遭殃。

魁奈用医生体检法,把"实际秩序"分为健康状态和病态两类,人类应该认识"自然秩序",并使"实际秩序"适应"自然秩序"的要求。

他们就是把这种自然秩序的思想灌输到人民中去,让人的行动符合"自然秩序",使病态社会恢复到健康的社会、回到正常状态。

(2) 农业被视为唯一的生产部门,财富仅仅来源于农业,研究重心是农业生产领域。

(3) 极力反对国家干预经济,主张经济自由放任。

(4) 重农主义思想体系和经济纲领的核心和基石是"纯产品"学说,对其他经济问题的探讨,都是以"纯产品"为基础的。

(5) 重农主义本质是反映资产阶级的利益和要求的,但带有浓厚的封建色彩。

广义重农主义是指所有反对重商主义和主张自由放任的经济学说,狭义重农主义是指以魁奈"纯产品"学说为核心的经济学说。它所描述的是资本主义社会,起主导作用的是租地的农业资本家,从事生产的是农业雇佣工人,生产目的是追求剩余价值。重农学派说自己是封建阶级的代言人,只有"开明君主"才能医治生病的法国封建制度,使它返老还童。

马克思说:重农学派作为"一种理论体系的标记不同于其他商品标记的地方,在于它不仅仅欺骗买者,而且也往往欺骗卖者。魁奈本人和他的最亲近的门生,都相信封建招牌"。

第二节 魁奈的经济学说

一、生平、著作

弗朗斯瓦·魁奈(Francois Quesnay,1694~1774),重农学派的创立者和主要代表;生于凡尔赛附近的一个小地主家庭,早年丧父后便独立谋生。他学习和研究了许多学科,其中最精通的是医学,24 岁获医学博士,1749 年任宫廷侍从医生,是出色的内外科医生,1752 年因治愈王子的疾病而被封为贵族。

在被封为贵族后不久,在 1753~1756 年间,开始研究经济问题,这时他已 60 岁。当时法国经济濒临破产,谷价和赋税问题是全国舆论关注的中心。

魁奈的论文《农民论》(1757)、《谷物论》(1757)发表于当时著名的《百科全书》,接着他又写了《人口论》和《赋税论》两篇文章,但由于《百科全书》在 1757 年被政府查禁,因而在他生前未被公开发表。在这些文章中,他认为法国经济恶化的原因是赋税繁重和谷价较低,他还认为财富增长是依赖农业生产的。1758 年,他总结并发展他的论文的基本观点,发表了代表作《经济表》。

魁奈的《经济表》(1758)、《经济表的分析》(1766)在政治经济学史上地位极其重要,还有《租地农场主论》(1756)、《人口论》和《赋税论》(1758)、《自然权利》(1765)、《农业国经济统治的一般准则》(1767)。他拟定一整套经济理论和政策措施,于是在他的周围出现一批门徒和追随者,形成一个学派,自称"经济学家"。其中较著名的有维多·米拉波(1715～1789)、杜邦·德·奈穆尔(1739～1817)等。他们写文章、办杂志,定期集会、讨论问题,是一个有共同理论观点、有组织、有纲领的学术团体。但是,经济学研究只是魁奈学术生涯中的一个过渡阶段,在大百科辞典上发表论文之后,他又转向数学研究。他对中国文化兴趣很浓,提倡中国哲学,推崇《论语》,被誉为"欧洲的孔子";关注中国,出版著作《中国的专制制度》(1767)。

魁奈对政治经济学的创建和发展的最大贡献是"纯产品"学说和通过《经济表》尝试地分析社会资本的再生产和流通。他从"纯产品"学说出发,探索性地研究社会成员,划分阶级和资本,认真地分析社会资本的再生产和流通。

一定意义上,他不是唯物主义者,但却创立了完整的重农主义理论体系。

二、"纯产品"学说

"纯产品"学说是魁奈经济学说和经济政策的基础和核心。

从等价交换的原则出发,魁奈开始分析纯产品学说。他反对重商主义的"流通是财富的源泉"的观点,强调交换不能增殖价值。他认为,出卖者用商品换回货币,购买者用货币购买商品,得到的都是等价,都没有丝毫损失。货币作为交换媒介,价值不变。这就彻底地粉碎了重商主义的财富来源于流通领域的观点,把研究的重心由流通转向生产领域。但他并不了解等价交换的基础是什么,在这点上他比配第和布阿吉尔贝尔倒退了。这主要是因为魁奈当时要解决的最迫切问题是:财富是从哪里产生的? 这是被重商主义搞乱的问题。

魁奈"纯产品"的两点分析:

(1)只有农业才生产"纯产品",才是生产部门。他认为,财富是物质,有使用价值。因此,他从生产过程中投入的使用价值和产出的使用价值两者的差额上来考察社会生产,或者从生产耗费和生产结果的使用价值的差额上来考察社会生产,把社会生产分为两大类,财富的倍增(扩大)和财富的相加。

他认为,财富倍增(扩大)只能发生在农业部门。例如,将一定数量的小麦交给农民播种,收获的小麦增加几倍,这就产生财富倍增。假定其中的三分之二补偿生产过程中耗费的生产资料以及工人和资本家的生活资料,余下三分之一的小麦就是净增加额,就是农业中的剩余产品,魁奈把它称之为"纯产品"。

他认为,在农业以外的其他部门只发生财富的相加。如工业部门只是把原材料、工具的耗费和劳动耗费相加在一起,并没有生产出新的东西,所以,工业品价值同它的生产费用之间不存在余额,也就是说不存在"纯产品"。

魁奈认为,在农业中,劳动者所生产的使用价值多于他所耗费的使用价值,而在工业中,劳动者的劳动只改变使用价值的形态,使它适合于人们的需要,不增加使用价值的数量。至于商业,不但不能增加财富(使用价值)的数量,而且也不能改变财富的形式,只能使财富在地点上发生转移。他的结论是,只有农业才生产"纯产品",才创造财富,才是生产性的。

(2)"纯产品"来源于自然的恩赐。魁奈认为,农业生产"纯产品",因为农业生产中有各种自然力工作而不要求任何报酬,有自然力"恩赐",农业劳动生产率高,农业劳动者能够生产出维持自己所需的生活资料和更多的东西。而非农部门,自然力并不参加工作,不生产"纯产品",不是生产部门。

总之,他认为只有农业才生产"纯产品",自然恩赐才是纯产品的源泉,与劳动无关。魁奈的"纯产品"理论意义十分重要、进步,表现在:

(1)"纯产品"理论的基础是等价交换原则,指出财富的真正源泉在生产领域,为剩余价值起源的研究奠定基础,毁灭性地打击了重商主义。把经济研究从流通转入生产领域,推动政治经济学研究的发展。

(2)"纯产品"学说实质是剩余价值学说。他把"纯产品"看作农产品的价值超过农业生产费用的余额。因此,"纯产品"实质上就是剩余价值。他在农业范围内正确地理解了剩余价值的创造。马克思对魁奈的"纯产品"理论给予充分的肯定和评价:"重农学派把关于剩余价值起源的研究从流通领域转到直接生产领域,这样就为分析资本主义生产奠定了基础。"①

但是,魁奈"纯产品"学说是有严重缺陷的。

(1) 没有科学的价值概念,只从产品的实物形态上,在使用价值形态上理解"纯产品",因此纯产品量是无法衡量的。因为收获的粮食比播下去的种子和农业劳动者、农业资本家的口粮多。但是,在农业生产中,除了这类消耗以外,还有肥料、农具等其他的物质消耗,农具、肥料同口粮的使用价值形态不同,不能直接比较和直接扣除。因此,从使用价值即从物质形态上来理解"纯产品",表面上看来,好像是清楚的,实际上这里存在着难以克服的困难。

当然,可以把农具、肥料、口粮等消耗都折合为同一个单位,但是,这样一来已经不是从使用价值上来理解纯产品,而是从价值上来理解纯产品,从这个角度来理解纯产品,实质上就是剩余价值。

大家知道,剩余价值只有在科学的劳动价值论的基础上才能说明,魁奈没有正确的价值理论,怎样从价值方面来说明"纯产品",对他来说是一个难题。

魁奈认为:产品的价值是由生产这种产品的生产费用决定的,那就不可能说明产品的价值大于生产费用,也就不能从价值上说明纯产品问题。可见,魁奈由于没有科学的价值理论,也就不可能有真正科学的剩余价值理论。

(2) 没有看到自然力在工业生产中的作用。魁奈认为纯产品是由于农业有自然力参加工作才创造的,是自然的恩赐。自然力的作用创造纯产品,那就不只是农业才能创造,工业和其他部门也能创造,如酿酒发酵、水力发电等。不过,自然力只能影响商品的使用价值,不能增加价值,因为价值只是人类抽象劳动的凝结。农业中创造出超过生产费用的价值,不是自然力作用的结果,而是农业劳动的结果。所以,"纯产品"来自自然的恩赐是错误的。

(3) 没有把"纯产品"归结为剩余劳动的产物,没有把它抽象为剩余价值,更没有揭示出资本对雇佣劳动的剥削关系,反而被说成是自然的赐予,从而否定了工业部门也能创造价值和剩余价值的事实。说到底,这是魁奈价值论的缺陷。

---

① 马克思,恩格斯. 马克思恩格斯全集:第26卷[M]. 北京:人民出版社,1976:19.

三、阶级的划分与资本学说

1. 阶级的划分

魁奈以他的"纯产品"学说为基础,把社会成员分为三个阶级:一是生产阶级,即务农的阶级,包括租地农场主和农业工人,他们的劳动是生产性劳动。二是土地所有者阶级,即占有纯产品的阶级,包括地主、国王、官吏、教会等。三是不生产阶级,魁奈又称之为"不结果实的阶级",包括工商业资本家和工业工人,他们并不创造"纯产品",所以是不生产阶级。

魁奈以是否创造"纯产品"来划分生产阶级与不生产阶级,有它正确的一面。因为资本主义社会,只有生产剩余价值的劳动,才是生产劳动,创造剩余价值的阶级才是生产阶级。但是,这种划分阶级的方法的根本缺陷在于,它不是根据人们对生产资料的占有关系和在生产过程中所处的经济地位来划分阶级的,因此就没有把资产阶级和雇佣劳动者阶级划分出来,而是把资本家和工人混在一起,称为生产阶级或不生产阶级,混淆了阶级界限。他的阶级划分的第二个错误是没有始终坚持以"纯产品"学说作为划分阶级的标准。地主阶级是不生产"纯产品"的,但是,魁奈又没有把地主阶级划入不生产阶级,而把它单独列出来,处于特殊地位。这显然是受封建观念的束缚,受时代的局限。

2. 资本学说

魁奈认为只有农业才生产"纯产品",只有投在农业上的资本才是生产资本,而工商业资本则不是生产资本。魁奈把农业生产资本作为研究的中心。

农业生产资本,按照它们补偿方法的不同划分为"年预付"和"原预付","年预付"即每年要支付的投资,当年就能收回的,如种子、肥料和工资等;"原预付"即几年才支付一次,若干年才能逐步收回来的,如耕畜、农具等。

魁奈虽没有明确提出固定资本和流动资本的概念,这两个概念是后来斯密提出来的。但从他的分析来看,已有这种区分,"原预付"相当于固定资本,"年预付"相当于流动资本,这是魁奈经济学说的重大功绩,他一反重商主义的错误观点,抓住了生产资本这个关键,处处从生产领域去探讨资本的意义和作用,这就为阐明资本的性质开辟了正确的道路,也为探讨社会资本再生产提供了前提。马克思高度地评价了魁奈的资本学说,指出:"年预付和多年预付的区别对社会来说是如此重要,以至许多经济学家,甚至在斯密以后,还是要回到这个规定上来。"① "重农学派的重大功绩在于,他们在资产阶级视野内对资本进行了分析。正是这个功绩,使他们成为现代政治经济学的真正鼻祖。"②

魁奈资本学说的缺陷主要是,只把农业资本看成生产资本,"原预付"和"年预付"的区分只适用于农业资本,还不能从生产剩余价值的作用上看待资本,没有把资本分为不变资本和可变资本,也就不能科学地解释剩余价值的源泉。

四、社会资本的再生产和流通的分析——《经济表》

魁奈在经济学史上的杰出贡献,是在《经济表》中第一次试图说明社会资本的再生产和流通过程。马克思高度地评价说,在魁奈的《经济表》中,"无数单个的流通行为,从一开始就

---

① 马克思,恩格斯.马克思恩格斯全集:第24卷[M].北京:人民出版社,1975:211.
② 马克思,恩格斯.马克思恩格斯全集:第26卷[M].北京:人民出版社,1976:15.

被综合成为它们的具有社会特征的大量运动——几个巨大的、职能上确定的、经济的社会阶级之间的流通。"[①]

假定前提条件如下:普遍实行大规模的租地农业经营,不存在小农;价格不变;简单再生产;只分析三大阶级之间的流通,不谈各个阶级内部的流通;外贸略而不论。总之,这是一个封闭、简单和静态的总量模型,但这个模型既分析总供求,又区别阶级特征;既考虑它的价值构成,又考虑它的实物构成。

在《经济表》中,魁奈把农业在一年中收获的总产品(50亿里弗尔)作为循环的起点。在流通开始前,三个阶级的情况分别是:

(1) 生产阶级在生产过程中投下100亿里弗尔的原预付(固定资本),原预付资本可用10年,每年折旧10亿为原预付利息。每年投下20亿年预付(流动资本)。这样,生产阶级每年消耗30亿资本,创造50亿年总产品。其从价值上分为三部分:10亿原预付利息(折旧费用);20亿年预付(流动资本);20亿纯产品(剩余价值)。从实物上分为:40亿粮食,10亿工业原料。在这50亿总产品中,30亿的产品准备进入流通,另外20亿种子、口粮不进入流通。

(2) 开始流通前,不生产阶级每年投资10亿年预付,生产出20亿的工业品,这20亿工业品(有10亿消费品、10亿农具),准备全部投入流通。

(3) 开始流通前,土地所有者以地租形式,从生产阶级手中取得20亿货币,这20亿货币在开始流通时起着交换媒介的作用。

这样,全部流通包括商品流通和货币流通,分为五个步骤来实现:

(1) 土地所有者阶级用20亿货币地租的一半,即10亿货币向生产阶级买粮,10亿粮食由生产阶级手中转到该阶级手中,10亿货币转到生产阶级手中。

(2) 土地所有者阶级又用另一个10亿货币向不生产阶级购买工业品。这样,10亿工业品转到土地所有者手中,10亿货币流到不生产阶级手中。

(3) 不生产阶级用出卖工业品所得的10亿货币向生产阶级购买工业原料。这样,10亿工业原料转到不生产阶级手中,10亿货币流到生产阶级手中。

(4) 生产阶级用10亿货币向不生产阶级购买农具。这样,10亿农具转移到生产阶级手中,10亿货币又流入不生产阶级手中。

(5) 不生产阶级又用这10亿货币向生产阶级购买粮食。这样,10亿货币最终又流回到生产阶级手中,10亿粮食转到不生产阶级手中。

流通的结果是:① 土地所有者阶级用20亿货币地租,换得10亿粮食和10亿工业品,满足一年的生活需要。② 不生产阶级用工业品换回10亿粮食和10亿原料,再生产能继续进行。③ 生产阶级得到了他们所需要的农具,补偿他们在过去一年里所耗费掉的"原预付",同时还有20亿补偿种子和口粮,又收回20亿货币,下一年作为地租交给土地所有者,这样再生产过程又可恢复了。

魁奈建立第一个宏观经济学模型——《经济表》(图4.1),运用数学和几何学的精密方法,尝试地分析社会资本的再生产和流通,处理财富社会的生产、分配和流通关系,对复杂经济过程只用五条线连接六个出发点和归宿点,显示社会总产品在农工两大部门和三个阶级之间的流通情况。"这是一个极有天才的思想,毫无疑问是政治经济学至今所提出的一切思

---

① 马克思,恩格斯. 马克思恩格斯全集:第24卷[M]. 北京:人民出版社,1975:398.

想中最有天才的思想。"①

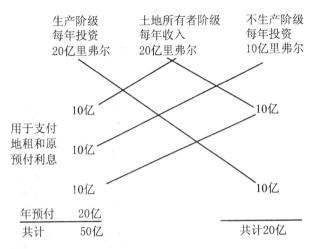

图 4.1 《经济表》

第一，用商品资本循环来分析社会资本再生产和流通。

分析社会资本的再生产的中心任务是要说明社会产品的各个部分在价值上怎样得到补偿，在物质上如何得到替换，即社会总产品的实现问题。要研究这个问题，必须以商品资本的循环作为基础，即以社会总产品作为分析的起点。

第二，社会资本的生产过程，表现为再生产过程，而各阶级之间的流通过程只表现为这种再生产过程的要素，货币仅被看作流通手段。

第三，再生产过程，包括社会各阶级收入来源、资本和收入的交换关系（如不生产阶级向生产阶级购买生活资料，生产阶级向不生产阶级购买生产资料）、生产和消费的关系。

第四，创见地划分社会生产为农业和工业部门。再生产就要分析社会各个部门的比例，生产所耗费的物质怎样得到补偿，农业怎样从工业取得农具，工业怎样从农业取得原料。

第五，运用抽象法，从正确、合理的前提出发，抽象掉对于考察不必要的因素，而对本质的问题进行集中分析研究，容易得出清楚的结论。

《经济表》意义重大。当然，它还存在一些缺点和错误：

第一，农业被视为唯一的生产部门，地租被看作剩余价值的唯一形态。

第二，社会生产不是被划分为两大部类，而是被划分为农业生产和工业生产两大部门。事实上，农业部门生产消费资料，也生产生产资料，工业部门生产生产资料，也生产消费资料。他的这种划分不能完善地分析再生产过程。因为对再生产过程的科学分析是通过两大部类之间的交换来实现的。

第三，不是把资本区分为不变资本与可变资本，也不是把产品价值分为 $C+V+M$。这

---

① 马克思,恩格斯.马克思恩格斯全集:第 26 卷[M].北京:人民出版社,1976:336.
② 1758 年发表的《经济表》很复杂，连魁奈的门徒都不理解。1760 年魁奈发表《经济表的分析》一文解释《经济表》，1766 年他简化《经济表》为《经济表略表》，即《经济表的范式图式》或《经济表的图式》。奥地利斯蒂芬·鲍威尔(1890)稍加修改《略表》，为现在的经济表。《经济表》被当时法国经济学家誉为与文字和货币并列的人类三大发明之一。

就看不清资本特性和不同资本的不同作用,看不清"纯产品"的真正来源。

第四,认为农业生产有原预付,而工业没有;社会总产品的价值是 70 亿,但只计算 50 亿,丢掉 20 亿工业品;假定工业部门不消费工业品等。

五、经济政策

魁奈在他的经济学说的基础上,提出改善法国经济状况的经济纲领。他认为,当时的法国正处于违反自然秩序的疾病状态,需要进行治疗,使它恢复健康。为此,他提出如下改善法国经济状况的纲领和政策。

第一,大力发展资本主义农业。魁奈认为,小农耕作的工具和方法落后,生产率极低,提供不了"纯产品"。需要发展资本主义农业以代替小农经营。

第二,实行单一的地租税。重农主义者把一切租税分为两类:间接税和直接税。对商品征收的税叫作间接税,对收入征收的税叫作直接税。魁奈主张取消一切间接税,而只征收直接税。根据魁奈的理论,只有地主得到全部纯产品,因此一切税收都应当由地主负担——实行单一税。否则,由于纯产品全部被地主占有,如果向农业资本家征税,就会使农业资本不能得到完全补偿,连简单再生产也维持不了,使社会生产和社会纯收入受到影响,或者为了维持简单再生产,相应减少交纳地租。总之,向农业资本家征税,最后的负担仍然落在地主身上。

魁奈认为,工商业是不生产纯产品的,如果向工商业者征税,他们必然会提高工业品的价格,违反自然秩序和等价交换,工业品价格提高,必然会增加生产阶级的负担,从而减少农业资本和纯产品。税收最终还是要落在地主身上。

第三,"自由放任",符合"自然秩序",应该按照自然规律办事。国家用各种规章干涉经济,有害无益。他反对国家干涉和监督经济,要求实行自由主义的自由贸易和自由竞争政策。这种观点是符合资产阶级利益的。

第三节 杜尔哥的经济学说

安·罗伯特·雅克·杜尔哥(Anne Robert Jacques Turgot,1727～1781),重农学派后期最重要的代表,生于贵族家庭。他早期受过神学教育,任修道院院士和名誉副院长,1751 年放弃神职从政,任过州长;路易十六上台后,任财政大臣,执行重农主义政策。代表作为《关于财富的形成和分配的考察》(1766),其在一系列经济学观点上发展重农主义。他的理论的封建主义外观已消失。马克思说:"在杜尔哥那里,重农主义体系发展到最高峰。"[①]

在探讨商品交换时,杜尔哥提出主观价值论,主观价值即卖主对自己商品的估价。客观价值就是商品在交换中由市场决定的价值,实为价格。

一、阶级的划分与资本学说

1. 阶级划分

杜尔哥把生产阶级分为农业资本家和农业工人,把不生产阶级分为工业资本家和工业

---

① 马克思,恩格斯.马克思恩格斯全集:第 26 卷[M].北京:人民出版社,1976:28.

工人。生产阶级和不生产阶级都明确分为雇佣工人和资本家。这基本上反映资本主义社会的阶级状况。他出色地分析资本主义制度的两大阶级:"企业家、制造业主、雇主阶层,都是大量资本的所有者,依靠资本,使别人从事劳动,通过垫支而赚取利润;另一个阶层则由单纯的工匠构成,他们除了双手以外,一无所有,他们的垫支只是他们每日的劳动,他们得不到利润,只能挣取工资。"[1]他对雇佣劳动的认识有缺陷,不占有土地的阶层都被他视为雇佣阶级,农业资本家和工业资本家也被看作土地所有者阶级的雇佣劳动者。

2. 资本学说

杜尔哥不仅以"资本"这个概念来代替魁奈说的"预付",还具体分析资本的五种用途:买进田产、租地、从事制造业、工业生产、经商和放债。资本用法不同,可相应得到不同收入。买进田产,就可不必依靠劳动而获地租;利用资本经营农工商业能得到利润;如果把资本贷出去可得到利息。他还认为,各种收入的来源都是土地收入,地租是"纯产品",利润、利息是农产品的一部分。他认为,生产者同土地分离后,成为一无所有的雇佣劳动者,不得不出卖自己的劳动,得到工资。他比较完备地分析资本主义社会的基本收入,把它分为地租、利润、利息、工资。但他不了解这些收入的本质,不了解这些收入都源于雇佣劳动者创造的商品价值。他认为利润是资本家"劳动""操心""节约"而来的应得工资。他的这个观点被后来的一些经济学家发展为"节制"。

二、分配学说

1. 工资学说

配第已提出工资是由维持工人所必需的生活资料决定的,重农学派一般也坚持该观点。杜尔哥解决了工资由维持工人所必需的生活资料决定的问题。他认为,雇佣工人是靠出卖劳动获得工资为生的。工资高低是买卖双方协议的结果。由于可供挑选的工人多,购买者优先选用出价最低的,"在彼此竞争的局面下,工人们不得不降低这一价格"[2]。他把自由竞争的原则运用到工资问题上,在当时是杰出的思想。但他没有也不可能说明为什么劳动供给总是大于需求。

2. 纯产品和利润学说

魁奈认为纯产品是自然的恩赐,杜尔哥比魁奈前进了一步:农业存在特殊的自然生产力,使劳动生产率提高,生产产品超过工资。他的纯产品学说是以工资学说为基础的,并且把纯产品与劳动联系起来。杜尔哥认为纯产品是自然对农业劳动者劳动的赐予。"土地离开了劳动便不能生产任何东西"[3]农业劳动者是"唯一的这样一种人,他的劳动生产出来的产品超过了他的劳动工资"[4]。在杜尔哥看来,纯产品是由劳动者劳动所生产出来的。

魁奈否认利润范畴,他把工业资本家的利润视为高度熟练劳动的工资。杜尔哥承认利润,他的逻辑是:随着商品经济的发展,货币可买土地,买地得到地租,若不买地,货币贷出可得利息。可见,他是由地租引出利息的。他认为土地所有者收入应最少,靠出租土地取得收入不需要大量照料劳动,利息收入应大于地租,因为放债者有失去本金的风险。若不把货币贷给别人而经营企业,就可得利润。利润应高于利息,因经营者要花心血、担风险。

重农主义认为,地租是唯一的纯产品。而杜尔哥认为,工商业中也存在利润,这显然是与重农主义的观点相矛盾的。他认为,利润源于资本家节制,资本家没有把工资全部消费

---

[1][2][3][4] 杜尔哥.关于财富的形成和分配的考察[M].北京:商务印书馆,1978:54;21;27;22.

掉。他把利润归结为资本家节制,在那时还并非辩护。按照他的观点,既然利润是节制,那么,利润与工资一样,也算在生产费用之中,生产物扣除生产费用以后,剩下的才是纯产品。就是说土地所有者不分摊生产费用,实际上,他把土地所有者不再看作生产的当事人。这是和后来李嘉图的观点相吻合的,李嘉图把土地所有者完全视为资本主义生产的累赘。

杜尔哥发展重农主义,在他担任财政大臣时,还实行重农学派的经济纲领,推行一系列改革。他废除行会组织,允许自由经营,以赋税代替徭役,规定封建特权阶层也必须纳税,并试图实行单一地租税等。这些措施引起各方面的不满。特权阶层不满,他侵犯他们的特权;国王不满,他没有为王朝在财政上创造奇迹;广大人民群众也不满,他不是一个革命者,而是封建王朝的卫士。在各方面的反对下,杜尔哥不得不于1776年5月辞职,改革遭到失败。他的一些改革方案和措施,直到18世纪末,法国资产阶级大革命时才得以实现。

本 章 小 结

重农学派以自然秩序为最高信条,以农业为财富的唯一来源和一切社会收入的基础,包含"纯产品"、社会结构理论、资本理论和《经济表》所反映的社会再生产理论和自由放任的政策主张,标志法国古典经济学取得最高成就,且对斯密经济学的形成产生重要影响。

思考题

1. 重农学派的功绩、基本特征是什么?
2. 叙述与评论魁奈的"纯产品"学说。
3. 论述魁奈《经济表》的成就与缺陷。
4. 杜尔哥对重农学派的经济学说做了哪些发展?

名词

魁奈　自然秩序　纯产品　年预付　原预付　《经济表》　生产阶级和不生产阶级
杜尔哥　重农学派　布阿吉尔贝尔　主观价值与客观价值

第五章　经济学第一次革命
——斯密的经济学说

本章重点
- 斯密的著作和方法；斯密的价值理论和分配理论；斯密的经济自由主义

亚当·斯密(Adam Smith，1723～1790)，18世纪英国资产阶级经济学家，是政治经济学科学体系和基本原理的奠基者、经济自由主义的倡导者、"现代经济学之父"。英国的古典政治经济学从配第开始，到斯密那里得到了全面的发展。马克思指出：斯密是"工场手工业时期集大成的政治经济学家"[1]，"在斯密那里，政治经济学已经发展为某种整体，它所包括的范围在一定程度上已经形成"[2]。

18世纪中叶，英国已由农业国变为工业国，成为当时世界上最发达的资本主义国家。工场手工业不仅在毛纺业，而且在冶金、金属加工等主要生产部门占据了主要地位。由于"圈地运动"迅猛发展，小农经济已基本被消灭，普遍建立起资本主义大农场。通过一系列对外战争，到18世纪中叶，英国已经取代西班牙、葡萄牙、荷兰，取得海上霸权，成为最大的殖民帝国，英国资本原始积累的任务已经完成。

但是，工场手工业的狭窄基础严重阻碍了资本主义发展，旧的经济立法和封建行会制度限制了资本主义的发展，原有的保护关税政策已不符合资本家自由竞争、扩大贸易的要求。因此，当时资产阶级的主要任务仍然是要扫除封建残余。这就要有自己的思想家从理论上论证资本主义制度比封建制度优越，为资本主义的进一步发展开辟道路。斯密的经济学说就是适应这种需要而产生的。

第一节　概　　述

一、时代、著述、方法

斯密生于苏格兰爱丁堡附近的一个小城柯卡尔迪，父亲是一位海关职员，在斯密出生前几个月就去世了。他14岁进入格拉斯哥大学，17岁完成格拉斯哥大学的功课，获得奖学金去牛津大学深造。牛津大学是贵族子弟学校，平民出身的斯密能进这所大学，是很不容易的。牛津大学毕业后，1748年在爱丁堡大学当讲师，开设英国文学课，这时他开始对政治经济学发生兴趣。1751年斯密担任格拉斯哥大学教授，讲授道德哲学，涉及的范围很广泛。他的讲义分四个部分：神学、伦理学、法学、政治学。其第二部分伦理学，经过斯密整理、改写，于1759年以《道德情操论》出版。该书出版后，斯密被视为英国第一流的学者，一举成

---

[1] 马克思，恩格斯.马克思恩格斯全集：第23卷[M].北京：人民出版社，1972：386.
[2] 马克思，恩格斯.马克思恩格斯全集：第26卷[M].北京：人民出版社，1976：181.

名。该讲义的第四部分即政治学,包括了贸易、价格、国家收入、税收等经济和财政问题,成为后来《国富论》(全名为《国民财富的性质和原因的研究》)的基础。

1764年,斯密辞去大学教授职务,作为年轻的巴克莱公爵的私人教师,陪同这位公爵游历欧洲。在巴黎,他结识了重农学派的魁奈、杜尔哥和启蒙学派的著名代表伏尔泰,这对他后来经济思想的形成有着重要的影响。

1767年春天,斯密回到故乡,专心致志地著书。1776年,划时代经济学巨著《国富论》出版,不久被译成几国文字。它是经济学的百科全书,基本包括当时人类所建树的经济理论、经济史、经济思想史、财政学、经济政策等方面的知识,涉及历史、伦理、经济和政治所表现的社会行为的所有方面。它满足了当时产业资产阶级的需要,为实行自由放任的经济政策提供理论依据,它的出版标志着政治经济学作为一门独立学科的形成,是影响人类历史进程的划时代巨著之一。斯密从此也就成为举世公认的经济学权威。

斯密不仅学问出色,而且品德超群,他为人正直、诚实、认真、谦虚、仁慈、厚道、友善。他终身未娶,说:"我只是我的书的情人。"临终前斯密敦促其挚友将其所有未完书稿付之一炬,实践他对读者一贯严格负责的理念。

斯密1778年任苏格兰海关税务司长,1787年任母校格拉斯哥大学校长,直至1790年逝世。

《国富论》的研究对象是国民财富和国民财富增加。增加国民财富,主要有五种途径:一是发展分工;二是增加投资;三是扩大生产劳动量;四是实行经济自由;五是发挥本国优势。《国富论》共五篇,形成一套完整的理论体系。

第一篇,"论劳动生产力增进的原因并论劳动生产物自然而然地分配给各阶级人民的顺序"。

第二篇,"论资财的性质及其蓄积和用途",着重分析了资本的构成、资本积累的条件和资本的用途。(第一、二篇基本上包括斯密政治经济学的主要内容。)

第三篇,"论不同国家中财富的不同发展",从经济史的角度考察促进或阻碍国民财富发展的因素。

第四篇,"论政治经济学体系",研究经济思想史,评论重农主义。

第五篇,"论君主或国家的收入",研究国家的财政收支对国民财富发展的影响。

通过以上五篇内容,斯密力图从各方面分析影响国民财富增长的原因,并且以这个思想为中心,创立了一个完整的政治经济学理论体系。

斯密在研究资本主义经济规律时,广泛利用抽象法,力求把本质的东西和偶然的现象相区别,力图深入研究资产阶级制度的内在联系(隐蔽的生理学结构)。同时,他的另一种方法则是把生活中的外部现象,按照它所表现出来的样子加以描写、分类、叙述并归入简单概括的规定之中。内在和外在的方法并存,马克思说:斯密"这两种理解方法,在斯密的著作中不仅安然并存,而且互相交错,不断自相矛盾"[1]。这种方法论的矛盾,造成斯密理论的矛盾。

二、经济发展与中国经济发展

斯密以分工引起的社会生产力发展水平为标准,结合产业结构的演进过程,描述社会发

---

[1] 马克思,恩格斯. 马克思恩格斯全集:第26卷[M]. 北京:人民出版社,1976:182.

展的历程。他把整个社会发展分为四个历史阶段：

第一阶段是"狩猎民族社会"，生产力水平低下，没有剩余产品，不存在国家，人们过着原始共产主义的"村社"生活。

第二阶段是"游牧民族社会"，生产以游牧为主。出现财产不平等和国家，国家保护有产者，抵抗无产者。

第三阶段是"农业社会"，土地所有权是社会权力的基础，自然经济占统治地位。

第四阶段是"制造业与商业社会"，商品经济十分发达，建立了一种适应"自然"状态的个人利益与社会利益一致的制度结构。

斯密将当时世界各国经济情况分为三类：一是迅速发展型；二是停滞不前型；三是倒退型。中国是停滞不前型国家的代表，原因和对策如下：

中国封建的政治法律制度严重束缚了社会经济的发展，只有摆脱封建政治法律的束缚，经济才会改变停滞状况，实现增长。

中国应该以农业为主和满足内需为主，充分利用本国资源和本国市场，但是中国过于重视农业，轻视甚至排斥对外贸易。

斯密主要从供给方面分析促进或阻碍经济发展的因素。他认为，人的欲望无限而产品总会有销路，阻碍经济发展的因素不可能存在于需求而只能存在于供给方面。他在《国富论》中提出国民收入增长的两个基本条件：提高生产力和增加生产性劳动者在总人口中所占的比重。他详尽分析了这两个基本因素：

首先，特别强调分工对提高生产力的重要作用。作为工场手工业时期的经济学家斯密，把分工视为促进财富增长的重要因素。作为工业革命时期的经济学家，他看到机器、设备和劳动的合理分配对生产力的推动作用。他还认为，人口的数量和质量以及自然资源也对生产力的提高有重要作用。

其次，增加生产性劳动人口在总人口的比重，他特别强调资本积累对增加生产性劳动人口的意义以及资本合理配置对促进国民财富增长的作用，认为在总资产中如果用于维持非生产性人口的那部分愈少，用于维持生产性人口的那部分愈多，则财富生产愈多。

再次，政治经济制度是经济发展的重要因素。他在分析英属北美殖民地比法国、荷兰、丹麦的北美殖民地繁荣的原因时指出，"英国殖民地的政治制度，却比其他三国任何一国殖民地的政治制度更有利于土地的改良与耕作"。他将自由竞争视为提高生产效率、促进财富增长的重要因素。

第二节 分工、交换和货币学说

一、分工学说

1. 分工的意义

古希腊的色诺芬已看到分工的好处，如国王宴席的食物特别可口，因为这是由很多厨师分工做的。古希腊柏拉图的"理想国"建立在分工的基础上。他说，只有分工才能满足人的多种需要。人的天赋、技术是不同的，一个人做很多事，不如专心做一件事，这样生产的东西必定多而好，一个国家应该有专门从事各种行业的人。近代，只有配第把分工与提高劳动生产率、降低商品价值最早联系起来。

作为工场手工业时期的经济学家,斯密特别强调分工的作用。《国富论》就是从分工开始论述的。他认为,增加国民财富的主要方法是提高劳动生产率,而提高劳动生产率,首先要靠分工,"劳动生产率上最大的增进,以及运用劳动时所表现的更大的熟练、技巧和判断力,似乎都是分工的结果"①。看不到科技是第一生产力,与斯密生活的时代,科技不发达,科技对生产率影响不大有关。

分工提高劳动生产率。原因如下:一是使劳动者的技术专门化,提高熟练程度。如打铁的,使惯铁锤,一旦叫他做钉子,一天至多做二三百枚,质量很粗劣,而专门制订的,尽力工作,每天能制 2300 枚钉子。二是节省调换工具、转换工作地点的时间。由一种工作转到另一种工作时,精力不集中,效率低,而分工可避免这些缺点,提高效率。他以做针为例,由于分工,劳动生产率提高 4800 倍。三是使操作和工具都简单化,为改良工具创造条件。②

2. 分工的原因

斯密认为,人的本性引起交换,交换引起分工。交换"倾向为人类所共有,亦为人类所特有,在其他各种动物中是找不到的"③。"我们从未见过甲乙两犬公平审慎地交换骨头。"④"但人类几乎随时随地都需要同胞的协助,要想仅仅依赖他人的恩惠,那是一定不行的。只有你给别人好处,别人才会给你好处。关键是要刺激他们的利己心。当你要与别人交换东西时,你要这样说:'请给予我所需要的东西,同时,你也可以获得你所要的东西。'这话是交易的通义。我们所需要的相互帮忙,大部分是依照这个方法取得的。我们每天所需要的食料和饮料,不是出自屠户、酿酒家或烙面师的恩惠,而是出自他们自利的打算。……我们不说自己有需要,而说对他们有利。"这样,你才能达到目的。

斯密非常注重交换对分工的反作用,提出一些有价值的思想。他说:"分工起因于交换能力,分工的程度总要受交换能力大小的限制,换言之,要受市场广狭的限制。"⑤如果市场过小,那就不能鼓励人们终身从事某一专业工作。如果交通运输条件便利,市场范围扩大,就有利于分工的发展。因此,他主张自由贸易,认为一切限制市场和交换的措施,都会影响分工的发展,妨碍生产力的发展,妨碍社会福利和国民财富的增长。

斯密的分工理论涉及广泛,包括个别分工,也包括社会分工、科学之间的分工、城乡分工、脑体分工和国际分工等。他指出,分工可以提高劳动生产率,增加社会财富,强调交换促进分工的作用,这些无疑是正确的。但他从利己主义本性引出交换,又从交换引出分工,却是错误的。分工先于交换,交换是分工发展的结果。交换是在原始社会末期第一、二次社会大分工之后出现的。

二、货币学说

分析分工和交换后,斯密分析货币,主要阐述货币的起源和职能两个问题。

(1) 斯密说,货币是为克服交换困难而产生的。在分工发达的社会里,每个人所需要的大部分东西,都要通过交换才能得到满足。斯密指出,因为交换会遇到困难,所以"自分工确立以来,各时代各社会中,有思虑的人,为了避免这种不便,除自己劳动生产物外,随时身边

---

①②③④⑤ 斯密.国富论:上卷[M].郭大力,等译.北京:商务印书馆,1972:5;7;13;13;16.

带有一定数量的某种物品,这种物品,在他想来,拿去和任何人的生产物交换,都不会被拒绝"①。这种物品就成为"商业上的通用媒介",这种媒介物在不同国家和不同时代是不同的。斯密列举了牲畜、盐、贝壳、烟草、干鱼丁、砂糖、兽皮,直到最后,人们才"终于决定使用金属而不使用其他货物作为媒介"②,这就是货币。

斯密认为货币是交换发展的必然结果,这是很有意义的。但一般等价物是由简单价值形态、扩大价值形态发展而来的,是价值形态发展的结果,是商品使用价值和价值内在矛盾发展的结果。价值形式的发展过程,是生产力发展的过程和结果。因此,斯密并没有真正认识到货币的起源和本质。

(2) 价值尺度和流通手段的职能,斯密在《国富论》中曾多次提到。他事实上是把价值尺度和流通手段作为货币基本职能来说明的,并在一定程度上看到这两种职能之间的某些联系:"货币是交易的,又是价值的尺度。因为它是交易的媒介,所以我们用货币,比用任何其他商品,都更容易取得我们所需的物品。……只要有货币,以后随便购买什么,都没有困难。因为它是价值的尺度,我们使用各种商品所能换得的货币量,来估计其他各种商品的价值。"③斯密在说明货币执行流通手段的职能时指出,货币"成为一切文明国商业上的通用媒介。通过这个媒介,一切货物都能进行买卖,都能相互交换"。"货币是流通的大轮毂,是商业上的大工具。"他极力主张用纸币代替金属货币流通:"有了纸币,流通界无异使用了一个新轮,它的建立费和维持费,比较旧轮,都轻微得多"④。既然纸币代替金属货币起着流通手段的作用,所以,"任何国家,各种纸币能毫无阻碍地到处流通的全部金额,绝不能超过其所代替的金银的价值"⑤。由此可见,他已经初步认识到纸币流通量取决于流通中所需要金属货币量的规律。他还强调说:"管理纸币,若不甚熟练,不用说了,即使熟练慎重,恐仍会发生无法制止的灾祸。"⑥该见解是极为深刻的。

斯密的货币学说也有缺陷。在反对重商主义关于货币是唯一财富的观点时,斯密往往走向极端,如商品流通中所需的货币愈多,商品的数量就愈少,一国的货币增加,贫困也就增加,等等,这妨碍了他科学地认识货币的流通问题。

第三节 价 值 学 说

斯密分析货币后,又开始研究价值问题。他的问题是:货币出现以后,商品与货币相交换,或者商品之间的交换比例是如何决定的? 他提出交换价值的问题。

一、使用价值和交换价值

斯密首先区分了使用价值和交换价值:"价值一词有两个不同的意义。它有时表示特定物品的效用,有时又表示由于占有某物而取得的对他种货物的购买力。前者可叫作使用价值,后者可叫作交换价值。"⑦区分了两个概念后,斯密又分析了二者的关系:"使用价值很大的东西,往往具有极小的交换价值,甚或没有;反之,交换价值很大的东西,往往具有极小的使用价值,甚或没有。"⑧他举例说,用途很大的水却没有交换价值,金刚钻几乎没有什么使

---

①②③④⑤⑥⑦⑧ 斯密.国富论:上卷[M].郭大力,等译.北京:商务印书馆,1972:20-21;21;1-2;268;275;292;25;25.

用价值,但是交换价值较大,即斯密悖论。

斯密第一次明确提出使用价值和交换价值两个概念及其内容,并认为,政治经济学的任务不是研究使用价值,而是研究商品在交换中量的比例关系——交换价值。斯密还指出商品交换价值不是由使用价值决定的,这些是他的贡献。但斯密不了解商品是使用价值和交换价值的统一,当他强调指出,交换价值不是由使用价值决定的时候,却错误地认为没有使用价值的东西可以有交换价值。

二、劳动价值论

斯密的价值学说,主要解决如下三个问题:第一,交换价值的真实尺度是什么,或商品价值的大小是由什么决定的?第二,真实价格的各个构成部分究竟是什么?第三,市场价格有时不能与其自然价格相一致的原因何在?

斯密在回答"什么是交换价值的真实尺度"的问题时,明确肯定一切商品的价值都是由劳动决定的。他说的劳动,不是局限于某个部门的特殊劳动,而是撇开劳动的特殊形式,是一般社会劳动。这是斯密劳动价值论的重大进步。他虽把商品的价值归结为一般的社会劳动,但他并不了解这种劳动的社会性质,因此,他在进一步考察是什么劳动决定商品价值,劳动怎样衡量商品的价值时,就陷入混乱。他的价值论是矛盾的,既有科学性,又有庸俗性。

斯密有两种、三种甚至四种价值理论。

首先,商品的价值是由生产该商品所耗费的劳动决定的。这是斯密的第一个价值理论,也是他的价值理论中的科学部分。他所说的"真实价格"即价值,"辛苦和麻烦"是劳动。在这里斯密已深刻地认识到,价值是由生产这种商品付出的劳动决定的。他还认识到商品价值量与生产中所耗费的劳动量成正比。他还看到简单劳动与复杂劳动的区别:"两种不同工作所费去的时间,往往不是决定这种比例的唯一因素,它们的不同困难程度和精巧程度,也须加以考虑。一个钟头的困难工作,比一个钟头的容易工作,也许包含更多劳动量;需要十年学习的工作做一小时,比普通业务做一个月所含劳动量也可能较多。"[①]这实际上已提出复杂劳动等于倍加的简单劳动的思想。所有这些都是科学、正确的。

斯密有时又把耗费的劳动做主观的解释,视为劳动者对自己的安乐、自由与幸福的牺牲,劳动量的大小,就是这种牺牲的大小。

其次,斯密提出购买劳动决定价值的观点。价值大小是由商品交换中能购买到的劳动多少决定的。这是斯密的第二个价值理论:"自分工完全确立以来,各人所需要的物品,仅有极小部分仰给于自己劳动,最大部分却需仰给于他人劳动。所以,他是贫是富,要看他能够支配多少劳动,看他能够购买多少劳动。一个人占有某货物,但不愿意自己消费,而愿用以交换他物,对他说来,这货物的价值,等于使他能购买或能支配的劳动量。"[②]在这里,他把价值决定和价值表现相混同了。这是他运用"外在"方法来观察社会现象的结果。

三、价值由三种收入构成

斯密认为,耗费劳动和购买劳动,投入的劳动和支配的劳动,在原始状态下的简单商品交换中,是相等的量。但是,在资本主义社会,耗费劳动和购买劳动,投入劳动和支配劳动,都不是相等的量。可见,到了资本主义社会,当资本家把一定的价值(工资)当作资本来使

---

①② 斯密.国富论:上卷[M].郭大力,等译.北京:商务印书馆,1972:27;26.

用,即用它来购买活劳动时,就可以支配更多的劳动量。所以,他认为,在资本主义社会,耗费劳动和购买劳动,投入劳动和支配劳动,物化劳动和活劳动在量上是不相等的,这是斯密碰到的一个难题。解题结果是他放弃劳动价值论而转到庸俗的三种收入决定价值论。

斯密认为,在资本积累和土地私有权发生以前的初期野蛮社会中,即简单商品生产条件下,生产条件属于生产者所有,全部劳动产品归劳动者所有,商品交换是等量劳动的交换,耗费劳动等于购买劳动,因此,商品的价值量是由生产商品所耗费的劳动决定的。

但是,当资本积累、土地私有以后,资本和劳动相交换,物化劳动和活劳动相交换,价值规律不再适用了。"在这种状态下,劳动的全部生产物,未必都属于劳动者,大都须与雇用他的资本所有者共分",这时,劳动者创造的价值就分为工人的工资和资本家的利润两个部分,由于土地私有,还要支付地租。这样,斯密说,在资本主义社会,商品价值不再由耗费劳动决定,而是由工资、利润、地租三种收入决定。单个商品和全部商品的价值都是这样的。斯密说:"工资、利润和地租,是一切收入和一切可交换价值的三个根本源泉。一切其他收入归根到底都是来自这三种收入中的一个。"① 马克思说:"说它们是'一切收入的三个原始源泉',这是对的;说它们'也是一切交换价值的三个原始源泉',就不对了,因为商品的价值是完全由商品中包含的劳动时间决定的。"②

三种收入构成价值。这是斯密的第三种价值论,是完全错误的。第一,他混淆了价值如何决定和价值如何分配的问题。第二,他认为在资本主义社会,价值不再由耗费的劳动决定,这由于他没有区分劳动和劳动力,认为资本家购买的是劳动,而不是劳动力。这样,他就无法在价值规律的基础上正确解释利润和地租的来源问题。他看不到资本的价值增值是在生产过程中产生的,是劳动力这种特殊商品在使用过程中所创造的价值大于本身的价值。于是,他认为,在资本主义社会,商品的价值不再由耗费的劳动量决定,而是由工资、利润、地租三种收入决定。第三,三种收入决定价值的错误理论,也混淆了商品全部价值 $C+V+M$ 和劳动新创造的价值。工资、利润和地租三种收入决定价值,实际上就是 $V+M$ 决定价值,这样,不变资本 C 就不见了。三种收入决定价值论,是"生产费用论",史称"斯密教条"。它被资产阶级经济学家广泛利用,影响深远。

四、价值规律

斯密把商品价格区分为自然价格和市场价格。后者是商品出卖时的实际价格。前者是按平均的工资、利润和地租构成的价格。自然价格实际是指价值。"商品的市场价格,有时高于它的自然价格,有时低于它的自然价格,有时和它的自然价格相等。"③ 这主要是因为商品供求关系的变化。他说,商品供给如果不能满足有效需求,需求者之间就展开竞争,那么市场价格就高于自然价格,有的资本家就扩大生产,增加供给。相反,如果商品供给超过有效需求,供给者之间就展开竞争,使市场价格低于自然价格,有的资本家便撤出资本,缩小生产,减少供给。如果商品供给量和有效需求趋于一致,市场价格与自然价格趋于一致,他说:"自然价格可以说是中心价格,一切商品价格都不断受其吸引。"④ 他已看出价格围绕价值上下波动是一种规律性的现象,而且已看到价值规律调节生产的作用,说明他比较深刻地了解了实际生活。但他并不懂得价格围绕价值上下波动,正是价值规律的实现,也没有看到价值

---

①③④ 斯密. 国富论:上卷[M]. 郭大力,等译. 北京:商务印书馆,1972:47;50;52.
② 马克思,恩格斯. 马克思恩格斯全集:第26卷[M]. 北京:人民出版社,1976:74.

规律的自发作用对商品生产的破坏作用,这又表明他对这个问题的理解不够全面深刻。

总之,斯密的价值论无论在广度上还是深度上都超过了他的前辈。但斯密的价值论是矛盾、混乱的,正确与错误的、科学与庸俗的同时并存,交错在一起。马克思说:"后来的经济学家们互相争论时,时而接受斯密的这一方面,时而接受斯密的那一方面,这种情况最好不过地证明斯密在这方面的正确本能。"①

第四节 分配理论——三个阶级和三种收入的学说

在资产阶级经济学家中,斯密第一次比较正确地描述资本主义社会的阶级结构。过去,魁奈曾经把资本主义社会划分为三个阶级,即生产阶级、不生产阶级和土地所有者阶级。杜尔哥又进一步从生产阶级与不生产阶级中区分出了资本家和雇佣劳动者,但同时又把他们都看作受土地所有者所雇佣。总之,重农学派虽然最先考察了资本主义社会的阶级结构,但是,他们对阶级的划分仍是不科学的,特别是他们混淆了资产阶级和无产阶级的界限。

斯密根据他的年产品价值分解为工资、利润和地租并分别归三种人所有的学说,明确地划分出工人、资本家和地主三大阶级:"一国土地和劳动的全部年产物,或者说,年产物的全部价格,自然分解为土地地租、劳动工资和资本利润三部分。这三部分,构成三个阶级人民的收入,即以地租为生、以工资为生和以利润为生这三种人的收入。此三个阶级,构成文明社会的三大主要和基本的阶级。一切其他阶级的收入,归根结底,都是来自这三大阶级的收入。"②

他以经济关系作为划分阶级的标准,并且指出工资、利润和地租是三个阶级的基本收入,人们的收入都是从这三种收入派生出来的。斯密的这个观点,是有理论价值的。但是,他还不能科学分析阶级产生的根源和本质。

斯密在确定一国年产品价值后,进一步研究它是怎样分配给三个阶级的。他有二重方法和二重价值论,在研究工资、利润和地租时,提出两种以上的见解。

一、工资理论

斯密一开始就指出:"劳动生产物构成劳动的自然报酬或自然工资。"③从这个定义可以看出,他已经认识到工资是劳动生产物,工资由劳动决定。

但是,斯密也像在价值问题上一样,感到资本主义社会以前的劳动报酬和资本主义下的劳动报酬是不相同的。他认为在原始社会,劳动者所生产的全部产品都属于劳动者所有。但是,当资本积累和土地私有制发生以后,工资就只是劳动生产物的一部分了。他说:"土地一旦成为私有财产,地主就要求劳动者从土地生产出来或采集到的几乎所有物品中分给他一定份额。"④而资本一旦在资本家手中积累以后,他就要为垫付资本而收回相当的利润。因此,在资本主义社会,工人所得的工资是经过两次扣除以后所剩下的一部分。这样,斯密实际上是承认必要劳动和剩余劳动存在着剥削关系。这是斯密的第一个工资理论,包含着

---

① 马克思,恩格斯.马克思恩格斯全集:第26卷[M].北京:人民出版社,1976:140-141.
②③④ 斯密.国富论:上卷[M].郭大力,等译.北京:商务印书馆,1972:240-241;58;59.

合理的成分。它肯定工资是劳动的收入,因而看到了工资的本质。

这个定义的缺陷是把工资看作超历史的、永恒的范畴,不仅小生产者的劳动产品被看成工资,甚至连原始人劳动的成果也被看作工资。

斯密把资本积累和土地私有权发生后的工资,视为劳动产品的一部分。

工资是劳动的价格,这是斯密的第二个工资理论。他认为,劳动是一种商品,同其他商品一样,是一种买卖的对象。工人出卖劳动,得到的工资就是劳动的价格,全部劳动得到了报酬。斯密的两种工资论,是同他的二重价值论相适应的。根据他的第一个价值论,商品价值由劳动决定,在小商品生产条件下,工资是劳动所创造的全部价值,在资本主义条件下,工资就是劳动所创造的一部分价值。根据他的第二个价值论,商品价值由三种收入构成,工资是商品价值的一个组成部分,是劳动报酬,掩盖资本家剥削工人剩余劳动的本质。

斯密认为劳动是商品,那么,它也有自然价格和市场价格的区分。他的自然价格就是价值,劳动的自然价格,或者说劳动的价值又是怎样确定的呢?他认为应该等于能够维持本人及其家属生活所必需的生活资料的价值。

斯密不了解劳动与劳动力的区别,他把工人出卖劳动力的行为误认为是他们出卖劳动;工资本是劳动力的价值,却被说成是劳动的自然价格、劳动的价值。这说明他并不了解工资的本质。但是,他对工资量的变动描述得比较具体。

斯密还指出劳动的市场价格——工资,是随着劳动需求而变动的。而劳动需求又和财富生产相联系。他认为,财富增长引起工资提高,财富增长越快劳动需求越多,从而工资提高。他把各国分为三类:一是财富增长的北美国家,劳动者供不应求,工资不断提高。一个有四五个孩子的青年寡妇,在欧洲很难找到第二个丈夫,但在北美洲被抢着要,"儿女是诱使男子向她求婚的财产"[①]。二是财富停滞的中国,下层劳动者的生活资料虽很缺乏,但还能维持。三是日益贫穷的孟加拉,劳动需求不足,劳动价格下降。斯密认为工资增长取决于财富,工资增减还将引起人口增减。

斯密有两个互相矛盾的工资理论,第一个认为工资只是劳动生产物的一部分,并在一定程度上揭露资本主义剥削,是比较科学的。第二个工资理论,是从他的三种收入构成价值理论出发的,把劳动和劳动力等同起来,不了解资本主义的工资是工人出卖劳动力价值或价格的转化形式,把工资视为工人全部劳动报酬,这就掩盖了资本家剥削工人的本质,与第一种工资论是矛盾的。

斯密没有科学地分析工资的本质,只是专门地探讨工资变动,把工资额(即劳动市场价格)的变动看作取决于劳动供求关系的变动,这点是正确的。但是,他把各种不同社会形态下,各种不同劳动者的收入统统算作工资收入,都受劳动市场价格变动的支配,把工资这个范畴永恒化了,这是错误的。

二、利润理论

斯密科学地提出利润是资本主义社会的特有的经济范畴并加以研究。

配第的经济理论中没有利润这个范畴,重农学者魁奈也没有。配第和魁奈都把企业主的收入,归结为一种特殊工资,是熟练劳动的报酬。

---

① 斯密.国富论:上卷[M].郭大力,等译.北京:商务印书馆,1972:64.

斯密承认利润是由劳动者所创造的价值的一部分,"认识到剩余价值的真正起源"①是斯密的一个功绩。在配第和魁奈以后的杜尔哥、休谟、马西和斯图亚特等虽承认利润存在,但对利润来源问题,或根本没有涉及(如休谟、马西),或者根本找错了方向(如斯图亚特从流通领域来寻找利润的来源,杜尔哥解释利润是来源于工资的节制)。

斯密驳斥当时流行的利润是资本家的"特种劳动工资"或"监督劳动工资"的理论:"有人说,资本的利润只是特种工资的别名,换言之,不外乎是监督指挥这种劳动的工资。但利润与工资截然不同,它们受着两个完全不同的原则的支配,而且资本的利润同所谓监督指挥这种劳动的数量、强度与技巧不成比例。利润完全受所投资本的价值支配,利润的多少与资本的大小恰成比例。"他举例说,两个工厂,雇工数和工资量相等,所用资本分别为1000镑和7300镑,年利润率为10%,前者资本家每年得利润100镑,后者资本家每年得利润730镑。斯密说:"他们的利润额,虽那么不相同,他们的监督指挥却无甚差别,甚或全然一样。"②而且在许多大工厂里,监督指挥是交给"重要职员"负责的,资本家不直接参与。"资本所有者虽几乎没有劳动,却希望其利润与其资本保持一定的比例。"所以,利润与工资不同,它"受完全不同原则的支配"③。

斯密科学地认为,利润是由劳动者创造价值的一部分。他从三种收入构成价值、工资是劳动的价格出发,得出第二个利润理论,利润是"来自运用资本的收入",利润是资本的自然报酬,是商品价值的一个来源。他说,"商品的出卖若不能给他以利润,那就等于说,他没有从这商品的出卖取回其实际费用"④。利润是生产费用的观点,被以后的萨伊等继承。

斯密在研究利润问题的同时,还考察利息范畴,"利息总是一种派生的收入"⑤。利息率的高低决定于利润率的高低:"在使用货币所获较多的地方,对于货币的使用,通常支付较多的报酬;在使用货币所获较少的地方,对于货币的使用,通常支付较少的报酬。"⑥他还认为,随着财富增加、资本增加,随着资本家之间竞争的日益激烈,利润率会下降。他已看到资本主义发展会造成利润率下降的趋势。但他分析利润率下降的原因是错误的。

三、地租理论

斯密认为,地租是使用土地而付给地主阶级的代价:"作为使用土地的代价的地租,自然是租地人按照土地实际情况所支付给的最高价格。"⑦他认为,土地生产物的价值,除了补偿经营土地的种子、耕畜等生产资料,支付工资外,还要提供利润,超过部分,是地租。他区别了地租与利润,地租是归地主阶级占有的特殊收入,是土地所有权在经济上的实现。

但是,对于地租的来源,斯密的观点是混乱的。

(1) 从劳动价值论出发,斯密认为地租是劳动生产物或生产物价值的一部分,即"土地一旦成为私有财产,地主就要求劳动者从土地生产出来或采集到的几乎所有物品中分给他一定份额。因此,地主的地租,便成为要从用在土地上的劳动的生产物中扣除的第一个项目。"⑧这个地租论是比较科学的,它揭示地租的真实来源,是工人劳动生产物的一部分,是地主阶级的剥削收入。

当然这个地租理论还有缺陷,他所说的地租是笼统地指土地私有权产生以后的地租,没有分清封建地租和资本主义地租;他把地租看作对劳动生产物的第一项扣除,不了解资本主

---

① 马克思,恩格斯. 马克思恩格斯全集:第26卷[M]. 北京:人民出版社,1976:58.
②③④⑤⑥⑦⑧ 斯密. 国富论:上卷[M]. 郭大力,等译. 北京:商务印书馆,1972:43;44;50;47;81;136-137;59.

义地租是超过平均利润以上的余额。

(2) 从三种收入决定价值出发,他认为地租是商品价值的一个来源:地租、利润和工资"这三者都或多或少地成为绝大部分商品价格的组成部分"①,"工资、利润和地租,是一切收入和一切可交换价值的三个根本源泉"②。这种看法,完全割断地租同工人劳动之间的联系,掩盖了地租的剥削本质。

(3) 斯密认为,地租是一种垄断价格:"作为使用土地的代价的地租,当然是一种垄断价格。"③马克思说:"把地租看作土地所有权的单纯结果,认为地租是一种垄断价格,这是完全正确的,因为只是由于土地所有权的干预,产品才按照高于费用价格的价格出卖,按照自己的价值出卖。"④我们知道,正是由于土地私有权的垄断,所以农产品会在生产价格以上按照价值来售卖,并且把超过生产价格的剩余价值转化为绝对地租。但斯密并不了解土地私有权垄断和绝对地租的实质,因此,在进一步考察这种"垄断价格"的形成时,他的观点就错了。他认为,由于农产品经常供不应求,农产品的市场价格经常高于价值而成为一种"垄断价格",这超过价值的部分就成为地租。这样,他的错误在于从流通过程来说明地租的来源。他没有分清价值和生产价格,不知道农产品价格不是超过价值,而是超过生产价格的部分。

(4) 斯密最荒唐的地租论是"地主借给农业资本家使用的自然力的产物"⑤。他认为,在使用同量劳动者的情况下,在农业中比在工业中创造的价值更大。他说:"农民与农村劳动者的劳动,确比商人、制造业工人与工匠的劳动更有生产力。"这里所说的"更有生产力",就是在农业中,除工人参加劳动以外,牲畜和自然力也参加劳动,也能创造价值。他说:"农业资本家所能推动的生产性劳动最大。他的工人是生产性劳动者,他的牲畜也是生产性劳动者。在农业上,自然也和人一起劳动;自然的劳动,虽无需代价,它的生产物却和最昂贵的工人生产物一样,有它的价值。"他把地租看作自然力的产物,这种观点是完全错误的。首先,自然力只是人们进行生产劳动不可缺少的条件。其次,利用自然力进行生产的还有工业、运输业以及一切物质生产部门。用自然力说明地租,这说明斯密还有浓厚的重农主义思想,而远离他的劳动价值论。马克思说:"斯密深受重农主义观点的影响,在他的著作中,往往夹杂着许多属于重农学派而同他自己提出的观点完全矛盾的东西。例如地租学说等。"⑥

斯密的地租理论虽混乱,但贡献很大。首先,地租是劳动生产物的扣除,工人的无偿劳动是地租的源泉。其次,地租与土地的私有权联系在一起,这就为阐明地租的来源引出正确的道路。再次,生产主要食物(谷物)的土地的地租决定其他一切农业部门的地租水平。马克思说:"斯密的巨大功绩之一在于:他说明了,用于生产其他农产品(例如亚麻、染料植物)和经营独立养牛业等的资本的地租,是怎样由投在主要食物生产上的资本所提供的地租决定的。在斯密以后,这方面实际上并没有任何进步。"⑦他总结资本主义社会三个阶级和三种收入的关系。地主阶级不用劳力劳心,生活安稳,变得懒惰,无知。工人阶级的利益与社会利益密切相关,社会财富增加,工资增加。资产阶级推动社会发展的作用最重要,其理解力更敏锐,但利润率会随资本增加而降低。

斯密站在资产阶级立场上反对封建地主阶级,在当时有一定的积极意义。至于利润率

---

① ② ③ ⑤ 斯密. 国富论:上卷[M]. 郭大力,等译. 北京:商务印书馆,1972:59;45;47,138;47,138;333.
④ 马克思,恩格斯. 马克思恩格斯全集:第26卷[M]. 北京:人民出版社,1976:389.
⑥ 马克思,恩格斯. 马克思恩格斯全集:第26卷[M]. 北京:人民出版社,1976:47.
⑦ 马克思,恩格斯. 马克思恩格斯全集:第25卷[M]. 北京:人民出版社,1975:694.

(实际上是平均利润率)虽然会随着资本积累增加,有下降的趋势,但并不意味着利润量减少,工人阶级所受的剥削程度会因此而减轻。

第五节 生产劳动学说与资本学说

一、生产劳动与非生产劳动学说

这是斯密理论中最有价值的部分之一。他认为,增加国民财富有两个途径:一是提高劳动生产率,二是增加劳动者人数。

斯密以前,都是按照行业来划分生产劳动和非生产劳动的。重商主义认为从事对外贸易的劳动是生产劳动,重农主义认为农业劳动是生产劳动。

斯密克服过去那种按行业来划分生产劳动与非生产劳动的局限,提出新的两种生产劳动的定义:同资本相交换并为资本家提供利润的劳动是生产劳动;同收入或利润、地租相交换,不能为资本家提供利润的劳动是非生产劳动。

斯密对比了工场手工业工人和家仆:"有一种劳动,加在物上,能增加物的价值;另一种劳动,却不能够。前者因可生产价值,可称为生产性劳动,后者可称为非生产性劳动。制造业工人的劳动,通常会把维持自身生活所需的价值与提供雇主利润的价值,加在所加工的原材料的价值上。反之,家仆的劳动,却不能增加什么价值。"①他认为,工人的劳动是直接与资本相交换的,因此,"制造业工人的工资,虽由雇主垫付,但事实上雇主毫无所费。制造业工人把劳动投在物上,物的价值便增加。这样增加的价值,通常可以补还工资的价值,并提供利润"②。他把前一种劳动称为生产劳动,后一种劳动称为非生产劳动。而且他说:"雇用许多人,是致富的方法,维持许多家仆,是致贫的途径。"③

斯密认为生产劳动是同资本相交换并为资本家带来利润的劳动,这个观点反映了资本主义生产关系的本质和生产目的,只有生产剩余价值的劳动才是生产劳动。马克思认为,斯密"在这里触及了问题的本质,抓住了要领。他的巨大科学功绩之一……下了生产劳动是直接同资本相交换的劳动这样一个定义"④。斯密把非生产劳动规定为直接同收入相交换的劳动,也反映了资本主义社会生产关系的情况。这种劳动不会使货币变为资本,不会发生资本增值的现象。

斯密的第二种生产劳动定义:它是生产物质产品的劳动,"制造业工人的劳动,可以固定并且实现在特殊商品或可卖商品上,可以经历一些时候,不会随生随灭"。与此相反,"家仆的劳动,却不固定亦不实现在特殊物品或可卖商品上。家仆的劳动,随生随灭。要把它的价值保存起来,供日后雇用等量劳动之用,是很困难的"⑤。斯密把是否能生产物质产品,视为区分生产劳动与非生产劳动的标准,离开了劳动的社会性,不能反映资本主义生产关系的实质。

但是,斯密的这个说法是同反封建势力的斗争相联系的。他根据生产劳动是生产物质产品的观点,批评君主、官吏、牧师等封建人物的奢侈浪费行为。

---

① ② ③ ⑤ 斯密.国富论:上卷[M].郭大力,等译.北京:商务印书馆,1972:303;303;303;303-304.
④ 马克思,恩格斯.马克思恩格斯全集:第26卷[M].北京:人民出版社,1976:148.

他的这种说法,是还未控制整个社会和国家的新兴资产阶级的说法。资产阶级自己是生产的,而国家机器和教会是不生产的,是依靠他人劳动来过活的,是生产浪费,因此,维持国家机器和教会的费用应当减少到最低限度。

斯密虽有两重生产劳动理论,但他的结论却是一致的,即增加国民财富,就必须区分生产性劳动与非生产性劳动,增加生产性劳动,尽量减少非生产性劳动。生产劳动与非生产劳动的比例决定劳动产品的多寡。

斯密把资本看作增加生产劳动从而增加国民财富的前提和必要条件。他又对资本性质、资本构成以及资本积累做了较为系统的分析。

二、资本构成——固定资本与流动资本与资本积累

斯密认为:第一,资本是获取利润的工具。"资本一经在个别人手中积聚起来,当然就有一些人,为了从劳动生产物的售卖或劳动对原材料增加的价值上得到一种利润。"[①]他已看到投资是为了出卖劳动产品而获利,资本是剥削劳动的工具,一定程度上触及资本的本质。

第二,资本是继续生产的过去劳动的积累,是材料和工具。于是资本成了永恒的范畴,生产资料有一种生产力,能给资本家带来收入。

斯密认为,资本的主要特点是为资本家提供利润。按提供利润的方法不同,他最先明确地把资本划分为固定资本和流动资本两部分,克服魁奈的"原预付"和"年预付"的局限,使资本概念普遍化,适用于农业资本和工业资本,这是他比魁奈进步的地方。这是他的资本构成理论。但他对这两个概念的解释是不科学的,"机器等不经过流通,不必更换主人即可提供利润的资本,叫作固定资本;而经过流通的原材料、工人的工资等,需要更换主人才能带来利润的资本,叫作流动资本"。他还认为"商人的资本便全然是流动资本"[②]。他只是注意到它们在生产过程中物质形态的区别,而没有分析价值的运动。固定资本和流动资本的价值都向产品中转移,参加流通过程。它们的区别只在于流动资本的价值在一个生产过程内全部转移到新产品中去,而固定资本的价值则是逐步逐次转移到新产品中去的。认为固定资本的价值不转移到新产品中,不投入流通过程是不符合实际的。此外,固定资本和流动资本是指生产资本中的两部分,而他认为商业资本是典型的流动资本,这样,他混淆了生产领域的流动资本和流通领域中的流动资本。他也没有把资本进一步区分为不变资本和可变资本。

斯密认为,原始社会没有资本积累。资本积累是随着分工和交换的发展而产生的。"资本增加的直接原因,是节俭,不是勤劳。诚然,未有节俭以前,须先有勤劳,节俭所积蓄的物,都是由勤劳得来的"[③],他非常重视节俭对积累的促进作用。因为,在社会总资财中,资本和收入的比例,直接影响资本积累。增加资本就可多雇生产劳动者,增加社会财富。相反,增加收入,势必多雇非生产劳动者,增长奢侈浪费,使自身贫穷,也会减少国家财富。而谨慎是勤劳和节俭的重要辅助,是有助于财富增长的重要品德。

三、"斯密教条"

按照斯密的价值理论,商品的价值只分解为工资、利润和地租三种收入,三种收入又构成价值,商品价值中包含的不变资本价值的转移部分(C)被排除了,这样就堵塞了通往正确分析社会资本再生产问题的道路。商品价值只由工资、利润和地租三种收入(即 $V+M$)构

[①][②][③] 斯密.国富论:上卷[M].郭大力,等译.北京:商务印书馆,1972:43;255;310.

成,它被后来的资产阶级经济学家所遵循和利用,奉为信条,马克思把它称为"斯密教条"。

"斯密教条"混淆商品的价值和劳动创造出来的新价值。产生这个错误,从理论上看,是他不懂得劳动的二重性,只看到劳动所创造出来的新价值,而看不到新产品中还有具体劳动转移过来的生产资料的旧价值。根源是:他错误地认为积累部分全部用于支付工人工资;没有劳动二重性理论,不了解具体劳动和抽象劳动各自在商品生产中的作用。

然而,没有生产资料,或者生产资料的消耗得不到补偿,无论是个别企业还是整个社会,就连简单再生产也无法进行。斯密也觉察到他的理论和现实是有矛盾的。但为了自圆其说,他硬说生产资料的价值归根到底也要分解为三种收入。他以谷价为例,说谷价由工资、利润和地租三部分构成,可能有人认为必须有第四部分用来补偿耕畜和其他农具的耗费。斯密说任何一种农具价格本身都是由工资、利润和地租三部分构成的,即养马人工资、农场主利润和养马用的土地地租这三部分,因此,谷价最终被分解为三部分:工资、利润和地租。

斯密认为只有独立考察个别部门创造的商品时,生产资料价值才作为独立因素成为商品价值的一个组成部分,从全社会看,一个部门的生产资料是另一部门的产品,生产资料的全部价值最终都分解为收入。所以从全社会看,商品中没有生产资料的价值。斯密的这种推论是错误的,因为他从一个部门逃到第二个、第三个以至无数的生产部门,从现在的生产过程逃到前一次、前两次以至无数次的生产过程,这样不断推论下去,但是他不能指出哪个部门产品的价值最终分解为收入。因此,斯密把问题从一个部门推到另一个部门,硬要人们接受没有不变资本的"三种收入决定价值"的理论,但最终问题还是得不到解决。

于是,斯密企图用划分总收入和纯收入的办法来解决这个问题。他把社会总产品叫作总收入,总收入扣除固定资本和流动资本的费用(实际上是扣除生产资料价值的消耗)后的余额,叫作纯收入。可见,斯密所说的"总收入"就是社会总产品($C+V+M$),纯收入就是$V+M$。通过这种划分,斯密把自己丢掉的生产资料价值,在"总收入"的名义下,偷偷地输入到商品的价值中。

必须指出,斯密对总收入和纯收入的划分与马克思对总收入和纯收入的划分是不同的。马克思所说的总收入是社会在一定时期内由各物质生产部门创造的全部新价值($V+M$),即国民收入,它不包括在生产过程中转移到新产品中的生产资料价值(C),纯收入是指被资本家占有的M。

斯密通过区分总收入和纯收入,引进生产资料要素,以说明再生产。但他仍然坚持原来的观点,对个别资本来说,商品价值可分解为$C+V+M$,而对社会总资本来说,全部商品价值最终分解为收入$V+M$。就总产品价值来说,还可以抽象、勉强地把它分解为消费基金。可是从实物形态看,总产品包括生产资料和消费资料,后者可用于个人消费和收入;前者不能用于个人消费,不能归结为收入。为了解决这个困难,他把收入分为价值形式和实物形式。他认为,生产资料部门的产品,价值上可算作收入,实物上不能算作收入。这样,他仅仅有两大部类思想的萌芽,并没有明确划分两大部类。

魁奈的《经济表》关于社会资本的再生产和流通学说,是古典政治经济学的一个重大贡献。但魁奈在再生产方面所做的初步尝试并没有为后来的经济学家所继承和发展。魁奈《经济表》不是不能被理解,就是被他们遗忘。这是因为《经济表》是综合全社会经济的运动做的宏观分析,而斯密和后人侧重的,是对单个经济单位的活动做的微观分析。当然,他们有时也涉及社会资本,从单个资本分析转入社会资本分析,只是为了解决单个资本分析中所遇到的困难。这种不同的分析途径切断它们之间的联系。具体分析上,"斯密教条"也为分析社会资本的再生产和流通设置了严重的障碍。

第六节 经济自由主义及国际贸易学说

一、经济人

斯密的道德哲学要研究的问题是:"不仅被视为个人,而且视为一个家族、国家乃至人类社会的一员的人,其幸福与至善何在?"[①]斯密欣赏的社会制度要有个人自由、公众福利、社会秩序与和谐的协调机制,在这个制度中,追求私利的人必然会对社会利益做出贡献。

"经济人"是人的本性或资本家的人格化,是用以解释人类经济行为及动机的一个简单抽象模型。这个模型的核心观点是:经济活动起因于个人对自身利益的关心、追求和基于对成本-收益精确计算的理性选择。尽管这一过分简单的抽象遭到一些人的反对,但它至今仍然是经济学家借以分析经济规律的基本模型。斯密最早启用这个模型,人们从事生产和交易的目的,绝不是出自同情和怜悯他人,或对公众幸福的恩惠:"我们每天所需的食物和饮料,并不是出自屠户、酿酒家和烙面师的恩惠,而是出于他们自利的打算。"[②]他认为,研究经济不能从同情心(这是他研究道德世界的起点)出发,而应从利己心出发。

"经济人"是斯密国富学说的一个最基本的角色,即人的自利性是财富增长的原动力。斯密认为,人有一种"改良自身状况的愿望","这愿望,虽然是冷静的、沉着的,但我们从胎里出来一直到死,从没一刻放弃过这愿望。我们从生到死,对于自身地位,几乎没有一个人会有一刻觉得完全满意,不求进步,不想改良。但是怎样改良呢?一般人都觉得,增加财产是必要的手段"[③]。这是引起人们经济活动和促进人们改良生产方式和技术手段的最初动机。他指出:"每个人改善自身境况的一致的、经常的、不断的努力是社会财富、国民财富及私人财富所赖以产生的重大因素。"[④]在《道德情操论》中,他说得更清楚,"对我们自己个人幸福和利益的关心"代替了自利。自爱同样导致对财富的追求,不过,他仔细地分析人们追求财富的原因和结果。他问:人们辛辛苦苦、忙忙碌碌,一切贪婪和野心,一切对财富、权力和地位的追求的结局只是虚荣、骄傲、自满和炫耀,而付出的成本是健康、快乐、舒适和宁静,到头来悔恨不已,开始醒悟:财富和地位仅仅是毫无效用的小玩意。对他来说,从自爱到追求财富是易于受骗的人性弱点所致,然而,正是这一人性弱点"唤起和保持人类勤劳的动机。正是这种蒙骗,最初促使人类耕种土地,建造房屋,创立城市和国家,在所有的科学和艺术领域中有所发现、有所前进。这种科学和艺术,提高了人类的生活水平,使之更加丰富多彩;完全改变了世界面貌,使自然界的原始森林变成适宜于耕种的平原,把沉睡荒凉的海洋变成新的粮库,变成通达大陆上各个国家的行车大道"[⑤]。对个人利益的关心会迸发出巨大的能动力和创造力,人们主观为自己,客观为他人,追求私人利益,实现社会利益。

[①] 斯密.国富论:下卷[M].郭大力,等译.北京:商务印书馆,1974:329.
[②] 斯密.国富论:上卷[M].郭大力,等译.北京:商务印书馆,1972:14.
[③][④] 斯密.国富论:上卷[M].郭大力,等译.北京:商务印书馆,1972:314;163.
[⑤] 斯密.道德情操论[M].蒋自强,译.北京:商务印书馆,1998:29.

二、自由竞争的客观必然性

17世纪以来,一些资产阶级经济学家,如英国的洛克、诺思、孟德维尔,以及法国的重农学派等,都陆续提出经济自由的思想。这是以人们对资本主义市场与市场经济规律认识的不断深化为基础的。在古希腊和中世纪,亚里士多德和阿奎那已在交换中发现了某种平衡或均等关系。重商主义学者也在外贸差额上注意到某些经济自行调节的机制。不过,只是到了近代古典经济学产生以后,对资本主义市场和市场经济某些规律的认识才进入新阶段。贝卡利亚曾分析过酒与小麦的市场,经过竞争或讨价还价,交换比例才能得到确定。布阿吉尔贝尔和魁奈都非常清楚供求对价格的作用,看到商品供求从不平衡到平衡,又到不平衡的变动,他们正是从这种价格分析中得出经济自由主张的。18世纪休谟对市场自行调节机制的描述很有代表性。休谟认为,社会经济中存在自动导致均衡的趋势。

斯密认为,生产发展和国民财富增长的根本条件是:"一切特惠或限制的制度,一经完全废除,最明白最单纯的自然自由制度就会树立起来。每一个人,在他不违反正义和法律时,都应听其完全自由,让他采用自己的方法,追求自己的利益,以其劳动及资本和任何其他人或其他阶级相竞争。"①

斯密的经济自由主义思想是以"经济人"的假设为前提的,利己心支配每个人的行动,帮助别人实际是要别人帮助自己;追求个人利益,从而就自然而然地产生相互利益和共同的利益。每个人越是追求自己的利益,社会利益就越增进,最后达到社会各阶级普遍富裕的地步。他说:那些投资产业的人,"他追求自己的利益,往往使他能比在真正于本意的情况下更有效地促进社会的利益"②。又说:"各个人都不断地努力为他自己所能支配的资本找到最有利的用途。固然,他所考虑的不是社会的利益,而是他自身的利益,但他对自身利益的研究自然会或者毋宁说必然会引导他选定最有利于社会的用途。"③"他受着一只看不见的手的指导,去尽力达到一个非他本意想要达到的目的。"④

斯密认为,只有经济自由,资本使用才最有利,资源的配置和人才的使用才最合理,社会福利才能最大地增进。他说:"一种事业若对社会有益,就应当任其自由,扩大其竞争。竞争愈自由、愈普遍,事业就愈有利于社会。"⑤他反对国家干预经济,提倡自由放任。他认为,把资本投在哪种产业最有利,当事人比政治家的判断清楚得多。如果政治家企图指导私人应该如何运用资本,那是自找烦恼,也是一种超越本分。斯密的经济自由思想,同重农学派的"自然秩序"思想是相似的,都承认经济发展是有规律的,所不同的是,重农学派的"自然秩序"是上帝安排的,只有"开明君主"才能指导人们去实现"自然秩序"。斯密是从人类利己心出发引出经济自由的思想,以"经济人"观念为基础,系统地论述经济自由主义的理论和政策的。

三、"看不见的手"

利己心虽可驱使人类去行动,但仍然需要某种东西以防止某些利欲熏心的家伙将整个社会据为己有。对斯密来说,"社会和平和秩序比起经贫更重要"。在《国富论》中,这个问题变成一个人人孜孜求利的社会是如何免于离心力的干扰的?利己、个人的经济活动是如何

---

① ② ③ ④ 斯密.国富论:下卷[M].郭大力,等译.北京:商务印书馆,1974:252;27;25;27.
⑤ 斯密.国富论:上卷[M].郭大力,等译.北京:商务印书馆,1972:303.

产生社会生产所需的正常秩序的？如何才能保障社会利益不为资本家的利益所剥夺？这些问题使斯密穷尽毕生精力去探寻市场规律，正是"一只看不见的手"的调节，架起个人利益通向社会利益的桥梁，个人逐利能够增进社会利益。这是斯密反对国家干预经济、主张经济自由放任的理论依据，是整个古典经济学资源配置理论的基本前提。尽管"看不见的手"并不像斯密想象的那样灵验和完美，但是它对市场经济制度的建立，对资本主义经济的发展，起过重要作用，也是将人们从封建意识中解放出来的重要武器。

早在《道德情操论》中，斯密就提出"看不见的手"，说明社会以人们觉察不到的方式保持整体和谐，把"看不见的手"的作用归结为看不见的手的"伟大的自然设计师"——仁慈的神。在《国富论》中，他再次使用这一名言，赋予看不见的手——价值规律的作用，即价格调节，使社会经济的各个部门趋于平衡，实现经济按比例发展；价格也分配着人间祸福，提高劳动生产率。资本家的本意是抬高价格，牟取暴利，但竞争使经济人的利害关系复杂化，如果蓄意抬价，他人就会夺取你的顾客。"资本家，为自己的利益打算，势必妥当分配他们的业务，使他们生产尽可能多的产品。由于同样的原因，他力图把他和他的工人所能想到的最好机械提供给他们。在某一特殊工厂内劳动者间发生的事实，由于同一理由，也在全社会的劳动者之间发生。劳动者的人数愈多，他们的分工当然就愈精密。更多的人从事于发明对个人操作最适用的机械，这种机械就容易发明出来"①，这就提高了劳动生产率。

市场机制优化资源配置。"个人的利害关系与情欲，自然会使他们把资本投在通常最有利的社会用途上。但若由于这种自然的倾向，他们把过多资本投在此等用途，那么这些用途的利润降低，而其他各用途的利润提高，立即使他们改变这错误的分配。用不着法律干涉，个人的利害关系与情欲，自然会引导人们把社会的资本，尽可能按照最适合于全社会利害关系的比例，分配到国内一切不同用途。"②总之，资本家"既不打算促进公共的利益……他所盘算的也只是他自己的利益。在这个场合，像在其他许多场合一样，他受着一只看不见的手的指导，去尽力达到一个并非他本意想要达到的目的"③。

通过分析欧洲历史及批判奴隶社会和封建生产关系，斯密的结论是，制度保证劳动者充分地享有自己的劳动成果，使市场机制发挥作用。"制造业及农业发达，则是起因于封建制度的崩溃和新政府的成立。后者对于产业，给予了它所需要的唯一奖励，即相当保证了个人享受个人劳动的果实。"④"英国法律保证一切人都享有其自己劳动的果实。只要有这种保证，就能使英国繁荣。"⑤制度使劳动者"努力改进自己的境况，节省哪、慎重哪，他们不动声色地、一步一步地把资本累积起来。正是这种努力，受着法律保障，能在最有利的情况下自由发展，使英格兰几乎在过去一切时代，都能日趋富裕，日趋改良"⑥。

四、"独占"与其对策

斯密列举独占的危害：①"是良好经营的大敌"，而出色的经营必然来自"自由和普遍的竞争"。因为"自由和普遍的竞争，势必驱使各个人，为了自卫而采用良好的经营方法"。② 提高商业利润率，但垄断利润不仅会妨碍资本的增长速度，在农业中还会因谷价高涨，而妨碍土地投资和农业技术改良。③ 违反资本流向的自然趋势，使资本时而流向享有独占权

---

①④⑥ 斯密.国富论：上卷[M].郭大力，等译.北京：商务印书馆，1972：80；230；318.
②③⑤ 斯密.国富论：下卷[M].郭大力，等译.北京：商务印书馆，1974：199；27；112.

的特权贸易,时而又限制这种转移,其结果势必破坏国家一切产业部门的自然均衡。独占在国际间造成敌对和不和。而"国际通商,像个人通商一样,原来应该是团结与友谊的保证,现在,却成为不和与仇恨的最大源泉"。

为取消独占,废除妨碍资本主义经济发展的政策,斯密提出四点改革建议:① 废除学徒规章制度与居住法,择业自由;② 废除限嗣继承法、长子继承法以及限制土地自由转移的规定,实行土地买卖自由;③ 废除地方关税及其他一些税收,实行国内贸易自由;④ 废除关税、奖励金、对商业的禁令以及政府特许的商业垄断,实行外贸自由。总之,在他看来,只要"一切特惠或限制的制度,一经完全废除,最明白最单纯的自然自由制度就会树立起来"。每个人只要不违反"正义的法律",都应给予"完全自由",让他们选择"自己的方法","追求自己的利益",以其"劳动及资本"同任何人任何阶级进行自由竞争。这样,无须政府监督,就可以实现增进国民财富的目的。

斯密并非绝对反对国家干预主义,有时国家干预是必不可少的。如限制利息率,国家管理邮政事业,强迫性的初等教育等。他主张限制银行自由。他说尽管这种限制似乎"侵犯天赋的自由",但这种自由"危害社会的安宁",任何政府都要予以"法律的约束"。

经济自由主义学说是斯密经济学说的中心思想和政策主张。作为产业资产阶级的代表,他继承和发展前人的经济自由主义思想,反对国家干预,强烈地反对封建主义和重商主义。因为重商主义的经济政策成为资本主义进一步发展的障碍,所以斯密总是把反对重商主义和反对封建主义的斗争结合在一起。

五、自由贸易思想

斯密的经济自由主义在国内外贸易中均有明显的反映。在外贸方面,他严厉批判重商主义的保护关税的思想,主张利用国际分工,实行自由贸易。

斯密提出绝对优势学说。国内分工提高劳动生产率,国际分工和自由贸易也能促进各国生产力的发展。他把优势分为绝对优势和相对优势。一个人生产自己最擅长的东西,然后去交换自己不擅长生产的东西,花费最少,也最有利。一国也是这样,这是绝对优势。优势有气候自然等先天形成的,也有技术进步等后天形成的。他认为:"如果外国能以比我们自己制造还便宜的商品供应我们,我们最好就用我们有利地使用自己的产业生产出来的物品的一部分让他们购买。"①每个国家根据其土地、气候、资源等最有利的条件,生产和别的国家相比成本最低、生产力最高的产品,这就形成合理的国际地域分工,各国都生产本国最有利的产品,进行国际贸易,互通有无,各国都能更快地发展生产力,得到更为丰富的产品。他认为,闭关自守和保护关税政策是发展生产力的障碍。保护关税政策下,本国资本就不一定投向本国最擅长的部门,相反,还会"由较有利的用途改到较不利的用途。其年产物的交换价值,不但没有顺随立法者的意志增加起来,而且一定会减少下去"②。

一般说来,绝对优势是形成国际分工和国际贸易的根本依据,但相对优势也不要忽视。相对优势是指两个优势产业之中发展最优产业,两劣之中取次劣,然后与别的国家进行交换,有利于两国经济发展和两国人民福利增加。

斯密的国际地域分工理论,完全是从自然和地理条件来考虑的,没有考虑国际贸易中历史的和社会的条件。他把自由贸易说成对各国都有好处,实际上反映了当时在世界市场上

---

①② 斯密.国富论:下卷[M].郭大力,等译.北京:商务印书馆,1974:112,28-29.

处于优势地位的英国资产阶级力图通过扩大对外贸易,反对封建残余的客观要求,在当时是有利于生产力发展的,具有进步意义。

第七节 国家职能与赋税原则

斯密的"自然秩序",是一种自由竞争的市场经济模式,各种事物都听其完全自由,让每个人以自己的方法追求自己的利益,自利和竞争自然会使经济事务井井有条,是全体人民的福音,而垄断是全体人民的大敌。

斯密主张经济自由,极力限制国家的作用。但他不反对特定条件下的国家干预,以弥补市场调节的不足。国家的作用是:"第一,保护社会,使其不受其他独立社会的侵犯。第二,保护社会的各个人,使其不受社会上任何其他人的侵害或压迫,这就是说,要设立严正的司法机关。第三,建设并维持某些公共事业及某些公共设施。"①国家的作用就是保证有一个和平、安全的环境,就是资产阶级的"守夜人"。至于经济活动本身,国家不要干涉,听任其为了追求自身的利益而进行竞争。

斯密认为,政府执行职能需要费用,但必须节俭,建设"廉价政府",才能增加资本积累。资本增加来自节俭,而王公大臣"始终无例外地是社会上最消费的阶级"②。要减少王公大臣、牧师和军队等非生产人员,并尽量防止和避免战争,以缩减政府开支,增加社会资本积累。

斯密继承和发展了配第关于征税要公平、便利、节省的观点,系统地提出税收的四项原则:第一,公平,一国国民都必须按各自收入的比例纳税,负担要公平;第二,确实,纳税数额、日期、方法都必须明确清楚,不得随意变更,以免税吏营私舞弊;第三,便利,纳税方法、日期都给纳税者以最大便利;第四,经济,国民缴纳的税额尽量全部归入国库,尽量减少税收成本和烦扰人民。这四大赋税原则,长期被财政学所信奉。

斯密还进一步考察税源问题。他从三种收入决定价值的理论出发,认为:"每种赋税,归根到底,必定是由这三种收入源泉共同支付的。"③

斯密认为,最适合征税的对象是地租。而征收工资税,要提高工资,实际上由资本家支付,而资本家总是把它设法转嫁到消费者身上,如果转嫁不出去,就会减少劳动需求,从而减少一国的年总产品。他也不赞成征收利润税:"利润,分明是不能直接课税的对象。那是投资危险及困难的报酬,并且,在大多数场合,这报酬是非常轻微的。"④他反对对利息课税,因为货币资本容易隐藏,很难查清确实数量。向它征税,容易引起资本外流。

斯密认为地租是最适合征税的对象。地主不劳而获,"把他这种收入,提出一部分充国家费用,对于任何产业,都不会有何等妨害"⑤。但他并不像重农学派那样主张实行单一的地租税。在符合四项原则的条件下,也可以向工资、利润及其他收入征税,但税收的主要负担最终要落在地主身上。这代表新兴资产阶级发展资本主义生产的要求,是有进步作用的。

---

①②③④⑤ 斯密.国富论:下卷[M].郭大力,等译.北京:商务印书馆,1974:252-253;318;384;406-407;403.

本 章 小 结

斯密以"经济人"为逻辑起点,以抽象演绎和归纳综合为研究方法,构建政治经济学史上第一个理论体系。从"看不见的手"的原理出发,他首次深入分析自由放任,论证自由市场制度的必然性。由于历史和方法的局限,他的理论存在着明显的不一致甚至是矛盾之处。

思考题

1. 简评斯密的分工、交换和货币学说。
2. 斯密的价值学说的主要贡献和根本缺陷是什么?
3. 斯密的三个阶级和三种收入学说的内容如何?
4. 怎样评价斯密的生产劳动和非生产劳动理论?
5. 论述斯密的经济自由主义学说。

名词

国富论 斯密教条 斯密理论的二重性 分工 税收四原则 绝对优势原理

第六章 英国古典政治经济学的完成者
——大卫·李嘉图

本章重点
- 李嘉图的劳动价值论
- 李嘉图体系的两大矛盾
- 李嘉图揭示的工资和利润、利润和地租之间的对立关系
- 比较成本学说

大卫·李嘉图(David Ricardo,1772~1823),代表英国工业资产阶级利益的经济学家,古典政治经济学的杰出代表和完成者。他继承和发展了斯密经济学说中的科学成分,使资产阶级古典政治经济学达到最高峰。马克思说:"古典政治经济学在英国从威廉·配第开始,到李嘉图结束。"①

第一节 概 述

一、时代

李嘉图所处的时代,是英国产业革命蓬勃发展的时期。产业革命就是用机器生产代替手工劳动的技术革命,促进社会生产力迅速发展。机器生产发展,使大批手工业者和农民破产,沦为雇佣工人,资本主义生产方式逐渐排挤小生产而确立自己的统治地位,使英国成为由资产阶级、无产阶级和地主阶级构成的社会。机器的使用,使得资本家对工人的剥削大大加强,与无产阶级之间的矛盾尖锐。但这时英国社会的主要矛盾仍然是新兴的工业资产阶级和地主阶级之间的矛盾。随着产业革命的发展,工业资产阶级的经济力量迅速壮大,并在经济生活中起决定性的作用。然而,政权仍旧掌握在地主阶级手中,地主阶级凭借政治力量侵害资产阶级的利益。于是,在一系列问题上,资产阶级与地主阶级发生尖锐的矛盾和冲突。资产阶级要求通过议会改革,取得议会的多数,以便掌握政权。经济上,它表现在对谷物法的存废和货币改革的争论上。

谷物法存废问题是当时英国工业资产阶级和地主阶级剧烈斗争的焦点。产业革命使英国由谷物输出国变为输入国,地主阶级利用谷物法,维持和提高谷价,增加地租,增加工业品成本,减少资本家的利润,这就大大损害了工业资产阶级的利益。限制外国谷物输入,还造成英国工业品出口困难。

19世纪初期,为促进工商业发展,扩大外贸,英国工业资产阶级极力主张制止通货膨胀,于是围绕货币制度问题展开论战。英国当时另一大问题是货币制度混乱。由于英国长

---

① 马克思,恩格斯.马克思恩格斯全集:第13卷[M].北京:人民出版社,1962:41.

期进行反对拿破仑的战争,为筹措军费,英格兰银行银行券发行过多,造成兑现困难。1797年英格兰银行停止兑换银行券,银行券成了不兑现的纸币,造成了纸币贬值,物价上涨。

在工业资产阶级反对地主阶级的上述斗争中,客观上要求创立一种能够代表新兴工业资产阶级利益的经济学说。李嘉图1819年被选为英国议会下议院议员,他力主议会改革,坚持自由贸易,批评保护关税的政策,反对谷物法,建议降低粮价和减低租税。他是代表工业资产阶级利益的经济学家和政治家。

二、生平和主要著作

李嘉图生于伦敦一个交易所经纪人家庭,在受过两年商业教育后,14岁就跟随父亲从事证券交易的活动。1793年,他决定和一个教友派的女子结婚,被其父驱出家庭,并断绝父子关系。随后他独立经营证券业务。由于他的投机天才,25岁就成了大富翁。此后他致力于研究数理化等自然科学。1799年他阅读斯密的《国富论》,从此对政治经济学发生兴趣。当时英国政府为弥补财政赤字,大量发行银行券,引起纸币贬值,物价上涨。1809年他在英国《晨报》上发表处女作《黄金价格》,后来发表了一系列有关论著。在这些论著中,他尖锐地批评英格兰银行滥发纸币的政策,要求恢复纸币兑换金币的制度,以稳定币制。他的观点明显地反映工业资产阶级的利益和要求,获得著名货币理论家的声誉,被邀参加议会金块委员会工作,他的观点在该委员会的报告中得到反映。

1815年谷物法修正案通过后,引起激烈的争论,当年李嘉图发表《论谷物低价对资本利润的影响》,猛烈抨击马尔萨斯维护谷物法,维护地主阶级利益的理论。他指出,谷价高昂、利润降低,群众生活状况恶化,阻碍生产力发展和技术进步,而地主阶级却坐享其利。1822年他发表《论对农业的保护》,指出地主阶级的利益不但和工业资产阶级相矛盾,而且和全社会的利益相矛盾,主张废除《谷物法》,争取廉价谷物和其他农产品的自由进口。

李嘉图代表作《政治经济学及赋税原理》1817年出版,使他成为当时最著名的英国经济学家。他的代表作和斯密的《国富论》有很大不同。后者结构严密,章节的排列次序合乎一定的逻辑体系。前者全书32章,各章之间没有一定的逻辑联系,并且部分内容是重复的,全书像一本论文集。但他所提出的严密理论以及他所运用的前后一贯的方法,却大大超过了《国富论》。该书的前六章,特别是第一、二章,已包括他的全部理论,其余各章只是其理论的运用和补充。但是李嘉图的著作以斯密的劳动价值论的线索为基础,去掉斯密理论体系相互矛盾的观点,重建政治经济学理论体系;他第一次以演绎法构建了一个高度抽象的理论模型,用以解释资本主义社会三个阶级收入的来源与相互关系,初步揭示资本主义社会中阶级利益的对立。李嘉图研究资本主义经济运行的各个方面,并得出一些具有科学性的结论。全书的中心思想是经济自由主义,反对国家干预经济。

李嘉图经济发展理论是斯密思想的发展。他认为,扩大生产需要积累,积累的源泉是利润。缩减非生产消费;取消《谷物法》,发展外贸,降低进口商品价格和必需品价格,使技术进步和劳动生产率提高,增加积累,遏制利润率下降。

现在还有很多人在研读李嘉图的《政治经济学及赋税原理》。有人认为它散布阶级不和;有人认为它方法巧妙、阐述深奥、论点明确、内容精彩。

三、方法

李嘉图和斯密都受他们所处时代哲学思潮的影响,如果说斯密较多地受18世纪启蒙思想家自然秩序和理性观念的影响,那么李嘉图受边沁的功利主义哲学影响较大。杰利米·边沁(Jeremy Bentham,1748~1832)认为,个人利益是人类行为的准则,每个人都遵循功利主义,寻求快乐和避免痛苦。李嘉图根据边沁的观点断言,每个人追求个人利益,并不与社会利益发生冲突。

斯密研究经济,内在方法和外在方法交错而并存。李嘉图总是力求克服斯密的这种矛盾,始终一贯地使用抽象法,把劳动时间决定价值的原理作为分析一切经济现象的基础和出发点,看它们同这个原理是相符合还是相矛盾,这样他就比其他资产阶级经济学家较为深刻地分析资本主义生产关系,得出一些较科学的结论。

古典学派的著作中,抽象性和历史性是相互排斥的,李嘉图将这一特征发展到极致。他的分析头脑极为出色,在建立理论框架时抛弃斯密的历史、制度和经验的发展,从基础的前提假设开始,用逻辑方法推演出一般性结论。在他高度抽象的节俭模型中,丰富多变的现实世界被浓缩为几个简单的变量关系,这些变量既没有过去、现在和将来,也没有历史、哲学、社会学和制度的内容,但这几个经济变量之间的纯粹数量关系将决定经济规律以及人类社会的命运。理论与历史,演绎法与归纳法,结论与经验的事实统统分离了。如果理论与现实不符,错的不一定是理论,而可能是现实不具备典型意义。这种用严格假设的研究方法,对日后西方经济学的发展影响很大。

但没有受过正规教育,以及长期从事证券交易的经历,使李嘉图缺乏系统的社会科学知识,缺乏历史观,形而上学地研究经济范畴,跳过必要的中间环节,直接去论证各种经济范畴的一致性,所以在他的理论体系中存在着不可克服的矛盾。

第二节 价 值 理 论

"任何经济学体系的基本原理总是价值理论。"① 作为古典政治经济学的完成者,李嘉图批判斯密价值学说的错误,继承和发展斯密价值学说的正确内容,提出古典学派最好、最成熟的价值理论,最透彻地表述和发挥了劳动价值学说。

一、使用价值、交换价值和价值

李嘉图在斯密区分使用价值和交换价值的基础上,更科学地论述了两者关系。斯密提出著名的价值悖论:"没有什么东西比水更有用,但它几乎不能购买任何东西……相反,一块钻石有很小的使用价值,但是通过交换可以得到大量其他商品。"他接受斯密对使用价值和交换价值的区分,但他认为没有使用价值的东西绝不能有交换价值:"效用对于交换价值说来虽是绝对不可缺少的,但却不能成为交换价值的尺度。"② 他已认识到使用价值是交换价值的物质承担者。李嘉图说:"具有效用的商品,其交换价值是从两个源泉得来的,一个是它们的稀少性,另一个是获取时所必需的劳动量。"③ 他并非主张价值决定于两个因素。他把商品分为两类:罕见的雕像和图画等商品的价值由稀少性决定。这类商品不能由劳动随意增加其产量,其价值同耗费的劳动量没有关系,而只随着希望得到它们的人的不断变动的财

---

① 熊彼特. 从马克思到凯恩斯的十大经济学家[M]. 宁嘉风,译. 北京:商务印书馆,1965:152.
②③ 李嘉图. 政治经济学及赋税原理[M]. 北京:商务印书馆,1962:7;7.

富和嗜好一同变动。但这类商品占日常交换的商品总额比重极少。绝大部分商品是由劳动不断生产并增产,他研究的正是后一类商品的价值,其价值是由生产它们所耗费的劳动所决定的,劳动量与价值量成正相关。他认为这是政治经济学上一个极其重要的学说。

李嘉图坚持商品的价值由劳动时间决定的原理,从而批评斯密的价值论错误。

首先,批评斯密的价值由购买劳动决定的观点。他说:"斯密如此精确地说明了交换价值的原始源泉,他要使自己的说法前后一贯,就应该认为一切物品价值的大小和它们的生产过程中所投下的劳动量成比例;但他自己却又树立了另一种价值标准尺度,并说各种物品价值的大小和它们所能交换的这种标准尺度的量成比例。"①李嘉图认为,商品的价值只能由耗费的劳动决定。

其次,批评斯密的价值由三种收入决定的说法。斯密认为,价值决定于劳动时间的原理只适用于资本积累和土地私有尚未发生以前的初期野蛮社会,而在资本主义社会,价值则由三种收入决定。而李嘉图指出,在资本主义社会,商品价值仍然"取决于制造它和把它运到市场所必需的劳动总量"②。已生产出来的价值无论怎样分割,工资、利润、地租在分配上怎样发生变动,都不能改变价值决定于劳动时间这一原理。在这个问题上,两人观点互有短长。斯密已觉察到在资本主义社会,价值规律作用的形式变了,但他最终放弃劳动价值论。李嘉图虽一贯地坚持劳动价值论,但他看不到资本主义社会同以前社会的区别,看不到价值规律在不同社会的作用形式不同,把资本主义生产关系看作永恒的关系。

二、创造价值的劳动

李嘉图对劳动价值学说的贡献,还表现在他对创造价值的劳动的分析上。他还指出不同性质的劳动在决定价值上的不同意义。"劳动是一切价值的基础,当相对劳动量是几乎唯一的决定商品相对价值的因素时,决不可认为我忽视了劳动的不同性质,或是忽视了一种行业一小时或一天的劳动与另一种行业同等时间的劳动相比较的困难。……宝石匠一天的劳动比普通劳动者一天的劳动价值更大。"③他已经看到,在同一时间内,复杂劳动创造的价值大于简单劳动。

李嘉图指出决定价值的劳动,除了直接劳动(活劳动),还有间接劳动(物化劳动)。他说:"影响商品价值的不仅是直接投在商品上的劳动,而且还有投在协助这种劳动的器具、工具和工场建筑上的劳动。"④例如,袜子的价值,除了纺纱工人的劳动,还包括建织袜厂房和制造织袜机器的劳动以及生产、运送棉花的劳动等。他认为,资本(生产资料)并不创造新价值,只是把自己的价值加入到生产物中。然而,李嘉图没有劳动二重性理论,他没有也不能说明在同一生产过程中,新价值的创造和原有价值的转移是怎样同时进行的。

李嘉图还认为决定商品价值的是必要劳动,是指在最不利的生产条件下生产这一商品所必须耗费的劳动:"一切商品,不论是工业制造品、矿业品还是土地产品,规定其交换价值的永远不是在极为有利、并为具有特种生产设施的人所独有的条件下进行生产时已够用的较小量劳动,而是不享有这种便利的人进行生产时所必须投入的较大量劳动,也就是由那些要继续在最不利的条件下进行生产的人所必须投入的较大量劳动。"⑤这个论断对农产品的价值决定是适用的,他的地租理论是以这个观点为基础的。但如认为一切商品的价值,包括工业品的价值都是由最不利生产条件下的劳动决定的,那就是大错而特错的。

---

①②③④⑤ 李嘉图.政治经济学及赋税原理[M].北京:商务印书馆,1962:9;19;15;17;60.

三、价值和交换价值

李嘉图初步区分了价值和交换价值,他批评斯密把耗费劳动决定价值和购买劳动决定价值相混淆的错误,表明他有可能区别价值和交换价值。他认识到,价值是由生产这种商品所耗费的劳动时间决定的,而交换价值则是两种商品交换时数量的比例关系,他力图区分两者。一般情况下,他所说的价值、绝对价值和实际价值,是指商品内在的价值,即生产商品消耗的必要劳动所决定的价值,他所说的交换价值、相对价值和比较价值,是指商品的交换价值,即价值的表现形式。但在论述时,他又常常将这两个概念相混淆。严格地说,他还没有把价值从交换价值中抽象出来,没有明确区分价值和交换价值。同一切古典经济学家一样,他是在交换价值的形式下探讨价值问题并阐明其价值学说的。

四、李嘉图价值学说的两大矛盾

作为古典学派的一个杰出代表,李嘉图把劳动价值论发展到在资产阶级限度内所能达到的最高峰。但他的劳动价值学说及整个理论体系碰到两个不可克服的矛盾。他及其后继者都无法解决这两个矛盾,最终导致李嘉图学派的解体。

第一个矛盾是,价值规律同利润规律的矛盾。李嘉图和古典学派的经济学家都认为,工人出卖的是劳动,工资是劳动的价值或价格。这样,资本与劳动相交换,如果按价值规律进行,实行等价交换,那么就没有利润。如果存在利润,就破坏了价值规律。李嘉图及其后继者解决不了这个矛盾。

第二个矛盾是,价值规律同等量资本获得等量利润规律即平均利润规律的矛盾。李嘉图所处的时代,正是机器大工业代替工场手工业的时期。技术进步使部门之间有机构成的差别已愈来愈明显,不同部门之间利润率的差别由于部门之间的竞争已经平均化为一般利润率,商品已不是按价值出售,"李嘉图的价值规律就同利润平均化的规律矛盾了,这一点李嘉图本人已经发现"①。他是在探讨工资涨落影响商品价值时发现这个矛盾的。从劳动价值论出发,他认为工资和利润是产品价值的分割,工资的增减,不影响商品价值。然而,他进一步分析发现,这个论断只适用于下述情况,即各个部门的资本都用在劳动上,或者各个生产部门的资本构成是相同的。如果各个生产部门的资本构成不同,在等量资本获得等量利润的前提下,工资的变动也会引起商品价值的变动。而事实上,各个部门的资本有机构成是不同的。他在这个矛盾面前束手无策。

李嘉图的错误在于混同价值和生产价格。准确地说,他缺乏历史观,没有认识到,在资本主义社会,价值已转化为生产价格。他以平均利润率的存在为前提,跳过一系列中间环节,把价值和生产价格直接等同,因而无法从理论上解决价值规律同平均利润规律之间的矛盾。于是他宣称工资涨落对于价值的影响是微小的,而平均价格和价值的背离是暂时的例外。等量资本获得等量利润,不违反价值规律,而且还要以价值规律为基础来说明,这个难题使古典政治经济学走入死胡同,从这个死胡同中找到出路的那个人就是革命导师马克思。

---

① 马克思,恩格斯. 马克思恩格斯全集:第 21 卷[M]. 北京:人民出版社,1965:210.

第三节 分 配 理 论

分配学说在李嘉图的整个经济学说中地位十分重要。在《政治经济学及赋税原理》序言中,他开宗明义地指出:全部土地产品要以地租、利润和工资的名义分配给各个阶级,"要确立支配这种分配的法则,乃是政治经济学的主要问题"①。他虽把分配问题作为自己研究的主要任务和研究中心,但他不是孤立地研究分配,而是从生产出发来研究分配的。他力图通过对各阶级之间分配问题的研究,阐明如何为资本主义生产的发展提供最有利的条件。

李嘉图的分配学说是从工资出发的。工资在社会产品中所占份额至关重要,是影响利润的首要因素,对利润和地租的考察,要以对工资的分析为前提。

一、工资学说

李嘉图在论述工资时,一开始就把劳动当作商品,他错误地认为工人出卖的是劳动。按照他的价值学说,劳动既然是一种商品,那么它同其他商品一样,具有自然价格和市场价格。他说:"劳动正像其他一切可以买卖并且可以在数量上增加或减少的物品一样,具有自然价格和市场价格。劳动的自然价格是让劳动者大体上能够生活下去并不增不减地延续其后裔所必需的价格。"②劳动者及其家属的生活是靠生活资料来维持的,因此,"劳动的自然价格便取决于劳动者维持其自身与其家庭所需的食物、必需品和享用品的价格"③。他没有劳动力这个范畴,没有区分劳动和劳动力。他的劳动自然价格,就是劳动力价值。

李嘉图还在一定程度上认识到:"劳动的自然价格不能理解为绝对固定和恒常不变的","它在同一国家的不同时期中是有变化的,在不同的国家差别就十分大。这一点基本上取决于人民的风俗习惯"④。他还天才地预测到,在社会进步的过程中,工业品总会跌价,而农产品总会涨价,以至在富国中一个劳动者只要牺牲极少量的食物就能够充裕地满足其他各种需要。这是难能可贵的。

李嘉图还考察了劳动的自然价格和劳动的市场价格之间的关系,实际上就是劳动力价值和它的货币表现即劳动力价格之间的关系。劳动供不应求时,价格上涨,供过于求时,价格下跌。但是,劳动的市场价格不论和自然价格有多大背离,它和其他商品一样,都具有符合自然价格的倾向。为什么会这样呢?按照李嘉图的说法,这是因为,当劳动的市场价格超过劳动的自然价格时,劳动者的境况变好,能够得到更多的生活必需品和享受品供养家庭,刺激人口增长,从而增加市场上劳动的供给量,当劳动供给超过对劳动的需求时,劳动的市场价格就会下降,当劳动的市场价格低于其自然价格时,劳动者的境况困苦,劳动者的人口减少,劳动需求增加,劳动的市场价格会再提高到自然价格以上。李嘉图认为劳动者人口自然繁殖率的变化会自动调节工资,使工资必然趋向自然价格,等于劳动者最低生活资料的价值。李嘉图认为,人口自然繁殖率决定工资,这当然是错误的。原因是他和其他古典经济学家一样,没有区分劳动和劳动力,因此,他不能正确地回答劳动力的价值是根据什么规律来决定的。他把劳动看作商品,因而把"劳动的价值"归结为由劳动市场的供求来决定。

李嘉图在工资学说方面最突出的贡献是他对相对工资或比例工资的分析。他从劳动价

---

①②③④ 李嘉图.政治经济学及赋税原理[M].北京:商务印书馆,1962:3;77;77;80.

值论出发,论证工资和利润的相互关系,说明雇佣工人劳动创造的价值在工人和资本家之间进行分配。他认为,在产品价值中,工资变动引起利润的相反运动。工资提高,利润就相对降低;工资降低,利润就相对提高。李嘉图说:"作为工资而付出的比例,对利润问题是极为重要的,因为我们一眼就可以看清楚,利润的高低恰好和工资的高低成反比。"①

按照李嘉图的相对工资概念,在技术进步的情况下,即使工资的绝对量有所提高,但只要工资的提高落后于利润的提高,那么相对工资仍然下降。他认为,要正确地判断地租率、利润率和工资率,不应当根据任何一个阶级所获得产品的绝对量,而应当根据获得这种产品所必需的相对量。如果工资和利润增加一倍,两者之间的相互比例也会和以前一样。但是如果工资没有增加一倍而只增加一半,那就可以说工资已经降低而利润已经提高。李嘉图的相对工资学说,大大超过了前人的理论,它深刻揭示了资本主义社会内部的经济关系和阶级关系。他比斯密更一贯地坚持把利润视为劳动耗费。

二、利润学说

李嘉图坚持在劳动价值学说的基础上分析利润,发展了斯密利润学说中的科学因素。他虽然没有像斯密那样明确指出,利润是由劳动生产的结果。他认为,劳动加到材料上的价值量,或在生产过程中加进商品的价值,分为两部分:工资和利润。他没有把剩余价值当作一个独立的范畴,没有把剩余价值的一般形式同剩余价值的各种特殊形式区别开来。但是,他在研究利润问题时,经常把用于生产资料方面的资本,即不变资本撇开不谈,而只观察用在工资方面的资本即可变资本同利润的关系,因此,就这一点说,他考察的是剩余价值,而不是利润,因而才可以说他有剩余价值理论。

李嘉图比较详细地研究了利润量变化规律。他既然把利润看作商品价值扣除工资后的余额,于是就断定:利润变化完全取决于工资的变化。工资变化是原因,利润变化是结果,二者变化的方向相反,即工资上涨时利润下降,工资下降时利润上涨。引起这种变化的最终原因是生产生活必需品(主要是谷物)的劳动生产率的变动。当劳动生产率提高,生活必需品价值下降,工资就下降,利润就增加;反之,当劳动生产率下降,生活必需品价值上涨,工资上涨,利润就下降。他说:"利润取决于工资的高或低,工资取决于必需品的价格,而必需品的价格又主要取决于食物的价格。"② 由于劳动生产率变动先影响工资,然后再影响利润,所以,在分配领域中,李嘉图把工资看作关键性的一环。

李嘉图关于工资和利润相互对立的见解,揭露了工人和资本家的利益对立。然而,他从劳动日长度不变这个前提出发,把工资和利润按相反方向的变化,看成取决于劳动生产率的变动。他事实上是在利润的名称下考察相对剩余价值的问题。他不知道如果靠延长劳动日或提高劳动强度,那么工资不降低甚至提高,利润仍然可以上升。就是说,李嘉图没有研究绝对剩余价值问题。

李嘉图认为,利润率有下降的趋势。随着人口增加,谷物需求增加,在原有土地上追加投资,土地收益递减,贫瘠土地投入耕种,农产品价格提高,在全部产品中就会有更大部分的价值为工资所吸收,而利润减少,利润率下降。李嘉图在指出利润率有下降趋势的同时,又指出由于机器设备的改良和农业科学技术的不断发展,将会使利润率下降受到抑制。

李嘉图看到利润率下降的趋势,但是,他对利润率下降的原因的解释是错误的。利润率

---

①② 李嘉图.政治经济学及赋税原理[M].北京:商务印书馆,1962:21;101.

下降是资本有机构成不断提高的结果。资本有机构成提高,不变资本增加得快,可变资本增加得慢,可变资本产生的剩余价值量相对于增加的总资本来说在减少,表现为利润率下降。

三、地租学说

李嘉图在地租学说上最大的贡献,就在于以劳动价值论为基础,说明地租来源。这是李嘉图地租学说具有一定科学性的前提。

李嘉图首先研究地租的性质问题。他认为地主从出租土地得到的全部收入并不都是地租,不应当把地租同地主投在土地上的资本的利息混淆起来。他说:"地租是为使用土地的原有和不可摧毁的生产力而付给地主的那一部分土地产品。但它往往和资本的利息与利润混为一谈。在通俗的说法中,农场主每年付给地主的一切都用这一名词来称呼。……在对经过改良的农场所支付的货币中,只有一部分是付给土地的原有和不可摧毁的生产力的,另一部分则是由于使用原先用于改良的土壤以及修建为获取和存储产品所必需的建筑物的资本而支付的。"①李嘉图这个定义的可取之处是,他把真正的农业地租和投资在土地上的资本利息区别开来,指出地主在生产上没有花费任何代价,只是凭借对土地自然物的占有就取得地租,是不劳而获的寄生收入。但他的地租定义是不科学的,因为土地的生产力不是原有的,而是自然历史过程的产物。

李嘉图没有把地租看作自然力的产物,在劳动价值论的基础上系统地阐明级差地租。他认为,地租存在必须有两个前提:土地有限性;土地肥沃程度不同和位置差别。"使用土地支付地租,只是因为土地的数量并非无限,质量也不是相同的。"②人口增加,农产品需求增加,优等地产品不能满足需要,不得不利用劣等地,而同量资本和劳动投在面积相同而质量或位置不同的土地上,农产品产出就有差额,这差额就为质量和位置较好的土地提供级差地租。

李嘉图在论述级差地租产生的条件后,又进一步研究级差地租的第一形态,即由于土地肥沃程度或位置不同而产生的地租。

李嘉图还分析了级差地租第二形态,即在同一块土地上,追加等量资本和劳动进行集约耕种而产生的地租。但他把这种地租的形成同"土地报酬递减规律"相联系,认为连续追加投资,产量并不以相同的比例增加,而总是递减的。

在李嘉图之前的安德森(1739~1808)就已提出一系列级差地租的命题,但他并非用劳动价值论说明地租的源泉。李嘉图级差地租理论的主要贡献是,用劳动价值论说明级差地租,农产品的价值不是由优、中等地上耗费的劳动决定,而是由劣等地上耗费的劳动决定的,即最不利条件下的劳动,是决定全部农产品价值的社会必要劳动。这样,优、中等地的耕种者按照劣等地所决定的社会价值出售产品,就能获得超额利润,其转化为级差地租,被土地所有者占有。农产品的价值仍然决定于社会必要劳动,地租是在价值规律的基础上形成的。

李嘉图以劳动价值论为基础,较为系统和全面地阐述了级差地租问题,这是他的一个功绩。由于资产阶级的局限性,他的地租学说仍然存在一些缺陷。

(1) 没有区分资本主义地租和封建地租。他错误地把级差地租视为一切时代和一切国家的普遍规律,忽视了地租的历史性和社会性。

(2) 把级差地租形成的条件——土地肥沃程度不同和位置不同,看作级差地租形成的

---

①② 李嘉图. 政治经济学及赋税原理[M]. 北京:商务印书馆,1962:55;57.

原因,而级差地租形成的原因是土地存在着资本主义经营对象的垄断。与此相联系,他还认为地租产生,是以先耕种优等地,后耕种劣等地为前提的。这种看法从历史上和理论上都是片面的。土地耕种的顺序,可以从优到劣,也可以从劣到优,还可以有其他变化。理论上,只要存在土地有限性、土地经营垄断和土地质量不同,那么,不论是先耕种优等地,还是先耕种劣等地,都会有级差地租。

(3) 他的级差地租是以土地收益递减规律为基础的。该规律又以科技不变为前提。实际上,追加投资一般都与科技进步相联系,而且级差地租的产生,同他所说的土地耕种下降序列和产量递减序列是没有关系的。只要在同一土地上投下两个等量的资本和劳动得到不同的产量,就有条件形成级差地租。

在李嘉图的地租学说中,只有级差地租,没有绝对地租,租种劣地是不付地租的。"肥力极小的土地绝不能生产任何地租;肥力中常的土地,由于人口增加可以提供中常地租;肥力大的土地则能提供高额地租。"① 开拓富饶地区时,为维持现有人口的生活只需耕种极小一部分土地,这时不会有地租。

李嘉图否认绝对地租的存在,因为:

(1) 如果承认绝对地租的存在,他的整个价值学说就要被推翻。他的逻辑是:按照劳动价值论,既然价值决定于劳动时间,那么,商品的平均价格必定等于价值。李嘉图所说的商品的平均价格,等于生产商品花费的资本加平均利润,即生产价格。在他看来,如果农产品的价格在补偿生产商品花费的资本后,除了提供平均利润之外,还提供绝对地租,那就是承认农产品的价格高于平均价格,也就是承认价格高于价值,这样,就会推翻劳动价值论。他既然不能从理论上证明绝对地租的存在与价值规律是不矛盾的,所以,他否认绝对地租。

(2) 他不知道土地私有权的垄断。这是绝对地租存在的前提,绝对地租就是土地所有者凭借土地所有权的垄断所取得的地租。同否认土地私有权相联系,李嘉图还认为,资本可以从工业部门自由流入农业部门,意味着农业部门的利润参加平均化过程,农产品按生产价格出售,而不是按高于生产价格的价值出售,也就不存在农产品价值大于生产价格的超额利润,即不存在绝对地租。

李嘉图指出地租与利润的对立。但他是从人口增长和"土地肥力递减规律"中去寻找根源。他认为,随着人口增长,农产品需求增加,价格上涨,地租随之提高,"地主获得双重的利益。第一,获得的份额加大了;第二,付给他的商品的价值也增加了"②。农产品价格上涨,生活资料价格上涨,工人的货币工资提高,而实际工资并未增加。工资和利润是按相反方向变化的,工资提高而利润下降,资本积累减少,阻碍生产发展和财富增加。总之,除了地主以外,一切阶级都将因为谷贵而受伤害。地主阶级靠牺牲社会上大多数人的利益而获利,地租不但和利润相对立,而且和全社会利益相对立。

李嘉图认为,农产品价格上涨和利润下降是一种"自然趋势"。但若自由进口外国廉价谷物,即可阻止谷价上涨,而当时英国实行的谷物法,限制外国廉价谷物进口,使英国谷价很高,促使英国农业不得不进一步利用更劣的土地或者在原有的土地上再追加投资,这都会提高地租。因此,他主张废除《谷物法》,允许谷物自由进口,以降低谷价,抑制货币工资,提高利润。可见,他的地租论是为资产阶级反对地主阶级、反对《谷物法》提供理论武器的。

---

①② 李嘉图.政治经济学及赋税原理[M].北京:商务印书馆,1962:346;69.

第四节 货币学说

李嘉图长期在伦敦交易所工作,精通货币金融,他涉足经济研究就是从货币问题起步的。货币学说在他的经济学说中占有一定的地位。他的货币学说是建立在劳动价值学说的基础上,贵金属的价值是由社会必要劳动量决定的。他也提出货币数量论,币值取决于流通中的数量,这是与劳动价值学说相矛盾的。

一、货币流通量决定于价值

李嘉图首先是从劳动价值学说出发来研究货币的。他接受斯密关于货币是商品的观点,并把劳动时间决定价值量的原理应用到货币上。他认为金银的价值也是由生产金银时所耗费的劳动量决定的。他说:"黄金和白银像一切其他商品一样,其价值只与其生产以及市场上所必需的劳动量成比例。"①他又以劳动价值论为基础,说明金银价值差异的原因在于生产金比生产银所耗费的劳动量大。他的观点是正确的,是在价值决定于劳动时间的基础上,谈论价格和货币流通规律的。他认为,撇开供求变动的因素,价格是由商品价值和币值决定的,价格可以由于商品价值发生变化而变化,也可以由币值发生变化而变化。当商品价值与货币价值按同比例同方向变化时,商品价格不变。由此他得出结论:在商品总量和商品总价值不变的情况下,流通中所必要的货币量决定于货币本身的价值。他说:"一国所能运用的货币量必然取决于其价值。"

他还指出,如果币值减少,则货币流通量会增加;反之则相反。他说:"一国所能运用的货币量必然取决于其价值。如果只用黄金来流通商品,其所需的数量将只等于用白银流通商品时所需白银数量的1/15。"②

李嘉图研究货币问题时,把注意力集中在商品和货币的数量对比关系。他认为,货币永远处于流通之中,而忽视货币的储藏手段,在论及货币流通规律时,他又抹杀金属货币和纸币的界限,把金属货币流通规律同纸币流通规律混为一谈,从而得出货币数量论。

二、货币数量论

货币数量论是用流通中货币数量变动来说明商品价格变动的理论。在李嘉图之前,大卫·休谟是这一理论的代表者。根据这一理论,在流通中商品的价值已定的情况下,币值决定于货币量,价格高低也取决于货币量。货币量增加,币值下降,价格上涨;反之则相反。

李嘉图的货币数量论同劳动价值论是相矛盾的。按照劳动价值论,黄金价值是由生产所耗费的劳动量决定的。按照货币数量论,币值由货币数量决定。他意识到这个矛盾,做出如下的解释:

第一,黄金产量增加,超过流通所需的货币量,黄金的相对价值下降,价格上涨,这时黄金减产,使黄金的生产适合于货币流通的需要,黄金的相对价值提高到它的正常价值。反之,当黄金相对价值提高到它的内在价值以上时,黄金增产,直到它的相对价值降低到它的正常价值为止。这种相反的运动,使黄金生产适合货币流通的需要,商品价格与价值相

---

①② 李嘉图.政治经济学及赋税原理[M].北京:商务印书馆,1962:301;301.

适应。

第二,全世界的黄金是根据流通需要按一定的比例分配于各国的,这种需要取决于各国的实业和财富。如果货币在一切国家的价值相同,就没有货币的国际流动。若某国发现金矿,货币过多、物价上涨,币值跌到金属价值以下,那么黄金输出,商品输入,直到货币流通量恢复正常为止。反之,若某国货币过少,物价下跌,币值涨到金属价值以上,黄金输入,商品输出。由于黄金在国际间流动,使每个国家货币量适应流通需要,商品价格与价值相适应。

李嘉图的货币数量论是为他的自由贸易主张服务的。当时一些反对自由贸易论的人们,认为自由贸易将使国家的黄金外流以至于枯竭。利用他的货币数量论以及以此为基础的黄金在国际间流动的理论,李嘉图驳斥这种荒谬的理论,认为自由贸易会自动调节各国流通中所需要的货币量。金银输出,是由于其数量过多,价值下跌,它的输出正可以减少其流通量,提高其价值至正常水平。他说:"虽然通常称作贸易差额的部分会对出口货币或金银块的国家不利,但显然它是要进行一种最有利的贸易,因为它是出口一种对它已经没有什么用处的东西,以换取各种可以用于扩大其制造业并增加其财富的商品。"①

但是,李嘉图关于黄金在国际间流动的理论是有错误的,这也是它所依据的货币数量论的错误。他只把货币看作流通手段,以为任何数量的货币都必然留在流通领域,而看不到货币的本质及货币本质所决定的储藏职能等,货币执行储藏手段的职能可以自发地调节流通所必需的货币量。

三、稳定通货的方案

李嘉图以其货币学说为基础,提出稳定通货的建议。他认为,金币和银币是不会超过流通需要的,但纸币有可能超过流通的需要。他说:"如果所流通的是金币和银币,其数量的任何增加会散布到全世界去。如果所流通的是纸币,则它只会散布在发行这种纸币的国家以内。"②

纸币发行过多,必然会引起通货膨胀。他认为稳定的通货应当建立在贵金属的基础上,但在流通中完全使用黄金,则是一种不生产的耗费。他主张用一种与黄金等值的、随时可以兑换黄金的纸币,来代替黄金投入流通。他说:"当一种通货完全由纸币构成时,这种通货就处于最完善的状况。以纸币代替黄金就是用最廉价的媒介代替最昂贵的媒介。"③这里所说的纸币,即银行券,是可以兑换黄金的。为了防止银行券贬值,他认为必须用法律规定银行发行银行券的最高额,超过最高额时,每多发一镑,必须有十足的黄金准备,并保证随时可以兑换黄金。他关于稳定通货的主张,反映了当时工业资产阶级的利益和需求。他担心政府会滥用货币发行权。他说:"经验证明,国家和银行在握有不受限制的纸币发行权以后是没有不滥用这种权力的。所以在一切国家中,纸币发行都应受某种限制和管理。"④

---

①② 李嘉图.李嘉图著作和通信集:第3卷[M].寿勉成,译.北京:商务印书馆,1977:58;91.
③④ 李嘉图.政治经济学及赋税原理[M].北京:商务印书馆,1962:308;304.

第五节 资本积累和社会再生产理论

一、资本积累学说

发展生产力是资产阶级的历史任务。这就要不断增加资本积累。不断增加利润,才能为增加积累、扩大生产创造条件。李嘉图从发展社会生产的角度提出资本积累问题,把资产阶级利益同社会生产的发展以及大多数人民的利益看作一致的。从这样的观点出发,才使他将工业资产阶级的利益放在其他一切阶级的利益之上,坚决地为工业资本家获得尽可能多的利润而申辩。对他来说,只要能增加工业资本家的利润,促进生产力的发展,"究竟是毁灭土地所有权还是毁灭工人,这是无关紧要的"①。李嘉图认为,为了增加积累,既要增加利润,又要缩减非生产消费,在收入一定的情况下,非生产性消费增加,就是积累的减少。

从他的分配理论出发,李嘉图主张大力提高农业生产力,废除谷物条例,因为这二者都会降低生活资料特别是谷物的价格,从而降低工资,增加利润。

为了缩减非生产性消费,李嘉图极力反对马尔萨斯为地主贵族寄生性消费进行辩护的观点。非生产性消费主要是地主阶级的地租和国家的赋税。他认为,地租增加,妨碍资本积累。"凡属赋税都有减少积累能力的趋势。"②因此,李嘉图极力主张在"纯收入"中减少地租和赋税所占的份额,增加利润的份额,最后达到扩大积累,增加生产即增加财富的目的。

二、资本积累与经济危机

李嘉图从"斯密教条"出发,认为积累只是用于购买劳动力,即仅仅由劳动者消费。他说:"当我们说节约收入以增加资本时,意思是说:所谓增加到资本中去的那一部分收入,是由生产性劳动者,而不是由非生产性劳动者消费的。如果认为资本由于不消费而增加,便是大错而特错了。"③把资本积累说成是只用于生产劳动者消费,它根据"斯密教条",商品价值只分解为工资、利润和地租,丢掉价值中的不变资本部分。于是,当资本家把"节约"转化为资本时,就只能用于劳动者消费,他就把资本积累解释为收入转化为工资,就是可变资本的积累,否认再生产必须有部分剩余价值转化为不变资本。

李嘉图正确地指出,生产决定消费,生产本身可以为自己创造市场。但他没有看到资本积累过程中所包含的矛盾,完全忽视了生产和消费之间的矛盾。在他看来,资本家把收入用于积累,只不过是牺牲资本家的消费基金来增加工人的消费基金,似乎随着生产扩大,消费也会相应增加。李嘉图把生产说成是满足需要,生产过剩的危机是不可能的。

李嘉图否认资本主义普遍的经济危机,特别推崇萨伊的"销售论",它"包含许多十分重要的原理"④。他学着萨伊:"产品总是要用产品或劳务购买的,货币只是实现交换的媒介。某一种商品可能生产过多,在市场上过剩的程度可以使其不能偿还所用资本,但就全部商品来说,这种情形是不可能的。"⑤他只承认资本主义制度下个别的商品生产有过剩的可能,而否认普遍的商品生产过剩的危机,除了思想理论的根源以外,也与他所处的历史条件有关。

---

① 马克思,恩格斯. 马克思恩格斯全集:第26卷[M].北京:人民出版社,1976:125.
②③④⑤ 李嘉图. 政治经济学及赋税原理[M].北京:商务印书馆,1962:128;128;248;4.

他生活在 18 世纪末 19 世纪初,代表作《政治经济学及赋税原理》于 1817 年出版。当时资本主义的基本矛盾还没有十分尖锐,还没有爆发全面的生产过剩的经济危机。他所看到的,也仅仅是 1819 年以前在英国先后发生的几次局部性的经济危机。

第六节 赋 税 原 理

一、最少的赋税最好

李嘉图在《政治经济学及赋税原理》中探讨的主要问题是赋税。他认为,政府开支是非生产性开支,而这种非生产性开支都来自生产性劳动。他说:"一个国家为筹划战争费用或政府一般开支而征课的税,以及主要用来维持非生产性劳动者的税,都是从该国的生产性劳动中取得的。"①他把政府支出看作浪费,政府的浪费会造成国家贫穷。他代表工业资产阶级的利益,要求限制国家的职能,要求相应地减少国家执行自己的职能时所需要的巨额经费。他赞成这样的观点:最好的财政计划就是节流,最好的赋税就是税额最少。

李嘉图认为:"赋税是一个国家的土地和劳动的产品中由政府支配的部分。"②他赞同并维护斯密提出的赋税四项原则。他反对当时英国不问土地质量的差别,对于所有的已耕土地都按亩征收均等的土地税,所持的理由就是斯密的赋税四项原则。他指出:征课均等土地税,将按照最劣等的土地耕种者所付的税额提高谷物价格。质量不等的土地使用等量资本所生产的农产品数量将极不相等。若对一定量资本可以生产谷物 1000 夸特(1 夸特=12.7 千克)的土地课税 100 镑,每夸特谷物就会涨价 2 先令,以补偿农场主纳税的损失。以等量资本投在较好的土地上可以生产 2000 夸特,按每夸特涨 2 先令计算就可以得到 200 镑;由于征课均等土地税,优等地和劣等地同样纳税 100 镑。结果转嫁在谷物消费者身上的税款 200 镑并没有全部进入国库,其中 100 镑在租约期内落入优等地的耕种者手中,在租约期满后又使地主增加 100 镑的地租。所以,这种税制显然违反斯密的赋税原则,它从人民身上取得的和使人民得不到的东西多于国库的收入。

斯密认为,税收归根到底是来自工资、利润和地租三种收入。李嘉图则认为,税收归根到底来自资本或收入。如果政府增税是由人民增产或减少消费来偿付的,这种税收就落在收入上,资本可以不受损失;如果人民没有增产或减少消费,税收就要落在资本上。当然,税收并不因为课在资本上就一定是资本税,也不因为课在收入上就一定是所得税。为此,李嘉图又说:"每个人都想保持自己的社会地位,保持他曾经达到过的财富水平的高度。这种欲望使大多数赋税,无论是课在资本上面还是课在收入上面,都要从收入中支付。"③

二、最合适的课税对象是地租

李嘉图研究了地租税、利润税和工资税等问题。关于地租税,他和斯密都认为,地租是最合适的课税对象。他说:"地租税只会影响地租,全部都落在地主身上,不能转嫁到任何消费阶级上。"④在进一步讨论地租税时,他把地租分为两部分:一部分是土地租金,另一部分是地主投在土地建筑物、固定设备等项目上的资本利润。他认为,对于这两部分在税收政策

---

①②③④ 李嘉图.政治经济学及赋税原理[M].北京:商务印书馆,1962:208;127;129;146.

上应分别对待。可是当时在征收地租税时对两者没有加以区分。关心资本主义生产发展的他,在主张向地主征收地租税的同时,又主张一视同仁地对待资本家的利润和地主投在土地上的资本的利润,认为除非提高农产品价格,否则对地主投在土地上的资本利润征税,就会使土地所有者投向土地的资本得不到正常利润,从而妨碍耕种。

关于利润税,李嘉图和斯密一样,都认为利润税可以通过提高价格转嫁给消费者。所不同的是,斯密认为,只有工商业资本家才能这样转嫁给消费者,而农业资本家则通过减少地租将利润税转嫁给土地所有者。李嘉图认为,农业资本家和工商业资本家都是通过提高商品价格把利润税转嫁给消费者的,而不可能转嫁给土地所有者。这一观点是符合实际的。

关于工资税,李嘉图和斯密都认为,工资税使工资增加,增加数额至少与税额相等。税款即使不是直接由雇主支付,最后也要由雇主支付。所不同的是,斯密认为,农业工人的工资税由农场主通过减少地租转嫁给地主。他不同意斯密这一观点,指出工资税不可能由地主负担,而只会落在资本利润上。制造业工人的工资,斯密认为,是通过提高商品价格转嫁给消费者的。他不同意斯密这一观点:"如果大家都能提高商品的价格以便连本带利地补偿税款,而各人又将相互消费他人的商品,那么税款就显然永远没有人支付了。因为如果所有的人都得到补偿,谁又会成为纳税人呢?"①他的结论是:"任何税如果有提高工资的效果,便都要靠减少利润来支付。所以工资税事实上就是利润税。"②在他看来,对收入征税,只是对利润和地租二者征税。

李嘉图认为,政府巨额债款,必然使税收沉重,使纳税人逃税,"终致使携资外迁、另觅可以免除这种负担的国家的念头变得难于抗拒"③。非常时期举债,要在平时努力偿还。减支增收、预算盈余,才能还债和抑制公债增长。

第七节 自由贸易理论及 H-O 模式

一、国际自由贸易思想

李嘉图继承并发展了斯密的国际分工和自由贸易学说,是国际自由贸易学说的积极拥护者、倡导者和坚决捍卫者。在他看来,只有商业完全自由,个人才能最有效地利用资本和劳动,社会利益就可以最大限度地增进。同样,只有商业完全自由,各国才能最有效地利用本国资源,通过对外贸易使双方都可以节省劳动,世界上各民族的共同利益才能最大限度地增进。他说:"在商业完全自由的制度下,各国都必然把它的资本和劳动用在最有利于本国的用途上。这种个体利益的追求可以很好地和整体的普遍幸福结合在一起。由于鼓励勤勉、奖励智巧并最有效地利用自然所赋予的各种特殊力量,它使劳动得到最有效和最经济的分配;同时,由于增加生产总额,它使人们都得到好处,并以利害关系和互相交往的共同纽带把文明世界各民族结合成一个统一的社会。"④他发挥斯密的自由贸易思想,从全国以至全世界范围内论述自由贸易的意义。

李嘉图认为,外贸取得高利润,不能提高本国利润率。因为竞争会使外贸利润平均化,特别有利的部门利润会迅速下降到一般水平。然而实际情况并非如此。若进口价格较低的

---

①②③④ 李嘉图.政治经济学及赋税原理[M].北京:商务印书馆,1962:192;192;211;113.

生产资料,不变资本价值降低;进口价格较低的生活资料,劳动力价值降低。这样,预付资本减少,利润率提高。若有些部门出口商品的个别价值或生产价格,低于世界商品价值或生产价格,商品按世界市场价格出售,就会取得超额利润。在自由竞争的条件下,这种较高的利润会转化并提高平均利润率。马克思说:"处在有利条件下的国家,在交换中以较少的劳动换回较多的劳动,……较高的利润率就可以和较低的商品价格同时存在。平均化是会发生的,但不是像李嘉图认为的那样,平均化到原来的水平。"[①]

李嘉图认为,提高利润率,必须扩张外贸、降低工资。只有谷物廉价,使工人的生活必需品价格降低,才能提高一般利润率。李嘉图站在工业资产阶级的立场上讨论国际贸易,再一次抨击谷物法提高国内粮食价格和劳动力价值,增加工资成本,减少企业利润,阻碍资本积累,妨碍资本主义生产的发展。

二、比较成本学说

李嘉图发展了斯密的国际分工论,提出依照生产成本的相对差别而实行国际分工和贸易的理论——比较成本学说。这一理论被认为是古典学派成熟的国际贸易理论,它至今仍然是各个国家奉行的对外贸易准则。

斯密认为,各国应该分工生产对自己最有利、成本最低的产品,然后交换,这样对双方都有利。斯密的这个国际分工是以成本的绝对差别为依据的,一般称之为绝对优势说或绝对成本说。李嘉图发展了斯密理论,从生产成本的相对差别出发,如两国的生产力水平不相等,甲国生产任何一种商品的成本均低于乙国,处于绝对优势,乙国处于绝对劣势,两国间仍然存在互相的国际分工和贸易的可能。因为两国劳动生产率的差距并不是在任何商品上都是相等的。绝对优势的甲国,不必生产所有商品,只应生产优势最大的商品。反之处于绝对劣势的乙国,也不必停止所有商品的生产,只应停产劣势最大的商品。这样,甲、乙两国各自只生产成本相对有利的商品,通过国际贸易,互相交换,彼此都节省劳动,都得到好处。他举例说,假设英国生产一定数量的葡萄酒只需80人的一年劳动,生产一定数量的毛呢只需90人的一年劳动。而葡萄牙生产同量的葡萄酒需要120人的一年劳动,生产同样数量毛呢需要100人的一年劳动。在毛呢和酒的生产方面,葡萄牙都占绝对劣势,英国都占绝对优势。对英国来说,两种绝对优势中的最小优势是毛呢,对葡萄牙来说,两种绝对劣势中最大的劣势是葡萄酒。因此,对葡萄牙来说,与其用一部分资本来生产葡萄酒,用另一部分资本来生产毛呢,还不如用全部资本生产和出口毛呢,以换回葡萄酒。而英国只专门生产葡萄酒,出口葡萄酒以换回毛呢。这样,葡萄牙用100人的一年劳动产品换回自己要120人一年的劳动才能生产出来的葡萄酒,而英国用80人的一年劳动产品换回自己要90人一年的劳动才能生产出来的毛呢。按照比较成本原则进行国际分工和国际贸易,双方都有利,都节约劳动。

当然,按照上述的例子,最好的办法是葡萄酒和毛呢都由英国来生产,而将葡萄牙的资本和劳动都转移到英国去。但李嘉图认为,有种种因素阻碍着资本移出,例如,资本家感到把资本投到别国并不安全,又不愿意背井离乡,带着已形成的习惯在异国政府和法律管辖下生活。因此,实际可行的办法是,参与国际贸易的各个国家虽然在经济发展、资源情况等方面存在着差异,各个国家只生产自己条件比较有利、成本比较低的商品,并且用这种商品去

[①] 马克思,恩格斯. 马克思恩格斯全集:第25卷[M]. 北京:人民出版社,1976:265-266.

与别国交换自己所需要的其他商品。每个国家都能以处于比较优势的产品参与国际贸易。这样贸易参与国都节约了社会劳动,并能消费和享受更多的产品。

比较成本学说是 19 世纪英国工业资产阶级反对土地贵族,争取自由贸易的理论武器,它反映当时社会经济中业已成熟的要求,促进自由贸易和社会生产力的发展。按照比较成本原则进行国际贸易,各个国家通过交换,可以得到比自己生产该商品时更多的好处,而对于落后的国家,即使它所付出的实物所费的劳动多于它所得到的,但是它由此得到的商品比自己所生产的便宜。因此,在一定条件下,比较成本学说所揭示的节约社会劳动的比较成本原则具有一定的科学因素和合理的内核。

比较成本学说具有一定历史和现实意义:

(1) 以劳动价值论为基础来论述国际贸易,揭示国际经济交往的关系。

(2) 按比较优势原理进行的国际贸易,对所有贸易参与国有利。

(3) 在自由资本主义时期,比较成本学说在一定程度上反映了国际分工与生产力发展的客观联系,在国际贸易中能够比较充分地发挥作用,有力地促进资本主义发展。但是,国际分工的性质和内容不能不受一定生产关系的制约。比较成本学说强调单项商品出口和进口效益,忽视整体、长远的利益,因而带有很大的片面性。经济落后国家如果不从发展本国经济的实际需要出发,不立足于本国工业的发展,而仅仅根据现有的生产力状况和眼前的利益来确定生产什么和不生产什么,那么,它就难以摆脱贫困和落后,甚至可能沦为发达国家的经济附庸。因此,对李嘉图的比较成本学说,既要肯定和吸收其合理的内核,有条件地利用它来发展对外贸易,又不能全盘肯定,把它奉为对外贸易的圭臬。

况且,在保护贸易和国家干预盛行的今天,该理论的实施受到很大限制。

三、赫克歇尔-俄林模式

李嘉图的比较优势原理是以劳动力为唯一生产要素的前提出发的。后来,瑞典经济学家提出三种生产要素的国际贸易理论——赫克歇尔-俄林模式,简称 H-O 模型,该模型对国际分工、国际贸易理论影响深远。该模式起源于厄里·赫克歇尔(Eli Heckscher,1879~1952)的著作《外贸对收入分配的影响》(1919),他的学生裴梯尔·俄林(Bertil Ohlin,1899~1979)在《区间贸易与国际贸易》(1933)一书中将其完善成形。

俄林是经济学家,也是活跃的政治家,1944~1967 年任瑞典自由党领袖。

H-O 模型基于生产要素比例和生产要素密度这两个原理。俄林认为,存在三种生产要素:土地、劳动和资本,而古典经济学只用劳动这一生产要素来说明商品的价值是错误的。

首先,不同国家具有不同的"要素比例"。这是指一个国家所拥有的土地、劳动和资本的要素比例各不相同。生产要素在各个国家之间分配的不均衡,决定了各个国家要素比例的区别。其次,不同商品具有不同的"要素密度"。它是指商品生产中使用的土地、劳动和资本三者的比重不同。生产不同的商品,需要不同数量的土地、劳动、资本的组合。按照不同的要素密度分为不同的要素密集形式,小麦是土地密集型的,布匹是劳动密集型的,机器是资本密集型的。

把要素比例和要素密度相结合,H-O 模型提出,一国应谋求要素比例和要素密度的一致性。即一个国家若某一生产要素相对充裕,就应生产这一生产要素密度大的商品。因为相对充裕的生产要素价格低,对投入成本就低。这种在生产上具有货币成本优势的商品,在世界市场上就会具有价格优势。根据这种理论,国际分工和国际贸易的格局应该是,每一个国家都应该专业化生产其具有相对优势的、某一种生产要素的密集型产品,对外出口。

俄林根据卡塞尔价格形成理论,概括说:商品价格决定于生产成本,生产成本决定于生产要素的价格,生产要素的价格决定于供求;贸易导致"生产要素价格均等化",即随着国际分工和国际贸易的发展,各国生产要素的价格趋于一致。俄林注重研究总有效需求与总供给水平的关系。1934年,他在一本论述扩张性财政政策的小册子中,强调公共工程对收入、生产和就业的积极影响;并且研究了乘数的作用。他批判传统的货币数量论,认为货币供给是被动的因素。因此在某种程度上,他为凯恩斯的《通论》开了先河。

俄林的这种要素禀赋的国际贸易理论,是在承袭李嘉图以来比较成本优势理论的基础上经过修补而建立起来的。它在要素成本差异上的分析,以及把约翰·穆勒供求价格论扩大到国内外一切生产要素和商品价格决定的范围,都表明在国际贸易理论史上这是一个新的发展。同时,这种贸易理论还认为,各国要素禀赋的差异,从而各国要素价格的差异,通过彼此的产品贸易,便有缩小和均等化的趋势。这种看法是有一定辩证意义的。此外,俄林的要素禀赋在开创现代西方国际贸易理论之先河的历史意义方面,也应予以足够的评价。

俄林的国际贸易理论,是以一系列完全自由竞争市场的假定为前提而建立起来的,因而是适应国际自由贸易要求的。但在现实生活中,完全的国际自由贸易并不存在。目前,贸易保护主义的倾向还有加强之势。它的适用性就要大打折扣。而且它对要素禀赋差异的分析,只看到各国所拥有要素量的差异,而忽视了要素质的差异,也是片面的。

本 章 小 结

李嘉图以严谨而富有洞察力的经济学说和坚定有力的自由主义政策主张确立他的思想和学术地位。他继承和发展斯密经济学的精华,完成英国古典政治经济学说。他用逻辑演绎法,始终坚持耗费劳动决定价值,通过分配理论分析阶级利益矛盾,深刻阐释了比较成本理论,对经济学的发展产生深刻和持久的影响。

思考题

1. 比较李嘉图和斯密的方法论。李嘉图怎样坚持和发展劳动价值论的?
2. 李嘉图经济学说体系中的两大矛盾是什么?
3. 李嘉图在分配学说上的贡献是什么?怎样揭示各阶级经济利益的对立?
4. 评述比较成本学说。

名词

李嘉图 《政治经济学及赋税原理》 土地收益递减规律 货币数量论

第七章 法国古典政治经济学的完成者
——西斯蒙第

本章重点
- 西斯蒙第的政治经济学方法和对象;西斯蒙第的经济危机理论

让·沙尔·列奥纳尔·西蒙·德·西斯蒙第(Sismondi,1773~1842),法国古典政治经济学的完成者,小资产阶级政治经济学的创始人,他在经济学说史上有着特殊的地位。

第一节 概 述

一、时代与西斯蒙第的历史地位

西斯蒙第生活在一个社会大变革的时代,他亲眼目睹了产业革命、法国大革命及拿破仑战争。产业革命和法国大革命摧毁了封建制度,为资本主义的自由发展开辟了广阔道路,资本主义发展的历史洪流不可阻挡。

资本主义对封建主义的胜利,也就是大生产对小生产的胜利。资本主义发展不仅摧毁了封建主义的经济基础,也瓦解、排挤了小商品生产。资产阶级的胜利,不仅推翻了封建贵族,也使中世纪的小市民和小农处在动荡和不断破产的境况之中,竞争经常把这一阶级的成员抛到无产阶级的队伍里去,只有其中少数人发财致富,上升到资产阶级的地位。小生产者开始觉察到,随着大工业的发展,他们很快会完全失去作为资产阶级社会中一个独立部分的地位。因此,他们幻想阻止资本主义的发展,维持自己小康的经济地位。这样的历史条件下,必然会出现反映小资产阶级利益和愿望的理论家。

西斯蒙第和李嘉图都是古典政治经济学的完成者,在资产阶级允许的范围内,揭露资本主义的矛盾,但两者有区别。李嘉图是从工业资产阶级的立场出发,深信资本主义制度是永恒的、绝对进步的,资本主义生产方式能促进生产力的无限发展,在这个前提下,揭露资本主义的内部矛盾,成为英国古典政治经济学的杰出代表和完成者。而西斯蒙第则是从小资产阶级的立场出发,不仅比李嘉图更清楚地看到了资本主义的弊端和矛盾,而且得出与李嘉图截然相反的结论——否认古典政治经济学家所颂扬的资本主义的自然性、永恒性、合理性,并给予尖锐的批判。马克思指出:"如果说在李嘉图那里,政治经济学无情地做了自己的最后结论并以此结束,那么,西斯蒙第则表现了政治经济学对自身的怀疑,从而对这个结束做了补充。"[①] 李嘉图始终坚持经济自由主义,西斯蒙第则是第一个与经济自由主义传统决裂的经济学家。

---

① 马克思,恩格斯.马克思恩格斯全集:第13卷[M].北京:人民出版社,1962:51.

二、生平、著作

西斯蒙第生于瑞士日内瓦近郊法语区的"沙特连"庄园;童年是在保守、宗法式、充满浪漫主义的环境中度过的;在巴黎上大学,后因家道衰落中途辍学而当银行职员。1792年里昂爆发革命,迫使他离开法国回到故乡。后来,资产阶级革命的烽火蔓延到瑞士,革命党人推翻贵族政权,日内瓦的贵族受到很大的打击,他的父亲被投入监狱,部分财产充公,出狱后,举家移居英国。

西斯蒙第在英国住了一年半,在这期间他学习语言,研究工业和各种制度。后来,全家迁居意大利,在佛罗伦萨附近买了田庄,他成了庄园的主人。他经营农业和钻研学问五年,完成他的处女作《托斯卡那的农业》(1801)。

1800年西斯蒙第重返日内瓦,研究经济学和历史。1803年他的经济学处女作《论商业财富》出版,书中完全贯穿斯密的经济思想,全面阐述斯密的经济学说。这本书大大提高了这位瑞士经济学家的声誉。

《论商业财富》出版后,西斯蒙第很少阅读有关政治经济学的书籍,直到1818年才又开始研究政治经济学。1819年他的代表作《政治经济学新原理或论财富同人口的关系》(简称《新原理》)出版。如果说在《论商业财富》中西斯蒙第作为斯密信徒向欧洲大陆单纯地介绍斯密的观点,那么在《新原理》中,他已成为英国古典学派的反对者,放弃许多他以前坚信的理论和原则,认为《论商业财富》一书是他年轻时的"过失"。在《新原理》中,他"修正"斯密学说,特别是反对李嘉图经济学说。他在《新原理》第二版序中说,"这个书名有些含糊,人们可能认为它只不过是一部新的政治经济学入门手册。可是我却怀着更大的希望,我相信我给政治经济学奠定了一个新的基础"①。他的《新原理》并没有把政治经济学带进新领域,而是创立了小资产阶级的政治经济学体系。

目前,西斯蒙第的著作还被社会主义者研读和借鉴。

西斯蒙第晚年致力于史学研究,并有一定的建树,被视为历史学家。

三、政治经济学的对象和方法

在西斯蒙第看来,英国古典学派把政治经济学当作一门研究国民财富的科学,只考察财富本身而忘了人。他断言,财富只是人类享受的一种手段;生产的目的是为了满足人类物质生活的需要。所以,政治经济学的真正对象应该是人,而不是财富。他认为,在李嘉图那里"财富就是一切,而人是微不足道的"②。

西斯蒙第"修正"英国古典政治经济学的研究对象,认为政治经济学是政治学的一个组成部分,政治学是研究人们得到幸福的科学。政治学分为两个部分——高级的政治学和政治经济学。前者研究人的精神需要福利,后者研究人的物质需要福利。因此,政治经济学是一门研究人和人的福利的科学。

从这种见解出发,西斯蒙第给政治经济学研究对象下了定义:"从政府的事业来看,人们的物质福利是政治经济学的对象。"③这一定义表明:政治经济学已经不是研究人类社会中支配物质生活资料的生产和交换规律的学科,而是研究政府应该怎样管理财富,以增进人民

---

①②③ 西斯蒙第.新原理[M].何钦,译.北京:商务印书馆,1964:12;457;22.

物质福利的科学。这样,他就把社会经济发展的客观过程视为主观的由国家调整和指导的过程,把政治经济学和国家政策混为一谈。这一点上,他的学说是对英国古典学说的一种倒退,因为后者把财富的生产、流通、分配等客观过程作为研究对象,而他研究的是政府政策怎样来指导财富的生产、流通和分配。英国古典学派研究的是客观经济规律,而他研究的是政策。他不了解理论与政策的相互关系:理论是政策的基础,是政策的依据和前提,而政策是理论的表现,理论的展开,理论的具体应用。

西斯蒙第这种观点的思想根源是:先进英国的大生产排挤小生产,国家财富急剧增加,而大多数人民陷于贫困。他说:"这种国家财富,从物质进步来看确实令人惊奇;但是,它到底能不能给穷人带来好处呢?一点好处也没有。"①"为了物而忘记人的英国不是为了手段而牺牲目的吗?"②他要研究人的福利问题,要求政府维护和关心人的福利。他还认为,政治经济学是道德的科学,应从道德出发,研究人的物质福利。从人的物质福利出发,他批判李嘉图的研究方法,李嘉图"陷入了抽象,这就使我们把人遗忘了,而财富正是属于人而且为人所享受的"③。"他们常常为了抽象的理论而牺牲了人和现实利益。"④

西斯蒙第与斯密、李嘉图在论述政治经济学理论上有很大不同。西斯蒙第把财富作为研究的出发点,他的基本理论是以"财富的形成和发展"的形式阐述的。

西斯蒙第否定在政治经济学的研究中使用抽象法,是完全错误的。"分析经济形式,既不能用显微镜,也不能用化学试剂,两者都必须用抽象力来代替。"否则就不可能透过经济表面现象去分析它背后所隐藏本质的内在联系。

他批评英国古典学派使用抽象法,实际上在分析社会经济现象时他也使用抽象法。例如他所说的作为政治经济学研究对象的人,就是一个没有实际依据的抽象,这种抽象的人只存在于他的想象中,是被理想化的小资产者。他批评资本主义大生产,企图建立和保存私有制的小生产,这是脱离现实,不能付诸实践的一种幻想。他的脱离现实的抽象法,不仅没有克服英国古典学派固有的形而上学缺点,相反比李嘉图还倒退了一步。

他反对英国古典学派完全抛弃伦理道德因素而侧重分析客观经济规律,强调政治经济学不是单纯计算的科学,而是伦理道德的科学。"社会科学所要解决的问题比各种自然科学问题复杂得多,同时,这种问题需要良心正如需要理智一样。"⑤他把政治经济学作为规范经济学而不是实证经济学。他虽主张政治经济学应建立在实际经验、历史和观察的基础上,但他否认客观经济规律的存在,他认为资本主义的一切灾难都是主观、错误的政策造成的。

西斯蒙第反对英国古典学派将社会再生产的各个环节割裂开来而将注意力集中在孤立的个别事实上的分析方法。他认为政治经济学是一个整体,这个整体的各个部分是相互联系、相互决定以及互为因果的。他的方法是系统的分析方法、宏观的分析方法,有可能从整体上揭示资本主义社会经济的矛盾现象。

---

①②③④⑤ 西斯蒙第. 新原理[M]. 何钦,译. 北京:商务印书馆,1964:8;9;47-48;527-258;79-80.

第二节 西斯蒙第的经济学说

一、价值学说、生产劳动与非生产劳动的区分

西斯蒙第认为,人满足自己需要和欲望的本领是财富的源泉,财富是为满足他的需要和欲望的,财富是积累起来不予消费的劳动果实。

他明确提出,在资本主义以前的社会,产品的价值,只用它对人的效用来衡量,而在交换经济条件下,效用就被交换价值的概念代替了,从而克服英国古典经济学家把商品看作自然形态的非历史观点。

他认为,财富是劳动创造的,物品的交换价值是由劳动时间决定的。

西斯蒙第还继承了李嘉图的绝对价值和相对价值区分的思想,同时更强调消费(需求)决定价值量的重要性。他的定义更接近于区分价值和交换价值,而且触及到马克思所说的第二种社会必要劳动的含义,从而对古典政治经济学价值理论做了新补充。他认为,财富有三个特点:直接或间接的劳动创造的;对人有利,能直接或间接为人所使用的;能积累、能保存以备日后消费的东西。

他还指出,社会还需要有行政人员、立法者、法官、律师、武装力量等。他们的收入不能动用资本,而要动用社会收入。西斯蒙第就正确地指出了同资本交换的劳动是生产劳动,而同收入相交换的劳动是非生产劳动。

二、消费与生产的矛盾

西斯蒙第认为,政治经济学的主要任务是研究生产与消费的关系问题,即手段为目的服务的幸福问题,是一门研究人们物质福利的科学,他就必然把人的消费提到首位。"人一生下来,就给世界带来要满足他生活的一切需要和希望得到某些幸福的愿望,以及使他能够满足这些需要和愿望的劳动技能或本领。"[①]在西斯蒙第看来,先有需要,后有生产,生产是为了满足需要。财富的形成是和人的需要分不开的。财富之所以成为财富,就在于能满足人的需要。他说:"个人财富的目的和公共财富的目的都是满足消费和消耗财富的享受。"[②]因此,消费先于生产,生产服从消费。消费是生产的前提并决定生产。

西斯蒙第从鲁滨逊式的孤立个人的自然经济开始论证。孤立的个人完全为满足自己的消费而进行生产。他首先为满足自己最迫切的需要而生产,再为满足自己较不迫切的需要而生产。他不仅为当前消费需要而生产,而且为储备将来消费所需要的物资而生产。一旦需要得到满足,他就不再进行生产了。"只要有了更多的食粮、衣服和住房,以至自己享用不完,他就会停止劳动。"[③]

接着,西斯蒙第的论证就从孤立的个人转到了社会。"所有这些就个人方面来说是定不可移的道理,就整个社会来说也是如此。"[④]从孤立的个人转到社会,从自然经济转到商品生产和商品交换经济,情况变化很大,但消费先于生产的原则是适用的。不过,在商品生产社会内,生产转化为供给,消费转化为需求,从而消费先于生产的原则,便转化为需求先于供

[①][②][③][④] 西斯蒙第.新原理[M].何钦,译.北京:商务印书馆,1964:49;51;81;50-51.

给,供给应服从于需求。

最后,西斯蒙第又从简单商品经济转到资本主义经济。他接受"斯密教条",认为资本主义社会中商品价值分解为工资、利润和地租三种收入,个人消费直接依存于他在分配中获得的收入。他认为在资本主义社会,生产服从于消费的原则进一步转化为生产服从于收入的原则。他还认为在正常社会里(小生产社会)消费和生产都是有限的。在不正常的资本主义社会,生产是无限增长的,这便引起生产过剩和社会动荡,形成生产和消费的矛盾,这是资本主义社会一切灾难的根源。因此,他反对无限制地扩大生产,无限制地提高生产力。

他指出,在资本主义社会,生产为消费服务,必须经过两个中间环节,即收入分配和人口数量。收入必须和资本一同增长,人口必须同收入一同增长,消费必须同人口一同增长,再生产同进行再生产的资本之间以及同消费和人口之间都必须成相应比例。这些比例关系中,每一个都有可能单独遭到破坏,每当这个或那些比例关系遭到破坏时,社会便陷入浩劫。《新原理》认为"这种比例关系非常重要"①。《新原理》的副标题是"论财富和人口的关系",也说明他把社会再生产过程中各种比例关系作为政治经济学研究的主要内容,这是他的政治经济学贡献,是法国政治经济学自魁奈以来对宏观经济分析的杰出贡献。

由于西斯蒙第突出强调生产应服从或适应于消费,即消费居首要地位,所以他反对李嘉图为生产而生产的思想,指责李嘉图是为了手段而牺牲目的。如果说李嘉图首先是一位生产经济学家,那么他首先是一位消费经济学家。从19世纪的经济情况看,李嘉图强调生产正是符合社会生产力发展的要求。他强调生产的目的应满足人们的需要,揭露了资本主义生产和消费的矛盾,这一点应予以肯定。但是他认为保障个人幸福(所谓的物质福利),就会阻止社会生产力的发展,显然是错误的。他的消费先于生产的理论也是错误的,这是因为:

(1) 颠倒生产和消费的关系,把消费提到首位,不了解消费虽促进生产的发展,但消费归根到底是受生产发展的制约。生产为消费提供对象,规定着消费的方式,引起消费的需求。

(2) 混淆小商品生产的目的和资本主义生产的目的。前者是以消费为目的,后者是为了剩余价值。西斯蒙第用小生产者的眼光,用小资产阶级的理想代替资本主义的现实,认为小生产是正常的,资本主义是非正常的,企图用落后的小生产代替资本主义大生产,这显然是一种幻想。

(3) 错误地把生产和消费的矛盾当作资本主义社会一切灾难的根源。他不懂得资本主义社会的基本矛盾,生产和消费的矛盾正是这一基本矛盾派生出来的。

三、经济危机学说

西斯蒙第最大的功绩就是最早认为,在资本主义制度下,生产和消费脱节,存在生产过剩的必然性。他的时代非常流行"萨伊定律",即供给会自行创造需求,供求是平衡的,资本主义社会不可能发生普遍生产过剩的经济危机。西斯蒙第否定萨伊、李嘉图等人的资本主义无危机论。但他不理解产生经济危机的真正原因是资本主义基本矛盾。他把经济危机归结为,消费不足造成生产过剩。他的《新原理》出版于1825年经济危机之前,但他不仅确认经济危机的可能性,而且指出经济危机在资本主义制度下的必然性。

西斯蒙第用消费不足解释经济危机的根源。以他的收入论为基础论证经济危机,资本

---

① 西斯蒙第. 新原理[M]. 何钦,译. 北京:商务印书馆,1964:10-11.

主义社会的收入有地租、利润和工资。他接受斯密教条,把年产品价值和国民收入相等同,漏掉生产资料价值。他认为,商品是用收入来购买的,今年生产超过去年的收入,一部分产品得不到实现,就产生经济危机。因此,生产只能缓慢增长。但在资本主义制度下,资本家为了追求利润,必然拼命地扩大生产,造成生产无限扩张,超过收入。他认为,在资本主义社会,收入决定消费,收入不足,就是消费不足。他认为,资本主义社会的收入情况是:

(1) 资本主义大生产的发展,使许多小生产者破产,其收入减少。

(2) 大生产发展,机器排挤工人,劳动人民的状况恶化,收入减少。

(3) 大生产发展,收入相对减少。资本主义制度下,伴随生产无限扩张,人们的收入和消费能力降低。生产和消费的矛盾,造成产品实现困难,出现经济危机。西斯蒙第认为,过去资本主义生产没有出现危机,是由于国内有小商品生产者,国外有非资本主义国家或不发达的资本主义国家。后来国内的小生产被破坏,国外市场日益狭小,国外资本主义发展,形成世界市场,再也找不到新顾客、新市场。产品实现困难,经济危机就不可避免了。

西斯蒙第还认为,市场的无政府状态,也是造成生产超过消费的一个重要原因。资本主义商业发展,使生产和消费之间的关系复杂而重要。他说,市场是由消费者人数、爱好、消费量和收入的大小共同组成的。这四种因素中,每一种都可以单独变化,能够延缓或加速物品的出售。"要确切了解和估计市场上这种波动是困难的,对于每个生产者来说,这种困难更大,因为,并不是每一个生产者都洞悉其他商人的数目和购买力,以及要和他竞售商品的竞争对手。"①他还指出,即使生产者能够熟悉市场的变化,要使生产适应这种变化也有困难,因为劳动和资本的自由转移都是困难的。从劳动来说,工人常常是经过长期而费钱的学徒培养起来的,如他们转业,势必放弃这种熟练技术;为重新做学徒,又必须重新拿一笔钱,而这却是他们往往办不到的。从资本来说,一个工厂的固定资本大都是不能自由转移的,流动资本改变用途并不那样困难,只是非常缓慢而已。总之,在西斯蒙第看来,资本主义市场的复杂多变而难以预测、难以适应,这就必然造成生产与消费脱节、生产超过消费的现象。

西斯蒙第看到资本主义生产的盲目性及生产与消费之间的矛盾,肯定资本主义生产过剩危机的必然性,这是他的功绩。西斯蒙第指出资本主义生产方式的历史暂时性,但他的经济危机理论的缺陷严重:

(1) 生产资料的实现问题缺失。接受"斯密教条",把商品价值等同于收入,丢掉不变资本 C 的部分,这样,把产品实现视为由个人消费决定的。

(2) 消费不足难以说明经济危机。劳动群众消费不足是奴隶社会、封建社会都存在的事实,但没有发生生产过剩危机;从资本主义再生产的周期来看,工人阶级消费在危机前的"繁荣"时还有所增加。如果危机的根本原因在于消费不足,那么,为什么恰恰在经济"繁荣"、收入增加的时候爆发危机?

(3) 不可能创立科学的经济危机理论。西斯蒙第不是从资本主义生产关系中寻找经济危机的根源,不了解生产和消费的矛盾是从属于资本主义基本矛盾的,是其表现形式之一。经济危机的根源在于资本主义的基本矛盾。

四、社会改革主张

西斯蒙第对资本主义矛盾和经济危机的认识不科学,就不可能找到解决矛盾和克服危

---

① 西斯蒙第. 新原理[M]. 何钦,译. 北京:商务印书馆,1964:201.

机的正确途径。他认为,克服资本主义矛盾,消除经济危机,必须把大生产改造成小生产,用工业的行会制度和农业的宗法制度去改良资本主义,把资本主义企业和农场分为小作坊和小农场,把社会各阶级变成小私有者。实现他的理想,他提出国家要立法和行政干预经济,限制竞争和遗产继承权,改革赋税制度,禁止使用女工、童工,实行劳动保险,计划生育等。

西斯蒙第反对资本主义大生产,把独立的小生产捧上了天。他不懂得小商品生产和资本主义商品生产之间的内在联系。他企图把已发展起来的新的生产力和新的生产关系硬塞进旧的所有制关系的框子里,这是小资产阶级的浪漫主义思想体系。他反对发达的商品经济,却希望商品经济的萌芽状态永存,这当然是幻想。

本 章 小 结

西斯蒙第的主要成就是指出资本主义的缺点和矛盾,否定古典学派所宣扬的资本主义的自然、合理和永恒性。他用旧的宗法式的尺度来衡量新的资本主义社会,试图保留资本主义商品生产但又企图阻止其向发达的资本主义过渡。

思考题

1. 为什么说西斯蒙第是法国古典政治经济学的完成者,又是小资产阶级政治经济学的创始人?
2. 评述西斯蒙第的经济危机理论。

名词

《政治经济学新原理》 再生产理论 政治经济学 生产劳动与非生产劳动

第八章　19世纪上半期的资产阶级经济学说

本章重点
- 马尔萨斯的人口理论；马尔萨斯与西斯蒙第经济危机学说的区别与联系
- 萨伊经济学说
- 西尼尔的纯经济学和"节制论"
- 萨伊、马尔萨斯、西尼尔、穆勒在经济学研究方法转变中的承先启后作用

19世纪初,阶级斗争日益尖锐化,使资产阶级政治经济学带上强烈的辩护色彩。英法两国相继产生马尔萨斯、萨伊、西尼尔和巴师夏的学说等资产阶级庸俗政治经济学。庸俗经济学是指在资本主义条件下,研究生产力如何发展,论证资本主义社会主要阶级之间的平等、和谐关系等制度合理的学说。马克思在1857～1858年写的《经济学手稿》中批判了"堕落的最新经济学"及"庸俗论证",在1861～1863年写的《剩余价值理论》中概述了庸俗经济学的演变。

第一节　马尔萨斯的经济学说

托马斯·罗伯特·马尔萨斯(Thomas Robert Malthus,1766～1834),生于英国萨立州的一个土地贵族家庭,早年受教于父,1784年就读于剑桥大学耶稣学院。1798年因匿名发表《人口理论》一书而成为人口理论的创始人;1803年署名出版并修改和扩充了《人口理论》;1805年任东印度公司办的黑利伯里学院的历史和政治经济学教授,1819年,当选为皇家学会会员。主要著作还有《论谷物法的影响》(1814)、《地租的性质和发展的研究》(1815)、《政治经济学原理》(1820)、《价值的尺度》(1823)等。

一、人口理论

马尔萨斯之前,已有不少关于人口问题的学术研究。意大利吉奥范尼·博特罗在《城市的伟大》(1606)一书中提出人口数量与生活资料之间的冲突问题。他的同胞吉阿玛利亚·奥尔斯特(1713～1790)在《关于人口的思考》(1790)中,已预言人口的几何级数增长与生活资料增长之间的不和谐。前面,坎蒂隆也提出类似的悲观预言。英国平等主义者,罗伯特·华莱士(Robert Wallace,1697～1771)在《人类、自然和上帝保佑的各种前景》(1761)中研究人口的增长问题。他悲观地认为,理想有序的社会将受到人口压力的威胁,这种压力会在遥远的某一时刻,那时整个地球被耕作得像一个菜园。而土地肥力、气候、瘟疫、战争、贫困等将遏制人口按照几何级数增长。

产业革命使英国经济迅速发展,也带来"机器排挤工人"的新现象,贫困和失业的社会问

题突出。受法国大革命的影响,英国出现葛德文(1756~1836)等主张废除私有制、改革社会的思潮。马尔萨斯的父亲将葛德文《一个研究者论教育、道德和文学》一书推荐给他,他同他的父亲激烈争论该书的主题。马尔萨斯以人口过剩为论点写出《人口理论》。他的出发点是:"第一,食物为人类生存所必需。第二,两性间的情欲是必然的,且几乎会保持现状。"这是两个"法则",而且"这两个法则,自从有人类知识以来,似乎是我们本性的固定法则"①。

从两个前提出发,马尔萨斯又提出两个级数理论:① 人口在无所妨碍时,以几何级数增加。② 生活资料即使在最有利的条件下,也只能以算术级数率增加。他说:"假设现有的人口等于10亿,人类将会按下列的比率增加:1,2,4,8,16,32,64,128,256;而生活资料则按1,2,3,4,5,6,7,8,9的比率增加。在两个世纪以内,人口对生活资料的比率将会是256对9;在三个世纪以内,4096对13;而在两千年里其差数几乎无法计算了。"② 根据两个前提和两个级数,马尔萨斯推论出三个命题:① 人口增加,受生活资料所限制;② 生活资料增加,人口必然增加;③ 人口增加,必然被贫困和罪恶所抑制,致使人口与生活资料相平衡。这就提出了人口生产与物质生产相平衡的理论。

在《人口原理》第2版的著者序中,马尔萨斯又提出道德抑制:"贯彻本书全部,和前论比较起来,我在原则上有一个大不相同的想法,即认为有另一种对人口抑制的作用,它既不属于恶习,又不属于苦难;而且,在本书的后半部里,我致力于使我在第一篇论文里所做出的某些最苛酷的结论变得缓和了。"③ 道德抑制,即无力赡养子女的不要结婚,在婚前要保持贞操。他说:"凡未能找到抚养资料的人不得生育子女。否则他就是犯罪。"④ 从两种抑制出发,他极力反对英国当时的济贫法,"一个出生在已被占有了的世界上的人,如果他不能从他的具有正当要求的父母那里获得衣食,如果社会又不需要他的劳动,那么他就没有权利要求最小量的食物,事实上他就没有权利活在那里。在大自然的盛大筵席上,是没有他的座位的"⑤。他认为救济穷人会助长人口增长,而生活资料并不会因为济贫法而增加,所以济贫法会使贫民变得更加贫困。

两个前提,两个级数,两种抑制,三个命题,是马尔萨斯人口论的主要内容。

马尔萨斯把人口规律完全当作了自然规律,把它当成了超越生产力水平和生产关系发展历史阶段的"永恒"规律,忽略各个社会、各个时代特有的人口规律。他认为"两个前提""两个级数"是适应一切社会的"自然法则",而人口过剩是这种自然法则作用的必然结果。资本主义社会存在大量失业人口,主要原因是人口增长的速度超过生活资料的增长速度,也就是说有限的生活资料养活不了那么多的人口,才造成大批工人失业,这样就把工人失业和生活贫困的原因,主要归之于自然界,而与社会制度毫无关系。马尔萨斯毫不隐讳他写《人口原理》的目的,在于使劳动人民安于处境,变成驯服的顺民,失去反抗和革命的意识。"如果下层阶级的人都知道这些真理……就不会在缺粮的季节里动辄骚扰滋事,并且由于认识到劳动的价格和养家活口的生活资料问题的解决多半不决定于革命,他们将永远不易受到煽动性出版物的影响了。"⑥

马尔萨斯人口论中的某些结论被历史否定,生活资料不是赶不上人口增长,而是超过人口增长。他的理论忽视科技进步会使生活资料增长快于人口增长的事实,因而是站不住脚的。但是,他科学地揭示了人口与生活资料的比例关系。

在马尔萨斯的《人口原理》发表以后的近200年的时间里,围绕其论著,争论激烈。马尔

---

①②③④⑤⑥ 马尔萨斯. 人口原理[M]. 北京:商务印书馆,1959:4;6-7;6;466-467;531;522.

萨斯提出的物质生产与人口生产相互适应的命题,是适应一切社会的客观人口规律。但是,在他的体系中,人只是生活资料的被动因素,人口增长的积极作用,尤其是人口素质可能提高的积极作用被他完全忽略了。他完全忽略人类对于自身增长的控制能力。事实证明,无论是作为经济人,还是作为社会人,人类都能自动调节人口生产,数量可多可少,增长速度可快可慢。

马尔萨斯人口论是人口科学的第一个理论体系。在以后所有讨论人口问题的著述中,无论观点如何,大多要涉及他的人口论,主张将避孕作为主要遏制人口增长手段的新马尔萨斯主义和"人口爆炸论""人口过度论""适度人口论",都是马尔萨斯人口论在新条件下的演变。他的《人口原理》毕竟是第一部较为系统的人口学著作。他的关于人口增长和生活资料增长关系的分析,一反过去长期流传下来的"高人口出生率"的思想,提出控制人口增长的思想。此后,人口问题引起人们的广泛注意和重视,并逐步形成人口学。马尔萨斯的人口论还对19世纪生物学的发展起到重要作用。达尔文的进化论,就是从马尔萨斯的人口论中得到启示的。

二、价值理论

马尔萨斯说:"劳动是财富的唯一源泉的学说,看来既是错误的,又是危险的。"[①]他的价值论是供求论和生产费用论,"在任何时间和任何地点,商品的估价总是决定于需求和供给的相对状况,而且通常决定于基本的生产成本"[②]。他把价值看作一种商品对另一种商品的购买力,即交换价值。价值大小取决于人的主观"估价",估价的依据,一是对该商品的"占有欲",二是"获得商品的困难程度"。价值最终"总是决定于供求的相对状况","决定于基本的生产成本"。

既然交换价值是价值,那么就是供求决定价值,"价格,或者用货币表示的商品价值,就决定于商品的供给和需求的对比关系。这个法则似乎十分普遍,几乎每次价格的变动都可以满意地从以前的供求情况的变动中找到原因"[③]。当供求一致时,商品价值决定于"需求强度"。马尔萨斯认为,需求有两种,一种指需求程度(有效需求),它的增加意味着商品购买量的增加;一种指需求强度,它的增加意味着愿意而且能够为获取所需物品而付出较大的代价。他说:"当我们正确地说商品价格的变动和需求成正比,和供给成反比的时候,所说的需求总是指需求的强度,而不是指有效的需求。"[④]他认为,价格较高,必然意味着需求强度较大。但是,在解释"需求强度"是由什么决定的时,他认为是由商品的价格决定的。这就陷入了循环论,商品的价值取决于供求关系和需求强度,而需求强度又取决于商品的价格。

需求决定于价格,价格决定于生产费用。生产费用是由工资、利润和地租决定的。[⑤]这种观点是和萨伊的生产三要素论密切联系的。

在供求与生产费用之间,马尔萨斯主要强调供求是主要因素,生产费用是从属因素,"供求关系就是决定市场价格和自然价格的最主要因素,生产费用只能处于从属地位,也就是仅仅在影响供求的通常关系的场合,才能对价格发生影响"[⑥]。"重大的供求原理既可以决定亚当·斯密所谓的市场价格,又可以决定他所谓的自然价格。"[⑦]他谈了价值决定的因素后,

---

① 马克思,恩格斯.马克思恩格斯全集:第26卷[M].北京:人民出版社,1976:63.
②③④⑥ 马尔萨斯.政治经济学原理[M].北京:商务印书馆,1962:55;56;59;68;64.
⑦ 马尔萨斯.政治经济学定义[M].北京:商务印书馆,1962:63.

又提出"价值尺度"的问题。他恰恰抛弃斯密的价值由耗费的劳动决定的正确观点,接受斯密的购买劳动决定价值的观点。他认为商品的价值不是取决于生产它所耗费的劳动,而是"由商品在该时该地所能交换或支配的标准劳动来衡量的"①。根据他的看法,商品所能交换或支配的劳动就是生产中所耗费的劳动加上利润。他又说:"商品的价值平均说来是由它们的自然和必要供应条件决定的。我说的这些条件就是商品中所包含的积累的和直接的劳动,加上全部垫支项目期间的一般利润。"②马尔萨斯把生产中所花费的劳动和所得到的利润都看作生产商品的条件,从而作为决定商品价值的因素。因为在通常情况下,人们使用劳动(直接劳动)和使用资本(积累劳动),才能进行生产,而使用资本就一定要有利润。利润是资本主义的推动力,没有利润,生产和再生产都不能继续进行。

马尔萨斯说的商品所能交换或支配的劳动决定价值,就是指商品在生产中所花费的直接劳动、积累劳动加上利润共同决定价值。这样,在他看来,一切商品的价值与这个商品本身所花费的劳动量都是不相等的,即商品价值除了它本身所包含的劳动外还必须加上利润。商品交换是不等价的,每个人都是以较小价值的商品去换较大价值的商品。他认为,这个价值论,因为承认资本与劳动相交换是不等价的,资本家是以较小价值的资本商品去换取劳动者较大价值的劳动商品,从而获得利润,解决了李嘉图所不能解决的资本与劳动相交换同价值规律的矛盾。这就证明李嘉图的劳动价值论是不能自圆其说的,是错误的。

马尔萨斯也有其独到之处,他看到资本与劳动的交换是少量劳动同多量劳动的交换,是不平等的。对此,马克思指出:马尔萨斯的"真正贡献在于,他强调了资本和雇佣劳动之间的不平等交换,而李嘉图却没有阐明,按价值规律(按商品中所包含的劳动时间)进行的商品交换中,如何产生出资本和活劳动、一定量的积累和一定量的直接劳动之间的不平等交换"③。但马尔萨斯的错误也就是,把货币或商品作为资本与活劳动的不等量交换推而广之,应用于一切商品的交换,认为一切商品的价值都是本身价值加上超额价值即利润。

尽管马尔萨斯看到,当货币或商品作为资本与活劳动相交换时,两者实际上是不相等的,不等价交换会给资本家带来利润。可见,他不是把利润视为生产中产生的,而是把利润视为商品卖价超过它在生产中所耗费的劳动而产生的,他把利润看作从流通中产生的,是让渡利润,这就退到了重商主义。

马尔萨斯既然认为交换产生利润,谁来支付利润和利润如何实现呢?他认为,利润不可能在资本家相互买卖之间来实现,资本家在出卖商品时虽然可以获得利润,但在购买商品时又会失去这个利润。至于工人所购买的商品只是相当于工资的那部分生活资料,所以也不会由此产生利润。因此,利润要实现,必须有一个只买不卖的"第三者",这就是地主、官僚和牧师等,这些人在购买商品时支付了资本家的利润。没有他们,利润就不可能实现,社会就会出现生产过剩。所以地主、官僚和牧师等不生产只消费的寄生虫是不可缺少的。

三、地租学说

马尔萨斯认为,地租是自然的恩赐,是"总产品价值中扣除各种耕种费用后归于地主的

---

① 马尔萨斯. 政治经济学定义[M]. 北京:商务印书馆,1962:95.
② 马尔萨斯. 政治经济学定义[M]. 北京:商务印书馆,1960:92.
③ 马克思,恩格斯. 马克思恩格斯全集:第26卷[M]. 北京:人民出版社,1976:7.

部分"①。地租产生的原因有三点：第一，土地的特殊性，其能够生产出比维持耕种者的需要还多的生活必需品。第二，农产品的特殊性，提供生活必需品，可以满足自身需求。这里的理论基础是他在《人口原理》中的一个观点，即生活资料增加，人口必然增加，而人口增加使生活资料供不应求，价格可以超过生产费用，从而提供地租。第三，肥沃土地的稀缺性，不得不耕种劣等土地，这使利润减少，工资降低，生产成本降低；农产品供不应求，价格提高。总之，他认为地租是土地和生活资料的自然性质，是自然的恩赐。他从根本上否定地租是农业雇佣工人创造的，完全掩盖地主阶级剥削工人阶级的关系，也否定地主阶级和资产阶级在争夺剩余价值上存在的矛盾。他力图证明地租存在对社会是有利的，极力鼓吹地主阶级的奢侈浪费是社会不可缺少的。

四、有效需求不足的危机论

马尔萨斯以资本积累作为总供给的决定因素，以劳动人民作为总需求的决定因素，通过论证两者的不同增长速度证明普遍经济过剩的必然性。该理论出自于他的《政治经济学原理》(1820)，较之西斯蒙第提出该理论的著作《政治经济学新原理》(1819)仅晚1年。他说："有效需求就是一种能满足商品供给的自然和必要条件的需求……它是需求者在实际情况下为了使所需商品能够不断地获得足够供给而必须支付的代价。"② 可见，马尔萨斯的有效需求是指供需一致时的需求。此时，需求者所愿意支付的价格与生产者为保持继续生产所支付的生产成本相一致。在有效需求条件下，供需平衡，市场呈现均衡状态。

这一理论是以他的购买劳动决定价值的观点和让渡利润论为基础的。在价值论上，他和李嘉图一样，都以斯密理论为出发点。不同的是，他否定李嘉图的劳动价值论，发展斯密的价值是由商品所能支配的劳动量决定的观点。他断言，一切商品的交换价值都是由"商品所能支配的劳动量"来衡量的，即由"商品实际消耗的累积劳动与直接劳动加上以劳动估算的一切垫资的不等量利润"②来衡量的。这里的"累积劳动"是指转移到商品中的物化劳动，"直接劳动"是指生产商品所耗费的活劳动，相当于工资。他的定义是：商品价值包含投入劳动的价值（即生产资料转移的价值和工资），还包含利润。这个利润不是由劳动创造的，而只能是在交换中产生的。

马尔萨斯指出，利润是流通中供求关系产生的"让渡利润"，并且利润不能由资本家之间的售卖来实现，因为他们作为卖主赚到的利益，在作为买主时又会失掉。工人也不能使利润实现，因为工人用工资所购买的只是其所必需的生活资料，工人无力购买更多的产品，他们只能实现产品价值中相当于工资的部分，而不能实现利润。他认为，资本主义社会的有效需求是由非生产性的消费者阶级所提供的。这一阶级虽然不生产，但他们有地租、赋税等方面的收入。这使得他们可以购买商品，使利润实现。地租越高，非生产性消费者阶级对商品的需求就越大，商品出卖的价格就越高，资本家实现的利润就越多。

马尔萨斯提出，"萨伊定律"摒弃货币因素而把经济现象看成是物物交换。他认为，货币是流通媒介和储蓄手段，如果消费者不是用手中的货币购买，而是大肆储蓄，会导致供求失衡、产品滞销。他承认社会发展依靠资本积累，但又指出过分节约会减少有效需求。他认为，资本主义存在普遍生产过剩的可能，保持足够的有效需求才能避免这种危机的发生。

---

①② 马尔萨斯.政治经济学原理[M].北京：商务印书馆，1962：116；71.
② 马尔萨斯.价值的尺度[M].何宁，译.北京：商务印书馆，1962：7.

马尔萨斯认为,社会需求由资产阶级、劳动阶级和非生产的消费者阶级(主要指地主阶级)的需求构成。资产阶级注重节约,其有效需求由他们的生活需求和将收入用于资本积累来决定,他们不会多余消费。而劳动者虽有消费意愿,但他们的消费受限于工资,受工资下降和失业的限制。因此,必须维持除地主外的官吏、司法、卫生、牧师、教育、军队及年金领取者等非生产性消费者阶级的消费。他们只买不卖、只求不供,因而能弥补有效需求不足。"一批非生产性消费者的特殊作用在于保持产品和消费的平衡,使全国人民辛勤劳动的成果获得最大的交换价值,从而促进财富的增长。"①总之,社会必须有而且确实存在"很大一批寄生虫,一群专事享乐的雄蜂,他们一部分是老爷,一部分是仆役,他们部分地以地租的名义,部分地以政治的名义,无偿的从资本家阶级那里攫取一大批财富……而且被描述为避免生产过剩的唯一办法"。

马尔萨斯的理论肯定资本主义生产和消费之间的矛盾,承认资本主义社会存在着生产过剩的危机,并以"有效需求"和"有效需求不足"理论加以解释,这使他成为凯恩斯学说的先驱者而备受赞美。1980 年诺贝尔奖得主,美国经济学家劳伦斯·克莱因(Lawrence Klein,1920~)说:"如果马尔萨斯对投资与储蓄方程决定有效需求这一命题,做更彻底的分析,将没有凯恩斯革命,只有马尔萨斯革命。"然而,与西斯蒙第不同,马尔萨斯承认资本主义制度并非尽善尽美,不是要推翻它,而是要证明,对财富生产来说,地主阶级是必不可少的。

第二节　萨伊的经济学说

让·巴蒂斯特·萨伊(Jean Baptiste Say,1767~1832)生于法国的一个大商人家庭,就读于英国的一个商专学校,任《哲学、文艺和政治旬刊》主编。萨伊继承并发展了斯密学说中的庸俗因素,成为法国庸俗政治经济学的创始人。

萨伊的经济学代表作《政治经济学概论》(1803,以下简称《概论》)被译成各种文字,以简单概括的方式系统地阐述了他的经济观点,在资本主义国家广为流传,他以后的著作都是以这本书为基础的。萨伊反对重商主义和封建主义,主张经济自由主义。西方经济学认为,萨伊学说以系统化和通俗化斯密的学说而著称,为主流经济学的发展奠定了坚实的基础。萨伊在斯密的著作中发现了混乱、矛盾和许多欠妥的地方,于是着手整理斯密的学说,去掉他认为斯密学说中不必要的抽象和复杂的论述,将斯密的经济理论条理化和系统化。但是,斯密的劳动价值学说和资本剥削劳动的思想在萨伊的著作中完全消失了,代之以研究对象的三分法、效用价值论、生产三要素论、三位一体分配论和供给创造需求论等,这些理论为后来的资产阶级经济学家所继承和发展。萨伊被誉为"科学王子"、亚当·斯密的"伟大继承者"和欧洲大陆的政治经济学权威。

一、政治经济学的对象和"三分法"

萨伊认为,任何科学只有在确定研究对象之后,才能取得进展,但是,以往有些著作常常把政治学与政治经济学混为一谈,这样不仅不能把问题弄清楚,相反却使它们含糊不清。为此,萨伊在《政治经济学概论》一书的导论中,一开始讲到研究对象时,就特别强调政治经济

---

① 马尔萨斯.政治经济学原理[M].北京:商务印书馆,1962:337.

学应当和"研究社会秩序所根据的原则的政治学"①分开。政治经济学的研究对象,就是"阐明财富是怎样生产、分配和消费"②的科学。相应地,他把政治经济学的内容分为彼此相互独立的三部分:生产、分配和消费,即政治经济学史上著名的"三分法"。它比较明确地概括了经济活动的过程,大体反映社会再生产的三个环节,具有一定的意义,因而为后来的经济学家所接受。但由于萨伊把这三个经济范畴看作一般形态,抛开其特殊性和历史性,用对一般、抽象的生产、分配、消费的议论来代替对资本主义生产关系的具体分析,从而抹杀资本主义生产与历史上各种社会生产之间的本质区别;他的"三分法"还割裂了经济过程的内在联系,把分配和消费视为与生产具有同等地位,抹杀了生产的决定作用。

二、生产三要素论和价值论

萨伊的政治经济学是从财富的生产开始的。"生产,不是创造物质,而是创造效用"③,萨伊提出效用价值论。生产就是创造效用,有效用的东西就有价值。"人们所给以物品的价值,是由物品的用途产生的。""当人们承认某东西有价值时,所根据的总是它的有用性。这是千真万确的,没有用的东西,谁也不肯给以价值。"④商品的价值是由效用决定的,这是萨伊价值论的主要观点。

效用决定物品的价值,而效用是由生产的三要素即劳动、资本、土地共同协力创造的。每一个生产要素在创造效用中都进行了生产性服务,所以,它们也都创造了各自的收入。劳动创造的收入是工资,资本创造的收入是利息,土地创造的收入是地租。这三种收入即工资、利息和地租相当于生产的三要素在创造效用时所耗费的代价,从而构成效用的生产费用。他又进一步得出结论:商品价值是由创造效用的生产费用,即工资、利息和地租决定的。这样他又从效用价值论转到了生产费用论。他解释说,生产的三要素,不论是否属于一个企业家所有,实质上是要购买或租用这些生产要素的,因而商品的价格或价值就要由支付三个生产要素的费用构成,价值决定于生产费用。这样,他把斯密的三种收入决定价值的理论,进一步发展成为生产费用决定价值的理论。他说斯密把劳动作为价值的唯一尺度,这是错误的。他说:"生产出来的价值,都是归因于劳动、资本和自然力这三者的作用和协力,其中以能耕种的土地为最重要的因素但不是唯一的因素。"⑤其实,他混淆使用价值和价值,把创造使用价值的要素和创造价值的要素混淆起来,混同使用价值生产和价值的生产。

"生产费用的价值(指生产要素的价值——引者)基于它们所能创造的产品的价值,而这个价值(指产品价值——引者)本身则起源于那个产品的效用。"⑥萨伊又从生产费用论回到效用论上去了。效用决定价值,那么效用的大小由什么来测定呢? 这是效用论者都不能回答的一个难题。他又提出物品的价值是测量物品的效用的尺度。在这里萨伊陷入了循环推论的困境之中。

萨伊说:"价格是测量物品的价值的尺度。"⑦他为了摆脱困境,把价值如何确定的问题和价值如何表现的问题混为一谈,用价格偷换价值。

萨伊认为,价格是测量价值的尺度,是由供求关系决定的:"物价的上升和需求成正比,但和供给成反比。"⑧当陷入困境的时候,萨伊求助于供求论。但是,供求关系的变化,只能影响价格和价值的背离程度,而不能说明决定价格的基础。马克思指出:"如果供求一致,它

---

①②③④⑤⑥⑦⑧ 萨伊.政治经济学概论[M].陈福生,等译.北京:商务印书馆,1982:5;15;59;59;75-76;330;325-326;60.

就不再说明任何事情,就不会对市场价值发生影响,并且使我们完全无从了解,为什么市场价值正好表现为这样一个货币额,而不表现为另外一个货币额。"①可见,萨伊不仅认为价值由效用决定,还认为价值由生产费用决定,同时,他又把价值和价格相混淆,认为价值由供求决定。萨伊的价值论是效用论、生产费用论、供求论的大杂烩,是第一次经济学理论的大综合。

萨伊的价值论是错误的,但还有可取之处。他把劳动分为三类:研究规律和自然趋势的科学家的"理论劳动";农场主、工厂主和商人以及老板、经理、冒险家应用科学知识而创造新产品的劳动;工人在前两种人的指挥和监督下"执行"而生产产品的劳动。这三种劳动都创造价值,都是生产劳动。科学家、企业家的劳动使企业利益巨大,而且经常供不应求,所以这两种劳动的报酬很高。

三、分配论

萨伊的分配论是以他的生产三要素论为基础的。既然每一个生产要素都参加了价值的创造,那么,每一个要素都应当从生产的总价值中得到相应的报酬:劳动提供服务取得工资,资本提供服务取得利息,土地提供服务取得地租。这一"三位一体"分配公式被广为传播,这种分配论割裂了社会各阶级的收入同工人劳动之间的联系,似乎社会各阶级的收入都有自己独立的源泉。

斯密正确地指出工资是劳动生产物的一部分,但又认为工资是劳动的价格,全部劳动都得到了报酬。萨伊抛弃斯密工资理论的科学因素,吸收其庸俗成分,断定工人得到了他应得的全部报酬,不存在剥削。他认为低工资对全社会是有利的,"工资率的降低和跟着而来的竞争的不断作用,必定使产品价格下降,因此从工资下降得到利益的乃是消费阶级或换句话说是整个社会"②。

萨伊反对奢侈浪费,提倡节约。"那些滥用大权力或大才能传播奢侈习尚的人,是社会幸福的大敌。"③

萨伊分配论的核心思想是"生产性服务"和"企业家"概念。他把利润分为两部分,即"资本的利润"和"使用资本的劳动的利润"。"资本的利润",是指"对于资本的效用或使用所付的租金"④,就是在提供生产性服务中所创造的收入,即资本的利息。"使用资本的劳动的利润",是指掌握"监督与管理技术"的企业家举办企业、冒险经营管理等"劳动"的工资。这样,利润变成利息、工资。资本产生利息。关于地租,斯密理论中也有科学的因素和庸俗的因素,他认为地租是劳动生产物或其价值的一部分,又认为地租是利用土地的自然报酬。萨伊同样抛弃斯密理论中的科学因素,利用他的庸俗因素。萨伊认为,地租是来自"土地的生产性服务"的报酬,是使用土地所应付的代价,同时又说,地租是地主"实行节约和发挥智能"⑤的结果。后一种说法把地租说成是地主"勤劳"的结果,地租就成为地主劳动的工资了。李嘉图曾指出,地主并不亲自经营耕种,也就不可能在他的土地发挥勤勉、节约和经营技巧,地租不是辛勤经营的报酬。

萨伊的分配论抹杀剥削收入和劳动收入的界限,掩盖资本主义剥削关系。但是萨伊关于劳动-工资、资本-利息、土地-地租的分配公式广为传播,原因主要是:首先,它明确创造过

---

① 马克思,恩格斯.马克思恩格斯全集:第 25 卷[M].北京:人民出版社,1975:211-212.
②③④⑤ 萨伊.政治经济学概论[M].陈福生,等译.北京:商务印书馆,1982:383;461-462;394;535.

程的报酬,给那些试图摆脱劳动价值论的经济学家指明出路;其次,斯密没有区分纯粹利润和企业管理者工资,而萨伊却将两者明确区别开来,称前者为利息,后者为工资。由于这一区分较好地反映了资本收入的两种性质,因此,很快为西方经济学家所接受并沿用至今。

四、萨伊定律

萨伊的消费论,又叫实现论、销售论,否认资本主义社会再生产的矛盾,否认资本主义具有发生生产过剩危机的可能性。他从货币是流通工具的观点出发,认为"货币只不过是媒介而已"[①]。因此,商品交换的最后结局是一种商品和另一种商品相交换,一种商品的出卖过程,就是对另一种商品的购买过程。他说,一种产品生产出来并在出卖时换成货币,但紧接着就要购买其他产品,卖就是买,买就是卖,生产本身会给产品创造需求,供给会给自己创造需求,生产和需求总是平衡的,不会发生普遍的生产过剩的经济危机。[②]个别商品会出现过剩,那是因为"由于某些货物生产过少,别的货物才形成过剩"。他认为这种情况可用扩大生产的办法来解决。个别商品供求失调,可通过自由竞争自动调节,他反对国家干预经济。萨伊定律可归结为三个原理和四个结论:产品交换,货币只起媒介作用;供给会自行创造需求,供求是均衡的;只要不干预生产,整个社会不会发生全面过剩的经济危机。

萨伊从供给会自行创造需求这个"理论"出发,得出四个结论:

(1) 生产者越多、产品越多样化,产品便销得越快、越多和越广泛。

(2) 每一个人都和全体的共同繁荣有利害关系。一个企业办得成功,就可帮助别的企业达到成功。

(3) 购买和输入外国货物绝不至于损害本国的产业和生产。因为购买外国货,必须以本国产品付价,显然会在对外贸易中给本国产品开辟销路。

(4) 激励生产是上策,鼓励消费是下策。仅仅鼓励消费并无益于商业,因为困难不在于刺激消费欲,而在于供给消费的手段,在于生产。

萨伊的结论是要证明:在资本主义制度下,不存在生产和消费的矛盾,不可能发生全面生产过剩的经济危机,资本主义具有无限的生命力。

西方经济学认为,这种销售理论是萨伊对政治经济学的巨大贡献。同时,萨伊的销售论针对当时的某些经济政策,有若干积极因素,如反对马尔萨斯的"第三者"理论。销售论认为生产本身能为产品创造市场,因此,根本就用不着在生产之外去寻找第三者——地主贵族们来消费。再如,销售论贯穿着自由主义的思想,主张自由贸易。但是,萨伊销售论是错误的,它不但混同资本流通和简单商品流通,而且把简单商品流通归结为物物交换。在物物交换中,任何卖者同时就是买者,因而供给总是等于需求。实际上,当货币出现以后,商品流通(商品-货币-商品)代替物物交换,买和卖在时间和空间上分离了,这已包含了危机的可能性。随着自由资本主义的发展,资本主义基本矛盾产生和不断发展,这种可能性变为现实性,周期性的经济危机不可避免了。

就在萨伊的《政治经济学概论》发表后不久,1825年英国就爆发了第一次普遍生产过剩的经济危机,从此每隔一段时间就爆发一次,1929~1933年的经济大危机更是给资本主义以沉重的打击,事实宣告萨伊定律的破产。

[①][②] 萨伊.政治经济学概论[M].陈福生,等译.北京:商务印书馆,1982:143;144.

第三节 西尼尔的经济学说

从19世纪30年代开始,英法两国新兴的资产阶级已经完全夺得政权,无产阶级和资产阶级的斗争,已成为社会的主要矛盾。在政治经济学领域,经过20年代那场拥护和反对李嘉图理论的论战,英国古典经济学已经衰落,这时的庸俗经济学家已经不再是以斯密和李嘉图的追随者出现,已经不像萨伊、马尔萨斯、詹姆斯·穆勒、麦克库洛赫那样用注释和"通俗化"古典经济学的方法,而是采取补充和调和的方法对古典经济学进行修正。这个时期的主要代表人物,英国主要有西尼尔、约翰·斯图亚特·穆勒等,法国则有巴师夏等。

纳索·威廉·西尼尔(Nassau William Senior,1790~1864)生于英国一个西班牙裔的牧师家庭,1812年毕业于牛津大学,起初从事律师业务,1825年应聘任母校政治经济学教授,担任过政治经济学考试委员会委员、调查集会结社和罢工运动委员会成员、济贫法修改委员会委员以及高等法院院长等职。

一、政治经济学的对象

西尼尔认为政治经济学是"讨论财富的性质、生产和分配的科学"①。和萨伊一样,主张把经济学变为"纯粹的演绎的科学""准确的科学"。他认为过去经济学的范围太广泛,不但涉及立法和行政的领域,而且包括哲学、道德等。他主张完全排除掉这些与经济学无关的问题。他认为政治经济学所讨论的主题不是福利,而是财富;构成其前提是几个很少的一般命题,这些命题是观测或意识的结果,它简直不需要证明,甚至不需要详细表述,差不多每个人一听就会觉得在他思想上早已熟悉,或者至少是在他的先前知识之中。

西尼尔的纯经济学被概括为四条不变的基本命题:① 每个人都希望以尽可能少的牺牲取得更多的财富。在他看来,这一功利主义命题是一切经济学推论过程中的一个基本假设,差不多一切其他命题只是对这一基本事实的注解。② 每个人由于担心财富不足以适应自己的需要,会自行限制人口的增殖。③ 劳动能力和生产财富的其他能力,借助于所生产的产品作为再生产的工具,生产可以无限增加。④ 假使农业技术不变,在土地上增加劳动,虽然总报酬增加,但报酬不能随劳动成比例地增加。西尼尔宣称,根据上述四个命题推论得出的有关财富的性质和生产的理论,是普遍适用的;有关财富的分配理论,则要受到各个国家的特殊制度影响,但是我们仍然能够把事物的本来状态定下来作为一般规则,然后进而说明由于特殊原因干扰所产生的变态。西尼尔特地对功利主义加以引用,并把这一命题在政治经济学中的地位,看成是如同万有引力在物理学中的地位,离开它,推理就无法进行。②、④两个基本命题接受了马尔萨斯的人口论以及当时流行的"土地报酬递减规律"。第三个命题把从资本主义工业生产实践中得出的粗浅看法和萨伊的庸俗理论相结合,认为在工业生产中生产要素协调一致,生产力递增,资本不断积累,财富不断增长。西尼尔认为,这些基本命题是无须论证的真理。他力图从这四条基本命题中演绎出纯经济学理论。这四条基本命题以及赖以建立的纯经济学理论,是西尼尔将边沁、萨伊、马尔萨斯以及古典经济学加以概括、调和和补充的产物。这种处于初级阶段的实证经济学所依据的理论及其使用的逻辑演绎方

---

① 西尼尔.政治经济学大纲[M].蔡受百,译.北京:商务印书馆,1977:1.

式是贫乏的,但西尼尔毕竟是公开主张以实证分析为经济学科学化标志的首创者。

在西尼尔看来,一个经济学家的任务不是建议应该干什么或不应该干什么,而是说明不容忽视的一般原理,但不能把这些原理用作实际行动的唯一的或主要的指针。像一个陪审员一样,他有责任根据证据做出正确的判决,既不允许同情贫穷,也不允许厌富或贪婪,既不允许颂扬现行的制度,也不允许憎恶现有的弊害,以免妨碍他所陈述的事实,以及由那些事实归纳出他所认为正当的结论。在经济学说史上,他是首先试图避开对经济现象的价值判断,摆脱政策议论,以"纯粹理论"来建立经济学的人,是现代西方实证经济学的开创者,后来的许多经济学家继承西尼尔的衣钵,主张经济学必须抛开价值判断,使经济学实证化,成为像自然科学一样"公正、客观、精确"的科学。

二、财富和价值的性质

西尼尔一再宣称,讨论政治经济学,必须首先弄清什么是财富。

西尼尔和萨伊一样,混同使用价值和价值,把财富和价值相等同。他认为,物品具有价值,必须具备三要素:① 效用;② 供给有限性;③ 可转移性。

西尼尔在说明价值三要素时,对效用作了主观的解释,不是指有用事物的内在特性,而是指事物对人们的痛苦与愉快的关系。供给的有限性,也就是稀缺性。可转移性,是足以产生愉快或防止痛苦的能力的全部或一部分,是能够绝对地或者在一个期间被转移。

西尼尔还认为,价值的三个要素——效用、供给有限性和可转移性,其中供给的有限性是最重要的。任何物品,如果供应充足,那么就有很多人不再需要增购,或者即使要增购也很有限,这样,增加的供应已经失去了全部或将近全部的效用。反之,物品越是稀少,需要的人就越多,需要的迫切程度就越加提高,因此,物品的效用,也将按比例地提高。可见,西尼尔不仅把价值归结为主观效用,而且进一步归结为稀缺的主观效用,这就为后来的边际效用学派的主观价值论提供了思想材料。

三、财富的生产和分配

西尼尔把财富和价值相混同,他进一步说明财富的生产就是价值的生产。

萨伊认为,生产由劳动、土地和资本三要素构成。西尼尔接受萨伊的这种分类,只是用"自然"和"节制"(abstinence,又译"节欲")两个词来代替土地和资本。他说:"我们宁愿用'自然要素'而不乐于用'土地'这个词,……基于种种理由,我们还打算用'节制'这个词来代替资本。"

西尼尔认为,劳动是生产的主要手段,是指为了生产的目的,在体力或脑力方面的自觉努力。自然要素是使别的生产手段得以发挥作用的基础,主要是指土地、河流、港口、矿山,以及天然林、野生动物,还要加上海洋、空气、光和热等,甚至一些自然规律如引力和电。

西尼尔说,劳动和自然要素虽是主要的生产力量,但要使这两者充分发挥作用,还需要资本"节制"。"节制所表示的,不是将资本投于非生产性使用的那种行为,而是将劳动使用于产生遥远结果而不是眼前结果的那种在性质上相同的行为。"资本家不是把资本用于消费,而是追求遥远的效果和远期消费,这就是"节制","是人类意志上最艰苦的努力之一"。

西尼尔还对生产三要素在价值构成和分配中的作用做出说明。他认为,若某种自然要素的供给是无限的,随时都可以取得,它尽管有效用,但没有价格,因此不是价值的构成因素。若某种自然要素供给是有限的,那么在它的协助下所生产的商品,比没有它的协助,具有较大价值,其超过额作为地租由自然要素的所有者取得。西尼尔认为,当"劳动"和"节制"借助人人都能支配的自然力进行生产时,构成价值的是两个因素:劳动和节制。他说:"所谓生产成本,我们的意思说的是生产所必要的劳动与节制的总和。"①

西尼尔还从享乐主义出发,对"劳动"和"节制"做了心理学的解释,认为"劳动"是工人放弃安逸和休息所做的牺牲,而"节制"则是资本家放弃目前享乐所做的牺牲。他由此得出结论:"工资和利润是人类创造的,前者是牺牲安逸的报酬,后者是牺牲眼前享乐的报酬。"②这个观点,对现代经济学的影响很大。

"劳动"和"节制"共同创造价值。即使"劳动"有时间来计量,而资本家的"节制"是根本无法计量的。于是西尼尔用价格替换价值,按他的说法,价值只是商品交换的关系,是由商品交换中经过供求双方的自由竞争决定的。竞争确定的价格会接近于由"劳动"和"节制"所决定的生产成本,即价值。他说,平等竞争情况下,"生产出来的商品是按照其生产成本出售的,也就是说,其价格相等于生产所需要的'劳动'与'节制'的总和"③。西尼尔虽自称对价值的生产和分配做出新的解释,但实际上是萨伊的"三位一体公式"的翻版。西尼尔宣称资本来源于"节制",资本家"节制",资本就增长。但实际上,资本原始积累来源于暴力和掠夺,资本积累是为了扩大再生产以榨取更多的剩余价值,为了在竞争中战胜对手。利润是雇佣工人创造的剩余价值的转化形式。

"节制"本身虽然不会创造出新价值,但是会减少消费而增加积累,扩大生产。可变资本是剩余价值的源泉,而不变资本是生产剩余价值的条件。

四、最后一小时论

1833年后,工人要求10小时工作日。西尼尔在《关于工厂法对棉纺织业的影响的书信》中,力图证明:纯利润是11.5小时工作日中最后一小时才创造的,若减少这一小时,利润就会消失。因此,10小时工作日是行不通的。

西尼尔假设:全部投资是10万镑,其中用在厂房和机器上的费用是8万镑,原料和工资是2万镑,再假设资本每年周转一次,总利润为15%,全年价值总额是11.5万镑。假定工人每天劳动11.5小时,他计算出:工人每日用10小时生产的产品价值,全年为10万镑,只够补偿总资本耗费,工人在10小时以后的半小时生产的产品价值,全年为5000镑,用于补偿厂房机器的磨损,工人用最后一小时生产的产品价值,全年为一万镑,这是10%的纯利润。西尼尔得出结论:如果把工作日减少一小时,纯利润就会消失,若减少一个半小时,总利润(包括纯利润和固定资本折旧)就会消失。他认为若实行10小时工作制,连机器折旧费都收不回来。这样,工厂就会倒闭,工人就会失业。

"最后一小时"论是错误的。根据劳动二重性学说,工人的具体劳动把不变资本的旧价值转移到新产品中去,同时抽象劳动创造出新价值。工人劳动的每一个小时都包含转移旧价值和创造新价值。因此,减少工人一小时的劳动,只是减少这一小时抽象劳动创造的剩余价值。也有计算错误,他假定工厂主投于厂房和机器的8万镑资本,在一年内全部消耗掉必须得到补偿,但他又说必须补偿5000镑厂房和机器的磨损,这是重复计算固定资本消耗。

西尼尔的"最后一小时"论与他的"节制"论是自相矛盾的。根据"节制"论,利润是"节制"的报酬,与劳动无关;根据"最后一小时"论,利润是由工人创造的,它依存于劳动日长短。

---

①②③ 西尼尔.政治经济学大纲[M].蔡受百,译.北京:商务印书馆,1977:155;138;157.

他的后一个"理论"正好否定前一个"理论"。

第四节 巴师夏的经济学说

弗里德里克·巴师夏(Frederic Bastiat,1801～1850),19世纪上半期欧洲大陆最著名的经济学家,1825年继承其祖父遗产成为一个酒业资本家。1848年,巴师夏当选为议会议员,随后他写了不少论著来反对当时在法国广泛传播的空想社会主义思想。他的代表作是《经济和谐》(1850)。

一、经济自由主义

19世纪30年代开始,资产阶级统治确立后,在法国,随着无产阶级反对资产阶级斗争的发展,社会主义思想的传播,这时资产阶级以经济自由主义反对中小资产阶级的保护主义,维护资本对劳动剥削的自由,反对社会主义。巴师夏以公认的经济自由主义大"理论家"的身份,进行着上述两个方面的斗争。

在反对中小资产阶级的保护主义方面,巴师夏提出自由贸易优于垄断的观点。他认为社会可以从两方面来考察,社会是生产者的总和和消费者的总和。

他说,每个人作为生产者都含有反社会倾向。如葡萄种植者希望下冰雹把除自己以外的所有葡萄园统统毁掉,自己的葡萄就可垄断市场,高价出售赚大钱。巴师夏认为,作为生产者要求垄断市场,就是一种饥饿理论,是以拥护生产不足论为基础的,这是与消费者的利益相对立的,是反社会的。他又认为,作为消费者来说,情况就相反了。如果分析消费者的直接利益,它和全社会的利益是完全协调的。因为消费者都希望生产更多、商品品种丰富多彩,自己就可以自由、低价地买到消费品。所以,消费者就希望市场不被垄断,在产品丰富的基础上自由竞争。他认为,既然自由贸易主义是反对垄断市场的,是从消费者的利益出发的,是以拥护丰富论为基础的,也是对整个社会有利的。由此,巴师夏就抽象地推断说,保护主义是从生产者的愿望出发的,是以拥护不足论为基础的,因而自由主义优于保护主义。

对于竞争力较强的大资本来说,自由贸易有利,相反,对于竞争力弱的中小资本来说,保护主义有利。所以前者拥护自由贸易,后者拥护保护主义。

他承认,经济自由也有弊端和缺陷,但这些弊端和缺陷,与其说是经济自由造成的,不如说是经济自由没有完全实现的结果。在完全自由竞争的条件下,资本主义制度是一切社会组织中最美好、完善、巩固、普遍和公正的制度。

二、经济和谐论

巴师夏经济学说的中心思想是,资本主义社会是自然和谐的,交换是和谐社会借以建立的基础。他认为,交换是政治经济学,"社会就是交换"[①]。

1. 服务价值论

交换,就是彼此互相提供服务。人们在交换中"能够互相帮助、互相替代对方工作、提供相互服务"[②]。所以交换不外乎是服务的交换。"服务"这个概念是巴师夏从萨伊那里抄袭

---

①② 季陶达.资产阶级庸俗政治经济学选辑[M].北京:商务印书馆,1963:204;210.

来的,把它作为论证经济和谐的工具。

巴师夏从交换就是服务出发引出价值"是交换着的两种服务的关系"。① "当一个人对他的兄弟说了'你替我做这件事,我替你做那件事'的时候,他们两个人便达成了一种协议,这时,世界上第一次产生了价值观念,因为,这时我们第一次可以说:那种交换着的服务是等值的。"② 价值是两种交换的服务的比例关系,那么"服务"就有一个计量的问题,衡量服务的尺度就是努力和紧张,即提供服务的人付出的努力和紧张,获得服务的人可以节省的努力和紧张,在自由放任的条件下,这两者是相等的,谁也不能强迫别人做不利的买卖。服务是等价的,而等价交换是公道的。建立在这个基础上的资本主义社会是和谐的。

巴师夏认为,交换的特点是:自愿而非强迫;交换双方都得到了服务。

巴师夏以他的服务价值论反对古典学派的劳动价值论。巴师夏举例说:我拾到一块钻石,买我这块钻石者认为,我提供给他一种重大服务,尤其是还有很多有钱人也想要得到这块钻石,而只有我找到这块钻石,因此买者觉得我这种服务的价值重大。③ 巴师夏就是这样以服务价值论代替劳动价值论的。他评论效用论:"我承认萨伊的意见:效用是价值的基础,可是得附带一个条件,那就是说,我们指的不是存在于商品里面的效用,而是指各种服务的相对效用而言。"④

2. 服务报酬论

分配上,巴师夏把利润分为利息和企业家收入。这是很有见地的。他认为,利息是资本提供服务的报酬。这里的服务是一部分人"延缓"自己的消费(把西尼尔的"节制"改为"延缓")所创造的资本,可以被另一部分人享用,并大大地增加社会财富。因此,"延缓"本身是一种特殊服务,其要得到报酬——利息。至于企业家的收入是企业主努力和紧张的报酬。

巴师夏进一步把劳动和资本的交换看作两种"服务"的交换,资本家的"服务"是供给工人的生产资料和生活资料,而工人的"服务"是替资本家生产。工资和利润就分别是这两种"服务"的报酬。在经济自由的前提下,这两种"服务"的交换必然是等价的,劳资关系是绝对和谐的,这表明资本主义社会是和谐的。

巴师夏还发现了一条"和谐规律",即随着社会物质的进步,劳、资所得同时增加,但劳动所得份额比资本所得份额增加得要快。他称这个"和谐规律""是伟大的、奇妙的、保险的、必要的和不变的资本规律"⑤。资本家和工人们双方的利害关系是一致的,相同的。⑥ 这是一种"人人为我,我为人人"的美好社会。他认为,随着经济发展,资本家和工人的收入水平在日益接近,他们的利益是一致的,资本主义制度是一个永恒的、自然的、和谐的社会制度。

第五节 凯里的经济学说

一、概述

亨利·查尔斯·凯里(Henry Charles Cary,1793~1879),美国第一个经济学家;生于美国费拉德尔菲亚城的一个富商家庭,他子承父业,长期从事出版事业,直到1835年退职为止。此后,他致力于经济学研究。

---

①②③④⑤⑥ 季陶达.资产阶级庸俗政治经济学选辑[M].北京:商务印书馆,1963:210;211;212;218;218;220.

凯里提出以经济利益和谐一致为核心的经济学说，代表和反映当时美国资产阶级发展资本主义经济，反对空想社会主义学说的愿望和要求。

二、再生产价值论

这是凯里阶级利益和谐论的理论基础。他认为："价值是我们为了获得实现目的所需要的生活必需品而必须克服的反作用尺度，即人对自然的支配的尺度。"[①]提高控制自然界的能力，使它为人类服务。人类对自然的统治每前进一步，劳动困难程度便会随之减轻，而劳动报酬则要增加。凯里认为，社会发展、科技进步、生产工具改良，再生产费用降低。再生产同一种产品的费用减少，已经不可能交换到比再生产时所需费用更多的价值量。因此，生产费用不再是价值标准，而价值则是由再生产费用决定的。再生产费用包括人类在控制自然中使用的工具等生产资料及耗费的劳动。他把支配自然力的工具看作资本，所以再生产费用是由劳动者工资和资本家利润组成的。他的价值学说是庸俗经济学的生产费用论的继续和发展。他把资本和生产资料混同起来，用以说明资本主义制度下的阶级利益是和谐一致的，从而掩盖资本的剥削实质。

三、分配理论

凯里认为，社会产品都是在工人和资本家之间进行分配的。在社会发展的最初阶段，分给资本家的部分最大。随着社会生产力的发展，资本再生产和增殖所必需的劳动数量逐渐减少，工资在相对量和绝对量上都在增加，而利润在绝对量上增加，在相对量上则是减少。

最初，利用石斧所能完成的工作量虽不是很大，但对它的所有者来说价值却很大。因此，借用石斧的人要向所有者付出很高的代价。用石斧一天砍伐的木材，比不用石斧时在一个月内所砍伐的木材还要多。尽管使用石斧要付出自己产品的 3/4 给资本家，可是他自己所得的份额，比起他赤手空拳地伐木所得还是大大增加了。后来出现铜斧，能够提高劳动生产率，也大幅度降低制造铜斧所必需的劳动量。在这种情况下，拥有铜斧的资本家，将这个比石斧更完善的生产工具借给工人使用，而只是要求他付给 2/3 的产品。资本家所得产品虽在数量上增加，但所占比例减少。资本家所得和工人所得相比，过去是 3∶1，现在是 2∶1。工人产品增多，使工人逐渐转变为资本家。后来又出现铁斧，再生产费用又一次随之降低。这时，资本和劳动相比，劳动所占比例再次提高。作为新工具的铁斧与铜斧相比，它可以使木材砍伐量再提高一倍，然而资本家所分得的份额只是产品的一半。然后出现钢斧，它使产量又提高一倍，再生产费用进一步降低，资本家所占份额也更少。凯里认为，"支配劳动产品分配的伟大规律，就是如此。在科学所发现的一切规律中，它可能是最美妙的，因为它正是使人类各个不同阶级之间的现实的和真正的利益达到充分和谐的基础"[②]。

在地租理论上，凯里反对李嘉图和马尔萨斯关于农业耕种的顺序是从耕种最肥沃的土地开始，然后过渡到耕种劣等土地的观点。他认为，远古时代贫困的美国移民所走过的道路证明，人们耕种土地，不是首先从耕种最肥沃的土地开始的。因为最肥沃的土地都位于河床地带，要使它干涸很难，疏通河道和排水等土地清理工作完成后，才能够开出可供人们使用的土地。在当时人少地多的情况下，这是做不到的。土地耕种，从来就是先从最贫瘠的劣等土地开始的，总是随着财富增加和人口增长，人们才有力量逐步过渡到耕种和使用最肥沃的

---

①② 季陶达.资产阶级庸俗政治经济学选辑[M].北京:商务印书馆,1963:234;234.

土地,并使报酬不断提高。由此可见,李嘉图的理论基础是错误的。他认为,如果按照李嘉图的说法,由于土地肥力不断递减,人们只能年复一年地成为自然的奴隶。当最肥沃的土地被地主占有后,农业资本家租用土地就必须支付地租,作为对地主及其先人在这块土地上投入资本和劳动的报酬。凯里认为地租是资本投到土地上取得的利息,是利润的一种形式。地租和资本家取得的利润一样,都是合理的。马克思指出,凯里"作为和谐者,他首先证明,在资本家和雇佣工人之间没有对抗。第二步是证明土地所有者和资本家之间的和谐"[①]。

凯里把保护关税政策和他的阶级利益和谐论结合起来。他认为,保护关税政策,能够开辟国内市场,促进工厂的建立和生产的发展,产品卖给当地的消费者。这样,人们之间、生产者和消费者之间的相互交换和扩大接近,必然推进人们的团结。

本 章 小 结

19世纪30~60年代,学者们探讨经济学方法论。萨伊提出政治经济学"三分法",詹姆斯·穆勒提出"四分法",西尼尔探讨经济学的实证研究方法。马尔萨斯的经济危机理论,构成现代经济周期理论的重要基础;萨伊的生产和生产要素理论及效用价值论成为现代西方经济学生产和价值理论的直接来源。

思考题

1. 评述马尔萨斯的人口论。
2. 什么是萨伊定律?它为什么是错误的?
3. 评巴师夏的"经济和谐论"。

名词

纯经济学　效用价值论　三分法　三位一体公式　生产规律与分配规律
最后一小时　西尼尔　节制论

[①] 马克思,恩格斯. 马克思恩格斯全集:第32卷[M]. 北京:人民出版社,1975:385.

第九章 经济学的第一次大综合
——穆勒的经济学说

本章重点

• 穆勒的方法;穆勒的生产学说

约翰·斯图亚特·穆勒(John Stuart Mill,1806～1873),19世纪中期杰出的经济学家、哲学家、逻辑学家和政治学家。穆勒的经济理论体系,是他折中改良社会哲学观的应用与论证。通过折中,他完成了对古典经济学的综合,而这一综合标志着古典经济学的终结。

第一节 概 述

一、生平、著作

约翰·斯图亚特·穆勒是李嘉图学派的主要代表人物——詹姆斯·穆勒的长子;他没有进过学校,自幼在父亲的教育和熏陶下成才。老穆勒的教育严格而近乎恐怖,他没有假期、没有玩具和儿童读物,以防工作被打断或养成懒惰的习惯。童年就学会希腊文和拉丁文,8岁起攻读几何学和代数学等多种课程,10岁通晓世界历史和希腊、罗马文学,13岁在父亲的指导下,他研读李嘉图的《政治经济学及赋税原理》和边沁的功利主义著作,后来又学习斯密的《国富论》,人称神童;14岁旅居法国,结识萨伊和圣西门等人。他还经常参加父辈们的学术活动,有幸得到父亲最好的朋友李嘉图和边沁的教诲。17岁时进入他父亲所在的东印度公司(1823～1858)任职,这30多年的工作,使他学会善于调和折中多种对立意见,理解使人赞许的困难和妥协的必要,掌握牺牲不重要者以保持重要者的艺术。1865～1868年他当选为英国国会议员。

穆勒著述颇丰,主要哲学著作有《逻辑原理》(1843)和《功利主义》(1863)。主要政治经济学著作有《略论政治经济学的某些有待解决的问题》(1844),1848年出版代表作《政治经济学原理及其在社会哲学上的某些应用》(简称《政治经济学原理》),对斯密、李嘉图以来的各种经济学说进行第一次大综合;该书在作者生前出了七版,被译成多种文字,虽然受到19世纪70年代边际主义兴起的重大挑战,但直到1890年马歇尔的《经济学原理》出版前,19世纪中期以后几十年中,仍然是最权威的资产阶级政治经济学著作,是英语地区国家乃至世界的高等学校流传最广的第一部经济学教科书。穆勒的功绩如下:

首先,建立一个折中的经济学理论体系。穆勒吸收19世纪上半期各种经济理论和观点,"是各种矛盾学说的接受者",以斯密和李嘉图的著述为基础,又继承马尔萨斯、萨伊和西尼尔等人的某些理论观点,以综合、调和、折中的形式构成一个新的经济学体系。"穆勒一直是折中主义和妥协的象征。"①

青年时,他成为边沁功利主义的信徒,发表一些文章宣传人类的改造在于启发人们的利己心的观点。1836年以后,英国宪章运动蓬勃发展,社会主义思潮广泛传播,穆勒开始怀疑边沁的功利主义是否能使人类安乐和幸福。他在资本主义私有制和共产主义公有制、保守派和激进派、经济自由主义和国家干预主义、政府缺陷论和市场缺陷论之间徘徊不定,并且十分担心计划经济将成为社会压制个人的一大根源。他维护资产阶级利益,又受当时社会改良主义和空想社会主义思潮的影响,于是他调和资产阶级经济理论和社会主义思潮,因而成为空想社会主义的同情者和资产阶级改良派。

其次,将经济学从"暗淡的科学"拯救出来。马尔萨斯和李嘉图视经济规律为不可抗拒的,他们描述人类社会必将因为人口规律和利润率下降规律而陷入长期停滞的悲惨凄凉景象中。

再次,保持古典经济学家研究的诚实性,即正视资本主义的矛盾。

最后,穆勒的理论具有一定科学因素,如福利国家理论。

二、政治经济学的对象和经济规律

同以往一些经济学家一样,穆勒把政治经济学研究的对象规定为财富的性质及其生产与分配的规律。

穆勒在《政治经济学原理》第一版序言中写道,本书构思与斯密著作问世以来英国出版的任何一本政治经济学论著都不同,它最显著的特点就是,一直把政治经济学原理与其应用相结合,它所涉及的概念和课题,比作为抽象推理的政治经济学所包括的范围要更广泛得多。为联系实际,政治经济学与社会哲学的其他许多门类不可分割地交织在一起。他还说:目前,《国富论》在许多方面已过时,总体来说,它又是不完整的。希望他的著作不仅是说明政治经济学的抽象理论,而且要适应现代知识和观念的扩大与更新。因此,在本书中他开宗明义地把财富的生产与分配区别开来。

古典经济学家认为,经济规律是永恒不变的。穆勒则认为,经济规律分为两类,生产规律是永恒的自然规律,不因社会制度的更替而改变;而分配规律,是人类的制度问题,是暂时的,是可以随人类意愿而变动的。"财富生产的规律和条件具有自然真理的性质。它既不能任意选择,也不能随便改变。"②"分配——这纯粹是人类制度的问题。……所以,财富的分配取决于社会的法律与习惯。决定分配的规律,是由统治社会的那部分人按照他们的意见和情感制造出来的,并且在不同的时代和不同的国家是大不相同的。"③

穆勒批评资本主义分配方式。他认为,资本主义虽促进社会财富的巨大增长,但"劳动产品差不多是和劳动成反比例地分配着的,就是说,最大的那个份额分配给那些从来就不劳动的人,第二个最大的份额分配给那些几乎只在名义上劳动的人,这样递减下去,劳动愈重和愈不愉快的人所分到的报酬也就愈少,直到最后,那些从事最使人感到疲劳和最消耗体力的劳动的人们,反而连他们能否得到生活必需品这件事也没有把握"④。他认为资本主义分配是不合理的,但他反对社会变革,主张在不改变私有制的原则下,通过立法分散财富,消除社会分配的不公平现象,通过普及教育和控制人口增长,使劳动群众摆脱落后和贫困。他劝

---

① 埃里克·罗尔.经济思想史[M].陆元诚,译.北京:商务印书馆,1981:346.
②③④ 约翰·穆勒.政治经济学原理[M].伦敦:朗门斯·格林公司,1911:123;123-124;129.

导工人阶级应当作有理性的人,用改良的办法改变分配方式。

穆勒同情劳动群众,这表明他与某些庸俗经济学家是有所不同的。但他把生产和分配割裂开来却是错误的。首先,任何生产都是在一定的生产关系下进行的,生产规律就其生产过程中所反映的人们之间的相互关系来说,同样具有历史性,是历史规律;其次,生产决定分配,一定的分配方式是以一定社会性质和生产当事人之间的一定社会关系为前提的。他离开生产来谈论分配,无非是为改良主义思想寻求理论依据。

三、方法

穆勒综合各派经济学,总结政治经济学的研究方法,他的《政治经济学》、《逻辑体系》和《政治经济学定义》在经济学方法论史上具有重要意义。

1. 经济人

他发挥西尼尔"纯经济学"的原则中以最小牺牲获取最大利益的思想,提出"经济人"的概念。他认为,经济学所研究的经济领域是人类活动领域的一个局部,是人类的经济属性的理论抽象。"经济人"是从人类行为各种动机中抽象出来的经济动机,这种动机最主要的是使财富最大化,它受到有限的实际收入和喜爱闲暇的制约。他的"经济人"概念不包含通常属于经济学考察范围的非经济动机,因此比马歇尔等人的"经济人"概念要狭窄。

2. 演绎法和归纳法

他根据"经济人"概念,认为政治经济学实质上是一门抽象的科学,它所采用的方法是演绎法。演绎法是与归纳法相对立的方法。归纳法以经验为基础,所要求的不是一般的经验,而是特定的经验;而演绎法的精髓在于推理,即从假定的条件中推出新的结论。演绎法经常建造富有哲理的模型,这在经验中找不到。它所借以推导的假设需要以经验为依据,但这种经验不是归纳法所要求的特定的具体经验,而是由人们的内省和观察得到的,因此,假设不具有直接的事实依据。建立在演绎法基础上的政治经济学结论,就像几何学原理一样,其真实性需要借助于思索和联想才能认识到。他认为,政治经济学是许多演绎分析的集合,这些分析立足于各种假设的心理学前提之上。他指出,运用政治经济学原理,常会受到各种干扰因素的影响,从而给政治经济学带来不确定性。这种干扰性因素存在于特定场合未加以研究因而未被认识的环境因素中。这些干扰因素也并非无规律可循,人们可以逐渐预测到干扰性因素作用的性质和大小,从而加以控制。他在《逻辑体系》中指出,在作为实验科学的自然科学和半实验科学的数学中,演绎逻辑的作用是很有限的,只有归纳逻辑才是发现新知识的唯一有效方法。但在社会科学中,情况则完全不同,归纳法失灵,演绎法才是唯一适用的方法。因为,在社会科学领域,所研究的因果关系互相交织,十分复杂,而且不可能进行可控制的实验。因此,在社会科学领域,他建议用三种方法:一是几何学或抽象法;二是物理学或具体演绎法;三是历史学或反演绎法。他又认为,第一种方法只适用于一切结果均由单一的原因所产生的场合;第三种方法主要用于在某些有关人类本性的普遍原理基础上建立有关历史变化的场合。这两种方法对政治经济学都不太合适,只有第二种方法才是政治经济学应采用的方法。

3. 趋势法

他在论述验证经济理论时,提出趋势法的概念,它是指由于干扰因素的影响或经济理论本身的不完善,所做的判断和预测往往达不到预期的精确性,而只能按照预测和判断的方向指出一个趋势。他不承认会存在什么对法则或原理的例外,只承认存在另一种并存的法则或原理。在科学中,验证一种理论观点,总是程度不等地存在各种假定不变的因素,这些因素的作用与待验证的理论所指出的方向恰好相反。一种科学如果排除这些假定不变因素,就能趋于完善,即对每种理论所述现象有主要影响的变量都被考虑,理论中的各种变量仅相互作用,不与外界发生关系,但这种情况几乎是没有的。在大多数场合下,只有在假定不变条件得到满足时,被验证的理论或假说才具有精确性,而这种假定的目的在于将该理论或假说所论述的变量以外的因素加以排除。他和后来的许多经济学家都认为,几乎所有的理论观点实际上都遵循趋势法则,但是这类趋势论断的绝大多数,特别是经济学和社会学论断,彼此存在很大差别。

第二节 生产学说

一、劳动生产力的要素

穆勒的《政治经济学原理》的首篇是生产篇,他首先提出生产力要素有三项:一是土壤肥沃、气候适宜、矿藏丰富等自然条件;二是人的劳动积极性,技能和知识水平,道德水平;三是社会保护成员的水平。

他认为,任何社会生产都必须具备三个要素,"即劳动、资本和自然所供给的材料与动力。在三者中,劳动及地上的原料,是基本的、不可缺少的"[①]。另一个必要条件——资本本身是过去劳动生产物的积蓄,是决定生产进步程度的。他进一步论述生产三要素。

第一,"劳动是肉体的或精神的,说得明白些,是筋肉的或是神经的。在劳动这个观念中,包括动作,也必须包括思想或筋肉或二者用在特殊职业上所引起的一切快意的感情,一切肉体的束缚或精神的烦恼"[②],即包括体力、脑力的支出和主观感受。穆勒认为,劳动是生产必要的要素,但劳动只生产三种效用:一是固定或体现在物品中的效用;二是固定或体现在人类自身中的效用,即培养自身或他人的体力或智力;三是不体现在任何物品上的效用,即只为人们提供快乐或避免烦恼痛苦的效用,如音乐家、戏曲演员的劳动。他还把直接或间接生产物质产品的劳动,称为生产劳动。教师、官员虽不直接生产物质产品,但他们的劳动是产业繁荣所不可缺少的,会增加物质财富,或趋向于增加物质财富,因此也是生产劳动。其他不生产物质产品的劳动就不是生产劳动,如传教士的劳动。一个国家所养的教士牧师愈多,它用在其他事物上的物品就愈少。但他说,非生产性劳动也是有用的,其有用程度有时甚至会超过生产劳动。

在"论合作或劳动的联合"的标题下,穆勒着重论述分工与合作是"极为重要"的,它能够提高劳动生产率和产量,扩大需求和市场;城乡分工与合作同样是十分重要的,他特别强调城镇出现和农业布局适当集中的经济意义;他基本沿袭斯密学说,论述分工的好处及其原因,以及分工要受到市场的限制等。

第二,自然供给的材料与动力。他提出产权决定价值。空气、阳光等不被某些人所垄断的自然要素的数量是无限的,就没有任何价值,任何人对于无需代价取用的物品,都不愿支付代价;但是,一旦其实际数量有限,这种自然要素的所有或使用,就具有交换价值。土地是

[①][②] 穆勒. 穆勒经济学原理[M]. 郭大力,译. 上海:世界书局,1936:96;21.

其中最主要的自然要素。因此,自然要素"可由土地一词来代表"①。

第三,资本是"积蓄的原先劳动的生产物","供给生产的劳动,需要各种先决的要件——物品,皆是资本"②,如建筑物、工具、原材料及维持劳动生活所需的各种物品。他把资本与构成资本的物质形态等同起来。但他在《政治经济学中若干未解决的问题》一书中说:"严格说来,资本并非具有生产力","资本的生产力不外乎是指资本家借助于他的资本所能支配的实际生产力的数量"。

二、生产增加的规律

穆勒说,生产取决于劳动、资本及土地诸要素的增加。各个生产要素质量和数量变动同生产力发展成比例。劳动增加是人口增加,根据马尔萨斯的人口论,人口增加是无限的。因此,劳动不会成为生产增加的障碍。他认为,劳动增加受资本限制,只有增加资本,才能增加劳动者数量。"由于一切资本都是储蓄的产物——为了将来的好处,节制现在的消费。所以资本的增加依存于两个东西:作为储蓄来源的基金总额的多寡以及储蓄欲望的强弱。"③这里的基金总额,是指剩余劳动。他说:"维持劳动者的剩余劳动生产物愈大,则能储蓄的数额也愈大。""资本所能造就的利润越大,资本积累的动机便越强。"④关于劳动力,他有忧有喜。他接受马尔萨斯的人口呈几何级数增长的说法,甚至断言人口自然增长率是无限的,同时又断言,生产资料的增长也很快,还存在着饥饿、贫困等限制人口增长的种种因素。他不认为劳动要素会对生产增长构成障碍,关于人口对生产的影响,他基本上是乐观的。他正确地指出人口有"手"可创造财富,但由于土地报酬递减规律的作用,新人口在同样的条件下难以生产出同前人一样的成果,而新人口的"口"却要消耗同前人一样多的食物和其他生活资料。他从发展生产的角度提出应限制人口增长,不仅分配不公需要限制,即使能够进口粮食或对外移民,也要限制人口。他还指出,人口增长虽快,但人口增长最终还要受到工资铁律的制约。他十分相信李嘉图和马尔萨斯以来人们的一种共识,即工资水平决定于其最低生活资料,"劳动阶级所习惯的生活水平","高于它,劳动者便会增多,低于它,劳动者则不会增多"。

关于资本要素,他很乐观,资本积累取决于社会纯产品额(总产品减去生活必需品后的余额)和人们积累或储蓄倾向。随着生产发展,社会纯产品越来越多,而人们的储蓄倾向在发展程度较高的国家会愈益加强。这固然是追求高额利润的原因,但社会环境良好,包括自由而安定的政治制度,系统而充实的教育条件,积极进取和相互信任的社会风尚等等,都是增加资本积累的重要因素。他的结论是:"就资本这一要素而言,生产可以无限制地增长。"

关于土地,穆勒认为,土地报酬递减规律是土地生产的一般规律。他说:"土地生产的一般规律:农业进步达到一定阶段,在农业技术及农业知识的一定状况下,劳动增加,产品不能有相等程度的增加,双倍的劳动不会带来双倍的产品。换句话说,产品的每次增加,均需要在土地上投入更大比例的劳动。"⑤他还提出抵消该规律作用的要素,主要是技术进步。他对后进国家发展生产和提高资本积累速度提出建议,要从三方面着手,"首先要改善政治制度……其次要提高公众的知识水平……第三要引进外国技术……"。

综上分析,他得出结论:"生产增加的限制是二重的,即资本不足或土地不足。"⑥各国要根据自己的情况,分别采取相应的措施,促进生产的增加。

---

①②③④⑤⑥　穆勒.穆勒经济学原理[M].郭大力,译.上海:世界书局,1936:145;53;151;152;165;177.

穆勒强调规模经济具有提高效率、节省开支等优越性,论述规模经营的资本和市场等实现条件,分析规模经营的股份制方式,还分析农业规模经营的局限(与工业相比)。为了发展生产力,他热烈地赞成工业和农业的规模经营。

但穆勒用马尔萨斯的人口论及土地报酬递减规律作为立论依据,而不做具体历史的分析,则是片面和错误的。

穆勒强调经济增长的目的是提高人民的生活质量。他谈到经济增长和人口增加造成环境破坏和资源枯竭问题,并提出可持续发展的思想。

穆勒综合前人和同代人关于生产力问题的主要研究成果,并给予系统的论述。这些论述具有一定意义,在很大程度上反映当时英国社会生产力的发展水平,其中许多原理在后来的西方发展经济学中得到进一步发挥。

三、货币和信用周期理论

穆勒的货币理论主要是探讨"使用所谓'交换媒介'对各种商品相互交换的原理产生的影响"。他接受斯密关于货币产生于商品交换的困难与不便的观点,认为货币本质上仅仅是一般商品。在他看来,货币在社会经济中没有重要的意义,它不过是便利交换的一种工具,或笼罩于产品交换之上的一层面纱。

穆勒货币数量论的重要贡献,是他把货币等同于一般商品,把币值等同于交换价值,并将货币职能归结于流通手段,因此长期中,货币价值决定于生产费用,短期中则决定于货币的供求比例。他说:"假定出售的货物数量和这些货物转卖的次数固定不变,则货币的价值应当取决于货币数量及每一笔货币在转卖过程中易手的平均次数。……在货物的数量和交易额不变时,货币价值与货币数量乘流通速度之积成反比。而流通的货币量则等于出售全部货物的货币价值除以流通速度。"①即为"现金交易方程式":$MV=PT$(M 为某一时期货币平均流通量;V 为货币流通速度;P 为一般物价水平;T 为社会总交易量)。他试图以此解决李嘉图提出的劳动价值论与货币数量论并行不悖的问题,说明货币价值决定的矛盾,随后的货币数量论者大体上都沿袭了这种理论。

穆勒继而考察作为货币替代物的信用范畴。他反对银行学派所谓银行通过信用为社会创造新的资本的见解;提出信用不能无中生有,它不是资本。这使他成为继斯密、李嘉图之后的信用媒介论的重要代表人物。

穆勒赞同斯密、李嘉图关于信用节约流通费用的传统见解,即信用作为流通工具,可以节省因铸造金属货币而耗费的流通费用,相应地减少一国非生产性资本的数量,而扩大生产性资本的比重,从而促进一国经济的发展。

穆勒阐述信用具有货币的支付手段职能,以及它因债务要求权的转移而执行货币支付手段、流通手段的职能。他还考察各类信用形式影响物价水平的强弱程度。他提出,在人与人之间辗转流通的信用,比只购买一次的信用对物价影响更大。不同信用形式影响物价的强弱程度依次是银行券、票据和账簿信用。

穆勒还论述了信用促进经济发展的作用,以及信用与商业危机的关系。"某些商品的价格可能由于投机而上涨到极高的程度,然后急剧回跌。但是,如果没有信用这东西,则就一

---

① 穆勒.穆勒经济学原理:下卷[M].北京:商务印书馆,1991:21.

般商品而言,这种情况几乎是不可能发生的。"①他分析1825年和1847年的经济危机,意识到存在"商业危机"。他认为,所有商品都会发生供求失衡的现象,而投机性的盲目扩张以及信用的收缩会导致以价格骤跌和大批厂商破产为特征的商业危机。因此,信用制度可以成为加剧生产过剩和商业投机的一种杠杆。他是从信用而不是从生产研究危机根源的。

李嘉图、萨伊和马尔萨斯、西斯蒙第曾就经济危机展开过针锋相对的争论。穆勒认为,信用不是生产手段的创造,而是它的转移;随着信用扩大,使得数额很小的资本(闲散资金)也可以用于生产性用途;依靠信用,在现在资本数量不增加的条件下,也能增加使用的资本数量,从而增加总产量。同时,在信用条件下,对商品的需求就不单由一个人所拥有的货币构成,还要由他所获得的信用构成,价格会与货币和信用总和成比例上升。国民经济会出现信用急剧膨胀和收缩的现象。企业家是否把信用作为购买力对商品的需求,取决于他们对利润的预期。当预期价格上涨时,他们会增加存货,并吸引投机者加入,投机性购买又加剧价格上涨。当人们觉察到投机现象存在,开始出售商品时,价格停止上涨并很快转入急剧下跌的趋势。没有信用存在时,该现象少见,当信用发达时,常常只靠信用扩大购买,就会引起价格的大幅上升,转而又会使其暴跌。穆勒认为,这就是典型的商业危机。在此期间,商品总量确实超过货币需求。由于大量信用突然消失,人人都想掌握现金而不愿脱手,几乎没有买主,一般物价急剧下跌。但穆勒认为,这并非是西斯蒙第提出的:由于生产过剩造成的,而仅仅是过度投机性购买造成的。因而,补救方法不是减少供给,而是恢复信用。

穆勒接受萨伊定律,反对生产过剩危机论。一切物品价值都趋向于一定的中心点(即自然价值),在这点上,交换依据商品各自生产费用的比率。市场价值不断波动,"但是,由于供给具有与商品按自然价值出售时所有的需求相适应的趋势,所以这些变动可以自行矫正。这样,两种相互对立的力量经过平衡后,反而会趋向于同一中心点"②。所有商品都会出现有时供给不足,有时供给过剩的情况,但"一切卖主必然是而且最终都是买主",商品供给一般不会超过购买力;某种物品可能过剩,"要是这样,供给将相应地自行调整,而各种物品的价值则将继续与其生产费用相一致"③。商品供给一般从不超过消费意愿,因为"将追加的商品带到市场的人,同时也带来追加的购买力"④。

第三节 分配理论

一、工资理论

他接受从配第到李嘉图的"自然工资"理论,又采用马尔萨斯的人口论,认为从长期看,工资由工人阶级的最低生活费用决定。从短期看,工资由市场对劳动的供求决定。他把这种供求关系解释为资本同人口的比例。"竞争是工资的主要支配者","工资,主要是取决于劳动的需要与供给,或如屡屡所说,取决于人口与资本的比例"⑤。他在这里所说的"人口"仅仅指雇佣劳动者,"资本"仅仅指用以支付工资的基金。他认为,在竞争的情况下,工资由资本与人口的相对数量来确定,即工资由工资基金与雇佣劳动人数的比例来决定。当工资基金总额增加,或受雇佣的劳动者人数减少时,工资提高。相反,工资基金总额减少,或受雇

---

①②③④⑤ 穆勒.穆勒经济学原理:下卷[M].北京:商务印书馆,1991:58;93;97;97;310.

佣的劳动者人数增加,工资下降。

穆勒还进一步解释工资基金说,不能认为工资基金在任何时候都是固定不变的。它可因储蓄而增加,也可因财富增加而扩大。但是,在一定时期内,它是一定的。依靠工资过活的人所得的数量,既不能超过、也不会低于这一总额。由于可被分配的数额是一定的,个人工资完全取决于参加分配的人数多少。

根据这一工资基金说,穆勒认为,政府不能把最低工资定得高于平均工资水平,否则会产生失业。同时,工会也不能以集体力量抬高工资水平,因为这样会使其他工人工资下降。因此,他对为提高工资而进行的努力表示怀疑。

二、利润理论和地租理论

穆勒实行折中主义,接受李嘉图的观点,认为利润是生产物扣除工资支出以后的剩余部分。他又接受西尼尔的"节制"说,把利润看作资本家"节制"的报酬:"劳动者的工资是劳动的报酬,同样,资本家的利润,照西尼尔的精当用语,则是忍欲的报酬。他自己忍住不消费自己的资本,而让给生产的劳动者为他们的益处而消费,利润便是这种忍欲的所得。"①在进一步分析利润时,补充"节制",把总利润分为利息、保险费和管理工资。他认为,忍住不消费自己的资本,而允许别人使用其资本,只能得利息。倘若使用资本经营事业,要冒风险,保险费是投资风险的报酬。直接经营业务,要花费时间与劳动,管理工资是对他付出的劳动和技能的报酬。穆勒还认为,如果不考虑投资的风险以及自然或人为的垄断,各种事业的资本利润率有趋于平均的倾向。

穆勒接受安德森和李嘉图等人的级差地租理论,认为地租是由于以等量的资本和劳动投到不同的土地上所产生的差额,由于资本家之间的竞争,这个差额落入地主手中。他也接受斯密的观点:地租是垄断的结果,租地者使用土地必须付给地主地租,因此地租是不劳而获的收入。穆勒提出国家应征"土地税"。他还把那种由于经济发展而形成的地价上涨,看作一种"不劳增值",主张征收土地增值税,并将这笔收入用于福利事业。尽管这样,在他的地租理论中,过去资产阶级反对土地贵族的锋芒已经消失了。因为1832年议会改革后,工业资产阶级占据了议会的大多数席位,取得了对整个国家和社会的统治权,特别是1846年废除谷物条例,资产阶级在这场斗争中取得了彻底的胜利。

第四节 价值与国际价值理论

一、价值理论

穆勒认为,经济学包括生产和分配,只有分配与价值有关,而且只有以竞争决定分配时才与价值有关,习惯决定分配时,与价值无关。更谈不上价值作为分配论的基础了。因此,他把价值理论放在生产、分配问题后分析。他宣称,价值规律的理论已经完整。他只是以折中的方式把各种价值理论加以综合。

首先,穆勒以交换价值完全代替价值,否认价值实体的存在。他认为,价值"是一个相对

---

① 穆勒.穆勒经济学原理[M].郭大力,译.上海:世界书局,1936:368.

的名词。价值,意即指该物交换的其他物或物一般的数量"①。古典学派的经济学家,经常混淆了价值和交换价值,但并没有否定价值实体的存在。古典学派以后的一些经济学家认为价值只是一个相对的概念,他接受这一观点。在价值理论上,他比古典学派退步了。

穆勒认为:一物要有交换价值,需要两个必要条件。第一,必须有用;第二,获得它,必须有困难。②按照获得物品的困难程度分为三类:第一类是供给绝对有限,不能任意增加的商品,如特殊材料酿造的葡萄酒、古代的雕像、古名画,只能在特殊的土壤、气候和日照下生长的蔬菜等;第二类是供给量可以大量增加,但单位生产费用不变的工业品等;第三类是供给量可以增加,但在达到一定数量后,生产费用随产量的增加而递增的农产品等。第一类商品是稀少的,其价值由供求的均衡点来决定,与生产费用无关。第二类和第三类商品占绝大多数,其价值都由生产费用决定。所不同的是,第二类商品的价值取决于一般的生产费用,第三类商品的价值则取决于生产必要供给量中单位成本最高的生产费用。

穆勒认为,长期、经常价值或自然价值决定于生产费用,其主要因素甚至可以说其唯一因素是劳动,包括直接投入的劳动和生产资料中所包含的过去劳动。生产费用的另一个因素是资本。他认为资本家在劳动上所垫支的生产费用是工资,于是以工资代替劳动,以利润代替资本。这样,商品价值由生产费用决定又被归结为由工资和利润所决定。

商品暂时价值或市场价值由供求决定,需求增加,价格上涨,供给增加,价格跌落,"市场价值在每次变动后,常趋向于回到自然价值,这样的摆动会彼此互相抵消,所以平均说,商品大约是按自然价值来交换的"③。他把价值看作与生产无关,只与分配、交换有关,以交换价值代替价值。他的价值理论是供求论、劳动论、节制论及生产费用论等理论的综合。

二、国际贸易理论

李嘉图发展了斯密的国际分工和自由贸易理论,提出比较成本学说,阐明各国按照比较成本相对有利的商品进行交换,重点论述国际贸易的供给和成本问题,他没有讨论国际贸易的需求和交换比率问题。这一点是穆勒补充的。他依照比较利益的方法,进一步研究国际间商品交换的需求及交换比率问题。

穆勒首先指出,由于不同国家之间资本和劳动不能自由转移,因此,在国际贸易中"商品的价值决定于生产费的规律是不适用的",国际价值是由"另一个规律,即供给与需求的规律"④决定的。假设:英国生产10码(1码=0.9144米)毛呢和15码麻布所费劳动时间是相等的,德国生产10码毛呢和20码麻布所费劳动时间相等。两国的毛呢劳动生产率相同,但德国麻布生产的劳动生产率较低。如果两国没有贸易关系,则英国国内两种商品的交换比率为1:1.5,德国则为1:2。如果两国有贸易关系,则英国、德国将分别专门生产毛呢和麻布。若英国每输出1码毛呢能换到1.5码以上的麻布,对英国有利;若德国为了换到1码毛呢只输出2码以下的麻布,对德国有利。因此,两国商品交换比率的界限是由各自国内交换比率所制约的。1:1.5和1:2是两国交易的上下界限,在这个界限内,交换比率究竟确定在哪一点上,李嘉图并未涉及,穆勒说,对商品的需要会随交换比率(价格)的变化而变化。

穆勒的结论是:比较成本决定两国的交换比率,"国际价值"是由两国对彼此商品的需求决定的。他说:"一国生产物与其他诸国生产物交换,其价值必须使该国输出品全部,恰好够

---

①②③④ 穆勒.穆勒经济学原理[M].郭大力,译.上海:世界书局,1936:444;407;405;545.

支付该国输入品全部。……价值将如此调整,使一方面的需要与他方面的需要相等。"①这就是国际相互需求理论。

穆勒说,上述论述,包含国际价值最初的基本原理。假定没有运费,只有两国通商和两种商品交换,即使把这些种种复杂因素加进来,也不改变以上的国际交换规律,这好比在天平两边同时增加重量,不改变引力规律一样。

穆勒的国际相互需求理论,将供求均衡分析方法运用于国际商品交换领域,这一供求均衡价格论对后来国际贸易理论的发展影响重大。但在他的国际相互需求理论中,抛开价值实体,用交换价值和价格代替价值,把影响价格波动的供求规律当作国际价值规律。因此,他并没有建立起科学的国际价值论。

第五节 国家适度干预与社会主义学说

一、国家适度干预

19世纪上半叶,关于政府对经济生活的干预限度的讨论在西欧国家逐渐升温。穆勒以调和态度总结各方观点,系统地阐述他的折中主义国家适度干预理论。他对国家干预的基本态度是,只有在很有利的情况下,干预才是可行的。他把政府职能区分为"必要职能"(或"一般职能")与"任选职能"。前者范围广泛,行使这种职能的依据是增进普遍的利益,主要包括司法、执法、税收等制度。后者指跨越公认职能界限之外的政府职能。其特点是,政府时而执行这些职能,且人们对此没有达成共识,但这并不意味着它是无关紧要的。可见,穆勒比其前辈们大大扩展了政府干预的权力和范围及政府职能的作用。他强调政府最必不可少的职能是"禁止个人在行使自己的自由权利时明显侵害他人利益,并惩罚这种行为"②,从而在物质和精神两方面日益造福于全人类。

穆勒将政府干预划分为命令式和非命令式两种形式。前者是强制性干预,政府可以规定人们做或不做某些事情;而后者是以劝告或传播信息的方式代替颁布法令,或政府允许个人自由地追求具有普遍利益的目标,但同时也设立国际机构做同样的事情。不过,前者所具有的正当活动范围比后者要小得多。他非常赞同后者的政府干预,并规定了一个"良好政府"的主要标准,即政府首脑应具有辖区内各种利害关系的全局调节控制权。此外,他提倡政府办银行、工厂、邮政、医院,但要实行公私企业共容并存的方针,严禁国家垄断性经营。

此外,穆勒描绘,在完善的私有制社会里,在提倡经济自由主义的前提下,主张政府应当从事满足人类的共同福利、对个人无利可图的事业,如普及教育,开展科研,发展交通运输,兴修水利,创办公共医疗卫生事业等。他还主张限制劳动时间,限制人口增长,救济贫民,以合作方式改组工业,研究工人管理工厂的可能性,实行自耕农制度等。

穆勒还阐述自由放任与国家干预之间的关系,自由放任是一般原则,这是因为个人比政府具有更直接的利害关系,因而应具有自由选择、自主决策权。不干预原则有七种例外:发展教育,严禁童工,限制永久性契约,干预垄断地位的私人公司,立法实现某一阶级的愿望,

---

① 穆勒.穆勒经济学原理[M].郭大力,译.上海:世界书局,1936:555.
② 穆勒.政治经济学原理:下卷[M].赵荣潜,等译.北京:商务印书馆,1991:367.

为他人利益而进行干预,承担公共事业。因此,"在某一时期或某一国家的特殊情况下,那些真正关系到全球利益的事情,只要私人不愿意做,就应该而且也必须由政府来做"①。穆勒调和 19 世纪上半叶关于国家干预限度、范围和方式的争论,他主张有限度地实施自由放任原则,政府应适当涉足于经济领域。他对纯经济自由主义的理论、政策和纯国家干预主义理论、政策的辩证观点,是一种早期形态的"市场缺陷论"和"政府缺陷论"的折中,为日后国家干预的研究提供了必要的思路。

二、社会主义思想

穆勒认为,人类社会的最终发展,究竟是采取资本主义制度、社会主义制度,还是共产主义制度,这不是历史发展的自然和必然的过程,而是人们最终选择的结果,这种选择取决于各种制度优劣好坏的比较,总之,取决于一系列道德的价值判断标准。把各种社会制度放在道德的天平上加以衡量,他的标准是:自由、平等、博爱、公平、正义、进步、和平等,从而第一次进行了比较经济制度学的研究。哈耶克指责说,是穆勒把知识分子引向了社会主义。

穆勒认为,资本主义的优点是保证自由,缺点是财富分配不均。他虽受到当时流行的社会主义的影响,但传统的资产阶级经济学对他的影响更牢固。他在这两者面前左右摇摆,企图予以调和。他同情劳动人民,赞同社会主义者提出的合作生产制度,认为社会生产制度不应是一个以资本家为首、工人毫无发言权的制度,而应是一个工人在平等基础上集体拥有一切资本,自己选举和罢免管理人员的合作制度。他又认为资本主义分配虽不合理,目前这种私有制远不如共产主义,但要真正衡量这两种制度的优劣,必须把最好的共产主义和改革后的私有制相比较。他认为,在他所处的时代,对私有制和社会主义的最好形式,各自都有哪些成绩的知识是不够的,因而无法断定这两种制度之中哪一种会成为人类社会的最终形式。因此主张各种形式的社会主义都应有小规模试验的机会,在现阶段,不要贸然消灭私有制,要通过立法和教育解决分配不合理问题。他提出改良主义的政策:

(1) 改革工资制度,建立生产者协会。穆勒认为,现行的工资制度使劳动者不关心自己的劳动成果,不利于充分发挥其积极性。他提出,废除工资制度,按照平等原则建立生产者协会,劳动者拥有充分的发言权,与雇主共同管理集体资本,组织经营生产,选举和监督经理人员等,变阶级对立为联合。

(2) 征收土地税,使地租逐步社会化。穆勒认为,私有制下,地租使地主阶级无偿占有他人的劳动成果。在没有全面改革前,他认为,先扩大自耕农,分散财富。劳动者自由地支配自己的命运,完善技术,充分利用土地,勤劳节俭,发挥聪明才智,有效地节制人口增长。

(3) 限制遗产权,减少财富分配的不均,分散财富。穆勒认为,任何人都有权将自己的财产转送给他人,法律不限制赠予。但为了促进财富分散化,应该对接受赠予或继承财产的人规定一个接受或继承的最高标准。在这个限额内,继承人有权自由支配。超过法律规定的最高限额部分,是不合法的。

这些改良主张,在不触动资本主义私有制基础的情况下,对消除资本主义的弊端,缓和阶级矛盾,促进社会进步,起到了积极作用。因而,穆勒同那些完全为资本主义剥削辩护的庸俗经济学家毕竟有所不同。

他设想的"人类社会最终形式",是具有自由竞争机制而不干预个人权利的制度。他视

---

① 穆勒.政治经济学原理:下卷[M].赵荣潜,等译.北京:商务印书馆,1991:570.

其为应保留的资本主义的"最佳特征",但又能保障所有人分享集体劳动利益的共产主义"新型财产公有制"[①]。

穆勒更加倾向于空想社会主义者提出的合作社会主义思想,他本人也被视为探索劳动者自我解放的社会主义理论家。他坚信,随着工人在智力、教育和自由理念方面的提高,他们将形成良好的习惯,从而可以掌握自己的命运。同时,又由于工业改良的进一步发展,劳动组织连同其工资制度将让位于新的社会安排——合伙制企业。这种合伙关系包括两种形式:劳动者与资本家合伙经营,或劳动者之间的合伙经营。合作制提高劳动生产率,因为将消除劳动与资本的对立,工人的劳动积极性大大提高。

当时,穆勒与马克思虽都住在伦敦,但他们的世界观不同,他不熟悉马克思的著作。他认为,社会主义是有待验证的,而私有财产制度也似乎还有改善的余地。他反对剧烈的变革,认为革命的代价过于高昂。

本 章 小 结

穆勒对经济学第一次综合,既显示了经济学研究的丰硕成果,巩固并提升了经济学的学科地位,又在经济学发展历史中起到重要的承前启后的作用。

思考题

1. 为什么说约翰·穆勒实现了经济学说史上的第一次大综合?
2. 约翰·穆勒对国际贸易理论的贡献是什么?

名词

生产规律与分配规律　《政治经济学原理》　约翰·穆勒

---

① 穆勒.政治经济学原理:下卷[M].北京:商务印书馆,1991:341.

第十章 德国历史学派和美国制度学派

本章重点
- 历史学派的方法及其原因；李斯特的生产力论；德国旧、新历史学派经济学说的关系
- 美国制度学派的主要内容、基本特点和研究方法；康芒斯的经济学说

德国历史学派影响美国制度学派，所以两者有一定的共性。这两个学派均被主流经济学视为"异端"，因此把两者放在一章论述。

第一节 德国历史学派与资本主义精神

德国资产阶级政治经济学的主要流派就是历史学派。在其发展的过程中经历了两个阶段——旧历史学派和新历史学派。就该学派在经济学说史上的地位和与其他学派的关系而言，前者反对资产阶级古典学说和空想社会主义，后者反对马克思主义政治经济学。此外，历史学派还对美国资产阶级学说产生过一定影响。

一、旧历史学派与李斯特的经济学说

历史学派是在德国资本主义发展的特殊历史条件下产生的。19世纪初，英国已经完成从工场手工业向机器大工业的过渡，法国的工业也有很大的发展，此时的德国还是一个封建农奴制度占统治地位的落后的农业国。直到1815年，德意志全境仍然分裂为38个小邦，各自为政、关卡林立、经济分割，对外没有统一的保护关税制度，英国廉价的工业品潮水般地涌进德国。德国资产阶级面对英法等国的激烈竞争和国内矛盾，试图寻求具有本民族特点的经济理论。19世纪40年代，德国资产阶级形成自己的政治经济学，即历史学派。

旧历史学派产生于19世纪40年代，70年代发展成为新历史学派。到第一次世界大战时，这个学派就开始衰落了。旧历史学派的主要内容如下：

历史归纳方法。事物是相互联系的有机体，要运用综合、归纳的分析方法；事物是发展和变化的，经济规律具有相对性，要从历史的类比中发现它。因此，政治经济学应该研究一国经济的特殊发展道路。他们反对古典学派的自由放任原则，强调国家在民族经济发展中的决定作用。

民族利益倾向。推崇普鲁士式的资本主义发展道路。提倡阶级利益调和，反对各种社会主义学说；推崇民族沙文主义，宣扬大日耳曼民族的优越性，从经济理论上证明德国对外进行侵略扩张的合理性。

弗里德里希·李斯特（Friedrich List，1789～1846），历史学派先驱，德国工业资产阶级的思想家和社会活动家，代表作是《政治经济学的国民体系》（1841）。恩格斯说："他的全部

洋洋大作虽是从大陆体系的理论创立者法国人费里埃那里抄来的,但总不失为德国资产阶级经济学著作中最优秀的作品。"[1]

李斯特的学说体系与英法古典主义的对立,集中体现在是主张自由贸易还是实行保护主义的论争上。英法古典学派从他们已处于发达资本主义的现实出发,以他们的分工和价值学说为基础,把全面自由贸易看作合理配置资源、最有利于生产的天然制度。李斯特的主要经济政策和全部经济学说,是从当时德国的历史条件出发,反对普遍自由贸易,主张实行保护关税政策的贸易保护主义,以建立和发展德国的工业,然后才能在国际贸易中自由竞争。他把保护关税制度看作将来在国际范围内实现自由贸易的手段,而不是目的。正是这一点使他既区别于传统的重商主义,又不同于英法古典经济学,而是两者的一种结合。

李斯特强调特殊性,否定普遍性,把英国古典经济学说和庸俗经济学说统称为始终以全人类的利益为唯一对象的"流行学派"和"世界经济学"。为了论证保护关税政策的必要性,他强烈反对"流行学派",主张建立国家经济学。从德国资本主义发展的现状出发,反对英国古典学说关于存在普遍经济规律的理论。他认为,古典学派的最大缺点,就是忽视经济发展的民族特点,是一种世界经济学。由于各个国家和民族经济发展的道路不同,经济水平不同,因此,不存在普遍规律。应该以国家经济学(或国民经济学)代替古典学派的"世界主义经济学",不能"以单纯的世界主义原则为依据,来衡量不同国家的情况"[2]。

李斯特主张经济学要成为一门研究各个民族经济特殊发展道路的科学,强调民族性。这个观点成为历史学派的理论基础。从德国实际出发,经济学必须探讨如何在经济落后的状况下,在保护关税政策的基础上,同其他发展水平相似的国家结成经济联盟,从而使实行自由贸易成为可能,并从中获得利益。

李斯特认为,"解释经济现象,除了'价值理论',还必须考虑到一个独立的'生产力理论'"[3],以论证保护关税的必要性。

英国古典学派从价值理论出发,提出国际分工的理论,证明实行自由贸易对各个国家都有利。李斯特则从德国经济发展相对落后的情况出发,反对英国古典学派的国际分工和自由贸易理论,强调历史性,强调发展生产力的重要性。他认为:生产力是财富之源,而交换价值则是财富本身,两者对于国家经济发展的意义有很大的不同。他特别强调财富的生产力或生产财富能力的重要性。他说:"财富的原因和财富本身完全不同。一个人可以据有财富,那就是交换价值;但是他如果没有那份生产力,可以产生大于他所消费的价值,他将越过越穷。一个人也许很穷,但是他如果据有那份生产力,可以产生大于他所消费的有价值产品,他就会富裕起来。"[4]他举例说,两个地主家的积蓄相等,各有五子。前者家长将其积蓄存储生息,叫其子从事普通劳动,而后者则将积蓄用来培养其子,其中两个教育成有技术和知识的人,其余三个儿子各随他们的兴趣学习一种职业。前者家长是按照价值论行事的,后者家长依据生产力论行事。在这两个家长临终时,就交换价值来说,前者可能比后者富裕,但前者的儿子们没有本领,财产越分越少,日子越过越穷。后者的儿子因受过教育,赚钱的能力不断提高,日子越过越富。他得出结论:"财富的生产力比之财富本身,不晓得要重要多少倍;它不但可以使已有的和已经增加的财富获得保障,而且可以使已经消失的财富获得补

---

[1] 马克思,恩格斯. 马克思恩格斯全集:第13卷[M]. 北京:人民出版社,1962:525.
[2][3][4] 李斯特. 政治经济学的国民体系[M]. 陈万煦,译. 北京:商务印书馆,1961:113;265;118.

偿。个人如此,拿整个国家来说,更是如此。"①

李斯特认为,一国的发展水平,主要不是取决于它积蓄多少财富,而是取决于其生产力水平。一国的外贸不可只是在价值理论下以商人的看法为依据来加以衡量,更不可单纯地以任何特定时刻所得到的一些物质利益作为考虑的依据。考虑这个问题,片刻不能忽视的是,对国家现在和将来的生存、进展有决定关系的那些因素。实行自由贸易,购买别国廉价货,表面合算,但结果是德国工业生产力不能发展,处于落后和从属外国的地位。而采取保护关税政策,起初工业品价格高,但经过一定时期,国家建成发达的工业后,由于国内成本低,价格甚至低于进口货,因此,他认为:"保护关税如果使价值有所牺牲的话,它却使生产力增长,足以抵偿损失而有余。"②根据当时德国的社会经济条件,他主张实行保护关税政策,扶植民族产业,以促进生产力发展。

李斯特的生产力理论内容广泛:

精神生产力是现代人类的"精神资本",包括"近一千年以来在科学与艺术、国家与社会制度、智力培养、生产效能这些方面的进步",以及"许多世代一切发现、发明、改进和努力等等累积的结果"。精神生产力不仅体现在个人生产力、各种物质生产部门中,还体现在进取精神、刻苦耐劳精神、重视公道精神、自由独立精神、宗教、教育和道德状况之中。教育促进生产力发展,教师、音乐家、医生和法官等人的劳动都是生产力。

自然生产力是某地区的"现存的天然资源"。农业上,指土地资源的富饶程度;工业上,指风力、水力、矿产等工业所需要的各种资源。自然生产力并不是一个恒量,它随精神生产力、科技和工业的发展而发展。

物质生产力是"工具力"或"物质资本",是人们用体力劳动和脑力劳动生产的"物质产品的工具(即农业的、工业的与商业的物质资本)"。科技与工业的结合产生巨大物质力量——机械力量。物质生产力和精神生产力相互促进、相互依赖,共同推动国民经济的发展。

个人生产力是个人进行财富创造的能力。本质上,它源于社会,是个人通过社会教化而形成的。个人生产和社会之间相互作用,前者以后者的高度发达为前提;前者的充分发展是后者发展的最宝贵资源。

政治生产力是指政府向个人提供发挥其生产力的各种社会、政治和法律条件;同时,国家通过各项政策干预经济运行,合理地整合个人生产力,使之最大可能地有利于国民经济发展。李斯特这里强调国家与个人的关系。

国家生产力是整合上述第一至第四种生产力形成的总体生产力。这种整合要综合考虑本国国情,使国内外产业之间的分工协作有序联合、协调发展。他认为,一个工厂或农场依靠个人生产力的联合才能发展。同理,无论哪一个工业,都只有依靠联合其他一切工业生产力,才能获得发展。就一国来说,最重要的是划分精神工作与物质工作,它们之间是互相依存的。在物质生产中最重要的是农业与工业的划分与协作。"国家没有工业,只经营农业,就等于一个人在物质生产中少了一只膀子。……国家自己有了工业,食物和原料就可以尽量按照工业的需要来生产;如果依存于外国工业,那就要受到牵制,只能按照外国自己不想生产而不得不向另一国家采购的那个限度来生产剩余产品。"③因此,"为了国家整个农业的发展,应当使自己的工业尽可能发展到最高度"④。李斯特仍然强调保护本国工业发展的重要性。

---

①②③④ 李斯特.政治经济学的国民体系[M].陈万昫,译.北京:商务印书馆,1961:118;128;141;139.

李斯特还提出经济发展阶段论,论证德国保护关税政策的必要性。他认为,各国经济发展必须经历五个阶段:原始未开化时期、畜牧时期、农业时期、农工业时期、农工商业时期。处于农工商业时期的先进国家,可以实行自由贸易。处于工业化优势地位的国家,要防止本国工商业者退化或怠惰,唯一有效的办法是自由输入食物和原料,让国外的工业品参与竞争。处于未开化时期、畜牧时期和农业时期的国家,也需要自由贸易,以便用剩余的农产品换取外国工业品,促进本国经济的发展,加速向高级发展阶段转化。只有处于农工业时期的国家才需要实行保护关税的政策,以避免与先进工业国的竞争。他认为,当时的德国和美国就是处于农工业时期而需要保护关税的国家。必须指出,他主张实行保护关税政策,并不是不加区别地在一切工业部门都采取同样的做法。他认为首先对轻工业实行保护关税政策,因为德国的轻工业,特别是纺织业受到英国竞争的严重威胁。应允许进口一切复杂机器并减免税。[①] 随着德国工业进入农工商时期,不怕与外国竞争时,就实行自由贸易,以免本国的工业家懒惰和保守,引起经济衰退、失业增加等不利情况。

李斯特一生都在为德国的资本主义工业化奔走呼号。1819年他倡议成立德国工商业协会,力主统一国内市场、统一关税。1825年他因抨击时政,被迫流亡美国,直到1832年才以美国驻德国莱比锡领事的身份返回德国,继续为建立统一的保护关税制度奔走呼号,并参加1834年成立全德关税同盟的活动,但遭到政府迫害而失败,1837年迁居巴黎。李斯特一生在反动封建势力的迫害下颠沛流离,先后三次流亡国外。1840年重返德国,终因贫病交迫,1846年11月30日在库夫施泰因的山林里用手枪自杀身亡,当时他才57岁。

历史学派的奠基人是威廉·罗雪尔(Wilhelm Roscher,1817~1894),主要代表人物还有布鲁诺·希尔德布兰德(Bruno Hildebrand,1812~1878)、卡尔·克尼斯(Karl Knies,1821~1898)。罗雪尔生于德国汉诺威一个高级法官家庭,先后在哥廷根大学和柏林大学攻读历史学和政治学,曾任哥廷根大学和莱比锡大学教授,1843年出版被称为"历史学宣言"的代表作《历史方法的国民经济学纲要》。他的主要著作还有五卷本《国民经济学体系》(1854~1894)、《16和17世纪英国国民经济学说史》(1851~1852)、《德国国民经济学史》(1874)。

历史学派以政治经济学研究中应用"历史方法"而得名。罗雪尔在《历史方法的国民经济学纲要》一书中,概述历史方法的特点和要求。他认为研究政治经济学不能凭借抽象法和单纯推理,而应采用"历史方法"。他认为,这种方法外形上是按时代顺序研究经济现象,说明各国人民在各自的经济单位中反复思考什么,努力寻求什么,得到什么;他们为什么要选择这样的目标以及怎样才能成功。为此,研究一个民族现在的经济关系是远远不够的,还必须要研究一切民族包括已灭亡的古代民族的经济发展,仅仅研究其经济史是不够的,还必须结合法律史、政治史及文化史进行研究,才能达到预期目的。他认为,历史方法主张对任何一种经济制度绝不应轻率地一律予以颂扬或一律予以否定,国民经济学的任务是说明一种经济制度在当时为什么和怎样是合理有益的,而在现时为什么会逐渐变成不合理和有害的。罗雪尔由此得出结论,社会经济发展是不存在普遍共同规律的,利用抽象法揭示普遍规律是不可能和做不到的。

强调事物的特殊性而否认事物的一般性,是历史学派的根本特点。罗雪尔认为,古典学

---

① 李斯特.政治经济学的国民体系[M].陈万煦,译.北京:商务印书馆,1961:265.

派的"唯一的错误就是主张它们(指经济规律——引者)有普遍的适用性"①。希尔德布兰德认为古典学派的错误在于力图建立一种适合于任何时间和地方的理论,而忽视各民族经济发展的特点,他认为,国民经济学并不需要在复杂的经济现象中去探讨不变的、到处如一的经济规律。他在《现在和未来的政治经济学》一书序言中宣称:本书的目的要为政治经济学基本的历史观点开辟道路,并把政治经济学变成一门关于各个民族的经济发展的理论。克尼斯更进一步认为只有自然界才存在规律,人类经济生活是受精神因素支配的,因此根本不存在规律性。国民经济学最重要的任务是描述历史过程。历史学派的上述观点显然是错误的。各国经济发展固然有其特点,但这并不意味着社会经济发展没有一般的共同的规律。

罗雪尔把萨伊的"生产三要素"作为划分历史时期的理论依据。第一个时期,自然要素"占绝对优势",是"森林、水泽和草地几乎自发地供应稀少人口的食物"的时期;第二个时期,"劳动这一要素达到日益重要的地位","就是近代各国在中世纪后期以来所经过的那个时期";第三个时期,资本这一要素占突出地位,"在每一件事物上都嗅到了资本的味道。土地的价值,由于投入大量资本,是大大地增长了,在机器制造业中,机器劳动压倒了手工劳动"。按照罗雪尔的说法,资本要素在三个时期都是存在的。他认为,从"亚当时代"起就没有一个人能够不利用资本而进行劳动,无产者(罗雪尔称之为"原始森林中的病弱的无产者")从原始时代以来就存在了,资本主义是从来就有的一种制度。

希尔德布兰德以交换方式不同来划分经济发展阶段,把人类经济社会划分为三个时期:自然经济、货币经济和信用经济。发展"信用经济",普及国民信用力,可以增大无产者参加大企业的资本,消除资本主义的统治和贫困。历史学派一方面否认社会经济发展存在共同的规律,另一方面又企图用生产三要素在社会经济发展中的地位或交换方式的划分来取代人类社会生产方式的演变。

二、新历史学派

新历史学派传承旧历史学派在德国资产阶级经济学界的统治,甚至是绝对支配地位,始于19世纪70年代,直到第一次世界大战,德意志帝国崩溃。新历史学派的代表人物有施穆勒、布仑坦诺和瓦格纳等。

新历史学派的主要代表人物古斯塔夫·施穆勒(Gustav von Schmoller,1838~1917)生于符腾堡海尔布隆市的一个官宦家庭;曾先后在德国几个大学当教授,在柏林大学任教的时间最长(1882~1917),他不但是这个学派的理论代表,而且是这个学派政治运动的首领——社会政策协会的奠基人,又是普鲁士上议院议员,他的主要著作是《国民经济学大纲》;还创立和主编德国资产阶级经济学著名期刊《德国立法、行政和政治经济学年鉴》。

路德维希·布仑坦诺(Ludwig J. Brentano,1844~1931)先后在卜拉斯劳、斯特拉斯堡、维也纳、莱比锡和慕尼黑等大学任教授,积极宣传新历史学派理论,获诺贝尔和平奖;著作有《历史中的伦理和经济》《现代劳动组合》。

阿多夫·瓦格纳(Adolf Wagner,1835~1917),柏林大学教授,先后任普鲁士下议院、上议院议员,热心支持当时的德意志帝国,支持俾斯麦的政策,并组织基督教社会党。主要著作有《政治经济学教程》和《财政学》(1883)等。

---

①② 季陶达.资产阶级庸俗政治经济学选辑[M].北京:商务印书馆,1964;327;332-333.

1. 新历史学派的方法论特点

新旧历史学派都强调用历史方法研究经济学,都反对抽象演绎法,认为抽象法不能带来新知识,只能引人入迷途,因为它是从教条、理论出发的。但与旧历史学派相比,新历史学派的方法论强调如下两点:

(1) 否认各国、各民族经济发展具有普遍规律,也否认每个国家或民族的经济发展具有规律性。这比旧历史学派的回答更极端更彻底,旧历史学派的克尼斯已提出这个观点,但没有具体化,因此,这个观点没有引起重视。到了19世纪70年代,这一观点被施穆勒加以发挥,国民经济的构成要素是多种多样的,自然技术的因素及精神道德的因素在不断变动,并且它们在极其错综复杂的条件下相互作用。因此,"企图找出国民经济中力量作用的一个最终的统一法则,那到底是没有的,也是不可能的"①。"被称为历史规律的不是靠不住的结论就是陈旧的心理概念。我们完全有理由怀疑今天我们能够和应该谈论的历史规律。"②

(2) 主张"历史统计方法",以区别于旧历史学派的"历史生理方法"。他们大量利用统计资料和当时已相当发达的统计学方法,研究当代经济问题。施穆勒说:"政治经济学的一个崭新时代是从历史和统计材料的研究中出现的,而绝不是从已经经过一百次蒸馏的旧教条中再行蒸馏产生的。"③

经济学的首要任务是搜集和整理历史资料,至于理论概括,那是遥远的事情。施穆勒说:"新历史学派不同于罗雪尔的地方是,新历史学派不急于求得普遍的结论,而感到有更大的需要去从历史综合的阐述出发,循序渐进,以达于特定的各个时代各个民族和经济状态的专项研究,新历史学派首先要求做到经济史的分类论述,代替当前每一专项研究找出它的历史根源,……而不急于去说明整个国民经济甚至整个世界经济的演变过程。"④他强调,史料即使不带有思想,仍有一种相对价值,而思想如不根据史料,将是一种"妄想"。他们否认一切经济规律,拒绝任何理论概括,这就完全取消作为理论的政治经济学,甚至对经济史也不可能做出科学分析和研究。

2. 新历史学派的基本观点

新历史学派拒绝理论概括或抽象,否认理论研究的意义。新历史学派发生于19世纪70年代至20世纪初,与旧历史学派相比,他们具有一些新特点:

(1) 与旧历史学派相比,他们更强调伦理道德因素在经济生活中的地位和作用。施穆勒认为,人类经济生活并非仅仅局限于满足本身的物质欲望,还要满足高尚、完善的伦理欲望。经济制度和组织不外乎是由伦理道德规范所制约的一种秩序。生产、分工、交换、劳动、工资等经济问题是技术范畴,也是伦理道德范畴,只有和伦理道德相联系才能得到说明和解决。施穆勒强调经济学以伦理学为基础,被称为"历史伦理学派"。在施穆勒看来,劳动是一种合情合理的自觉活动,是一切美德的集中表现。工资是一个道德范畴,工资变化受道德观念的影响,工资水平决定于工人性格。解决工资问题在于教育工人,稳定其性格,培养其道德等。上述观点完全颠倒伦理道德和经济基础的关系。

(2) 与旧历史学派相比,他们更强调国家与法律在社会经济中的特殊地位和作用。瓦格纳最系统地论证了这个观点,他认为个人经济地位决定于重农学派主张的"自然权利"或

---

①④ 季陶达.资产阶级庸俗政治经济学选辑[M].北京:商务印书馆,1964:359;365.
② 陶大镛.外国经济思想史新编:上册[M].南京:江苏人民出版社,1990:281.
③ 陈岱孙.政治经济学史:下册[M].长春:吉林人民出版社,1981:242.

自然力量,还决定于法律制度,而法律制度是历史产物。在私有制下,经济自由、财产权利、契约关系等都是以当时法律制度为依据的,都是立法权力所能更改的历史变数,应紧密联系法律制度来研究经济制度。

(3) 攻击马克思主义,也与古典经济学相对立。极力宣扬国家的超阶级性,鼓吹资产阶级国家的特殊作用。赞美德国容克资产阶级专制政权,视德意志帝国为"理想的王国"。施穆勒认为,人们之间有一种比各个个人同各个阶级之间的经济关系更为基本的道义结合,国家就是这种道义结合的具体机构,国家除了维持秩序以外,还是全体公民的公务机关,凡是个人努力办不到的事情,都应由国家去办理,包括解决劳资之间的矛盾,都要由国家解决。

(4) 提出"历史统计方法",他们力图用历史统计方法分析大量资料和考察现实经济问题,提出不急于求得普遍的结论,而是运用历史归纳方法,循序渐进,以专项研究特定时代各个民族的不同经济状态。

(5) 不再像旧历史学派那样,全然否定经济规律的存在。他们仍然怀疑经济学是否能够揭示规律,尤其否认运用古典的抽象演绎法能够做到这一点。

三、讲坛社会主义、改良主义和国家社会主义

历史学派的大多数成员是大学教授,在讲坛上鼓吹社会改良政策。瓦格纳在 1871 年的讲演中,详细阐述法制解决社会经济问题,还公开指责资产阶级自由派忽视劳资问题。资产阶级自由派德国曼彻斯特学派的代表奥本海姆发表《曼彻斯特学派与讲坛社会主义》一文,批判教授们的改良主义思想,他讽刺地把新历史学派宣扬的社会改良政策称为"讲坛社会主义"。施穆勒在"社会政策协会"成立大会致词中,公开宣布接受"讲坛社会主义"称号。

新历史学派虽否认经济规律,但他们并不轻视政治经济学解决当时经济问题的作用。他们从实用主义出发,将政治经济学变成研究经济规范和经济政策的科学。他们认为当时德国面临的最危险的社会经济问题是阶级斗争的激化,即"劳工问题"。经济自由主义已经不能提供任何解决问题的答案,而社会主义思潮又开始兴起,这时,他们提出改良主义的社会经济政策主张,用给工人小恩小惠的办法来削弱工人阶级的斗争意志,缓和劳资矛盾。主要内容包括:制定工厂法、劳动保险制度、救济法,以及若干生产事业的国有化措施,限制土地私有以及改革税制等等。他们中的大多数强调国家应通过立法和公营事业等措施进行自上而下的改良。他们认为个人和阶级之间的道德团结比它们之间的经济关系更为基本。国家是这个道德团结的最高表现。国家除了保护内外秩序和安宁的职责外,还有促进文明和福利的义务,而国家又具备执行这个义务的手段。因此,他们要求修改自由、权利、财产、契约等方面的法律。他们的社会经济政策包括工厂立法、劳动保险、工厂监督、劳资纠纷仲裁、孤寡救济、干涉劳动契约等法令的制定,河流、森林、矿产、道路、交通、银行和一些工业的国有化,城市土地私有权的限制,财政赋税的改革等。

布伦坦诺主张依靠工会改良,施穆勒等大多数人则主张依靠立法进行自上而下的改良。为加强影响德意志帝国政策,他们成立"社会政策协会",作为非官方的咨询机构,提供决策性意见,该协会的奠基人是施穆勒,从 1890~1917 年他连任该协会主席。该协会宗旨是反对社会主义,公开宣称:"极力反对在于破坏现行经济制度,使资本主义消灭、而代之以共产主义社会的那种社会主义。""我们反对一切社会主义实验。……我们在一切方面承认现存的东西,即经济立法、现存生产形态、社会各个阶级现存的教养和心理状态,它们是我们活动的出发点。我们不但具有这种认识,而且毫不踌躇地要把它们拿来改良。"

19世纪70年代中期以后,瓦格纳更进一步将他们的改良主义叫作"国家社会主义"。他说经济自由主义的错误是走向一个极端,而社会主义的错误是走向另一个极端。国家社会主义是一个在理论和应用上处于个人主义和社会主义之间调和的特殊政治经济学体系。他承认社会主义对于当时社会的部分批评,原则上同意应该限制生产资料的私有制和干涉私有经济,但他并不主张以集体经济来代替私有经济,而只是依据经济和技术发展的情况,在社会和政治观点认可的条件下逐步地进行改革。"国家社会主义并不意味着赋予国家以全部的生产和分配的职能,也不意味着对于全部私有财产的排斥。它只是在社会利益的前提下给予国家以管理社会经济和节制私有经济的权力。"①

"讲坛社会主义"和"国家社会主义",都是打着社会主义旗号反对社会主义的。它们的改良主义社会经济政策,既反映以俾斯麦为首的德国容克资产阶级政权反对工人阶级和社会主义的意图,又为这个政权旨在欺骗劳动群众的经济改良措施提供理论依据。这一学说不仅为19世纪末俾斯麦的国家社会主义所利用,而且其中的某些观点成为20世纪德国法西斯主义的理论基础之一。

新历史学派是理论思潮,也是一种政治运动,是为德意志帝国服务的,宗旨是宣扬社会改良主义观点和政策,反对科学社会主义和工人运动,因此它在几十年间为德国地主资产阶级所赏识,在德国资产阶级经济学界占支配地位。

1890年,随着《反社会主义者非常法》的取消和俾斯麦的下台,新历史学派存在的基础开始动摇,进入衰退解体的时期。第一次世界大战后,德意志帝国崩溃,德国出现空前的通货膨胀,由于历史学派对新的经济问题束手无策,加上其过去与德意志帝国的关系密切,许多经济学家纷纷离去,其终于解体。

四、新教伦理与资本主义精神

马克斯·韦伯(Max Weber,1864~1920),德国社会学家、社会哲学家、历史学家,社会行动理论的首倡者和理解社会学的奠基人;在海德堡大学和柏林大学攻读法律,兼修中世纪史、经济理论和哲学;1889年获博士学位;在弗莱堡大学(1893~1896)、海德堡大学(1896~1898、1902~1919)和慕尼黑大学(1919~1920)任教;代表作《新教伦理与资本主义精神》。

韦伯首先提出,"贪得无厌绝对不等于资本主义,更不等于资本主义精神。相反,资本主义倒是可以等同于节制,或至少可以等同于合理缓和这种不合理的冲动。当然,资本主义和追求利润是同一的,而且永远要以连续、合理的资本主义企业经营为手段获得新的利润,因为它必须如此;在一个完全资本主义的社会秩序中,不能利用计划盈利的资本主义企业注定要消亡"②。

韦伯研究的资本主义实际上指的是一种利息的盈利行为。"我们将资本主义的经济行动定义为:以利益交易机会取得预期利润为基础的行动。"③

韦伯引述本杰明·富兰克林自传的格言和警句,概括资本主义精神:"时间就是金钱","信用就是金钱","善付钱者是别人钱袋的主人"。"影响一个人信用的行为,哪怕是微不足道的琐事,也应注意。如果债权人在早上五点或晚上八点听到你的锤声,那他在半年之内都

---

① 鲁友章,李宗正.经济学说史:下册[M].北京:人民出版社,1983:187.
②③ 韦伯.新教伦理与资本主义精神[M].彭强,黄晓京,译.西安:陕西师范大学出版社,2002:15;15.

会感到放心。"①"金钱具有滋生繁衍性。""这里所宣扬的绝对不是立身处世的手段,而是一种独特的伦理。违背了这种伦理的规则不被人认为是愚蠢,而被看作渎职。"②"尽量地赚钱,加上严格规避一切本能的生活享受……把赚钱纯粹当作目的本身……赚钱、获利支配着人,并成为他一生的最终目标。获取经济利益不再从属于人,不再是满足他自己物质需要的手段。……是资本主义的一项主导原则。"③资本主义精神,是以个人努力增加资本为天职,以赚钱为目的,为职业责任,为美德和能力的表现。资本主义精神包括的主要要素有:勤奋、守信、节俭、谨慎、算计……

韦伯认为,资本主义产生于西方的原因是西方文化培育资本主义精神。资本主义精神的直接原因是新教改革,根本原因是资本主义生产方式的发展,特别是生产力的发展。而"在中国、印度和巴比伦,在古希腊罗马时期和中世纪,资本主义也曾存在,但我们将会看到这些地方的资本主义都缺乏这种特殊的精神气质"④。传统伦理阻碍资本主义精神产生和资本主义发展,阻碍生产力发展。

基督教说,上帝用泥土造亚当,用亚当的肋骨造夏娃。上帝为亚当和夏娃制定禁令:禁吃伊甸园里的善恶果。后来,蛇诱惑夏娃吃善恶果,亚当随后也吃了。这就是"原罪"——背叛上帝的意志的由来。神学家奥古斯丁解释原罪是上帝"预定"的,即上帝有意安排人类犯罪,然后通过拯救人类,让人类感恩。原罪源于人类理性的脆弱和自由意志的堕落。中世纪,教会推出敛财工具——救赎券,引起1516年路德的新教改革,强调因信称义和挑选得救。

新教改革摧毁传统伦理,建立新教伦理,对资本主义精神兴起有两点影响:

一是"天职"观念。新教伦理认为,教徒只能以世俗职业的成就来赢得上帝的恩宠从而得救。经济成功不是为了创造可供享受和挥霍的财富,而是为了证实上帝恩宠自己。不管其出身和地位如何,只要日常事务成功,就可避免被罚入地狱的命运。在市场成功和生意圈活跃,是成为上帝选民的最有力保证。新教伦理就倡导节俭、勤勉刻苦,把创造财富视为严肃事业的资本主义精神。

"上帝所接受的唯一生活方式,不是用修道禁欲主义超越尘世道德,而是完成每个人在尘世的地位所赋予他的义务。这就是他的天职。"⑤

"履行尘世的责任,是使上帝接受的唯一生活方式。它而且只有它才是上帝的意愿,因此在上帝看来,每一种正当的职业都具有完全等同的性质。"⑥"天道已经无一例外地为每一个人准备了一项他应当从事、应当付出劳动的职业,这项职业……是上帝要求每个人为神的荣耀而工作的命令。"⑦"假如上帝(清教徒在所有生活领域中都看得见他的指引)为他的选民指出一个盈利的机会,必然是有用意的。因此,一个忠诚的基督徒必须利用这个机会遵从上帝的召唤。如果上帝向你展示了一个途径,由此可以比另一种途径合法地获得更多利益而无负于你的灵魂或任何其他人,如果你拒绝这种方法而选择获益较少的方法,你便与你的职业目的之一背道而驰,你便是拒绝做上帝的侍者,拒绝接受上帝的恩赐,并在上帝要求时利用它们为上帝服务。"⑧

二是世俗禁欲主义。在新教伦理观中,追求财富不是为了世俗享受,而是为了获得上帝的恩典,最终获得拯救。所以要杜绝浪费和享受,在禁欲主义影响下形成的勤劳、节俭、算计

---

①②③④⑤⑥⑦⑧ 韦伯.新教伦理与资本主义精神[M].彭强,黄晓京,译.西安:陕西师范大学出版社,2002:15;19-21;22-23;25;24;57;58;150-151.

等资本主义精神,成为财富生产和财富积累的力量源泉。强调"只有行动,而不是消闲和娱乐,才能够增加上帝的荣耀"①。

禁欲主义视创造财富为义务。"他必须像圣经寓言中的仆人一样,把每个托付给他的便士入账,而如果仅仅为了一个人自己的享受而非为了上帝的荣耀花掉哪怕一个便士,其结果至少是很危险的。……一个人要对其财产负责,为此他要使自己屈尊为一个顺从的仆人,或者甚至成为一台盈利机器……假如对生活的禁欲态度经得起考验,则财产越多,就越感到有责任为上帝的荣耀保持不使财产减少,并通过不懈的努力使其增多"②。

浪费时间"是最该死的罪孽。人的一生无限短暂,无限珍贵,都应该用来确证他的入选与否。把时间浪费在社交、闲聊、奢侈生活方面,甚至睡觉超过保证健康所需的时间(六小时,最多八小时),是一定要受道德谴责的。……时间是无价之宝,因为每一小时的丧失,都是为上帝增光的劳动的损失"③。

禁欲主义要求自动限制享受。"新教禁欲主义强烈反对财产的自发享受;它限制消费,尤其是奢侈品的消费。另一方面,它具有使自由获取行动摆脱传统主义伦理桎梏的心理效果。它打破了所谓获取冲动的束缚,不仅使其合法化,而且将其视为上帝的直接意愿。"④

"节欲""节制""节俭"和"延缓消费"等禁欲主义催生资本主义精神。"把追求财富本身作为目的是极应被谴责的;但若是作为从事一项职业劳动的果实而获得它,那便是象征着上帝的赐福。而更重要的是:新教认为,不停歇地、有条理地从事一项世俗职业是获得禁欲精神的最高手段,同时也是再生和信仰纯真的最可靠、最明确的证据。这种宗教思想,必定是推动我们称之为资本主义精神的生活态度普遍发展的、可以想象的、最有利的杠杆。"⑤禁欲主义是推动资本积累的主要因素。"一旦限制消费与谋利行为的解放结合起来,不可避免的实际效果显然是:强迫节省的禁欲导致资本的积累。在财富消费方面的限制,自然能够通过生产性资本投资使财富增加。"⑥

五、资本主义发展的历史总结

维尔纳·桑巴特(Wernar Sombart,1863~1941),任布莱斯劳大学和柏林大学教授。主要著作有《社会主义和社会主义运动》《现代资本主义》等。

维尔纳·桑巴特在《现代资本主义》(1902)中开创性研究了中世纪初期及所处时代的资本主义历史起源,总结资本主义的发展,提出一些卓越的思想。

1. 精神因素是资本主义产生和形成的原动力

"资本主义是由欧洲精神的深处发生出来的。"⑦"对于那种由企业家精神和市民精神组成一个统一的整体的心情称为资本主义的精神。这种精神创造了资本主义。"⑧

桑巴特提出的"企业家精神"集中表现在"征服和盈利"。在资本主义社会中,企业家是为了盈利。企业家精神"打破了那建筑在安逸知足的、自得均衡的、静止的、封建手工业的满足需要的经济限制,并且将人们驱入营利经济的漩涡中"⑨。所谓"市民精神",即遵守契约和"计算的正确性和冷静目的的确切性"。"当人类的关系是站在契约上的时候,便需按照比

---

①②③④⑤⑥ 韦伯.新教伦理与资本主义精神[M].彭强,黄晓京,译.西安:陕西师范大学出版社,1958:148;162-163;148;163;165.

⑦⑧⑨ 维尔纳·桑巴特.现代资本主义:第1卷[M].李季,译.北京:商务印书馆,1958:212;215;213-214.

例形成彻底思索的对契约的忠实,这是一种最重要的社会道德。"①"所谓切合目的,是注意正确地选择手段;所谓有计算是对于一切经济的零星现象做出正确的数字计算和登记,并将它们的计算总括为一种有意义有编制的数字体系。"②

2. 建立与新制度相适应的新价值观念和道德观念的必要性

桑巴特认为,只有破除旧的价值观和道德观,才能促进新制度的建立。资本主义制度要求实现从封建色彩的"权力的财富"观念向资本主义的"财富的权力"观念的转变。

"权力的财富"是指凭着权力而取得财富,即"有权力者变成富人"。

"财富的权力"是指通过经营赚取利润,由于货币的作用而取得支配权,即"富人变成有权力者"。在这种新观念下,"市民财富"才会转化为资本。

3. 技术进步促进经济发展

提高生产力有两种方法:"一是扩充生产力,这是指劳动力的增加与较好的利用,以及物品生产所用的有形物的增加;二是改善劳动方法。"③"技术革命对于经济社会的形态发生不小的影响。这些改革引起全新工业的创立,或者至少引起旧的工业革新,使它们近于一种新的建立。"④"现代技术是科学的、合理的",而不是"经验的、传统的"⑤。

4. 企业家是现代经济的主体

(1) 欧洲企业家,被桑巴特分为两类:"有权力者"这一类是"从秉国政者和官吏的队伍或地主的队伍中出来的资本主义企业家","利用他们在国家中的特殊地位所造成的权力"而形成企业家的;"有策略者"这一类是"从市民各界——无论是商人或手工业者——出身的资本主义企业家",可以称之为"市民的企业家"。他们成为企业家不是因为有权,也不是因为有大量货币,而是因为"具有适于做企业家的个人特质"⑥

(2) 企业家特质。"只有远大而又富于活动力的人才能够从同类中自拔出来;取得新经济主体地位的人总是'冒险'的商人和'冒险'的手工业者。""他们视金钱为唯一的权力因素,因为他们除了财富的权力外,不认识其他权力。货币思想充分渗入经济过程是经过他们才完成的。"⑦

(3) 企业家职能。一是"组织的职务",要求他善于发现人才,并发挥其作用,同时还能使所有人组成一个富于服务能力的整体,做到在空间上集合力量,在时间上统一力量;二是"商人的职务",要求他是一个良好的谈判者,能引起对方的兴趣,取得信任,并鼓动其购买;三是"计算和节约的职务",要求他精打细算,能预测未来,并是一个良好的节约者。

5. 市场形成和市场状况对经济发展的影响

对比考察早期资本主义和现阶段资本主义,桑巴特指出,资本主义发展,19世纪以前比现在要慢得多,那时的市场需求基本限于个人消费品,需求扩充是以收入大小为转移的。而现代资本主义需求"大都起于生产手段",而且"这种需要时常立足于企业家的信用上面,即立足于完全没有收入的基础上面"。这"对于全部市场关系和出卖关系的形成具有决定的影响"⑧。他指出生产生产资料的部门迅速发展和信用发展对扩大市场范围的重要作用。

---

①②③⑤⑥ 维尔纳·桑巴特.现代资本主义:第1卷[M].李季,译.北京:商务印书馆,1958:29;206;350;578;557;578.

⑦ 维尔纳·桑巴特.现代资本主义:第1卷2分册[M].李季,译.北京:商务印书馆,1958:578.

⑧ 维尔纳·桑巴特.现代资本主义:第2卷2分册[M].李季,译.北京:商务印书馆,1939:893.

第二节　制度经济学概述

　　制度经济学的特点不在理论方面,因为他们没有提出一个共同的理论体系,而且也否认建立这种理论体系的必要性和可能性。制度经济学家有以下两个共性:经济学对象、方法的看法相同;政治倾向大体相同,都批评当时美国资本主义制度,认为它有缺陷,主张在资本主义制度的限度内做某些改良,故又被称为制度改良学派,这是后来的新制度学派的一个基础和前提、一个出发点。

一、研究对象

　　经济学的研究对象是制度,尤其是与经济发展有关的制度。研究制度的起源与发展,说明制度在社会发展中的地位与作用,制度与社会经济的相互关系,制度对生产力具有促进或抑制作用。通过这一研究了解当前的经济问题及其发展趋势,这就是制度学派所标榜的"制度趋势"研究。

　　制度经济学就是研究整个社会的。因为经济学和政治学、社会学、法学、习惯、思想、传统以及人类信仰与经验的其他方面是交织在一起的。必须把经济作为一个整体,而不是把它分割成互不相干的部分进行研究。经济活动不仅仅是在货币收入最大化的愿望支配下的个人行为与机制的总和。经济活动中也存在着集体活动的形式,这比个别活动的总和要大得多。并且,集体活动的特征是不能由对个别成员的研究推演出来的。

　　制度在经济生活中的地位举足轻重。制度不仅仅是为实现诸如学校、监狱、工会或联邦储备银行这样的特定目标而组织或设立的,是作为文化的基本部分而精心设立并为人们所接受的团体行为的组织形式。它包括风俗习惯、社会习惯、法律、思维方式和生活方式。影响经济生活的团体的社会行为和思想方式会比边际主义所强调的个人主义经济分析产生更恰当的影响。制度主义者对于分析和改革信用、垄断、所有权、劳动者和管理者关系、社会保险以及收入分配等制度兴趣浓厚。他们提倡以经济计划缓解经济周期。

　　政府必须为共同利益进行调解。利益制度主义者认为,人生来就是集体合作的人,是有共同利益的。但是,在群体间也存在着利益冲突,如大企业对小企业,消费者对生产者,农民对城市居民,雇主对工人,进口商对国内生产者,商品制造者对货币贷放者之间的冲突。

　　政府在经济和社会事务中发挥作用,赞成自由民主的改革,一直激烈谴责自由放任。制度主义者赞成以改革来形成更加平等的财富和收入的分配。他们否认市场价格是个人财富和社会财富分配的充足指标,否认自由市场将会导致资源的有效配置和收入的公平分配。

二、研究方法

　　在批判传统经济学的基础上,建立制度经济学的方法论,主要特点如下:

　　社会经济是不断发展和变化的,而传统经济学的一个根本错误就是把寻求不变的自然规律作为研究目的。

　　经济制度是人类利用天然环境以满足自身物质需要而形成的"社会习惯",这又源于人类本能。接受以本能代替理智来解释人类一切经济生活的行为主义心理学。而传统经济学基本以边沁的"苦乐主义"心理学作为理念基础,人的一切经济行为都受苦乐制约。

社会心理分析，主要是分析集团的心理以及民族和国家的心理。所以制度学派又称为社会心理学派，以区别于个人心理学派。制度学派与边际效用学派也有相似之处，他们都进行心理分析，但边际效用学派分析问题的出发点是个人的心理（孤立的个人）。

经济成败的关键是形成相互冲突关系的人群或阶级所产生的集体力量。而个人和企业都不是主要的决策单位，反对传统经济学的孤立经济人假说。

社会经济制度影响人们的行动，而数量分析法不能概括人的普遍倾向。

在社会、经济的相互冲突中考察经济的不断变化，用动态的不均衡模式来探索经济发展过程的特点，而拒绝使用均衡分析方法。

非经济因素影响经济，要求经济学与其他社会科学相结合，而不满意传统经济学关于"狭义经济学"的假设。

经济制度的进化及其功能是经济学的核心问题。制度学派把达尔文主义引进经济学，把人类社会经济的发展过程描绘为一个进化的过程。他们把生物界的生存竞争、自然选择、自然淘汰规律用于说明人类社会，认为人类社会的发展过程是人的社会心理和生理心理本能自然淘汰和适应的过程。因为社会及其制度是经常变动的。他们不同意试图发现那种没有时间和空间的差别，与经常产生的变化是无关的、永恒的经济真理的静态观点。

总之，制度学派认为，经济学的研究对象应该是制度，特别是与经济有关的制度起源、发展过程、在社会发展中的地位、作用以及同社会经济的相互联系；经济学的研究方法应该是叙述性的"历史起源方法"。经济学的性质应该是进化、具体、历史的，而不是抽象、凝固、教条和非历史的。

第三节　凡勃伦的经济学说

一、历史条件

制度学派是19世纪末20世纪初在美国出现的一个主要经济学流派。它是德国历史学派的一个变种，把历史学派的历史方法具体化为制度演进的研究。它以批评资本主义制度的姿态出现，提出若干改良的措施，从它产生时起，就作为资产阶级经济学的"异端"出现。制度学派在美国经历三个阶段。第一阶段，19世纪末到20世纪初是其形成时期；第二阶段，20世纪三四十年代是其进一步发展的时期，是把形成时期出现的各种理论、主张加以发挥，并在一定范围内加以运用的时期；第三阶段，20世纪50年代以后是新制度学派时期。

托尔坦·凡勃伦（Thorstein B. Veblen，1857～1929），制度学派的创始人和主要代表，生于美国中部农村的一个挪威移民家庭；青年时在卡尔登学院学习，师从克拉克；以后在芝加哥大学、斯坦福大学等校任教；成名作是《有闲阶级论》。他继续出版《企业论》(1904)、《科学在现代文明中的地位》(1919)、《既得利益》(1919)、《工程师和价格制度》(1921)等著作。

制度学派有三个代表人物，他们的观点并不完全相同。以凡勃伦为代表的社会心理学派，主张制度分析和文化心理分析；以康芒斯为代表的社会法律学派，认为法律是决定社会经济发展的主要力量；以米契尔[①]为代表的经验统计学派，认为只有经验统计的分析，才能

[①] 米契尔的主要贡献是商业周期学说，故把他的学说放在商业周期一章。

显示制度因素的作用,后来发展为实证方法。

美国发展较晚,但在19世纪末经济飞速发展,到1913年,工业产量已占世界工业生产的1/3以上。同时,国内阶级矛盾也很尖锐,工人运动广泛发展。以凡勃伦为代表的制度学派就是在这种情况下产生的。

二、制度观

凡勃伦认为:"制度——也就是当前的公认的生活方式。"①"制度实质上就是个人或社会对有关的某些关系或某些作用的一般思想习惯。"③"从心理学的方面来说,可以概括地把它(指制度——引者)说成是一种流行的精神态度或一种流行的生活理论。……说到底,可以归纳为性格上的一种流行的类型。"④他不仅把属于社会经济制度范畴的现象(私有财产、市场、价格、竞争、商业周期和危机等),而且把政治、法律、风俗、习惯乃至思维方式等等,也都包括在制度之内。因此,制度学派所说的"制度"是五花八门、包罗万象的。

在凡勃伦看来,既然制度无非是一种"生活方式""思想习惯",而"生活方式""思想习惯"又是从人类本能产生的,所以制度归根结底是受人的本能支配的。本能是天赋的,因而也是不变的,所以制度本身也是不变的。但是外部环境的变化,引起人们的习惯变化,从而导致具体制度的变化。他说:"社会的演进,实质上是个人在环境压迫下的精神适应过程;变化了的环境,同适应另一套环境的思想习惯已经不能兼容,这就要求在思想习惯上有所改变。"⑤凡勃伦认为,生物界的自然选择规律同样适用于人类社会,其发展过程也是心理和生理本能的自然淘汰和适应的过程,是人类应付外界环境的心理反应过程;社会如同生物界一样,是渐进演化的,没有突变和飞跃。制度进化是无止境的,长期是不可预测的:"没有一个人今天能预测现在欧美社会的趋向。"⑥

三、凡勃伦的资本主义制度观

凡勃伦认为,在人类经济生活中有两个主要的制度,一个是满足人类物质生活需要的生产技术制度,另一个则是以获取利益为目的的私有财产制度。这两个制度都是广泛存在的"社会习惯",二者又是以人类本能为基础的。生产技术制度来源于人们自古就有的制作本能,私有制来源于人们爱好虚荣和自尊的社会心理的本能。在不同的社会发展阶段,这两个制度各有不同的具体表现形式。在资本主义社会,生产技术制度表现为机器操作制度,私有制表现为企业经营制度。这个制度包含两要素:物(机器装备)和人(人,更主要是工程师、设计师、机械师、发明家、科学家等),这个制度的目的是无限制地扩大商品生产。

企业经营制度,是资本家通过投资控制生产和流通的全过程,以获得最大利润。"企业的动机是金钱上的利益,它的方法实质上是买与卖,其目的和通常的结果是财富的积累。"

根据上述两种制度的划分,凡勃伦进而把资本主义社会划分为两个阶级,一个是由工程师、发明家、科学家等组成的技术管理专家阶级;另一个是由董事、经理和商业推销员等组成的企业家阶级。技术管理人员接受机器生产训练,实事求是,要求改变现状;而企业家唯利是图,因循守旧,阻挠社会改革。这就形成"机器操作"和"企业经营"之间的矛盾。

---

①③④⑤ 凡勃伦.有闲阶级论[M].蔡受百,译.北京:商务印书馆,1983:140;139;139;140.
⑥ Veblen T. The Place of Science in Modern Civicization and Other Essays[M]. New York: B. W. Hwebscn, 1919:442.

凡勃伦强调"机器操作"和"企业经营"之间的矛盾,并认为资本主义的缺点正是以这个矛盾为基础的。产业革命以后,"机器操作"的地位越来越重要,社会生产力迅猛发展。然而,由于财产所有权是属于企业主的,企业主搞生产绝不是为了生产物质财富来满足社会需要,而是为了赚钱。凡勃伦认为,资本主义制度的特征是"企业经营"统治着"机器操作",商务(盈利)活动统治工业活动,企业力图维持较高价格,限制技术采用和生产发展。企业为得到最大利润,普遍确立最大独占。同时,企业之间的激烈竞争又使资本主义经济不稳定甚至萧条。由于企业主心理病态,会低估资产和证券的价值,动摇信用关系,会引起价格暴跌,发生经济危机等。他还指出,在"企业经营"制度关系上形成"寄生"企业的"有闲阶级""既得利益者"或"金钱所有者"。

基于上述分析,凡勃伦提出改良主义方案。"机器操作"和"企业经营"是在进化中产生的,二者的矛盾也将在进化中逐步得到解决。随着社会进化和生产发展,将大大提高技术人员的作用和地位:"如今那些拥有必要的技术情报和经验的、有天才的、受过训练的和经验丰富的技术人员,是国内生产性行业日常工作中首要的和必不可少的要素。事实上,他们如今形成了工业体系的参谋部,而不管法律和惯例在形式上可能提出什么样的异议。"凡勃伦认为,随着科技进步,技术人员日益重要,以至技术人员掌握经济和社会权力,于是追求利润的企业制度就会被抛弃,机器操作和企业经营的矛盾也随之消除。经济控制权将转归由工程师、科学家和技术专家组织起来的"技术人员苏维埃"[①]。他认为,工人和企业主都是只为自身利益着想的"既得利益者",不是改革的动力,甚至是阻力。只有技术人员"不是既得利益集团而是社会物质福利的保护者","他们有了阶级觉悟","处在走下一步棋的地位"[②]。

实现改革方案,"只有通过社会中各个阶级的思想习惯的变化,或者说到底,只有通过构成社会的各个个人的思想习惯的变化,才会实现"[③]。像"技术人员苏维埃"这样的组织,在美国至少是一个遥远的、不容易出现的事情。

凡勃伦对于资本主义制度的分析,有某些积极的因素,他批评资本主义社会存在的某些弊病,揭露"有闲阶级"的寄生性,提出追求利润的动机和大机器生产的本性是相抵触的,指责企业经营制度阻碍了社会生产的发展。但是,他把资本主义矛盾归结为生产技术和企业经营的矛盾、工业与商业的矛盾,看不到资本主义的基本矛盾与机器生产和企业经营之间的联系存在,看不到资产阶级与无产阶级的矛盾。

第四节 康芒斯的经济学说

一、生平、著作

约翰·罗杰斯·康芒斯(John R. Commons,1862~1945),凡勃伦的同辈追随者、制度学派理论的传播者、社会改革的实践家;生于俄亥俄州;在霍普金斯大学读研究生,师从理查兹·艾利(Richard T. Ely)。

1920~1928年,康芒斯担任全国经济研究局局长;代表作《制度经济学:它在政治经济

---

① Veblen T B. The Engineers and the Price System[M]. New York:Augustus M. Kelley,1921:134.
② Veblen T B. The Engineers and the Price System[M]. New York:Augustus M. Kelley,1921:77.
③ 凡勃伦. 有闲阶级论[M]. 北京:商务印书馆,1964:140.

学中的地位》(1934)，是制度经济学的第一部系统的著作；其他著作有《财富的分配》(1893)、《工联主义与劳工问题》(1905)、《劳工立法原理》(1917)和《资本主义的法律基础》(1924)。康芒斯在威斯康星大学任教时(1904～1932)，威斯康星州政府大量聘用威斯康星大学的教员为新思想的智囊团。

康芒斯在其研究生拓展性的帮助下，出版10卷本《美国产业协会文献史》(1910)，又接着出版4卷本的《美国劳工史》。这样，他成为美国劳工问题的权威，而威斯康星大学也成为劳动经济学研究领先的大学。

在康芒斯的影响下，威斯康星大学逐渐形成新的经济学方法：他常常借助于他的研究生，然后再和一些经济界人士讨论问题。"新政"所采取的社会立法中，大量思想来自于威斯康星大学。康芒斯被描述为"福利国家运动的知识起源"①。1904年，他花费大量的时间帮助麦迪逊州政府构思和完善立法。他起草公民服务法，后来起草公共设施管理、工业安全法、儿童劳动法、妇女最低工资法和失业补偿法。失业补偿也许是他在社会立法方面做出的伟大贡献。他研究20世纪20年代的萧条和欧洲失业补偿方案，起草威斯康星立法法案，这一法案的各种版本多次被介绍给各个方面。1934年，当罗斯福要求国会通过一项失业补偿法时，他创立了一个"经济保障委员会"。

二、主要经济理论

康芒斯主要研究制度。制度是"集体行动"的经济学，是"集体行动控制个体行动"②，"大家所共有的原则或多或少是个体行动受集体行动控制"③。对集体行为的控制、放松和个人行为的扩展，使人们遵循一定的规范，使个体免受强迫、威胁、歧视或不公平竞争，集体的控制也能使个体的行动得到解放和扩张。最主要的控制手段是法律制度。制度是人类社会经济演化的动力。

他认为，制度经济学的对象"是对商品、劳动或任何其他经济数量的法律上的控制，古典的和快乐主义的学说只涉及物质上的控制，法律的控制是指将来的物质上控制"④。"制度经济学所研究的是'业务机构的资产和负债'，不同于亚当·斯密的'国家的财富'。"⑤

他把现代资本主义的社会关系解释为一种交易关系，"人与人之间的对物质的东西的未来所有权的让与和取得"，并由此引出阶级利益调和论。他承认现实社会普遍存在着利益冲突，但他又认为借助一些调节方式可使冲突得到解决，在现代社会中有效的协调方式主要有三种，即经济、法律和伦理。他特别强调法律制度随社会经济制度的演变所起的决定性作用。他提出"法制先于经济"，资本主义制度的产生、发展都要归功于法院，法院保证资产阶级法制的胜利，摧毁封建社会的政治制度和经济制度，为资本主义的发展扫清道路。主张"用法院这只看不见的手"代替斯密的"看不见的手"。

他认为，资本主义制度是法制促成的一种永恒的合乎演化进程的社会形态。法院干预和法制完善可以解决其弊端，而不需要社会变革。他还认为，"用交易作为经济研究的基本单位"⑥。因为交易把人们的经济利益冲突、相互依赖和社会秩序结合在一起了，这就可以由法院来仲裁、调解。这样，社会的任何矛盾冲突均可解决、调和，"由集体行动控制

---

①②③④⑤⑥ Boulding K. A New Look at Institutionalism[J]. American Economic Review, 1957, 48: 7; 7; 70; 87; 72.

个体行动"。正因为如此,康芒斯有时把制度经济学"适当地称之为教育心理学或者谈判心理学"[①]。

康芒斯运用历史和法律的方法,分析全部社会科学。他把社会和经济看作进化和变化的,因而坚决反对关于经济当事人具有快乐感情和竞争的生产条件下的演绎性正统方法的假定,拒绝新古典狭窄、静态的推理方法。

康芒斯认为,在市场中,买卖双方的爱好、习惯和所有的文化、社会和心理的力量,都是冲击市场交易的因素。康芒斯的理论体系中,交易是关键性的,"交易是一个经济学、物理学、伦理学、法律学和政治学的相聚之处。一次交易就是一个观察单位,它明确地包含了上述方面,因为它是几个人的意愿、替代性选择、克服抵抗、自然资源和人力资源的比例,它是由效用的承诺和告诫、赞同、责任及其对立面、扩展,由解释或者实施公民权利、责任和自由的政府官员或有关的工商界组织或者工会造成的限制或暴露所导致的"[②]。集体行动和个人行动都是出自稀缺这一普遍适用的事实。但此后,康芒斯即与主流经济学分道扬镳,主张通过谈判乃至法院来解决稀缺带来的利益冲突。主流经济学的逻辑是:稀缺—抉择—市场协调—均衡和市场价值。而康芒斯的逻辑是:稀缺—所有权和权力冲突—权力机关下的谈判—创造秩序和合理价值。

康芒斯认为,制度经济学强调人与人之间的"交易"。经济活动中,有三种交易形式。一是议价交易,"通过双方合法对等的自愿协议实现财富所有权的转换"[③]。法律平等并不意味着经济权力的平等。最终决定价格的交易和市场因素是供求等正统价格理论最重要的东西。二是管理交易,它包含法律命令和经济优势者对劣势者的命令。"它是工头和工人、治安管理者和市民、管理人和被管理人、主人和仆人、所有者和奴隶之间的关系。"[④]管理交易包括财富创造。三是配给交易,包括"在几个交易参加者之间达成一项协议的谈判,这些人有权给合资企业的成员们分配利益和负担。"[⑤]随后,康芒斯得出制度定义:"这三种形式的交易,被一起放到一个大的经济单位里考察,在英国和美国的实践中,它被叫作运营关系(going concern)。这种运营关系有使事情顺利进行的运转规则,从家庭、公司、工会、商会,直到国家自身的所有方面,也都具有这些规则,它们被叫作制度。消极概念是'分类'(group),积极概念是'运营关系'。"[⑥]交易包含冲突——我得到的越多,你得到的就越少。这些冲突并非是在大多数交易中造成的。惯例是通过风俗、习惯、法律等建立的。秩序产生于这些惯例之中。他把这些惯例叫作运营的规则。交易冲突可通过公正的仲裁和平调节,而调节一切交易冲突的最高权力机关是国家,首先是法院。

这是康芒斯方法的梗概,也是他对美国资本主义分析的梗概。而新古典理论认为,由稀缺问题所引起的冲突,可以假定不考虑文化、社会、心理和法律等因素,在竞争性市场中解决比政府干预的结果更好。

康芒斯运用社会科学、历史和法律的方法,证明政府干预一般有效。大部分经济活动不是个人活动,而是集体活动,是作为发展的公司规则指导和影响的团体的活动。旧的规则不断被修改。他认为,经济学中最适当的研究主题是通过集体行动的手段来塑造生活与社会制度。这种集体行动控制个人行动,也通过把个人"从他人的强制、强迫、歧视,或不公平竞争中"解救出来而解放他们。"而这种比限制更为多见的集体行动和个人行动的解放——这

[①②③④⑤⑥] Commons J R. Legal Foundations of Capitalism[M]. New York:Macmillan, 1924:5;111-114;5;68;64;69.

种个人意愿的扩展,远远超过了他微不足道的个人行动所能做到的事。"[1]

康芒斯呼吁,实施抑制衰退的货币政策,立法保障工人失业补偿等劳动权利,建立医疗和意外伤害事故保险,管理公共设施以防止垄断出现等改革。资本主义需要政府干预。尽管康芒斯对正统理论没有产生什么影响,但是,他呼吁改革,对美国资本主义制度结构产生了重要影响。

康芒斯交易制度的研究,为当代西方经济学中以罗纳德·科斯、道格拉斯·诺斯、奥利弗·威廉姆森等人为代表的新制度主义研究开辟了最初的道路。

第五节 艾尔斯和贝利的经济学说

20世纪30年代后期,凯恩斯革命的冲击,使制度主义的影响力急剧下降,制度主义者纷纷转而信奉凯恩斯主义。制度主义的沉寂期固然与凯恩斯主义的兴起和冲击有关,但其根本原因正如斯蒂格勒总结的那样:一是仇视经济学"标准理论"的态度;二是缺乏某种实证的研究纲领和方法(理论)。

在这种艰难时刻,仅有少数制度主义者如艾尔斯、贝利等人坚持凡勃伦的分析传统,并充实这一传统。他们着重从社会和企业结构的角度来分析资本主义社会的经济问题以及所有权和管理权(经营权)的分离对资本主义权力结构的影响。此外,他们还从评价标准的角度和技术进步的性质来考察社会经济现象,分析了工业化和工业化之后的社会发展趋势。

一、艾尔斯的经济学说

克拉伦斯·艾尔斯(Clarence Edwin Ayres,1891~1972),美国制度经济学家和社会哲学家,生于马萨诸塞州的洛厄尔。艾尔斯的思想既继承旧制度主义(凡勃伦)的基本思想,又包含新制度主义的萌芽。

艾尔斯明确制度主义的哲学基础——实用主义。其在艾尔斯时代已是一种成熟的哲学体系。实用主义强调科学考察问题的本质,强调考察过程的因果循环,认为考察过程必然涉及价值判断,而价值判断的标准就是判断对象的工具性。据此,艾尔斯把全部社会行为分为技术体系和礼仪体系两类。

礼仪体系源于迷信、无知以及对未知实物的恐惧,是保守的。其可以在技能、知识、工具等技术力量不断变化的条件下保持不变,并且通过感情交流和集体灌输的方式在人们中间传播。技术体系是人类实用主义的体现。其是指人类合理应用手和脑等来解决问题,从而有益于人类进步、人类生命的延续和生活质量的改善的各种活动。这两个体系是相互对立的,社会的进步就是在技术体系不断克服礼仪体系阻碍的过程中实现的。

艾尔斯认为,技术至关重要,技术包含工具、工艺和知识,技术进步的原因是工具的"自发组合"功能。技术必然引起工具的使用,而工具具有连续性,文明的连续性就在于工具的连续性,一切艺术和科学都是从工具的连续性中获得存在的理由和发展的源泉。技术发展和文化进步是统一的,科学和艺术的进步源于工具能进行多种新组合。他抛弃技术进步中人的主导因素,并将技术进步视为是工具的"自发组合",从而社会进步也就是必然的。

---

[1] Commons J R. Institutional Economics[M]. New York:Macmillan,1924:73.

在礼仪体系和技术体系的基础上,他区分价格经济和工业经济,价格经济是"价格价值"的源泉,工业经济是"工具价值"的源泉。正统经济学的价值概念是"价格价值",把价值关系简单地理解为价格关系,从而经济体的核心问题是价格问题。艾尔斯认为价格经济产生的这种价值概念在很大程度上是礼仪的,是以神话和传统信念为基础的,无益于提高社会福利。比"价格价值"更基本的是"工具价值",即在工业经济技术过程中产生的价值概念,科技决定的价值是真正价值,因为科技进步才能强化人类生命的连续性。

艾尔斯强调的"工具价值",是实用主义或工具主义哲学意义上的价值,"工具价值"源于人类的生命过程,同时工具价值的实现又将有利于人类生命过程的延续。艾尔斯把经济学视为追求实现工具价值的价值科学。

艾尔斯对凡勃伦传统的贡献在于:① 确定制度主义的哲学基础;② 强调技术进步是社会进步的根本动力;③ 强调工具价值是制度主义根本的判断标准。

但他的理论缺陷明显:① 割裂凡勃伦二分法的两个组成部分,忽视礼仪体系对改进技术体系的作用;② 视技术进步为必然,但忽视技术的负面作用;③ 抛弃凡勃伦理论中的激进因素,趋于改良主义。虽有这些缺点,但他还是坚持凡勃伦的传统,而且在价值理论中还发展了这一传统,因此,在制度主义中被称为"凡勃伦-艾尔斯传统"。

二、贝利的经济学说

阿道夫·奥古斯图斯·贝利(Adolf A. Berle,1895~1971),20世纪30年代从旧制度学派向新制度学派过渡时期的重要代表人物,政治家和法学家,生于美国波士顿,读于哈佛大学,1916年获博士学位;先后在哈佛大学和哥伦比亚大学任教;1938到1944年担任助理国务卿,1945到1946年任美国驻巴西大使,作为专家参加过巴黎和会,并参与罗斯福新政。

贝利最主要的贡献是与米恩斯一起提出所有权与经营权分离的观点。他在调查200家大公司的基础上,分析现代公司的一个基本特点——所有权与经营权分离。大型股份公司的发展使股票高度分散,作为公司所有者的股东,大多数已失去对公司的控制权,而几乎没有股份的管理者取得对公司实际的控制权。决策者不是业主,而是担任经理的企业家。两权完全分离形成所有者与管理者两大对立集团。管理者的强大使他们不仅有可能支配国家,而且还可能侵犯私有产权。贝利虽然反对这种趋势,主张公司要置于社会控制,无论所有者还是管理者都不能利用公司谋私利,而应为社会谋利,但他对两权分离带来的问题并没有提出可行的解决办法。实际上,企业家为决策所获信息是需要付费的,但他们无法掌握全部信息,也没有充足的时间和能力来评价所有可供选择的行动方案,因此,厂商利润最大化原则是无法实现的。他强调公司管理应成为纯粹的技术管理,政府应平衡各种力量并调节收入。贝利关于现代公司的分析,发展了凡勃伦的制度经济学,尤其是公司结构分析,对新制度主义影响很大。现代经济学的经理厂商理论和行为厂商理论是其分析的延续。

本 章 小 结

历史学派强调国家干预经济的重要性和历史方法的重要性,否认普遍规律和抽象研究的可靠性;对内提倡经济自由,对外力主保护主义,其政策促进落后国家的发展。

美国制度学派开创制度研究方向和方法,提高经济学的解释力。但是,那时的制度学派将研究的重点放在批评资本主义制度上,却忽视对经济理论的研究。

思考题

1. 评述李斯特的生产力论。
2. 评述比较旧、新历史学派的基本经济学说和方法论。
3. 评述凡勃伦的资本主义观——"机器操作"和"企业经营"之间的矛盾。
4. 评述康芒斯的集体行动理论。

名词

生产力理论　社会发展阶段　制度　罗雪尔　历史方法　商业循环

第十一章 经济学第二次革命
——边际主义

本章重点
- 边际学派的研究方法；边际效用价值论；心理学派与数理学派
- 时差利息论；瓦尔拉斯的一般均衡论；克拉克的生产力论

边际学派是西方经济学中影响最大的一个学派。边际主义的基本原则，影响广泛而深刻，直到今天仍然是现代经济学各派普遍接受的理论基础之一。

第一节 概 述

一、边际主义的基本原理

（1）以个别变量或局部问题、个人和厂商的微观分析，个别决策的制定、单一类型商品的市场条件、特定企业的产量等，代替总量经济学或宏观经济学。

（2）以人与物的关系研究代替政治经济学人与人之间的生产关系研究。反对德国历史学派否定抽象演绎的方法和否定一般规律的错误态度。

（3）以边际分析、决策边际点(变化点)为微观经济学方法论的主要支柱。

（4）以抽象推理法代替历史方法。

（5）以纯粹竞争为前提。这个假设要求有大量买者、卖者、同质的产品、统一价格、没有广告；没有一个人或厂商有足够的经济力量能够明显地影响市场价格；个别人可以使他们自己的行为适应成千上万的人相互作用所决定的市场中的需求、供给和价格；每个人的行为相对于市场规模而言，影响都十分渺小，以至于在市场中，没有谁会注意到他的存在。但是古诺的寡头分析是例外。

（6）强调需求决定价格。早期边际主义者认为，需求是价格决定的基本力量。古典学派倾向于强调生产成本是交换价值的重要决定因素。边际学派从强调生产、供给转向强调消费、需求和效用；早期边际主义者走向相反的极端，强调最重要的是排除供给，而马歇尔把供求综合到一起形成新古典经济学。

（7）强调个人主观效用和个人主观心理因素，成本包括储蓄货币的牺牲与烦恼。

（8）强调均衡分析，经济力量一般会趋向于均衡。无论什么干扰引起经济紊乱，总有一种新的趋向均衡的运动会发生。

（9）强调政府不干预，继承古典学派的传统。在大多数情况下，对于自然的经济法则不加干预，就能够实现社会利益的最大化。

（10）人们的经济行为是理性的。他们假定，人们在平衡快乐和痛苦时，在衡量不同商品的边际效用时，以及在平衡现在与未来需求时的行为都是理性的。他们还假定，有目的的行为是正常和典型的,而偶然不正常的行为将会相互抵消。边际主义者的这种方法,理论基础是边沁的"功利原理"。

(11) 使用高等数学研究经济学。

(12) 一般把土地问题和资本问题放在一起,把土地所有者报酬和利息理论结合起来,一并解决土地与资本问题。

二、边际主义的作用

运用几何图形和数学分析这些工具,使经济学成为精确的社会科学。在需求给定的情况下,作为最终产品和生产要素价格决定因素的这些工具是重要的。有效地强调形成个人决策的原因,明确地阐述经济分析的基本假定。边际学派唤起的方法论争论引起目标和证明原理的分离。这是建立在边际主义的价值判断和哲学观点的假定基础上的。

运用局部均衡分析方法,有利于抽象掉复杂的现实世界,以便更好地理解现实。保持其他所有变量暂时不变,只允许一个变量可变。这样在时间上,研究者把复杂的现象分解为一个个步骤,无穷变量的无限复杂社会问题也会因此而条理化和系统的简化。由于引进连续变量,边际主义者必然更为接近现实。

边际方法弥补了宏观经济学的缺陷。例如,某国人民的平均收入虽在上升,但特定人群的状况却每况愈下。又如,经济周期对大汽车公司效益影响虽大,但对于一家便利店的店主来说,与一家在热闹大街上经营的大的百货店相比,经济周期对它的影响却有限。

边际学说促进资源有效配置,增进人类福利,以人为高工资造成的失业说明资本主义分配的合理性;反对以李嘉图地租论为基础的对地主的攻击;对抗利用剥削问题唤起革命的马克思主义。

三、边际主义的贡献

边际主义已为更广义的新古典学派所吸收。边际学者发展了像数理经济学、基本垄断模型、双头垄断模型、边际效用递减理论、理性消费选择理论、需求法则、边际收益递减规律及其在企业的运用、规模收益的概念、工作与闲暇的选择、要素报酬的边际生产力理论等学说。从20世纪80年代起,边际主义者最先引进"选择理论",使经济学出现明显的复兴。

边际主义者认为最好的政府是干预最少的。凯恩斯指出,把边际主义就业理论和新古典就业理论联系在一起,也许是一种谬误。如果一家企业削减工资,也许会以较低价格,销售更多商品而扩大市场。它的雇员购买力的下降将不会对其利润产生影响,因为他们只购买了一个可忽略的产品部分。但如果所有的雇员都削减工资,其生产将会萎缩而不是扩大。今天,纯粹竞争只能在很少的经济部门中找到。制度经济学家们认为,历史和制度因素支配工作日长度、消费行为、工资率等理性行为。他们几乎没有人尝试理论的归纳证明,因而不能解释经济增长,边际理论对于经济发展缓慢的国家是不合适的。

第二节 边际效用学派的先驱

一、边际效用学派的形成

"边际"一词是指事物在时间或空间的边缘或界限,是反映事物数量的一个概念。边际学派最初是以主张边际效用价值论而出现的。但是,以效用来说明商品价值的观点,可以追溯很远。早在17~18世纪,有些资产阶级经济学家就曾经提出,价值由人们对物品效用的主观评价而产生。

边际效用思想最早由米埃尔·比尔道夫在《人与市民的义务》中(1675)提出。英国经济学家尼古拉·巴本(Nicholas Barbon,1640~1698)也是最早的效用论者之一,他在《贸易概论》(1690)一书中指出:"一切商品的价值都决定于它们的用途;没有用途的东西就没有价值。"18世纪意大利资产阶级经济学家迪南特·加里阿尼(1728~1787)在《货币论》(1750年)中指出:"价值是一种比例,它由'效用'和'稀缺性'的比例构成。……空气和水是人类生活中很有用的要素,然而它们没有价值,因为它们不具有稀缺性;某种稀少之物,没有用途,它们不会有价值。"加里阿尼把价值不仅归结为效用,而且归结为稀缺的效用,可以说这是边际效用分析的开端。18世纪法国哲学家和经济学家孔狄亚克(Etienne Bonnot de Condillac,1715~1780)坚持并发挥加里阿尼关于价值的观点,他在《商业与政府的相互关系》(1776年)一书中说:"物的价值只在于物和我们的需要的关系。很显然,较强烈的需求感觉会给物品更大的价值。物品价值随稀缺而增加,随丰裕而减少,直至减少到零。一物如果过多,它便没有价值,谁也不愿使用它,它已完全无用。"重农学派的杜尔哥也在不同程度上把价值看作人们对产品效用的评价而产生的。

从19世纪30年代起,随着英国古典政治经济学的解体,相继出现了一批从需求、效用和人的主观感觉出发来考察商品价值的学者,他们成为边际效用分析的先驱。英国经济学家劳埃德(Lloyd,1795~1852)和萨米尔·蒙蒂福特·朗菲尔德(Samuel Mountifort Longfield,1802~1884)最早提出类似"边际效用"的概念,并把它用于分析商品价值。劳埃德认为,价值可十分恰当地被定义为对所占有物品的估价。他举例说,一个饥饿的人只有一盎司食物,这一盎司对他意义极大。他有两盎司,这两盎司的意义也很大……第三盎司的意义会比第二盎司小;依此类推,以至无限。随着食品持续增加,最终达到欲望完全或几乎完全丧失。食物短缺时,食物估价很大;当食物增加时,对食品估价逐步减低。价值依存于欲望估计。效用不变,但人对它的估价变化,归根结底价值是心理感受,它总会在已满足的欲望和未被满足的欲望之间的边际上表现出来。劳埃德虽没有明确表述边际效用决定价值,但已提出边际效用价值论的基本思想。

劳埃德认为价值仅仅决定于主观效用。朗菲尔德认为,每一物品的价值决定于供求,由供求规定的价格将足以使供给与有效需求相等。有效需求导致实际购买或消费需求。与传统的供求价值论不同的是,朗菲尔德不限于指出供给和需求,而且试图提示隐藏在供求背后的因素:生产成本和效用,他认为,每一商品的成本和它的效用间接影响价格。他的价值论是边际成本论和边际需求论的综合,是马歇尔供求价值论的先驱。

二、安东尼·奥古斯丁·古诺

安东尼·奥古斯丁·古诺(Antoine Augustin Cournot,1801~1877),法国数学家、哲学家,是数理经济学的鼻祖,边际效用价值论的先驱者之一。他认为,在价格决定中,"需求规律"始终是主导的,"一般说来,一个物品越便宜,对它的需求就越大。……价格下降,售卖和需求通常就增加"①。他第一个提出需求方程式:$D=F(P)$,最早表述需求弹性,并依此考察垄断和竞争条件下的价格决定原理。他最早提出关于纯粹竞争、双头垄断和纯粹垄断问题的数学模型。在分析对制造青铜用的铜和锌的需求时,古诺最早提出现在人们所涉及、推导资源需求的完整模型。他的许多分析都集中在总成本和收益函数的变动率上。这种变动率(数学的导数)成了经济学所涉及的边际成本和边际收益。但直到他去世后,在杰文斯、马歇尔和费雪继续他的事业之前,他的先驱工作并没有受到应有的重视。现在一般是从纯粹竞争的市场分析开始,再分析不完全竞争。古诺与此不同,他从纯粹垄断开始,然后分析竞争的市场。他认为,垄断是一种商品只有一个供给者,可以自由调节供给量以适应需求,把它们调节到能够给他提供最大的利润时为止。他的主要贡献是纯粹垄断理论和双头垄断理论。

1. 垄断理论

古诺(1838)提出利润最大化原理,即企业价格使得边际收益等于边际成本来实现其利润最大化。假定某人拥有一定数量的矿泉水,而这矿泉水又单独具有保健功能。他把每升水的价格定在100法郎的过高价格,这导致需求不足。因此,他将把每升水降价到能使他得到最大利润的点上,在经过不同实验后,最终采取能使产品总收益最大的方案。

古诺假定获得矿泉水的总成本和边际成本都为0,总利润将在总收益(价格与数量的乘积)达到最大时的产量上实现最大化。每增加销售都将增加总收益。但是,如果不能增加额外单位的销售,在其他单位矿泉水上得到的价格将是较高的。这种潜在收益的损失必须要从额外销售的矿泉水所得的收益中扣除。当每升矿泉水要价为100法郎,能销售65升,总收益是6500法郎。当价格为60法郎时,销售200升,总收益升到12000法郎,任何高于或低于60法郎,都将减少总收益。所以,总收益和总利润,在60法郎价格上达到最大化。边际收益是0,边际成本MC是0,$MR=MC$。这是实现利润最大化的条件。

2. 双头垄断理论

这是分析寡头市场结构中卖者行为和收益的首次尝试。

两个所有者和两处质量相同的矿泉水,向同一市场提供矿泉水,他们规模都较小,价格一样,P为价格,$D=f(p)$为总销量,D_1和D_2分别为两种矿泉水的销售量,每一方将各自寻求收入的最大化。

"……各自独立的每一方将只受到非常基本条件的限制。因为如果他们同意这样以获得各自尽可能大的收入的话,结果将是完全不同的,至于消费者所关心的东西,则与垄断市场下获得的没什么不同。"②

双头垄断理论中,古诺假定买者的名义价格和两个卖者仅仅按照这个价格调整其产量

---

① Cournot A A. Researches into the Mathematical Principles of the Theory of Wealth[M]. New York:Macmillan,1929:46.

② Cournot A A. Theory of Wealth[M]. New York:A. M. Kelley,1971:79-80.

的情况。每个双头垄断者都估计产品总需求,并在假定对手产量不变的情况下,安排自己的产销量。每个生产者逐步调整产量以达到稳定的均衡。

3. 评价

古诺的纯粹垄断理论模型被收入现代西方经济学教材。其唯一的问题是,他没有看到价格歧视(即对需求弹性不同的顾客要求不同的价格)的可能性。在市场能够被分割,而且买者不能把商品转卖的条件下,价格歧视是可能发生的。若矿泉水的所有者能够要求矿泉水买者遵守上述条件,卖者就能要求不同的个别买主支付不同的价格。在这种价格歧视情况下,边际收益将等于每一个买主的要价,而矿泉水的所有者甚至将会得到更多利润。

古诺双头垄断理论的不实际假定和忽略许多其他关于双头垄断情况的结论而受到批评,如埃奇沃斯(1897)在《纯粹竞争理论》中指出,双头垄断不能确定其竞争对手将如何反应,这种反应的不确定性造成双头垄断解的不确定性。

在20世纪20年代,人们开始拓展双头垄断者和寡头垄断者对于销售率、成本、产品质量和服务方面竞争的可能反应模式。按对手产量保持不变来设定本企业产量水平的假定已被抛弃。只要承认每个企业会考虑到其对手对自己策略的潜在反应,就有了一个依赖于关于其行为假定的、可能出现结果的整体范围。

三、戈森定律

赫尔曼·海因里希·戈森(Hermann Heinrich Gossen,1810~1858)是边际效用价值论的直接先驱者和奠基人,他提出效用递减规律,为边际效用学说发展提供了理论基础。他在《人类交换诸规律及人类行为规范》(1854)一书中,从边沁的功利主义出发,认为人类活动的目的是追求最大享乐而尽可能地避免痛苦。而支配追求享乐行为通常受到两个规律支配,一是同一享受的感受程度,如果持续地享受下去,就会不断递减,直至最后出现感受的饱和状态,即享乐递减规律;二是在享乐递减规律的作用下,为使享乐达到最大化,每个人可以在各种享乐之间自由选择。但是,当他的时间不足以使其享乐完全达到饱和时,他一定会这样行事,即不管各种享乐的绝对量是如何不同,在享乐达到饱和的最大享乐之前,他必定按照如下方式首先满足各种享受的一部分,在他享乐中止时,每一单个方面的享乐量是相等的,即边际效用相等规律。这就是戈森定律。

四、朱尔斯·杜普特的经济学说

朱尔斯·杜普特(J. Dupuit,1804~1866)在代表作《公共工程的效用计量》(1844)中最早提出成本-收益分析思想,运用边际分析方法衡量公众来自公共事业的效用或利益,并从消费者的利益出发制定相应的价格和税收政策,是研究公共工程的成本与效益的先驱者;明确区分总效用和边际效用;所提出的"消费者剩余"的理论又被认为是成本-收益分析的理论基础之一。他还著有《公共工程对交通道路的效用的影响》(1849)、《论通行税和运输费用》(1849)。他根据相对效用论原则,论述通行税的理论和政策是:交通设施的所有使用者支付的通行税,同他们来自这种通行的效用成比例的税率是最适当的税率。

1. 边际效用与需求

杜普特指出,一种新产品的价值大小因人而异。例如,一个人从一个特定单位的水中所获得的效用取决于它的用途。最初,个人将水用于价值很大的用途上,随着水的储备不断增加,逐渐用在价值较低的用途上。杜普特确立需求曲线的概念:价格与需求量呈反向运动。

需求曲线也就是边际效用曲线,连续消费某一特定的产品将产生越来越少的满足。因此,除非产品的价格下降,否则消费者将不会购买额外的单位产品。

2. 消费者剩余

假设政府对水的定价是 10 法郎,其含义是消费者愿意为超过 10 个单位的水以外的所有单位支付高于 10 法郎的价格;10 单位以前的每单位的边际效用都高于 10 法郎,只有最后一个单位的价格等于边际效用。如果以每一单位为基础,每一单位的边际效用与它的价格之间的差额便是剩余效用。所有这些边际效用与价格之间差额的总和是总的消费者剩余。

3. 垄断价格歧视

杜普特参与的许多工程均为垄断。因此,他研究若政府任意定价,人们会如何决策的问题。他认为,若目标是使总效用最大化,那么价格应该是零。若价格高于零,会产生两个结果:① 一些效用由消费者转移到卖者,但是,作为转移的结果净效用并未下降;② 一些效用消失(当今的术语称为绝对损失)。他指出,在价格为零时,政府将不能弥补提供产品或服务的成本。起初,他建议政府为卖者制定一个单一的价格,使它的总收益和总成本相等。

进一步研究后,杜普特提出多重定价的方案。比如,对边际效用高于 10 法郎的消费者索要一个高于每单位成本 10 法郎的价格。其结果是,这些买者的一部分消费者剩余将会转变成卖者的额外收入。但对这些买者实行的高于成本的定价不会导致总效用的损失,它仅仅是将一部分消费者剩余转移给了卖者。更重要的是,这些额外收入使卖者能够对那些边际效用低于 10 法郎的个人索要较低的价格。因此,与单一价格相比,这既提高总效用,又满足总收入与总成本相匹配的要求。这种多重定价方法被西方经济学称为"价格歧视"。

第三节 杜能的经济学说

一、生平、著作

约翰·海因里希·冯·杜能(Johann Heinrich von Thünen,1783～1850),19 世纪上半期的德国经济学家,农业区位理论的创始人和边际学派的先驱。他智慧过人但体质弱,就读于大弗洛特贝克农业学院;从 1804 年起,在梅克伦堡、安克拉姆、特洛等地经营农庄,其中在特洛的农庄度过 10 年隐居生活,一直到 1820 年。在这期间,他边经营农庄边进行学术研究。他早在 1803 年大弗洛特贝克农业学院学习时就已有《孤立国》一书的最初观点,但 1820 年才发表一些篇幅较短的农业专著。他不断修改其著作,朋友们几乎是强行从他手中夺走书稿送去出版的。1826 年,他的第一卷《孤立国同农业和国民经济的关系》(简称《孤立国》)出版,副标题为"关于谷物价格、土地肥力和征税对农业影响的研究",该书影响重大。为此,1830 年罗斯托克大学哲学系一致通过授予杜能名誉博士学位。他在《孤立国》中提出"杜能圈"理论、地租理论和劳动与资本的最后生产力理论,在经济学说史上,意义和影响重大。

二、"杜能圈"理论

杜能说:"在国民经济学方面,亚当·斯密是我的师表,在科学的农业方面则是泰尔(也译作特尔)先生。他们两位是两种科学的创始人,他们的不少学说将永远是无可非议的科学基础。"①泰尔是德国农业经营学的创始人和欧洲大陆农业经济学泰斗。他较早表述生产经营的原则是获取最大收益或利润。泰尔认为英国的轮栽农作制度是最先进的,主张向英国学习。杜能继承泰尔思想,也纠正泰尔的不足。在实践和大量资料的研究中,他看到轮栽农作制并非在一切条件下都是最为经济的,因而他要探讨和说明选择农业耕作制的规律。他把农产品价格和耕作制联系起来,用一套特殊、崭新的研究方法,理论上证明轮栽农作制具有相对优越性,不同条件下,各种农业耕作制都有着各自的优越性。

杜能运用抽象法,设计一个孤立国:唯一的城市坐落在沃野中央,该城市供应全境一切人工产品,而城市食品完全依赖四周供给。孤立国的平原上没有可通航的自然水流和人工运河,也没有铁路,平原土地肥力完全均等,各处都适宜于耕作。离城市最远的平原四周,是未经开垦的荒野,那里与外界完全隔绝,所以称孤立国。在孤立国中,城市谷物价格是孤立国的标准,城市周围农村的谷价随着与城市距离的扩大而逐渐下降,一直到可耕作平原的边境地带,那里形成的白银和谷物的价值比例,是孤立国全境决定谷价的基础。城市谷价是边境地带谷价与从边境地带到城市市场谷物运费之和。

杜能认识到,农产品价格决定农业耕作制度,其与城市距离越远,农产品价格越低。他说明,孤立国中,随着与城市距离的增加,形成许多个同心圆,在不同层次采取不同耕作制度,它们依次为:自由农作、林业、轮栽作物制、轮作休闲制、三区农作制、畜牧荒野等圈境。第一圈境生产菜蔬、果品、牛奶等。其优点是,肥料可购自城市,土地不休闲地力也不减。由于农产品价格高,不允许土地闲置。当距离增加,农产品价格下降,买肥料不如农庄生产时,这一圈境便到尽端。他假定城市燃料取自人工生产的林业。因而第二圈境为林业。第三、四、五圈境经营农业,其中轮栽作物制废除土地休闲制,而轮作休闲制和三区农作制是不同的休闲制度,两者的差别是三区农作制中,提供肥料的牧场也纳入轮作循环并翻耕。三区农作制依次表现为不同的农业生产集约度和产量,假定一定面积的轮栽作物制可养活4000人,那么,其他两种可养活3000人和2000人。三区农作制的优越性是相对的,生产集约和高产的制度要花费较多成本,需要距城市较近或较高的农产品价格。第六圈境经营畜牧业,其外是散居在树林中的猎人生活区,再以外是荒野。杜能认为,在孤立国中可以看到循序排列的各种农牧业制度,这就是一个国家在几百年中农业演进的情景。

杜能的孤立国理论研究了农业生产的集约度和农业生产部门的位置配置,因而他被看作农业区位理论的创始人。实际上,他在孤立国中也涉及工业布局,从而也是工业布局理论的先驱。他所描绘的孤立国也被形象地称为"杜能圈"。

三、地租理论

杜能从斯密对地租的论述出发,批评斯密把资本利息和土地收益相混淆的地租概念。他指出,"在田庄收入项下,扣除房屋、树木、垣篱等一切与土地分开的东西的价值所生的利息,剩余之数属于土地本身。我称它为地租"②。

杜能主要研究级差地租,结论与李嘉图的极为相似。但后者主要从肥力角度论述级差地租,他主要从位置角度论述级差地租。距离中心城市的远近不同,农产品价格不同。"这种利润是持久的,获得纯利润的田庄须每年支付租金"③,"地租是由于它的位置和土地比最

---

①②③ 杜能.孤立国[M].吴衡康,译.北京:商务印书馆,1986:325;29;191.

劣的、但为了满足城市需要又不得不从事生产的田庄优越而产生的"①。他与李嘉图一样，认为地租是由土地位置优越而产生的超额利润转化而来的。在孤立国，离城市越近，地租越高；反之则相反。当农产品价格等于生产和运费之和时地租为零。由于谷价随需求变化，能提供地租的田庄与城市的距离也在变化。他说："如果谷物的消费增长，则现有的耕地不再能满足城市的需求，市场供应不足将会引起价格上涨。价格的上涨使最远的、历来没有地租的田庄获得盈余，产生地租。"②他也认识到，他的地租说明不透彻。但他实际上意识到绝对地租的存在。

四、劳动与资本的最后生产力理论

杜能运用抽象法，力图排除一切偶然和非本质的因素，设置一个典型、高度抽象的孤立国，较早在经济研究中大量使用数学，特别是在一种变动因素条件下，主要是用微积分考察价格、生产费用、运费等便于实际计算的几项因素的关系及其变化。他观察的是作为增量变化而引起的一系列变化过程。他利用边际方法提出一些有价值的观点或结论，如分析级差地租和农业耕作制演变等。他用边际方法研究工资和利息，成为边际生产力分配理论的创建者之一。

杜能提出的"要素最后生产力论"是"边际生产力论"的最初形式，他因此被纳入到边际学派先驱者行列。"要素最后生产力论"，由"劳动最后生产力工资论"和"资本最后生产力利息论"构成。他的"自然工资论"认为，劳动产品是劳动和资本的共同产物，应在资本家和工人之间进行分配。劳动产品扣除资本和利润后的余额是工资。他写道："这项不是由供求关系形成的，不是由工人的需要计算出来的，而是工人自己自由决定的工资或自然工资，并且始终等于$\sqrt{ap}$，我称之为合乎自然的工资或自然工资。其中，a为工人的必要生活资料数量，p为工人的产品数量。"

杜能认为，减去工人自己的小工具等"资本"的"利息"后的余额才是工资。孤立国边境有大量无主土地，那里的劳动产品本身是工资尺度，是自然工资形成地和孤立国全境工资标准。无主地不存在时，劳动产品是劳动和资本的共同产物，应在工人和资本家间分配。他用劳动的最后生产力说明工资："工资等于在大规模经营中最后雇用的工人所增加的产品。"③他把资本视为劳动产物，是劳动者生产的高于他们所消耗的那部分构成的，但他不了解资本的本质。他把劳动产品看作工人和资本的共同产物，资本与工人一样具有生产力。他看到资本生产力递减的现象："凡是后投入的资本带来的效益比以前投入的要小。"④利润或利息决定于最后投入的资本生产力。"全部资本在出借时提供的租金是由最后投入的那部分资本的效益决定的。这是利息学说的意义之一。"⑤

第四节 奥地利学派

边际学派包括心理学派和数理学派，前者强调心理分析，主要代表是奥地利的门格尔、维塞尔和庞巴维克等人，又被称为奥地利学派；后者强调数学分析。奥地利学派以维也纳大学为中心，因此也称维也纳学派，该学派的创立者和奠基人是卡尔·门格尔（Carl Menger，

---

①②③④⑤ 杜能.孤立国[M].吴衡康，译.北京：商务印书馆，1986：191；189-190；459；449；400.

1840～1921),代表作《国民经济学原理》奠定了边际效用论的基础。他的追随者有弗里德利希·维塞尔和庞巴维克(Böhm Bawerk,1851～1914)。庞巴维克是边际学派最著名的代表,代表作为《资本与利息》(1884)、《资本实证论》(1888)。

一、方法论

奥地利学派反对历史学派的历史方法,主张抽象演绎法。即把孤立的个人作为自己理论的出发点,把社会经济规律视为自然范畴,抹杀资本主义的生产关系;完全抛开生产,单纯从心理学的角度分析消费,抛开资本主义固有的生产和消费的矛盾。门格尔认为经济学的研究不能采用经验方法,必须采用"严密的方法",即"抽象演绎法"。门格尔说,是"使人类经济的复杂现象还原成为可以进行单纯而确实的观察的各种要素,并对这些要素加以适合于其性质的衡量,然后再根据这个衡量标准,以再从这些要素中探索出复杂的经济现象是如何合乎规律地产生着"①。奥地利学派抽象演绎法有以下几个特点:

(1) 孤立、个人主义方法。经济研究的出发点是孤立的个体经济。因为整个社会不过是个人的简单算术总和,社会经济不过是孤立的个体经济简单机械的综合,孤立的个体经济是社会经济的缩影。因此,分析孤立的单个人同财货的关系就是分析经济问题的关键。

(2) 心理动机分析方法。人的意志决定经济生活,人们的欲望和满足欲望追求的心理动机支配经济生活。人的动机是趋利避害。政治经济学的任务就是要研究痛苦和快乐心理的关系,政治经济学完全从属于心理学。维塞尔甚至公开宣称政治经济学是实用心理学,价值、价格、利息、利润、工资等一切经济现象、范畴,都是心理范畴,经济生活是这种心理活动的外在表现。

(3) 消费分析方法。强调消费而抛开生产。他们认为经济分析不仅是个人的心理动机,而且是孤立的个人在消费领域里的心理活动。

他们认为,经济就是欲望及其满足,而欲望的满足就是消费,经济就是消费,生产不过是满足欲望的手段,是从属于消费的。所以,在经济分析中,消费分析应当占首位。这种观点完全颠倒了生产决定消费的关系。

奥地利学派的抽象演绎法,有可取之处。这种方法主张从复杂现象演进到简单现象,又从简单的抽象再回到复杂的具体。然而,奥地利学派的抽象演绎法和马克思主义政治经济学的方法是完全不同的。因为,他们把人和物的关系作为研究的前提和出发点,他们的"人类经济"是一种超越社会发展各个阶段的空洞概念。

人类经济生活由两个基本要素构成:人的欲望及物质的有限性,欲望无穷而物质有限,因而产生如何经济使用物品的问题。一切经济问题都是由此而引出的,经济的本质是欲望及其满足,经济学的任务是研究人的欲望及其满足的关系,即研究人与物的关系。门格尔说,经济学是研究人类为满足欲望而展开活动的条件。庞巴维克说,经济学是研究人和物质财富的相互关系的科学,不是研究社会生产关系及其同生产力之间的矛盾和运动。

二、边际效用价值论

这是奥地利学派经济理论的核心,也是整个边际效用学派的基本理论。边际效用价

---

① 门格尔.国民经济学原理[M].上海:上海人民出版社,1959:2.

论的内容庞杂,归纳而分为两部分:一是主观价值论;二是研究具有多种主观评价的商品在市场上怎样形成统一价格,即客观价值论。

1. 奥地利学派的主观价值论

庞巴维克说:"价值是一种财货或一类财货对于物主福利所具有的重要性……占有它就能满足某种需要,能给予我以一种没有它就得不到的喜悦或愉快感,或者能使我免除一种没有它就必须忍受的痛苦。"① 效用是指物品能满足人欲望的能力,该能力的有无和大小,决定于人的主观判断或心理评价。门格尔说:"价值是经济人对于财货所具有的意义所下的判断。因而它绝不存在于经济人的意识之外。"② 庞巴维克加上"稀缺性"原则:"一种物品要具有价值,必须既有有用性,也有稀缺性。"③ 维塞尔说:稀缺加效用等于价值。④

奥地利学派认为,商品价值是由人们的主观评价决定的,在主观价值(主观效用)的基础上,提出"边际效用"的概念。边际价值不仅决定最后一件物品的价值,而且决定全部物品的价值。这种价值理论已经为现代西方经济学所接受。

边际效用是指一个人占有某物的一系列递减效用中最后一个单位的效用、最小的效用叫"边际效用",是维塞尔1884年在《经济价值的起源和主要规律》一书中首先提出的。此前,戈森称之为"最后原子的价值",门格尔称之为"最小、最不迫切的欲望的满足",杰文斯称之为"末等效用",瓦尔拉斯称之为"稀少性"。解释边际效用,先将需要分级:包括需要种类的分级和需要程度的分级。前者是按需要对人类福利的重要性来分级的,吃、穿、住、用降位排列,以后是烟、酒、音乐、装饰品、喂鸟等。后者是按个人对需要的感觉来分级。如对第一碗饭的需要程度显然大于第二、第三碗饭,随着需要逐步地满足,对这种物品的需要程度就会逐步递减,甚至递减到接近于零。人们对物品最不强烈的欲望是"边际欲望"。物品满足边际欲望时的效用,叫作"边际效用"。

奥地利学派宣称,在效用的基础上加进"边际"概念,是个贡献。效用确定价值的源泉,边际效用确定价值的大小。因为物品量的变化最先影响到边际欲望。如果物品减少,唯一受到影响的就是当物品不受损失时原来会得到满足的那些欲望中最后一个欲望。物品的主观评价取决于边际效用的大小。他说:"一方面,要求满足的需要越多则越强烈,另一方面,能满足该需要的物品量越少,则得不到满足的需要阶层就越重要,因而边际效用也越高。反之,需要越少则越不迫切,而能够用来满足需要的物品就越多,则更下层的需要也可得到满足,因而边际效用和价值也就越低。"⑤ 庞巴维克认为:物品的价值是由现有的同样的物品所能满足的一切需要中最不迫切的那一具体需要的重要性来衡量的。因此,这是它的最小效用。"因此,决定商品价值量的规律,可以用下面的公式来表达:一件物品的价值是由它的边际效用量来决定的。""这一规律是我们价值理论的要旨","是实事求是的人在物品问题上的行动指南"⑥。

庞巴维克举例:孤独农民收获的五袋谷物安排是:第一袋食用;第二袋改善营养;第三袋喂养家禽;第四袋酿酒;第五袋养鹦鹉。第一袋最重要,第五袋最不重要。他用10、8、6、4、1分别表示各袋谷物的效用。第五袋是边际效用,其最能反映人们对物品的主观评价,其规律是:物品数量和物品价值成反比例,"任何种类的物品越多,决定其价值的边际效用

---

①②③⑤⑥ 庞巴维克. 资本实证论[M]. 陈端,译. 北京:商务印书馆,1981:150;155;176;76;167.
④ 维塞尔. 自然价值[M]. 陈国庆,译. 北京:商务印书馆,1982:116.

就越小"①。

生产资料价值是由它所生产的消费品"边际效用"决定的。小麦价值决定于面粉价值，面粉价值决定于面包价值，面包价值决定于其边际效用。生产资料价值量"最终是由它们的最后制成品的边际效用量所规定的"②。门格尔把按物品进入消费领域的远近分为不同等级，直接满足人的消费品为第一级，直接生产消费品的生产资料为第二级，生产这种生产资料的生产资料是第三级，以此类推，直到最后一级。生产资料价值不是决定于过去，而是决定于未来或下游产品价值。

维塞尔在这个理论的基础上，提出归算法以解释分配。他认为一种产品总是几种生产资料的共同产物，"当土地、资本和劳动一道起作用的时候，我们必须能够从它们的共同产品中把土地的份额、资本的份额和劳动的份额分别开来"③。因此，归算就是把产品价值分成几份，把这些份额归属于制造这个产品的各个生产要素。这个办法解决了各个生产要素的价值，也解决了分配问题。

门格尔提出，要发现某件财物的价值，最简明的方法是假定我失掉它，即可发现靠它会得到多大享受。如三件财货合作产生价值为10，当减少其中一件，另外两件合作生产的价值为6，所缺的那件高级财货的价值就是4。

门格尔关于个别财货价值量规定的方法，后来被称为"缺少法"。

上面讲的是边际效用价值论的第一部分的内容：价值决定于物品的主观评价，有用性和稀缺性是价值的质；边际效用决定价值的量。最后制成品的边际效用量决定生产资料的价值量。这能够唤起人们节约稀缺资源的意识。

2. 客观价值论

关于客观价值，庞巴维克有两个概念：一个是技术的概念，"指的是一种财货获得某种客观成果的力量或能力"④。如食品有营养的价值。但是这种客观价值，属于单纯技术关系，它完全与物主福利或损失无关，不属于经济关系和政治经济学的研究范围。另一个是对政治经济学具有重要意义的客观价值，是"指财货在交换中的客观价值，换句话说，即用它来换得一定量其他经济财货的可能性"⑤。因此，客观价值论，也就是边际主义价格理论。主观价值论是客观交换价值（价格）的基础，客观交换价值（价格）论是他们的主观价值论的具体运用。庞巴维克用他的客观价值来说明市场上的价格是如何形成的。

庞巴维克认为，自由竞争条件下，买卖双方通过讨价还价决定价格。讨价还价的依据是各自对交换品的主观评价，依据物品的边际效用。他说，"只有在交换给他带来利益的时候，他才愿意交换"⑥。所以卖者只有在出卖的物品价格至少是等于、最好是高于他自己对出卖物品的主观评价时，才愿意出卖；而买者则只有在购买物品的价格至多等于、最好低于他自己对购买物品的主观评价时，才愿意购买。经过竞争，买卖者的主观评价最后形成平衡，价格定在最接近的两种估价之间，价格是买卖双方主观估价的均衡，是双方都能接受的价格。这是一个适合于所有交换的普遍原则。他提出"边际对偶"（Marginal Pairs）的理论，以马市的价格形成为例，说明买卖双方的主观评价形成均衡价格。

庞巴维克将交换分为四种情况：① 一个买者和一个卖者的交换；② 一个买者和多个卖者的交换；③ 一个卖者和多个买者的交换；④ 多个卖者和多个买者的交换。第四种情况是最普遍的经济现象，对价格规律的发展最重要。

---

①②③④⑤⑥ 庞巴维克.资本实证论[M].陈端，译.北京：商务印书馆，1981：171；197；150；150；151；206.

庞巴维克以马市为例,说明经过双方竞争,形成马的价格。某一买者出钱少,另一些买者则要出更多的钱争着买,这时对马的估价要提高,卖者要多卖钱,而另一些卖者争着卖,马的估价要下降。"市场价格是由两对边际对偶的主观评价所限制和决定的。"[①]供求平衡,价格得以形成。价格最终决定于最有力的买主和卖主的评价之间。可见边际效用价值论是主观价值论,表现在:

(1) 奥地利学派把价值同一般的物品(财货)相联系,把物品混同于商品,实际上取消了价值这个范畴,抹杀价值这一经济范畴的历史性和社会性。价值起源于人对物品效用的主观评价,价值纯粹是主观心理范畴,这就完全抹杀了价值的客观性。把孤立的个人对物品的主观评价作为立足点。现实并不存在孤立的鲁滨逊式的人物,人总是在一定的社会生产关系下的人,人对物品的评价只有在一定的生产条件下才会产生。况且人对物品的主观评价要以物品的客观属性为前提,而作为客观属性的效用本身不能构成价值的实体。

(2) 边际效用量是心理因素,这根本无法用数量来衡量。

(3) 生产资料是从它的产品中取得价值的,而不是在进入新的生产过程之前,已在生产过程中获得价值,这是颠倒因果关系的。

(4) 人的主观评价有时会影响价格变动和价值实现。商品买卖双方的主观评价是以购买力作为基础的,而购买力的大小是以市场价格高低为转移的。人们的主观评价决定商品价格,而市场价格决定谁能成为购买者。

三、时差利息论

这是奥地利学派具有代表性的分配理论,由庞巴维克提出。他的中心论点是,利息是由于人们对同种类、同一数量的物品,在现在和未来两个不同时间内主观评价的不同而产生的。庞巴维克把物品分为两类:一类是面包、汽水等能直接满足现在欲望的现在物品;另一类是机器、土地等未来物品,不能直接满足当前的欲望,而是满足将来欲望的物品。他说:"现在的物品通常比同一种类和同一数量的未来物品更有价值。这个命题是我要提出的利息理论的要点和中心。"[②]他认为有三个原因使人们对现在物品的评价高于未来物品。由于评价不同,价值不同,现在物品和未来物品之间存在价值的时差。

(1) "需要同需要供应之间的差别"是指两种情况:一是目前经济困难,对现在物品的评价高于将来物品。例如:收成不好乃至遭灾的农民;由于疾病,为饥饿所苦的劳动者,所有这些人,对现在可以使他们免除痛苦的一个先令的评价,要大大超出对未来一个先令的评价。二是现在虽不困难,但期望将来的经济条件更好,也对现在物品的评价高于将来物品,如大学生从医学院毕业开诊所,如能立即给笔贷款,他不惜将来回报一笔更大的款项。

(2) "低估未来"的原因有三点:① 知识的缺陷,造成人们对未来考虑不周;② 意志的缺陷,人们总是宁愿选择现在的欢乐;③ 人生短暂而多变,不能活着看到未来的效用,使人们常常高估现在,低估未来。

(3) 现在物品有技术优越性,包括两种情况:一是现有的生产资料比将来才有的生产资料可生产更多产品;二是现有满足现在需要的物品(消费品),能够生产更多消费品。

庞巴维克得出结论:人们对现在物品的评价高于未来物品。商品由于在不同时间人们的评价不同而产生价值的不同,即价值"时差",价值时差要求未来物品所有者付给现在物

[①][②] 庞巴维克.资本实证论[M].陈端,译.北京:商务印书馆,1981:219;243.

所有者等于这个差价的"贴水",即利息。

庞巴维克从时差利息出发,把利息分为三种主要形态:

(1)借贷利息是利息最简单最典型的情况,因为一笔借贷无非就是用现在物品同未来物品进行交换,债权者所提供的是现在物品(包括货币),债务者得到的是现在物品,偿还的是未来物品。还债时,要还本付息。"利息是由现在物品和未来物品之间价值上的差别所产生的。"①

(2)企业利润是由于时差造成的。生产资料和劳动是现在物品,在经济性质上是未来物品。作为现在物品,它不能直接满足人的需要,必须转变成消费品,需要通过生产过程和一定时间,因此它的效用是未来效用,是未来物品。但资本家付给工人的是现在物品,这也是现在物品与未来物品交换。在交换时,工人必须付"贴水"支付资本家价值的"时差"。工人怎么支付这笔"贴水"或怎样获得利润呢?庞巴维克认为,在生产过程中,经过一段时间,劳动从未来物品生产成为现在物品——消费品,人们对它的评价高了,资本家因此得到其中的时差部分,即增加价值——企业利润,就是"时差"的"贴水"。

(3)第三种主要形态是土地和工具等耐久物品的利息。耐久物品的特点是可以使用很长时间。机器等效用是由一系列效用所构成的,这一系列效用又是递减的。其原因是现在效用大于未来效用。如一台机器当年价值100,它还能再做同样质量的工作五年,假定年利为5%,那么这台机器价值为 $100+95.23+90.70+86.38+82.27+78.35=532.93$。随着时间进展,未来效用会逐渐变为现在效用,它们价值就随之增加一级,就是说,使用第一年后,第二年的效用升到第一年的效用,以此类推(第二年的95.23上升到第一年的100,同样,第三年的90.70上升为95.23……第六年的78.35上升为82.27)。每年使用的效用,是当年的效用,即最高效用,每年损失的是最远最小的边际效用。当年效用减去当年损失的效用,即耐久物品在这一年的利息,如第一年为 $100-78.35=21.65$,这个差额就是现在物品与未来物品的价值"时差",租金也是"时差"的"贴水"。

土地的一系列效用是无限的,其效用一直递减到零,所以当年的全部价值——地租,是租金,也是土地的利息。

第五节 数理学派的经济学说

一、概述

数学是严密、精确的思维工具。经济学研究,采用数学方法可以精确地分析经济范畴之间的数量关系,是对经济现象进行量的分析的必要手段。当然,数理经济分析只是经济学的研究方法之一,不能过高地估计其作用。

数理学派,亦称数理经济学派,是边际效用学派的一个分支,这个学派的特点是以边际效用学说为理论基础,运用数学方法研究、论证和表达经济现象的规律,是边际效用学说和数学方法相结合而产生的一个经济学流派。数理经济学派把数字概念、符号、方程、图表等应用于经济学。其特点如下:① 经济活动的数量关系,包括多和少、极大值和极小值、总量

---

① 庞巴维克.资本实证论[M].陈端,译.北京:商务印书馆,1981:286.

和增量、变化率等,是经济学的主要研究对象;② 数学方法是基本或主要的方法,是唯一能够给经济学提供科学和完整性的方法,只有它才能使经济学的结论完备。

数理学派形成于19世纪70年代,流传于20世纪初,但数理学派的观点很早就有。古诺(1838)明确论证经济原理与数学方法结合的必然性。他认为某些经济范畴,如需求、供给和价格等都互为函数,可以用一些函数式来表示市场的一些关系,从而经济规律也可以用数学语言或公式来表述。他对于垄断、双头垄断、寡头垄断直至完全竞争条件下价格的决定,都提供数学的解答。后来,"数理经济学的先驱"戈森认为,经济学是研究各种力量结合在一起所引起的结果,若不借助数学就无从肯定这些结果。直到19世纪后期,数理学派才开始成为一个经济学派。杰文斯(1871)应用数学方法与符号,从主观效用学说出发,说明经济学的主要观念。瓦尔拉斯(1874)综合他以前运用数学方法来研究经济学的观点,提出一般均衡理论。在他的著作中,边际效用价值论与数学方法相结合取得更为完备的形态。瓦尔拉斯在洛桑大学的继承人帕累托(1906)发展他的一般均衡理论,向前推进数理学派的观点。从此数理学派在资产阶级政治经济学中成为一个重要的流派并传播开来。

数理学派出现在19世纪末和20世纪初并非偶然。

(1) 这与时代发展有关。这一时期正值自由竞争的资本主义向垄断资本主义过渡,资本主义矛盾空前尖锐,马克思主义政治经济学广泛传播。数理学派运用数学方法,只说明资本主义数量关系,而抛开研究资本主义经济制度本质,有利于掩盖资本主义的剥削和矛盾。当然,运用精确的数学,有利于经济学的科学化。

(2) 这与自然科学特别是数学发展有关。19世纪末20世纪初正是欧洲第二次工业革命时期,伴随工业革命发展,数学进步巨大。从17世纪笛卡儿开始建立的变量数学发展到这时,开创了近代数学的新时期。数学范围在扩大,数学和其他科学的结合日益密切,介于数学与其他学科之间的科学不断出现,数学开始向社会科学渗透,数理经济学是数学向经济学渗透的结果和产物。

(3) 这与生产的社会化、商品化和现代化程度的提高有关。客观上也要求对宏观和微观的经济活动进行比较精确的定量分析。

(4) 这与科学发展的逻辑进程有关。很多民族的思想史都经过由崇尚自然语言,到崇尚哲学语言,最后到崇尚数学语言的阶段。在研究对象越来越复杂的经济学领域,运用数学语言和工具的必要性更加突出。

二、"最后效用程度价值论"

威廉·斯坦利·杰文斯(William Stanley Jevons,1835～1882)是数理学派主要代表人物之一,伦敦大学政治经济学教授。1882年游泳时不幸淹死,年仅47岁。他的代表作是《政治经济学理论》(1871)。他的经济学说特点是,以主观心理为出发点,以效用论为基础,以数学分析为工具。他在《政治经济学理论》序言中写道:"在本书,我尝试经济学为快乐与痛苦的微积分学……这个经济学理论颇与静力学相似。交换法则颇与杠杆的平衡法则……相似。财富与价值的性质,由无限小量的快乐与痛苦之考虑来说明,正如静力学的理论以无限小量能力的均等为根据。"①

他从主观心理的快乐与痛苦分析出发,建立效用价值论,价值完全决定于效用,效用是

---

① 杰文斯.政治经济学理论[M].郭大力,译.北京:商务印书馆,1984:2.

一物所具有的产生快乐与防止痛苦的性质,因此效用需要由一个人的幸福或快乐的增加量计算。他区分一定商品所具有的总效用与该商品任一特定部分所具有的效用。假定 X 是某人拥有的某种商品数量,U 代表消费该商品 X 量时的总效用。假定他现在增加 Δx 该种商品,总效用也会相应增加,其增加量以 Δu 表示。他依据数学原理,把 Δx 除 Δu 所得的商(即 $\Delta u/\Delta x$)的极限值,也即 U 对于 X 的导数 du/dx,来表示一人拥有该商品 X 量时的效用程度,"用数学的名词叙述,效用程度是 U 的微分系数,U 是 X 的函数,故效用程度亦是 X 的函数"[①]。在物品的各效用程度中,他特别强调"最后效用程度"的意义,"最后效用程度"是"现有商品量中那极小的或无限小的最后加量或次一可能加量的效用程度"[②]。实际就是边际效用。随着一个人拥有的商品数量的增加,"最后效用程度"是逐渐减少的。价值的大小就是决定于"最后效用程度"的大小,亦即边际效用的大小。

杰文斯还从边际效用论出发解释交换原因。假设甲只有谷物,乙只有牛肉,交换在甲、乙之间进行。甲用谷物换乙的牛肉,使甲得到更大效用;乙也是这样。交换继续进行,直到两个商品的增加量的效用对于甲、乙双方都相等时,达到均衡状态,买卖双方都将由此得到最大效用。如再继续交换,则效用将有损失。他用数学符号来表达这个推理。设甲有 a 量谷物,乙有 b 量牛肉,甲以 x 量谷物换得乙 y 量的牛肉。他把 y 与 x 之比,即一商品的一定量与其他商品的一定量交换时的比率,称为交换率,用它来代替交换价值。交换后,甲有谷物 $a-x$ 量,牛肉 y 量;乙有谷物 x 量,牛肉 $b-y$ 量。他又分别以 $\varphi_1(a-x)$、$\psi_1(y)$、$\varphi_2(x)$、$\psi_2(b-y)$ 代表甲、乙双方对谷物和牛肉的最后效用程度。因为在达到均衡时,商品增加量的效用,对甲、乙两方来说都是相等的。故就甲而言:

$$\varphi_1(a-x)dx = \psi_1(y)dy \quad \text{或} \quad \varphi_1(a-x)/\psi_1(y) = dy/dx \quad (11.1)$$

由于在同一市场上、同一时间内、同一种商品只能有同一价格,即一价定律,故 $dy/dx = y/x$,将它代入上式,得

$$\varphi_1(a-x)/\psi_1(y) = y/x \quad (11.2)$$

同理,对于乙可以得

$$\varphi_2(x)/\psi_2(b-y) = y/x \quad (11.3)$$

把以上甲、乙两方得到的等式合并,则得

$$\varphi_1(a-x)/\psi_1(y) = y/x = \varphi_2(x)/\psi_2(b-y) \quad (11.4)$$

这就是通常所说的杰文斯交换方程式,说明两个商品的交换率,是交换后各个商品数量的最后效用程度的比例的倒数。

杰文斯的最后效用程度价值论同奥地利学派的边际效用论基本是相同的,前面对奥地利学派的批判也完全适用于杰文斯的价值论。这种理论的实质,是以主观心理范畴代替和取消客观经济范畴,抹杀价值同劳动的关系,抹杀价值范畴的社会性和历史性。杰文斯不同于奥地利学派的地方,是他给边际效用价值论以数学形式。

(1) 他以效用说明价值,是荒谬的。最后效用是物品无穷小的增量效用,商品价值就是取决于这种物品无穷小的增量效用的大小。各种商品的效用质上不同,量上不能比较。以物品无穷小的增量效用说明价值,则更加荒谬。因为在物理学上,各种物品固然可以无限地分割下去,但在经济学上,商品无穷小的部分没有任何意义,商品无穷小量没有使用价值。

(2) 他的交换方程式是主观主义的。他把交换比例的决定因素归结为最后效用程度的

[①][②] 杰文斯.政治经济学理论[M].郭大力,译.北京:商务印书馆,1984:59;60.

比率,而他所谓的最后效用程度纯粹是个人主观估计物品效用。

杰文斯的主要贡献是提倡在经济学中应用数学,代表作《政治经济学理论》再版时,附了1711年以来"数学、经济"文献目录,宣告数理经济学产生;他的劳动供给理论,对新古典的劳动供给曲线等有重要影响;他的《煤炭问题》最先揭示能源枯竭问题;他的资本理论,较早表述资本边际生产力问题。

三、瓦尔拉斯的经济学说

莱昂·瓦尔拉斯(Leon Walras,1834~1910),数理学派中洛桑学派的创始人,被熊彼特认为是"所有经济学家当中最伟大的一位"。他的代表作《纯粹政治经济学要义》分别于1874、1889、1896、1900、1926年出版、再版。他的父亲奥古斯特·瓦尔拉斯(1810~1866)是法国卡因皇家学院哲学教授,知名经济学家,1831年出版《财富本质和价值起源》一书。

1. 三分法

瓦尔拉斯从社会财富的性质引申出经济学研究的对象和范围。他认为,社会财富是一切有用而数量又有限的东西。社会财富的有用性和稀缺性会带来三个后果:它可以被占有;有交换价值,可以交换;可由产业加以生产。

瓦尔拉斯把经济学分为三个部分:① 纯粹经济学;② 产业与实用经济学;③ 财产与社会经济学。他认为,这三个部分都是研究物品"稀少性"引起的三种不同后果。纯粹经济学研究财富的生产和再生产的方法和条件;社会经济学研究财产的占有和分配。他认为,纯粹经济学是实用经济学和社会经济学的基础,因为纯粹经济学研究的交换是一种普遍、自然的现象,而财富的生产、占有和分配则是人类制度的范畴。瓦尔拉斯重点研究纯粹经济学。

他认为,"纯粹经济学本质上是在假定的绝对竞争制度下价格规定的理论。……它也是社会财富的理论"。他认为,整个纯粹经济学的理论都是数学的。数学论证绝不是一般语言论述所能代替的。只有数学方程式才能表示交换理论中构成市场均衡的两个条件:即① 双方获取最大的效用;② 总需求等于总供给。他把纯粹经济学看作"一门如同力学和水力学一样的物理-数学的科学"。他在其代表作中充分使用代数公式和几何图形说明其理论。

瓦尔拉斯说,"对价值起源有三种重要的解答。斯密、李嘉图的解答,价值起源于劳动。这个解答过于褊狭,它对确有价值的物质没给予价值。狄亚克和萨伊的解答,价值起源于效用。这个解答过于宽泛,把没有价值的物质给予了价值。布拉马基和奥古斯特·瓦尔拉斯的解答是:价值源于稀少性。这是正确的解答"[①]。他把稀少性解释为数量有限而对人的有用性,或消费一定量商品所满足的最后欲望强度。这是杰文斯的最后效用程度或奥地利学派的边际效用。

2. 稀少性价值论——边际效用分析

(1) 瓦尔拉斯的主要著作与杰文斯和门格尔的著作的区别。

他没用"边际效用"一词,而用"稀少性"一词,但他的基本概念实质与另外两人一样,也是从物品效用递减和供给有限的条件出发论述"价值"的。

他认为,需求曲线下降是由效用曲线的特点决定的。随着物品量减少,欲望满足度增加,边际效用量增加,需求量却随之减少。总效用表示一定商品消费满足的欲望总额,边际效用则表示消费一定量商品满足的最后欲望强度。

---

① 瓦尔拉斯.纯粹经济学要义[M].蔡受百,译.北京:商务印书馆,1989:200.

(2) 他也用价格代表交换价值并代替价值,用价格论代替和取消价值论。

他也是从两种商品的交换开始分析价格的形成的。假定是完全竞争的市场,甲、乙都需要对方商品,由此产生交换,取得最大满足。实现该目的的条件为:这两种商品的价格必须等于它们的"稀少性"的比率,或等于它们满足"最后欲望的强度"的比率。即商品价格决定它们"边际效用"的比率。公式如下:

$$\Phi_{a,1}(d_a) = p_a \cdot \Phi_{b,1}(q_b - d_a \cdot p_a) \tag{11.5}$$

它表示拥有商品 B 的所有者在价格为 p_a 时,得到最大效用的条件。等式左边表示从购进商品 A 得到的稀少性,右边表示剩下的自由商品 B 中所得的稀少性。将上式一般化,得

$$\Phi_{a,1}(q_{a,1} + x_1) = p_a \Phi_{b,1}(q_{b,1} - x_1 p_a) \tag{11.6}$$

$$\Phi_{b,1}(q_{b,1} + y_1) = p_b \Phi_{a,1}(q_{a,1} - y_1 p_b) \tag{11.7}$$

其中,x_1,y_1 表示通过交换而增加到 A,B 两种商品的原有量($q_{a,1}$,$q_{b,1}$)上的增量(正或负)。

瓦尔拉斯认为,"稀少性和交换价值是两个共生的和成比例的现象,那么,同样可以肯定地说,稀少性是交换价值的原因"[①]。这同杰文斯方程是完全一样的。

3. 一般均衡理论

这是瓦尔拉斯理论的中心和他的杰出贡献。在"稀少性价值论"基础上,从两种商品交换到各种商品交换的"一般"情况,他提出一般交换价格决定的"一般均衡理论"。其指导思想是,所有商品的供求和价格都是相互影响、相互依存的。他认为,任何一种商品的供求,不仅是这一商品价格本身的函数,也是所有其他商品价格的函数。所以,任何商品的价格都必须同时被其他商品的价格联合决定。当一切商品的价格恰好使它们供求相等,市场达到均衡,一般均衡也就形成。这时的价格是均衡价格,即瓦尔拉斯价格,最终原因是"稀少性"。他不仅要研究两种商品交换时的价格决定,更重要的还必须建立一般均衡价格理论体系。他用"卖者喊价"说明市场均衡的形成,喊价后,商品供求若不符,就会重新喊价,一直到各个商品的供需相等,整个市场达到均衡。他还根据数学关于方程式数目若等于未知数目,则可推算出未知的数值原理,认为只要列出和商品交换中未知价格的数目相等的联立方程式,表明每一种商品的总供给等于总需求的条件,就可推算出一切商品在一般均衡状态的价格。

瓦尔拉斯的一般均衡论与杰文斯、门格尔及马歇尔的局部均衡是完全不同的。像一块石子被投到池塘中会引起不断扩大的涟漪圆圈一样,经济学的任何变化都会引起向外辐射并逐渐递减的进一步变化。有时,正像这些涟漪到达岸边又必然会反弹回来影响最初的冲击点一样,经济中单一市场发生的最初变化的反馈影响同样不少。这种回荡过程会通过整个体系继续,直到所有市场同时达到均衡。以石油涨价为例,局部均衡认为,假定其他情况均不变,石油减产、价格提高,对煤这种替代品的需求增加,石油提价引起汽油涨价,可能引起它们均衡数量和均衡价格的变化。同时,汽车和汽车清洗这样互补性商品的需求,会由于汽油涨价而下降。生产者将建设更多的石油钻探设备和离岸钻探平台,建立较少的加油站。这样,由最初干扰引起的变化将结束,最终达到一般均衡。

他的一般均衡论提供了一种框架,以便从包含商品和生产要素两方面在内的经济整体上考虑基本的价格和产量的相互作用。其目的是从数学上表明所有的价格和生产的数量能够调整到相互一致的水平。其方法是静态的,因为它假定基本因素,如消费者的偏好、生产

[①] Walras L. Elements of Pure Economics[M]. London: Allen & Unwin, 1954: 145-146.

函数、竞争形式和要素供给,都是不变的。

瓦尔拉斯认为,市场上所有价格都是相互依赖的,依据当"方程数等于未知数数目时,就可推出未知数数值"的原理,论证市场交换一般均衡问题的确定解。数学表示法是:假定市场有 $A,B,C,D,\cdots,m$ 个商品,每个商品价格都以其余所有的商品来表现,他最终得出一般均衡条件的价格决定公式,即

边际效用之比=价格之比(稀少性之比)

他还用平面图形表明两三个商品相交换的情况。他认为,由于一般均衡条件下 $m(m-1)$ 个交换方程式,恰好有 $m(m-1)$ 个价格,所以这些方程式都是有解的,价格也可算出。一般均衡条件:"两种商品中任何一个的价格(用对方表示),等于这两种商品用任何第三种商品来表示的价格的比例。"①

4. 一般均衡理论的评价

瓦尔拉斯的一般均衡论将市场经济体系作为一个具有内在联系的整体加以研究,力图揭示经济体系各部分之间的相互关系,并建立一套数学模型来描述这种关系,在经济学史上这无疑是一个创举。现代西方经济学不仅在理论上从微观和宏观的角度对一般经济均衡理论进行探讨,而且在实用方面,运用一般均衡原理,创立最优分析法、博弈分析法、线性规划分析法、投入产出分析法、资源最优配置法等多种应用价值较高的分析手段和理论。

(1) 理论和方法虽有一定的合理性,但夸大了交换的作用,为现代西方经济学的形式主义研究提供早期榜样。一般均衡理论的基础是主观唯心论的边际效用价值论(稀少性价值论)和供求均衡论。

(2) 完全自由竞争虽能达到一般均衡和当事人利益的最大满足,但这只是对理想经济的一种憧憬。

(3) 充分重视各种经济关系和经济利益的相互联系与影响,虽具有客观性和合理性,但在他的时代,还不具有大量有关方程组的较充分数据和先进的计算工具。他只能在虚构和假定的情况下,加以推算。今天计算机技术和信息技术飞速发展,虽为更好地推算创造有利的条件,但由于市场条件的差异,这种有益的思想仍然未必能够真正以准确的计算来表现。

(4) 一般均衡理论虽证明供求均衡存在于所有市场,但其前提条件在现实生活中根本就不存在。他主张采用抽象法和数学推理,使用交换方程式的方法扩展为运用联立方程式的方法。杰文斯虽利用数学方程式去说明市场价格的决定,但主要说明两种商品交换时的价格决定,瓦尔拉斯则把市场上全部商品包括进来,说明所有商品的价格在互相关联的情况下是如何决定的。

经济学家正是据此认为瓦尔拉斯最先建立"一般均衡论",用以区别只孤立地研究一种商品价格,由供求两种相反力量作用而得到的"局部均衡论"。

一般均衡论是西方经济学微观经济学论证"看不见的手"原理的一个必要环节。它的证明要依赖于如下极为严格的假设条件才能成立:不存在规模报酬递增;每一种商品的生产至少必须使用一种原始生产要素;任何消费者所提供的原始生产要素都不得大于它的初始存量;消费者都可以提供所有的原始生产要素;每个消费者的序数效用函数都是连续的;消费者欲望是无限的;无差异曲线凸向原点,等等。这些前提条件根本就不存在于现实生活中。

---

① Walras L. Elements of Pure Economics[M]. London: Allen & Unwin, 1954: 145-146.

(5) 生产均衡,生产要素和产品供求相等,收入等于成本,资本家虽然没有超额利润,但正常利润是存在的。最大效用原则是经济行为的准则,理论程序是:效用学说,用来说明多种商品价格和生产性劳务价格的形成。

(6) 瓦尔拉斯虽强调供求的一般均衡,但无论是某一商品的供求,还是所有商品的供求,都不能说明价值决定,只能说明价格围绕价值波动。他用经济数量关系描述代替质的分析,把事物复杂的辩证关系归结为机械的函数关系,一般均衡价格论只不过是在边际效用论的基础上,增加供求一般均衡这样一个条件。

重要的是,瓦尔拉斯对均衡存在的证明有缺陷。他认为,只要独立方程式的数目相等,就可推算出这些未知数的数值,从而使论证市场交换的一般均衡问题得到确定答案。这对于线性方程组是正确的,而对于非线性方程组来说则未必,他的体系中的方程式恰有许多是非线性的。20世纪50年代,著名经济学家约翰·冯·诺依曼(John von Neumann,1903~1957)、肯尼斯·阿罗(Kenneth J. Arrow,1921~)和杰拉尔德·迪布鲁(Gerard Debreu,1921~)在几部著作中,运用拓扑学和集合论对一个均衡解的存在给出精确证明,弥补他的缺陷。此外,他的失误还有:没有空间概念、技术系数被视为不变量、没有不确定性因素(储蓄等于投资)、交换在非均衡状态下不存在性以及效用可测性等。① 况且,他所要求用以解答一切商品价格的联立方程式所需的数据是难以收集的。因此,他的一般均衡论是完全脱离现实、纯粹形式主义的推理。日后的经济学家致力于解决这些问题,并取得相应成果。其中有帕累托放弃基数效用论、创立边际效用序数论。

四、"序数效用论"和"无差异曲线"

维尔弗雷多·帕累托(Vilfredo Pareto,1848~1923),意大利经济学家;工程博士,曾任工程师,后研究经济学;1893到1916年接替瓦尔拉斯在瑞士洛桑大学任教授。他建立起以序数效用论和无差异曲线为基础的一般均衡论。

帕累托认为人们对某种物品的边际效用,不可能说出它的绝对价值,但是能够用第一、第二、第三……这样的序数来表示或比较两种或两组物品的效用孰大孰小,或其所属的等级孰高孰低,或并无差别。他认为这是因为效用的高低取决于消费者既定的偏好尺度,即消费者根据自己的个人爱好,如何在两种或多种商品的组合之间进行选择,以便使自己的欲望获得更大的满足。

帕累托以上面的边际效用序数论为基础,建立"无差异曲线"。他举例说,假定某人有1千克面包和1千克酒。假定他的需求是一定的,那么,他也许愿意有稍许少些的面包和稍许多些的酒,或者相反。譬如,他愿意只有0.9千克面包,如果他有1.2千克酒的话。换言之,这意味着,这两种组合,1千克面包和1千克酒,或0.9千克面包和1.2千克酒,对他来说是一样的,是没有差异的。从这个思想出发,帕累托认为可以发现为数众多的其他组合,在这些组合中进行选择,对于某消费者来说是没有差异的。

帕累托无差异曲线的主要思想是一种序数效用论。帕累托抛弃认为物品效用和欲望满足之间存在着一定的可用绝对值表示的参数函数概念,提出指数函数概念,这些指数仅仅表示消费者对各种物品组合的偏好程度(或是无差异,或是有差异),而不表示效用的绝对值。他认为这样一来,可以既显示效用的大小,又避开效用计量这个难题。事实上,无差异曲线

---

① 蒋自强,张绪昆,等.经济思想通史:第3卷[M].杭州:浙江大学出版社,2003:77.

仍然是依存于效用可以计量这个前提的。试问,如果消费者不是出于对效用量的计量(假定可以计量的话),那又怎么知道这些组合的效用是无差异的呢?数量的相等如不以计量为前提,那是不可想象的。因此无差异曲线并没有摆脱效用计量的难题,更没有也不可能改变边际效用论的主观唯心主义的庸俗性质。

洛桑学派的数理分析和一般均衡分析,对于现代西方经济学理论有十分重要的影响。特别是帕累托的以"序数效用论"和"无差异曲线"概念为基础的一般均衡分析,对当代西方经济学的"新福利经济学""最适度"资源配置等问题探讨的影响更为明显。但数理学派和一般均衡论用对经济现象数量关系的描述代替对经济问题本质的分析,用对设想的均衡条件的论证代替对实际发展的考察,是掩盖现实社会的内在矛盾的。

第六节 克拉克的经济学说

19 世纪 60 年代南北战争结束后,废除奴隶制、分配土地、开发西部、欧洲大量人口迁入美国,以及大规模修路等,都加速了美国资本主义经济迅速发展。

19 世纪末 20 世纪初,美国资产阶级经济学出现两个分支:以凡勃伦为首的制度学派和以克拉克为首的理论学派。

一、生平、著作

约翰·贝茨·克拉克(John Bates Clark,1847~1938),代表作为《财富的哲学》(1886)、《财富的分配》(1899)和《政治经济学要义》(1909)。

克拉克是美国理论经济学的最主要代表,他不仅把欧洲大陆上兴起的边际效用论引进美国,而且把边际效用论从价值论进一步推广到分配论,在边际分析的基础上,统一经济理论的各部分。他提出"静态经济学""动态经济学""边际生产力论",至今仍在现代经济学中保持着影响。

克拉克经济学的中心思想是财富的分配,说明社会各利益集团或各阶级的收入分配规律。他用自然科学的方法,研究收入分配的规律,通过分配论来说明资本主义制度是自然、合理、公平的。"社会收入的分配是受着一个自然规律的支配,而这个规律如果能够顺利发生作用,那么,每一个生产因素创造多少财富就可以得到多少财富。"[①]他的经济学说主要特点和中心线索是阶级调和论和边际分析。他继承了巴师夏,尤其是凯里的阶级调和论。

克拉克分析分配问题主要集中在两个方面:一是分配的标准,这是主要内容;二是分配标准的变动规律,这涉及方法问题。

二、方法论——静态分析和动态分析

克拉克首先提出经济学的分类法,这是他分配论的方法论前提,是他整个经济理论的重要组成部分。他认为,传统分类法——萨伊的三分法:生产、分配和消费,詹姆斯·穆勒的四分法:生产、分配、交换和消费,都有缺点。他主张经济学应分为三部分:一般经济学、静态经济学、动态经济学,相应地运用一般分析方法、静态分析方法、动态分析方法。

[①] 克拉克.财富的分配[M].陈福生,等译.北京:商务印书馆,1959:4.

第一部分：一般经济学是研究任何社会都存在的普遍规律，说明获得和使用财富的规律，这只涉及人与自然的关系，而不是人与人的关系："凡有关取得和使用财富的过程，不管在什么社会条件下发生的，都属于这个部分的研究范围。"[①]这些规律主要有：① 人类要生活，就要生产财富；② 要生产财富，就要有劳动、土地、资本三要素；③ 这三个要素都是生产力、财富和价值的源泉，叫生产力论；④ 财富随产量和占有量的增加，效用递减，即效用递减规律；⑤ 交换的基础是边际效用。这是一般规律，是众所周知的。因此，不必加以论证。

第二部分：静态经济学是研究静态条件下的生产规律和分配规律。静态，是指社会组织的形式和活动方式不变，即人口、资本、技术、组织和消费倾向等都不变。克拉克承认这种静态社会只是一种假想，实际社会都是不断变动的，人们研究的社会，尤其变动得厉害。但是，他认为，只有在这种假想的静态经济里才能发现自然、正常的规律，发现价值、工资和利息的基础和标准。因此，静态分析是必要的，如海面是波浪起伏的，但可以抽象掉上下波动，找出一个理想的水平面。同样，说明分配份额的决定，也可采用静态分析法。他把静态经济学看作政治经济学中最重要的部分，静态经济学的任务，就是在均衡理想条件下，在各个因素不变的条件下，研究财富的生产和分配的经济规律。

第三部分：动态经济学是研究在人口、资本、技术、组织和消费倾向等社会经济因素变动的情况下，财富的生产和分配将发生什么变化。

克拉克把"静态经济"和"动态经济"看作"社会经济"，都有交换存在，静态经济学研究由交换而引起的社会经济规律，以区别于第一部分没有商品交换，只反映人和自然之间关系的"一般经济学"。

三个部分是互相联系的，后面的部分必须以前面部分的有关规律为前提。一般经济规律在三个部分都起作用，静态社会的经济规律又适用于现实经济。

就方法而言，静态分析、动态分析都是有助于揭示一定条件下经济关系的运动，在一定条件下，从静态分析到动态分析，也有助于分析从抽象到具体。问题是，克拉克静态分析法抽象掉社会生产关系的内容。他的静态分析，三要素、三个阶级是平等、互助合作的关系，都参加财富的生产和分配，这就抹杀了资本主义生产方式的内在矛盾和冲突。他的动态分析，是生产、技术上的数量变动，并不包含资本主义条件下各个阶级关系的运动。因此，克拉克的从静态转向动态分析，是与马克思主义的从抽象上升到具体的科学方法根本不同的。

三、边际生产力论——工资论和利息论

克拉克经济理论的中心是分配问题，即研究产品在社会各阶级之间的分配规律，涉及工资、利息、利润、地租等范畴。克拉克认为，工资和利息属于静态经济学，只有在静态条件下，才能发现工资和利息的基础，说明它们各自的来源。利润属于动态经济学，地租则被认为是利息的一种特殊形式。

克拉克提出边际生产力论，用来说明工资和利息问题。他认为，劳动、资本、土地是价值、财富生产中缺一不可的要素，它们都对价值、财富的生产做出了贡献，它们都是生产的，都有生产力。由此出发得出结论，三要素及其所有者都可以而且应当从生产成果中分得相应的一份，生产多少分得多少。

三要素的生产力是递减的，克拉克接受"土地报酬递减规律"这个传统观点，又把它扩展

---

① 克拉克.财富的分配[M].陈福生，等译.北京：商务印书馆，1959：25.

到其他生产要素上,劳动和资本的生产力也是递减的,然后把边际概念套在生产力递减规律上,得出边际生产力论,用来说明工资和利息。

工资,他先从一般生产力递减规律引出劳动生产力递减规律。劳动生产力递减,即假定资本不变,如果工人人数不断增加,每增加一个工人,就使每个工人能分摊到的工具设备减少,这样,每一单位劳动的产品减少,因此,追加工人的劳动生产力是递减的,最后增加的一个单位工人的劳动生产力最低。

克拉克把最后增加的那一单位工人叫作边际工人,这个边际工人的劳动生产力就是边际劳动生产力,边际劳动生产力不仅决定边际工人工资的多少,而且决定与边际工人处于相同条件(劳动日、劳动强度和熟练程度相同)的所有工人工资的多少。他的结论是:在静态条件下,工资决定于劳动的边际生产力。

利息,他也是先从一般生产力递减规律引出"资本生产力递减规律"。"资本生产力递减",是假定劳动量不变,使用的资本量不断增加,则每增加一个单位的资本,新增资本所能利用的劳动愈来愈少,即追加资本的生产力依次递减,最后增加的那一单位的资本生产力最低,是"边际资本",边际资本的产量是资本边际生产力。资本边际生产力不但决定最后一个单位资本的利息,而且决定其他部分资本的利息:"只要资本货物可以相互替换,没有一个单位的资本,可以使它的所有者得到比最后单位的资本的产量更多的收益。"①他的结论是:在静态条件下,利息决定于资本的边际生产力。

克拉克说:"总之,最后生产力的原则在两方面起作用,因而产生了工资的理论和利息的理论。"②他认为,工资和利息受着一个自然规律的支配,工资既不高于也不低于"边际劳动生产力",利息既不高于也不低于"边际资本生产力"。工人和资本家是买卖之间的公平合理的交换关系,没有剥削,各自拿到的只是他自己创造的那部分。他把土地说成是资本的特殊形态,按照决定利息的方法来决定地租,那么地主收取地租就不是剥削了。

四、企业家利润

克拉克认为,企业家利润是属于动态经济学的范畴,在"静态"社会中,商品价格总额,或者说企业全部的产量是由工资和利息两部分构成的。

克拉克把资本家和企业主分开,资本家是资本所有者,企业主是企业经营者,利息是资本创造的,归资本家所有,企业家应得工资加利润。在静态社会中,不存在利润,企业家仅仅得到工资。自由竞争条件下,商品实际价格等于它的自然价格,而自然价格是自然工资和自然利息之和,没有余额作为利润。

克拉克认为,企业利润只存在于"动态"社会中,即利润是由于企业主采用新生产方法、新技术,这样使生产成本低于市场价格,使他在支付工资和利息后还有余额,即超额利润。超额利润是归资本家占有的利润,而平均利润是企业家工资的一部分。

生产技术进步,自由竞争还没有来得及发挥作用,还没有把先进企业的超额利润拉平,成本低于市场价格的企业得到超额利润,到其他企业都采用这些先进技术之后,这部分超额利润就不存在了。所以,克拉克说利润是暂时、过渡性的。自由竞争的作用会使这部分利润趋于消灭。他认为,利润是对技术进步的特种报酬,不是由工人剩余劳动所创造的。他还认为,当所有企业都采用新技术后,社会经济就过渡到一个新的"静态经济",这时,原来利润也

---

①② 克拉克.财富的分配[M].陈福生,等译.北京:商务印书馆,1959:165;141.

都增加到工资和利息上,而且主要是加到工资上,因为生产方式的改进提高了劳动的"边际生产力"。他证明,资本家不仅没有剥削工人,相反还给工人带来好处。

克拉克把超额利润看作新技术的特种报酬,由技术变动带来的。事实上,其源泉仍然是劳动,是科学技术人员的复杂劳动带来的。

克拉克认为,减税有利于资本积累,资本积累有利于提高工人的工资。

克拉克经济学说的中心是分配论,是"一个公正的原则"和"自然规律":"每个生产要素在参加生产的过程中,都有其独特的贡献,也都有相应的报酬——这就是分配的自然规律。"①"每种生产机能所得的报酬,都和它所生产的数量相符合。""那么这些协作从事生产的各个阶级,也就没有什么可以互相埋怨的了。"② 各个阶级协作生产,各有所得,利益调和,公正合理。

第七节 边际效用理论的发展

一、维塞尔的学说

弗里德利希·冯·维塞尔(Friedrich von Wieser,1851~1926),和庞巴维克一起师从罗雪尔、希尔德布兰德、克尼斯等人。1903~1922 年,接替门格尔任维也纳大学政治学教授;曾任商业部长;代表作《经济价值的起源与主要规律》(1884)介绍和发展门格尔理论,创造"边际效用"一词,把成本分析初次引入门格尔的体系;《自然价值》(1889)发展门格尔的生产要素价值和价格理论,创立奥国学派风格的边际生产率分配论。

1. 交换价值和自然价值

维塞尔认为,不存在"客观的"交换价值,因为价值决定于个人的"主观估计"。一个百万富翁花 20 美元吃一顿牛排,而一个乞丐对此的支付将无法超过 1 美元。这顿饭对这两个人中哪一个边际效用更大?

"使用价值衡量效用,交换价值衡量效用和购买力。"钻石和黄金的价格高,因为它们是奢侈品,决定于富人的购买力;粗糙食物价低,它们是普通商品,决定于穷人的购买力。产品要按照财富的多少来排序。"物品的价值最大并不是由于其生产,而是由于人们愿意对其进行支付。财富的差别越大,其生产的特殊性就越大。价值将粉饰放荡挥霍的奢侈,同时,又对穷苦人们的需要充耳不闻。因此,财富的分配决定如何安排生产和导致最不经济的消费。"③

经济学的最高原则是效用,如果效用和价值发生矛盾,效用必定获胜。他相信,经济运动几乎完全是在商品供给增长会增加交换价值和总效用的范围内进行的,即需求是有弹性的。自由竞争阻止企业限产以提高价格。如果垄断企业为提价而限产,政府必须接管或者立法限制垄断。从自然价值和交换价值的这种区别,维塞尔得出比边际学派更典型的德国式结论:无论何时,只要两种价值的重要性不同,就有政府干预的可能。"它也许会保持获得最大商业利润的努力,但它必须以某种方式或者其他方式联合地为公共利益服务而努力。

---

①② 克拉克.财富的分配[M].陈福生,等译.北京:商务印书馆,1959:2-3;6.
③ Wieser F. Nature Value[M]. London:Macmillan,1893:58. Originally published in 1889.

这样产生的企业就是'公共企业'。"①他认为,每个单位同类商品的效用等于最后一个单位商品的边际效用,因为任何一个单位都可以被认为是边际单位。当需要不变而供给增加时,边际效用必定下降。这是维塞尔的供给规律。他的需求规律是,需求增加而供给不变,边际效用增加。他同意门格尔的观点,认为一种商品的总效用是其边际效用乘以可得到的单位数量。这就产生"价值悖论"。商品每一个增加量都伴随着其价值递减。当没有商品或商品极其丰富时,价值和效用就是零。在某些点上,边际效用乘以商品的单位就给出一个下降的效用总量。当需求没有弹性时,就会发生这种情况。他说:假定一种极端的情况,生产方法能使存货增加到极多的程度,那么,这种难题就容易解决。如果边际效用原理适用,这样的企业就绝对不能开张。按照边际效用进行计算不能简化,生产计划必须在总效用的基础上来制定。

边际效用也可以被看作有较大存货,但是仍然要有大量产品作为计算的基础。但在产量较小时并不适用。前者是太普通了,后者则是特例。

这就是说,私人企业只是在社会对每个企业的产品需求都具有弹性的时候才服务于社会。在竞争条件下,需求总是有弹性的。

2. 机会成本的概念

维塞尔首先提出了机会成本的概念,如生产更多的汽车也许意味着建造更少的房屋,建一座学校意味着放弃一座医院或者放弃某些消费品或投资品。

二、埃奇沃斯的契约曲线

弗朗西斯·伊亚德罗·埃奇沃斯(Francis Ysidro Edgeworth,1845~1926)在《伦理学的新旧方法》中探讨衡量痛苦与快乐的问题,对比个人之间的效用问题;还在《享乐的计算》(1879)一文提出享乐递减律。

埃奇沃斯在《数学心理学》一书中提出契约曲线。该曲线是帕累托的无差异曲线的前奏。他认为数学分析适用于人类社会生活,因而计算享乐,包括经济计算和功利计算。功利计算的中心概念是最大福利原理,而经济计算的中心是分析交换或契约的条件。他假定 A、B 二人连续交换 a 和 b 两种商品。随着交换不断进行,各方得到的商品量逐渐增加,其边际效用量逐渐减少;而各方放弃的商品量逐渐减少,其边际效用量逐渐增加。他认为,在不存在竞争的条件下,交换均衡的条件是

$$dP/da \cdot dQ/dy = dP/dy \cdot dQ/dx$$

在此条件下,P 和 Q 不会同时增加,一方增加,另一方便会减少。

埃奇沃斯的无差异概念经帕累托、希克斯等人的发展,成为西方经济学重要的分析工具。契约曲线概念对帕累托提出福利最大优化条件分析及福利经济学的发展具有重要的影响。

本 章 小 结

边际革命是经济学史中最重要的一次方法论革命。心理研究的引入、数理分析的应用,奠定了现代经济学的方法论基础,也极大地拓展和深化了经济学研究内容。门格尔的边际

---

① Wieser F. Nature Value[M]. London:Macmillan,1893:225. Originally published in 1889.

效用价值论、庞巴维克的时差利息论、瓦尔拉斯的一般均衡论、克拉克的边际生产力论,构成了现代经济学的重要内容。但边际革命过分强调实证分析而否认经济学的规范性,过分强调数理分析而削弱甚至抽象掉制度因素,关注现实弱化,对实际经济生活的解释力下降。

思考题

1. 叙述戈森定律。
2. 叙述边际效用价值论。
3. 论述庞巴维克的时差利息论的内容和实质、地位和作用。
4. 论述克拉克的生产力分配论。

名词

数理学派　杜能《孤立国》　戈森定律　"边际革命"　效用递减原理　时差利息论　边际效用价值论

第十二章　第二次大综合
——马歇尔的经济学说

本章重点
- 马歇尔经济学说的特点和意义；均衡价格论；生产理论和分配理论

阿弗里德·马歇尔（Alfred Marshall，1842~1924），是19世纪末20世纪初最著名的资产阶级经济学家，经济学的一代宗师。

马歇尔生活的时代，是自由竞争的资本主义向垄断资本主义过渡的时期，是国际工人运动不断发展、马克思主义广泛传播的时期。边际革命加速古典学派的解体，因而马歇尔发展英国古典经济理论，成为新古典经济学之父。他的代表作《经济学原理》(1890)总结完全自由竞争的资本主义市场经济，奠定了现代微观经济学的基础。该书一出版，就被资产阶级经济学家誉为经济学史上的一个"里程碑"，与斯密的《国富论》和李嘉图的《政治经济学及赋税原理》相提并论——曾长期被奉为英国经济学的"圣经"。该书一直被认为是划时代的经济学著作。他的理论体系在西方经济学界居支配地位约半个世纪。

第一节　概　　述

一、生平、思想

马歇尔生于英国西部克拉芬的一个中产阶级家庭，从小爱好数学，先在牛津大学读书，后来转入剑桥大学圣约翰学院学习数学，1865年以优异的成绩毕业后又在剑桥大学圣约翰学院任研究员并辅导数学。他起初研究数学和物理学，后来又对哲学、伦理学产生浓厚的兴趣，最后兴趣逐渐转向经济学；1877年离开剑桥大学去布里斯托尔大学任院长兼政治经济学教授；1883年转到牛津大学巴里奥学院任研究员，1885到1908年任剑桥大学经济学教授，退休后专门从事研究工作。他长期在剑桥任教，他和他的信徒便被称为"剑桥学派"。

凯恩斯说，马歇尔最终解决了关于需求和生产费用哪个决定价值的问题；导入两个有力的概念：边际和替代，使一般均衡理论的方法更加有力和灵验；把时间因素引入经济学分析，从而进一步引出内部经济和外部经济及主要成本和辅助成本等概念，借助准地租和代表性企业两个概念，形成正常利润学说；提出消费者剩余概念，提供自由经济条件下的福利分析工具；引进弹性概念。

他推动经济学成为一门独立的学科。1885年，在剑桥大学，政治经济学还是伦理学和历史学学位考试课内容。经过他的呼吁，经济学和政治学相关学科终在1902年合建为一个独立的学科并为此设立荣誉学位考试。马歇尔成为当代英国经济学之父，主要是其学生众多,"英国有一半的经济学教授职位是他的学生占据的,而全国一般经济学教学职位他们所占的份额还大于此"①。他设立三年一次的金额为60英镑的优秀论文奖,鼓励学生创新。他每年提供私人津贴100英镑资助一到两位青年教师,鼓励其安心从教。去世后,他的大部分财产和未来版税收入用于本校奖励经济学研究。

二、方法

马歇尔认为,经济学是研究人、财富以及人和财富的关系的科学。很明显,这是对以前的和同时代的经济学家思想的综合。他的经济学说特点如下:

(1) 以人的心理分析为基础。因为经济生活受人的心理动机支配,他说:"经济学是一门研究在日常生活事务中的过程、活动和思考的人们的学问,但它主要是研究在人的日常生活事务方面最有力、最坚决地影响人类行为的那些动机。"②即人类从事经济活动是基于两种动机,追求满足和避免牺牲。前者是激发活动的动力,后者是约束活动的阻力。这两种动机的作用是相反的,这两者的均衡是构成人的经济活动,构成经济范畴和经济规律的基础。

他的方法与奥地利学派的不同在于:马歇尔认为,人的动机可通过动机结果间接地用货币来衡量:"经济学主要是研究对活动的动力和对活动的阻力,这种动力和阻力的数量能用货币来约略地衡量。这种衡量仅指它们的数量而言。动机的质量,不论是高尚的还是卑鄙的,在性质上是无法衡量的。"但他没有回答心理动机为什么可以用货币来衡量的问题。

(2) 以渐进的分析为基础。因为经济是进化、渐进的,构成经济生活的本质是渐进的,风俗、习惯、人的心理是渐进的。他接受社会达尔文主义,把人类生活视为生存竞争、自然淘汰,没有突变和飞跃。马歇尔认为,经济学是广义生物学的一部分,"自然界没有飞跃"是他《经济学原理》的副标题,是该书的中心思想。他说:"'自然界不能飞跃'③这句格言,对于研究经济学的基础之书尤为适合。"显然,他的这种说法抹杀了人类社会与生物界的本质区别。

(3) 以"连续原理"为基本线索。他说:"本书如有它自己的特点的话,那可以说是在于注重对连续原理的各种应用。"④他没有明确地表述"连续原理"。但从他的一些例证中,连续原理是指各种经济现象之间没有明显严格的区别,存在着连续关系。例如,商品的"正常价值"和"市场价值"之间没有明确的区分,前者是指长期的,后者是指短期的。可是时间本身是连续的,短期和长期也是连续的。又如,资本家和工人很难严格区分,因为他们在追求金钱报酬、寻找最好的市场或职业等方面是共同的,其间只有程度上的差别。根据这种连续原理,他强调各种经济现象都是互相决定的,而没有起决定作用的东西。他说:"一个经济问题的各种因素不是被看作以连锁的因果关系逐一决定的,如甲决定乙,乙决定丙,等等,而是将它们看作互相决定的。大自然的作用是复杂的:如果把这种作用说成是简单的,并设法以一系列的基本命题来阐明它,毕竟没有什么好处。"⑤他的"连续理论",关注的是经济现象之间的数量联系。

(4) 以边际增量分析为主要工具。因为,产品的生产、交换和分配同产品的"边际增量"之间存在一定的连续函数关系。例如,需求不变,一种生产要素使用量的增加超过一定边际界限,报酬就会递减。边际增量分析方法不是马歇尔独创的,他只是把边际学派这一分析方法,从分析价值进一步推广到其他经济问题,这一方法也是他的连续原理的进一步引申。

---

① 凯恩斯.艾尔弗雷德·马歇尔传[M].滕茂桐,译.北京:商务印书馆,1964:53.
②③④⑤ 马歇尔.经济学原理:上卷[M].北京:商务印书馆,1964:34;18;12;15.

(5) 以均衡分析为主要方法。因为价值量等各种经济指标的数量,正是通过有关要素的边际增量达到均衡来决定的。他认为,"均衡"是相反力量形成的均势。均衡有两种,一种是动态均衡,在生物界和人类社会经常看到的,例如,一个人从出生到死亡是动态均衡的过程。静态均衡,如一条弹线所系的一块石子或一个盆中彼此相依的许多小球所持的机械均衡。他认为,在这两种均衡中,动态均衡是经济学研究的最终目标,但它比静态均衡更复杂。另一种静态均衡是近代生活的正常状态,所以,静态均衡是经济学研究的基础和出发点。静态均衡是马歇尔经济学体系的一个基本概念。"本书的中心概念是'静态的'而不是'动态的'。"①他的均衡观是局部均衡,以单个的生产者或消费者为分析对象而不考虑它同其他生产者或消费者之间的相互影响。例如,研究一个商品的价值、价格决定时,假定其他商品价格不变、币值不变和其他条件不变。他把力学上的均衡应用到经济学领域中来说明价值论和分配论,论证社会各阶级都能得到均等的最大利益和"最大满足",因而资本主义能够和谐、稳定地发展。

(6) 以折中主义极浓厚为特色。在经济学的研究对象上,他既赞成古典学派的以经济关系为对象的狭义说,又赞成以经济关系和社会关系为对象的广义说。在方法上,赞成实证方法,也赞成规范方法;赞成历史方法,也赞成抽象法;他重视数学方法,但是又告诫人们"切勿滥用"。如在价格决定上,是供给决定价格还是需求决定价格,他认为二者是一把剪刀的两刃,二者共同决定价值。

马歇尔折中主义的根源是连续原理。社会发展是连续的,经济思想也是连续的。各种不同的经济思想如同经济思想长河的各个支流,最终将汇集在一起。而新的经济思想,只是扩充、发展和修改旧的经济思想,很少完全推翻旧说。因此,新旧思想可以调和一致。这种折中主义色彩促进了经济学的发展。

马歇尔综合古典学说的供给分析与边际学派的需求分析,形成以生产成本分析为中心的供给理论和以效用分析为中心的需求理论相结合的新的经济学体系。凡勃伦在1900年首次用"新古典"一词来描述马歇尔经济学。后来经济学界普遍接受"新古典学派""新古典经济学"用语来命名马歇尔他们的经济学。

第二节 均衡价格论

均衡价格论是马歇尔经济理论体系的基础和核心,它旨在阐明自由竞争条件下商品价格的决定及变动规律,是现代西方经济学的基本内容。

一、需求价格和需求规律

需求通常指消费者在一定价格条件下对商品的需要。马歇尔认为,需求是由物品的效用引起的,效用是需求的原动力,但效用是买者对物品的主观评价,这种主观愿望和估价无法直接衡量。马歇尔认为,可以用货币来间接衡量,用价格来表示,用购买者(为了满足他的愿望)愿意支付的价格来间接衡量。这种购买者(消费者)对于一定商品愿意支付的价格就是需求价格,而需求价格又是由这一定量商品对买者的边际效用决定的。

---

① 马歇尔.经济学原理:上卷[M].北京:商务印书馆,1964:19.

商品对消费者的边际效用一般是随着商品量的增加而递减的,从而需求价格也是随着商品量的增加而递减的,商品量越多,买者所愿意支付的价格就越低。马歇尔把边际效用递减规律转化为边际需求价格递减规律,并由此得出需求规律:"需要的数量随着价格的下跌而增大,并随着价格的上涨而减少。"①

随着茶叶价格逐渐下跌,消费者的茶叶购买量逐渐增加,从而需求曲线是向右下方倾斜的曲线。他从个别消费者的需求,进而引申到一个地方或一个市场的需求。一般地说,个人需求的总和就是一个地方、一个市场需求的总和。

以上就是马歇尔对需求规律、需求表、需求曲线所做出的分析。

马歇尔的"需求弹性",是指需求对价格变动的反映,根据需求的一般规律,商品的需求量随价格的上升或下降而增加或减少(价格上涨,需求减少;价格下降,需求增加),但价格涨落引起商品需求变动的程度并不相同。有的商品价格变动不大,需求量变动很大,有的商品价格变动很大,但需求量变动有限。如果价格的升降引起需求量变动的幅度大于价格变动幅度,就叫需求弹性大,相反就叫需求弹性小。比如说,如果价格下降10%,需求量增加也是10%,需求弹性是1;如果需求量增加大于10%,就叫需求弹性大,或者说富于弹性;如果需求量增加小于10%,就叫需求弹性小,或者说缺乏弹性。

二、均衡价格的形成

斯密说:"'价值',这个词有两种不同的意义,有时它表示某一特殊物品的效用,有时则表示因占有这一物品而得到的购买他物的能力。"马歇尔接着评论:"经验已经表明,把'价值'这个词用作前一种意义是不妥当的。"②"一个东西的价值,也就是它的交换价值。""'价值'这个名词是相对的,表示在某一地点和时间的两样东西之间的关系"③。"文明国家通常采用黄金或白银作为货币,或是金银并用。我们不是用铅、锡、木材、谷物和其他东西来互相表示价值,而是首先用货币来表示它们的价值,并称这样表示的每样东西的价值为价格。"④他就是这样把价值、交换价值和价格相混同,用价格论来代替价值论。这就取消了价值来源和本质的问题,把价值决定变成价格决定,而且在价格决定问题上,排除价值这个决定因素,把它变成单纯的流通领域的问题。所以,马歇尔的价值论是没有价值的价格论。

马歇尔认为,市场价格是由供给和需求双方力量的均衡来决定的。供给和需求表现为两种相反力量,价格就是由供求双方力量的相互冲击和相互制约最终形成均衡而决定的。供求双方力量达于均势的价格就是均衡价格。

在分析需求价格和供给价格基础上,马歇尔得出:"供求均衡时,一个单位时间内所生产的商品量可以叫作均衡产量,它的售价可以叫作均衡价格。"⑤简单说,均衡价格就是需求价格(买者愿付的买价)和供给价格(卖者愿接受的卖价)相一致的价格。就是这种商品的市场需求曲线和市场供给曲线相交时的价格,这一均衡是通过供求双方的相互冲击和制约而达成的。如果某一产量使需求价格大于供给价格,卖主就会增加供给;供给增加又趋向于压低需求价格,提高供给价格,使二者趋于一致。反之,某一产量使需求价格低于供给价格,卖主就会减少供给;而供给减少又趋向于压低供给价格,提高需求价格,使二者趋于一致。当需求价格和供给价格相等时,产量没有增加或减少的趋势,它处于均衡状态中,这个产量就是

---

①②③④　马歇尔.经济学原理:上卷[M].北京:商务印书馆,1964:119;81;81;81.
⑤　马歇尔.经济学原理:下卷[M].北京:商务印书馆,1965:37.

均衡产量,其售价就是均衡价格。

三、均衡价格的短期、中期和长期分析

马歇尔把自己的供求双方力量达到均衡决定价格的观点,比作一把剪刀的两个刀刃,两个刀刃共同作用,两个刀刃的交叉点决定价格。① 在他的供求均衡体系中引进时间分析法,他十分重视时间因素对供求力量的影响,分析在不同时期供求双方对均衡价格的建立所起的作用程度的变化。把均衡价格分为三类。

时间愈短,需求对价值的影响越大;时间愈长,生产成本对价值的影响愈大。

(1) 几天的时间太短,生产供给变动小,需求对价格的决定起主要作用。

(2) 短期,"现有生产设备的数量实际上是固定的,但它们的利用率是随着需求的变化而变化的"。由于设备利用率变化,产品的边际成本变化,从而供给价格会发生变化。此时供给变动影响价格。而供给变动起因于需求的变动,因而,在此时期需求对均衡价格的形成同样起着重要作用。

(3) 长期(一年以上),供给可适应需求的任何变化,供给价格对均衡价格的形成起着重要作用,而需求对价格的影响甚微。长期需求较平稳,但机器、设备、劳动和企业经营等要素的供给价格(生产成本)变动较大,影响商品价格。

总的说来,暂时、短期和长期的价格,都是供求决定的,只不过在不同长度的时间内起主要作用的一方有所不同罢了。

四、均衡价格的动态分析

对均衡价格的动态分析,是马歇尔引入时间因素分析均衡价格的继续,又是其著名的局部均衡分析方法的扩展。在对均衡价值说明的基础上,马歇尔转向对正常供求价格(指短期和长期的价格)变动的原因及其对产量和价格的影响研究,这个研究涉及人口、技术和时尚的变动,属于动态分析的范畴。

需求增加的原因包括:商品不断更新、新用途或新市场的开发、代用品长期减少、购买力长期增加等;相反的原因自然会使需求减少。供给增加的原因包括:新的供给来源的开辟、技术进步、获得生产补贴等。相反地,新的供给来源的阻塞或纳税会造成供给的减少。

在进而考察正常需求和正常供给的增加对产量和价格的影响时,马歇尔引入一个新的条件:生产率或生产报酬的变动。它有三种情况:① 报酬不变率,即商品的供给价格对各种产量来说实际不变;② 报酬递增率,即供给价格随产量的增加而增加;③ 报酬递减率,即报酬随着产量的增加而减少。他指出,在生产遵循不同规律的条件下,正常需求的增加对产量和价格的影响是不同的。

报酬率不变,需求增加产量而不改变其价格,这时正常价格完全取决于其生产成本(如手工业品);报酬率递减,对该商品需求的增加使价格上升、产量增加,但增加得没有前一种情况下那样多(如农产品);报酬率递增,需求增加将使产量增加(比第一种情况下增加得多些),同时使价格降低(如工业品)。无论在上述哪种情况下,若正常需求增加,则价格将上升。

马歇尔接着指出,由于技术进步使正常供给增加,产量增加,总会降低正常价格。只是

---

① 马歇尔.经济学原理:下卷[M].北京:商务印书馆,1965:169.

在生产率递减的条件下,价格下降得很少;而在生产率递增的场合,价格下降最多。前者是因为技术进步等便利所带来的生产成本的降低,会部分地被生产扩大带来的生产成本提高所抵消。后者则因为生产扩大带来的生产成本降低,同技术进步所造成的生产成本降低一道使价格下降。

马歇尔的均衡价格论是把供求论、边际效用论和生产费用论融为一体的价值理论。价格替代价值,价值实体和价值起源的研究变成影响价格水平的各种因素分析,决定价格水平的供求力量被看作决定价值的因素。他对价格决定及其变动的客观因素分析,为现代西方价格理论做出了重要贡献。

五、垄断与均衡价格

马歇尔的均衡价格论以自由竞争为前提条件,但当时发达国家已处在自由竞争向垄断过渡的历史阶段,垄断研究成为经济理论和政策的首要课题,他意识到:"垄断组织之间的冲突和联合在现代经济学中起着愈来愈重要的作用。"[①]

马歇尔晚年开始研究垄断问题。《经济学原理》再版时,他在第五篇末增加《垄断理论》一章,初步涉足垄断问题,后在《工业与贸易》中做深入研究。在此,他重点研究垄断组织的各种形式及其影响,并提出经济政策主张。

马歇尔所说的垄断,是指一种商品只有一个供给者的情况。在这种绝对垄断的情况下,垄断者可以根据需求情况自由调整其商品的供给量,不仅使商品的价格足以支付生产成本,而且能够获得最大额度的垄断利润。此时的商品价格仍然由供求关系决定,只不过体现为一个供给者和所有需求者之间的关系。

马歇尔认为,垄断者为获得最大限度的利润,虽力图提价来增加利润。但如果价格过高,会使需求减少,降低销售量,最终减少利润。因此,垄断者在权衡利弊之后,不会把价格抬得过高,而是让它正好处在使总利润能达到最高水平的限度上。所以,通常对垄断者更有利的是薄利多销。只有在极少数条件下,即需求弹性很小时,提高价格对垄断者才有利。

他提出:"从表面上看来,仿佛垄断产量总是小于竞争产量,它对消费者的价格总是大于竞争价格。但事实却不然。"[②]原因有二:首先,垄断企业规模大,效率高,比中小企业有更多的优越性;垄断企业一般厉行节约,更热心和更积极采用机器、改进生产方法。这使得垄断企业的生产费用低、产量高、产品价格更低。其次,垄断者为了企业发展,或出于对消费者福利的直接关心,宁愿降价。

此外,马歇尔指出,在现实中,除稀有的优越自然条件下的垄断以外,绝对的垄断一般都只是相对、暂时的,竞争才是永恒的主旋律。

马歇尔对当时德国和美国经济的迅速发展及其对英国地位的威胁,异常关注和忧虑。他详细研究了促使两国垄断组织发展的各种因素,以及他们的卡特尔和托拉斯等垄断组织形式对争夺国际市场所起的作用。他力图证明反垄断政策对英国经济是不利的,提出不应把一切垄断都看作坏事,"建设性的竞争和联合优于破坏性的竞争和联合,这对英国比对其他国家都更为重要……如果英国的企业追随美国扩大规模……它将会富强起来"[③]。马歇

[①②] 马歇尔. 经济学原理:下卷[M]. 北京:商务印书馆,1964:169;161.
[③] Marshall A. Industry and Trade[M]. London:Macmillan and Co. Ltd. ,1932:655.

尔的垄断研究,是建立在均衡价格分析的基础上,并对其进一步发挥的成果。他试图论证垄断对整个社会有利,垄断者在追逐自身利益时,能够自然而然地带动全社会的福利增长。但总体讲,自由竞争仍是马歇尔的核心理念。

马歇尔把供求论同生产费用论、边际效用论结合起来,认为边际效用决定需求变动规律,生产费用决定供给变动规律,生产费用、边际效用二者通过供求共同决定价格。在他所处的时代,马歇尔的均衡价格论把价格与价值相等同,用价格变动因素来代替价值决定的因素,对价格形成的描述,在某些方面更接近于市场情况,对于市场运行问题与对策的分析,具有很大的意义。

六、消费者剩余

消费者剩余,是消费者对某一商品个人愿意支付的价格和这个商品的市场价格之间的差额,公式:消费者剩余=消费者愿意支付的价格－消费者实际支付的价格。当市场价格低于消费者为满足自己的欲望所愿意支付的价格时,消费者不仅可以在购买中得到满足,而且可以得到额外福利,这部分多出来的满足,叫作"消费者剩余"。"消费者剩余"的概念是在边际效用价值论的基础上提出的。它在一定程度上反映消费者对现存市价的购买心理和决策行为,是消费者主观购买意愿如何适应市价变动的反映,具有一定的现实意义。

马歇尔的需求理论,以主观心理因素说明需求变动的规律,是错误的。因为需求变动不是取决于人们的主观欲望,主要取决于消费者的支付能力,它又取决于国民收入多少和在各个阶级之间分配的情况。

第三节 供给定律

马歇尔的供给理论,也是生产理论,主要是论述生产要素的供给及其要素变动规律。供给是指在某一时间内,生产者在一定价格条件下,愿意并可能出售的商品。"供给价格"是指生产者(卖主)为提供一定量商品所愿意接受的价格。供给价格是由生产这一定量商品所付出的边际生产成本(边际生产费用)所决定的。他说:"生产费用就是商品的供给价格。"[①]

一、生产要素

马歇尔说,通常把劳动、土地和资本作为生产的三要素,但"组织"也应作为一种生产要素。他所说的"组织",是指企业经营和工业组织。除了土地以外,其他三要素都有各自的供给价格,这些供给价格都有各自变动的规律。

(1) 土地是指大自然在陆地、海洋、空气、光和热各方面赠给人类的物质力量。它没有生产费用,因而也没有供给价格。

马歇尔着重分析土地报酬的变动规律。他认为,土地报酬是土地对用于土地上的劳动和资本的报酬,也就是土地对它们的有效需求或需求价格。它的变动倾向可能是递增的,也可能是递减的。在一块土地上,集中投入劳动和资本,按比例计算,收获量大于投资量,则这一耕作阶段的报酬递增。如果在该块土地上连续投入劳动和资本,除非有耕作技术上的改

---

① 马歇尔. 经济学原理:上卷[M]. 北京:商务印书馆,1964:31.

良,否则,按比例计算,劳动增加而收获量减少,这一耕作阶段就是报酬递减。此外,还会有土地报酬先增后减,或先减后增再减等情况的发生。不过,在土地已充分利用而人口压力不断增加的国家里,土地报酬递减的倾向,最终必然是成为不可抗拒的规律。

(2) 劳动是指人类用手和用脑的经济工作。马歇尔认为,劳动是用来生产某种结果的行为,是指生产过程中劳动者的心理感觉,这种心理感觉尽管有一段时间是快乐的,但总的说是痛苦的过程,因而劳动是一种负效用。他说:"劳动是任何心智或身体上的努力,部分的或全部的以获得好处为目的,而不是以直接从这种努力中获得愉快为目的。"从一定意义上看,可以把劳动解释为劳动者,也就是人类的意思。所以,他认为,劳动是生产要素。从劳动供给角度看,就是研究人口数量、精力、知识和品性的增加。马歇尔认为,马尔萨斯关于人口供给的观点,仍然是有效的。这就是说,如果没有必要物资的匮乏以及疾病、战争、自动节育等因素加以抑制,人口必然迅速增加。

(3) 资本是指为了生产物质财富,并获取收益而积蓄起来的设备。资本作为生产的一个要素,它不是供满足欲望的直接消费使用,而是财富的主要资料。马歇尔接受西尼尔的"节制"说,西尼尔认为资本来自"节制",延缓享受。但是马歇尔把节制换成等待,等待也意味着延期享受,意味着痛苦和牺牲。所以,实际生产成本=劳动的负效用(反效用)+资本等待。"负效用"和"等待"这些心理现象在数量上是无法衡量的,他认为可用货币来衡量,实际生产成本可转化为货币成本,即对劳动的负效用和资本等待需支付的货币额。在谈到货币成本时,他又说,生产成本的实质虽然是心理厌恶和牺牲的代价,但我们不必寻根究底去分析,只要分析生产三要素的价格就可以了。因此,货币成本又转化为生产三要素的价格,即工资、地租、利息和利润。他的生产成本论归根结底是庸俗的收入论(生产费用论)。

马歇尔又把财富和资本当作同义语。当说"财富"时是作为消费对象来看待的,而说"资本"时则看作生产要素。他认为,财富的最早形态是渔猎的工具和个人装饰品,这时已开始驯养动物,但最初还主要是喜爱动物本身的形态美丽,驯养它们的所有者得到愉快和引以为自豪的东西,又成为社会地位的表面象征,以及作为准备应付将来的需要而积累的财富的最重要储备。当人们定居下来从事农业生产以后,耕地是首要财富;其次是房屋、家畜和船只;在很长时期内,生产工具是不占重要地位的。到近代,随着知识进步和普及以及新的生产方法和新机械采用,使生产部门相继以高价机械迅速代替手工工具。随着投资机会的增多,生产物超过生活必需品的剩余不断增加,从而财富积累也增多了。

马歇尔认为,资本来源于节约和储蓄,而节约和储蓄则是为了将来而牺牲现在的愉快:"财富积累一般是享乐的延期或等待的结果。换句话说,财富的积累依赖于人的先见,就是他的想象将来的能力。"

(4) 组织是构成资本的组成部分,是一个独立的生产要素。他说,资本大部分是由知识和组织构成的,其中有一部分是私人所有,而其他部分则不是私人所有。知识是最有利的生产动力,它使人类征服自然,迫使自然满足人类的欲望。组织依赖于知识,有很多形式,如单一企业的组织,同一行业中各种企业的组织,相互有关的各种行业的组织,以及国家保安和援助组织。

马歇尔认为,"组织"作为一个生产要素,研究分工、生产规模的利弊、企业管理等问题,目的是提高劳动生产率,提高企业效益。

他把经济发展分为两类:一是有赖于企业之间的合理分工和联合,经济的合理区划以及企业的经营规模,这叫"外部的经济"。二是有赖于个别企业对资源的充分而有效的利用,组织和经营效率的提高,这叫"内部的经济"。

"组织"作为一个独立的第四生产要素提出来,其重要意义已为近百年来资本主义的发展史所证实。随着社会化大生产和信息产业化的发展,强调企业家对生产的组织管理作用,为后来管理科学的产生与发展提供了理论依据。

二、生产成本

马歇尔把生产成本分为两种:实际成本和货币成本。实际成本包括两点:一是劳动,包括体力劳动和脑力劳动,包括工人劳动和企业家的劳动;二是工具、货币、土地等资本。实际成本称作劳作"努力"和"牺牲"总和;这些劳作和牺牲所必须支付的货币额即货币成本,是商品的生产费用或供给价格。

把生产某种商品所需的各种物资和人力叫作商品的生产要素。这样,当生产任何一定数量的某种商品时,它的生产费用就是它的生产要素的相应数量的供给价格。

与分析生产成本相联系,马歇尔又提出三个新的概念。

1. 替代原理或代用原则

他说,典型的市场常常被视为厂商把货物按照出厂价售给批发商。但从较广泛的角度来看,某种商品的供给价格,是它对市场供应的价格。至于供给价格中包括多少商业费用,这主要决定于市场的性质。例如,加拿大林区的木材供给价格往往几乎完全是由伐木工人的劳动价格构成的。如果把这些木材运到伦敦市场,其供给价格中则有大部分是运费。

马歇尔还指出,在计算生产费用时,还必须考虑下述事实:当产量发生变动时,即使没有出现新发明,也会引起商品几种生产要素的相对数量发生变动。例如,当生产规模扩大时,可能用马匹或蒸汽机去代替人工;同时,由于原料量增加,可能需要从远距离运来,这就增加了挑夫、中间人及商人等费用。

马歇尔认为,在知识和经营能力所及的范围内,生产者在任何条件下都会选择最适合的生产要素。所用生产要素供给价格的总和,一般都小于可以用来代替它们的任何其他一组生产要素的供给价格的总和;一旦生产者发现情况并非如此,照例他们就会代之以那种费用较低的方法。无论是生产要素之间的替代,或是企业主之间的替代,为了便于参考,都可以把它叫作"代用原则"。马歇尔说:"这个原理几乎可运用在经济研究的各个领域之中。"①

马歇尔的替代原理是指企业家们不断地用相对于一定纯产品来说较为便宜的生产要素来代替较贵的,使生产要素不断从该要素服务价值较小的用途转移到服务价值更大的方向,达到两种结果:一是一种要素在它的各种用途的价值趋于一致,二是同一种用途任何两种要素的边际纯产品之比等于它们各自的价格之比。这种行为决定各种要素在整个经济中的边际需要,并进而决定收入在各种要素之间的分配比例。可见,替代原理就是追求利润最大化的企业家选择最佳要素组合的行为结果。

由替代原理可知,决定要素收入份额的边际需要,是由要素的边际生产力(边际纯产品)和要素的成本(要素的价格)共同决定的。边际生产力决定企业家们对要素的需求价格,而要素的成本取决于要素的供给价格。于是,要素的收入份额问题便归结为要素的均衡价格问题,归结为要素的供求问题。分配的决定便与价值的决定一样,同样取决于供求均衡。任

---

① 马歇尔.经济学原理:下卷[M].北京:商务印书馆,1981:33.

何生产要素的需求取决于它在替代原理作用下的边际生产力,而供给"不论什么时候都首先取决于它的现有存量,汽车取决于它的所有者把它运用到生产上的意向"①。因此,虽然工资、利息、地租和利润互不相同,但它们从根本上都服从于供求规律。

2. 代表性企业

他认为,生产要素的供给价格构成生产成本。但就一个产业部门来说,各个企业的内部经济和外部经济各不相同,因此它们的生产成本差异很大。他说,当研究支配一种商品供给价格的各种原因,并对生产一种商品与一定的总产量有关的正常生产成本仔细分析时,将要研究在那个总产量之下一个代表性企业的生产成本。代表性企业一是不要选择刚刚营业的,因为它暂时不得不忍受利润很少或没有利润的境况;二是不要选择那些信誉卓著、历史悠久、规模大、管理有方的企业。因此,马歇尔提出:"代表性企业已经具有相当的历史和相当的成功,它是有正常的能力来经营的,它能正常地获得属于那个总生产量的外部经济和内部经济;而对于它所生产的货物之种类,货物之销售情况以及一般经济环境,也是要加以考虑的。"②一个代表性企业,可以看作一个平均的企业,不是随便拿来一两个企业,而是经过广泛的调查之后挑选出来的,因而它具有充分的代表性。

在进一步分析一个代表性企业的生产成本时,马歇尔提出一些假定的条件,"需求和供给自由地起着作用;买方或卖方都没有密切的结合,每一方都是单独地行动着,存在着很大程度的自由竞争,买主一般都是自由地同买主竞争,卖主一般都是自由地同卖主竞争。"③

完全自由竞争条件下,一个代表性企业生产的内部经济和外部经济,取决于它生产的商品总值。马歇尔假定,该商品的任何数量的正常供给价格,可以看作这个代表性企业的正常生产费用。这个代表性企业预期的价格,既不因太高而增产,也不因太低而减产,而恰恰是足以维持现有的生产总量不变。

3. 投资的外限或投资的有利边际

马歇尔在论述资金的投放和分配问题时,提出与生产成本有关的"投资外限"或投资的"有利边际"的概念。

他举例,某人建房时,两种动机势均力敌:望而生畏和迫不及待,是否施工犹豫不决。就房屋的某些部分来说,他所得的利益也许超过他所投入的资本,但是当建筑计划逐步扩大时,他最后会发现,任何扩建所带来的利益会被所需的劳作和牺牲所抵消,而这种扩建就处于"投资外限",或它的"有利边际"。

三、供给规律和供给弹性

在马歇尔看来,供给价格是由生产一定量商品所付出的边际生产成本决定的,生产成本变动的规律就是供给价格变动的规律。一般说来,比较典型的情况是:供给价格高则供给多,价格低则供给少,这就是供给的一般规律。

马歇尔认为,与需求价格相对称,在供给方面也有一个表示价格和供给量对照关系的供给表和供给曲线。一般说来,供给表所表示的关系和需求表恰好相反,供给价格越高,则供给越多,价格低则供给少。供给量同价格之间的关系形成一条由左下方向右上方走向的曲线,这就是供给曲线。

与需求弹性相对应,马歇尔还提出供给弹性,指的是价格变动引起供给量变动的幅度。

---

①②③ 马歇尔.经济学原理:下卷[M].北京:商务印书馆,1981:33;199;327.

他对供给弹性的简单论述是：一般地说，价格上升，供给量上升。但供给量增减涉及生产规模伸缩，需要考虑时间因素，短期上，市场交易，产量既定，价格上升，出售量是否增加，要看这种商品储备量，还要估计下次交易的价格高低。长期看，情况比较复杂，价格上升，可以扩大生产，增加供给量，但对那些需要大型设备而且这些设备已充分利用的生产部门来说，就不易迅速扩大生产规模来增加供给量，其供给弹性就小。一般地说，小厂或手工业适应价格变动而增减供给量较易，其供给弹性大。

与消费者剩余相对应，马歇尔提出"生产者剩余"的概念，是指生产者得到的报酬比他实际支付的代价要大，或者说，他从生产中得到的东西大于他投入生产的东西。他以此说明地租。同把需求转化为需求价格一样，他也把供给转化为供给价格。他认为，生产一定数量的某种商品，它的生产费用即供给价格是它的各个生产要素供给价格的总和。

与需求价格表相对称，马歇尔又提出供给价格表。编制供给价格表的方法和需求价格表相同。在一定时间内，随着产量增加，其供给价格可以增大，也可以缩小，或增大与缩小交替发生。当自然界不能提供较多的原料，而同时在特定阶段内又不能采取更新的生产技术时，则供给价格将上升；如果生产量较大，也许采用机器代替手工劳动较为有利，则生产量增加势必使供给价格下降。

一般来说，典型供给表的价格和供给量的对照关系和需求表上表现的关系恰好相反，即价格高则供给多，价格低则供给少。

马歇尔也简单地论述了供给弹性问题。他认为，供给弹性与需求弹性比较，有着重要的区别。主要表现在考察供给弹性时，应考虑时间长短这个因素。如果一个制造工业部门所需要的大型设备已经得到充分的利用而无法迅速扩大时，则对它的产品出售价格上涨，也许在相当长的时间内对产量的增加不会有显著的影响，即它的供给弹性小。但是，对手工业产品需求的类似增高，也许会迅速引起供给的巨大增加。换句话说，手工业产品的价格上涨可在短期内使其供给弹性增大，而在长时间内则其供给弹性较小，或很小。

生产者剩余是指商品实际市场价格大于生产者对供给者对商品愿意接受的价格之差额，商品生产者或供给者总是在商品市场价格大于、等于他对商品愿意接受的价格时，才肯生产。例如工人对第一个劳动小时的痛苦感受不大，但随着劳动时间的延长，其痛苦感不断增加，对最后一个劳动小时的感受最痛苦。但工人是按最后劳动小时的最痛苦的劳动取得全部报酬的，这就使最后劳动小时以前的所有劳动小时的报酬产生生产者剩余。

马歇尔的供给理论和他的需求理论一样，运用主观心理分析方法。劳动是"反效用"；资本是资本家的"等待"和"牺牲"。

第四节 分配理论

马歇尔的分配论，是应用他的均衡价格论，以他的均衡价格论为基础的。他认为，分配是劳动、资本、土地和组织各个生产要素如何把它们共同创造的国民收入在数量上进行分割的问题。这四个生产要素都是生产力，都能创造国民收入，因此都有权从国民收入中得到相应份额，即劳动——工资，资本——利息，组织——利润，土地——地租。分配理论是量上确定各种分配份额的大小。这四种生产要素的生产力都有递减的倾向，这是普遍规律。

马歇尔认为，确定分配份额，就是确定各种要素的价值。根据均衡价格论，各种生产要素的价值(或价格)由各自的供给价格和需求价格的均衡来决定。马歇尔对各个生产要素的供给价格和需求价格也做了逐个的分析。

一、工资

马歇尔把工资归结为劳动的纯产品和劳动的生产成本的均衡,工资是使用劳动的报酬,是劳动的均衡价格,是劳动这一生产要素的价格。过去的工资论有两种,一种认为工资取决于劳动者的最低生活费用(从配第、重农学派、斯密、李嘉图到拉萨尔的工资铁律);另一种认为,工资由劳动的边际生产力决定(克拉克)。马歇尔认为这两种看法都是片面的,应把上述两种因素结合起来,工资应该由劳动这一生产要素的需求价格和供给价格共同决定。

劳动的需求价格是资本家愿意支付的价格。劳动的生产力产生劳动需求,劳动需求价格由劳动的边际生产力决定,即取决于边际工人的纯产品,也即资本家在不增加生产资料条件下所增雇的工人,补偿生产费用以外,提供的纯产品。

劳动的供给价格就是由"培养、训练和保持有效率的劳动的精力所用的成本"[①]决定的,它决定于劳动的生产成本,包括工人的最低生活费用,以及必需品(烟、酒、时髦的衣着等)。此外,特殊劳动的供给有特殊的要求,劳动的供给价格是复杂多变的,在现代技术条件下,没有一个对各级各类劳动都适用的"一般工资率",但就每类每级劳动来说,还存在着一个由它的供给价格和需求价格的均衡所形成的"正常工资率"。

二、利息和利润

利息是资本参加国民收入的生产所得到的报酬,是使用资本支付的代价,或者说,是资本这一要素的价格。利息的确定,过去有几种说法:资本的边际生产力决定利息(克拉克),用等待或节制解释利息(西尼尔),时差决定利息(庞巴维克)。马歇尔认为这些说法都有道理,但不全面,应该把它们综合起来,那就是由资本的需求价格和供给价格共同决定利息。

资本需求价格是借款人愿意支付的价格。马歇尔说,资本需求价格取决于资本的边际生产力。利息还取决于资本供给价格,即资本供给者贷出资本时所愿接受的价格。这个价格决定于资本的生产成本。这是资本家的"等待""牺牲"。他说:"谁都知道,人们一般是不白借钱给人的,因为他们的资本或它的等价物即使对他们没有适当的用途,但他们总能找到其他的人,这些人使用资本有利可图,从而愿意支付代价而取得资本;⋯⋯绝大多数的人喜欢现在的满足,而不喜欢延期的满足,换言之,由于他们不愿意'等待'。"[②] 正是由于资本家"牺牲"现在的满足,"等待"延期的满足,他必须得到报酬。这种"等待"的报酬是利息的供给价格。他继承西尼尔的"节制"论,又加进时间因素。不同于前人的是,他把它只作为利息决定的一个方面。他把利息归结为资本的生产力和资本家的等待这两个方面决定,长期看,利息是由供给和需求两方面力量决定的。他认为,资本排斥劳动,但资本增加会增加国民福利。

马歇尔认为,利润是企业家经营管理和组织企业活动的报酬,是企业经营组织这个生产要素的价格,由其均衡价格决定。

企业经营管理的需求价格是整个社会对企业家的贡献所愿意支付的价格,企业经营组织作为创造国民收入的四个要素之一,具有生产性,因此,社会需要它,愿意支付一定的价

[①][②] 马歇尔.经济学原理:下卷[M].北京:商务印书馆,1965:204-205;247.

格，这个价格取决于企业经营的边际生产力。企业经营的边际生产力表现为企业家在最合理地使用和安排各种生产要素的条件下所能获得的纯收入，亦即在支付工资、利息（及地租）以后所得到的正常利润。马歇尔把资本家经营企业说成企业家对社会的贡献，因此，企业家理应得到利润。他用企业家必须获得的利润来说明对企业经营组织的需求价格。

企业经营组织的供给价格是企业家提供服务所索取的代价。其取决于它的生产成本，即企业家的教育训练费用。企业家是高度熟练的劳动者，必须具备两种能力：具备有关"物"的透彻知识、精通业务，预测生产和消费的倾向；具备有关"人"的透彻知识，善于组织和领导生产，知人善用。

三、地租与准地租

马歇尔认为，地租理论"不过是一般供求理论中特定的一种主要应用"①。与其他生产要素不同的是，土地供给是固定的、受自然条件限制的，没有生产成本，也就没有供给价格。地租只由土地需求价格决定，即租佃土地的人所愿意支付的代价，这个代价决定于土地边际生产力。他认为，农业存在"土地报酬递减规律"，在同一块土地上连续不断追加资本和劳动，虽可使农产品总产量增加，"但当土地耕作已经完善时，它们的报酬将开始减少。耕种者继续追加资本与劳动，直到一点为止，在该点，报酬仅仅够偿付他的开支，和补偿他自己的劳作"②。此外没有剩余。这样一次耕种是边际耕种，其投资是边际投资。边际耕种或边际投资不产生地租，只有在比较肥沃的土地上进行投资或耕种所获产量超过边际投资或边际耕种所获产量，这个超过边际产量的余额构成生产者剩余。他把这个生产者剩余叫作地租，他把地租看作土地边际利用与总产量之间在农产品收获上所形成的差额。它源于自然赐予。

可见，马歇尔的地租理论实际上是旧的级差地租理论。它排除了劳动价值论，是在土地生产力论和土地报酬递减规律的基础上建立起来的。

马歇尔还提出"准地租"的概念。准地租是要素价格暂时超过均衡价格水平的部分。他认为地租是指从自然物所获取的收入，不包括改良土壤所投资本的报酬。在现实中，一块土地的收入，不会都是这种纯粹的地租。其中包括一部分改良土壤的投资报酬，这既与地租有所不同，又具有地租的性质，有时可称它为租金，但马歇尔认为把它称为准地租较为适当。

马歇尔的准地租概念应用比较广泛。在工资中，尤其是经理和高级技术人员的收入，存在着一个超过正常工资的额外收入，属于特殊才能的所得，也称为准地租。他也把利润和准地租联系起来，利润虽有一个正常率，它是和企业家能力的供给成本即教育、训练等费用联系着的，但最终特异的天赋才能是决定利润的主要因素。据此他认为企业家利润中较大的部分是准地租。又如，当资本一经投入到机器等物质形式后，在这些机器等资本的使用期间，资本的供给价格不再变动，从而不再影响利息的大小，只有市场需求影响利息。他认为，这种条件下的资本利息及上述的高额工资和超额利润都可以叫作准地租。

马歇尔把"三位一体公式"变为"四位一体公式"。"资本和劳动的合作，如同纺工和织工的合作一样重要。"他论证：各个生产要素所有者的收入，是公平合理的。"分配论研究的主要意义是使我们知道：现有的社会经济力量使财富的分配日趋完善；……考虑不周的巨大改

---

①② 马歇尔. 经济学原理：下卷[M]. 北京：商务印书馆，1965：288；289.

革会引起严重的后果。"①

四、货币理论

马歇尔指出,货币主要职能有两类:交换媒介和充当价值标准或支付手段。币值的稳定性是第二种职能得以履行的主要条件。他承认,实际上,货币的一般购买力或物价水平会发生波动,但必须把物价的长短期波动区分开。这需要用算术加权法或几何加权法来计算货币的一般购买力,即编制物价指数。他认识到编制物价指数的诸多困难,无法得到一种精确的购买力标准,但为了长期债务合同的履行,有必要确定一种官方的一般购买力单位,即由政府定期公布的物价指数。并据此调节通货量,稳定物价指数。

马歇尔认为,总体讲,供求状况决定币值。"决定其价值的因素,在供给方面是生产成本,在需求方面是人们对建立在金银基础之上的购买力需求,再加上为了工业与炫耀的目的而产生的金银需求。"②他随后写道:"一国通货的总值,乘以为了交易目的而在一年中流通的平均次数,等于这个国家在这一年里通过直接支付通货所完成的交易总额。但这个恒等式并未指出决定通货流通速度的原因。"③可见,他不赞同费雪提出的交易方程式:$PT=MV$,即"货币流通速度是随着一国人民认为手头应该保有的购买力数额的变动而变动的"④。即货币需求是货币流通速度变化的原因。后者与人口、财富、人均交易额、货币交易占交易总额的百分比,货币的替代物如支票、汇票等发行情况,货币的交易效率,个人的职业和性情,运输,生产和交易方式有关。一般讲,由于人们常将储存货币所得的利益与购买物品所得的享受及投资于生产所得的收益加以比较权衡,因此不会储存过多的货币。

马歇尔认为,币值决定于全国人民以货币保持的财产和收入的部分实物(货币需求)与该国货币量(货币供给)的比例。如该国人民愿以货币形式保持其财产和收入的1/10 的实物价值为 10 万吨小麦,而该国货币量为 10 万单位,那么每一单位的币值是 1 吨小麦。因此,人们以货币形态保持的实物价值愈小,币值愈小,物价愈高。根据实物余额价值保持相应的通货数额,为"现金余额"。

后来,马歇尔的学生庇古将现金余额数量说公式化,得出方程式:

$$P = M/KR \quad \text{或} \quad M = KPR \tag{12.1}$$

其中,R 为一国总财产和收入的实物价值;K 为人们愿意保存的现金余额与实物总量之比;M 为货币量;P 为物价水平。

可见,物价水平等于货币量除以 K 比率计算的实物总量之商。一定时期内 R 是固定的。物价 P 取决于 M 和 K,P 与 M 成正比,与 K 成反比。此方程式是剑桥方程式。剑桥学派的货币学说被称为现金余额数量学说。这一学说是货币数量说的理论,它坚持用货币流通中数量的变动来说明商品价格变动。剑桥方程式在经济学说史上具有很大影响,是当代货币主义经济学的理论渊源之一。

马歇尔还提出,要考虑信用正常时期和信用失常时期人们对货币的不同需求,并据此调节货币的供给。他又指出,物价上涨一般伴随着货币利率的上升,物价下降一般也伴随着货币利率的下降。在国际金融方面,他进一步阐明了购买力平价论,解决不可兑现的纸币在不同国家之间的汇率决定问题。

---

①②③④ 马歇尔. 货币、信用与商业[M]. 叶元龙,等译. 北京:商务印书馆,1986:363;43;46;46.

本章小结

马歇尔的经济学说囊括当时绝大部分经济理论和主张,使之成为一种被普遍接受的第一个完整的微观经济学理论体系。他成为现代微观经济学和新古典经济学最主要的奠基人。他发展边际分析,应用弹性分析、均衡分析及连续原理等,深入研究经济学。他建立的局部均衡理论,描述微观经济现象,提供优化资源配置及实现有关经济要素均衡的原则,成为现代微观经济学的重要基础。但他的新古典经济学再次否认古典学说的制度分析传统,进一步弱化了经济学的解释力。

思考题

1. 马歇尔的经济学说有哪些特点?简述马歇尔经济学说体系的核心——均衡价格论。
2. 简评马歇尔提出生产第四要素的内容及其理论意义。
3. 简述马歇尔租金理论的意义。

名词

局部均衡　需求弹性　组织　内部经济　外部经济　供给价格　供给弹性
均衡价格　《经济学原理》　准地租　剑桥方程式

第十三章　货币与商业循环学说

本章重点
- 累积过程理论;货币利息率和自然利息率;费雪方程式
- 商业周期学说

传统货币数量论把价格波动完全归结为货币,看不到实际经济对物价的影响。这一时期的货币理论把利率变动看作货币量影响实际经济的关键因素。

完整的货币理论包括货币供给与货币需求及货币的传导机制。最初货币理论强调的是货币供给,忽视货币需求,特别是忽视货币的传导机制。在商品经济初期,经济活动还主要局限于流通领域,货币只是交换媒介,与实际经济活动无关。整个经济是一种"现金经济"或"简单信用经济"。所以,最初重视货币供给是与经济发展初期相适应的。随着商品经济的发展,货币职能大大超过单纯流通手段的职能。特别是信用制度的发展,使货币从简单交换媒介作用最大限度地向资本职能转化,从而货币供求对生产和流通影响巨大。这时,作为一种政策变量的货币供给分析已不是重点,经济学着重分析的是作为资本形式的货币需求,以及利率变化对投资和储蓄等实际经济活动的影响。

第一节　威克塞尔的经济学说

约翰·古斯塔夫·克努特·威克塞尔(Johan Gustav Knut Wicksell,1851~1926),货币经济学的重要先驱之一,是把货币经济学和非货币经济学综合在一起的新古典经济学家。大学时代他在哲学、政治、文学辩论和学生团体活动活跃。庞巴维克1888年新版论资本的书,对他的经济思想形成影响深远。

威克塞尔的主要贡献是货币经济学:① 利息率在形成均衡价格或在累积性通货紧缩中的作用;② 政府和央行在稳定价格中的作用;③ 早期论述宏观均衡的储蓄和投资方法,这奠定了他作为投资和储蓄的"瑞典学派之父"的地位。[①] 凯恩斯称赞威克塞尔是其思想的一位重要先驱者。此外,他提出,代表性企业在扩大生产规模时,将先经历报酬递增,再经历报酬不变,最后经历报酬递减这样几个阶段。他也预期到张伯伦和罗宾逊的垄断竞争理论。

熊彼特恰如其分地把威克塞尔、瓦尔拉斯和马歇尔一起并列为1870~1914年间,在纯理论方面贡献最大的经济学家。像马歇尔一样,威克塞尔在大致相同的时间里,建立了综合古典经济学和边际效用论的理论体系。他的累积过程理论综合了李嘉图的货币数量论和庞巴维克、杰文斯的资本利息理论。

威克塞尔与马歇尔都是用各自的综合体系,分别创建从20世纪初延续到今天的长寿学

[①] 这个学派的其他成员包括林达尔(Lindahl)、缪尔达尔(Myrdal)和俄林(Ohlin)。

派——瑞典学派和剑桥学派。二者的区别是：

(1) 他的主要成就在宏观方面，马歇尔的主要成就在微观方面。

(2) 他以一般均衡为框架综合古典经济学和边际主义，一定程度上综合了边际主义内部的不同观点。马歇尔以局部均衡为框架综合古典经济学和边际主义。

(3) 他肯定古典经济学的语调较轻，马歇尔肯定其语调较重。

(4) 他与凯恩斯革命的联系较强，马歇尔与凯恩斯革命的逻辑联系较弱。

一、威克塞尔的贡献

(1) 开辟静态条件下的宏观均衡分析和宏观过程分析的新领域。他的宏观均衡分析，后来在缪尔达尔那里得到更精确的表述，并发展为动态条件下的均衡分析。他的宏观过程分析，被奥地利的米塞斯、哈耶克发展为经济周期理论。但他本人显然并不认为累积过程理论便是解释经济周期的全部理论。他承认价格波动与经济周期有联系，但认为经济周期的主要且充分的原因在于技术进步的时断时续。而这一思想可能影响了奥地利的熊彼特。

(2) 以稳定物价为目标，银行自觉调节利息率为特征的宏观货币政策，该政策是凯恩斯革命前西方宏观经济政策的核心。这一政策预示货币制度由金本位制向纸币制的过渡。

(3) 综合边际生产力论和时差利息论，建立他的资本和利息理论，但又包含许多不利于这两种理论的论点。他的分配理论和资本理论，包含以后新剑桥学派反对新古典主义边际生产力论的萌芽，新剑桥学派代表人物之一帕西尼蒂就指出，在技术再转折争论中已显现出来的传统资本理论中的一些困难，可以追溯到威克塞尔关于资本积累的分析。这是威克塞尔研究中一个尚待深入的领域。

(4) 用线性齐次的生产函数(它意味着技术系数未必是常数)代替瓦尔拉斯体系的固定技术系数的生产函数，引入时间因素而深化一般均衡理论。

(5) 在静态分析的基础上进一步展开比较静态分析乃至动态分析，为以后瑞典学派的宏观动态分析奠定基础。

二、经济学的性质、分类及研究方法

威克塞尔指出，经济学的性质是随着时代的变迁而变化的。在重商主义时代，它是关于国民家计原理的科学，而在自由竞争的私有制时代，经济学已愈来愈成为相互依存的一个整体经济现象的学说。经济现象是人们利用既定手段达到尽可能大的物质满足或利用尽可能少的手段达到既定物质满足的活动。概言之，经济学是关于人们在约束条件下实现物质利益最大化活动的学说。

从经济学的上述性质出发，威克塞尔区分经济学为"理论"和"实用"这两部分，并进一步将"实用"部分一分为二：既定制度条件下基本理论的应用和对既定制度条件的评价及改进。于是，他把经济学分为三部分：① 理论经济学，主要论述经济规律。② 实用经济学，主要论述经济规律在具体经济生活中的应用。③ 社会经济学，主要论述应当如何应用经济规律及应当对现存的经济制度进行何种改革。这种分类法，他说是源自瓦尔拉斯。但两者之间关于第三部分内容的看法是有着重要差别的，两人的区别可以从他们对于巴师夏的不同态度中表现出来，瓦尔拉斯力图从新的角度论证巴师夏的经济和谐论，而威克塞尔则认为经济和谐论恰恰是巴师夏的错误。

威克塞尔又将理论经济学分为如下部分：① 价值与交换理论，包括消费和需求，及自由竞争和非自由竞争条件下的价值决定。② 生产与分配理论,包括生产三要素的生产作用及产品分配中的相对份额。但这部分内容并不包含生产要素财产权的分配问题。它属于社会经济学领域。明确区分收入分配与财产分配,是他理论的长处之一。③ 资本理论,主要包括动态条件下资本积累及收益问题,而前两部分主要涉及的是静态分析。④ 货币与信用的理论纳入理论经济学,是威克塞尔的一大创造。这些内容是他综合李嘉图的货币数量论与庞巴维克的资本利息论的结果。可以说,马歇尔是在价值理论上综合古典学派和边际学派,提出相对价格的决定理论;而威克塞尔则是综合古典学派和边际学派的货币和信用理论,提出一般物价水平的决定理论。

威克塞尔认为,经济研究方法主要是抽象推理法,从某些假设的前提出发,用逻辑方法,推导出结论。他指出,采用抽象推理法所得出的结论是否真实,在多大程度上真实,取决于两点:① 假设前提的真实性如何;② 被抽象掉的因素的重要性如何。前提的真实性越强,被抽象的因素的重要性越小,则结论越真实。他也指出,研究过程中,有时可以先把某些重要的因素抽象掉,使研究对象简单化,然后再进一步考虑开始被抽象掉的重要因素的作用。

威克塞尔的抽象推理法,包含数学方法。他认为数学方法并不能保证不产生错误,但与单纯描述的方法相比,其优点在于不会长久地隐蔽错误。在推崇抽象推理法的同时,威克塞尔也肯定历史学派归纳方法,认为两种方法是经济学研究的分工关系,缺一不可。

三、物价水平的变动

西方货币理论大体经历四个发展阶段:第一阶段,货币自然观(公元前5~公元14世纪)基于自然经济和简单商品交换关系,强调货币为"虚构的财富"。第二阶段,货币财富观(15世纪~17世纪中叶)把货币看作一国的唯一财富,拥有金银的多少是该国实力的标尺。第三阶段,货币面纱观(17世纪末~20世纪30年代初)把市场经济看作物物交换的实物经济,认为货币不过是交换手段,对经济不发生任何实质性的影响。第四阶段,货币经济观(20世纪30年代以来)认为市场经济中一切经济活动都是通过货币实现的,货币对经济发展起着决定性的作用。

1898年威克塞尔的《利息与价格》问世之前,主流的新古典经济学中,价值理论与货币理论是彼此分离的、没有逻辑顺应关系的两个部分,即"二分法"。新古典学说中,价值理论是一种相对价格理论,是以边际效用论为基础的,与相对价格形成和变化没有任何直接关系。此外,古典和新古典的这些理论都是静态均衡的分析,威克塞尔则开始打破这种静态和"二分法"的格局。诺贝尔奖获得者、当代瑞典学派的主要代表之一缪尔达尔曾针对经济学史的这种情况指出:"所有关于正统派经济理论有系统的论文,都有一个共同的特点,就是认为货币理论和价格的中心理论之间,没有内部联系和完整的结合。"[1]凯恩斯自我批评说:"把经济学分为两个部分,一部分是价值与分配论,另一部分是货币,实在是错误的。"[2]

威克塞尔较早地认识到"二分法"缺陷,较早地探讨货币与实物经济的结合问题,把价格问题和利息率问题结合在一起考虑。

威克塞尔认为,货币理论的主要问题是,为什么价格整体上升或下降?为了回答这个问题,他转向分析利息率,区分了正常或自然的利率和银行利率。

---

[1] 缪尔达尔.货币均衡论[M].北京:商务印书馆,1982:15.
[2] 凯恩斯.通论[M].北京:商务印书馆,1981:249.

他说,自然利率取决于还没有投资的实际资本的供求。资本供给来自于推迟消费。资本需求取决于通过使用它而可以实现的利润或边际生产力。供求的相互作用决定自然利息率:"借贷资本的需求和储蓄的供给完全相等时的利息率,就是正常的或者自然利率。它或多或少是相应于新创造资本预期收益的。"如果使用资本的前景更有保证,需求将增加,将在开始的时候超过供给;利息率接着将上升而同时将会随着来自企业的需求合同刺激储蓄进一步增加,直到在稍高一些的利率上达到新的均衡,工资和价格将保持不变。①

银行放款是不受约束的。银行利率可低于或高于自然利率,这两种情况出现时,价格水平必将相应变动。

银行以低于自然利率的水平贷放货币,扩大消费需求,增加投资,因为借入货币的成本越低,利润越大。随着投资增加,工人、土地和原材料的所有者等的收入都会增加。消费品价格上升。假定充分就业,那么,与这种消费和投资需求相并存的是,随着储蓄减少而来的甚至是商品供给减少。价格上涨的预期引起价格更高地上升。均衡受到破坏,累积向上的价格运动就开始了。基本原因是,银行或市场利率低于那种在不变价格水平下能够平衡实际储蓄和实际投资的自然利率。只要银行利率低于实际利率,价格就会无限上升。

相反,银行利率高于自然利率,价格将下降。因为储蓄增加而投资下降,国民收入减少,而国民收入的减少又将引起消费品价格下降。随着资本品和消费品价格的下降,一般物价水平也将明显下跌,通货紧缩出现,由于预期到进一步的价格下跌,买者将减少他们的当前支出乃至未来支出,这就加剧通货紧缩。

四、累积过程理论——经济周期理论

威克塞尔在《利息与价格》一书中,论述他的核心理论"累积过程理论",动态货币均衡理论,这是他的货币利息理论和经济周期理论,是他最重要经济理论的贡献。他力图用自然利率和实际利率的一致与否说明均衡价格的形成与破坏,从而统一货币理论和价值理论,为当代瑞典学派奠定最重要的理论基础。

他假定,在静态均衡经济、充分就业的均衡状态下,土地、劳动和资本等一切生产资源数量均为固定,且已被全部利用;面对一个有组织的纯粹信用经济,全部支付都采用划汇和转账来进行。19世纪中叶以后,欧美各主要资本主义国家的银行信用制度已相当发达,银行在社会经济中的作用日益加强,信用规模的变动对交易量和价格水平有着重大的影响。

他将总供给和总需求划分为消费品供求和投资品供求,从而能够考察货币量在影响一般物价水平的过程中,对生产结构、资源配置、收入支出、储蓄和投资有何种影响,即把相对价格变动与一般物价水平结合起来加以考察。

他假定:在一封闭的经济体系中,各生产单位完全从银行借入资本从事经营活动;企业投资和扩大生产的动因是利润;各生产单位的生产周期是无差异的;一个抽掉外贸的封闭经济体系。这些假定都是为抽象理论分析所必需的,但是放弃这些假定并不会改变整个分析的主要结论。他还假定,投资与储蓄相等,经济资源充分利用,就业、物价水平稳定。

他提出的重要概念是"自然利率",是指"如果不使用货币,一切借贷以实物资本形态进

---

① Wicksell K. Lectures on Political Economy: Vol. 2[M]. London: Routledge & Kegan Paul, 1935: 193. Originally published in 1906.

行,在这种情况下的供求关系决定的利率"①。自然利率实际上是物质资本的收益率,或相当于庞巴维克所说的迂回生产过程中的物质边际生产力。与自然利率相对应的是货币利率,即借贷中用货币支付的利息率,由资本市场上借贷供求关系决定。他认为,经济活动与价值波动都与自然利率和货币利率的相互偏离有关。

利率降低导致社会总需求增加:由于货币利率低于自然利率,两者差额是超额利润,企业增加投资和扩大生产。但在充分就业的条件下,增发贷款所引起的对资源的需求就超过生产要素的可供量,其价格必定趋于上涨。货币利率降低,使作为利率函数的居民储蓄减少,消费增加,但由于消费品生产在充分就业的条件下无法扩大,消费品价格上涨。威克塞尔明确指出:"低利率的维持,如其他情况无变化,其影响不但是恒久的,而且是累积的。"②银行降低利率而增加的贷款,首先流入企业,企业利用贷款扩大投资引起生产要素价格上涨,由于不存在闲置资源,生产要素价格的变化必然会造成一部分生产要素由原有生产部门转移到有能力支付高价的生产部门。由于利率下降,资本预期收益按市场利率计算的折现值提高了,资本品生产部门对生产要素的需求更为强烈,如果这时生产要素是从消费品生产部门转移到资本品生产部门,就会导致消费品生产萎缩。但是,同时由于生产要素价格上涨,工资等收入增加,在保持低水平货币利率时,消费会进一步增加,但由于消费品产量非但没有增加反而减少了,消费品价格将进一步上涨,消费品价格上涨后,企业为增产又会增加对资本品的需求,这又促使资本价格更进一步上涨……因此,利率降低,信用膨胀,投资增加,生产要素价格上涨,造成货币收入增加,推动消费品价格上涨,投资进一步增加,引起资本品价格上涨……这种循环会形成一个经济扩张的累积过程。在这个累积的发展过程中,社会生产并不会实际扩大,但原有的社会生产结构(资本品与消费品的生产比例)会不断遭受破坏,相对价格体系不断变化,一般物价水平持续高涨,一切处于不稳定状态中的因素都在相互影响,加剧整个累积过程的发展,使社会经济严重失衡。这时,只有银行采取提高货币利率使之与自然利率相等的方法,才能制止这一累积过程的发展。同样,由于技术进步等原因引起的自然利率高于货币利率,也可能出现这种累积过程。此外,与向上扩张的累积过程相反,假定货币利率高于自然利率,则会发生向下萎缩的累积过程——经济危机和萧条。

总之,威克塞尔认为,任何货币利率与自然利率的偏离,都会造成累积形式的经济失衡。货币量影响一般物价水平,还影响收入、储蓄、投资、消费、各种商品的相对价格及社会生产结构。当货币利率等于自然利率时,投资等于储蓄,物价稳定,经济体系均衡。这时,各种商品的相对价格和产量都是由实际生产领域决定的,货币只作为流通手段和计价单位,不影响除一般物价水平外的其他经济变量,即货币是"中性的"。因此,根据他的看法,经济均衡需具备以下三个条件:货币利率等于自然利率;储蓄等于投资;物价稳定不变。这是把货币和实际经济综合在一起的动态分析,纠正了19世纪以来经济学中的"二分法",第一次把价值理论与货币理论以及实际问题的解决结合在一起。哈耶克对此说:"只是由于这位伟大的瑞典经济学家,才使得直到这一世纪末叶仍然隔离的两股思潮,终于确定地融而为一。"③

威克塞尔曾将传统的静态均衡分析的方法最先尝试用于建立现代宏观均衡体系,他的积累理论公开地质疑"萨伊定律",这对于瑞典学派的形成,对于现代经济学的货币理论和危机理论及凯恩斯的经济理论都产生了巨大的影响。

---

①② 威克塞尔.利息与价格[M].北京:商务印书馆,1959:83;76-77.
③ 哈耶克.物价与生产[M].北京:商务印书馆,1959:26.

五、价值理论

威克塞尔指出,广义的"交换"是人们在同一种生产资料或完成品的各种用途之间或在达到同一目的的各种手段之间一直在连续不断地进行选择,则价值理论不仅对于自由竞争的经济,而且对于自然经济和集体主义经济,都具有重要意义。因此他把价值理论作为理论经济学中的基本理论。

威克塞尔的价值论也是供求均衡价格论,但马歇尔研究局部均衡,而他却研究一般均衡。他肯定边际成本和边际效用共同决定交换价值,把边际成本和边际效用作为在一般均衡体系中与交换价值处于相互作用关系中的两股力量,由它们的均衡决定交换价值。因此,他的价值论也像马歇尔一样,是综合生产费用论和边际效用论的结果。他的价值论本质上是以一般均衡为前提的供求均衡价格论。这个理论及马歇尔均衡价格论与生产费用价值论及边际效用价值论的根本区别在于,后两种理论实际上都认为价值有唯一最终的决定因素,而前两种理论则否认这一点。威克塞尔的价值理论的特色:

(1) 强调各种商品边际效用的相互依存关系,强调某种商品的边际效用对所有商品量的依存关系,而不是认为商品的边际效用仅仅依存于该商品量。虽然这种关系在奥地利学派详细说明其边际效用价值论时,已就不少特殊情况加以分析,但他用数学方式的一般性表述,把消费者总效用定义为在某一单位时间里一切商品量函数:

$$U = U(X_1, X_2, X_3, \cdots) \tag{13.1}$$

U 为总效用,$X_1, X_2, X_3, \cdots$ 分别为各种商品量。这就与马歇尔的效用函数明显不同,后者是把总效用定义为各种商品效用的总和,其前提是否定各种商品效用之间的相互依存。根据上述总效用函数,他把某种商品的边际效用定义为一阶偏导数

$$\partial U/\partial X_i (i = 1, 2, \cdots) \tag{13.2}$$

他的总效用和边际效用的数学表达法,被收入现代经济学。

(2) 他认为以李嘉图为代表的古典学派,根本错误是价值上忽略生产边际决定于需求。价值与生产的边际费用相等,但这不意味着价值由这种生产费用决定。两者之间不存在单向的因果关系,而是一种相互作用的关系。

(3) 和马歇尔一样,认为只要财产分配不均等,货币的边际效用在穷人和富人那里就有区别,那么自由竞争所形成的交换均衡就不一定意味着社会福利的最大化。边际主义是主张政府干预收入分配的。他对政府的干预提出保留意见,即如果干预导致总产量减少,即使收入分配均等化了,也未必可取。

(4) 分析自由竞争和垄断的价值决定问题。在竞争与垄断之间不存在绝对的界限。他分析垄断利润最大化的条件,假设边际成本一定,需求曲线线性,则垄断利润将在纯收入函数 $f(P)(P-C)$ 的一阶导数 $f'(P)(P-C)+f(P)$ 等于零时,实现利润最大化,式中 P 为价格,C 为边际成本,$f(P)$ 为产量。他还指出,因为消费者信息不完全及产品的空间差别,造成零售的不完全竞争,这导致比完全竞争条件下的价格更高和零售商更多的结果。这些思想后来为张伯伦和罗宾逊所发挥。

六、生产-分配理论

威克塞尔认为不同经济制度下生产与分配的关系是不同的。若一国是一个统一的经济单位,则生产纯粹是一个追求某个目标极大化的技术问题,而分配独立于生产之外受到非经

济因素制约。但在自由的私营企业制度下,生产目标是利润最大化,利润大小又受成本从而受到工资、利息及地租这些生产要素的产品份额影响。因此生产与分配问题是不能分离的,是同一个问题。

威克塞尔认为生产要素除了土地、劳动和资本之外,还有以专利形式存在的技术发明和商誉。他认为技术发明和商誉等生产要素会限制自由竞争,因此在分析自由竞争条件下的生产和分配时,不必加以考虑。

威克塞尔以一般均衡理论为框架,将边际主义学说的各部分综合起来,从而显示边际学说各派的共性。他的综合阐述扩大了边际主义的影响。

1. 边际效用价值论的解释

威克塞尔首先批评边际效用价值论之外关于价值源泉的各种解释,包括一般效用论、相对稀少性和效用性结合的供求论、生产成本论和劳动价值论,以及蒲鲁东、巴师夏等人的观点。然后,他这样说明边际效用价值论:① 斯密以水和钻石为例的"价值悖论"所说的使用价值不会是全世界所有的水和钻石,也不可能是某一特定单位的水和钻石,否则便会得到物品的使用价值和交换价值完全相等的荒谬结论。② 物品交换,以完全使用价值具有可变性为基础,"同一物品对不同的人具有不同程度的效用。所以相对的使用价值在同一时间内对交换双方的这一方或那一方可以分别是大于或小于相对的交换价值"。这里的相对交换价值应读作交换的使用价值。③ 在可变的不同程度的使用价值中,只能由该商品或一单位该商品在一定情况下将它所具有的或想象其具有的最小效用,决定商品的交换价值,即边际效用。

2. 边际生产力的分配论

依据生产的三要素论、收益报酬递减律及完全竞争和静态分析方法,他把杰文斯的资本概念、庞巴维克的"时差"利息率和杜能的边际生产力论统一起来,使分配论具有统一形式,得出土地和劳动报酬的边际生产力规律。

他认为,资本唯一的功能是使生产经历一段时间。因此,"时间"因素是资本概念的核心。他又认为,资本是蓄积劳动和土地,即过去劳动和土地产品。据此,他合乎逻辑地把资本生产力归结为蓄积劳动和积累的土地生产力。

威克塞尔认为,储存一定量的劳动和土地,在许多情况下都使生产力增加。因为这些资源在将来运用,加上自由竞争、收益递减规律、生产期间和资源的合理安排以及表态分析等条件,就会形成"储存的劳动和土地资源的边际生产力要比现在资源的边际生产力大……利息则是储存的劳动和储存的土地的边际生产力与现在的劳动和土地的边际生产力的差额"。

这样,他就发展了庞巴维克的"时差利息论"。

威克塞尔是用边际生产力递减规律来说明增加劳动和土地要素对产量的影响,以及这两种要素的收入份额——工资和地租的决定的。他和克拉克的论点基本一致,与克拉克等人并列为边际生产力论的发明者,他的独特之处是用数学方式表述边际生产力论,从而清楚地揭示这一理论的适用前提。

分析资本主义生产,威克塞尔的资本和利息观点可概括为如下几点:

(1) 利率不能用资本边际生产力来说明。这个理论只有从个别企业的角度观察才适用于资本。因为利息、工资和地租并不完全类似。假如考察社会总资本增减,那就绝不是随之发生的社会总产量增减,将会决定资本的利率。

(2) 利率变化引起资本品生产成本的变化。这就是后人所说的利率变动的真实威克塞尔价格效应。当均衡利率变动时,社会总资本将反向变动,这就是后人所说的伪威克塞尔价格效应。

（3）在某些特定均衡利率下，同一产业内，同时可能有多种生产方法，这些生产方法可能需要完全不同数量的资本和不同长度的生产时间（如手工制鞋和机器制鞋）。只有随着资本增加，长期投资才能在最后取代短期投资（某些行业可除外）。他不认为企业家选择生产方法是社会资本量和利率的单值函数。

上述三点看法表明，威克塞尔是当代西方以罗宾逊为代表的新剑桥学派反对新古典经济学关于边际生产力论和总量资本概念的先驱。

（4）利息是储存的劳动和土地的边际生产力与现在的劳动和土地的边际生产力的差额。利息是由于劳动和土地要素不是直接用于生产消费品，而是用于更迂回从而更有效的生产消费品的方法所造成的，在这种更迂回的生产方法中，资本是储存的劳动和土地。该差额经常是正值的，是因为储存的劳动和土地比现在的劳动和土地效率更大，现在的劳动和土地相对于它的使用目的是丰富的，而储存的劳动和土地在对于许多有利的用途上则是不足的。由于储存意味着被储存的劳动和土地要经历更长时间才能变为消费品，所以他把时间要素看作资本概念的真正核心，把利率看作"期待"的边际生产力。

他基本上同意庞巴维克的时差利息论，强调时间因素在说明利息现象时的重要性。他与庞巴维克的重要区别是，他不再用人们对同种同量现在物品与将来物品的主观估价的差异来说明利息，而是用边际生产力概念，用储存的劳动和土地比现在的劳动和土地在边际生产力上的优越性来说明利息的产生。

所以他的利息理论是客观时差利息论，而庞巴维克的是主观时差利息论。

（5）资本增加影响收入分配。他区分两种情况：技术不变和技术进步时的资本增加。前者增加现在劳动和土地的边际生产力，而减少储存的劳动和土地的边际生产力，从而首先增加工资和地租，利率下降，但资本在总收入中的相对份额仍然会增加。但随着资本继续增加，其相对份额将会减少，到最后其绝对份额也将减少。他把技术进步所产生的影响归结为延长生产期或采用更迂回的生产方法，叫作资本的"深度"增加。因此，在技术进步时，增量资本将分散用于比以前更长期的投资中，从而使以后每年的增量资本将少于未发生技术进步时的数量，这成为抵消资本增加对利率的不良影响的因素。若技术进步发生在资本并未增加的情况下，则资本"深度"增加，而"幅度"变小，即每年分配的资本额变小，这甚至会使工资地租暂时下降，所以他的结论是：储蓄的资本家基本是劳动者的朋友，而技术发明的资本家则往往是劳动者的敌人（短期看）。他承认，长期看，技术进步对工资和地租的不良影响将由于资本积累而抵消。

（6）储存劳动与土地之间的比例均衡需满足的条件是：储存劳动的边际生产力与现在劳动的边际生产力之比，等于储存土地与现在土地的边际生产力之比。

（7）投资于不同期限的资本相互间的均衡比例要满足下述条件：较长期投资与较短期投资的边际生产力之间，保持着按照复利计算的比例关系。于是利率的降低将使得较长期投资相对增加、较短期投资相对缩减。

总体上，威克塞尔的分配论综合了边际生产力论和时差利息论。它不像马歇尔的分配论那样具有统一结构，但包含不少置后者于死地的观点的萌芽。

七、强制储蓄

在讨论总储蓄和总投资时，威克塞尔分析强制储蓄的理论。这些思想，边沁在1804年写作、1843 年出版的《政治经济学手稿》(Manual of Political Economy)中,分析政府在增加资本的作用时说,创造纸币是一种直接税,是加在所有固定收入者身上的收入税。穆勒(1829 或 1830)也曾在《关于政治经济学中一些没有解决问题的论文集》中《论利润和利息》一文里写道,如果银行使通货贬值,就会在一定范围内造成强制积累。产品价格越高,对消费者的某些实际收入征税也就越多。瓦尔拉斯(1879)也论述了强制储蓄理论。

威克塞尔假设,新企业使用一笔没有相应资本积累的银行贷款(纯粹信用创造)。假定开始时是充分就业,在信用创造融资时,生产资本品使用土地和劳动更多,只留下较少的信用资金生产消费品。同时,消费需求将增加,因为扩张投资,企业将高价雇佣劳动。面对价格上涨,企业将需求比他们当初在签订的贷款规模基础上数量要少的资本品。同时,消费也受到涨价约束。这种强制约束构成资本的实际积累,而那本来是当资本投资增加时应得到的。

八、不完全竞争

威克塞尔认为,纯粹竞争在零售业并不充分,在几十年前就预期到由张伯伦和罗宾逊提出的垄断理论或不完全竞争理论。威克塞尔这个论述的进一步系统发展,经历了 32 年。因为修改这一思想,需要有垄断资本的大量证据。

威克塞尔(1901)说,零售商通常客户固定、价格固定,适应批发价格变动,零售商价格变动的时间滞后,而且有所修改:当成本不变而顾客减少,零售商被迫提价。完全竞争方面,威克塞尔是继古诺等人以外的领导者。他指出,销售量被人为限制在利润最大化的点上。价格每次提高都会减少需求。"但只要需求量下降到小于较高价格引起的每单位商品的净利润增加比例,总的净利润……就将增加。"相反,当销售量减少到大于每单位商品的净利润增加比例时,提高价格是不利的。他说,重要的是,不变或过重的成本,不会在最有利可图的垄断价格方面发生任何影响,只有变动成本(边际成本)是应当考虑的。

九、货币政策

威克塞尔主张银行利率等于自然利率,若不存在货币而且所有的贷款都以资本品的形式出现的话,自然利率是由供求决定的。不过自然利率并非固定,会随着经济波动的生产率等所有实际原因而波动。除非银行调整,否则市场利率和实际利率的恰好一致是不太可能的。他说,如果价格上升,利息率也将上升;如果价格下降,利息率也将降低。这些变化发生得越迅速,一般物价水平发生较大变动的可能性就越小,利息率变动的频率也就越小或不变。如果价格相当稳定,在不可避免的情况下,利息率也将只与自然利息率的涨落一致。

银行职责是提供交换媒介,"目的在于稳定物价,在任何情况下,他们对社会的责任都比他们对私人的责任重要得多"[①]。

威克塞尔是最早撇弃萨伊定律而分析宏观的。他在《利息和价格》(1898)中,从分析利率和偏好改革出发,强调央行对稳定经济的作用。他首次呼吁控制贴现率和利息率以稳定批发价格,实现自然利率与实际利率一致。

---

① Wicksell K. Interest and Prices[M]. London:Macmillan,1936:189-190. Originally published in 1898.

第二节　费雪的货币利息学说

欧文·费雪(Irving Fisher,1867~1947)是继克拉克之后,最早获得世界声誉的美国经济学家。

一、效用价值论

费雪在其博士论文《价值与价格理论的数理考察》中对于效用衡量问题做出比杰文斯和埃奇沃斯更好的分析。这一分析甚至比在他之后的帕累托分析更为精辟。在这方面,费雪主要受杰文斯的影响,以及奥地利的非职业经济学家阿斯匹兹和里本合著的《价格理论的研究》一书的启发。费雪反对在经济学中插入心理学的东西,"效用"一词中应该去掉功利主义和享乐主义的成分,效用的定义必须是实证或客观的。费雪发展杰文斯、门格尔、瓦尔拉斯和马歇尔等人的商品效用仅仅存在于商品数量的假定。他说,商品效用是一切商品数量的函数。① 他还强调运用效用标准的客观性,客观标准才能进行衡量和计算。他强调序数效用分析,改进埃奇沃斯的无差异曲线分析方法,比帕累托的更为精密和高明,这有利于运用现代无差异曲线。但他的贡献很晚才被人们发现。

费雪还分析"一种商品的数量可以影响其他商品的效用的两种方式"②。这实际上就是现代消费者选择理论中的关于互补品和替代品的分析。

总的来说,费雪的《价值与价格理论的数理考察》的第二部分,已包含现代消费者理论的一些主要概念和技术。

二、利息理论

费雪的《增殖与利息》比威克塞尔《利息与价格》(1898)还早两年。他对于货币与利率之间关系的看法与威克塞尔相近,只是论述范围比威克塞尔小,仅限于债权、债务关系。

费雪探讨利率水平与物价关系,力图解答"李嘉图-图克之谜"(Ricardo-Tooke Conundrum):利率为何在物价下跌时总是低,而在物价上涨时总是高。他指出,这是因为把名义利率混同于真实利率。③ 这里,他所说的"名义利率"是市场利率,而"真实利率"则是校正过货币价值变动后的名义利率。他认为,物价开始上升,企业利润也将上升。这时贷款人能支付较高的利息,若只有少数人觉察到这点,利息还不会充分调整,借款人去掉利息后实现超额利润。这就产生将来仍有超额利润的期望,因而贷款需求强烈引起利率提高。"如果这种增高仍然不够充分,这一过程就将继续重复。……当价格开始下降时,就出现相反的作用。"④费雪还充分阐述了人们的不完全预期对利率的影响。

费雪的《利息理论》(1930)建立在当前资本价值与预期收入价值的关系上:"收入价值产生资本价值。"⑤他的利息理论建立在如下三个假定基础上:

---

①② Fisher I. Mathematical Investigation in the Theory of Value & Prices[M]. New York:August M. Kelley,1961:64;64.

③④ Fisher I. Appreciation and Interest AEA Publications[M]. New York:August M. Kelley,1961:67;75-76.

⑤ Fisher I. Rate of Interest[M]. New York:August M. Kelley,1907:13.

(1)"每个人一开始就被给定一个确定收入量,通过借入和贷出能够自由地买进和卖出,从而使收入可以立即再分配。"

(2)个人收入不固定,但事先确切知道一切可能的变化。财产所有人的投资用途不限,每个用途均可获不同收入。他提出"牺牲的边际报酬率"概念,"接近于'自然利率',通过它就能将生产力理论、成本理论和庞巴维克的生产技术等所包含的精确成分均接受到我们的理论中"①。这里的"牺牲"是该资本用途转换发生的相对损失;"报酬"是该资本用途转换所增加的相对收入。

(3)在存在风险和不确定性等因素的条件下,个人必须在几种不确定的收入流量中选择其中的一种,从而现在所必须面临的已不再是代表本年和次年间交换比例的单一利率,而是包含风险的大量多样性利率。

费雪利息观引起他与"边际生产力利息论"和时差利息论支持者间的长期论战。

三、货币理论

这是费雪最为著名的理论,以他《货币的购买力》(1911)交易方程式为代表,他的货币数量论基本上属于古典经济学,重点是说明货币量的增加将使一般物价水平按等比例提高。费雪的交易方程式是把西蒙·纽卡姆的公式运用到货币理论的结果。② 马歇尔在一定程度上分析了货币。依据他的观点,由 A·C·庇古提出的货币需要方程式后来被叫作剑桥方程式,就是:$M=kPT$,这里的 M 是货币存量,k 是人们愿意以现金余额形式持有的收入或财富中的一部分,因而,k 是一个表示比例的分数,P 是物价水平,T 是交易或实际收入(或财富)的数量。可以发现,马歇尔的 k 就是人们更熟悉的交易方程式 $MV=PT$ 中货币流通速度的 V 的倒数。后一种方程式是由美国经济学家凯默尔首创,由费雪发展起来的。所以,即使是由威克塞尔、费雪、霍特里所代表的某些特定理论与宏观经济学的联系比与微观经济学的联系更为紧密,但是,这些经济学家仍然处于马歇尔的整个新古典传统的范围内。

费雪的交换方程式是:$MV=PT$,其中 M 为货币存量,V 为流通速度,P 为物价,T 为交易量;这里,M 包含实物交易和中间交易,V 假定不变。这样,交易量 T 一定时,物价水平就和货币量成正比。该方程式是重商主义以来,长期流行的货币数量论以一种明确而简洁的代数表达,一目了然。

费雪只是用数学方法重复约翰·穆勒的观点。穆勒认为,如果假定出售的商品量及这些商品被重复出售的次数是一个定量的话,币值将取决于它的数量及每件商品转手的平均次数。因而,如果商品量和交易量相同,币值与货币量和货币流通速度的乘积成反比,流通货币量等于所有出售商品的币价除以货币流通速度。他用这一方程不过是再次肯定 M 的增长与 P 的增长之间的比例关系。

费雪认为,比货币数量论的数学表达式更重要的是,货币量增长与价格水平的提高之间的联系机制问题,即实际余额效应。

实际余额效应理论假定,在个人持有的货币余额与其购买商品的开支之间存在一种人为的理想关系,其他因素不变,每个人都力图保持二者之间的这种关系。当货币供给量增加

---

① Fisher I. Rate of Interest[M]. New York:August M. Kelley,1907:159.
② 西蒙·纽卡姆(1835~1909),著名政治经济学家(1885),是克拉克、费雪以前美国古典经济学的代表人物。在费雪采用纽卡姆交换方程式后,它才引起人们的注意。

时,若价格水平不变,每个人手中的货币就会过剩,破坏货币与支出之间的理想关系。于是,人们将增加购买商品和劳务以减少过多的货币余额。这样,若产量不变,货币需求增加将迫使价格上升,一直到与增加的货币比例相同时为止。于是建立新的均衡状态,这时个人持有的货币余额回到它原来的联系状态。费雪描述的这一货币传导机制是原来的货币数量论所没有的,这是对货币数量论的重要补充。但是他没有运用这一理论分析经济现象。

第三节 米契尔及缪尔达尔、霍特里的经济理论

一、米契尔的经济学说

威斯利·克莱尔·米契尔(Wesley Clair Mitchell,1874~1948)主要著作有《绿背纸币史》(1903)、《商业循环问题及其调整》(1927)等。他给制度主义注入经验性倾向。

米契尔认为,制度促进经济发展,只有以全面的经济统计分析为依据,才能具体地显示出来。他曾就经济危机问题说:"统计分析提供了确定各个商业循环学说所强调的各个因素的相互关系和相对重要性的最可靠方法。"[1]他也提到,商业循环是由于人们赚钱和花钱的"习惯"所引起的。他把经济危机看作多种因素(包括社会、政治、经济、心理的)互相结合的现象,但忽视分析资本主义再生产周期的本质特征及客观规律。

米契尔以研究货币、物价和经济危机问题而闻名于经济学界。他一贯重视数量分析,倡导运用统计方法来改造经济学。他主张先对事实进行统计分析,然后再归纳理论;对生产、物价、国民收入特别是经济周期的变化进行过大量统计研究。他在美国经济学界影响广泛,被称为"经验统计学派"的代表人物。

米契尔重视经验和数量分析,"未来在数量方面,经济学将变得更富有成果。如果今天的经济学越来越依赖最准确的观察来统计资料,那么,他就会在其先驱者工作的基础上获得最好的改进机会"[2]。他1920年建立全国经济研究所,并担任25年的领导。在他的领导下,该研究机构最先广泛研究国民收入总量和国民收入分配。多年后,它出版大量统计分析资料。今天,它们已被列入大学的研究阅读目录,如美国经济研究中的"who's who"。

米契尔对经济学的最大贡献就是研究经济周期波动问题。必须强调,他的这方面学说是在经济大萧条和凯恩斯的《通论》之前20多年出版的。他把他的经济周期理论叫作"可操作的假说",因为它是试验性的和可按照新增加的数据进行修改的。经济周期理论在他那里更多的是一种借助于经验的解释,而不是单纯的逻辑联系。他解释,经济周期波动的事实越多,他的解释就越广泛,就越是成为一种说明经济如何运转的理论。他并不像早期经济学家那样去寻找解释经济周期单一决定性的原因,而是探究共同造成经济系统周期性运动的诸多条件。现在他的思想是非常普通的,因为它已非常普遍地为人们所接受了。

米契尔在他经验性经济波动的著作中,得出四个重要结论。

第一,经济波动产生于货币经济。他认为,经济危机和萧条不是弊病,而主要是挣钱和花钱经济社会的问题,是资本主义的一个特征。他说道:"当货币的使用在一个国家达到发

---

[1] 米契尔.商业循环问题及其调整[M].陈福生,等译.北京:商务印书馆,1962:206.

[2] Mitchell W C. Types of Economic Theory from Mercantilism to Institutionalism: Vol. 2[M]. New York: August M. Kelly,1967:749,761.

达阶段之后,其兴衰盛弱才出现经济周期的特征。"

第二,经济波动扩散。这是由于企业普遍相互依赖所造成的。企业通过工业、商业和金融的纽带相互连接在一起。所以,任何一家企业的繁荣或衰落都对别人发生影响,信用发展增强了金融的相互依赖性。合作的工商业组织扩展,完全是以一种相互连锁的关系进行的,它们把许多名义独立的企业变成利益共同体。这些共同体或迟或早都会通过那些曾经把它们变成整个经济一部分的活动,再扩展到经济中的其他部分。

第三,经济波动取决于预期利润。他说,预期利润是理解经济波动的线索。企业在长期赚钱的条件下,才会生产产品、服务社会。服务服从于赚钱,是一种货币经济的必然结果。鄙视利润而具有公众意识的企业家将会被排挤出企业界。只有政府和慈善组织才会提供非营利的服务。

预期利润比过去利润更加重要,因为企业希望未来利润多于现有利润。预期利润决定企业投资,预期利润最高的周期阶段上是投资最高点。

第四,经济波动取决于系统本身。经济周期破坏均衡的可能性不是很小,也不是偶然,而是经济运转本身所固有的。他的全部著作都运用渐进和动态的方法。周期的每一阶段都包含它的后续阶段,经济本身逐渐地积累着变化。他确信,每一个时代的经济学家可能都要重建新的经济周期理论。他认为,经济内部的力量产生周期,同时,周期的每个阶段都产生出下一个阶段。"如经济活动的最早复苏,发展为充分繁荣,繁荣逐渐孕育了一种危机,危机中产生衰退,衰退在一个时期后会进一步加深,最终又会产生一个新的复苏,这就开始另一个周期,所以,经济周期理论必定是对于一个累计性变化的描述性分析,他分析一系列经济条件自身向另一系列经济条件的转变。"[1]

米契尔选择的研究起点是:衰退时期后,经济活动开始加快的周期阶段。这个阶段一旦开始,经济复苏就通过相互联系的企业迅速扩展到经济的所有方面或者大部分。增加工资和较高利润刺激了消费和投资需求。萧条时期一直在消耗着的存货,由零售和批发进行了补充。乐观情绪开始流行和扩展,因而生产条件也恢复正常并得到加强。在复苏的后一阶段,价格开始上升。预期未来价格的上升刺激订货。作为工商业发展条件的信用进一步扩张。利润增加,更多的是因为工资和成本费用滞后于价格上升。新的资本品投资也上涨了。

这就是复苏的向上累积性运动。它的顶点就是危机,它的繁荣孕育萧条。米契尔认为,在强调的繁荣期间经济系统的内部累积过程中,工商业成本是缓慢增加的。成本上升时,新资本投资成本开始上涨。成本较高,而且一些成本是刚性的,如上升的租金和利息。工厂和机器效率越低,管理就越差,在繁荣期间,工人效率越低,原材料、劳动等价格就越高。这样生产的商品提供到市场上,处于边际状态的企业,就更难以提价以弥补上升的成本。劳动成本上升,不仅雇用能力较差的工人,而且开始引起工资追赶上升的物价。繁荣期间增加需求,也增加加班劳动的需求,这些加班劳动比正常劳动更昂贵,生产率却更低。与经济困难时期相比,工人不怕失业,劳动纪律松弛,生产率下降。由于企业家更加粗心、过分乐观,生产浪费就增加。

上升的生产成本侵占利润,特别是由于制成品的价格在繁荣的最后阶段不容易提高。在早期促进繁荣成长的生产力扩张,增加商品和服务的供给,从而提价困难。买者会最终抗

---

[1] Mitchell W C. Business Cycles and Their Causes[M]. Berkeley: University of California Press, 1941: ix. Originally published in 1913.

拒价格上升,他们不能或将不会继续为商品支付更多的钱。因为公共管制、合同和习惯,某些与成本相联系的价格却不能上涨。实际预期到的不太重要的行业利润下降,也会造成所有行业的金融困难。

繁荣的时间越长,这种紧张情况就越严重,不可避免地导致危机和萧条。当债权人越来越担心时,信用的金字塔就会崩溃。在危机时期,债务人需求减少,否则就无法全部清偿债务。为了避免破产,在信心低落中,伴随商品抛售,价格下跌,大规模的清理发生。价格下降的预期进一步减少需求,使得降价预期变成现实。由于某些成本在其价格上升中具有向下的刚性,降价会更多地挤压利润。忧郁情绪在扩散,投资下降,存货减少,经济跌入萧条。

只要时间足够长,萧条就会在产生繁荣的力量内部形成。商人削减成本到最低的极限。最终,工资、利息、租金和其他刚性成本都降到和商品价格相一致的水平上。由于取消加班,解雇低效率工人,工人因害怕失业而被迫加倍努力等,劳动成本降低。随着萧条延续,资本品逐渐耗尽,增长结束。新资本品的价格降低,竞争导致新的、效率更高的投资;在萧条时期,以更低的利息率筹措的资金购买低成本的机器。在上述情况下,消费者必定会最终更换那些磨损了的耐用品和半耐用品。人口增加,消费品需求增加。在萧条期被减少到最低限度的存货,必定也会在商业扩张时再度重新出现。乐观情绪又会抬头和扩展,而经济又会重新处于一种累积性上升之中。

米契尔在1935年说,经济危机频繁发生,证明经济自动调节有缺陷。他肯定,国家计划是必需和不可避免的,美国史是一部计划史。美国宪法就是一部管理国家的计划,它保护经济自由,改善人们的状况。

计划应该是系统而有技巧的,必须考虑它对社会直接和间接的影响。计划困难,一是市场扩大,联合体增加,经济萧条,耐用品需求减少,农民流向城市,市场依赖增加而自给自足度下降;二是社会相互依赖,计划的结果常常是不确定的。

二、缪尔达尔的经济学说

缪尔达尔(Karl Gunnar Myrdal,1898~1987),瑞典经济学家和政治家,师从克努特·威克塞尔;1932年供职于新成立的住房与人口委员会,主宰瑞典住房政策。两度供职于瑞典议会;20世纪30年代末效力于瑞典国家银行委员会,20世纪40年代中期被选为瑞典战后计划委员会主席及贸易与商业部长。他的代表作《货币均衡论》(1931)指出,威克塞尔的是"静态方法",但他要分析的是"动态过程……这种过程,当然不能是均衡的"[1]。解决静态分析固有的缺点,必须引进"时期"概念,以分析时间的因果关系。"根据所研究的时期终点的计算来确定的数量,可当作是事后的;根据该时期的起点所计划的行动来确定的数量,可当作事前的。"[2]威克塞尔货币均衡的三个条件:利息率必须等于资本边际生产率;利息率必须使储蓄的供给与需求相等;利息率必须保证价格稳定。缪尔达尔的修订如下:

(1) 用预期利润率取代"自然利息率",因为后者无法确定。[2]

(2) 威克塞尔资本市场均衡的条件是:货币利息率使真实投资总额与储蓄加上真实资本预期价值变动总额相等时,这种货币利息率是均衡利率。

(3) 威克塞尔的这两个均衡条件不能成立。价格水平与货币均衡无关。[3]

---

[1] 缪尔达尔.货币均衡论[M].钟淦恩,译.北京:商务印书馆,1982:42.
[2][3] 缪尔达尔.货币均衡论[M].钟淦恩,译.北京:商务印书馆,1982:44;49.

缪尔达尔认为，一个动态的社会，社会经济各有关因素之间存在着循环积累因果关系。某一因素变化，将会引起有关的社会因素变化，而这第二级的变化，反过来加强最初一级的那个变化，发展方向可以向上也可以向下，关键在于最初的变化是促进还是促退。例如，发展中国家最主要的问题是贫困和落后，贫困是因，落后是果。增加穷人收入，就会改善其营养状况；而改善其营养状况，就会提高劳动生产率。收入不断增加，是一个效果积极的循环流转。这就是"循环积累因果原理"。当然，这是一个上升趋势的循环运动。也存在下降循环的运动形式。例如，白人歧视使黑人生活水平低下；而黑人生活水平低下，反过来增强白人的歧视。这就形成下降型的累积性循环因果发展趋势。

缪尔达尔在论述循环积累因果原理时，把社会所有有效因素作为一个整体来考察，把经济和非经济的因素联系起来进行考察，甚至认为在经济学的研究中，不应当把社会现象区分为经济和非经济的，只能将其区分为有关的和无关的。因此，他的循环因果积累原理是应用和发挥制度主义整体性分析方法，发展制度主义经济学的。这一原理依据的主要思想是：在社会经济关系中，当一种变化发生时，并不是引起另一种变化来抵消这种变化；相反，一种变化引起的另一种变化，会反过来加强最初的那个变化。因此，事物的常态是动态变化的积累倾向，而不是像传统经济学所说的那样，经济因素之间总是由均衡到不均衡再恢复到均衡。他的这个思想受到瑞典学派动态均衡理论的影响。

他以循环积累因果原理指导社会改革。既然经济发展有上升循环和下降循环，那么社会改革的政策应该促进上升运动。同时，因为事物的循环运动具有积累效应，所以运用这一原理，可以预测某项政策的效果，选择好的起点。

从20世纪50年代末起，缪尔达尔在对亚洲11个国家进行长达10年的考察基础上，在《亚洲的戏剧：对各国贫困的考察》(1968)中指出，这些国家贫困，是因为权力掌握在特权阶层手里。改革这些国家的社会权力结构，才能增加大众收入，从而改善他们的营养状况，提高身体素质。之后，提高劳动生产率，又进一步增加他们的收入。他在《世界贫困的挑战：世界反贫穷大纲》(1970)中，更深入地分析改革，发展中国家要实现更多的平等、更快的发展，就必须使权力从上层特权集团（地主、实业家、银行家、商人和高级文武官员等）手里转移到下层贫苦大众手里，主要改革是：改革土地关系、教育体制、行政管理和制订国民经济计划。其中，后者是最重要的。就是国家计划干预市场，促进社会发展。他认为，国民经济计划化还可以阻止和改变穷国在国际贸易中处于下降的"回荡效应"，保护本国工业发展。他认为国际贸易并不都是互利的，只有工业水平相同的国家是互利的。发达国家参与外贸有向上的"扩展效应"，而发展中国家则有向下的"回荡效应"。前者是指当经济发展水平不同的国家进行自由贸易时，富国增加出口，工业进一步发展，劳动从生产率较低的农业转移到生产率较高的工业部门，技术工人需求增加，文化教育随之改善，经济进一步发展，富国更富。如此形成循环积累上升运动的"扩展效应"。"回荡效应"是指在自由贸易条件下，经济不发达国家在输入大量工业品后，本国工业生产逐渐衰弱，对技术工人的需求减少，农业人口不仅不能转移到工业部门，反而工人不得不转移到农业部门，城市经济难以发展，大众生活水平难以提高，本国经济停滞，甚至每况愈下，穷国更穷，形成循环积累下降运动的"回荡效应"。

三、霍特里的货币经济周期理论

拉尔夫·乔治·霍特里(Ralph George Hawtrey,1879~1975)，关于货币经济的著作颇多。霍特里第一次单纯地以货币信用因素来解释经济危机，是现代纯货币的周期理论的先驱者。他认为,经济波动的关键角色是商人,关键因素是利率。银行收缩信贷,对农业、采矿业、制造业的生产影响不大。因为生产者利润取决于产出,他们不能把营运资本降低到减产以下。生产者虽靠借贷,但利息只占其成本很小的部分。批发商却对利率非常敏感,借钱是存货,由于存货价格上涨幅度小,利息是其成本的主要因素。利率上升增加进货成本,减少存货,利率降低,增加存货。贷款受条件影响,受需求水平和价格趋势的影响,如果预期价格上升,他们愿意增加存货以获取额外利润。他们必须考虑贷款的利息负担。利息是确定的,价格上升却是不确定的。

信用不稳导致商业波动,通过商人扰动其他经济部分,使之累积性地脱离均衡状态。霍特里说:若银行增加贷款,随后就会出现放松银根和消费者收入与开支增加现象。需求增加,商人增加订货,生产能力增加,消费者收支进一步增加现象,需求增加,存货消耗。但是,累积生产能力增长为累积的价格上涨铺平道路。通货膨胀的恶性循环开始建立,需求扩张一旦确切地开始,就会通过其自我运动继续下去,不需要银行进一步鼓励借贷者了。

需求相反变动。如果银行减少贷款,现金被吸纳和消费者收支压缩,商人存货增加,订货减少,需求减少。批发价下降,人人都竭力在有限的需求量中有一个尽可能大的份额,以便维持其工厂运转。这是通货紧缩的恶性循环。①

霍特里认为,中央银行应该管理信用,促进经济稳定。有时只需要改变扩张或收缩的倾向;另些时候,需要反其道而行之,因为现有的倾向具有一定力量,要求以更大的力量去扭转它。最大的危险是行动太慢和犹豫不决。例如,在通货膨胀的恶性循环中,贷款人不被拒绝贷款,央行因此将失去作为最后放款人的功能。与此相似,萧条引起贷款人的悲观情绪。

霍特里提出抑制信用不稳及因此产生的经济不稳定的对策:公开市场业务,提高利率和法定准备金率的政策可抑制通货膨胀。不过,货币贬值和增加银行储备也许不能刺激经济复苏。当商品需求很低时,批发商将削减采购到销售水平之下,以降低存货。但是,如果销售水平比他们预期的下降得更快,作为存货的商品也许实际会增加。在这种情况下,即使利率非常低,批发商也不会贷款增加存货。随着经济停滞和深度衰退的完全的信用僵局,"20世纪30年代发生了全球性大灾难,产生了对于文明结构毁灭性的威胁。"②

霍特里坚信的对策是,尽早制止过度的货币扩张,银行利率充分上升,繁荣就逆转了。逆转发生后,银行利率必须迅速下降,以避免恶性通货紧缩。他说:"较高的银行利润发挥作用时,意味着它成功地克服了扩张的恶性循环而开始了通货紧缩的恶性循环。为了打破通货紧缩的恶性循环,重要的是使商人产生一种增加其购买的充分集中的倾向。当他们的购买仍然适用于较高银行利率的抑制时,一个突然转向的降低银行利率,就会产生作用。"

管理信用,使两种恶性循环都得不到支持。"在静止条件下,信用对于银行利率的温和上升和下降变动很容易做出反应。"③霍特里关于斟酌使用的货币政策,使他的观点在20世纪20年代的美国非常流行,因为当时人们认为联邦储备系统可以用这种方法来稳定经济。他明确论证货币政策工具,是一项经济学的持久贡献。霍特里对于存货重要性的早期强调,在近几十年中正在为经济学家们所日益认识。卖不出去的存货波动,已经被一些经济学家证明是理解第二次世界大战后经济扩张和衰退的关键因素之一。

---

① ② Hawtrey R G. The Art of Central Banking[M]. London:Langman,1932:167-168;79. Reprinted by permission of the publisher.

③ Hawtrey R G. Capital of Employment[M]. London:Langman,1939:113.

四、霍特里和凯恩斯的货币理论

与马歇尔和庇古相比,霍特里与凯恩斯的货币理论有以下三点新发展:

首先,马歇尔和庇古认为,货币数量直接影响物价水平。霍特里认为,货币量影响物价水平,不在于公众持有货币,而在于消费者支出额。凯恩斯在《货币论》中提出,应当把人们存款细分为"收入存款"、"商业存款"和"储蓄存款"三种,其中"储蓄存款"的流通速度为零,其影响可略去不计,"收入存款"是指个人现金和个人存入银行的款项,"商业存款"指企业现金和企业存入银行的款项。这种细分,物价水平就不仅仅取决于笼统货币量和笼统货币流通速度,而必然取决于由"收入存款"和"商业存款"组成的货币量和二者不同的流通速度。这说明,霍特里和凯恩斯虽然在货币数量论上没有脱离马歇尔和庇古的传统,但他们的分析深入了。特别是凯恩斯细分存款数量,是一个创见。

其次,马歇尔和庇古认为,尽管货币量与物价水平是相互依存的,但货币管理思想并不突出,而在霍特里和凯恩斯那里,通过调节货币量影响经济的思想占重要位置。霍特里认为,由于消费者支出额影响物价水平,因此货币管理的方式应当是央行调整利率影响贷款,再通过银行贷款额变动影响消费者收支,以达到影响存货变动和物价水平的目的。凯恩斯在《货币论》中提出,影响物价的因素,主要是"收入存款"和"商业存款"及二者在货币数量的构成及其流通速度,因此货币管理必须按照不同情况分别进行。其中,"收入存款"及其流通速度与生产要素收入有关,"商业存款"及其流通速度与利润率和利息率有关。因而,既要直接调整货币量及其构成,又要运用利息率来影响商业存款及其流通速度,这样才能运用货币政策,维持经济稳定。

第三,马歇尔(1886)在答复商业萧条特派员调研时虽建议:以"金银合成本位制为基础的发行货币",但他没有极力主张采取金本位制。根据20世纪20年代中期以来英国经济停滞、出口困难等情况,霍特里和凯恩斯都反对重建一战前的金本位制。霍特里主张用金汇兑本位制来代替战前的金本位制,黄金只保留国际清算和发行准备职能,而不许它自由流通和出口。凯恩斯主张用国家管理纸币来代替金本位制,在价格稳定和汇率稳定两取一时,宁弃后者。英镑汇价固定在黄金上,只会减少出口、扩大失业,造成经济停滞。

五、购买力平价理论

这是一种比较古老的学说,在19世纪就已出现。但是直到瑞典经济学家卡塞尔于1916年提出这一主张,并于1922年在《1914年以后的货币和外汇》一书中进行了系统的阐述后,购买力平价理论才得到人们的重视。

购买力平价理论(theory of purchasing power parity, PPP)有两种形式:绝对购买力平价和相对购买力平价。购买力平价理论的主要观点是:人们需要外币,是因为它在外国具有商品购买力,外国人需要本国货币,是因为它在本国有购买力。因此,一国货币汇率,主要是由两国货币在本国所具有的购买力决定的,两种货币购买力之比决定两国货币的交换比率,即汇率。卡塞尔认为,各国自由贸易,国际价格保持稳定时,国际收支将趋于平衡,因此,可从两国物价水平求得均衡汇率。这就是绝对购买力平价理论。假设有一组商品,在英国购买需要1英镑,在瑞典本国购买则需要2克朗,两国货币购买力之比为2:1,那么,这两种货币的汇率(直接标价法)就是:1英镑=2克朗。根据购买力平价理论,均衡汇率等于两国物价水平的比率,其计算公式是

$$R = P_h/P_f \tag{13.3}$$

这里，R 表示两国间的汇率，P_h 表示本国物价水平，P_f 表示外国物价水平。

相对购买力平价理论则把汇率升降归因于物价或货币购买力的变动。也就是说，在一定时期内，汇率变化要与同一时期内两国物价水平（或者是通货膨胀水平）的相对变动成比例。相对购买力平价是以平价为轴心，用物价指数求得均衡汇率，汇率随物价涨落而变动。例如，在上例中，本国的物价指数由 100 升到 360，而外国的物价指数则由 100 上升到 240，那么，新汇率就等于旧汇率乘以两国物价指数的比率，即 $2\times[(360/100)/(240/100)]=3$。

卡塞尔系统阐述购买力平价理论后，在西方经济学界引起很大的争论，毁誉参半，但是该理论在外汇理论中占有的重要地位却是毋庸置疑的。多年来，西方国家对购买力平价理论做了许多实证研究，结论是：这个理论从长期来看是成立的，尤其是发生通货膨胀或紧缩的情况下，但在短期内该理论并不适用。购买力平价理论有严重的缺陷，首先，其限制条件比较严格，要求两国的生产结构和消费结构大体相同；其次，其理论基础仍然是货币数量论。

六、货币理论的评论

西方经济学把货币供给与货币需求及货币的传导机制作为完整货币理论的主要组成部分。最初货币理论强调的是货币供给，忽视货币需求，特别是忽视货币的传导机制。这与商品经济的发展水平密切相关。商品经济初期，经济活动还主要局限于流通领域，货币只是交换媒介，与实际经济活动无关。整个经济是一种"现金经济"或"简单信用经济"。所以，最初重视货币供给是与经济发展初期相适应的。随着商品经济的发展，货币职能大大超过单纯流通手段的职能。特别是信用制度的发展，使货币从简单交换的媒介作用最大限度地向资本职能转化，从而使货币供求对生产和流通影响巨大。这时，作为一种政策变量的货币供给分析已不是重点，经济学着重分析的是作为资本形式的货币需求，以及利率变化对投资和储蓄及实际经济活动的影响。因此，这时着重进行货币需求和货币的供求对实际经济活动分析的货币理论，是与信用经济的发展相适应的。

传统的货币数量论把价格波动完全归结为货币，看不到实际经济对物价的影响。这一时期的货币理论把利率变动看作货币量影响实际经济的关键因素。威克塞尔的累积过程理论中，货币作为支付手段对价格水平的运动的影响并非直接，而是通过自然利率和市场利率的不一致影响投资（资本需求）和储蓄（资本供给），从而影响工资和租金，造成经济扩张与紧缩和价格波动。他关于自然利率和货币利率的分析，是投资与储蓄的总量分析。他认为，只有投资与储蓄相等，经济和价格才能稳定。投资与储蓄，供给与需求并非必然地自动适应的。

威克塞尔是最早抛弃萨伊定律而分析宏观的。面对经济危机，这一时期的货币理论，特别是威克塞尔的货币理论，力求解释这一波动的原因。他的累积过程论说明，由自然利率和货币利率不一致引起的价格变化并非一次性的，而是持续的累积过程，造成经济扩张与紧缩。他认为，只要货币当局和银行控制，实现自然利率与实际利率一致，即可避免经济波动。

本 章 小 结

本章的经济学家着重分析货币需求和货币的传导机制问题，解释经济周期问题，这成为西方货币理论发展史的重要阶段。他们的货币理论成为从传统货币数量论到凯恩斯的货币利息理论,及现代货币主义的货币理论的桥梁。

思考题

1. 威克塞尔是怎样说明经济周期波动的?
2. 费雪的利息决定论和"交易方程式"有何积极意义?
3. 米契尔的商业周期理论是什么?
4. 霍特里斟酌使用的货币政策的主要内容是什么?联系实际,评述霍特里的经济周期理论。

名词

威克塞尔 《利息与价格》 累积过程理论 货币利息率和自然利息率 缪尔达尔 循环累积因果原理 《货币均衡论》

第十四章 新自由主义经济学说

本章重点
- 熊彼特的创新学说；哈耶克的新自由主义学说
- 林德伯克自由民主主义经济学说

斯密之后，经济自由主义长期占统治地位。20世纪30年代大危机冲击了经济自由主义。这个时期，形成凯恩斯的国家干预主义，同时仍然坚守自由放任传统的经济学家重新解释自由主义，逐渐形成新自由主义，出现四个中心：奥地利维也纳大学、英国伦敦大学、美国芝加哥大学和德国弗赖堡大学。代表人物有约瑟夫·阿罗斯·熊彼特（Joseph Alois Schumpeter, 1883～1950）、弗里德里希·冯·哈耶克（Friedrich August von Hayek, 1899～1992）、路德维希·冯·米塞斯（Ludwig von Mises, 1881～1973）等。

第一节 熊彼特的"创新理论"

熊彼特理论所涉及领域相当广泛，对资本主义发展和周期波动、垄断与竞争、资本主义的前景等重大课题，提出独具特色的解释和结论。其"创新理论"对现代经济发展理论、新制度经济学说产生重大影响，他的追随者将它们发展成现代经济学的两个分支——以技术变革、推广为对象的技术创新经济学和以制度形成、变革为对象的制度创新经济学。

熊彼特在维也纳大学攻读法律和经济，师从庞巴维克，此间，他还结识德国社会民主党人希法亭和奥托·鲍威尔（Otto Bauer, 1881～1938）等人，接触到马克思主义学说。1907年他到英国留学，求教于马歇尔和埃奇沃斯，并对只有一面之缘的瓦尔拉斯推崇备至。因此，他集剑桥、洛桑、奥地利三派之大成。1918年，他以党外"经济专家"身份担任考茨基、希法亭领导的德国社会民主党"社会化委员会"顾问。1919年2月，他任奥地利共和国财政部长，但因亲英、法和反对工业国有化，与社会民主党人发生分歧而于10月卸任。1932年他任美国哈佛大学教授至逝世，兼任美国经济计量学会会长（1937～1941）和美国经济学会会长（1948）。

熊彼特著述颇丰，有200余篇论文，主要著作有《理论经济学的本质与主要内容》（1908）、《经济发展理论——对于利润、资本、信贷、利息和经济周期的考察》（1912年初版，1935年第四版）、《经济理论及方法史上的阶段》（1914年初版，1924年第二版）、《帝国主义与社会阶段》①（1919）、《租税国家的危机》（1918）、《经济周期》两卷本（1939）和《资本主义、社会主义和民主主义》（1924年初版，1950年第三版）。

熊彼特知识渊博，在近代经济学家中鲜有敌手，既熟悉西方正统及非主流经济理论，又

---

① 熊彼特批评马克思的帝国主义论，他预言随着工业资本主义的发展，帝国主义将消失。

对马克思著作有一定了解。因此,他深入追溯每一种经济理论的历史渊源,评价各种理论,常能提出一些非同凡响的独立见解。他突出的指导思想和方法论特点是把创新观点几乎贯穿于各个分析领域,"创新理论"被世人称颂。他还运用理论分析、历史分析和统计分析紧密结合的方法。《经济周期》的副标题便是"资本主义过程的理论的、历史的和统计的分析";以《经济学者和统计学者需用的数学初步》(1946,合著)推动应用数学来完善经济学的研究,并注重应用统计分析,但也说数学方法"仅仅是一种极其重要的辅导手段"①。他对新历史学派旗手施穆勒的研究方法评价甚高。

一、创新与资本主义特征

1. "创新"概念

首次在《经济发展理论》中提出"创新"并在《经济周期》《资本主义、社会主义和民主主义》中加以运用和发挥。熊彼特的创新理论以动态发展理论为基础。他认为,经济发展是指由经济本身发生的非连续性的变化和移动,而经济的循环流转却是静态经济的过程。静态均衡理论的缺陷就在于只涉及经济循环流转的过程而缺乏时间序列的分析,从而只适用于历史上的某个特定时段,而不适用于资本主义的经济变动和发展过程。因此,需要了解的不是某个特定时间的均衡状态,而是经济运动如何偏离均衡状态,是什么应当对此负责,及它又怎样重新回到均衡状态,或怎样变更循环流转的轨道。他提出,经济本身存在某种破坏均衡而又恢复均衡的力量。这种力量要"在经济体系内部"寻找,"创新"活动正是这种力量(能源),"创新"引起经济发展。

熊彼特首先假定存在一种静态均衡,即"循环运行"的"均衡"状态。在此状态下,不存在企业家、"创新"、变动和发展,产品价格由生产费用支配,企业总收入等于总支出,没有利润、资本和利息。生产过程以原有规律循环往复,周而复始。这实际上是一种简单再生产过程。他认为,这种静态均衡只能适用于历史上的某个特定时期,而不适用于资本主义经济变动或发展的过程。这一切乃是"创新"出现之前的情况,即经济处在静态均衡之中。

"创新"打破这种静态均衡,促成经济发展。"创新"是把一种从未有过的生产要素和生产条件的"新组合"引入生产体系中,包括以下五种情况:① 引入一种新的产品或提供一种产品的新质量;② 采用一种新的生产方法;③ 开辟一个新的市场;④ 获得一种原料或半成品的新的供给来源;⑤ 实行一种新的企业组织形式,如建立一种垄断地位和打破一种垄断地位。

可见,这里的"创新"是一个经济概念,而不是一个技术概念。一种新的发明,只有当它被应用到经济活动中去时,才成为"创新"。熊彼特认为,发明者不一定是"创新者",只有那些敢冒风险,第一个把发明引入生产体系中的企业家才是创新者。熊彼特把"创新"活动的倡导者和实行者称为"企业家",他们是动态经济中的经济主体。他们不同于按传统方式经营管理企业的经营管理者。企业家的职能就是实现"创新",引进"新组合"。

2. "创新"引出资本主义

"资本主义,在本质上是经济变动的一种形式和方法,它不仅从来不是,而且也永远不可能是静止的。"②资本主义的过程是"不断地从内部使这个经济结构革命化,不断毁灭旧的,

---

① 熊彼特. 现代经济学家的思想态度和科学装备[J]. 现代外国哲学社会科学文摘,1983(1):4.
② 熊彼特. 资本主义、社会主义和民主主义[M]. 绛枫,译. 北京:商务印书馆,1979:104.

又不断创造新的结构的,产业上的突变过程",而且"这个创造性的毁灭过程,就是关于资本主义的本质性的事实"①。

根据以上观点,熊彼特论述资本、利润和利息的概念。资本,就是企业家为实现"新组合"用以"把生产指往新方向""把各种生产要素和资源引向新用途"的一种"杠杆"和"控制手段"。资本不是具体商品的总和,而是可供企业家使用的支付手段,其职能在于为企业家进行"创新"提供必要的条件。唯有实现"创新"的条件,才存在企业家,才产生利润、资本和利息。由于实行"创新",即企业家实行生产要素的新组合比旧组合更有利,因而产品的价格与生产要素价格之间便产生了一种价值差额。银行家为企业家的"创新"活动提供资本,因而也应获得报酬——利息。利息只能也必须来自企业家的利润。熊彼特对利息的解释与庞巴维克的"时差利息论"不尽相同,二者之间的争论长达数十年之久,最后仍各执己见。

熊彼特"创新理论"的最大特点是强调技术革新和生产方法变革在经济发展中的极其重要的作用,这种"创新"被视为资本主义本质和最主要的特征。

二、"创新"与经济周期

熊彼特的经济周期理论以"创新"理论为基础。他认为,经济周期由于"创新"活动引起原有均衡状态的破坏和新均衡状态的出现。由于"创新"的引进并非连续平稳,而是时高时低、时密时稀,这就产生了"商业循环"或"商业周期"。同时,在资本主义的历史发展中,由于"创新"活动对经济的影响有大有小,时间上有长有短,因而,形成的经济周期也就长短各异。

1. "创新"与经济周期的四个阶段

熊彼特认为,在创新出现之前,经济处于静态均衡状态,生产既无利润,又无损失。企业家之所以"创新",是因为看到了盈利机会。"创新"的结果,又为其他企业开辟了道路,其他企业相继跟随"模仿",形成"创新浪潮"。随着"创新浪潮"的出现,原有企业的盈利机会也就随之消失,结果是经济达到一个新的均衡状态。当"创新"浪潮出现,造成对银行信贷和对生产资料的需求扩大,引起经济的高涨;当"创新"已扩大到较多企业,盈利机会消失之后对银行信贷和对生产资料的需求便减少,于是经济就收缩。这样,资本主义经济活动中便出现"繁荣"和"衰退"两个阶段。

熊彼特认为,资本主义经济周期包括四个阶段:"繁荣""衰退""萧条""复苏"。这一切与"第二次浪潮"直接有关。他指出,在"第一次浪潮"中,"创新"引起生产资料需求的扩大和信贷的扩张,从而也就增加消费品的需求。需求扩大,物价上涨,社会投资机会增多并出现投机,这就是"第二次浪潮"。它与"第一次浪潮"的区别是,"第二次浪潮"中的许多投资机会与本部门的"创新"无关,这就是说它没有或者很少具有本身的推动力,它的推动力来自"第一次浪潮"。同时,在"第二次浪潮"中,由于存在投机活动,因此失误和过度投资行为成为"第二次浪潮"固有的特征。当经济中出现收缩而引起"衰退"时,"衰退"不再直接导致新的均衡,而会出现一个病态的失衡阶段——"萧条"。在此阶段,不仅投机活动趋于消失,而且许多正常的状况也会遭到破坏。"萧条"发生后,"第二次浪潮"的反应逐渐消除。经济需要从病态失衡的状态中恢复过来,这就会出现一个调整、恢复的"复苏"阶段。当再次出现"创新"浪潮,"复苏"又走向"繁荣"。

---

① 熊彼特.资本主义、社会主义和民主主义[M].绛枫,译.北京:商务印书馆,1979:104.

2. "创新"与三种经济周期

熊彼特认为,经济周期是由"创新"所引起的,但由于经济部门极为广泛,生产部门又各不相同,不是存在单一的"创新",而是存在着多种"创新"。多种"创新"要求把新事物"引入经济"的时间不同,实现"创新"所需要的时间不同,"创新"对经济的影响范围和程度也不同。许多"创新"可能是互相依存的,它们构成一个广泛的"创新"过程,最终导致多种经济周期。

熊彼特认为,资本主义发展中大体存在着三种长度不等的周期:长周期(长波)、中周期(中波)、短周期(短波)。长周期是苏联经济学家尼古拉·康德拉捷夫(Nikolai D. Kondratief,1925)提出的,又被称为"康德拉捷夫周期"。中周期是法国经济学家克莱门·尤格拉(Clement Juglar,1860)首先提出的,又被称为"尤格拉周期"。短周期是美国经济学家约瑟夫·基钦(Joseph Kitchin,1923)提出的,又被称为"基钦周期"。长周期的一般长度是50～60年,中周期的一般长度是9～10年,短周期的一般长度是3～4年。熊彼特还提到"其他形式的周期波"①,如库兹涅茨周期、存货周期等。

熊彼特认为,三种周期中的任何一种周期都与一定的"创新"活动相联系。例如,长周期的根源就在于影响较深远、实现期限较长的"创新"。他沿袭康德拉捷夫周期分析,紧密联系"创新"浪潮,把资本主义经济发展分为三个周期:① 18世纪70年代至1842年,是产业革命的发生、发展时期,纺织工业的"创新"起主要作用;② 1842至1897年,是蒸汽和钢铁的时代;③ 1897年以后,是"电气、化学和汽车时代"。他认为,从历史统计资料表现出来的长周期的变动,同生产技术革新有密切关联。熊彼特对于中周期也是根据资本主义社会中"创新"作用的扩展过程加以解释的。而影响较小和实现期限较短的"创新",则是短周期的根源。他根据存货投资的变动和"创新"的小浪潮(特别是那些能相当迅速地生产出来的设备方面的"创新")来解释短周期。但这三种周期并不是彼此无关的。总体讲,1个长周期大约包括6个中周期,而1个中周期大约包括3个短周期,但从理论上说这并不是一个规律。熊彼特也承认,除了长周期外,很难把中周期、特别是短周期同某项特定的"创新"在历史上联系在一起。熊彼特用技术的革新、新资源的利用以及新领域的开发等技术因素来解释经济周期形成的原因,具有一定参考价值。

3. "创新"是经济增长的动力

熊彼特还以"创新理论"来解释经济增长的动力、过程和目的。他认为,经济周期的变动实现经济增长。从旧的均衡到新的均衡,经历高涨和收缩的各个阶段,产品结构变化、总产品增加,这就是经济周期和经济增长的过程。

他认为,经济增长的动力是"创新者",即有见识、有组织才能、敢于冒风险的企业家。但他又认为,在近代史的某些国家中,政府是经济增长的发动者,或代表企业家从事"创新",或把企业家的能力汇集在一起,由一个制度机构将它们发挥出来。熊彼特提出,由"创新"到经济增长大致有以下三个步骤:① 为谋取额外利润而进行"创新";② 一些企业为分享这种利益而开始"模仿";③ 更多的沿用旧方式的企业为生存而"适应",使新产品、新技术、新组织形式等进一步推广,或更大规模的"模仿"。这一切都是在激烈的竞争过程中发生的,"创新""模仿""适应"推动经济增长。在此过程中,形成许多新资本,那些"适应"能力太差或行动过于迟缓的企业被挤垮,"创新"如同一阵旋风,它推动经济增长,同时破坏旧资本。

在熊彼特看来,获取额外利润是企业家"创新"的目的,是经济增长的动力。企业家投

---

① 熊彼特.现代国外经济学论文选:第十辑 经济变化分析[M].北京:商务印书馆,1986:34.

资、积累和"创新"是为了发财和实现"成功"欲。企业家为证明自己"出类拔萃"而去竭力争取事业的辉煌。这就是"企业家精神"。

三、"创新"与资本主义前景

熊彼特证明:资本主义将活不下去,自动进入"社会主义"①。

1. 创新导致资本主义灭亡

熊彼特认为,资本主义只是经济变动的一种方法,即采用新消费品、新的生产或运输方法、新市场、新产业组织形式和技术的变革过程。他的"资本主义"和"企业家"是以不断革新技术、不断进行"创造性的毁灭"为本质特征和基本职能的。生产力进步引起社会主义代替资本主义,即一旦经济进步使一切都"自动化",无需"人的作用","投资机会"消失,"企业家"无用,"资本主义"便无法生存,而将"自动地"进入"社会主义"。

熊彼特预见,资本主义经济不断"创新"和增长,经济增长引起越来越多的新问题,企业家的历史使命将结束。正如中世纪的领主以个人武艺和尚武精神而保持其地位一样,资本主义企业家当初也是凭借个人经营能力和个人责任来履行企业领导权的。但随着生产技术的发展,经营管理工作愈发专业化,企业家的社会地位也随之变化,因为在未来的大企业管理中,个人性的管理职能愈发减弱,技术进步将愈来愈成为有知识、经过专门训练的专家的任务,革新已降为例行事务,"经济进步日趋于非人身化和自动化。集体领导代替个人领导,机关和委员会的工作日渐代替个人的活动"②。于是,同企业家个人才能结合在一起的那种早期商业冒险的浪漫主义气息将消失,企业家将无事可做。没有企业家,便没有"创新",也就没有利润、利息和资本主义。因此,他得出结论:资本主义是被它自身的技术进步消灭的,资本主义企业家是被它自己建立和经营的巨型现代化企业所撵走的,资本主义自身的成就,"使自己成为多余的东西——它会被自己的成就压得粉碎"③。

熊彼特认为,致使资本主义灭亡,除经济机制的原因外,还必须有足以"推翻"它的阶级力量,"必须有一些集团来刺激愤恨、组织愤恨,抚育它,用言辞表达它、领导它,而这一切正好是符合他这些集团的利益的"④。他认为,"人民群众""不能用言语说出这些意见并使之转变成为一贯的态度和行动,他们只能追随或是拒绝追随这种自己出现的集团的领导"⑤。只有知识分子领导,才能"推翻"资本主义。他定义:知识分子是舞文弄墨、摇唇鼓舌、"拿笔杆子的人","事实上是支配说出来和写出来的语言能力的人们"⑥。他们的主要气质有三种:① 对实际事务不负直接责任;② 缺乏从实际经验中才能得到的第一手知识,这两个气质是知识分子的主要特征;③ 因为前两个原因,"知识分子集团又不得不吹毛求疵,因为他依靠批判为主,他的整个地位有依赖蛰人的批判","出头露面的主要机会,在于他的实在的或潜在的给人们制造麻烦的价值一样"⑦。

熊彼特认为,资本主义的发展产生一支日益壮大的知识分子队伍。同时,书籍报纸日益便宜,广播传媒迅速发展,知识分子对资本主义的敌意将渗透到社会各个领域,从而使资本主义充满普遍敌对的气氛。资本主义"不可避免地、并且由于它的文化的必然的性质,一定会创

---

①②③④⑤⑥⑦⑧ 熊彼特.资本主义、社会主义和民主主义[M].绛枫,译.北京:商务印书馆,1979:79;116;168;182;183;184;190;183.

造、教育并资助一个对社会骚动很感兴趣的既得利益集团"①,"这样,面临着周围日益增大的敌意,企业家和资本家最后将停止起作用,资产阶级的堡垒在政治上就变成了无防御的了"②。

熊彼特认为,他的资本主义活不下去的"最终结论",与马克思主义者并无差异。但他特别强调自己与马克思主义的不同之处:一是资本主义体系的崩溃,不是由于经济上的失败而恰恰是其成就本身损伤了它的社会制度;二是自己并非社会主义者。

熊彼特说,要接受这个结论,不一定需要是社会主义者,"一个人可以憎恨社会主义",仍然"可以预见它的来临"③。

2. "社会主义"可行

熊彼特认为,在社会主义社会,中央当局控制生产资料和生产,社会的经济事物原则上属于公众,而不属于私人。他的社会主义定义是:"不是由私有或私人经营的企业,而是由公共权力机关控制生产资料,决定怎样生产,生产什么,谁该得到什么东西的那种社会组织。"④他把这种社会主义称作中央集权社会主义,区别于基尔特社会主义、工团社会主义及其他类型的社会主义。他也谈到社会主义的优点,"社会主义经理部门能够以较少的乱子和损失实现这些目标,而且不必然蒙受在资本主义制度内企图达到计划中的进步时随着发生的各种损害"⑤。但他随即又说,这种优越性只是指"蓝图的逻辑",而"实际上也许是全然不能实现的"⑥。甚至认为这种"可能的优越性,在实践中可能变成实际的低劣性"⑦。他不无讽刺地说:"具有深刻信念的社会主义者仅仅会因为生活在社会主义社会中而感到满足。他们觉得社会主义的面包,仅仅因为它是社会主义的面包,所以吃起来比资本主义的面包香,即使发现里面有老鼠也是如此。"⑧可见,他对社会主义的成见颇深。

熊彼特提出,从资本主义向"社会主义"过渡,可分为三种形式:① 成熟的社会主义;② 不成熟的社会主义;③ 变法的社会主义。其中,他极力反对第二种形式,在"不成熟的状态下",由于物质和精神条件尚不具备,只能依靠血腥的暴力革命来实现社会变革。他最赞成并主张"成熟状态下"的和平过渡。因为此时的阻力最小,所有阶级中大部分人都进行合作,以和平且不破坏法律连续性的方式通过宪法修正案。他也赞成第三种形式,并以英国实行的银行、运输、采矿、钢铁等行业的国有化为例,作为"社会主义"政策和向"社会主义"过渡的说明。但他的例子其实是资本主义的国有化政策实践。总之,熊彼特断言:"在资本主义体系范围内的逐步社会主义化,不仅是可能的,甚至是最明显的可以指望的事情。"⑨

四、《经济分析史》

1.《经济分析史》的结构

熊彼特的《经济分析史》是迄今以来西方经济学界"关于经济学说史,特别是关于经济分析方法的演变方面最广泛、详尽,追根溯源比较深透、分析评论又颇具特色的第一本巨幅专著"⑩,共5篇。第一篇导论,讨论经济学科研究范围和研究方法。本篇反映熊彼特的治学态度。他认为,经济学是一门"科学",需要以严肃、认真的态度去对待。研究经济学的方法和

---

①②③⑤⑥⑦⑧⑨ 熊彼特.资本主义、社会主义和民主主义[M].绛枫,译.北京:商务印书馆,1979:179;80;245;245;245;238;285.

④ 熊彼特.资本主义、社会主义和民主主义[M].绛枫,译.北京:商务印书馆,1979:208. 1950年,熊彼特在著作中补写《大踏步进入社会主义》,他提出:"社会主义定义规定为:不是由私人占有和经营企业,而是由国家当局控制生产资料、决定怎样生产以及谁该得到什么的那种社会组织。"

⑩ 熊彼特.经济分析史[M].北京:商务印书馆,2005:序言.

技术有多种,包括经济史、统计学、经济理论学、政治经济学以及应用领域的各个学科。他强调说,经济学的发展与相关学科的贡献是密不可分的,这些相关学科是社会学、逻辑学、心理学和哲学。他十分重视分析方法和分析工具,以及它们的演变和发展。"本书的主题就是叙述人们在描述和解释经济事实并为此提供各种工具方面所做的努力。"①这也是熊彼特把本书命名为"经济分析史"而非"经济思想史"的主要原因。

第二篇到第四篇则按年代顺序,分别评述从公元前四五百年希腊-罗马时期起,到20世纪40年代为止的2400多年的经济分析发展史,包括各个时期的重要任务、思想观点、学说体系、分析工具和方法、贡献和影响、评价等等。

第二篇包含的时间最长,从亚里士多德、柏拉图的"希腊-罗马经济学"开始,历经经院学派、重商主义、"自然法"观点、自由放任思想、重农学派到配第和斯密为止,上下有2200多年。

第三篇从1790年到1870年,共80年。首先阐述经济学说各派的学术思想渊源,如功利主义、浪漫主义、环境决定论、达尔文"进化论"及其他类型的"进化论"、早期社会主义等;然后评述李嘉图、马尔萨斯、萨伊、西尼尔等人的经济学说;最后阐述马克思的学说体系,尤其是马克思的利息剥削理论,并分别评述了马克思和李嘉图关于利润率下降规律的学说。

第四篇从1870年到1914年及其稍后的一段时间,共40多年。这是一个重要的年代:现代西方经济学的形成、边际分析方法和数理分析方法的兴起、马克思主义的兴起与传播、自由资本主义向垄断资本主义过渡等都发生在这个时期。熊彼特也着重描述和评论了这个时期。本篇的前四章主要讨论该时期的背景材料和有关学科的发展情况。后四章则详细说明了现代西方经济学发展概况、基本内容、主要流派等,涉及的内容包括经济学流派、现代西方经济学基本知识、局部均衡和一般均衡、马克思的学说(包括与李嘉图的对比)、货币、银行信用、危机与经济周期的货币解释理论等。

第五篇主要论述从1925年到1950年25年间的理论经济学发展情况,涉及内容包括静态分析和动态分析、数理学派和计量经济学、现代(即熊彼特所处的时代)厂商理论、垄断竞争理论、瑞典学派②、凯恩斯与宏观经济学、宏观动态经济学与经济周期变动等。认真学习第四篇和第五篇,就能把握现代微观经济学和宏观经济学的形成与发展及其基本知识。

2. 《经济分析史》的意义

(1) 内容广博、结构宏大。涵盖经济学的各个领域,也广泛涉及社会学、心理学、历史学、哲学等社会科学。这反映熊彼特学识渊博、造诣深厚。

(2) 强调发展观和历史方法。熊彼特坚持以科学分析经济为中心线索,并强调分析方法和工具的演变与发展。但其"发展"观是否认社会制度"突变"的,这不同于马克思主义的发展观。熊彼特强调历史方法与其方法论有密切关系。当代西方著名经济学史学家厄谢尔(A. P. Usher)指出:熊彼特"把不同的分析工具加以综合运用,是具有高度创见性的"。"当时除了马克思文献的领域外,是难以见到这种有成就的综合运用的分析工具的。"③

(3) 强调追根溯源,重考据和历史事实;治学严谨,注解详明。

只要翻开《经济分析史》,就会感受到这一点。伊丽莎白·熊彼特说:"在某种意义上,整个这部分析史就可以视为一个参考书的目录。"④

---

① 熊彼特. 经济分析史[M]. 北京:商务印书馆,2005:4.
② 因为语言等因素影响,以英、美为首的主流经济学一直不了解瑞典学派的学说。
③ 厄谢尔. 经济发展理论的历史意义[C]//H·E·哈里斯. 熊彼特:社会科学家. 剑桥:哈佛大学出版社,1951.
④ 熊彼特. 经济分析史[M]. 北京:商务印书馆,2005:11.

最后,广征博引,分析评论中肯独到,学术性极强。萨缪尔森在1961年就任"美国经济学会"会长的演讲时说,季德和里斯特所著的《经济学说史》是一本"单纯的教科书",而熊彼特的《经济分析史》则是一部"学术性著作"。对《经济分析史》,诺贝尔奖获得者西蒙·库兹涅茨的评价是,"一部崇高而又宏伟的著作:其所以说是崇高,是因为它是由一位学识渊博、兴趣广泛、具有卓越的洞察力以及敏锐而尽管不稳定的判断力的学者所撰写的;其所以说是宏伟,是因为它的设计规模是如此的庞大,以至即使花费一生的长期努力,也难免不留下宽阔的空隙和厄猝补缀的痕迹"①。

第二节 哈耶克的新自由主义经济学说

一、自由主义学说概述

维也纳大学是旧奥地利学派的活动中心,到20世纪20年代,又成为新奥地利学派的活动中心。新奥地利学派的成员包括梅耶、施特里格尔、哈勃勒、麦克洛普、摩尔根斯坦、哈耶克等人,米塞斯是这个学派的领袖人物。米塞斯等人继承并发展门格尔、庞巴维克、维塞尔等人的传统,进一步地研究经济行为理论、资本理论、经济周期理论、货币理论等。不过,自20世纪30年代初至二战前,新奥地利学派的许多成员曾离开维也纳大学,移居英、美等国,新奥地利学派失去原来的地域概念。如哈耶克曾在英国伦敦大学和美国芝加哥大学从事学术活动,也被看作伦敦学派和芝加哥学派的重要代表人物。

剑桥大学曾是英国经济自由主义的中心,但是在20世纪20年代以后,曾在剑桥大学任教的凯恩斯于1936年发表《就业、利息和货币通论》,即"凯恩斯革命",以后的新剑桥学派已打起凯恩斯主义的旗帜。而伦敦经济学院成为20世纪30年代继承和宣扬经济自由主义的中心,以伦敦经济学院为中心的一批经济学家及其理论被称为伦敦学派。伦敦学派的先驱者和奠基人是埃德温·坎南(Edwin Cannan,1861~1935),莱昂内尔·罗宾斯(Lionel Charles Robbins,1898~1984)、格雷高里、哈耶克、希克斯、卡尔多、勒纳、艾伦等,在不同程度地转向凯恩斯以前,也是这个学派的成员。1931年,哈耶克从维也纳大学来到伦敦经济学院,加强了伦敦学派的影响。一直到50年代,伦敦学派积极参与关于社会主义的讨论,并在经济周期、货币理论等方面与凯恩斯进行争论。1950年,哈耶克应邀赴芝加哥大学,该校在新自由主义发展的影响开始越来越大。

哈耶克著述颇丰,截至1974年获诺贝尔奖时,出版15部书,10本小册子,发表130多篇论文,主要有《货币理论与经济周期》(1929)、《物价与生产》等。

二、新自由主义理论

哈耶克以斯密的经济自由主义为思想基础,继承奥地利学派和剑桥学派的理论观点,形成以自由市场经济为特色的新自由主义理论。他的新自由主义理论表现得最为彻底,从伦理学角度探讨自由与平等的含义,反对一切形式的国家干预,倡导实行竞争性私人货币制度下的自由市场经济,反对凯恩斯主义的经济政策,将社会主义、封建主义和法西斯主义三者

---

① 西蒙·库兹涅茨.《经济分析史》书评[J].经济史杂志,1955(15).

混淆在一起，统称为极权主义。新自由主义的主要观点较集中地反映在他的《通向奴役的道路》(1944)、《自由的宪章》(1960)、《哲学、政治学和经济学研究》和《法律、立法与自由》(三卷本，1973、1976、1978)等著作中。他的新自由主义理论的主要内容有：

(1) 私有制和自由市场制度是目前最好的制度，其基础是个人自由主义。

(2) 个人自由是自由主义的基本出发点。社会是由单个自由人构成的，社会财富的增进源于自由人的活动。只有个人能够自由地选择实现其目的的手段，才能保证社会的发明和创造。国家不应干预个人的自由。

(3) 自由必须受法律的制约和保障，法律应建立在个人自由原则的基础上，体现并制约着自由的发展。政府行动受法律的约束。他强调社会应是法制社会而不是人治社会，人治导致独裁与权力膨胀，法治能够限制个人权力被滥用。

(4) 以私有制为基础，法治、公正的制度是理想的社会制度。

(5) 平等是机会均等，而不是收入均等。机会均等是指每一个人在市场竞争和其他场合都有同样大小的参加机会、获胜的机会。机会平等就是自由竞争，保证自由竞争就是保证机会平等。因此，自由、平等和效率不是彼此矛盾的，而是相互统一、相互促进的。

需要指出的是，哈耶克的新自由主义理论，摆脱经济学的实证分析方法，而强调价值判断的重要性。他认为运用数学方法来决定和预测各种数值会导致空洞的研究，不可能有益地解释实际经济问题。他认为，私有制条件下的自由市场经济、货币非国家化和机会平等是美好的社会，人们摒弃一切偶像崇拜，根据价值准则来决定个人行为。因此，探讨价值准则比演算数学要重要得多。

三、市场机制

哈耶克指出，市场机制能够有效地配置资源，提高经济效率，促进经济增长。他通过信息分散论和消费者主权论论证了他的市场机制理论。

1. 信息分散论

哈耶克认为，资源配置是最基本的经济问题，资源配置的决策必须依赖有关信息和知识，这些信息和知识分散在千百万人手中，中央计划当局不可能拥有或收集到全部信息，因而难以做出正确配置资源的决策。有效配置资源的信息只有经过市场交换才能获得。所以，让个人利用其掌握的信息分散行动，相互竞争，是满足人们目的的最佳方式。市场机制交流和传递信息的媒介是价格体系，是信息交流的网络，发现信息的过程是竞争的过程，个人借助信息不断试探并纠正自己的决策，改善个人环境。价格体系是交流信息的机制，最重要的特点是运转所需的知识很少，获得信息的代价小；每个人都考虑与自己有关的信息，追求个人利益，结果使信息在市场扩散，培育市场秩序，促进资源的合理配置。

2. 消费者主权

哈耶克指出，消费者的购买行为是用货币对商品投票，行使消费者主权。生产者根据消费者的投票，了解消费趋势和需求信息，然后安排生产，在生产中不断改进技术，降低成本，在满足消费者需要的同时实现利润最大化。这一切都是通过市场机制的自发作用来完成的。他认为，市场机制是把经济资源配置到各种商品中去，这种配置决定于消费者需求，它充分体现消费者主权原则。这种原则即使在经济中存在垄断或经济中广泛使用计算机的情况下也不会失效。

哈耶克认为，垄断公司尽管有很大的定价权，但是仍然要通过市场才能实现利润最大化。市场机制迫使垄断公司按消费者意愿来安排生产和销售,而消费者需求差别很大、变化多端,价格变化无常,最先进的计算机技术也难以及时、迅速和准确地收集和处理如此复杂的信息,同时也难以判断计算结果在多大程度上符合市场的客观情况。因此与先进的计算机相比,上述多重困难通过生产者和消费者在市场上的无数次自发的交换活动,即市场机制的作用就可以自行解决。因此,消费者主权原则不会因为计算机技术的应用而失去价值。

四、计划经济是通向奴役之路

哈耶克在《通向奴役的道路》中提出,计划经济威胁自由经济制度,是"通向奴役之路"。社会主义的目标是社会正义、平等和安全等,然而,实现这些目标的手段是生产资料公有制代替私有制,以中央计划机构代替企业家。人们拥护社会主义目标,但是社会主义的方法与个人自由的价值观相悖。因此,人们反对社会主义的方法。他从经济效率、政治和思想等方面论证计划经济的缺陷。

(1) 导致低效率。计划控制代替个人自由选择,经济发展将失去基本动力。现代化大生产使得劳动分工和社会需求日益复杂化,单一的计划不可能收集和处理复杂且分散的信息,价格体系也不能正确地反映经济的变动情况,计划决策无法获得充分的信息来做出正确的判断,导致集中管理失败,造成资源配置失误。计划体制使得人们失去自由选择工作的机会,为每个人提供不变的收入,打击了人们的积极性和创造性。

(2) 导致最坏者当政。由于个人目标与社会目标之间存在矛盾,解决矛盾的手段只能是权力,若这种权力没有规则加以指导,就会变成专制。他认为,在市场经济中,若某人拒绝自由选择,我们可以转向另一个人。但是,当面对垄断组织时,只能唯命是从。在计划经济中,计划当局不仅决定可供利用的商品和劳务在各地区、各集团之间的分配,而且也能在人们之间实行它所喜欢的任何程度的差别待遇。这种权力几乎是无止境的,谁拥有这个权力,谁就能控制一切,在这种极权主义情况下,一切经济社会问题都变成政治问题。在走向极权主义的过程中,一些缺德者为获得权力而不择手段、破坏道德,他们特别有机会成为极权主义机构的成员乃至领袖,于是出现最坏者当政。

(3) 导致思想国有化、思想僵化。在极权主义制度的国家,为保证人民思想的一致性,政府的所有宣传都灌输当权者的价值标准,这样,是不允许无私、客观地探求真理的。对官方观点的阐述与辩护成了各门科学,特别是社会科学的唯一目标,凡是怀疑与批评政府的都将被压制和禁止,最终导致"真理的末日"。因此,计划经济意味着思想强制,是通向奴役之路。

五、货币理论

哈耶克发展了威克塞尔的中性货币观点,指出货币数量的变化引起价格水平的变动不影响实际总产出,因而货币作用是中性的,如果增加货币供给量,会等比例地提高价格水平,但实际总产出不变。但他又认为货币量的变化会影响相对价格结构,从而影响现实经济。下面主要介绍哈耶克两个方面的观点。

(1) 哈耶克认为,强制储蓄有利于资本积累。① 强制储蓄造成低利率,低利率造成信用膨胀和生产结构扭曲,导致生产资料生产的增长快于消费品生产的增长,由于价格上升快于工资收入的增长速度,强制储蓄增加实际资本;② 它出现在消费者进入消费前,厂商可以得到额外用于生产的资本,生产进入高涨阶段,出现过度投资,有利于资本形成、投资增加。当然,高涨时期建立的新资本会在经济周期不景气时遭到破坏,从而加剧经济周期变动,产生负面经济影响。强制储蓄是指货币量的增加使商品价格上涨,商品价格的提高迫使靠固定收入生活的人减少消费,将其剩余转入储蓄,出现实际资本的非自愿储蓄。

(2)哈耶克认为,政府利用发行货币的垄断权来增加财政收入,是失业和通货膨胀的根源。市场机制充分发挥作用的前提是货币体系健全。私人经济本来可以自行提供健全的货币,然而政府垄断纸币发行,使市场信息不能及时传递,经济不能正常地运行,资源不能优化配置,企业不能提供良好的就业机会,从而出现失业。政府根据财政需要,增加货币,引起通货膨胀。他反对凯恩斯主义和货币主义的政策主张,指出凯恩斯主义者的宏观需求管理政策无效,因为这些政策破坏了货币中性,使得市场机制不能充分发挥作用,扩张性财政货币政策在短期内刺激经济,减少失业,但在长期中会使高通货膨胀和高失业率并存。货币主义者提出的控制货币量的政策,尽管没有改变政府货币发行的垄断权,但仍然破坏货币中性,也就不能避免货币的过度发行和经济不稳定的出现。

六、经济周期理论

哈耶克以货币中性和迂回生产的观点来解释经济周期的波动。迂回生产是指原材料要经过一些中间生产环节后才能生产出满足人们需要的产品。他指出,利率、储蓄和货币供给量的变化,是影响生产变化和经济波动的主要因素。

迂回生产过程中,利率变化引起经济波动。在资本预期收益不变时,利率下降增加资本收益,从而刺激投资。在利率较低时,生产过程延长更有利可图,利率下降有利于更多使用资本的生产,新的储蓄也会在生产资本化的各个阶段被新的投资所吸引,所以利率下降延长生产过程。如果利率下降是货币供给增加引起的,那么货币供给增加量的变化会引起利率的变化,从而导致经济波动。

迂回生产过程中,储蓄和货币供给引起经济波动。哈耶克指出,当货币扩张以贷款方式注入经济后,生产者收入增加,而消费者收入暂时不变,结果出现强制储蓄。经济资源从生产消费品的部门流向生产资本品的部门,生产资本品的部门生产更加资本化,生产过程更加迂回。信贷扩张导致市场利率低于自然利率,刺激投资扩张。但是这种扩张是不稳定的,因为贷款规模受准备金等因素的限制,不可能无限地扩张,最终使利率上升,资本预期收益率下降,引起资本品需求减少和价格回落。同时,在信贷扩张中,部分要素收入增加,消费增加,储蓄减少。而后,需求结构和相对价格的反方向变动,迫使生产收缩和生产结构改变。在生产收缩中,信贷扩张停止,市场利率回到自然利率水平,资本扩张也被迫中止,生产中资本供给不足,新增投资迟迟不能形成生产能力,资本收益下降,使一部分生产资本品的部门资本流向生产消费品的部门,一些难以转向其他行业又不能形成生产能力的资本品出现闲置。因此,出现资金短缺、产品滞销、存货积压和价格下降,经济陷入萧条或危机。

哈耶克用货币的中性来解释经济周期的原因,指出利用信贷政策难以刺激消费需求,只会加深生产结构失衡,引发经济危机,导致失业增加。他认为,避免经济波动需做到:货币供给量基本不变,保持货币中性;所有的价格都要灵活,防止货币量变化引起的相对价格变动形成的错误信息对生产的误导。

第三节 奈特和米塞斯的经济学说

一、奈特的经济学说

弗兰克·海尼曼·奈特(Frank Hyneman Knight,1885~1972),"作为一个古典自由主义者,他是芝加哥学派的创始人;作为一个批评家,他告诫公众,经济学家的知识是有限的,其预测的失误是不可避免的;作为一名教师,他培养出了像弗里德曼、斯蒂格勒和布坎南这样著名的经济学家"。

奈特主张运用实证方法。因为经济学不是历史科学,而是通过概括程度相当高的一些概念和原则说明经济运行的实证科学。作为经济理论基本组成部分的纯粹原则不具有历史或规范的含义。如最大化是一个纯粹原则,如果说它在经济学中具有某种规范性含义的话,它只意味着经济活动应该有效率地进行。经济理论分析应以实际经验为依据,离开现实的纯理论分析是"没有肉的骨头"。

1. 无法预料并无法计量的"不确定性"是利润的原因

奈特最重要的贡献是在《风险、不确定性和利润》中提出利润理论。19世纪的萨伊明确区分资本收入和企业家经营的收入,前者为利息,后者为利润。庞巴维克把时间因素加入经济分析,用现在物品和将来的时间差别造成的价值差别说明利息(利润)。克拉克则认为,在动态经济中,由于发明、拥有先进技术等因素而得到的超过工资、利息之上的部分形成利润。进入20世纪以后,关于利润存在的原因又出现两种新的解释:一种是熊彼特的创新理论,把利润归于企业家敢于冒风险大胆"创新"的报酬;另一种就是奈特的利润理论。

奈特肯定关于企业家才能与企业家所支配资本的区分,也认为应把企业家才能作为生产要素,并由此出发寻找利润来源。与熊彼特的区别在于:他反对利润是风险报酬的观点,主张严格区分风险与不确定性。企业家遇到的问题可分为两种:一种是可估计或计量的"风险",可通过保险避免或补偿;另一种是事先无法预料或计量的"不确定性",这是造成利润或损失的原因。他认为,如果企业家在经营过程中仅仅遇到可以估计的风险,即可事先预料并有一定法则可循的变化,竞争中,这种变化造成损失的可能性就会通过竞争而变成形式固定的"保险"活动,保险补偿企业家"风险",而产品价格等于包含保险费的生产成本,没有利润,也没有亏损。另外,他也认为,由于难以准确地确定生产要素或生产性劳务的均衡价格,利润很难从各种收入中精确分离出来,很难准确地加以衡量。他的"不确定性"概念对后来经济学的发展影响很大。

2. 不确定性是企业产生的原因

奈特认为,由于不确定性,决定生产什么与如何生产优先于实际生产本身。生产内部组织首先是企业家负责生产和经营活动。世界上只有少数人偏好风险,绝大部分人是风险规避者和风险中性者,后者愿意交出对不确定性的控制权,但条件是风险偏好者即企业家要保证他们的工资,于是,企业产生了。现实的经济过程是由预见未来的行动构成的,而未来总是存在不确定因素的,企业家就是通过识别不确定性中蕴含的机会,并通过对资源整合来把握和利用这些机会获得利润的。他们向他人支付有保证的工资,并以此控制他人的行动。功能的多层次专业化的结果是企业制度和工资制度。企业制度使管理者承担风险而获得剩余;工人转嫁风险而获得工资。企业的存在是不确定性的直接结果。尽管科斯并不同意奈特的这一观点,但奈特对企业起源和性质的讨论对包括科斯在内的所有经济学家,尤其是新制度经济学家都有着深远的影响。

奈特提出,减少不确定性有两种方法,一是集中化,保险公司集中众多的偶然事件到一起,利用不确定性结果的相互抵补,从而把投保者的较大不确定性损失转变成较小的保险费。二是专业化,企业联合有助于克服不确定性,扩大规模可以减少不确定性的控制成本,大企业的成本水平一般是低于小企业的。随着企业规模增加,专业化决策能够减少控制成本的不确定性,同时也能产生更熟练的技能,以更好地应对不确定性。

二、米塞斯的经济学说

米塞斯师从维塞尔和庞巴维克,1931年至1934年任维也纳大学教授。

新自由主义者,著名的包括米塞斯、哈耶克、熊彼特等。其中,米塞斯以更直接和不妥协的方式坚持奥地利学派的传统。他最坚决地反对社会主义,认为社会主义经济制度没有可行性,没有合理的定价方式。在他之前只有庞巴维克对社会主义的批评能与他相提并论。凯恩斯主义盛行及各国公共政策不断扩张后,米塞斯仍强硬地坚持自由放任,使他成为保守主义经济学家的代表之一。

1. 依据行为科学解释经济问题

米塞斯宣称,主观学派突破了古典学派的局限,把劳动价值论变成主观价值论,把比较狭窄的经济学变成行为选择理论,把经济学变成行为科学。他认为,行为科学是一门系统的理论科学,它研究的是人的行为本身,它的陈述和例题是演绎的,是先于历史和经验的。实际上,他的行为人不过是奥地利学派的孤独个人的另一种说法而已,他的行为科学是一种不依赖于实践和历史的先验理论。他认为,古典学者的局限性在于其理论基础"太狭窄",这个基础就是劳动价值论。古典学者虽也涉及经济行为,但只注重利润动机引起的经济行为。

2. 依据行为理论修补奥地利学派的边际效用基数论

米塞斯说,效用是指消除不满足感的因素,满足程度只能凭主观感觉,而不能计量。他求助于行为理论,行为目的是以比较满足代替不满足的状态,这种代替是交换。交换是以比较不满足来换取比较满足的状态,取得后者必须放弃前者,放弃前者是付出成本,取得后者是获得收益。若交换结果比行为所想改变的状态坏,是行为人的幸福减少而亏损;交换后好于原来的状态,是行为人的幸福增加而盈利。他除了更突出主观心理因素之外,主要是承认效用不能计算和衡量,这无异于已经被迫承认奥地利学派边际效用基数理论的破产。

3. 依据利率理论建立货币经济周期理论

对有人根据边际效用学说推论出货币量与物价水平同方向同比例变动的结论提出异议。米塞斯认为,只有少数人取得此次货币增量,并非人人平均取得货币增量,财富分配改变;取得货币的人根据支出习惯增加支出,因而改变相对价格,推动价格上涨。价格上涨中,不同人对上涨趋势有不同的预期与反应,因而相对价格继续变动。所以,货币量的变动不必同物价水平成同比例变动。

在此基础上,米塞斯分析通货膨胀,其一般历经三个阶段:第一个阶段是政府为增加支出而增加货币供给量,引起一般物价上涨,但由于预期作用和政府宣传,公众相信物价上涨是暂时的,并且可能回落,因而增加保存的货币余额,物价上涨率低于货币供给增加率。物价上涨相对缓和,货币当局便继续采取扩张性的货币政策。经过一段时期后,公众预期改变,使通货膨胀进入第二个阶段。物价继续上涨,降低货币购买力,人们预期物价继续上涨,减少手中货币余额,因此,物价上涨率将大于货币供给的增加率。这时,整个社会感觉货币不足。如果此时货币当局为满足这种公众对流动性的需求而增加货币供给,就会面临通货膨胀的第三个阶段,即恶性通货膨胀及整个货币制度的崩溃。因此,他主张金本位制,黄金决定货币量,避免纸币本位而易于出现的通货膨胀。

米塞斯是从威克塞尔的利率分析出发来阐述他的经济周期理论的:当市场利率低于自然利率,资本预期收益提高时,即便社会没有新增的计划储蓄,企业家仍会用贷款把生产要素从消费品生产转移到资本品生产,减少消费品供给而价格上涨,形成生产投资品所需要的强迫储蓄。由于价格和工资高于预期,企业家贷款以实现长期计划,贷款又进一步提高价格,结果使企业家的借款继续积累,最终产生恶性通货膨胀及货币制度崩溃。因此,挽救货币制度的唯一办法是使市场利率等于自然利率,减少企业家获得的货币,这样,局部投资计划不能实现,生产因素转为其他用途,使积累膨胀过程告一段落。在这里,米塞斯所强调的仍是相对价格的变动及货币变动对经济社会影响的作用过程。

4. 社会主义条件的资源合理配置

从1920年起,西方经济学界就社会主义可行性问题进行了一场长达20年之久的大辩论。首先挑起这场辩论的是米塞斯。他在《社会主义国家的经济计算》一文和《社会主义》一书中,宣称社会主义国家不可能有合理的经济计算,不可能合理配置资源。他指出,合理的经济行为,必须先有合理的成本计算。合理的成本计算,必须先有生产资料私有制和在这个制度基础上形成的生产要素价格和生产要素市场。他说,如果没有企业家对利润、土地所有者对地租、资本家对利息、工人对工资的追求,整个市场机制就不可能成功地运行。而市场是资本主义的核心和本质,只有在资本主义制度下,它才是可行的,社会主义制度下,它是不可能被人为地仿制的。他断言,社会主义制度下,生产要素大部分归社会所有,不存在生产要素市场,也就没有其价格,而没有生产要素价格,就不可能合理配置资源。他还断言,由于价格不再是供给和需求之间的联系尺度,不再是纠正生产的指示器,因而社会主义制度不可能纠正生产失误。他的结论是:社会主义制度只能是混乱和计划制定者的专横。

5. 米塞斯是绝对的现代经济自由主义者

米塞斯的"自由"一词是19世纪意义的,即以自由企业和市场经济代替资本主义以前的生产方法,以代议制代替君主制和寡头专制制度,以个人自由代替各种奴役制度。他反对任何形式的国家干预,认为政府干预往往意味着暴力或暴力威胁。扩大国家干预,说到底就是强制较多和自由较少。他的这些观点,现代经济自由主义者都认为过于极端。因为,现代自由主义并不完全反对政府干预,而是认为政府可以在一定范围内,可以采取某些调节经济的措施。

第四节 坎南和罗宾斯的经济学说

埃德温·坎南(Edwin Cannan,1861~1935)培养了大批学生,为伦敦学派的建立和发展储备人才,成为这个学派的奠基者和领袖。他编校的《国富论》曾被认为是最标准的版本。

坎南深受英国经济学传统理论的影响,并与同时代的马歇尔一样以折中的态度综合各派的观点,同时,他也部分地接受历史学派的观点与研究方法。

一、坎南的经济学说

1. 货币理论

英国在第一次世界大战后废除金本位制,使得战后初期的货币流通量急剧增加,英镑不断贬值。20世纪20年代初期,英国又陷入经济危机之中,20年代的出口额只达到一战前水平的2/3。严峻的经济形势,直接提出是否恢复金本位制的问题。针对这一问题,英国的经济学家分成两大派别:一派是以凯恩斯为首的反对派;另一派是以坎南、格雷高里为首的恢复派。从历史看,这是伦敦学派与剑桥学派的首次分歧,也被认为是伦敦学派形成的起点。

坎南恢复金本位制的主要理由可归结为如下三点:

(1) 货币需求不同于一般商品的需求。他认为,对商品和黄金的需求都是受边际效用限制的,但对通货不同。通货需求的边际效用是购买商品,人们对一般商品的需求是无限的,对通货需求也是无限的,通货需求不受边际效用的限制。他指出:货币量增多,其价值减少,从而物价上升的货币数量论的观点是站不住脚的;相反,还可能出现货币量减少,币值也贬低的情况。这样,他便从根本上否定凯恩斯的通货管理主张所依据的货币数量论这个重要理论基础。

(2) 货币量不是影响物价水平的唯一因素。他认为,货币数量论不能正确地说明货币量与物价水平之间的关系,他们只看到货币量这一个因素,而忽略其他影响物价水平的因素。货币量多,可能降低币值,但如果供给增加,币值可能不变甚至上升。货币数量论的错误是它把对货币需求等影响币值从而影响物价的供求等诸多因素都视为不变的既定前提。他的结论是,既然影响物价的因素是复杂多样的,那么,凯恩斯等人以货币数量论为依据的通货管理也就不可能是正确的。

(3) 货币政策无效。坎南认为,央行无论是调整利率还是控制信贷量,都是人为地干扰市场,而人为干预并不能达到预期目的。他指出,并非央行"合适的"贴现政策产生"合适的"货币量,恰恰相反,是通货发行所受到的限制迫使银行采取适当的贴现政策。他还指出,央行控制信贷量的政策与货币量的关系也是如此,不是控制信贷量产生"合适的"货币量,相反,是通货发行受到的限制迫使银行去控制信贷量。他认为,货币政策控制货币量是行不通的。

基于以上分析,他主张恢复金本位制,这就能使货币流通量自然地受到控制,从而保证物价稳定,而不需要人为地去干预经济生活。

2. 经济危机理论

20世纪30年代大危机原因的争辩激烈,庇古为代表的剑桥学派和坎南为代表的伦敦经济学院坚持认为这是破坏市场机制的结果。坎南认为,经济危机的原因是:

(1) 过高的工资。工会垄断提高工资,导致经济危机。市场机制能避免严重的生产过剩和失业,但工会垄断,提出过高的工资要求,妨碍雇主雇用较多的工人,于是出现大量失业现象。若工人不要求高工资,任何数量的工人都可就业。

(2) 坚持金本位制。坎南在《现代通货及其价值的调节》(1931)一书序言中提到,有必要重复在1918年出版的《货币论》中的金本位制有种种优点的看法。在伦敦学派的宣传和鼓动下,英国于1925年4月恢复金块本位制。这是一种以金块办理国际结算的变相金本位制,又称金条本位制。金块本位制与金本位制是不同的:前者政府不需要生产金币,金币也停止在国内流通,金块只能在国际结算时使用。但英国实行金块本位制的效果不好,1929

年大危机中,金块本位制在经济衰退、贸易逆差等问题面前无能为力。因此英国政府于1931年取消金块本位制。这一举措表明金块本位制不适应英国经济发展,而且消极影响明显,但伦敦学派仍然坚持恢复金本位制,并否认金块本位制是经济危机的原因。

二、罗宾斯的经济理论

莱昂内尔·罗宾斯(Lionel Charles Robbins,1898~1984)师从坎南,与哈耶克同为伦敦学派领袖,1929~1961年任伦敦经济学院教授,长期任经济系主任,1962~1967年任英国科学院院长。

罗宾斯的主要贡献是经济学宗旨和方法论,他界定经济学研究领域及与其他社会科学的区别,对确定经济科学性质等影响重大,长期坚持经济自由主义思想,确立伦敦学派的学术地位。值得注意的是,他在研究中很少使用经济计量学与数理经济学,但他执掌的伦敦经济学院却成为经济计量学的中心。

1. 方法论

罗宾斯在《经济科学的性质和意义》中的经济学定义成为传诵一时的经典性定义。他认为,经济学是"研究目的和有可能替代用途的手段之间关系的科学",他特别强调资源稀缺与选择的必要,经济学的主题是影响人类行为的稀缺性事实。他也看到失业存在,这不与稀缺性相违背,因为稀缺强调的是决策受限,在大多数情况下这些限制是有效的,而人的欲望是永远得不到充分满足的。

罗宾斯坚持抽象的演绎法,反对历史归纳法、心理分析和价值判断。他认为经济学包括理论假设、概括、特定命题和广泛推论几个部分;强调验证经济理论,虽然不能在任何时候都进行经验验证,但至少应指出这是决定理论正误的条件;真实性与经验内容是有区别的,对经济关系的表述与对事实的表述无关。

他认为,经济研究应超越价值判断,成为有客观性的实证科学。经济研究分两类,一类对财富和福利做主观的价值判断,超出经验科学范围,不具有客观性;一类研究目的与手段的均衡关系,即"是什么"的问题,有客观真理性。经济学应该是后者,要把它和前者分开,也要把它和其他社会科学区分开。

2. 主要经济理论

罗宾斯开创劳动供给的微观分析。尽管在分析工资变动对劳动供给的影响时,他未明确区分收入效益与替代效益,但他已清楚地说明劳动时间对实际工资率变动所做出的反应很不确定的原因。他说,劳动时间表示劳动供给,收入等于工资率乘劳动时间,收入增长率则等于工资率的增长率加上劳动时间的增长率。在他的论证中,收入价格和收入需求弹性是两个重要的概念。收入价格用劳动时间衡量,是指得到每单位收入所需付出的劳动代价,即工资率的倒数;收入需求弹性衡量人们的收入需求对劳动时间变化的反应程度,如果它大于1,那就意味着工资率增长、劳动时间增加。他认为,如果收入是一种正常商品,则收入需求就随着其价格下降而增加。对于一给定收入价格,就要一个既定的收入需求与之相对应,而既定收入价格与相应收入需求的乘积就是劳动时间的供给量。因此,劳动供给决定于收入需求,最终取决于收入价格。收入价格下降,收入需求增加,如果收入需求弹性大于1,则劳动供给也增加。因此,在弹性难以确定的情况下,工资率变化时,劳动供给如何变化也就难以确定了。

罗宾斯批评当时占主导地位的马歇尔经济学的某些理论,如代表性厂商概念。马歇尔认为,在分析行业或厂商均衡时就必须找一个代表性厂商。罗宾斯认为,代表性厂商的概念无助于理解厂商均衡或行业均衡。因为,在一个非均衡的动态环境中,代表性厂商不是一个,因为各厂商的性质不同。

罗宾斯坚持序数效用论,反对庇古的基数效用论。他认为效用是主观心理评价,难以客观度量,所以不能用基数来衡量其大小,但可依顺序来排列其重要性。因此,他反对消费者剩余的概念,也反对庇古的福利经济学,认为收入分配均等趋向于增加社会福利的观点是建立在效用的人际比较这一主观判断上的,不具有客观性,以此出发制定的福利政策是伦理改革,显然是不可取的。

3. 经济政策

二战前,罗宾斯主张自由放任;战后,他的经济政策基本点是赞同凯恩斯的国家干预观点,认为市场体制需要政府干预以维持合适的总需求。

他的政策目标既是避免通货膨胀又避免通货紧缩,而反对以充分就业为目标。因为:一是充分就业的统计定义难以确定;二是失业并不总是需求不足的结果,如国际供求变动会产生结构性失业;三是在繁荣时,工资增加将引起失业,或产生通货膨胀,这时,让失业继续增加还是让通货膨胀继续恶化就是两难选择。

他认为,货币政策是可以治理通货膨胀的。治理恶性通货膨胀,不能仅仅依赖货币政策。因为引起通货膨胀的因素是多方面的。作为权宜之计,严格的价格收入控制做法是可行的,而削减总需求,对就业与产量影响太大。

罗宾斯坚持在公共部门内实行收入政策,但他并不排除可以把收入政策当作权宜之计;而财政政策和货币政策应该是政府的主要政策措施。

第五节 社会市场经济学说

一、欧肯的理论基础与核心内容

瓦尔特·欧肯(Walter Eucken,1891～1950),其父鲁道夫·欧肯(1846～1926)是哲学家,1908年获得诺贝尔文学奖,其长兄诺尔德·托马斯·欧肯是著名的化学家。生于这样一个书香门第的家庭,欧肯自幼喜欢独立思考。

1. 欧肯的理论基础与核心内容

关于竞争秩序的世界观、个人主义的社会哲学和边际主义的经济思想,是欧肯和弗赖堡学派思想理论的三大支柱。[①]

(1)竞争秩序是弗赖堡学派的理论基础。欧肯认为,经济秩序包括实证秩序和本质秩序。前者是过去和现在的经济事实,后者是本质的秩序,是经济政策追求的方向和目标。经济理论既要研究实证秩序,更要研究本质秩序。作为德国的著名经济学派,但理论分析方法是与历史学派截然不同的,主要体现在弗赖堡学派把主要任务定位在研究经济本质上。

(2)兼顾个人自我价值和承认国家与法制的必要性和重要性。个人主义思想并非是极

---

① 参见:左大培.弗赖堡经济学派研究[M].长沙:湖南教育出版社;1988.梁小民.弗赖堡学派[M].武汉:武汉出版社,1996.

端自我、排斥他人的利己主义,特别是德国的个人主义思想家,一般都认为,国家的首要职责是保护个人自由。欧肯的这种哲学思想是其经济秩序理论的社会哲学基础。他理想的经济秩序首先是个人自由得到保障。个人主义是西方经济学的社会与哲学基础。个人主义的价值观以个人为中心,认为人就是终极的价值目标,人本身就是最高的价值,社会只是达到个人目的的手段,一切人在道德上都是平等的。个人主义社会哲学强调个人自由,不能把任何人看作仅仅为别人谋幸福的手段。

(3) 历史学派转向边际主义。他认为,边际主义主要有三个原理:边际效用递减规律、边际收益递减规律和迂回生产规律。这三个规律是经济分析应遵循的基本原理,是适用于任何时代任何经济的最普遍的经验法则。

2. 欧肯的经济秩序理论:形态学体系学说

经济理想典型理论是弗赖堡学派的理论基石。经济理想典型,就是对经济现象和经济制度进行高度抽象的理论模式。欧肯利用他的"显著特征提炼抽象法",从大量的历史事实中,对经济制度最本质、最显著的特征加以抽象,提炼出两种经济理想典型即自由市场经济和中央管理经济。欧肯认为,这两种经济理想典型存在于从古罗马、中世纪各国到现代欧洲、亚洲、美洲的各民族中,但是它们无论何时都不会以纯粹的形式出现,而是组合成各种具体的经济制度。历史上的一切经济制度都是由这两种形式按照不同的比例组合而成的。

对经济秩序的各种形态进行研究,分类归纳,找到某些最基本的经济秩序形态,然后再以这种基本的秩序来分析历史与现实中的经济秩序,这就构成欧肯经济秩序形态学的体系。他认为,就经济的纯粹类型而言,主要存在两种纯粹的经济秩序,即集中领导的经济和交换经济,所有历史和现实中的经济秩序都是这两类纯粹经济秩序的不同程度的变异和组合。集中领导的经济即中央计划经济,它可以分为简单的集中管理和集中管理的经济。前者的规模较小,后者的规模较大。欧肯主要研究后者。它可以分为四类:完全集中领导的经济,自由交换消费品的集中领导的经济,消费自由选择的集中领导经济,自由选择职业和工作地点的集中领导的经济。这些模式都是中央计划经济的运行模式。

欧肯认为,无论何种集中领导的计划经济,都是以实物计划管理为主的经济,这种经济不可能达到合理的经济核算,从而不可能实现资源的合理配置。因为经济计算和数据难以精确。竞争的目的是提高效率而不是以邻为壑、相互拆台;是向同一目标同一方向前进的竞赛,而不是相互干扰。这种竞争秩序的核心是存在完全竞争的价格,人们根据竞争性价格做出判断和决策,使资源得到合理配置和利用。在这种竞争秩序中,各经济主体有充分的经济自由,人们就是在自由竞争中,在追求各自利益的过程中实现资源最佳配置的。

建立竞争体系的原则:一要有完全竞争的价格体系;二要有完善稳定的货币制度;三要求市场开放;四要求实行生产资料私有制;五要有完全的契约自由;六要有责任原则;七要有稳定的经济政策。最后,要把上述原则结合起来,这些原则既是竞争秩序的前提条件,又是其顺利进行的必然要求,只有把它们结合起来使之共同作用才能实现理想的竞争秩序。

经济调节的原则:一是禁止垄断;二是通过累进税制度调节收入分配的不公;三是当必要时,对经济主体不符合社会利益的行为进行调节;四是调节劳动市场,如规定最低工资制。有了这些基本原则,竞争秩序才能正常运转。

交换经济是欧肯研究的主要经济形式。它是指整个社会中有两个以上的经济单位,每个经济单位各自有自己的经济计划,经济单位之间的联系是通过市场交换进行的。市场的形式可以分为封闭与开放两类。凡是准许供给方或需求方任意进入,可任意向市场提供产品或劳务,任意购买所需产品从而形成新的需求市场,即开放型市场。相反,不能任意进入市场,成为新的供给或需求的市场,即封闭型市场。这样,可把市场划分为供给与需求均为开放型;供给与需求均为封闭型;供给是开放的,而需求是封闭的;以及供给是封闭的,而需求是开放的四种市场类型。

欧肯认为,每个经济单位都会通过自身的"计划体制"和"资料体制"来决定其行为。这里的计划体制大体可以理解为经济单位的决策方式与结构,资料体制则可大体理解为经济单位的信息传导、获取途径与方式。正是从这种分析方法出发,欧肯把市场分为五类纯粹形式,即垄断、部分垄断、寡头垄断、部分寡头垄断和竞争,这是他的形态学中最有特色的部分。垄断是一个经济单位成为市场唯一提供者或某种商品的唯一需求者。部分垄断则是除了一个大的供给者或需求者外,还有若干小的供给者或需求者与之并存于一个市场上。寡头垄断是指一种产品的供给或需求为几个大的供给者或需求者的情况。部分寡头垄断是指一个市场有一些小而分散的小供给者或小需求者,这样的市场必然是垄断与竞争并存的。竞争性市场即供给者或需求者都是无数的。欧肯指出,市场是由供给和需求结合而成的。因此,根据他的形态学研究,从供给方面看可形成从垄断到竞争的五种市场类型,从需求方面看也可形成从垄断到竞争的五种类型,二者结合则会产生出 $5\times5=25$ 种市场类型或形态,包括供给需求双方结合的形式。这也正是一种市场状态下的情况,如上所述,欧肯把市场分为开放与封闭的两大类,而且每一类又可从供给与需求两方面再细分,所以,从供给与需求和开放与封闭角度划分的四类市场,每类又可以有 25 种不同的竞争或垄断形态,也就是共有 100 种不同的市场形态,当然这只是就交换形态而言的。

以上的形态学,看似与一般经济学原理的垄断竞争理论和厂商理论大体相同,但欧肯对垄断竞争理论是持批评态度的。因为垄断竞争理论只研究供给方面的因素,忽略还有举足轻重的一方——需求。他也不同意现实存在垄断竞争。得出这样的结论,是因为其研究方法与垄断竞争理论的研究方法不同,他不是单纯地从市场参与者数目、产品同质性、经济主体对价格的影响等方面来划分市场形态的,而是从决策与信息结构上提出这种划分的,这是欧肯形态学独特的地方。

二、中央管理经济与自由经济的区别

前者通过行政命令管理经济,特征是:共同体的整个经济生活都由一个计划中心来控制,属于这类的典型有希特勒的军国主义经济、封建采邑经济、埃及法老奴隶制经济及社会主义计划经济。欧肯将中央管理经济划分为三类:一是完全集中管理的,没有交换,不能自由选择消费品和工作地点,只有一个经济计划来控制一切经济活动。二是自由交换的集中管理经济,一切经济活动由计划中心来调节,但允许交换配给生活品,中央计划独占统治受到一定限制。同时由于交换和货币流通,形成市场和价格。三是消费者自由选择的集中领导,社会成员所得到的不是配给消费品,而是工资。计划机构通过价格政策使消费适应生产和销售的需要。欧肯指出,中央管理经济的共同缺陷如下:一是不能最好地满足消费者需求。人的需要是多样而不断变化的,计划机构不可能完全清楚地了解消费者的爱好和需求,其结果是造成产品单调、积压和短缺并存。二是不能使经济协调发展。中央管理经济下,计划机构很难了解各种部门对不同资源的实际需求,因此常常造成资源配置不合理、部门比例失调的结果。三是不能最大限度地促进生产力的发展。中央管理经济直接决定企业生产和分配,企业脱离竞争,缺乏改进技术、降低成本的动力。其最大弊端是:经济集中必然导致政治集权和个人自由丧失,整个社会将失去生机。

自由市场经济是指由价格机制调节的经济,特征是:整个社会经济是由多个经济组合而成的,这些个别经济中的每一个主体都提出和执行自己的计划,即每个人、每个企业都按照自己的意志生产、交换和消费。属于这一类的是高度发达的商品经济,特别是现代西方国家的经济制度。欧肯认为,自由市场经济也有缺陷:一是完全放任、过度的自由可能导致出现卡特尔、托拉斯或其他社会权力集中的组织,导致自由无法实现。而且当权力集团遍布经济体系时,就会产生一个"集团的无政府"状态,随之出现失业和罢工问题。二是卡特尔、托拉斯等权力集团在向外扩张中彼此发生冲突和结盟,这会使市场失去生机,并严重损害外贸。三是卡特尔等权力集团统治、个人自由丧失、市场失调、大量失业存在等都会使国家越来越多地干预经济过程,最终可能导致中央管理经济。欧肯认为,无论是中央管理经济还是自由市场经济都不是德国面临的问题的出路。唯一可行的是走第三条道路,将上述两种经济理想典型加以综合,建立"竞争秩序",是指在自由市场经济条件下,由国家鼓励和维持的完全竞争的,克服中央管理经济和自由市场经济的缺陷,发挥二者优势的经济秩序。他认为其优点是:家庭和个人自由制订计划和活动,就业自由和消费自由,不存在任意规定竞争规则或经济过程的运行形式、市场形式和货币体系的自由;人们在经济活动中不是执行计划,而是按着最有利于自身的方式行事;人们之间不是从属关系,而是协调合作关系;价格能够准确反映资源的稀缺度,能给人们以正确的指导;竞争还促进自由和秩序的良好协调,既加强个人的责任心,又能阻止个人滥用自由。"竞争秩序"后来进一步发展成为社会市场经济理论。

三、社会市场经济理论

这一概念最早由阿尔弗雷德·米勒·阿尔马克(Alfred Mueller Armack,1901~1978)提出,社会市场经济是依据市场规律,以社会保障为特征的经济制度。目的是在竞争的基础上将自由的积极性和由于市场经济优势而得到保障的社会进步联结在一起。其实际是指以竞争的市场经济为基础,自由竞争原则和社会平等原则相结合,自由创新和社会发展相统一的经济体制。"是有意识地加以指导的,是社会指导的市场经济。"社会市场经济理论的核心是市场竞争,是个人的自由和创造性。在"市场经济"前面加上"社会",表明社会市场经济不主张放弃国家干预,而是应该根据市场经济规律建立保证"社会安全"和"社会保障"的经济秩序,建立使经济发展和技术进步与个人自由完全协调的社会经济秩序。

罗伯凯进一步强调,为了保证社会经济正常运行,还应当建立相应的道德规范和法律措施,限制垄断、保障竞争、稳定货币。他还提出了著名的"足球裁判员"的例子,指出足球裁判员的职责不是亲自踢球,而是执行比赛规则,保证比赛公平地进行。国家的职责也是这样,不是干预企业经济活动,插手市场经济运行,而是保护市场秩序,为经济运行提供一个稳定的良好的环境。

弗赖堡学派的代表者,"社会市场经济之父"艾哈德(Ludwig Wilhelm Erhard,1897~1977)在《来自竞争的繁荣》一书中,指出社会市场经济以实现"全民福利"为基本目标,社会市场经济秩序以市场调节为主,国家有限干预为辅,反对市场经济中任何垄断形式的存在。这些思想丰富和发展了社会市场经济理论。

1. 社会市场经济

(1) 自由竞争是实现基本经济目标的最好手段和市场经济制度的主要支柱。

艾哈德说:"竞争是获得繁荣和保证繁荣最有效的手段。只有竞争才能使消费者从经济发展中受到实惠。"公民富裕以经济发展为前提,而经济发展决定于人们创业精神的有无及大小,决定于人们把握机会的动力和能力及冒险精神和责任心。人们的精神、智慧和胆识得到充分发挥时,社会经济才能持续发展。人的能量释放,来源于人的独立、自由和竞争。

弗赖堡学派强调自由竞争,但并不一般地反对国家干预,只是反对国家的过度干预,坚持积极的国家干预。他们认为,社会市场经济与自由放任的市场经济不同,后者好比"野生植物",前者则好比"人工培育的植物"。为了保证社会经济正常运行,必须采取道德、法律的各种措施,使经济活动有序进行。他们反对自由放任,主张国家干预;也反对国家集中管理,主张自由竞争,强调国家干预与自由竞争的有机结合。他们认为,竞争是国家保障下的真正自由竞争,干预是以完善自由竞争为目的的有限干预,积极、有限的国家干预是保障自由竞争的根本手段,自由竞争是国家干预的基础和目的。欧肯认为,社会市场经济中,国家职责就是组织形成一种能使每个人在其中可以充分发挥作用的经济秩序。国家应该反垄断,实施稳定的货币政策,还应该有效投资和经营对整个国民经济不可或缺的而私人资本又不愿意或不能经营的社会事业。

他们主张的社会市场经济既不同于资本主义也不同于社会主义,国家干预社会经济,体现"经济人道主义"。只有国家保持必要的基础设施,只有当国家在短期内进行不可避免的纠正性干预时,市场经济才能充分发挥其作用。

弗赖堡学派认为,垄断与竞争是一对矛盾,实现自由竞争就必须排除一切不利因素,重点排除垄断。不仅反对私人垄断,还应反对社会组织的垄断,如工会组织对劳动市场的垄断。任何垄断都会阻碍技术进步和经济发展。

(2) "劳资伙伴关系"是增进社会福利的基本条件。

艾哈德宣称,劳资合作,以便将蛋糕做大。工人不要求过高工资,否则会提高工资成本,削弱企业竞争力,迫使资方裁员,引发失业和通货膨胀。

2. 财政税收政策,调节由市场分配引起的不公平

为了实现全民的繁荣和幸福,他们主张应提高国民收入再分配比重,实施社会福利措施,但同时强调不能全面实施社会福利政策,因为其结果必然会破坏社会市场经济的支柱——自由竞争。

四、政策主张和德国的经济实践

在二战后的最初 20 年里,社会市场经济理论一直是联邦德国政府制定经济政策的指导思想。然而,20 世纪 60 年代开始由于联邦德国国内经济形势恶化,加上凯恩斯主义在欧美国家的盛行,弗赖堡学派逐渐与凯恩斯主义融合,逐渐从有限调节的社会市场经济转向全面调节的社会市场经济。

有限调节的市场经济就是尽可能让市场来调节经济运行,只在不得已的情况下由国家进行必要和有限的调节,以实现经济权力分配的社会公正和经济利益分配的社会平等。

生产资料私有制是社会市场经济体制的基础和前提。他们认为,自由竞争能提高效率,保证资源的合理配置,发挥劳资双方的积极性,而私有制是保证自由竞争的必要条件。他们认为国有化就意味着自由竞争和社会市场经济被破坏。

鼓励竞争,反对垄断。艾哈德认为,垄断有三种形式:一是独立公司通过合伙合同的形式进行联合;二是大公司通过控股的形式掌握中小企业;三是独家经营的大公司在市场上占据垄断地位。对此,他提出三种反垄断的措施:一是政府应尽可能防止垄断的产生;二是在垄断已经产生、市场竞争已经不完全时,防止垄断势力滥用权力;三是建立专门的政府机构监督市场。1957年,联邦德国制定《防止限制竞争法》,成立联邦卡特尔局作为执法机构,主要任务是:① 禁止厂商之间达成垄断市场的卡特尔协议;② 禁止大企业合并和兼并中小企业,如规定年销售额在5亿马克以上的大企业不得联合和兼并其他企业,而对年销售额在5亿马克以下的中小企业则鼓励联合,以增强它们的竞争力;③ 监督已形成的垄断。此外,实行中小企业特殊补贴、税收优惠、低息贷款等,以刺激中小企业的发展,保证市场竞争充分。

劳资共同决策激发职工的劳动积极性,降低成本,提高劳动生产率,获得有利于改善经营管理的职工意见和建议。1891年德国的"营业条例"规定设立"工人委员会"。二战后,"经营评议会议"的主要内容是:职工代表参加企业监事会、企业委员会、职工代表大会,工人对企业经营有咨询权、建议权、申诉权,可以购买公司股票等。实施这一制度,减少了有损效率的劳资纠纷。据统计,1980年每一千个雇员中由于劳资纠纷损失的劳动小时数,英国是519.1,日本是2402,美国是34808,而德国仅是5.9。

经济人道主义就是使人人都成为财产所有者。联邦德国从20世纪50年代起就实施"人民股票"制度,实施各种福利政策,实现公平分配。发行"人民股票",可以分散社会财产,打破阶级界限,消除穷人和富人之间的敌意。

规定社会保障制度。主张国家采取各种措施以实现促进文化发展、改善公共卫生、保护社会弱势群体等社会目标。1950年以来,政府先后制定劳动就业法、青年福利法、儿童补助法、住房补助法、社会经济法、残疾人社会保障法等重要法规。1975年又颁布社会法典,为社会福利确定法律总则。社会福利法规定的社会福利制度比较完善,按性质分为五大类:① 社会福利制度的核心——社会保险制度,这是一种先付保险费、集体互助的制度,包括疾病保险、失业保险、养老保险、事故保险等;② 社会补偿制度,对有特殊困难的人群提供补助,包括青少年、儿童津贴和成年人教育补助、住房补助等;③ 社会补助伤残者制度;④ 社会救济制度;⑤ 职业咨询制度。实施社会福利制度,缓解了收入分配不平等状况和阶级矛盾,但在一定程度上,影响了效率的提高。

艾哈德说:"通货的稳定应该说是基本人权之一,每一个公民都可以向政府提出这个要求。""没有相应的通货稳定,社会市场经济是不可想象的。"如果货币不稳定,通货膨胀会使价格机制丧失其功能。确保货币稳定,联邦德国建立独立的银行体系,拥有调节国内货币供应、制定金融政策的职权。央行运用利率、最低存款准备金率和公开市场业务等手段来控制货币流通量,央行行长由总统直接任命,任期8年。当央行和政府在有关问题上发生冲突,政府只能做出推迟的要求,而不能否决银行的决定,推迟时间不能超过两个星期。

第六节 林德伯克的社会民主主义经济理论

阿萨·林德伯克(Assar Lindbeck,1930~)1980~1994年任诺贝尔奖委员会主席。"诺贝尔奖委员会在评奖时,好像有一只'看不见的手'在控制一样",林德伯克就是"看不见的手"。他的主要贡献是为诺贝尔奖评审委员会做辩护。他的统计证明,至少在诺贝尔经济学奖的前32年间,授奖还是有一些规律可循的。林德伯克在《诺贝尔奖:第一个100年》中,回顾设立32年来诺贝尔奖获奖的领域,探讨诺贝尔奖面临的问题和困难,论述诺贝尔奖是否代表经济的新趋势。尽管细分获得诺贝尔奖的领域困难重重,但他还是把获奖领域分为一般均衡理论、宏观经济学、微观经济学、交叉学科研究、经济方法等五个方面,表明经济学家站在巨人的肩膀上打量世界。从获奖者数量看美国经济学家居于主导地位,从方法看演绎法比归纳法更受垂青,从 20 世纪后半叶开始,数学方法及计量经济学的重要性日益明显。

20 世纪 60 年代,美国出现批判资本主义的新左派。林德伯克提出混合经济论,从分析经济制度开始,评论新左派思潮。他认为,传统的讨论经济制度的方式带有一般政治争论性质,简单地把现代经济制度归纳为资本主义和社会主义是过时的。他的经济制度的定义是:在一定地域内对生产、收入和消费进行决策和实施这种决策的一系列机制的总和。他放弃传统的经济制度的划分方法,而将经济运行方式或经济模式称为经济制度,将瑞典混合经济模式称为混合经济制度,目的是从更深的制度层面为瑞典的"第三条道路"寻找理论依据。

一、经济模式

林德伯克认为,经济制度至少应包括以下 7 点:① 决策上,集权还是分权;② 资源配置上,用市场机制还是用政府管理机制;③ 商品分配上,实行均衡价格还是实行配给价格;④ 所有制上,私有制还是公有制;⑤ 调动人的积极性上,用经济刺激还是用行政命令;⑥ 企业之间和个人之间的经济关系上,竞争还是垄断;⑦ 对外经济关系上,国际化还是闭关自守。

1. 当代理论的三种经济制度形式

自由放任:无政府主义加市场制度:取消政府管制,削减政府经济政策目标,减少福利国家措施,增加企业数量。这种制度具有纯粹市场固有的缺陷:经济不稳定、分配不平等、环境问题无人过问、集体消费无人关心等。

社会民主主义:政府干预经济,消除自由放任的市场经济缺陷,奉行经济稳定、收入再分配、环保、反垄断和集体消费政策等。

市场社会主义:公有部门在国民经济中居统治地位,中央集权的经济制度。

2. 实际存在的三种经济制度模式

(1) 瑞典为代表的混合经济。
(2) 南斯拉夫[①]为代表的市场社会主义。
(3) 苏联[②]为代表的中央集权经济。

林德伯克认为,这三种模式的区别是:

在集权和分权的关系上,西方混合经济模式偏重于分权;苏联模式偏重于集权;南斯拉夫模式介于二者之间,集权分权兼而有之,但相对地偏向分权。

在市场和行政管理的关系上,西方混合经济模式偏重于市场;苏联模式偏重于行政管理;南斯拉夫介于二者之间,但略偏向市场制度。

在所有制上:西方混合经济模式以私有制为主;苏联模式以公有制为主;南斯拉夫模式介于二者之间,但偏向公有制——集体所有制。

在经济刺激和行政命令的关系上:对待个人,三种模式都偏重于经济刺激;对待企业,西方混合经济模式偏重于经济刺激,苏联模式偏重于行政命令,南斯拉夫模式介于二者之间而略偏重于经济刺激。

---

① 这里是指 1991 年东欧剧变之前的南斯拉夫,下同。
② 这里是指 1991 年巨变之前的苏联。

在竞争问题上:就个人关系而言,西方混合经济模式和苏联模式都偏重于竞争;就企业之间的关系而言,西方混合经济模式偏重于竞争,苏联模式偏重于垄断,南斯拉夫模式介于二者之间而偏重于竞争。

在对外经济关系上:西方混合经济模式偏重于国际化;苏联模式偏重于闭关自守;而南斯拉夫模式介于二者之间。

二、混合经济的理论依据——分权和集权之间的关系

林德伯克认为,分权有两层意思:一是将决策权分散到个人和企业;二是将决策权再度分散到企业内部,后者叫作决策民主参与制。分权的意义是:第一,获得极其零碎地分散在无数民众当中的偏好、技术和市场关系这类知识和信息。收集这些信息的代价高昂,很难完整收集,特别是关于个人特殊偏好和特殊工厂的特殊商品所采用的不同的工艺技术,其转移和交流十分困难。第二,分散决策效应的直接感受者是决策者本人,他们易于而且及时地调整不正确的决策,不像集权制度那样,决策者和决策效应感受者是完全不同的两类人。

集权的意义有三点:① 某些带有比较、综合性质的信息,如国民经济统计方面的信息等,集权机构比个人和企业更易于收集,而且观察也比较深刻;某些技术和管理方法,在集权制度下也比较容易推广。② 公共产品和外部性问题,如环境污染、破坏等在集权制度下比较容易处理。③ 收入和财富的分配和再分配、宏观经济稳定等,要求对经济政策集中规划和集中实施。

因此,他认为任何经济制度都是集权和分权的某种程度的组合。其具体方案是:普通消费品生产和消费决策权归个人和企业;而基本的研究统计、环境保护、公共产品的生产、集体消费、收入再分配等方面的宏观决策权归政府掌握。

三、市场经济和中央计划经济的关系

在实行劳动分工的较发达的经济中,为保持经济正常运行,必须解决五个问题:① 获取消费偏好信息;② 按这些偏好配置资源;③ 决定技术选择;④ 刺激资源的合理配置;⑤ 协调众多企业和消费者的决策,使产品品种和数量符合消费需求。归纳起来就是交流信息、配置资源、协调决策。他指出,能够达到这一目的只有市场机制和中央计划机制。没有市场机制的中央计划机制要达到上述目的,需要收集有关生产和消费偏好这两方面的信息,并借助于最先进的计算机制订最优资源配置方案。但计算机功能有限,收集信息也存在某种缺陷,因而上述目的很难达到,结果会造成社会资源配置不当、投入-产出不均衡、计划不灵活,从而出现商品短缺,形成卖方市场,产生普遍的官僚主义和腐败。

官僚主义是用行政意志取代市场调节的必然结果。在企业、消费者和最高决策当局之间,存在许多中间层次,当信息在这些机构层层过滤和传递时,大部分丧失,剩下的有些面目全非,有些过时。同时,这种金字塔式的等级制,使决策者没有时间和精力考虑下层的问题,无法吸收下层的真知灼见。因此,中央计划只能补充而不能解决信息交流、资源配置和协调决策问题。

在纯粹市场经济中,企业往往不知道或不愿意考虑宏观信息,知识上根据自己的判断组织生产,因而就整个社会而言,企业计划的盲目性很大,经常出现生产与需求不符、引起经济动荡。可见,在现代发达经济中,中央计划需要市场调节,而市场机制也需要计划指导,需要有机地结合计划机制和市场机制。

林德伯克指出,20世纪60年代东欧等国的计划机制逐渐向市场机制发展,二战后的法国、日本等市场经济国家也相继制订指导性的中央计划的原因就在于此。

四、公有制和私有制的关系

林德伯克认为,全盘公有制不能克服资本主义制度的弊病,反而会造成新的问题——经济缺乏刺激和官僚主义。他主张采用社会民主主义的所有制方案——私有制经济占主导地位和部分国有化,包括:一是对某些生产公共产品的基础设施如铁路、电信等行业实行国有化;二是收入和消费的国有化,即通过累进税制将一部分国民收入纳入国家财政预算,作为社会保险和集体消费基金。

林德伯克反对哈耶克关于国有化必然导致独裁和专制的观念,他指出,在历史上,国有化和独裁的顺序与哈耶克所断言的恰好相反,当代所有的共产主义国家(苏联除外)和实行国有化的非共产主义国家,都是先有独裁后有国有化的。至今还没有一个国家的经验证明国有化产生独裁。但这并不是说国有化对独裁没有任何影响,经济结构与政治结构之间的关系很复杂,不是哈耶克的简单论断所能包括的。国有化的权力集中必然影响个人自由,这是毫无疑问的,但更普遍更严重的危险是官僚主义,是缺乏主动精神而不是法西斯的独裁。解决之道是在实行国有化的同时保存或导入市场机制,这既有助于实现经济制度下的分权化,又有助于实现政治制度的民主化。他反对全盘公有制的根据是:

现代社会有两种资本:物质金融资本和人力资本。后者是教育和训练得到的。近年来,发达国家的人力资本发展快于物质金融资本,人力资本获得的收入对收入不平等的影响要比物质金融资本对收入的影响要大。人力资本是不能国有化的。国有化的通常是物质金融资本,是其比重日益减少的那部分转移到集体手中,不能在根本上解决收入和财富分配不均问题。解决分配不均问题:一是累进税制使部分收入国有化;二是改进和发展教育,使尽可能多的人通过教育和培训获得人力资本。前者治标,后者治本。

公有制难以解决权力分配不均的问题。在现代发达资本主义国家中,随着经济集中,政治权力也日益集中到少数人手中,他们拥有左右国家政策的权力,而大多数人则处于无权的地位。公有制可以消灭旧的特权,但新的特权必然随之产生。因为在集权经济政治制度下,少数领导人不仅掌握着支配物质资产的经济权力,而且还掌握着政治和军事权力,权力分配的不平等使问题更加严重。

公有制难以发挥主动精神。公有制条件下,创新有两种途径:一是领导决断;二是用选举表决,通过多数人的决议解决。但高层领导人往往最害怕失去现有地位,降低失去现有地位的风险的最佳办法是减少或避免任何创新性冒险,事无巨细统统要征得多数人的同意才能实施,也是不现实的。因此,调动广大群众的主动进取精神,防止官僚主义是国有经济中难以解决的基本问题之一。

五、经济刺激和行政命令的关系

一般,人们只按照两种方式进行生产和工作:刺激和命令。

林德伯克认为,刺激主要是经济刺激,某些情况和特殊时期,友谊、权力欲、爱国心、慈善心等非经济刺激也很重要。但一般而言,它们不可能代替经济刺激和命令。社会必须把经济刺激和命令结合起来,只是结合程度不同而已。经济刺激主要有两种:利润和工资。前者提高企业生产和管理的效率,后者鼓励个人提高效率。此外,他认为,不同行业的利润和工资差异还是全社会重新配置资源的重要杠杆。同时,他承认,现代西方社会工资差别过于悬殊。但他认为这是人力资本分配不均的结果。

根据瑞典经验,林德伯克指出,适当地缩小工资差别,不但不会降低效率而且可能提高效率,因为它有助于保持整个社会的稳定、防止政治动荡。

六、竞争和垄断的关系

林德伯克认为,竞争是经济和社会发展的强大推动力。① 提高效率,调整生产以适应消费者的需求;② 开发新产品和新技术;③ 降低价格和成本。他认为企业竞争与企业计划是相辅相成的:第一,企业内部计划严密,因此企业之间市场竞争的总和可以视为分散的计划体系。第二,就业充分、经济增长、环境保护、公共消费、基本设施投资等中央计划基本是建立在私人部门的普遍经济刺激的基础上的,目的是促进私人部门的发展,其实施也以私人部门的发展为前提。既然竞争是企业提高效率的重要手段,当然就与中央计划并不矛盾。

国际市场竞争使对外开放经济的国家,特别是瑞典这样的小国必须努力提高本国的效率,这是经济发展的强大动力,是实行保护主义的国家所不具备的。

个人竞争存在于经济领域以及政治、军事、文化、教育等社会生活的各个领域。竞争迫使人们尽最大的努力工作、提高效率,以便获胜。此外,从社会的角度来看,竞争是按照个人的能力和爱好分配职业的有效手段。

林德伯克认为,企业和个人都存在竞争和垄断两种趋势:人们在自己的领域和行业力图建立自己的垄断,而在其他领域或行业则极力鼓吹自由竞争,目的是牟取私利。二战后各个行业的垄断虽然都在增加,但竞争不但没有削弱,反而空前激烈起来。因为:① 地区和国际竞争大大加强,即使一国一个行业只有一个企业,也比 50 年前同一部门内同时存在的 5~10 个企业所遇到的竞争要严酷得多。② 地区经济一体化的发展、共同市场建立、商业限制取消,竞争发展。③ 新产品、新行业往往同替代对象的旧产品、旧行业展开激烈竞争,如旧纺织业与塑料制品、人造纤维部门的竞争等,这是科技发展的结果。

林德伯克认为,竞争缺乏导致效率低下、产品短缺、质量粗糙,使社会其他弊端丛生,如在人力资源配置上不是行政命令,就是搞特权、走后门、流行裙带风。在一个等级森严的社会中,遗产和家族关系决定人的地位,劳动力竞争的作用很小,没有择业自由;相反,在一个没有等级观念的社会里,不存在任何种族歧视和家庭歧视,择业自由、竞争作用大,才能尽展。

林德伯克的"自由社会民主主义"制度理论实质上是要在政治上保留西方的"民主制度",在经济上实行部分国有化、福利国家和市场经济的三结合。

七、小国开放经济理论

林德伯克根据瑞典是小国、开放型经济和深厚的社会民主主义传统的特点,进一步发展瑞典学派的经济理论,提出小国开放经济理论。

1. 瑞典经济周期

上升通常始于出口增加,国际市场对瑞典商品的需求增加时,出口增加、生产扩大、利润上升,劳动需求扩大,工资随之上升,内需增加。需求增加产生两种后果:一是国内投资和固定投资增加,二是价格上涨。商品一时不能满足扩大的内需,于是进口增加。进口增加在繁荣阶段的晚期往往会超过出口增加,出现赤字。在繁荣的高峰时期,由于国际市场对瑞典商品的需求减少,导致瑞典出口下降,国内生产增长率变缓,国内投资下降,利润和工资下降,社会需求减少,进口减少,国际收支得到改善,价格水平也因需求的减少而下降。于是萧条阶段开始,直到国际市场出现新景气,对瑞典商品的需求增加,才开始新的一轮周期。

2. 小国开放经济通货膨胀理论

战后瑞典经济的特点是就业水平高、国际收支比较平衡,但通货膨胀率高,并且深受世界通货膨胀的影响。瑞典经济学家用部门结构和世界通货膨胀传导机制来解释这一现象,并建立起独特的通货膨胀理论。该理论最早由挪威经济学家沃德·奥克鲁斯特提出,后来被瑞典经济学家格斯塔·埃德格伦(G. Edgren)、卡尔·沃尔夫·法克森(K. O. Fazen)和克拉斯·艾里克·奥德尔(C. E. Odhner)三人在《小国经济的建设》(1970)一书中发展而成。该模型通常称为奥克鲁斯特模型或者 EFO 模型(EFO 为这三名瑞典经济学家的名字的第一个字母的合写),该模型在西方经济学界广为传播,因其创始人都是斯堪的纳维亚人,又称为斯堪的纳维亚模型或北欧模型。

该模型把小国开放式经济体系分成两大部分:开放式经济部门和非开放式经济部门。前者主要由出口商品生产部门组成;后者主要由服务性部门和建筑部门组成,其产品不进入国际产品市场。这一模型的数学表达式为

$$\pi = \pi_w + a_c(\lambda_o - \lambda_c) \tag{14.1}$$

式中,π 表示该国的平均通货膨胀率;π_w 表示世界性的通货膨胀率;下标 o 表示开放式经济部门;下标 c 表示非开放式经济部门;λ_o 和 λ_c 分别表示开放式经济部门和非开放式经济部门的劳动生产率增加率;a_c 表示非开放式经济部门在该国经济中所占的比重。该公式的经济学意义是:一国的通货膨胀率等于世界通货膨胀率加开放式经济部门和非开放式经济部门劳动生产率的差额与权重的乘积(权重为非开放式经济部门在全部经济中所占的比重)。

在斯堪的纳维亚模型中,世界通货膨胀主要是通过下列途径传递的:

(1) 汇率固定,开放式经济部门的通货膨胀率是随着世界通货膨胀率的增长而增长的;进入国际市场的产品价格等于该产品的国际价格。

(2) 利润不变,开放式经济部门的货币工资增加率取决于该部门的价格和劳动生产率,根据该部门价格和劳动生产率的提高水平,提高货币工资。

(3) 非开放式经济部门的工资向开放式经济部门的工资看齐,在充分就业的条件下,以防止该部门劳动力外流,同时也将通货膨胀传递给非开放式经济部门。

最后,将这两个部门的通货膨胀率分别用两部门在该国经济中所占的比重加权相加,就可以得到该国的通货膨胀率。

这种用世界通货膨胀和部门结构来说明通货膨胀现象,也称为部门结构式通货膨胀理论。此外,瑞典学派还运用部门结构因素解释失业现象,从而建立起部门结构式停滞膨胀理论,从另一个侧面说明通货膨胀和失业并存的局面。

本 章 小 结

本章的许多经济学家用姓资姓社来评价经济制度的优劣。熊彼特用创新解释经济周期的原因和运动,用生产力的发展解释资本主义灭亡的必然性,都表明熊彼特在理论和方法上创新了经济学。

思考题

1. 评述熊彼特的创新理论,创新与经济周期、经济增长。
2. 评述哈耶克的市场机制理论。
3. 叙述"社会市场经济"理论。
4. 评述加尔布雷思的"二元体系"论。

名词

创新 熊彼特 社会市场经济

第十五章 经济学的第三次革命
——凯恩斯主义

本章重点
- 《通论》的内容与历史地位；凯恩斯的有效需求原理

约翰·梅纳德·凯恩斯(John Maynard Keynes,1883～1946),现代最有影响的经济学家,凯恩斯主义的创始人。凯恩斯主义是以凯恩斯的经济学说为基础,主张以国家干预经济实现充分就业和经济增长的理论观点和政策主张,是为适应资本主义经济发展的需要,为解救资本主义经济危机而产生的,是当代传播最广、影响最大的一个经济学流派。20世纪40年代至60年代,凯恩斯主义在资产阶级经济学界取代传统自由主义经济学的地位,成为"正统"和"主流派"。西方经济学家把凯恩斯同哥白尼在天文学、达尔文在生物学、爱因斯坦在物理学上的贡献相提并论,认为他是"资本主义的救星"。

第一节 概 述

一、时代

1929年至1933年,爆发世界性最深刻、最持久、最广泛和破坏性最大的资本主义经济危机,生产下降幅度和失业人数是前所未有的。这一切使垄断资产阶级迫切需要一种新理论,解释经济危机和失业的原因,提出有关对策方案。

在"大危机"期间,各主要资本主义国家为了克服经济危机、减少失业,都出现国家干预经济的明显趋势。1933年罗斯福就任美国总统即实施"新政",从财政、金融、贸易等方面对社会经济进行全面干预。英国的国家垄断资本主义也得到较快的发展。国家垄断资本主义的发展,迫切需要理论说明。

20世纪初,资本主义世界占统治地位的经济理论是以马歇尔为代表的新古典经济学。这种学说从"萨伊定律"出发,认为"供给会自行创造需求",供求平衡,自由竞争的资本主义经济可以通过市场价格机制的自动调节使资源得到优化配置,从而实现充分就业均衡。它把产品实现和充分就业视为资本主义经济的必然趋势和经常状态,而把危机和失业视为一种局部或偶然的现象。但经济"大危机"暴露出新古典经济学的破绽,资本主义世界迫切需要新的理论代替它。

正是在这样的政治、经济和思想的历史背景下,为适应资本主义经济发展的需要,凯恩斯的经济理论便应运而生了。

二、生平、著作

凯恩斯生于英格兰剑桥,其父曾任剑桥大学的研究员,其母曾任剑桥市长,1902年在剑桥大学攻读数学,后转而跟随马歇尔学习经济学。1911年起他任世界闻名的英国皇家经济学会《经济学》杂志主编。他从事学术研究,也先后任英国财政部高级专员,作为英国财政部首席代表出席巴黎和会,任英国内阁财政经济顾问委员会主席。二战期间,他任英格兰银行董事;1944年率英国代表团参加在美国布雷顿森林城召开的联合国货币金融会议,力主建立国际货币基金组织和世界银行,后又任国际货币基金组织和国际复兴开发银行董事、全国互助人寿保险公司的董事长等职务,是一个亦学亦仕亦商式的人物。

凯恩斯著述颇多,处女作《印度的通货和财政》(1913),成名作《凡尔赛和约的经济后果》(1919),站在维护资本主义制度的立场,反对向德国索取过重的战争赔款。《货币改革论》(1923)将资本主义一切弊病归结为货币的不稳定性,主张用通货管理来稳定物价与生产水平。《货币论》(1930)主张通过货币政策调节资本主义经济。"大危机"对他经济思想的发展产生重大影响。从此,他将注意力由研究货币理论与货币政策,转到如何防止经济危机和挽救资本主义上。1929年,英国自由党领袖劳合·乔治提出利用政府财力兴办公共工程以增加就业的主张,他立即写了《劳合·乔治能做到吗?》一书,表示赞同和支持。他在《劝说集》(1932)中呼吁理论和政策上"弃旧图新"。在《通向繁荣的途径》(1933)的小册子中,他进一步强调财政政策调节国民经济的作用。此后,他又注意研究罗斯福的"新政",并多次与罗斯福总统通信和会见。1936年,他在代表作《就业、利息和货币通论》(简称《通论》)中,对传统经济理论与政策提出全面的挑战和批判,建立了一个以国家干预为中心,以医治资本主义经济危机与失业为目标的完整理论体系,对国家垄断资本主义的发展做了理论说明,为西方国家制定经济政策提供了理论依据。

三、凯恩斯革命

《通论》的发表、凯恩斯经济学说的产生,是经济思想的一场革命。因为凯恩斯提出一套与传统经济学不同的理论观点和政策主张及研究方法。

1. 凯恩斯定律

凯恩斯思想的先驱者——马尔萨斯在与李嘉图、萨伊等人的论战中,最早提出有效需求不足论,认为利润来自交换,因此资本主义存在"有效需求"不足的可能,从而存在生产过剩的可能性。但他这是论证地主消费的必要性,他的观点没有得到后人的重视,萨伊定律一直占主导地位。

凯恩斯一反萨伊定律,提出凯恩斯定律,即需求创造自己的供给。在凯恩斯定律生效的条件下,总需求等于国民收入。资本主义的经常状态是"小于充分就业均衡",由于机器、劳动力、资金等多余生产能力存在,所以无论需求多大,社会总能生产出与需求相等的供给量。

"有效需求"理论公开承认资本主义会不可避免地发生经济危机和失业,否定"萨伊定律"。萨伊定律提出"充分就业均衡"和资本主义"无危机"论,是不符合资本主义现实和一般情况的,只能是一种特例和极限。

"有效需求不足"是由"三大基本心理规律"的作用引起的。宏观经济的均衡可以在劳动市场未均衡时出现。这是因为决定储蓄和投资的因素是不一样的。储蓄主要取决于收入,收入决定消费,也就是决定储蓄,而投资则取决于其他因素。因此充分就业时由收入决定的储蓄,往往找不到与其相等的投资,因为利率不可能下降到如此程度,使投资大到与充分就业时的储蓄相等。"小于充分就业均衡",又是由于"有效需求不足"造成的。这样,凯恩斯就从新的角度解释资本主义社会存在失业的必然性。凯恩斯之前,一般认为失业的存在是经济偏离均衡的结果,不承认非充分就业均衡的存在。任何偏离均衡的状态都是不稳定的,会自发趋向于均衡。

凯恩斯虽然反对萨伊定律,但他并没有完全否定萨伊定律。他仅仅给出该定律成立的一个条件,即在充分就业的储蓄等于投资的条件下,国民收入的均衡值才能处于充分就业的水平。

2. 国家干预经济,扩大"有效需求"

凯恩斯认为,现代资本主义条件下,市场机制已不能充分自动调节经济了,自由放任的政策已不能解决资本主义危机和失业问题。他主张摒弃传统的收支平衡的财政政策,实行扩张性的财政、金融政策,以增加投资,刺激消费。

3. 初步建立现代宏观经济学的理论体系

凯恩斯采用总量分析方法,并以有效需求原理为核心,研究总供给和总需求的均衡、总就业量和国民收入的决定等,试图从总体上研究资源的充分利用问题,找出解决资本主义面临的各种问题的总体办法。面对20世纪30年代西方国家整个国民经济崩溃的局面,他认为,必须从总体上研究国民经济,才能解决资本主义的问题。他明确地将经济学分为微观经济学和宏观经济学两大部分。

4. 边际消费倾向递减规律

凯恩斯指出,非充分就业的状态下,由于乘数作用,消费增加会引起国民收入成倍地增加,相反,消费的减少也会引起国民收入成倍地减少。因此,在非充分就业状态下,节俭并非美德,相反会导致贫困。而斯密到马歇尔的主流经济学,一直把消费当成是资本积累的对立物,其隐含的前提是充分就业。当充分就业时,消费就是减少储蓄从而减少资本积累,因而节俭是美德。

利息是放弃流动性的报酬。以不盈利的货币保持部分财富,是由于人们的不确定预期,用货币保持财富要胜过其他形式,它使人们能够非常灵活地变更财富结构。暂时让渡货币要收取报酬,而利息率决定报酬大小,利息率大小又取决于货币供求。于是不确定性引起持有货币的行为,便影响到利息率进而影响投资。同时,预期的不确定性又影响厂商的投资。由于投资取决于未来收益率,而预期是不确定的,因此投资决策往往不是以理性选择为基础的,结果会造成投资与充分就业均衡的储蓄不相适应,并常常发生波动。

降低货币工资率并不能刺激厂商增加产量和就业。在非充分就业状态下,物价水平取决于货币工资率,因此后者的降低将导致前者同比率地下降。在新古典经济学那里,物价水平取决于货币数量。因此,在货币数量一定时,货币工资下降不会引起物价下跌,这样就可以通过降低货币工资来增加就业。

凯恩斯经济学与新古典经济学无论在理论内容上还是在研究方法上都有着重要的联系。凯恩斯就把新古典经济学视为他的经济学的一个特例,认为只要国家管理经济总量,新古典理论是成立的。在方法论上,凯恩斯继承和发展新古典经济学重视心理分析、边际分析和均衡分析的传统。

"凯恩斯革命"公开承认资本主义社会存在经济危机和失业问题,主张从需求的角度来研究资本主义经济问题,这不能不说是对传统经济学的一个突破,它从一个侧面比较真实地反映资本主义社会的问题。同时,凯恩斯创立现代宏观经济学,发展国家干预和调节经济的理论,对于宏观分析和管理国民经济,有效发挥国家调节经济的作用,无疑具有一定的参考价值。

凯恩斯并不赞成重商主义追求顺差的"以邻为壑"和损人利己的政策。这不但会招致报复,而且会造成国际贸易的混乱。他力主建立国际货币基金组织,其目的之一是打算通过该组织来避免混乱状态。而一味追求顺差的重商主义认为,顺差代表国外需求,是扩大的需求;顺差带来货币量的增加和利息率的降低。在一定的资本边际效率下,利息率降低,投资扩大,就业增加。

第二节 一般(就业)理论

凯恩斯认为自己的理论是普遍适用的,因而是"一般理论",而认为传统的经济学是特殊理论,认为"它只适用于一种特例,而不适用于通常的情形"。

一、充分就业

凯恩斯经济理论的核心是就业理论:解释失业的原因,寻求减少失业的办法。在《通论》序言中,他说,这本书"着重在研究何种决定力量使得总产量与总就业量改变"[①]。传统的就业理论认为,任何生产所形成的收入,不是用于消费,就是用于投资。那么,不论产量如何增加,总供给和总需求会趋于相等,产品的销路不会发生问题,因此排除了总需求不足的可能性。只要资本家扩大生产,最终将会实现"充分就业"。即使个别商品由于配合比例失调而发生暂时性生产过剩,也会由于自由竞争的自动调节作用而趋于消失。

传统的就业理论还认为,只要工人所要求的实际工资不超过劳动的边际生产力,则资本家增雇工人,扩大生产就可以增加他的利润。由于增产不会发生销路问题,所以只要工人对于实际工资的要求不超过劳动的边际生产力,那么他就总会为资本家所雇佣而不致失业。因此,这种理论的结论是:只要让自由竞争在劳动市场上充分发挥作用,货币工资就会由于竞争而下跌,并且必然下跌到所有愿意工作的人都能就业时为止。这样就会达到"充分就业"。

传统的就业理论用"摩擦失业"和"自愿失业"来解释失业。"摩擦失业"是指因季节性原因或技术原因而引起的工人暂时失业。例如,季节性停工、原料缺乏、机器设备发生故障、技术变革、对未来估计错误等而引起的停工,致使工人从一个行业或一个地区到其他行业或转到另外一个地区就业中,需间隔若干时间等。"自愿失业"是指工人不愿按照现行工资和现行工作条件就业。例如,由于工会与资本家进行集体议价达不成协议,或者由于其他原因,工人不愿按照现行工资或现行工作条件就业,是引起"摩擦失业"的原因。

传统的就业理论是以"萨伊定律"为依据的,即把供给创造需求、供给必然等于需求作为理论的前提。"萨伊定律"否定一般生产过剩的可能性,也否定总需求不足的可能性。凯恩斯是反对"萨伊定律"和那种以"萨伊定律"为依据的传统就业理论的;它们不符合资本主义的现实。他承认在资本主义社会中除了"摩擦失业"和"自愿失业"外,还存在"非自愿失业"。即当工人要求工作,甚至在低于现行货币工资水平的情况下也愿意工作,但还是找不到工作。在凯恩斯看来,只要"非自愿失业"消失,就实现了"充分就业"。

凯恩斯认为,资本主义社会之所以存在"非自愿失业",根源在于"有效需求"不足。因

---

① 凯恩斯.通论[M].徐毓枬,译.北京:商务印书馆,1977:4.

此,要想实现充分就业,就必须解决"有效需求不足"的问题。

二、有效需求原理

凯恩斯的就业理论是以他的"有效需求原理"为基础的。他认为一个国家的总就业量,决定于"有效需求",失业就是"有效需求"不足的结果。因此,他认为,要扩大就业,就必须增加"有效需求"。

凯恩斯所说的"有效需求",是指整个资本主义社会经济体系的总需求,整个资本主义社会商品总供给价格与总需求价格达到均衡状态时的总需求。商品的供给价格,是指企业家预期在经营生产时付出生产要素的成本,加上他所预计的最低利润。社会上各个企业家提供的商品供给价格的总和,就是总供给价格。所以,总供给价格等于社会上全体企业家们预期付出的生产要素的总成本,加上他们所预计的最低总利润。商品的需求价格,是指资本家预期社会对他的商品所愿意支付的价格。总需求价格是全体资本家预期社会对他们的商品所愿意支付的总价格,即预期的总卖价。他认为,总供给价格与总需求价格之间关系的变动,决定社会总就业量。当总需求价格大于总供给价格时,企业家们就要扩大生产,增雇工人,增加就业量。反之,当总需求价格小于总供给价格时,企业家们就要缩减生产,减雇工人,从而减少社会就业量。当总需求价格与总供给价格均衡时,企业家则既不扩大生产,增雇工人,也不缩小生产,减雇工人。这时资本主义社会的总产量、总就业量就确定下来了。他认为处于这种状态时的总需求,是"有效需求"。

凯恩斯认为,"非自愿失业"的原因是社会"有效需求"不足,是由于现代社会里总需求价格和总供给价格相等时所决定的社会总就业量,比"充分就业"时的就业量要低,并不是充分就业时的社会总就业量。

凯恩斯研究的重点是"小于充分就业均衡",而要"着重研究何种决定力量使得总产量与总就业量改变"。他认为,只有这种理论才具有普遍意义,因而他的理论是"通论",即最符合资本主义一般现实、最广泛适用的理论。

三、三大基本心理规律

凯恩斯提出"有效需求原理","小于充分就业均衡"的原因是"有效需求"不足,是由于"三个基本心理规律"的作用引起的。他认为,总需求是由消费需求(消费资料需求)与投资需求(生产资料需求)共同构成的。如果消费需求或投资需求不足,就会造成总需求不足,从而引起"非自愿失业"。所以,"有效需求"不足的原因在于消费需求不足和投资需求不足。凯恩斯认为,"心理上的消费倾向"使消费增长落后于收入增长,因而引起消费需求不足;"心理上对资产未来收益的预期"和"心理上的灵活偏好"使预期利润率下降,因而引起投资需求不足。他用心理因素解释国民收入变动和就业变动。

1. 边际消费倾向递减规律

"消费倾向",是指消费在收入中所占的比例。消费倾向又分为平均消费倾向和边际消费倾向,前者是指总消费量与总收入量的比,后者是指消费增量与收入增量的比。如果以 Y 表示收入,C 表示消费:

$$平均消费倾向 = C/Y$$

如果以 ΔY 表示收入的增加量,ΔC 表示消费的增加量:

边际消费倾向 $= \Delta C/\Delta Y$,其数值总是小于 1,边际消费倾向是递减的。

如果以 ΔS 表示储蓄增加量,边际储蓄倾向 $=\Delta S/\Delta Y$,他认为边际储蓄倾向则是递增的。而边际消费倾向是递减的。凯恩斯认为人们消费多少取决于收入大小,当收入增加时,消费也随着增加,但是消费增加不如收入增加的那样多,因为人们不会把所增加的全部收入都花掉,总想留起来一部分作为储蓄。所以随着收入增加,消费所占的比重会趋于降低,储蓄所占的比重会趋于提高。

凯恩斯认为,由于总收入的增加会使储蓄在收入中所占的比重增大,因而总收入的绝对量愈大,收入与消费之间的缺口愈大;一个社会越富裕,其储蓄倾向就越高,消费倾向就越低。而现代社会产生失业与经济危机的一个重要原因,就在于消费倾向低下,消费需求不足。因此,他竭力主张刺激消费,提高消费倾向,尤其是边际消费倾向,以扩大有效需求,解决经济危机和失业问题。

2. 资本边际效率递减规律

有效需求不足的另一方面是投资需求不足。其原因,一是资本边际效率过低,二是利息率过高。前者是由"资本边际效率递减规律"引起的,后者则是"灵活偏好规律"作用的结果。

资本边际效率,是指新增加一个单位资本投资时所预期的利润率。凯恩斯认为,当技术装备和其他条件不变时,随着社会投资的增加,资本边际效率是趋于递减的。因为当资本家对工厂设备进行新的投资时,他不仅要考虑现有设备的数量,而且还要对将来各个时期的技术变革、竞争情况、有效需求和政治情况等影响收益的因素,做长期的预测。由于预期的资本边际效率常常偏低而不稳定,资本边际效率递减这一基本心理规律的作用,对私人投资的诱惑愈来愈小,使资本家阶级不愿意投资,出现社会投资不足的现象。

3. 灵活偏好规律

凯恩斯认为利息率是由货币的供求关系决定的。货币供给取决于货币量,货币需求取决于人们对货币灵活偏好的心理状态。灵活偏好,又称流动偏好,是指人们愿意以货币形式保存自己的财富或收入的愿望,即货币需求。货币同其他资产相比较,具有特殊的灵活性,人们都喜欢保持一定量的货币在手里,这是人们共同的心理状态。人们手中如果拥有一定数量的现金,就可以满足支付各种开支的需要,应付任何意外支出和进行市场投机活动。人们对货币的灵活偏好,对货币需求,便影响货币供给,从而影响利息率的高低。他认为,如果货币需求不变,货币的供给增加,利息率就会下降;反之,货币需求增加,货币供给不变,利息率就会上升。只有当资本边际效率高于利息率时,人们才愿意投资。如果资本边际效率和利息率接近或相等,人们就不愿意投资了。

灵活偏好规律,是指在货币供给一定时,人们愿意以货币的形式保存自己的财富和收入的意识很强,对货币产生了很大需求,使利息率保持在较高水平,阻碍资本投资。

凯恩斯用三个基本心理规律解释有效需求不足和失业根源,概括起来是:

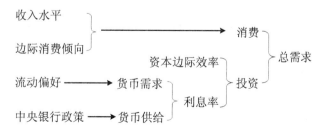

这里,总需求取决于:① 收入水平;② 边际消费倾向;③ 资本边际效率;④ 流动偏好;

⑤ 中央银行政策。在这五个因素中,收入水平是既定的,央行政策也是既定的,因此总需求就由三个"基本心理规律"所决定。资本主义社会存在经济危机与失业的根本原因是"三大基本心理规律"作用的结果。

凯恩斯用三个"基本心理规律"解释资本主义经济危机和失业的原因。他不是用资本主义基本矛盾说明资本主义经济危机和失业的根源,反映了他的阶级意识。但是,他的有效需求理论在一定程度上反映了资本主义的现实。他的总量分析方法,对影响有效需求各种因素的分析,对于人们研究现代社会化生产的商品市场、货币市场和劳动力市场中的供求关系与供求平衡,搞好宏观经济调控,具有一定的指导意义。客观上,他的国家管理经济的政策使资本主义延年益寿。

4. 乘数原理

乘数原理是凯恩斯就业理论的重要组成部分,是建立在消费倾向这个心理规律的基础上的,即投资增加引起国民收入和就业成倍增加。投资乘数,即投资增量和由它所引起的国民收入增量之间的比率)公式表示:$K = \Delta Y/\Delta I$。其中,K 表示乘数,ΔY 表示收入增量,ΔI 表示投资增量。乘数原理是由英国经济学家卡恩(R. F. Kaln,1905~1989)首先提出的,他在《国内投资与失业关系》(1931)一文中,提到政府举办公共工程所产生的乘数作用,指经济活动中一个变量的增减同与其相关的变量发生反应的倍数关系,分为投资乘数、预算乘数、货币创造乘数、外贸乘数等,这里主要指投资乘数。即政府投资增加→投资品需求增加→生产投资品的工人收入增加→消费品需求增加→生产消费品的工人收入增加→……凯恩斯接受卡恩的观点,使之成为自己经济学说的一个组成部分。

在凯恩斯看来,如果资本家追加一定量的投资,就会引起国民收入和就业增长,而国民收入和就业量的增量为追加投资的若干倍。他认为,由于增加投资,不但可以增加直接用于投资的就业人数和收入,而且可以间接引起更多的就业量和收入的增加。增加投资,就要增加投资品(生产资料)的生产,增加就业,增加社会收入;收入增加,消费需求随之增加,消费品生产也需要增加,又可增加新的就业和新的收入,如此引起良性的连锁反应。所以,增加一笔投资最终引起的收入增量和就业增量,不仅包括增加这笔投资而直接增加的收入和就业,而且包括间接引起增加的收入和就业。这样,一定量的投资增量与由此直接和间接引起的收入增量或就业增量之间的比,就叫作投资乘数。乘数大小如何确定?凯恩斯认为,乘数取决于边际消费倾向($\Delta C/\Delta Y$)。

例如,若边际消费倾向 $\Delta C/\Delta Y=1$,某资本家向社会投资 100 元,这 100 元便转化为工资和利润。工人和资本家全部消费掉这 100 元的收入,就必然使生产消费资料部门的工人和资本家增加 100 元的收入;他们再把它全部消费掉,生产消费资料部门的工人和资本家又增加 100 元收入。如此继续下去,随着消费和收入增加,就业也不断增加。如果边际消费倾向 $\Delta C/\Delta Y=1/2$,生产资料部门中的工人和资本家把新增加的 100 元收入的一半用来购买消费资料,一半储蓄,那么生产消费资料部门的工人和资本家只能增加 50 元的收入。按照这一边际消费倾向继续下去,以后的生产消费资料部门只能按照 25 元、12.5 元、6.25 元等序列增加。结果整个消费资料部门收入的增加,只能以 100 元为限。用数字表示如下:

$$100 + (1/2) \times 100 + (1/4) \times 100 + (1/8) \times 100 + \cdots = 200$$

此式也可写为

$$100[1 + 1/2 + (1/2) \times 2 + (1/2) \times 3 + \cdots] = 200$$

此时乘数为

$$1+1/2+(1/2)\times 2+(1/2)\times 3+\cdots =2$$

举例表明,乘数取决于边际消费倾向的大小。边际消费倾向为 1 或 0 的极端情况,在实际生活中是不存在的,它会大于 0,小于 1,在这个范围内变动。边际消费倾向愈高,乘数就愈大,反之,边际消费倾向愈低,乘数就愈小。乘数公式也可以做进一步的数学推导:

由于
$$\Delta Y = K \cdot \Delta I \tag{15.1}$$

因此
$$K = \Delta Y/\Delta I \tag{15.2}$$

又由于
$$\Delta Y = \Delta I + \Delta C \tag{15.3}$$

所以
$$\Delta I = \Delta Y - \Delta C \tag{15.4}$$

将式(15.4)代入式(15.2)得
$$K = \Delta Y/(\Delta Y - \Delta C) \tag{15.5}$$

由式(15.5)得
$$K = 1/(1 - \Delta C/\Delta Y) \tag{15.6}$$

所以乘数是 1 减边际消费倾向的倒数,边际消费倾向越大,乘数也越大,从而投资带来的收入和就业的增量也越大。

凯恩斯的乘数原理旨在说明,增加投资可以避免经济危机和达到充分就业。当私人投资不足时,增加政府开支和公共投资,即使增加非生产性的开支,也能引起增加派生的就业量。该原理成为现代国家实行赤字预算的理论依据。

凯恩斯乘数理论的局限性如下:

(1) 夸大乘数作用,乘数发挥作用的必要条件是再生产过程的各个环节运转顺畅,而资本主义经济的有些比例关系经常受到破坏;同时新增投资并不能全部转化为收入,收入也不能全部用来吸收就业,投资乘数的作用是有限的。

(2) 撇开资本有机构成,把收入倍数与就业倍数完全等同起来根据是不足的。随着资本主义经济的发展,资本有机构成不断提高,可变资本比重相对下降,必然使资本对劳动力的需求相对减少,从而就业量相对减少。

但是,投资乘数对经济活动的某种连锁反应或对经济发展的推动作用,是有现实意义的。例如,社会适当增加对某些部门的投资,除了使该部门的生产、收入和就业人数迅速增长外,还可以引起一系列连锁反应,带动有关部门发展;反之,如果减少某些部门的投资,会使这些部门的生产、收入和就业人数迅速缩减,并引起有关部门生产、收入和就业量的相应缩减。要预测增加一笔投资后所需要相应增加的人力、物力和技术等因素,又要顾及减少一笔投资可能发生的某些部门生产、收入和就业量的减少的因素。

5. 利息理论

新古典经济学认为,利息是储蓄或"等待"的报酬,利息率则是调节储蓄和投资并使二者均等的机制。凯恩斯否定了传统利息理论,以流动偏好为基础,建立他的利息理论:一个人用持有现金的方式储蓄,是不可能得到利息的。他认为,利息是一定时期内放弃流动性或灵活性的报酬。而利息率,不过是一个比例,其分母为一特定量的货币,分子为在一定时期内放弃对这些货币的控制权而获取债券所能得到的报酬。它是由流动偏好和货币供给两个因素决定的。利息率的高低,与流动偏好强度成正比,与货币供给量成反比。

由于流动偏好来源于交易动机、谨慎动机和投机动机,设流动偏好引起的货币需求为 L,由交易动机和谨慎动机引起的交易性货币需求为 L_1,由投机动机引起的资产性或投机性货币需求为 L_2。由于 L_1 是收入水平 Y 的函数,两者变动方向相同;而 L_2 是利息率 r 的函数,两者变动方向相反,因此

$$L = L_1 + L_2 = L_1(Y) + L_2(r) \tag{15.7}$$

再设满足流动偏好的货币供给量为 M,满足 L_1 的货币供给量为 M_1,满足 L_2 的货币供给量为 M_2,则有

$$M = M_1 + M_2 = L_1(Y) + L_2(r) \tag{15.8}$$

一般来说,当货币需求 L 大于货币供给 M 时,利息率上升;当货币需求 L 小于货币供给 M 时,则利息率下降。市场利率就是由既定情况下的流动偏好和货币数量两个因素决定的均衡利息率。具体说,当 M 不能满足 L_1 时,利息率将维持在一个较高的水平,随着 M 的增加,r 将逐步下降,而 L_2 会增加。但由于利息率具有下降刚性,因此 M 的增加不可能使 r 无限下降。当 r 下降到一定程度不再下降时,货币就会从 M_1 流向 M_2,以满足投机性的货币需求,而不再增加投资。此时,投机性货币需求 L_2 将变得完全具有弹性,货币需求曲线成为一条水平线,这种现象叫作"流动陷阱"(Liquidity Trap)。

由于流动陷阱出现,当利息率降低到一定水平时,几乎人人都愿意持有现金而不愿意持有有价证券。利息率低,意味着证券价格很高,以至以后再上升的可能性很小,而下跌的可能性很大,人们不再购买证券。此时,即使货币供给量增加,人们只会持币在手。由于利息率下降的刚性和流动陷阱的存在,当经济衰退时,利息率就不会充分、及时地下降,极大地刺激投资,并增加有效需求,从而阻止危机爆发。可见,利息率并不是能够自动调节经济运行,以实现充分就业均衡的有效机制。

凯恩斯不仅以利息率刚性理论否定传统经济学的自动均衡论,而且也否定储蓄支配投资的观点。他认为,投资和储蓄是属于不同经济主体的具有不同动机的经济行为:投资目的是获取利润,受利息率和资本边际效率的双重制约;储蓄是企业和居民的经济行为,利息率对居民储蓄的调节作用并不显著。因此实际生活中的储蓄和投资并不像传统经济学想象的那样能够依靠利息率的伸缩性调节而自动趋向均衡。此外,储蓄增加意味着消费减少,导致有效需求和就业的减少,并不意味着投资增加。只有投资增长,才能使就业和国民收入增加,并增加储蓄。所以,不是储蓄决定投资,而是投资决定储蓄。

6. 半通货膨胀论

在货币数量论的基础上,凯恩斯又分析了从货币数量变动到物价变动之间可能产生的一系列复杂因素,从而建立半通货膨胀理论。

凯恩斯认为,在现实生活中,货币量增加及由此引起利息率下降会导致有效需求增加,而有效需求增加,会促进就业和产量的增加。随着就业和产量的增加,价格将上升。其原因有:有效需求的改变与货币量的改变并不成同一比例,资源性能的不一致会导致短期内报酬递减,资源不具有完全的替代性,随着就业量增加将呈上升趋势,边际成本中各要素报酬并不按同一比例变化。

"实际上并不是当有失业存在时,物价不变,一达到充分就业,物价即随货币数量做同比例增加;而是当就业量增加时,物价上涨。"这就是说货币量影响物价,是以充分就业作为临界点的,在达到这一点之前还存在一组不连续的半临界点。在这许多点上,有效需求增加,

货币工资也增加,只是不及消费品价格上涨速度快。或者说,在实现充分就业之前,当货币数量增加引起有效需求增加时,一方面会引起就业和产量增加,另一方面又导致物价上涨,并且物价的上涨幅度会超过货币工资的上涨幅度。但由于物价上涨的幅度低于有效需求或产量的增长幅度,因此,这些临界点可称之为半通货膨胀。当达到充分就业后,如果有效需求随货币量增加而继续增加,那么货币工资必然与物价按同比例增长。即在实现充分就业后,由于有效需求的继续增加不能带来就业和产量增加,供给已完全没有弹性,因此物价便随着有效需求按同一比例上升,这种情况凯恩斯称之为真正的通货膨胀。

失业是现代经济的常态,因此,凯恩斯半通货膨胀理论的意义重大。实践半通货膨胀理论,产量和就业量增加,资本家和工人受益。因此他说,实行"适度的通货贬值,则我们今天一定可以找出一条出路",解决失业和危机问题。

四、"反危机"的政策

凯恩斯承认"失业不可避免"[①],但失业问题可以解决。不过,单凭市场自动调节不可能医治失业症,唯一的办法就是国家干预经济。"要使消费倾向与投资引诱二者互相适应,故政府机能不能不扩大。"[②]

(1) 增加公共投资,实行赤字财政。政府增加投资,扩大有效需求,刺激消费,解决失业与经济危机问题。由于三大基本心理规律的作用,私人投资和消费是难以扩大的。他说:"不能把决定当前投资量的职责放在私人手中。"[③]"希望国家多负起直接投资的职责。"[④]应该打破保持国家预算平衡的传统观点,实行赤字财政政策,扩大投资与消费,弥补私人投资与消费的不足,间接刺激私人投资与扩大消费。他认为,如果政府扩大支出,又增加收入来保持预算平衡,那么增加支出所带来的投资和消费的扩大,又会被增加政府收入所带来的私人投资与消费的减少所抵消,这就不能扩大有效需求。只有"举债支出",才能真正扩大投资和有效需求,解决经济危机与失业问题。他还极力主张改变人们关于浪费和节俭的传统观念,增加消费,克服萧条,减少失业。

(2) 适度通货膨胀,刺激私人投资和消费。凯恩斯认为,萧条阶段,要增发货币,扩大信贷规模,实行"适度的"通货膨胀政策,以降低利息率,提高资本边际效率和消费倾向,扩大有效需求。应该指出,当经济不景气时,可以扩大货币发行,用"适度的"通货膨胀来扩大有效需求,实现充分就业。

(3) "收入均等化"。把大部分国民收入交给低收入家庭,支出提高、需求扩大。他主张用增收累进税的办法,缩小收入分配不均的水平,增加消费、扩大就业。市场经济的显著缺点是,财富与收入分配十分不均。他认为,收入分配不均造成消费不足。把较大部分国民收入给那些需要已得到充分满足的人,他们只会把小部分收入用于消费,把大部分储蓄起来,造成商品滞销和失业增长。

(4) 扩大出口,保持顺差,带来黄金进口,利息降低,从而刺激国内投资。增加资本输出,导致出口增加,国内经济活跃,国民收入增长。

凯恩斯的理论和政策,反映资本主义社会化大生产所存在的问题和矛盾,也反映市场经济和社会化大生产所存在的共性问题,可借鉴和利用其对策。

[①][②][③][④] 凯恩斯.通论[M].徐毓枬,译.北京:商务印书馆,1977:324;323;323;194.

第三节 后凯恩斯主义

后凯恩斯主义大致可分为两大流派：一派是以美国萨缪尔森等为代表的新古典综合派，其特点是把凯恩斯理论与新古典学派的传统理论结合起来。二是以英国剑桥大学琼·罗宾逊、斯拉法等为代表的新剑桥学派，他们强烈反对处于主流地位的新古典经济理论和正统凯恩斯主义的 IS-LM 一般均衡分析方法，并努力为宏观经济分析提供可供选择的"多种研究方法"。

一、后凯恩斯主义理论的基本特点

后凯恩斯主义的基本特征是强调不确定性、历史时间和内生货币。

1. 凯恩斯认为,没有货币的经济体系会自动实现充分就业均衡

这些观点被后凯恩斯主义者进一步发展、深化,他们强调不确定性、货币工资的中心地位,其既作为价格水平的主要决定因素,又作为经济稳定与否的主要决定因素。最著名的是戴维森(Paul Davidson)强调货币的灵活性,这使工资以货币而不是其他商品的形式固定下来,货币工资相对稳定,是货币经济存在的必要基础。

后凯恩斯主义货币理论的基本假设是"历史时间中的不确定性",决策事先做出,结果事后得到。在现代信用经济中,货币供给是内生的,货币供应量是由商品流通及经济活动所内在决定及制约的内生变量。而主流凯恩斯主义和货币主义认为,货币供给是由央行决定的外生变量,货币供给"调整自身以符合商业要求",即以这种或那种方式和在较大或较小的程度上,终将满足商业对货币的需要,而不管央行怎么做。在货币领域,需求能够自动和充分地创造自己的供给。在货币-信用经济中,始终都是货币需求决定货币供给,货币供给随着公众对现金和银行存款的"需求"变化而变化;而货币需求是名义收入的函数,货币需求的变化是利息率变化所导致的生产和收入水平变化的结果。换言之,利息率不直接影响"持有货币的愿望",只有因收入水平的变化所引致的间接影响。因此,货币政策的目标是确定利息率而不是货币量。利率既定,货币供给完全是适应性的,可以根据需要无限地创造或收缩。摩尔(Moore)等后凯恩斯主义者认为,政策虽控制货币供给,但在复杂的货币信用经济中,真正控制是难以实现的,供给相当程度上是内生的。从本质上讲,金融创新是由货币供给的内生性引起的。

从凯恩斯关于货币工资既是成本又决定有效需求的观点出发,戴维森认为,增加名义工资,有"成本推进"和"需求拉动"双重作用(即工资增加引起需求增加,使得物价上涨)。后凯恩斯主义认为,货币存量的增长是"通货膨胀的结果,而不是起因"。货币增加,使工资和价格上涨有了充分的依据,但不是原因。

新剑桥学派提出如下观点：

(1) 强调收入分配理论。着重考察经济增长过程中,工资和利润在国民收入中相对份额的变化,回到李嘉图的分配理论上来。

(2) 摒弃边际生产力论。其用来决定分配份额的工资率、利率和利润率的边际生产力本身还得用工资率、利率和利润率计算,这完全是一种循环论证,根本不能说明什么问题。边际生产力论的结论是,分配差距即使很大,也是合理的。这与新剑桥学派通过人为的调整收入分配以减少贫富差距的主张是不相容的。

(3) 强调货币是导致资本主义经济不稳定的重要因素。货币存在使收入和支出、储蓄和投资不一定相等,这就使商品的生产与销售不一定相等,从而无法实现充分就业;货币和信贷制度为投资提供了便利,这样,企业家可以把生产资源投入到利润较高的投资品生产,而较少地投入到工人所需要的消费品生产,这意味实际工资下降。工人不得不要求增加工资,工资提高引起物价上涨,形成工资—物价、物价—工资螺旋式上升的通货膨胀。

后凯恩斯主义者认为,凯恩斯的各种自变量,即消费倾向、资本边际效率、灵活偏好和银行系统的货币政策等都是相互作用来决定有效需求的。

二、新古典综合派和新剑桥学派关于凯恩斯理论的分歧

《通论》发表后,其追随者就开始进行一系列的注释、发展和补充工作。结果,属于凯恩斯主义的经济学家分裂成为尖锐对立的两派:综合凯恩斯理论与新古典理论的美国新古典综合派;强调凯恩斯与新古典理论对立,以凯恩斯经济学"正宗"自居,并决心将"凯恩斯革命"进行到底的英国新剑桥学派。

新古典综合派认为,凯恩斯主义有其局限性,应该加以补充才能适应现实;力图把凯恩斯的宏观经济理论移植到马歇尔和瓦尔拉斯的微观经济学中去。新剑桥学派以凯恩斯经济学的嫡系、"正宗"传人自居,指责前者向旧理论的倒退和让步,背叛凯恩斯的思想;竭力主张凯恩斯理论同前者彻底决裂,把经济增长理论和收入分配理论结合起来,着重考察经济增长过程中的劳动收入和财产收入在国民收入中相对份额的变化。双方争论主要表现在理论、方法和政策三个方面:

1. 对凯恩斯理论核心的理解不同

新古典综合派认为其是收入-支出理论,而新剑桥学派则竭力推崇《通论》第 24 章的论述,认为凯恩斯论证的是社会财富和收入分配不均和不合理性,以及资本主义不必进行革命就可以和平过渡到没有食利者阶层的社会,这才是凯恩斯思想的精髓。关于凯恩斯宏观经济理论的微观经济学基础,前者认为是马歇尔的新古典微观经济学,而后者则宣扬他们的价值理论和分配理论是补充凯恩斯微观经济分析的基础。关于价值,前者继承马歇尔的主观边际效用价值论,以均衡价格代替价值;而后者则主张回到以李嘉图为代表的古典学派的传统中去,并以此为基础创立自己的有客观物质基础的商品价值论。分配上,前者坚持边际生产力论;而后者则坚持投资支出对国民收入在利润和工资间分配起决定作用。关于经济增长,前者根据索洛增长模型认为经济可维持充分就业的增长,而且最后能达到"静止状态",这时资本积累比例与人口增长率相互适应,从而劳动生产率保持不变;后者根据自己的增长模型认为,经济增长的主要因素是投资,而投资率与收入分配相联系,在经济增长中,由于利润在总收入中所占比例的变化,难以实现均衡增长,经济前景不乐观。关于"滞胀"成因,前者强调菲利普斯曲线的变化;而后者则强调物价—工资—物价的螺旋式上升变化。

2. 方法不同

新古典综合派的基本方法是均衡分析法和边际分析法。

新剑桥学派坚持重视规范分析和阶级分析法,打破均衡分析法,坚持历史和时间分析法,考虑今天和明天的区别,从理性选择转变为根据推测或习惯做出决策,补充凯恩斯主义。过去是一去不复返的,未来是不可知的。经济理论的核心问题是国民收入分配,分配必然要分析阶级关系和社会制度,分析劳资两个阶级在收入分配中的地位和作用。经济增长上,他

们强调的不是商品和要素之间的关系,而是技术和制度的关系,分析经济增长给收入分配带来的消极影响。新剑桥学派指出,新古典综合派抹杀阶级分析在经济理论中的地位。

3. 政策不同

两派都主张国家干预经济,新古典综合派主张刺激总需求、实行充分就业和以经济稳定增长为目标的财政政策和货币政策,用收入和人力政策摆脱"滞胀"局面。

新剑桥学派则主张以收入分配为中心,实行以消除收入分配不平等和消除食利者阶级为目标的税收政策和一系列社会政策,新古典综合派的收入政策是有弊无利的,会使收入分配失调的状况固定化。人力政策虽可暂时起一定作用,但如果分配政策不变,赤字财政等政府措施依旧,单靠人力政策难以解决问题。当务之急,是改变收入分配不公的状况。

关于短期政策,新剑桥学派主张:一是通过合理的累进所得税制度改进收入分配不均的状况;二是适当补助低收入家庭;三是减少军费开支,发展民用服务、环保和原材料生产等;四是提高失业者文化技术水平,使他们能得到更多的就业机会;五是制定适应经济增长、逐步消灭赤字的财政政策;六是管制进口,发展出口品生产,扩大就业。关于长期政策,罗宾逊主张实行没收性的遗产税(只给寡妇、孤儿留下适当的终身财产),以便取消私人财产的集中,抑制食利者阶层的收入增长,为了防止逃避这种财产税的行为,还主张对赠送财产也征重税。这样逐步消灭食利者阶层和私有财产。通过征收遗产税和赠送税而得到的收入,可用于公共目标,发展社会福利事业。另外,若国家预算盈余,可购买公司股票,把公司所有权从个人转移到国家手中,使国家占有大部分股票。这就可以取消世袭的私有制,把大笔私人财产转归公共所有,阶级差别就不再存在了。这至少可以消灭食利者阶层,实现凯恩斯在《通论》中所向往的没有食利者阶层的"文明社会"。

本 章 小 结

凯恩斯探究经济人的心理动机,他发现市场内在不稳定的根源是人的理性缺陷和市场不完整,提出并论证政府干预的必要性及相应的政策。他建立宏观经济学体系,提升经济学的学科地位和经济学家的社会地位。

思考题

1. 凯恩斯的经济学说是在什么历史条件下产生的?论述凯恩斯革命。
2. 凯恩斯是怎样运用"三大基本心理规律"来解释有效需求不足的?
3. "乘数论"的内容如何?

名词

凯恩斯定律　消费函数　资本边际效率　货币政策　财政政策

第十六章 凯恩斯以后的宏观经济学说的发展

本章重点
- 货币学派;新古典主义;凯恩斯以后的主要宏观经济学说之间的比较

"宏观经济学的发展是20世纪经济学的重大突破之一,这些发展使人们更好地理解如何去对付周期性经济危机和促进长期经济增长。"[①]索洛指出:"宏观经济学是经济学的中心,现在这一点已经得到广泛的认同。20世纪西方经济学的发展最具特色、最具代表性的是宏观经济学的发展,它是由几次大的经济学事件和重要的经济理论的出现勾画出来的。"

第一节 经济学第五次革命——弗里德曼的货币主义

凯恩斯主义经济学虽风靡于20世纪50年代和60年代,但其固有缺陷明显:微观基础缺失,对通货膨胀的成因分析、货币因素对经济影响的分析、对供给因素重要性的认识相对较弱,假定价格刚性或黏性,但没有这方面的系统理论。

20世纪60年代末到70年代初以来,滞胀促进货币主义的形成。如果说凯恩斯主义主要是针对大规模失业和经济萧条的话,货币主义则是针对高通货膨胀的。

米尔顿·弗里德曼(Milton Friedman,1912~2006)凭奖学金在1932年获罗格大学文学学士。制度学派大师米契尔的经验研究、克拉克的经济理论都对弗里德曼产生重大影响。1946年他到芝加哥大学后曾受国民经济研究局主任伯恩斯邀请研究经济周期中货币的作用问题。研究成果是1956年发表的《货币数量论——一种重新表述》,该文是弗里德曼货币主义的理论基础。他长期任教于哥伦比亚大学,曾任美国国家资源委员会研究员、财政部租税研究组首席经济顾问、尼克松总统经济顾问委员会成员等,获1976年诺贝尔经济学奖。

他的学说包括现代货币数量论、通货膨胀论和失业理论及政策。核心是在承认市场自动调节机制充分有效的前提下,货币是支配产量、就业和物价变动的唯一重要因素。弗里德曼是现代货币主义的创始人和领袖,被推崇为凯恩斯之后20世纪西方最伟大的经济学家,他能以最简单的语言表达最深奥的经济理论。

一、现代货币数量论

1. 货币需求方程

弗里德曼首先对比分析费雪的"交易方程式"和庇古的"剑桥方程式":前者强调货币的支付手段作用,后者强调货币的资产作用。他说,因为剑桥方程式更便于用马歇尔的供求原

[①] 萨缪尔森.经济学[M].萧琛,等译.17版.北京:人民邮电出版社,2004:413.

理说明货币与物价的关系,因此他沿着剑桥方程式的思路表述现代货币数量论。同时,他认为凯恩斯的流动偏好论实际上是货币需求论,这种理论把收入和利息看作决定货币需求的因素。货币数量论正是建立在剑桥方程式和凯恩斯货币需求论基础上的。他提出影响个人货币需求的因素有四个:

(1) 永久性收入(相对稳定的 Y)是货币需求的决定性因素。弗里德曼的一个重要贡献是,货币需求函数是比较稳定的。永久性收入,是指以不变价格计算的过去、现在和未来预期的实际国民收入。人们总是习惯按一定比例把部分收入以货币的形式保存财富,因此收入是决定货币量的重要因素。但是,现期收入在短期内会不规则波动,为准确估量收入影响货币需求而提出永久性收入概念。

(2) 非人力财富在总财富中所占比重或来自财产的收入在总收入中所占比重(W)。W 的数值越大,对货币需求越小;反之,则越大。

(3) 各种有形资产预期的报酬率越高,愿意保存的货币就越少。各种非人力财富的预期报酬率,包括货币、债券、股票和物质财富等四种有形财产的预期报酬率。但是,各种预期报酬率对货币需求的影响有时可以相互抵消。

(4) 预期经济稳定,对货币需求少,相反,货币需求就大。其他非需求方面的因素,主要是那些决定货币流动性、从而影响到货币需求的因素。

2. 名义国民收入决定理论

弗里德曼把凯恩斯主义简化的收入-支出理论和传统的货币数量论结合起来,塑造"简单的共同模型",然后在共同模型的基础上,推导出名义国民收入决定理论。消费函数,表示实际消费(C/P)取决于收入(Y/P)和利息率(r)。投资函数,表示实际投资(I/P)取决于利息率(r)。收入-支出恒等式,表示当实际收入等于实际消费与实际投资之和时,市场处于均衡状态。以上三个方程是凯恩斯主义简化的收入-支出模型。名义货币余额的需求方程,实际上是弗里德曼的货币需求函数的简化式,它表示实际货币需求(M/D)取决于实际收入和利息率。名义货币的供给函数,表示货币供给是利息率的函数。

在"共同模型"的基础上,弗里德曼提出一系列假设条件:货币需求的实际收入弹性为1;名义市场利率等于预期实际利率加预期价格变动率;预期实际利率和预期实际收入增长率的差固定不变,并由外生因素决定;货币需求量和货币供给量会得到充分而及时的调整。这样,他得到名义国民收入的决定方程:

$$Y(t) = V(r) \cdot M(t) \tag{16.1}$$

该方程表明,在任何时期,名义国民收入水平 $Y(t)$ 都取决于货币流通速度 $V(r)$ 和货币量 $M(t)$,其中,利息率决定货币流通速度。他分析,利息率对货币需求的影响很小,因此 $V(r)$ 有长期稳定性,于是货币供给量影响名义国民收入。货币供给增加,国民收入增加,物价水平提高,因此,实际收入不变。

二、通货膨胀和失业理论

(1) 弗里德曼认为:只要货币量增长快于产量增长,就会产生通货膨胀,通货膨胀始终是、处处是一种货币现象。根据现代货币数量论和名义国民收入决定论,他认为,产量和物价的变化主要不是决定于货币需求,而是决定于货币供给。长期内,增加货币供给只会加剧通货膨胀,而不会增产;短期内,由于时滞,货币增加,部分引起物价上涨,部分引起产量增加。他驳斥把通货膨胀归咎于企业家"贪婪"、工会"得寸进尺"及消费者"挥霍"和石油输出国组织抬高油价等说法。他认为,这些因素只会引起部分商品价格上涨,而不会引起物价普遍持续上涨。二战后,通货膨胀的普遍和持续,正是货币供应增加过快的结果。

(2)"自然率"假说。弗里德曼在论证货币政策对通货膨胀和失业率关系问题时,提出"自然率"假说。在没有货币因素干扰的情况下,劳动力市场上由于嫌工资低而失业的人数在劳动力大军中的比例称为自然失业率,这是让劳动力市场和商品市场自发的供求力量发挥作用时所应有的、处于均衡状态下的失业率,也是指可以和零通货膨胀率或某种稳定的通货膨胀率相适应的失业率。自然失业率的高低取决于风俗习惯、自然资源和技术等经济、社会等原因,与货币数量无关。

(3)失业和通货膨胀关系。弗里德曼在《货币政策的作用》中指出,短期内菲利普斯曲线的通货膨胀和失业是此消彼长的关系,因为这时人们还没有形成通货膨胀预期,实际工资水平随着物价上涨而下降。长期内,人们最终会预期到通货膨胀率,并将预期的通货膨胀率调整到现实水平,结果是失业率重新回到自然失业率水平。因此,长期内通货膨胀和失业之间是不存在替代关系的,将失业降低到自然失业率以下的做法只会加剧通货膨胀。例如,在20世纪六七十年代,美国政府要达到全民就业,却使国内通胀率从1960年的1%上升到1979年的13%。

三、政策

弗里德曼理论的核心是:资本主义经济本质是稳定的,只要让市场机制充分发挥作用,经济就能在可接受的失业水平下稳定发展。政府货币政策的目标是控制货币供应量,而不是控制利息率、失业和物价水平。

他以通货膨胀问题为突破口,极力反对凯恩斯主义国家干预经济的政策主张,提倡在单一规则、稳定的货币政策下,基本恢复自由放任的经济秩序。他从"个人主义"的微观经济结构入手,在"永久收入"的理论基础之上,恢复货币在宏观经济结构中的关键地位,以此提出自由主义的论点:

(1)凯恩斯主义的需求管理和财政政策是无效的。相反,实行以控制货币供应量为目标的"单一规则",是货币政策的最佳选择,即根据国民收入的平均增长率制定一个长期不变的货币增长率,把货币供应量的年增长长期地固定在与预计可能的经济增长速度大体一致的水平上。他说,这种政策虽不能完全避免短期经济波动,但与其他学派的政策相比,却可为经济提供稳定的货币环境。

(2)凯恩斯主义的"高就业水平有效利用社会资源",是模糊甚至错误的想法。相反,高就业水平恰恰可以被认为是没有最好地利用社会资源,为生产而牺牲闲暇,而前者的价值要远远小于后者的价值,这样,通货膨胀政策就会使人们产生错觉,"强迫"人们认为他们的实际工资高于这些工资的实际价值。

(3)凯恩斯主义的货币"中立"论是违背实际的。相反,若要把失业率减少到"自然率"以下,那么通胀率就会非常高。

(4)收入指数化,是指将工资、政府债券及其他收入等同生活费用,对各种收入"指数化",随物价指数的变动而及时调整。弗里德曼认为,这就可以抵消物价波动对实际收入的影响。但他也认为,收入指数化并不能根治通货膨胀。

四、影响

20世纪70年代之后,批驳凯恩斯主义的新自由主义经济学各派有两个共同点:一是以滞胀为突破口,大兴讨伐凯恩斯主义;二是主张减少国家干预,让市场机制充分发挥自动调节作用。但是,无论哪一派都没有主张绝对的自由放任。货币主义是新自由主义各派中,向凯恩斯主义发难最早、力量最强的一派。他们认为凯恩斯主义过分的国家干预和短期行为造成"滞胀"恶果。他们反对相机抉择原则和一系列有关政策,主张实行单一的货币规则,以期控制通货膨胀、长期稳定经济。弗里德曼全面革新传统的货币数量论,提出新的货币需求函数概念,修补和发展凯恩斯的灵活偏好函数,从而认为利息率弹性较低,因此收入的任何变化大多是货币量变动的结果。用他的货币需求函数作为抨击凯恩斯主义收入-支出理论的基本工具,并针对凯恩斯的"绝对收入假说",提出"持久收入假说":长期看来,消费倾向并不是递减的而是接近于一个常数。这样,他以货币需求函数为基础建立"总量经济理论模型",以"持久收入假说""单一规则货币政策""收入指数化""浮动汇率制"等一组概念为核心,创立与凯恩斯主义相抗衡的货币主义理论。其许多观点被西方宏观经济学吸收和运用。

货币数量论的重新表述,激发经济学家对货币需求函数和货币理论的兴趣,货币对宏观经济的影响,尤其是通货膨胀成因成为经济研究的热点,经济学者的注意力由总需求管理重新转向总供给管理。货币主义认为,为提高就业率,政府应该实施旨在改善劳动市场与产业结构和功能的总供给管理政策。

"货币主义"与凯恩斯主义的主要区别是"存异",但也向凯恩斯主义"趋同",即并不反对国家干预货币政策,理论上也不反对短期内财政政策的有效性。

第二节 经济学第六次革命[①]——新古典主义

20世纪70年代,各流派纷纷以解决当时的"滞胀"问题为契机,从批评凯恩斯主义和现代国家干预主义政策入手,另树理论新旗。70年代中期,凯恩斯主义遭到第二波攻击,这就是卢卡斯等发动的"理性预期革命"。当时,凯恩斯宏观经济学被广泛批评为缺乏微观基础,一门建立在个体选择和理性预期(Rational Expectations)假设之上的宏观经济学逐渐建立起来并开始取代凯恩斯宏观经济学,称为新古典主义,又称新古典宏观经济学,还称"理性预期派"。它与新凯恩斯主义一样,是宏观经济学的一个主流学派。二者在方法上非常接近:① 都从微观的角度探讨失业问题和是否需要政府干预;② 在微观基础理论上,都涉及个人理性行为和价格调整的灵活性,都强调预期的非常重要作用。

卢卡斯(Robert Emerson Lucas Jr.,1937~)生于华盛顿的雅奇马。他花了不少时间学习动态系统和在时间过程中优化的数学,并寻找解决经济问题的最佳方法,他的经济动力学逐渐成形,观点集中在1970年完成、1972年发表的《预期和货币中性》一文,标志"理性预期学派"取代货币主义成为凯恩斯主义的主要对手。"理性预期假说"结合到货币主义模型中,形成"新货币主义"或"货币主义第二号"。因此,新古典主义被认为是货币主义的一个分支。

凯恩斯解决经济危机的理论和政策,只考虑经济大萧条的短期特殊情况,并没有使他的

---

① 经济学第五次革命,见本书第二十四章。

理论长期化。二战后居支配地位的新凯恩斯主义经济学却有所不同:该学派既力图把凯恩斯学说普遍化、长期化和动态化;又从适应"混合经济"制度的立场出发,把被凯恩斯批判的新古典经济学重新纳入凯恩斯主义体系,并作为其微观基础,出现以"新古典综合派"为代表的凯恩斯主义经济学,从其登上正统经济学的宝座开始,就试图"沟通"和"趋同"凯恩斯主义和新古典的经济理论。这也在凯恩斯主义体系内部种下矛盾与不协调的种子。

在反凯恩斯主义的浪潮中,货币主义让位于新古典主义,有理论和现实两方面的原因。理论原因是:① 方法论的改变:由相信货币主义强调的实证方法转向重视规范方法。② 辩证的否定:货币主义倡导的"信誉"思想被主流宏观经济学所吸收(如菲利普斯曲线在长期是垂直的的假说),并导致"凯恩斯主义-货币主义综合"的形成。③ 货币主义的缺陷,例如,该理论分析有"黑箱",没有进一步分析货币对收入与支出的影响,没有探讨货币-收入关系的动态均衡。现实原因主要是,20 世纪 80 年代,发达国家的货币流通速度显著下降。1982年,美国经济衰退的部分原因是货币流通速度大幅度下降。货币流通速度下降大大损害货币主义的这个"硬核"。如果货币流通速度是高度易变的,那么人们就有理由怀疑货币主义所主张的"稳定货币供应量增长率"的单一规则是否可信,是否有效。综上,货币主义在学术界和经济政策制定部门均受到"重创"。

一、基本思想

"理性预期假说"最初是由美国经济学者 J. F. 穆思(1930～)在《合理预期和价格变动理论》(1961)一文中提出的,20 世纪 60 年代主要被用于金融市场的分析。较流行的理性预期的定义是:针对某个经济现象(例如市场价格)进行预期的时候,如人们是理性的,他们会最大限度的充分利用所有信息来作出决策而不会犯系统性的错误。因此,平均来说,人们的预期应该是准确的。基于一切信息下关于某经济变量的条件数学期望,即 $X_t^e = E(X_t/I_{t-1})$,其中,X_t^e 表示在 $t-1$ 时刻关于变量 X_t 的预期,E 表示数学期望,I_{t-1} 表示 $t-1$ 时刻个人所拥有的一切信息。因此,理性预期只能说在信息可能的范围内平均说来是正确的。具体说来,其有三个特征:平均而言,预期的误差为零;预期的精确性不可能提高;预期的误差是随机的。

"理性预期学派"认为,凯恩斯虽然也曾反复讲到预期,但他的预期只是适应性预期,是随机而非理性的"后向预期"。凯恩斯主义的假设前提错误:一是凯恩斯主义的当事人不以追求最大化为目标;二是同一经济人在不同函数和方程中行为不同。他们的假设是,市场连续出清而均衡,即通过不断调整工资和价格,供给总是等于需求的。从这样的假定出发,卢卡斯的逻辑是:货币对产量等经济变量具有重要影响;货币供给冲击导致货币存量的随机变动,引起经济波动。货币供给的冲击引起经济波动是通过总需求曲线完成的,所以,货币供给干扰需求将导致经济波动。政府的宏观货币经济政策无效,所以"政府失灵"。

外推法预期和适应性预期两种描述早就存在。前者是指人们把历史作为预测未来的根据,后者是指人们用他们自己前期预测的误差来导出他们的下期预测。这两种预期的弱点明显,它们推断特定变量的行为仅受其过去的影响,即似乎过去和过去的预期总是要影响现在的预期。事实上,过去状态的有无并不是支配人们对将来预期的唯一因素,他们将考虑有关其他许多因素。总之,人们的预期是会随着信息的变化而变化的。但是,他们也承认,由于信息不完全,当事人可能误解价格信号——把价格总水平变化误解为他所在市场的相对价格变化,从而做出错误反应和决策,这就有可能在短期内造成市场非完全出清。

新古典主义特别宣称,即使短期内,也不存在通货膨胀与失业之间的交替关系。因此,运用财政金融政策稳定产量和就业的任何企图都是无效的。

新古典主义有三个基本假设:理性预期、总供给假设、市场持续出清的瓦尔拉斯假定。他们认为,凯恩斯主义模型难以修补,其要害是该模型坚持如下各点:假定无市场出清的不充分的微观基础;使用适应性预期而不使用理性预期,预期假说与最大化行为矛盾。凯恩斯主义的经济计量模型大多失败,是因为这些模型的参数是根据过去经验数据得出的,没有考虑当事人会根据政策变化调整他们的预期及相应行为。到 70 年代中期,至少在美国,长期菲利普斯曲线呈垂直的看法已取胜,供给冲击正被编入主流模型中。

他们强调,市场机制自动调节,"经济人"的理性行为导致良好的经济秩序,解决"滞胀"难题。他们的主要成果有:① 理性预期假说取代适应性预期,并把这种假说和卢卡斯总供给函数结合在一起,结论是"政策无效";凯恩斯主义者一贯主张的、以借债为主的财政政策和斟酌使用的管理总需求的政策无效。② "宏观经济分析需要有坚实的微观基础"的思想为经济学界所普遍认可。宏观经济学研究重点转向经济周期研究,提出均衡或货币经济周期模型:建立在市场连续出清和经济当事人形成理性预期的假设基础上,未预期到的货币冲击解释产出和就业波动。"理性预期革命"后,西方宏观经济学家的经济政策争论就从政府干预与自由放任转向是斟酌使用的经济政策还是固定不变的政策规则的争论。

二、影响

"新古典主义"是新自由主义的一个重要流派,其"政府失灵论"与公共选择等学派共同向凯恩斯主义提出挑战。70 年代"滞胀"时期,以布坎南为首的公共选择学派针锋相对地提出"政府失灵"。20 世纪的最后十几年里,"市场失灵"与"政府失灵"的概念充斥于经济学文献,它们针锋相对,没有赢家,形成独特的 20 世纪末没有经济学"主流"的理论"真空"。

萨缪尔森等断言:"理性预期革命可能导致一种将新见解的优点与现代主流宏观经济学久经考验的某些部分结合在一起的新的综合。这样,作为说明金融市场(包括利息率、股票价格和外汇率)的一种途径而假设有伸缩性的价格与理性预期,可能是一种有用的近似方法。但是,在其他市场上——特别是劳动市场——价格或者工资对于冲击,做出调整需要数月或者数年的时间;保留这一假设也许对宏观经济学更加适用。"作为宏观分析工具,"理性预期"被股票、债券、外汇市场的运行分析广泛应用,其已进入西方主流经济学工具箱之中,但也有许多经济学家指出,用任何"预期失误"或信息不完善性来解释经济周期都是缺乏说服力的,认为"理性预期"有许多局限性和本身不可克服的缺陷。

理性预期学派在批评国家干预的失败和关于菲利普斯曲线的失效方面的确取得某种成功,但他们也不是彻底地反对国家干预,只不过更多主张刺激供给的微观经济政策和承认短暂突然的宏观政策的一定作用而已。理性预期学派没有成功的经验证实,没有说明预期形成的理论机制。其模型虽在理论上吸引人,预期因素也为人们普遍认同,但计算复杂、过分专业化使人望而生畏。在信息和知识等限制下,人们预期很难达到"理性",使其适用范围狭小有限。

第三节 新凯恩斯主义

新凯恩斯主义(New Keynesian)以格雷戈里·曼昆(N. G. Mankiw,1958~)、斯蒂格利

茨等人为代表。曼昆1987年成为哈佛大学历史上最年轻的终身教授,任国民经济研究局货币经济学部主任,波士顿联邦储备银行和国会预算办公室主任,美国总统经济顾问委员会主席。他的《经济学原理》(1998初版)已出7版,但真正使他成名的还是受到各界好评的《宏观经济学》(1992),包括以尖刻闻名的克鲁格曼也对其高度评价。他大量吸收各派精华而使其思想高于各家之言。

斯蒂格利茨(Joseph Eugene Stiglitz,1943~)生于美国印第安纳州,师从保罗·萨缪尔森。年仅26岁的斯蒂格利茨被耶鲁大学聘为经济学教授。1979年,他获得美国经济学会两年一度的约翰·贝茨·克拉克奖。1995年起任克林顿总统经济顾问团主席。1997年起他任世界银行副总裁、首席经济学家。他为经济学的一个重要分支——信息经济学的创立做出重大贡献,2001年获诺贝尔奖。他所倡导的一些前沿理论,如逆向选择和道德风险,已成为经济学家和政策制定者的标准工具。他的《经济学》(1993初版)已出4版,被译成多种语言,是世界通行的《经济学》教材之一。

新古典主义在理论和方法上对凯恩斯主义的攻击是切中要害的,20世纪70年代的高通货膨胀也严重削弱凯恩斯主义的影响力。卢卡斯在1980年甚至宣称凯恩斯主义经济学已死亡。但事实证明凯恩斯主义远没有消亡。

新凯恩斯主义的出现是对20世纪70年代卢卡斯所阐述的凯恩斯主义的内在理论危机做出的反应,即重建凯恩斯主义宏观经济学的微观基础,建立一个将工资刚性化和价格刚性化的总供给理论,弥补新古典-凯恩斯主义模型的理论缺陷和不一致。面对货币主义和新古典经济学家的批评,早期"新凯恩斯主义者"修正正统凯恩斯主义模型中的菲利普斯曲线,考虑通货膨胀预期和供给冲击两方面的影响,从而将货币主义的影响吸收到凯恩斯主义框架中。80年代中期开始,他们主要关心"以最大化行为和理性预期为基础探索严密可信的工资和(或)价格黏性模型",着眼于消除新古典-凯恩斯主义模型中供给方面的理论缺陷。

新凯恩斯主义在发展中,吸收理性预期思想,使其理论成为建立在微观个体理性和优化行为之上的宏观经济理论;又继承传统凯恩斯主义的市场不完全的观点,坚持国家干预经济的政策主张,基本实现从微观到宏观的逻辑一致与统一。

"新凯恩斯主义是凯恩斯主义的再生(reincarnated)而不是凯恩斯主义的复活(resurrected)",是从其反对派那里吸取"营养"而获"新生"的。1975年以后,凯恩斯主义模型的新版本不但融入垂直的菲利普斯曲线,而且包含供给的冲击变量,后者是非常重要的,因为它承认短期内通货膨胀与失业之间存在同向变动关系("滞胀")的可能性。这使凯恩斯主义模型对当时的"滞胀"有一定的解释力,一定程度上拯救了凯恩斯主义。同时,他们继续为在短期内斟酌使用总需求政策稳定经济而进行辩护,理由是,经济恢复到自然失业率水平需要很长时间,因为当事人对来自需求方和供给方的重要经济干扰的识别和反应是滞后的。

新凯恩斯主义的出现也与新古典主义脱离实际有关。与货币主义相比,新古典主义逻辑更严密、更深奥,形式更漂亮。但它脱离实际,货币经济周期理论在解释经济周期的长度和深度方面显得力不从心。同时,无论是否预期到的货币政策,都影响增长和就业,事实否定政策无效性命题。

一、基本思想

(1) 形成名义工资黏性理论、名义价格黏性理论、实际刚性和协调失灵理论。从最大化原则和理性预期假说出发,考察阻碍劳动市场、产品市场和信贷市场出清的工资、价格和利率黏性的原因及市场不完全原因与其对宏观经济的影响。

(2) 强调不完全竞争和不完全信息等不完全性。这是新凯恩斯主义与凯恩斯主义、货币主义和新古典主义的一个重要区别。

(3) 提出逻辑一贯的微观基础——价格和工资刚性及其缓慢调整。自从20世纪70年代新古典主义开始猛烈攻击凯恩斯主义经济学缺乏微观基础以来,他们的研究重点集中在以当事人最大化行为和理性预期为基础来探索严密可信的工资和价格刚性模型。新凯恩斯主义与新古典综合派的关键区别是,后者的模型只是假定存在固定的名义工资,而前者试图为解释工资和价格黏性提供一个微观基础。通过把名义不完全与实际不完全的相互作用和理性预期假说、自然率假说或"非加速通货膨胀的失业率"假说结合在一起,新凯恩斯主义力图说明,名义总需求波动如何对产出和就业产生重大影响。在此基础上,进一步说明积极的政策有效。与凯恩斯主义相比,新凯恩斯主义者对政策稳定的有效性的看法要温和一些,他们中的一些人不提倡对经济"微调"(fine-tuning)。但是,新凯恩斯主义者大多赞成政府对经济"粗调"(rough-tuning)。这与货币主义、新古典主义主张经济自由主义或规则管理的区别明显。他们和正统凯恩斯主义者的共同特征在于:一是强调市场不会持续出清,即价格不能尽快调整以出清市场;二是强调货币重要而非中性,大部分经济政策有效;三是声明显著的周期波动不利于经济发展以及古典二分法失效,重视短期分析,强调市场不完全性。

总之,新凯恩斯主义者既坚持传统,即政府干预优于自由放任,又吸收货币主义、新古典主义的有用成果来修补凯恩斯主义。接受货币主义的分析框架,尤其在长期分析方面;接受利益最大化原则;着重从微观上来解释失业和经济波动等宏观经济现象;着重寻找价格和工资黏性的微观基础,把凯恩斯主义的失业和非均衡理论建立在一系列微观分析基础上。"新凯恩斯主义者接受三分之二的新古典的世界观,即货币主义(至少就长期而言)和理性预期。"

新凯恩斯主义与新古典综合不同。他们从市场缺陷出发,力图通过考察这些缺陷条件下的最优化行为,来解释价格和工资黏性以及它们与失业和经济波动的关系。后者是综合凯恩斯的宏观理论和马歇尔的"古典"微观理论,强调在达到或接近充分就业后"古典"理论有效,财政政策和货币政策同样重要、同样有效。

新凯恩斯主义的这种"新综合",使得当代西方经济学两大主流学派之间的对立和界限日益模糊。它和凯恩斯主义所研究的主题都是"失业原因和小于充分就业均衡的原因"。凯恩斯主义虽是从价格和工资黏性上寻找失业和非充分就业均衡的原因,但它常常从制度和历史中寻找价格和工资黏性的原因。新凯恩斯主义则提供一套系统的微观理论,如产品市场、劳动市场和资本市场的微观分析。凯恩斯主义假定供给不变,着重从需求的角度分析和解释经济波动的原因,而新凯恩斯主义则主要从供给角度来解释。如资本供给限额论,资本供给有两个来源:发行新股和银行贷款,都受到逆向选择和道德风险的限制,制约资本增加,前者称为产权限额论,后者称为信贷限额论。前者认为,发行新股,导致市场对企业的估价逐渐降低,使决策者认识到继续发行新股是不明智的。后者认为,银行利率低,使资金供不应求,以至银行配给信贷。这两种方法的局限,使资本供给减少,经济陷入衰退,以至市场不能出清。这是经济危机的一个重要原因。

二、新凯恩斯主义之"新"

这是一种按照非市场出清价格进行交易的非均衡经济学。经济周期原因是名义价格黏性,而不是名义工资黏性。价格刚性分为名义刚性和实际刚性。前者是指价格不能按照对商品以货币来计量的名义需求变动而发生的相应变动;后者是指一种商品价格相对于另一种商品价格不发生相应和及时的变动。

新凯恩斯主义认为,形成商品价格名义黏性和实际黏性的原因主要有:

非市场出清定价论,即垄断厂商定价时,往往定价在非市场出清的水平。新品上市,或定价低以刺激需求,而后再提价;或由于市场信息不完全,定价偏高,即使发现价格偏高时也不降价,因为降价所增利润可能不多。这就是价格刚性。

风险成本(Risk Costs)论,即在不完全竞争市场条件下,厂商制定和调整价格是有风险的。因其信息有限,难以预料价格调整后,要素供给者、顾客或竞争对手会做出什么样的反应。同时价格水平变化时,对厂商拥有的各种有形资产和无形资产有何影响也不能确定。这些风险就是调价的风险成本。风险成本远大于价格调整的实际成本。厂商只有在预期调价后的利润大于调价的风险成本,才会调价。由于风险成本高,因此厂商不会经常调价,于是价格就具有黏性。

菜单成本(Menu Costs)论,即一个大企业调价要付出相当大的代价,如调研、定价、开会协商谈判、电话、重印价目单等,这些费用和时间的成本类似于餐厅重印菜单的成本,故称"菜单成本"。只有调价后利润大于菜单成本时厂商才会考虑调价。当商品需求减少本该降价时,但考虑到菜单成本,宁不降价而减产。

合同定价论,即厂商之间大多具有价格合同,这可避免屡次讨价还价而带来的交易成本,合同期满后才能调价。但全社会存在许多在时间上相互交错的价格合同,一些合同到期可以调价,而另一些合同尚未到期不能调整,结果到期合同价也受其他价格不变的合同的影响而不变,造成调价缓慢,这就会出现价格黏性。

成本加利润定价论,垄断企业通常都是按生产成本加上一个固定的百分比来定价的。这种定价策略一般反映成本变化较大,而需求较小。因为,劳动成本比重较大和工资刚性,即使需求减少,商品价格也存在刚性;还由于一家厂商的产出就是另一家厂商的投入,于是一家厂商价格刚性也就影响到另一家厂商的价格刚性。

由于上述原因,价格具有黏性。于是,当市场需求不足时,本来可以降价来出清市场,但实际只是降低产量,从而增加失业。这样,新凯恩斯主义既得出凯恩斯的有效需求不足引起失业的结论,又为这一理论提供微观经济的论据。

这就与凯恩斯主义者形成鲜明的对比。在把价格接受者的厂商、新古典生产技术和名义工资黏性结合在一起的传统的凯恩斯主义模型中,衰退过程中的总需求收缩和实际工资提高是联系在一起的,即实际工资是逆周期变化的。正是这种实际工资困惑促使曼昆他们再度把注意力集中到不完全竞争市场上的厂商定价行为上。他们从不完全竞争市场出发,把总需求波动引起的经济周期现象归结为名义价格刚性,即著名的"菜单成本"理论。这一理论认为,在不完全竞争的市场中,厂商降价,增加销售量的同时也将使单位产品的收益下降。因此,任何与最优价格水平的偏离,都只能会降低利润。因此,即使很小的价格调整,成本也会产生显著的名义价格刚性(黏性),即名义刚性来自于被称作菜单成本的价格调整障碍或摩擦的存在(这些菜单成本包括调整价格的管理时间等成本)。因此,政策波动低效,政策稳定高效。在他们看来,均衡未必意味着市场出清即供求相等,其包含真实工资刚性的模型在长期均衡中能够产生非自愿失业。而在新古典模型中,每个人都处于其劳动供给函数上,均衡状态下的失业是一种自然现象。新凯恩斯主义解释工资刚性的理论主要有两种:

① 效率工资理论；② 局内人-局外人理论。效率工资理论认为，工资决定劳动生产率，若削减工资会损害生产率，引起单位产品的劳动成本上升，那么，为了保持效率，厂商宁愿支付高于市场出清水平的真实工资，而不愿轻易选择降低工资。局内人-局外人理论也试图解释在非自愿失业存在的情况下，为什么真实工资刚性会持续存在。

新凯恩斯主义货币经济周期理论中，总量波动有两条研究路径。一是主流方法，沿着经济非均衡的凯恩斯主义的思路，认为宏观经济波动的根本原因与协调失灵有关。这类模型的基本思想是，短期内价格和工资不调整，工资至少在一年里处于一个特定水平，企业通常自己定价，并观察在此价格下市场购买情况；但最终价格将开始调整，并达到市场出清的水平，总需求最终将等于潜在 GNP。二是追随凯恩斯，即使工资和价格充分灵活，但产量和就业仍然不充分。著名的格林沃尔德和斯蒂格利茨模型假定：厂商是厌恶风险的，金融市场是不完全的，竞争和市场信息是不完全的。破产的概率随着产量提高而递增。厂商做出生产决策时必须考虑破产成本，在需求减少时，一个风险厌恶、权益融资受到约束的企业都倾向削减产量。伯南克（1983）据此认为，20 世纪 30 年代的"大萧条"严重程度如此大的主要原因是信贷体系崩溃，而非货币供给的下降。

以"新古典综合派"面目出现的新凯恩斯主义，与现代货币主义者仍然有一些"趋同"方面，表现为对凯恩斯思想加以某种高度概括的 IS-LM 模型，它仍以新古典经济学的一般均衡思想为基础；又表现为"新古典综合派"对新古典经济学的经济自动调节和均衡思想有条件地认可，甚至提出在宏观经济制度和政策中搞"经济自动稳定器"的理论建议。这样的"趋同"，使现代货币主义的观点尽管在实际上影响其他经济理论，但也只能以反对派的面目同凯恩斯主义在某些方面进行争论、对峙，而无法完全取代它，甚至还不能真正与其平起平坐。

新凯恩斯主义与新古典主义都接受理性预期等分析方法。它们又各自继承传统凯恩斯主义的价格刚性和新古典主义的价格灵活性假设。

20 世纪 80 年代中期以来，新凯恩斯主义成为西方宏观经济学中与新古典主义相抗衡的主要力量。这两大主流派的争论左右着西方主流经济学的发展方向，在一定程度上调整政府制定经济政策的思路。新古典主义和新凯恩斯主义所使用的分析框架代表着现代宏观经济学的主流，反映现代宏观经济学的基本特征：① 理性预期思想是现代宏观经济学的基础；② 价格与工资是否可以充分调整，决定经济学家对失业性质的看法和对政府稳定性政策效果的评估；③ 价格与工资的灵活性与时间的长短相联系；④ 从微观角度出发的宏观经济分析，要充分考虑个人理性行为和市场是否完全；⑤ 广泛运用博弈论与信息经济学方法。

新古典主义和新凯恩斯主义完全应该综合起来，新古典主义考虑的是长期，而新凯恩斯主义研究的是短期，将两者结合起来，就是有关主流宏观经济学核心理论的一个完整框架。

总之，现代宏观经济学各派出现融合的趋势。因为，人类认识事物的过程是循序渐进的，关于宏观和微观行为关系的认识也是与时俱进的。这种相互融合的趋势是实践的要求。

第四节 经济学第七次革命——公共选择学派

人们虽接受凯恩斯的国家干预理论，但需解决国家干预可能出现的问题。公共选择学派（The School of Public Choice）正是为解决这些问题而产生的。公共选择学派是 20 世纪后期兴起的经济自由主义阵营中的一个具有重要影响的学派，也是 20 世纪末 21 世纪初"新政治经济学"的主要支流之一。他们应用现代经济学的基本理论,研究政府决策和选民的公共选择行为,将经济学研究渗透到政治学领域。其政治市场理论、公共选择规则、政府失败理论、寻租理论等思想,不仅为拓展经济研究领域和深化研究提供重要的理论工具,还在一定程度上扭转新古典以来经济学研究与政治制度日益脱节的趋势。

一、概述

美国从20世纪30年代初率先突破政府作为"守夜人"的禁区,40年代初,国家全面干预经济生活,二战以后,国家干预更加系统化和全面化。伴随政府干预经济的广度和深度的加大,赤字预算和通货膨胀不断加剧,20世纪50年代起,人们逐渐怀疑国家干预。以布坎南为首的一批年轻的经济学家在这样的背景下,开始全面致力于揭示公共部门的运行特征和国家干预经济的局限性,由此诞生经济学的新分支或流派——公共选择理论。

公共选择学派是指以布坎南为代表的,利用现代经济学基本原理,研究政府决策行为、民众的公共选择行为及二者关系的经济流派。

国家干预是社会利益的需要。布坎南等对此提出挑战:同样一个人为什么经济上是自利者而政治上就会变成利他者呢?由于他们的宗旨不符合当时政府的理念,他们的中心自1964年起遭到校方排挤。到1986年布坎南获得诺贝尔奖,才标志着公共选择学派理论得到经济学界的普遍认可。

布坎南(James M. Buchanan,1919~)曾任美国经济学会会长;1986年因"使经济分析扩大和应用到社会-政治法规的选择"而获得诺贝尔奖。

1. 公共选择理论的方法

(1) 经济人假设。出发点是"自利",能充分利用所得到的价格、品质等信息。该假设适用于消费者个人、生产者企业和作为公共物品提供者的政府官员。

政治市场是指人们参与政治活动时与其他政治个体和组织发生关系的场所,是人们在政治活动中所发生的各种经济关系的总和。其是人们在政治活动中经济利益关系的总和。在政治市场上,由于各个个体所处的地位不同,可以将其分为三种不同的行为主体。

一是选民作为经济人有两个目标:自身利益最大化和所在团体利益最大化。当其追求的这两个目标发生冲突时,他会优先满足个人利益。但由于信息不完备、选举结果的外部性、选举结果的强制性等原因,导致选民不重视选举,从而为有组织的利益集团打开方便之门。

二是选民代表作为经济人有其经济利益;作为代理人,由于权益与责任的不对称会导致其不关心集体决策的效益,需要规则约束代理人的行为。

三是政治家作为经济人的首要目标仍然是自身利益的最大化;作为利益集团或政党组织的代表,又有集团和政党利益;作为公共选择的结果,又要代表公众利益。当这些利益发生冲突时,首先受害的将是公众利益,其次是政党或集团利益。为了约束政治家,使其行为代表选民意愿,并使其对自身利益或集团利益的追求服从社会利益,必须建立民主选举制度等。所以,一种良好的政治制度是:不否认政治家追求自身利益或集团利益,但是其能保证政治家追求自身利益和集团利益的结果是实现社会利益。

(2) 基本经济方法应用于政治领域。

一是个人主义的方法论。不论是政治行为还是经济行为,都应从个体的角度去寻找原因,因为个体是群体的基本细胞,个体行为构成集体行为。

传统政治学在考察集团行为时,总是把集团视为一个不可分割的有机体,从整体角度分析其政治行为和社会行为;当分析国家时,通常把国家视为代表社会利益的唯一单位,且国家利益是完全独立于个人利益的。

个人主义的方法论与此相反,以个人为决策的基本单位,个人是唯一的最终决策者,无论对于集团行为还是个人行为都是这样。

二是人的本性都是以追求个人利益最大化为动机的,不论他的地位如何。

三是追求个人利益是实现团体利益的前提与保障。在政治领域,重要的是产生于集团之间或组成集团的个体之间相互讨价还价、妥协与挑战的政治过程。人们参加政治活动是希望达到不同的个人目标,这些个人目标只能以团体形式完成。尽管政治市场上存在某种强制性,但只要每个人都有选择合作与不合作的自由,政治强制性就不会影响交易各方的相互利益。国家就要以制定与实施规则来保证这种自由;解决体制问题的办法就是修改规则。

人的政治行为基于三要素:所有团体的行为最终归结为组成团体的个人行为,人是自利性的,人们之间的基本关系是基于利益与自利的交易。

2. 理论渊源

斯密的自由放任原理被公共选择派视为政治经济学唯一确切的原理。

休谟的《人性论》(1739)揭示,经济人都希望他人始终奉行社会利益至上规则,而他自己却能任意违背这些规则。但这些规则都是社会的,都适用于每个人,人们都会意识到:假如他能违背这些规则,那么别人也能违背。

威克塞尔《财政理论研究》(1896)"强调个人主义分析的重要性"、"集体决策者的行为分析"及"政治活动是一个复杂的交易过程"等。公共选择理论的三个基本要素:个人主义方法、人的经济学、交易经济学就直接来源于该书,布坎南甚至将威克塞尔称为现代公共选择理论最重要的先驱者。

二、政治市场与公共选择

(1)公共物品就是那些能够同时供许多人享用,并且供给它的成本与享用它的效用不随享有它的人数规模的变化而变化。

(2)搭便车是指没有参与,或虽参与但不承担相应成本,却能从集体活动中获利的行为。这就决定市场不能提供公共物品,只能由集体提供和控制公共物品品种、数量,及每个社会成员应承担的份额等,这一切只能由公共选择来完成。

挑选政府领导人和人民代表监督政府官员,这些公共选择行为是在政治市场上完成的。政治市场类似于普通的经济市场,是一个复杂的交易结构。需求者或消费者(选民、纳税人)和供给者或生产者(政治家、官僚)都遵循个人效用最大化准则,通过交换相互影响。参与者选择时,都以个人的成本-收益计算为基础,不仅注意从集体活动中收益,而且关心承担的成本。政治市场与经济市场的交易结构的相似性归根到底取决于人的自利本性。政治市场的政治人必然仿效经济市场的经济人行为,以经济人面目出现。

(3)政治市场和经济市场虽有许多共性,但二者差异较大。

经济市场,个人很难直接地感觉到其行动对他人行为和资源分配产生的影响,这种选择是非社会性的。政治市场,个人选择是社会参与性的。

经济市场,个人是决策主体,可以确定其行动的后果,选择行为与后果之间存在直接的对应关系。政治市场,个人虽是选择主体,但做出最终决策的是集体而不是个人;政治市场的选择具有更大的不确定性。

经济市场,存在边际效用递减规律,单个选择者选择某种产品不完全排斥他人选择。政治市场,可选择对象之间通常是相互排斥的,个人选择具有全部占有或一无所有的特性。

经济市场,决策职责完全统一于决策者本身。政治市场,个人是在集体意义上进行选择的,最终做出决策的是集体而不是个人。即使有单个选择者对集体决策活动弃权,但是最终的社会决策活动仍然能够进行。

经济市场,个人选择不具有任何强制性的力量。而在政治选择过程中所处地位是不平等的,即政治市场的个人选择带有明显的强制性。

三、公共选择规则

在某种意义上,公共选择理论是研究投票规则的理论。布坎南认为,生产什么,生产多少公共物品,消费者和选民的意愿不同,通过一定的政治程序才能得到协调,而投票就是协调的有效方法。投票是按一定规则进行的,表达人们对公共物品的意愿或偏好,实现对公共物品的最佳选择。不同的投票规则对集体选择的结果和个人偏好的满足程度是不同的。

1. 投票规则的种类

(1) 全体一致规则是指只有在所有参与者都同意时才能实施的一种表决方式。全体一致规则具有以下特点:

由该规则得出的集体行动方案能实现帕累托最优状态;所有投票者的权利都能得到绝对平等的保障,因为这一规则体现参与者之间的自愿性和契约性。所有决策都能反映投票者的真实意愿。

在这一规则下,每一个参与者都会意识到自己的行为不仅会影响到与此相关的其他社会成员的行为,还直接关系到集体行动方案能否进行。因此,在这种规则下,不允许存在搭便车者。这种规则决策成本较高,由于参与者的偏好不同,要使某一决策获得一致同意,需要做大量的说服、劝导工作。

该规则还可能引起威胁、恫吓。一些参与者或利益集团为了使方案通过,可能会采取欺骗甚至威胁、恫吓的方式,迫使反对者投赞成票。

由于以上特点,这种规则只适用于人数较少且个人偏好较一致的场合。

(2) 多数投票规则是指在政治活动中,一项集体行动方案需由所有参与者中半数通过或半数以上的人认可才能实施的一种表达方式。多数投票规则可以分为简单多数规则和比例多数规则(如赞成票需达到2/3或4/5的比例)。

多数投票规则的结果体现多数派的利益,忽视少数派的利益,往往不符合帕累托最优状态,通常带有强制性因素,即多数派将其意愿强加给少数派,其决策成本较低,但是,单个选民会预期到集体行动将会给他带来高昂的外在成本。因为集体决策的结果可能与他的偏好差异较大,从而使多数投票规则强加给他的外在成本增加。另外,采用这种投票规则的最终结果可能不是唯一的,即可能出现周期多数或投票悖论现象。

这能避免集体决策中的讨价还价行为。选民的选票在这种情况下对最终结果可能不起决定性的作用,会助长选举中的弃权行为。

(3) 加权投票规则是为了适应"利益差别"而采取的一种选择规则。其主要特点是:根据利益差别将成员按照重要程度分类,然后凭借分类分配票数,重要者分配较多票数,反之分配较少票数。这样,最后通过的候选方案是实际得到的赞成票数多的方案,而不是赞成人数或赞成单位多的方案。

（4）否决投票规则是投票者提出方案并汇总后，投票者从中否决自己最不喜欢的方案。最后未被否决的方案就是集体决策。其优点主要是：有利于参与者之间沟通和表达自己的真实意愿。其缺点主要是：当参与者偏好差异较大时，很难做出最终的决策。此外，参与人数与参与积极性成负相关。

（5）需求显示规则是在其他条件相同的情况下，选民付出多数代价以保证他所在集体的选择是他所喜欢的。之后，汇总所有选民的回答，最后获得一个能获得最大收益的解决方案。其优点是：使选民真实地显示自己的偏好，解决公共选择中居民隐瞒真实意愿与偏好结构的问题，提高集体决策的效率。这种方法比较复杂，尤其是在人数增加时难度更大。

最优投票不是一致同意原则，不是一个人说了算，而是最优多数规则。

2. 最优规则选择的成本分析模型

布坎南认为，分析最优规则的选择必须从成本-收益入手，而成本分析最重要。他提出以成本分析为基础考察最优公共选择规则的理论。某种规则一旦被采用，对于所有参与者都具有强制性。这种集体决策的内在强制性，使得每个参与者在集体决策的过程中，都面临外在成本和决策成本的选择。

外在成本是指在选择规则的过程中，由于他人的行为而使个人预期承担的成本。当集体选择结果与个人实际偏好一致时，该个体承担的外在成本为零；当两者不一致时，由于该个体必须接受与自身偏好不一致的集体选择结果，因而所承担的外在成本大于零。这种不一致性与外在成本成正相关。

决策成本是指单个参与者为了使集体决策得到所需的同意人数规模而消耗的时间与精力。当集体决策需要全体一致同意时，每一个参与者的偏好都对最终的决策结果起着决定性的作用，集体决策的成本最高，需要参与者之间不同程度的讨价还价，随着人数不断增加，决策成本按递增的比率上升。决策成本与做出决策所需赞同人数之间存在着正相关关系。

外在成本与决策成本之和构成社会相互依赖成本。作为理性的人，当面临决策规则选择时，追求自身利益最大化的动机将驱使投票者按最低的相互依赖成本进行规则的选择。最优的规则应该是相互依赖成本最低的规则。

3. 投票悖论

投票悖论或周期多数现象是指在多数投票规则中所引起的连续不一致或非传递性集体选择。即在运用简单多数规则进行集体选择时，容易出现选票结果随投票次序的变化而变化，大部分或全部供选方案在特定的分步骤的部分方案比较过程中，都有机会当选的循环现象。这是由阿罗在《社会选择与个人价值》(1951)中提出的，也叫阿罗不可能定律。

四、政府失败与相应对策

1. 政府失败论

（1）政府行为模式的怀疑。政治学假设政府行为模式主要有三种：

慈善模式是指政府是慈善的专制者，它无私地追求社会利益，把社会利益最大化作为自己的政策目标；巨物模式是指政府是具有高度凝聚力的团体，成员步调和行为动机是一致的；民主模式是在多数情况下，政府政策虽不是由全体公民直接决定的，但也是由公民选出的代表决定的。

慈善模式对政府动机的假设是不现实的。政治家和公务员作为经济人，必然以自身利益最大化作为行为准则；他们还具有人类共有的知识与智能有限性等弱点,而社会又是高度复杂的。因此,即使政府主观上希望把事情办好,由于各种限制也可能办不好甚至办坏。

巨物模式具有一定的现实意义,政治家追求自身利益,是通过追求团体利益实现的。这一模式忽视政治家利益的差异及他们在不同约束条件下对自身最大化利益的不同追求方式,又导致政府制定和执行政策的差异。

民主模式强调制约政府行为的必要性和制约方法,在某种程度上是对现实政府行为的一个合理的假设。如果从选民对政治家的制约角度看,民主模式是合理的。但是公共选择学派的研究证明,由于信息不对称和不充分及外部性的存在,民主模式的效率是不理想的。

现实的政府模式是介于巨物模式和民主模式之间的一种模式。政治家实现个人利益最大化,必须依赖政府和政治家的理性决定,对现实政府组织的团体目标也有某种刺激,从这个角度看,巨物模式有合理的一面。

政府为了调节收入分配使之趋于公平和平等,就会增税和补贴,加强教育培训,以增加就业、提高低收入者收入,引起财政赤字、政府部门扩张和政府机构效率低下等问题,使政府活动失败。

(2) 财政赤字和通货膨胀。布坎南认为,财政赤字与就业二者并不一定同方向、同比例变化。若政府投资,则投资总量不变。公共投资与私人投资的比例变化是:公共支出增加,排挤私人投资,产生"挤出效应"。赤字增加货币,有通货膨胀性质。

他们看来,财政赤字的长期化与西方的政治体制有着密切的联系。为了赢得选举,政治家往往迎合选民,乐于将公众的钱花在选民乐意的、能给他们带来明显利益的项目,而不愿增税。赤字为政治家所偏好。

(3) 通过征税和补贴以实现公平和平等。政府干预社会经济加强,政府职能不断增加、规模不断扩大、公共部门不断扩张。这将会带来如下问题：

第一,降低生产力,因为公共部门使用资源的生产力要比私人部门低。

第二,滋生官僚主义。国家干预范围扩大、政府部门扩张、官僚主义盛行,使政府工作效率低下。其具体原因主要有：

① 大部分官员是由上级领导人任命和参、众两院认可的,他们缺乏努力工作的压力。政治家不以营利为目的,使其缺乏工作压力。

② 公共物品的成本和收益难以测定,所以政府官员往往追求规模最大化,增加自己的升迁机会和扩大自己的势力范围,而不计成本。结果是机构臃肿,人浮于事,实际费用超过社会应该支付的成本,效率降低。

③ 政府官员的监督低效。为了执行监督职能,需要了解被监督部门的信息,监督者实施使自身利益最大化的政策,使政府官员能制定某些更有利于自身而不是有利于公众利益的政策和方案。

公共选择学派认为,现代官员体制有种种弊端,官僚主义盛行,政策脱离公众意愿,严重浪费社会资源。所以国家干预经济是失败和多余的。

2. 寻租理论

(1) 寻租理论由塔洛克在1967年提出,克鲁格在1974年的一篇论文中正式使用这一术语,此后,布坎南等进一步丰富了这一理论。

马歇尔之后,地租概念被进一步一般化了,那些与土地一样缺乏供给弹性、不能任意转嫁的生产要素获得的收益都叫作"租金"。租金是支付给要素所有者的报酬中超过要素在任何可替代用途上所能得到的报酬的那一部分,或者说是具有垄断性质的要素获得的额外报酬或额外收益。但并非所有追求租金即额外收益或超额利润的行为都属于寻租的范畴。

寻租是个人或利益集团寻求垄断特权以获得垄断利润或额外收益的非生产性行为。当政治分配为市场运行创造出各种人为壁垒和垄断特权时,寻求额外收益的个人或利益集团便围绕垄断权展开寻租活动。或鼓励政府建立垄断特权或取代别人的垄断特权,或维持已有的垄断特权。企业家始终寻找机会和充分利用现有机会赚取租金。这样,潜在租金导致持续的资源再分配。

(2) 寻租源于市场运行的障碍和政府过度干预,源于政治权力介入市场分配。寻租总是与政府行为联系在一起的。寻租对象大体有以下几类:① 许可证等于垄断利润,为得到许可证而展开游说、贿赂的竞争;② 配额、关税等于超额利润;③ 政府订货等于利润。

(3) 寻租是将大量社会资源导向非生产领域,造成资源配置扭曲,破坏市场运行机制,提高社会生产成本的非生产性行为。

浪费资源。一是寻租者花费的时间、精力和为疏通关系而支出的金钱;二是官员为使寻租者的贿金达到满意的水平及为掩人耳目而付出的时间、精力;三是政府反贿赂、反游说所耗费的时间、精力和资源。

降低效率。成功的寻租者获得政府特许后,往往失去改进技术、提高质量、降低成本的动力,从而降低经济效率。寻租具有快速积累财富的功能及其非生产性,影响恶劣,弱化人们生产和投资的激励,进一步降低效率。

造成分配不公。成功的寻租者控制大量社会资源,并利用所控制的资源进一步扩大控制的范围,增进控制的力量,这样使社会财富和获得财富的机会日益集中到少数人手中,广大的劳动者丧失获取财富的正常机会。

阻碍改革。寻租是制度不完善的产物,同时其产生和蔓延又进一步破坏健全的社会制度。寻租快速积累财富的功能滋生了势力强大的既得利益集团,由于其垄断利益来源于不完善的制度,为了维持其利益,必然阻碍改革。

3. 公共选择学派的政策主张

当代西方主要是政治制度失败而不是市场制度失败。当前紧迫任务是改革制度,重构民主制度,特别是建立有效制约政府行为的公共选择制度,从根本上限制国家干预,在制度改革中,宪法改革居于核心地位。

(1) 在行政管理体制内建立起竞争机制,打破公共物品生产的垄断:① 权力分散化。庞大的公共机构被分解为若干较小、有独立预算的机构,使之相互竞争以提高效率。② 有些公共物品的生产承包给私人,加强私人生产者之间及私人生产者与公共部门之间的竞争,降低成本和提高效率。③ 强化地方政府的竞争。若某一地方政府的效率低下、赋税沉重、滥用职权,居民就会向外迁徙。这样可以促使政府提高效率、减轻赋税、消除不正之风。

(2) 促使官员降低成本,提高效益,抑制公共物品过剩、机构臃肿等。

(3) 预算收支平衡原则要求批准程序或立法机构直接以收定支,在批准支出前就考虑支出资金来源问题,杜绝以债务或增加货币量形式来提高收入。税收和支出增长与 GDP 保持一定比例,不能随意提高税收占 GDP 的比例。

① 预算平衡自动调节原则。当预算为赤字时,政府开支必须在 3 个月内向下调节以恢复预算平衡,当预算有盈余时,盈余应用于清偿国家债务。

② 循序渐进的过渡原则。当预算赤字庞大时,预算平衡的目标可以在几个年度内分阶

段循序渐进地实现。

③ 非常时期预算平衡自动放弃原则。在自然灾害、经济危机和战争时期用借款的形式解决资金不足，必须在非常时期结束后一年内终止该原则。

④ 货币稳定原则。提出与现代货币主义相类似的稳定货币的原则。

⑤ 多数投票规则。为了将政治活动对于经济所产生的不良影响降到最低程度，通常的政治决策必须采用如 4/5 或 9/10 这样特定多数的投票规则。

（4）放松管制。政府从不适于管制、损害微观效益的行业和部门退出，以充分发挥市场机制的作用，改善管制方式。

第五节　经济学第八次革命——斯拉法的经济学说

皮罗·斯拉法(Piero Sraffa,1898~1983)从 1930 年起受英国皇家经济学会的委托，收集、考订和编辑《李嘉图著作和通信全集》，于 1951~1973 年由剑桥大学出版社出版，它是研究李嘉图的权威著作。他整理和编纂李嘉图著作，使新剑桥学派被称为新李嘉图主义，也在西方掀起一股回到李嘉图主义的潮流。

一、马歇尔理论的批判

批评马歇尔价值论的论文《竞争条件下的收益率》1926 年发表于《经济学杂志》，即著名的"斯拉法宣言"[①]。他提出，均衡价格论在理论上不成立。因为，马歇尔的两个最基本的概念——自由竞争和报酬递增定律，是矛盾的。他认为，古典经济学的收益递减规律与地租问题是相联系的，系分配理论；而收益递增规律与分工及经济发展相联系的，系生产理论。马歇尔的新古典学派试图把这两个规律拼凑成一个规律，利用它在价格理论中建立起一种成本与产量的函数关系。这就构成向上倾斜的供给曲线，与相应的向下倾斜的需求曲线相对立。他承认，一个部门的生产水平的变动会导致本部门的单位成本变动，但是，导致这些变动的因素是多种多样的，其中有的因素对其他部门的成本产生影响。当使用稀有要素时，产量增加，要素价格提高，成本增大；当达到规模经济时，规模增大，成本下降。所以，讨论部门成本的变动，意味着其他部门的成本变动，不能像马歇尔的局部均衡论那样，孤立考察一个部门的成本变动。

他还提出"斯拉法之谜"以批判新古典学派的完全竞争。他指出，完全竞争意味着个别厂商可以在市场价格下愿意卖多少就能卖多少。如此，则产量愈大其单位成本愈低，什么力量足以限制厂商的无限扩张呢？如果无限扩张而囊括整个市场，那么，哪里还有完全竞争？这就是人们常说的"斯拉法之谜"。

自马歇尔的《经济学原理》出版后约 40 年的时间里，人们对完全竞争假设及据此建立的局部均衡论深信不疑，故斯拉法揭露批判传统经济学所使用的完全竞争模式的突出弱点，在剑桥引起震动。他认为，规模收益递增是与有限的生产相一致的。所以他断定，从垄断出发分析比从竞争着手将会更好些。

[①] 该文的影响很大，罗宾逊就是在这篇论文的影响下才研究不完全竞争经济学的。

二、《用商品生产商品》——新剑桥学派的价值论基础

斯拉法经过 30 多年的研究,1960 年由剑桥大学出版社出版他唯一的著作《用商品生产商品》,这是划时代的名著。

斯拉法的"中心命题"是价格决定理论,说明商品相对价格决定及其与工资、利润的关系。他先后提出三种生产模式:① 为维持生存的生产;② 为资本家占有剩余的生产;③ 为资本家和工人共同占有剩余的生产。他着重从第三模式出发探讨问题。与李嘉图一样,他研究的主题是工资和利润在国民收入中的相对份额及其改变对利润与商品价格的影响,说明生产中劳动与生产资料的比例决定商品价格,以及剩余产品分配及其改变对利润率和商品相对价格的影响。他着重分析各阶级收入如何对立及在社会经济中各阶级收入的趋势。他认为价格主要决定于社会剩余产品如何在工资和利润之间进行分配,这两部分的相对份额和利润率的关系很重要。国民收入一定,工资和利润总是互为消长的。衡量利润率以确定价值,必须寻求一个无论工资、利润的分配比例如何变动也不致使商品价值发生变化的价值尺度,即李嘉图难题。他说:"李嘉图赋予不变标准的两种含义必须清楚地分开,第一,当技术不变而收入在工资和利润之间的分配改变时,相对于商品而言的生产资料的不变价值。第二,在生产技术随时间变化时的不变价值。……至于第二个问题,用劳动量作为衡量标准显然是有意义的。"①

斯拉法说明,各部门在每期终了时的各种商品总量,除补偿该期生产所消耗的各种生产资料外,还有支付工资和利润的剩余。① "剩余的生产"是更新所需要的最低数量、一种可分配"剩余"的经济。② 剩余假定作为利润来分配。③ 剩余(或利润)必须按照每一生产部门垫支的资本比例进行分配,而在两种异种物品总量之间的这一比例(利润率),在知道商品价格之前,是不能决定的。另一方面,不能把剩余的分配推迟到价格决定之后,因为,这就是要说明,在求出利润率之前,价格是不能决定的。结果是,剩余分配的决定,必须和商品价格的决定,通过相同的机构,同时进行。④ "利润率作为一个未知数(利润率平均化),称为 r。"②⑤ 剩余划分的结果是,区分必需品和奢侈品,区分基本产品与非基本产品,区分的"标准在于一种商品是否直接或间接地参加所有商品的生产。那些参加所有商品生产的商品,我们将称之为基本产品,那些不参加的商品,称之为非基本产品"③。基本产品是产品又是生产资料,其生产方法的改变引起所有价格改变,从而改变工资-利润关系。因而基本产品是决定每种产品价格的因素,而非基本产品即"奢侈"品在"生产其他产品中,既不作为生产工具用,也不作为生存用品用",而仅在自身生产或其他非基本品的生产中得到利用。商品价格的变动是随着基本产品价格的变动而变动的,改变它的生产方法,即改变本身价格及与之有关的产品间的交换比例,但基本产品的交换比例和工资-利润关系不会改变。⑥ 在剩余价值体系中,工资不但能维持工人的生存,还可分享部分剩余产品。斯拉法认为,这一体系的"国民收入,是由许多商品组成的,这些商品是从总国民产出品中一项一项地除去用于更新在所有部门中消耗完了的生产资料余留下来的。这许多商品的价值,或者可以称为'合成商品',形成国民收入,我们使它等于1"。他据此断言,在资本主义经济中,生产价格或相对价格不仅决定于生产方法(即各种生产资料投入量之间的技术关系),而且还决定于剩余

---

① 沙克尔顿,洛克斯利. 当代十二位经济学家[M]. 陶海粟,潘慕平,译. 北京:商务印书馆,1992:268.
②③ 斯拉法. 用商品生产商品[M]. 巫宝山,译. 北京:商务印书馆,1963:12;14.

在工资与利润之间的分配关系。为此,他把工资规定为从1到0的连续值,表示工资和利润在国民收入中的相对份额变化。若工资$W=1$,即全部国民收入都用于支付工资时,利润率$r=0$。"在这种工资水平时,商品的相对价格是和商品的劳动耗费成比例的,就是说,和直接、间接用于生产商品的劳动数量成比例。"①

"工资变动造成的对价格变动的关键,在于不同生产部门中使用的劳动和生产资料的比例不相等"②,工资和利润的相对份额变动就会引起相对价格改变。"显然,如果在所有生产部门中这种比例是相同的,那么,不管不同部门中生产资料的商品组成是如何多种多样的,价格都不改变,因为,在每个部门中,工资的同等消减,都可以产生恰好同样、足以按照相同的比率支付生产资料的利润,而无须扰乱现存价格。""由于同一理由,'比例'不相等时,价格不可能仍然不变。"③因而要找出"不变的价格尺度",要有一个部门,它按照准确比例使用劳动和生产资料。斯拉法把这种比例称为"临界比例"。但是,工资和利润间分配的变动引起各部门产品价格变动的情况是很复杂的。因为,"两种产品的相对价格变动,不但取决于它们各自生产时所使用劳动对生产资料的'比例',而且取决于这些生产资料被生产时所使用的'比例',等等"。因此,很难在现实世界中找到这样一个"临界比例",以确定不变的价值尺度。所以,他提出"合成商品"或"标准商品"概念,即把许多基本产品使用的各种生产资料均假定为具有一定比例,然后,由这些相同的固定比例组成的抽象混合物作为标准合成商品。由于它的生产资料是不变的,故价格不变,充当不变的价值尺度,以衡量一般商品的价格和价值,为达到该目的,应建立一种生产这种"合成商品"的体系,其性质如下:"各种商品在其生产资料总量中和在其产品中的比例都是相同的。"④这种类型的混合物为标准合成商品或标准商品,而称采取这种比例生产标准商品的这些方程(或这些生产部门)为标准体系。在标准体系中,各种商品的产量超过生产的消耗量的比率都是相同的。用于个别商品的这种比率,自然也是标准体系中全部产品超过它的生产资料总量的比率,或者是这个体系的纯产品对生产资料的比率。我们将称这个比率为标准比率。……在这种标准体系中,无论纯产品在工资和利润之间的分配如何变动,并且无论由此而产生的价格如何变动,纯产品对生产资料的比率仍会相同。⑤ 斯拉法将这一标准比率,即剩余总额的相对价值,剩余总额(纯产品)对投入的生产资料总额的比例记为R,R决定于生产技术条件。剩余总额分为工资和利润时,无论工资和利润之间的分割比例如何变化,R值均不变,或作为价值尺度的标准商品价值本身不变。这样,他建立的标准体系,就解决了李嘉图所寻求的不变价值尺度,可计算出利润率及利润和工资的相对份额。

利润率是用于支付利润的那部分纯产品对生产资料的比率。这一公式表明:① 纯产品对生产资料的比率完全决定于技术关系,而不受收入分配变动和价格变动的影响。② 已知利润P和工资W,就可得出利润率r,从而可确定所有商品的价格。"在标准体系中,利润率是作为商品数量之间的一种比率而出现的,无论它们的价格如何。"⑥工资和利润是互为消长的对立关系。他又认为,工资和利润的相对份额是由生产以外的因素——历史因素和社会所有权关系决定的,而分配关系的变动,必然影响利润率,从而又影响商品的相对价格。

为找到李嘉图第二种含义的不变标准,斯拉法把每种价格决定的方程还原为劳动函数。由于追溯到最远时期生产使用的生产资料量a_n趋于0,所以,产品价格可最终归结为全部是

---

①②③④ 斯拉法.用商品生产商品[M].巫宝山,译.北京:商务印书馆,1963:18;18;18-19;25.
⑤⑥ 斯拉法.用商品生产商品[M].巫宝山,译.北京:商务印书馆,1963:25-27;27.

由劳动决定的。同样,作为资本的生产资料也由劳动量决定。一切资本均可归结为厂房、机器设备等价值总和,均可还原为劳动。这是斯拉法根据其还原原理得出的劳动价值论。这一理论说明,劳动决定商品价格,而决定劳动量的变化也将通过对商品价格的作用影响到标准工资和利润率。

他还说明,如果生产方法与分配的条件这两个因素不变,机器使用寿命的改变会使机器的现值相应发生变化,从而引起各种商品生产价格的变化。因而,固定资本的使用寿命也是生产价格的决定因素之一。

斯拉法价值论表明:

(1)在简单商品生产和资本主义生产过程中,商品相对价格与边际效用、边际成本、边际产量等无关,仅仅依存于生产方法、分配关系和固定资本使用寿命这些物质和制度因素。"《用商品生产商品》专门研究经济体系的性质,它们不取决于生产规模和'要素'比例的改变……因为如果在一个生产部门规模上或在'生产要素比例'上没有改变,就既不能有边际产品,也不能有边际成本。"①依此,"我现在发表的这套命题有一个特征,虽然它们没有对价值和分配的边际学说进行任何讨论,但它们仍然是为了批判那一学说的基础而设计的"②。

(2)商品是由劳动和生产资料生产的,若生产条件一定,产出量一定,则剩余一定。工资是历史和工人分享剩余因素决定的,剩余产品减去工资,利润和利润率就确定了。若国民收入是工资,就无利润;若工资降低,就有利润。不同部门的劳动与资本比例不等,利润就不等,价格也不等。应有全社会统一的工资和利润率。可见,他的价值论还是分配论。尽管他并未打算探讨资本主义分配问题,但运用"不变价值尺度",并由此得出的标准体系中工资和利润率此消彼长的关系及工资与利润决定与外部条件的理论却被称为斯拉法收入分配体系的重要理论基础。新剑桥学派的分配论是以斯拉法的价值论为基础的。分配理论是价值理论的延伸。琼·罗宾逊说:"斯拉法关于一定技术条件下工业产品在工资和利润的分配的分析,为理解私营企业经济的分配问题提供了必不可少的结构。"③

新剑桥学派认为,斯拉法以李嘉图的价值论为基础,运用李嘉图的抽象法和瓦西里·列昂惕夫的投入产出法,得出了在既定生产技术条件下,各生产部门的产品价格、工资率和利润率的计算模型,解决了经济学的最大难题,实现了"经济学的第二次革命"④,这一革命的实质是向古典经济学派方法的"回归"。

斯拉法把生产视为再生产,整个分析采用的是商品资本循环。他在研究工资变动对于利润率和各种商品价格的影响时,抓住了不同生产部门生产商品时所使用的劳动对生产资料的比例这一关键因素。但是,斯拉法理论有如下问题:

首先,斯拉法不是从价值分析出发,研究社会再生产的比例关系的,而是相反,他从社会再生产的比例关系出发,反推价值关系。因此,斯拉法的生产方程一开始就缺乏必要的理论基础。其次,他不是从价值关系出发,而是从实物量关系出发的,以价值(或生产价格)相等来说明价格决定的方程,从价格出发揭示隐藏在价格背后的价值,再由价值出发说明价格。他在逻辑上犯了循环论证的错误。再次,由于他认为工资是"事后支付的",所以利润与工资进而与可变资本的内在联系被割断了。

---

①② 斯拉法. 用商品生产商品[M]. 巫宝山,译. 北京:商务印书馆,1963:6;7.
③ 罗宾逊,伊特韦尔. 现代经济学导论[M]. 陈彪如,译. 北京:商务印书馆,1992:340.
④ 杨德明. 琼·罗宾逊谈西方资产阶级经济学和资本主义经济危机[J]. 世界经济,1978(2).

第六节 供给学派

最早提出供给学派理论基本思想的是加拿大教授罗伯特·蒙代尔(Robert A. Mundsll,1932~)。他在1971年提出供给学派的一些重要观点,减税和紧缩货币供给,既可以抑制通货膨胀,又可以刺激投资,扩大就业。

一、拉弗曲线

阿瑟·拉弗(Arthur Betz Laffer,1940~),因提出"拉弗曲线"而闻名。

拉弗为代表的供给学派主张全面恢复新古典学说的自由主义精神,尤其是恢复萨伊定律,反对凯恩斯"需求管理"的国家干预主义,针锋相对地提出"供给管理",强调财政政策影响供给而不是影响需求,以促进私人储蓄和投资。拉弗曲线被称为供给学派的思想精髓,它反映税率和税收之间的关系,说明边际税率和税收量既可能同方向变动,也可能反方向变动,是白宫"药方"。它基于三个假设:第一,税收量不一定与边际税率呈同方向变化,在达到某一点时则会朝相反方向变化;第二,边际税率降低,鼓励劳动代替休闲;第三,边际税率降低,鼓励投资和生产。财政收入取决于税率高低和国民收入多少。边际税率高阻碍投资,降低准资本存量;减少人力资本投资;降低企业税后收益;如消费价格不变,提高投资成本;引起资本外流。人力资本和物质资本存量下降,降低生产率和收入水平。高税率不一定能获得高税收,而减税鼓励投资,调动人们的积极性,增加人力资本和物质资本,随之国民收入和财政收入增加。所以,税率与税收并不是总按同方向变化的。当税率为100%时,所有的劳动成果都被征税,人们不愿工作或在地下经济工作,税源和政府收入趋于零。而低税率使地下经济失去吸引力,逃税成本高于低税率,所以,低税率扩大税基,税收相应增加。

拉弗认为,美国20世纪70年代的经济问题的根源是供给不足。供给不足的根源是长期奉行凯恩斯主义,人为地刺激需求,储蓄率和投资率下降,经济停滞。长期赤字增加货币量,刺激需求,导致通货膨胀,出现滞胀。他认为,摆脱滞胀的主要途径是增加供给,供给是保持需求的唯一源泉,购买力永远等于生产力,他回到了萨伊定律。增加供给的关键是增加投资和储蓄,增加储蓄的办法是减税。

在拉弗曲线的基础上,他提出与凯恩斯主义截然不同的政策主张:

减税,降低边际税率,减少政府开支,平衡预算,反对赤字财政。财政赤字迫使政府举债,还挤掉了私人投资,压制企业的积极性,滋长了穷人的依赖心理。

停止国家干预,减少政府管制,更多地依靠自由市场经济的内在刺激作用,发挥企业的创造性。主张恢复金本位,抑制通货膨胀。拉弗认为,恢复金本位可以使美联储在控制货币量上有所依据,以恢复对美元的信心,保持物价稳定。

二、费尔德斯坦的经济学说

马丁·斯图亚特·费尔德斯坦(Martin Feldstein,1939~),供应学派经济学之父。1967年以前,他还是一个凯恩斯主义者。在研究了罗斯福和约翰逊总统的政府政策和计划后,他看到政府干预往往以好的意愿开始,以坏的结果告终。于是,他转向推崇市场调节的供给经济学。

费尔德斯坦代表温和的供给经济学,而拉弗代表极端的供给经济学,他们无论在政策上,还是对政策主张的理论论证上,都存在分歧。

费尔德斯坦认为减税包治百病的观点是"天真"的,增税也可治理通货膨胀。拉弗认为大幅度减税能够简单而一劳永逸地解决经济难题。他们的政策分歧是:

(1) 费氏认为,增税以平衡预算。存在财政赤字,提高通货膨胀率,可相应提高资本形成率;相反,降低通货膨胀率,牺牲增长率。拉弗则认为,只要减税,就可在整个社会不付出痛苦代价的情况下,有效控制通货膨胀。

(2) 费氏认为,减税与减少政府支出配合,能够防止通货膨胀。拉弗则认为,全面衡量税负,由于政府因素导致无利可图,因而实际没有生产的也是税负。因此,减税同时即使没有相应削减支出配合,也会见效。因为降低边际税率改变相对价格,提高劳动者可支配收入或增加企业税后利润,使人们以工作代替闲暇,以投资代替消费。

(3) 费氏认为,减税的效果在于最终增加实际收入和提高生活水平,这一过程的关键是增加储蓄和投资,而投资和储蓄并不像拉弗认为的那样可在短期内有明显增加。有人认为,1981年以来的经验证明费尔德斯坦是正确的。

费尔德斯坦曲线是,有货币、政府债券和作为实际资本的私人有价证券三种资产形式,当充分就业、财政赤字增加到一定程度后,政府必须增加货币供给或国债以弥补赤字。增加货币供给造成通货膨胀,发行新债券使政府债券和私人证券的利率水平发生相对变化,私人证券需求趋于减少,降低资本形成比率,不利于经济发展。在财政赤字刚性时,高通货膨胀率降低资本形成率,资本形成率下降,劳动生产率下降、供给减少。在这种情况下,政策含义是:通过牺牲一定的资本形成率和经济增长率,减少赤字,平衡预算,降低通货膨胀率;通过增税,减轻财政赤字,抑制过度需求,减轻利率上涨的压力,维持资本形成力。

供给学派的学术建树不多,理论体系也不够完整,仅仅是解决"滞胀"的一种对策;它一度得势是因为在资本主义经济"滞胀"和凯恩斯主义失灵的大背景下被里根政府所采纳,因一时所需而一举成名。供给学派主张减税减支、增加供给、降低通货膨胀的观点,有一定道理。但凯恩斯主义多年导致的问题积重难返,而且现实条件已不允许实行彻底的自由放任,因此供给学派的主张缺乏现实基础。

总之,现代宏观经济学各派出现了相互融合的趋势。因为,人类认识事物的过程是循序渐进的,关于宏观和微观行为关系的认识也是与时俱进的。这种相互融合的趋势是实践的要求。中国治理通货紧缩的实践,美国金融危机和新冠病毒疫情的影响等,都对现有的经济理论和政策提出了挑战,市场和政府各自究竟能够解决什么问题,不能解决什么问题,二者的关系究竟如何,在经济增长和经济发展的过程中,二者究竟应该扮演什么角色等等,所有这些问题都表明传统经济学对市场和政府的说明,已不能够很好地解释现实,要求重新认识市场和政府,而这或许要在经济学对微观行为和宏观行为之间的关系有了更为全面的理解之后,才可以得到解决。

本 章 小 结

《通论》以后的60多年中,宏观经济学从"凯恩斯主义""后凯恩斯主义",发展到"新凯恩斯主义",还有与凯恩斯主义相对抗的"货币主义""新古典主义"。

思考题

1. 新凯恩斯主义之"新"。
2. 现代宏观经济学的基本特征。
3. 寻租理论与腐败危害。
4. "拉弗曲线"。

名词

弗里德曼　卢卡斯　布坎南　新古典综合派　新古典主义　货币学派　理性预期学派

第十七章　第三次大综合——新古典综合派

本章重点
- 萨缪尔森的《经济学》；新古典综合派的产生条件与主要内容

第一节　概　述

一、时代

二战后，为避免再次出现"大危机"，为发展高新科技，西方国家政府纷纷采取干预经济的政策，以至整个资本主义经济逐渐演变成既有市场机制发挥作用的自由市场经济，又有国家干预和宏观调控的混合经济。这就要求经济理论创新。凯恩斯《通论》的出版，形成两种既有关联又自相矛盾的理论体系。传统西方经济学以个量分析为主，得出资本主义市场能自行调节各种矛盾的结论，并据此主张实行自由放任、国家不干预经济的政策。而凯恩斯偏重于总量分析，得出资本主义市场不能自行解决失业的结论，并据此主张国家干预的政策，这就要求将两种观点调和。

新古典综合派（The Neo-classical Synthesis）认为，资本主义经济是"混合经济"，包括国家管理的公共经济部门和市场的私有经济部门。凯恩斯宏观经济理论基本适用于公共经济部门，而新古典学派则适用于以"效率""自由"为目标的私有经济部门。经济发展需要国家宏观调控，也需要发挥市场机制的作用。前者是为了预防和应付危机，稳定经济发展；后者是为了提高效率。他们认为，新古典的微观经济学的消费、生产、市场、要素价格、一般均衡和福利经济等理论对私人经济仍有指导作用，它无法解释经济危机和失业，更提不出有效对策。而凯恩斯宏观经济理论和政策可以弥补新古典理论的不足。只要用宏观对策创造充分就业的环境，传统微观经济学仍能发挥作用。因此，在宏观上接受凯恩斯政策，并遵循宏观理论为微观理论发挥作用创造条件的思路，使有效需求增加到充分就业水平，那么新古典理论仍然有效，凯恩斯的理论有可能与新古典理论结合，两种理论相辅相成，被纳入同一体系。

以萨缪尔森为代表的一批美国经济学家，把传统的古典经济学作为研究个量问题的微观经济学，把凯恩斯主义称为考察总量问题的宏观经济学，两种理论综合成一个理论体系，形成"新古典综合派"的经济学。"新古典"是指凯恩斯以前的西方主流经济学，主要是马歇尔经济学，"新古典综合"就是把凯恩斯的经济理论同马歇尔的新古典经济学"综合"起来，建立一套新的理论体系。新古典综合派是"凯恩斯革命"和二战后最有影响力的凯恩斯学派，是在世界流传最广、影响最大的一个经济学流派，在西方经济学中占据统治地位，直到20世纪六七十年代随着资本主义滞胀局面的出现才开始动摇，并且受到其他学派越来越严厉的批评。

二、萨缪尔森的《经济学》

保罗·安东·萨缪尔森(Paul Anthony Samuelson,1915~2009),新古典综合派的奠基人,师从汉森。他的博士论文《经济分析基础》被认为是现代经济学家观点转变的重要里程碑。他提出,所有的经济行为都可以直接或间接地运用数学分析法来解决最大化问题。因发展动态和静态经济理论,他是第一个获诺贝尔奖的美国人(1968)。他写了300多篇论文。

经济学史上,有三本流行时间长、影响大的教科书。第一本是穆勒的《政治经济学原理》,流行时间为1848~1890年。第二本是马歇尔的《经济学原理》,流行时间为1890~1948年。萨缪尔森《经济学》(第一版,1948)是第三本流行的教科书。该书2005年已出第18版,被译成多国文字。因此他是一位赚版税最多的经济学家,原因如下:

(1) 内容丰富。包括微观经济学、宏观经济学等核心经济学理论,还有财政学、会计学、经济统计、货币银行、公司财务、劳动经济学、经济学说史、比较经济制度、国际贸易与金融等,被称为"小型的西方经济学百科全书"。

(2) 分析精确。经济学研究无非可以归纳为两个相关问题。一是最大值和最小值问题,在有限条件下,如何使社会或经济单位福利和利润最大化,即最大值问题;如何使成本最小,即最小值问题。在最大或最小问题上,经济学和数学不过是一个问题的两个方面,这就是萨缪尔森著名的"对应原理"。二是均衡问题,如何使总供给和总需求达到均衡状态及如何维持均衡状态的问题,这个问题同样可以归结为研究不同变量之间相互作用的数学问题。

(3) 与时俱进。分析研究战后经济迅猛发展所出现的难点及货币金融领域不断地创新所产生的新课题。萨缪尔森的《经济学》是新古典综合学派的代表作,每隔三年左右刷新一版。在1955年的三版他正式提出"新古典综合"一词,1961年的五版正式将他们的理论称为"新古典综合",并认为这是对凯恩斯理论的继承和发展。70年代,"滞胀"使"新古典综合"饱受批评,1972年的八版取消"新古典综合"的术语,自称"后凯恩斯主流经济学"。1976年的十版中,启用"现代经济学"的名称。1985年的十二版是萨缪尔森所说的"最彻底"的修订,主要是在原有的新古典综合的基础上,综合后来形成的主要宏观经济学派,如货币学派、理性预期学派的思想,建立一个能为各派接受的折中体系。1992年的十四版,针对苏联解体,强调市场机制作用的普遍性,引入信息经济学的重要发现。1998年的十六版,详细评述经济学前沿的几个领域,如环境生态经济学、医疗保健经济学、国际经济学和开放宏观经济学,并带有浓厚的信息经济学和国际互联网的色彩。2001年的十七版剔除旧主题,丰富和扩展日益重要和丰富的新主题,如信息经济学、博弈论、网络经济学、环境经济学、国际经济学、新经济增长理论及真实商业周期理论等。2005年的十八版讨论最新经济论题:最低工资、行为经济学解读、新股息税法、安然事件的会计和金融犯罪缘由等;增加新的"现代金融市场",修正和改进货币政策分析、创造货币和股票市场等内容;新增欧盟货币体系内容,全面介绍最新的欧盟货币体系;大量更新数据。

(4) 经世致用。以现代数学为工具,实证分析、特别加强研究技术性细节,使用精巧的数学模型或几何图解,便于实际应用。比较准确地反映全部西方正统经济理论。萨缪尔森及新世纪加入的威廉·诺德豪斯设立现代经济学框架和标准,将经济学的基本原理锤炼得近乎完美。清晰地介绍每一个经济学流派,公正地评价和比较每一个流派。几乎对每一个经济问题都提出相应的政策建议,为各国政府制定经济政策提供参考,如该书的金融理论更具体、更细致、更精密。资料翔实、案例有趣,提供有价值的经济学网络资源和深入学习、讨论高难的问题。

(5) 体系折中。集宏观经济学与微观经济学于一体,将政府干预与市场机制相结合研究经济问题。萨缪尔森断言,宏观经济学开出的药方能够治疗资本主义的各种疾病,使它成为微观经济学所颂扬的"理想制度"。

(6) 文句简洁、解释清晰、图表精练,人们竞相模仿这种教科书风格。

三、新古典宏观学派的理论特点

(1) 解释凯恩斯理论。他们认为,凯恩斯有效需求不足的基本立足点是三大心理规律和工资刚性,而不是新剑桥学派强调的收入分配不公平问题。他们吸收"菲利普斯曲线"观点,通货膨胀与失业此消彼长,用凯恩斯的"总收入-总支出模型"来阐述"需求决定论";在阐述需求决定论中,他们充分利用希克斯创立的"IS-LM模型",更明确地阐述货币对总需求乃至对整个经济有重大影响。

(2) 吸收哈罗德和多马的经济增长理论,经济增长理论成为宏观经济学的一个重要分支和不断深入的重要课题。动态和长期的宏观经济研究的另一个重要课题是经济周期问题。萨缪尔森的"乘数-加速系数模型"是一个典型的例子。

(3) 从20世纪60年代末开始,宏观经济学一度纳入国际收支与汇率的分析、国际间价格与汇率的比较关系等国际经济学内容。到20世纪70年代以后,国际经济学则逐渐独立出去成为一门独立的学科,而留给宏观经济学一个"开放的模型"来解释开放条件下的宏观经济运行,较著名的有"蒙代尔-弗莱明模型"。

(4) 专门研究消费函数和投资函数等总需求问题。消费函数的研究增加持久收入理论和生命周期理论。投资理论则深入研究分析预期收入和投资成本。

(5) 形成一整套调节总需求的宏观经济政策。他们继承凯恩斯的理财思想,强调赤字财政消除失业的积极作用,并将政府借新债还老债看作是一种基本无害的游戏。强调货币供给量控制利息率,利息率变动的货币政策调节投资的积极作用。

他们的主要宏观观点是:① 生产函数决定供给,供给决定收入和就业,前提是萨伊定律;② 工资水平决定劳动供求,劳动供求均衡是充分就业均衡,工资完全具有弹性,劳动市场不存在货币幻觉;③ 货币量决定价格水平;④ 利率决定储蓄和投资,在弹性利率条件下,储蓄和投资均衡,即充分就业均衡。

第二节 汉森、托宾的经济学说

一、汉森的经济学说

阿尔文·哈维·汉森(Alvin Harvey Hansen,1887~1975)长期在哈佛任教,培养出萨缪尔森、托宾、奥肯等著名经济学家,被看作新古典综合派的奠基人。汉森应用希克斯的IS-LM模型,较早用"混合经济"说明当代资本主义。他的《凯恩斯学说指南》是解释凯恩斯主义的权威经典之作,弥补了凯恩斯理论只强调投资的收入影响,忽略收入对投资影响的不足,把凯恩斯的乘数原理同加速原理结合起来分析经济周期。他是凯恩斯理论在美国最积极的鼓吹者和传播者。

1. 经济周期理论

汉森的主要理论是研究经济周期和失业问题。他的结论是凯恩斯主义的,认为失业是由于私人投资不足以吸收充分就业水平上的储蓄。他引进技术进步、人口增长以及疆土扩张等长期动态因素,从而讨论短期周期波动和长期经济增长之间的关系。他首先研究静态经济循环,全部净产出(收入)都被用来消费,不存在储蓄、投资和技术进步。静态经济研究价格作用以配置资源,但是,价格体系本身不能引致经济增长。接着,他分析经济增长,经济增长是由于独立于价格体系之外的人口增长、疆土扩张和技术进步三个外生因素决定的。由人口增长和疆土扩张引起的投资和增长是外延型投资和增长,由技术进步引起的投资和增长是内涵型投资和增长。他主要从需求上讨论人口增长和疆土扩张而扩大投资。技术进步的作用主要是刺激投资,静态经济不会出现波动和危机,因为所有的收入均被消费。波动和危机只出现在动态经济中,因为存在储蓄和投资。动态经济中,全部收入分为消费和储蓄,消费可以自动成为新的收入,但储蓄却非如此。如果收入水平处于充分就业,则当没有足够的投资吸收该水平上的储蓄时,收入就会下降。所以,投资是否均衡决定着经济是否波动。而投资是"自发"的,由人口增长、疆土扩张及技术进步等外生因素决定。特别是技术进步不是连续和平稳的,因而造成投资不平稳,最终造成经济不平稳。他除了强调经济波动的原因在于投资变化外,还说明经济周期是经济增长和进步不可避免的副产品,这是汉森经济周期理论的重要特点。他说,当人口增长、疆土扩张或技术进步,造成投资需求旺盛时,价格体系就偏离原来的静态均衡,经济摆脱不变的循环流转进入动态增长的轨道。但是,由于引起投资增长的因素不是连续的,当缺乏机会时,投资就会减缓甚至暂停,这时制度、风俗、习惯等不易改变的因素就会阻止价格调整。在这种情况下,投资减少借助于乘数-加速系数的作用使得有效需求和收入大幅度下降,导致萧条。至此,经济达到低收入和低就业水平的均衡,只有等到下一次技术进步等增长因素的到来,再次大规模刺激投资,经济才能提高到繁荣水平。他主张:目前资本主义经济的外延型扩张已基本停顿,内涵型扩张正在缩小,经济增长乏力。因此政府应举办公共工程增加投资,或有意识地扩张以弥补私人投资的不足,同时,政府扩张活动也会在一定程度上刺激私人投资。于是,经济停滞避免,而且,随着人口增长速度的下降,经济增长将意味着人均收入更快地增长。

2. 45°线的收入-支出模型

收入-支出理论是新古典综合学派的核心理论。汉森在《货币理论和财政政策》中(1949)提出,由于45°线上的任何一点都具有横坐标和纵坐标的数值相等的性质,可用它来表示收入随着消费和投资的变化而变化的确定数值,从而建立起一个以$C+I$与45°线交点为核心的宏观经济模型。该模型后来经萨缪尔森改进,被公认为是对凯恩斯收入决定理论的一个重大发展。

二、托宾的经济学说

詹姆斯·托宾(James Tobin,1918~2002)因创立"资产持有形式"理论而获1981年的诺贝尔奖。

1. 资产持有形式理论是托宾研究的核心

在绝大多数宏观经济模型中,货币、债券、股票这三种资产被简化成两种。因为这些模型假设,债券和股票在投资者的资产组合中是完全可以替代的,是等价的。托宾否定了这个假设,将资产分为货币、债券和股票,认为研究人们选择资产形式的和资产分配的均衡才是货币理论的重点。他认为,人们总是根据各种资产的相对收益率来选择资产持有形式。货币收益率是利率,针对债券和股票的收益率,他提出著名的"Q"理论,即投资者是否会持有债券和股票取决于企业股票和债券的市场价值与这些企业在当前价格上的资产重置成本之间的比率。即当 $q<1$ 时,说明重置成本比较大,这时投资者不会增加对这项资产的投资;当 $q>1$ 时,说明新建企业是合适的,会增加对这项资产的投资。在"Q"理论的基础上,他提出政策建议,面对市场变化资产选择变化。单纯货币量变动或货币流通速度变动不可能成为影响国民经济对实际产出和收入的效应,不能仅仅着眼于利率,因为货币扩张或收缩的最终标准不是利率,而是 q。而 q 变化的原因可能是金融变化,改变投资者持有债券和股票的收益,也可能是由于投资预期变化引起的。因此,金融中影响总需求的主要方式是改变 q 值,货币政策虽导致这种变动,但货币、债券和股票的资产偏好的变化也能起到相同作用。从这个意义上说,货币政策仅仅是改变通货膨胀和失业率的因素之一,并非是最重要的因素。

2. 资产平衡学说就是"不要把你所有的鸡蛋放在同一个篮子里"

托宾认为,人们投资,固然要获得最大利润,但必须考虑投资风险,因此人们会组合资产结构,在抗风险方面达到均衡。而凯恩斯很少提到投资风险的问题。

托宾提出权衡投资收益的平衡值和投资收益的方差。当资产价格变动时,金融资产的收益率取决于利率和资本的盈亏概率。因此,给定利率,金融资产可以用平均收益来说明;给定盈亏概率,则可以用收益的方差来说明。所以,选择某种资产组合的根据是投资者对高均值与低方差或低均值与高方差相比的偏好来进行的。自从托宾提出资产平衡学说以后,金融工程学逐渐发展起来。

第三节 希克斯、哈罗德和多马的经济学说

一、希克斯的经济学说

约翰·理查德·希克斯(John Richard Hicks,1904~1989)开创性地研究均衡理论,获1972 年诺贝尔奖。

1. 一般均衡理论

(1) 序数效用论是希克斯一般均衡论的基础。他认为效用只能用序数表示,不能用基数进行计算和加总。他分析无差异曲线的性质,用"边际替代率"取代"边际效用"的概念,用边际替代率递减规律取代边际效用递减规律。他首先区分替代效应和收入效应,这些分析很快被西方学者接受,融入教科书中。

(2) 一般均衡理论是希克斯研究消费问题的出发点,着重研究各种经济因素之间的相互关系,采用联立方程式,用数学模型分析整个经济体系的均衡。

他将均衡分为静态和动态两种。他的静态一般均衡是超时间的,包括交换的一般均衡、生产的一般均衡和市场均衡。交换的一般均衡是指竞争市场中的交易者在一定收入的限制下和特定效用函数下,为取得最大效用而进行交换。生产的一般均衡是指在一定技术条件下,为获取最大利润而进行生产。市场均衡是指为达到经济体系的一般均衡,要求每一种商品的需求量等于供给量。在静态均衡的基础上,希克斯加入时间因素,建立了动态的一般均衡模型。动态的一般均衡理论是指从一个暂时均衡到另一个暂时均衡的均衡移动过程

序列。

希克斯的一般均衡理论是把马歇尔的局部均衡分析同瓦尔拉斯和帕累托的一般均衡理论分析相结合的产物。他承认，关于一系列暂时均衡的论述是追随马歇尔的传统，而关于动态体系运动的论述则是"非常凯恩斯式"的。

(3) IS-LM 模型。

《通论》出版数月后，希克斯于 1937 年 9 月向牛津大学经济计量学年会提交《凯恩斯先生与"古典经济学"》，提出 IS-LM 模型①(IS 代表投资与储蓄相等的一条曲线，LM 代表货币供求相等的一条曲线，两曲线的交点代表均衡的就业量，在不同价格下产生的许多交点形成社会总需求曲线)，用一个两部门模型来建立一种一般均衡的理论框架，解释凯恩斯的收入决定论和货币利息理论之间的关系。IS 曲线表现商品市场的均衡状态，LM 曲线表现货币市场的均衡状态。他的结论是，凯恩斯的三个方程式不过是"向马歇尔的正统经济学跨回一大步，以至他的理论很难与经过修订的和在限定范围内的马歇尔理论相区别"。

凯恩斯认为，灵活偏好和货币数量决定利息率，利息率和资本边际效率决定投资水平，投资水平和消费函数决定收入水平。凯恩斯有关利率的理论有两个缺陷：一是利率的不确定性，二是货币市场均衡无法保证商品市场也达到均衡。为了克服凯恩斯体系的这一缺陷，希克斯按照他的一般均衡理论修改凯恩斯收入决定模型，建立 IS-LM 模型，得出资本主义经济体系的一般均衡模型。该模型表明，凯恩斯理论中，利息率和收入水平是相互决定的，表明资本主义经济中的现实领域和货币领域是通过利息率相联系的。将凯恩斯收入决定理论的要点用产品市场和货币市场同时均衡的数学模型表示，得出 IS-LM 模型。

IS-LM 模型的特点是国民收入和利率同时被决定。希克斯通过该模型将凯恩斯体系已有的四个基本概念合成一个整体，为解释均衡收入的决定提供更为一般的均衡方法。该模型是把微观的瓦尔拉斯方法用于宏观的凯恩斯理论的一项重大发现。

希克斯认为，IS-LM 模型有两个前提，即货币工资不变和只适用于凯恩斯所提出的短期分析。在 IS-LM 模型的基础上，新古典凯恩斯主义者嫁接古典的劳动市场模型，从而表明在价格和工资率具有完全的伸缩性的条件下，可达到稳定的充分就业均衡。换言之，IS-LM 模型存在的非充分就业均衡，归因于该体系特别是两种关键价格，即货币工资和利率的"刚性"。总之，通过"凯恩斯效应"，即劳动过剩导致工资下降，成本和物价下降，货币升值，过剩货币进入债券市场，债券价格提高，利率降低，投资增加，总需求增加，就业和产量增加。

菲利普斯(1958)发现的关于失业和通货膨胀之间的纯经验性关系，经过萨缪尔森和索洛(1960)的理论化，形成菲利普斯曲线，弥补了 IS-LM 模型没有(至少是没有直接地)涉及这一问题的缺陷。

凯恩斯提出总需求、消费、投资和流动性偏好函数，乘数和加速系数及暗含的国民收入账户等概念。凯恩斯的这些思想有多种解释。但从二战后到 20 世纪 70 年代初期，希克斯等设计和精雕细刻的 IS-LM 模型一直占据统治地位，被视为是对《通论》的经典解释。新古典综合派以 IS-LM 分析作为总量需求曲线的基础，在工资下降具有"刚性"的假设条件下，根据"古典"的劳动市场理论得出凯恩斯主义的总量供给曲线；运用菲利普斯曲线说明失业率和通货膨胀的关系；提出新古典经济增长模型，论证国家根据不同情况采取不同的财政和货币政策。

---

① 希克斯提出的是"IS-LL"图式，汉森(1953)阐释为"IS-LM"模型，因此"IS-LM"模型被称为希克斯-汉森模型。

2. 经济周期理论

希克斯认为，一个国家一定时期的生产和就业，决定该国总消费支出和投资支出，其中投资的变动是影响经济周期各阶段的决定性因素。他用投资影响收入的乘数原理和收入变化影响投资的加速原理的相互作用来解释资本主义经济的周期波动。方法上，他选择几个总量（如总收入、总投资、总消费和总储蓄），建立一套反映这些变数的函数方程式，运用数学方法来论证和说明资本主义周期波动的动态序列或过程，并预测经济周期和提供反危机措施的依据。

希克斯的经济周期理论实际上是把凯恩斯的宏观静态均衡理论发展为宏观动态体系。他虽不是第一个用乘数-加速系数原理来解释经济周期的人，但他严格地根据乘数-加速系数原理的相互作用建立较为系统完整的经济周期理论。

3. 结构性通货膨胀理论

（1）希克斯用"两种价格体系"的分析来解释通货膨胀与失业并存的滞胀现象，通货膨胀是由劳动市场结构和工资结构的原因造成的。他分析二战后按照各种专业劳动市场和按照工业增长程度划分的劳动市场上工资变动的特点，提出处于不同部门和不同增长程度的劳动市场的工资水平的"公平原则"，即每个工人认为只有自己的工资增长率同其他部门、其他不同行业增长程度的工人工资增长率相等，才是"公平"的。这样，每当增长水平高的部门加薪，提高工资的压力就处于统治地位，其他增长水平低的部门工资也就提高。结果，工资上升一定程度的普遍化，引起通货膨胀，造成实际工资下降，工人又要加薪，最终使得工资—物价螺旋上升。

（2）两种价格体系的分析。希克斯认为，有两种价格——固定价格和弹性价格，相应地有两种市场——固定市场和弹性市场。前者固定价格仅由生产决定，随生产成本变化而变化。后者中弹性价格则取决于供求规律。他认为，弹性价格中，由于价格能够根据市场变化，所以工资会随价格进行调整，不影响就业，而会出现"膨胀性均衡"，不含有充分就业的意思，通货膨胀可能与失业并存。在固定价格内，价格上涨不形成膨胀性均衡，这种不处于均衡状态的通货膨胀也可与失业并存。他指出，膨胀性均衡不危害经济，膨胀性不均衡是有害的。劳动市场和其他许多商品市场正是固定价格市场。据此，他认为，这种结构性通货膨胀不是凯恩斯主义政策所能解决的，经济平衡增长是应对滞胀的办法。

二、乘数原理和加速原理

1. 凯恩斯原理和加速原理

新古典综合派提出的加速原理是用来说明收入或消费的变动是如何影响投资的变动的，这一理论也较为有效地说明了经济周期的变动问题。

要区分自发投资和引致投资。自发投资，是由人口、技术、资源、政策等外生因素引起的投资。引致投资，是指由于收入或消费变动引起的投资。加速原理研究的是引致投资，它以自发投资不变为前提。理解收入或消费的变动与投资之间的关系，理解加速原理，要知道资本产量比率与加速系数。

资本产量比率指生产单位产品所需要的资本，即资本产量比率＝资本/产量。

加速系数指增加一单位产量所需要增加资本的数量，即资本增量与产量增量之间的比率。加速系数＝资本增量/产品产量增量＝投资/产量增加量。在技术条件不变的前提下，资本产量比率＝加速系数。

说明加速原理还必须区分净投资和重置投资。净投资是指新增投资。重置投资,指用来补偿旧资本设备的投资。两者之和为总投资。加速原理中假定重置投资不变,研究收入或消费的变动对净投资从而引起对总投资变动的影响。

加速原理的内容:① 投资是收入或产量的变动率的函数,而不是收入或产量的绝对量的函数。② 投资变动的比率大于收入或产量变动的比率。③ 投资不变的条件是,收入或产量必须按一定的比率增长。④ 投资加速增长的条件是收入或产量增长,如收入或产量停止增长时,投资也是加速减少的。

2. 汉森-萨缪尔森模型

汉森和萨缪尔森将乘数原理和加速原理结合起来说明经济周期形成的原因,提出汉森-萨缪尔森模型。即

$$Y_t = C_t + I_t = C_t + (I_0 + I_i) = bY_{t-1} + [I_0 + a(C_t - C_{t-1})] \tag{17.1}$$

式中,Y_t:t期收入;C_t:t期消费;I_0:自发投资;Y_{t-1}:t前期收入;C_{t-1}:t前期消费;a:加速系数,$a = I/\Delta Y$;b:边际消费倾向,$b = \Delta C/\Delta Y$;$I_i = a(C_t - C_{t-1})$:由消费引起的引致投资。

如果边际消费倾向、加速系数、自发投资为已知,即可推算以后各期的收入或产量。在国民经济中,投资、收入、消费的变动是相互影响、相互作用的。正是由于这种相互关系,国民收入会自发地增加而形成繁荣,或自发地减少而形成萧条,从而产生周期。

第四节 索洛、莫迪利安尼、杜森贝里的经济学说

一、索洛的经济增长模型

罗伯特·M·索洛(Robert M. Solow,1924~)1986年获诺贝尔奖。

索洛的主要贡献是提出新古典经济增长模型,其建立在哈罗德-多马模型的基础之上。他认为,哈罗德-多马模型假设边际储蓄率s是外生的,资本产出比v不变,因此增长率只可能有唯一值,即存在"刃锋问题"。索洛提出资本和劳动之间存在替代性,有不同的配合比例。不同的资本劳动配合比例就会引起资本产出比的变化,"刃锋问题"就能解决,因此,哈罗德-多马模型假设劳动和资本比例固定是不合理的。基于以上认识,索洛提出新模型,一个生产者调节资本和劳动的配合比例来影响产出总量的生产函数:$Y = f(K, L)$。

这一总量生产函数表明产出量(Y)是资本(K)和劳动(L)投入量的函数。当考察产出增长量即经济增长时,经济增长率(G)等于资本和劳动的增长率乘以它们各自的边际生产力。这样就可以通过调节生产要素投入的边际生产力,即资本劳动配合比例来实现理想的均衡增长。生产要素的边际生产力是通过要素市场供求作用于要素价格——利息率和工资率的变动来实现的。

索洛还进一步解释资本和经济增长之间的关系。他说,假定劳动力按一个不变的比率n增长,而且不考虑技术进步时,经济增长率就仅由资本增长率来决定。在对一系列公式变形和推导后,得出人均资本增加(Δk)等于人均储蓄(sy)减去装备新工人的资本(nk)与替换折旧的资本(δk),即索洛模型的基本方程:

$$\Delta k = sy - (n + \delta)k \tag{17.2}$$

$(n+\delta)k$可解释为资本广化,Δk是资本深化,所以上面的公式又可表述为:资本深化=

人均储蓄—资本广化。这样建立了资本产出、产量和储蓄之间的相互依赖的体系,资本增长由储蓄决定,储蓄又依赖收入,收入又视资本而定。

通过基本方程,索洛的结论是:储蓄(投资)增加会促进经济增长;人口的过度增加会降低资本深化程度,从而影响经济增长;技术进步会增加总产出。

二、莫迪利安尼的生命周期理论

佛朗哥·莫迪利安尼(Franco Modigliani,1918~2003)1985年因提出消费和储蓄的生命周期假说及关于公司与资本成本估价的假定而获诺贝尔奖。

凯恩斯的消费理论假定人们在特定时期的消费与他们在该期的可支配收入相联系,莫迪利安尼则从整个人生的角度研究消费者如何分配他们的消费。他认为,储蓄主要是为了养老。他假定,消费者希望一生的消费水平保持平稳,消费支出的来源包括一生收入和最初的财富。假设消费者生命周期为 L 年(从开始工作时算),其中有工资收入的年限是 N,消费者自参加工作起计划其个人终身消费,退休年限为 $L-N$ 年,消费者获得财富的年龄为 T,则消费者年消费支出等于财富(W/P)的 $1/(L-T)$ 加上对工资的边际消费倾向乘以预期的可支配收入 Y,即消费支出取决于现期财富和生命周期内的收入。他的消费函数如下:

$$C = a \cdot W/P + CY \quad [a = 1/(L-T), \quad C = (N-T)/(L-T), \quad N \geqslant T]$$

(17.3)

莫迪利安尼的生命周期假定提出影响储蓄率的一些不确定因素,人口年龄结构是决定消费和储蓄的主要因素。社会上年轻人和老年人比例增大,则消费倾向提高;如中年人的比例增大,则消费倾向会下降。因此,总储蓄和总消费会部分地依赖于人口的年龄分布,当有更多人处于储蓄年龄时净储蓄就会上升。

三、杜森贝里的相对收入消费理论

詹姆斯·S·杜森贝里(James S. Duesenberry,1918~)提出相对收入假说,认为消费支出不是取决于绝对收入水平,而是取决于相对收入水平,消费者会受自己过去的消费习惯及周围消费水准的影响。

杜森贝里提出消费的"棘轮效应"。人的习惯是增加消费易、减少消费难。短期看,假如收入水平相对于过去有所下降,消费者并不会立即降低他们现在的消费水平,他们宁肯动用储蓄来维持现有的消费水平,而不愿意改变消费习惯,这样,社会收入减少,消费支出可能不变或只有轻微下降,从而不影响社会需求量。但是,当收入水平有所提高时,他们便会立即提高消费支出水平。

长期看,当经济稳定增长时,消费为收入的固定比率。可见,短期消费函数不同于长期消费函数。长期消费函数为 $C=\beta Y$,短期消费函数为 $C=C_0+\beta Y_0$。其中 C 为消费,β 是边际消费倾向,Y 为收入。短期消费函数正截距的产生是由于经济周期波动造成不同的消费行为,而消费者长期消费倾向比较高。

消费的"示范效应"即相对收入的另一个含义,是人的消费受周围人们消费水准的影响。就低收入家庭而言,为顾及社会地位,不得不提高自己的消费水平。这种心理会使短期消费函数随社会平均收入的提高而整体向上移动。

第五节 新古典综合派的政策

在凯恩斯的"需求管理"理论和扩张性政策的基础上,他们的政策创新如下:

(1)"逆经济风向行事",确保充分就业和物价稳定。20世纪50年代,汉森提出针对"反经济周期"的"补偿性财政政策"(Compensatory Fiscal Policy)和"补偿性货币政策"。"补偿性财政政策"不求每一财政年度的收支平衡,只求在经济周期的整个期间实现收支平衡。在经济萧条时,采用膨胀性财政政策和货币政策,可以变萧条为繁荣;在达到充分就业、出现通货膨胀时,实施紧缩性财政政策和货币政策,以求得萧条与繁荣时期的相互补偿,预防经济危机的爆发。

(2)在经济上升期实行赤字预算、发行国债,刺激经济更快增长。20世纪60年代,肯尼迪总统经济顾问委员会主任海勒提出"增长性赤字财政政策",将潜在GDP和潜在增长率作为测算财政赤字的基准,只要连续两年的实际GDP小于潜在生产总值时,即使经济上升,也可连年实行使用赤字财政手段,以挖掘生产潜力,减少产量缺口。汉森和萨缪尔森都非常赞成这个办法,称之为"新经济学"。

在财政政策与货币政策的关系方面,新古典综合派有如下两个基本主张:

(1)财政政策比货币政策更为重要。汉森认为货币政策具有非对称性,"货币武器确实可以有效地用来制止经济过热",但"恢复经济增长仅仅靠廉价的货币扩张是不够的"。他主张以财政政策为主刺激经济增长。托宾认为,赤字的财政政策比操纵利息率的货币政策更能迅速直接地刺激经济扩张。

(2)财政政策与货币政策应"相机抉择"。因为财政政策和货币政策各有特点,作用范围和程度不同,应根据不同情况,对不同的政策手段灵活地搭配使用。

本 章 小 结

新古典综合派把新古典学派倡导的以价格分析为中心的微观经济理论与凯恩斯提出的以总量分析为核心的宏观经济理论结合在一起。现代资本主义是由"私营"和"公营"两个部分所组成的"混合经济"。他们提出IS-LM模型、收入-价格模型,运用菲利普斯曲线来解释"滞胀",提出经济波动与增长理论。

思考题

1. 为什么说萨缪尔森的《经济学》是第三次大综合?
2. 什么是"资产持有形式"理论?
3. 希克斯有哪些经济学重要贡献?
4. 简述新古典综合派的政策。

名词

汉森　托宾　资产持有形式理论　希克斯　IS-LM模型　哈罗德-多马模型
索洛增长模型　萨缪尔森　索洛　莫迪利安尼　杜森贝里

第十八章　马歇尔以后微观经济学说的发展

本章重点
- 垄断经济学
- 张伯伦与罗宾逊的垄断竞争理论的异同
- 新旧福利经济学的关系
- 新制度经济学

斯密的《国富论》是微观经济学的奠基之作。马歇尔的《经济学原理》是微观经济学的代表作。随着市场经济的发展、研究的深入和新的分析工具的使用，20世纪二三十年代，出现张伯伦的"垄断竞争"理论和罗宾逊的"不完全竞争"经济学。后来，需求理论、福利经济学、新制度经济学、信息经济学等也得到发展。

第一节　市场结构理论

一、时代

垄断经济学是现代西方经济学的价格理论，是适应垄断资本主义的需要于20世纪30年代初产生的。它以马歇尔的局部均衡论为理论基础，采用长期静态个量分析和成本-收益分析方法，考察在各种类型的市场上厂商如何决定其产品的价格和产量。它是在垄断资本主义条件下对马歇尔均衡价格论的发展，也是微观经济学在当代的发展。

1932年，最著名的八大财团已全面垄断美国的经济命脉。其他各主要资本主义国家的情况也基本相似。完全竞争理论曾被认为最适合应用于农业，但随着农业的发展，在许多地方的市场，出现了只有很少买主购买农产品的情况，例如烟草、肉类、奶制品等市场。

但是，这时占统治地位的经济理论仍然是以马歇尔为代表的传统经济学。大多数经济学家仍然把自由竞争当作资本主义的普遍现象，垄断不过是一种例外。这样的理论脱离实际，既不能为垄断资本服务，又不能解释和说明现实经济问题。于是，一些资产阶级经济学家开始改变这种状况。

斯拉法的《竞争条件下的收益规律》一文，是垄断经济学的先驱文章。该文明确宣称，自由竞争条件下的价值论"已经失去它对现实政治的很大一部分直接影响"，"我们必须放弃自由竞争的途径……转向垄断"。

1933年，张伯伦和罗宾逊分别出版《垄断竞争理论》和《不完全竞争经济学》。这两本书一方面修改和补充资产阶级传统经济学关于垄断与竞争关系的说法，以解决理论与现实脱节问题；另一方面建树更有利于垄断资本的理论。它们被称为现代微观经济理论和厂商理论发展的里程碑和现代微观经济学进入确立阶段的一个重要标志。此后，随着垄断的加强，各种反映垄断的理论相继问世。但是,它们均没有超出张伯伦和罗宾逊的理论结构。

理论体系上,张伯伦和罗宾逊是以马歇尔局部均衡论为理论基础的,分析单个厂商和单个行业的均衡实现条件。他们所论述的垄断和竞争,是同类产品的垄断和竞争,而未涉及非同类产品和连带产品。1940年,美国经济学家小克拉克做了补充和发展,提出"有效竞争论":完全竞争只是理论分析的手段,实际存在的是不完全竞争,即有效竞争。由于科技发展,替代产品不断出现,以及竞争方式多样化和存在潜在竞争者,不完全竞争并不会使寡头或垄断竞争厂商过分限制产量、提高价格。所以,这种竞争是有利于经济发展的,是"健康""有用"的。他认为,在一般情况下,买卖双方都处于不纯粹的竞争中,一种商品价格变动对其他商品的销售都会有一定的影响,对均衡条件的考察必须考虑这种情况并从这种情况出发。

二、张伯伦的垄断竞争理论

1. 内容

爱德华·张伯伦(E. H. Chamberlin,1899~1967)关于垄断竞争理论的博士论文获1927年度哈佛大学最佳论文奖;以这篇论文为基础写的代表作《垄断竞争理论》(1933)已出版八次,一直是微观经济学的最重要著作之一。

传统经济学认为,市场结构要么是竞争的,要么是垄断的,经济结构只能用这两种模型之一来解释其形成。但是,张伯伦的"垄断竞争"理论是对传统观点的挑战。他说,垄断和完全竞争是市场结构的两个极端情况,而现实中的市场结构则处于二者之间。马歇尔的结论是,除了特殊情况下产生垄断以外,自由放任将导致竞争市场。张伯伦认为,其结果将会是垄断竞争市场。

张伯伦的"垄断竞争理论"的中心思想和最大特点之一,就是用"产品差别"来解释垄断和垄断竞争的形成及其实质。

张伯伦从"纯粹竞争"概念开始,纯粹竞争的条件分为两点:一是市场有大量买主和卖主,任何单个厂商都不能影响和控制价格;二是厂商的产品同质。满足这两个条件的才能被称为纯粹竞争的市场。现实中,大多数厂商的生产经营活动,进行价格竞争和非价格竞争。市场上在卖主和买主都很多的情况下,每一厂商都有自己独特产品的优势,都会因为自己产品的独特性而具有某种控制价格的能力,从而成为垄断因素。每一销售厂商都会因为这种垄断因素而改变其价格。因而,从产品差别的角度出发,他认为,每一产品有垄断性,也有竞争性。垄断表现为产品差别,产品差别包括:产品本身独有的专利权、商标、包装特点等不同;销售企业独有的销售环境、摆放位置、商标和质量差别、商誉、服务态度与顾客的联系等都被认为是一种独特的商品。在他的产品差别论中,没有任何市场不存在垄断因素。因为,每一销售者,不管他对价格影响多么微小,总能在某种程度上控制价格。产品可替代性越强,产品需求就越有弹性,销售者对产品价格的控制程度越弱;反之,产品可替代性越弱,对产品的需求就越缺乏弹性,销售者对产品价格的控制能力就越强。总之,产品替代性与销售者对价格的控制力成反比。

2. 产品差别和销售成本

在马歇尔的完全竞争市场的假定中,卖主能以市场价格出卖任何数量的产品,即卖主面临一个完全弹性的需求曲线。在张伯伦的垄断竞争市场中,公司产品销量受到如下因素限制:供给价格、产品特性和广告策略。厂商不再面临一条完全弹性的需求曲线,而是一条向下倾斜的曲线。需求曲线的位置和弹性取决于厂商的行为和其他厂商的反应。厂商努力使自己的产品与竞争对手不同,这种不同基于产品特性(质量、商标、包装),或基于有关条件(产品销售位置、卖主信誉、信贷可能性)。他认为,只要买者认为产品特性不同,则产品之间就存在差别,根本不必有明确、可测定的差别。行业的概念太模糊了,一旦存在产品差别,这个概念就不适用了。

市场上同一产品的销售结果不同,是因为买者确信一种产品优于另一种产品。厂商销售时常受他的广告和销售支出的限制。销售支出和产品差别是很难区分的。如果你买了一包过滤嘴香烟,这很难区别产品特性和广告作用,因为厂商常常在媒体上宣传这些产品。张伯伦假定厂商追求利润最大化,他们努力选择产品价格、种类和销售开支。成功的产品差别化和销售开支政策,会将需求曲线外移或右移,使需求曲线更缺乏弹性。这些做法会影响厂商成本曲线,推动平均成本曲线上移和改变曲线形状。下面用张伯伦的方法来分析市场。

张伯伦认为,在纯粹竞争下,个别售卖者的市场是完全沉没在一般的市场之中的,他可以按现行价格尽量销售。但在垄断竞争条件下,一定程度上,个别售卖者的市场是和他的竞争者市场分开的,他的销量决定于以下新因素:① 价格;② 产品性质;③ 广告开支。

在垄断竞争条件下,比之在纯粹竞争条件下,价格较高,而生产规模则较小。这是由于和纯粹竞争下的水平线不同,垄断竞争下的需求曲线较为倾斜的缘故。因为,在纯粹竞争条件下,价格是给定的,个别厂商只能伸缩其供给量以提高利润,而不能影响价格。在垄断竞争条件下,厂商可以通过产品的差别化或其他途径来变更或影响其价格,以提高利润。

张伯伦的"销售成本",比人们通常所说的"流通费用"的范围要狭窄得多。他的"销售成本",就是为了改变产品需求曲线的位置或形状而支出的成本,如广告费、推销人员薪资、售卖部门开支、外部推销个别货物而给予零售商的回扣差价、橱窗陈设、新产品展销等费用。

以广告开支为例,来说明销售成本对需求的影响。张伯伦认为,广告对需求的影响有两个方面:① 弥补购买者的市场知识的不完全,为购买者提供市场知识;② 与其他销售方法一起,尽可能改变人们的欲望、创造需求。

运费等成本虽然明显地增加需求,但不是销售成本,而是生产成本。

张伯伦认为,区别销售成本和生产成本,犹如区别需求和供给一样,对价值理论是十分重要的。因为价值理论必须从这里开始,销售成本增加需求,生产成本则增加供给。他强调说,把二者混合在一起是十分错误的,但经济理论向来是把企业的一切开支都看作"生产成本"。原因之一是不能把垄断理论和竞争理论很好地综合起来。销售成本很自然地就会在竞争理论中被忽略了,因为销售成本的存在和纯粹竞争的假定有矛盾。纯粹竞争以产品标准化和大量竞争者为假定的前提条件。产品既然是标准化的,在各个售卖者之间没有丝毫差别,因而没有一个售卖者能够以广告来夺取其竞争者的生意。而且竞争者人数非常庞大,任何一个售卖者对于整个需求的影响极其微小,他纵然付出一大笔广告费,亦难以增加他个人的销量。同样,垄断条件下,无需销售成本,因为控制整个市场的垄断者是不会被别人侵入的,广告等销售成本没有存在的必要。原因之二是经济理论还不能适应近年来实际情况的变迁。商业活动中,销售与生产已有并驾齐驱之势。典型厂商会认为,销售重于生产。

3. 厂商之间的互动

有两个卖主的市场是双头市场。他们销售同质产品,但预期他们会销售不同产品,因为即使他们销售的产品特性相同,但产品销售条件如信贷能力、发货速度等会不同。关键在于厂商会认识到他们之间的相互依存性。如果一个厂商使其需求曲线外移,其他厂商的需求曲线内移,最终结果是不确定的。或者说,市场的最终结果取决于理论上对这两个厂商做出什么假定。如果政府不管制垄断,这两个厂商将会合谋制定共同价格。市场利润在厂商之间如何分配也是不确定的,取决于许多因素,最重要的是各个厂商的谈判技巧。张伯伦认为,垄断竞争市场中,企业超过两家,厂商之间相互依存,而且只有少数几家,厂商行为将使他们意识到其相互依存性。许多教科书认为,这样的市场是一个寡头市场。这些市场包括美国的大部分行业,从汽车业到锌业。

行业内厂商数目增加,厂商之间的相互依存性的认识弱化;厂商很多时,厂商之间的相互依存性就完全被忽视了。单个厂商可单方面降价,从事产品差别化生产等,但他行动的市场影响很小。张伯伦将这种情况称为垄断竞争,大多数当代学者简称之为简单的垄断竞争。为了方便,将使用"寡头垄断"这一现代术语去描述一个行业中只有少数几家厂商的情况,并且,少数几个厂商已看到他们相互的依存性。用"垄断竞争"描述一个行业有许多厂商的情况,并且,他们并不知道彼此之间的依存性,厂商面临的是一条向下倾斜的曲线。他发现垄断竞争市场的大部分影响是明确的。在这些市场中,若存在超额利润,新厂商会进入,厂商的需求曲线,也就是平均收益曲线向左移。可能有很多厂商进入该行业,从而需求曲线低于平均成本曲线,亏损会发生。这样,一些厂商会退出该行业。当不存在超额利润时,实现长期均衡。此时,需求曲线与平均成本曲线相切。但由于垄断存在,需求曲线向下倾斜。需求曲线与平均成本曲线切点对应的产量,低于 U 型平均成本曲线的最低点所决定的产量,张伯伦称之为一个小的例外。这时,价格较高,产量较低,生产能力过剩,平均成本较高,但是利润与完全竞争市场的相同。

张伯伦认为,马歇尔没有分析寡头市场;而其他学者对此也分析不够,因为他们对厂商相互依存所导致的问题没有给予适当的考察。因此,他们的分析是不充分的。早期的学者通过假定没有相互依存性来解决这个问题。

张伯伦注意到,实际上,在许多情况下,是不可能建立一个完全竞争市场的,他甚至怀疑这种市场的意义,提出关于垄断竞争市场福利方面的其他一些问题。如果它是一个放任自由的经济制度,将导致垄断竞争市场出现,从而厂商将面临向下倾斜的需求曲线。只要一个行业中有很多厂商,厂商进出自由,这些市场将有一个较低价格、较高产量和较低的平均成本。垄断竞争市场的价格较高,在某种程度上说,是社会为产品多样化而支付的费用。

三、罗宾逊的经济学说

琼·罗宾逊(Joan Robinson,1903～1983)曾任英国皇家经济学会副会长,代表作《不完全竞争经济学》,与张伯伦的《垄断竞争理论》并驾齐驱。他们都摒弃长期以来把"完全竞争"作为笼罩一切的经济活动,把垄断看作只是个别例外情况的假定;都改而把"完全竞争"和"完全垄断"当作只是两种极特殊的情况,从而各自用一套理论来说明实际的情况是处于这两者之间的"垄断竞争"或"不完全竞争";都正式提出并大大发展"厂商理论",以补充传统的一般以"产业"为分析对象的价格理论;都大量使用数理分析方法,主要是通过图解考查经济现象的;但他们的分析范围与目的却很不相同。

(1) 张伯伦的分析是直接面向世界的,而罗宾逊的著作开宗明义地说明其写作目的是:"在对经济分析有兴趣的人们中间,有工具制造者和工具使用者。本书是作为一箱工具而献给分析经济学家的。这是一篇讨论经济分析方法的论文,对我们关于现实世界的知识只能有间接的贡献。"①因此,她的分析更为抽象。在张伯伦那里,几何工具的出现只是附带的,而在她的著作中,几何分析工具则占有突出的地位。张伯伦理论中的产品差别在她的著作中根本就没有出现,相反,使用她的分析工具得出关于经济福利的结论。

(2) 她公开承认,她的不完全竞争分析主要是受斯拉法1926年论文的启发。与张伯伦不同,她的出发点及重点是直接从垄断均衡进行分析。她的分析特色是,运用边际方法分析利润最大化行为,即强调"边际收入曲线"及"边际收益等于边际成本"这一基本原理,这成为后来对各种市场结构中的厂商均衡分析的标准工具。在注意"垄断"即"卖方垄断"的同时,她创造并使用"买方垄断"这一术语,并给予系统分析,强调它在不完全竞争理论中的特殊作用。她的分析比张伯伦的分析适用范围更广,也更概括。

1. 边际分析

她着重运用"边际收入"概念和"边际收入曲线"分析工具,而且自始至终、着重引用"边际收入等于边际成本"的原理。马歇尔等人曾大量使用边际方法。然而,他们在对厂商利润最大化的图解分析中主要是利用总成本和总收益的概念。她认为,这种分析垄断利润的工具不合适,因为它割裂垄断分析方法与竞争分析方法。她主张使用边际曲线和平均曲线。她说:"进行垄断价值分析所需的第一个工具就是一对曲线:边际曲线和平均曲线。"为了强调这种分析方法的一般性特点,她进一步指出:"平均值和边际值的概念可以应用于生产成本、效用、生产要素的劳动生产率等方面的分析中。"她说,边际收入是出售一个添加的单位的产品而得到的总收入增加额。若一个卖主总是使其边际收入等于边际成本,这一生产者就可以被称为垄断者。垄断者的"边际收入曲线"是边际于他的产品的"需求曲线"。而需求曲线代表他的平均收入,又可以说,边际收入曲线就是边际于它的"平均收入曲线"。

在不完全竞争条件下,罗宾逊说,当边际收入等于边际成本时,厂商就处于个别均衡状态。但充分均衡则需要具备两个条件:一是边际收入等于边际成本,其与个别均衡相同;二是平均收入(或价格)等于平均成本,这一条是有别于个别均衡的。罗宾逊认为,在完全竞争的行业中,处于充分均衡状态的每家厂商的产量,将是其平均成本最低的那一产量。这时每家厂商将具有"最适度的规模"。如果竞争是不完全的,当利润是正常利润时,各个厂商将只具有小于"最适度规模"的规模。由此可见,只有在完全竞争的条件下,各个厂商的规模才最适度。但在现实生活中,只有不完全的竞争,而无完全竞争。

罗宾逊认为,在新古典学派对竞争厂商的均衡分析中,竞争厂商通过边际成本等于价格使其利润最大或成本最低。由于价格(平均收益)在竞争条件下与边际收益相等,垄断厂商也是照此原则行事的,不过这种关系由于被马歇尔用垄断净收益来表示而弄得模糊不清。她认为,用边际成本等于边际收益的方法理解价格与数量决定问题,既适用于竞争和垄断情况的分析,也适用于任何一种市场结构的分析,因而具有普遍性的优点。她还说明垄断厂商的平均收益与边际收益曲线的关系。纯粹竞争条件下,个别厂商并不因为增加一个单位产品的销售而降价,它的需求曲线具有完全弹性,即不管这个完全竞争的厂商销售多少产品,它的平均收益和边际收益都不会改变,因而是一条水平线。相反,垄断厂商所面临的需求是整个市场在一定时期内的固定需求,因此,当垄断厂商增加一个单位的产品销售时,就必须接受比以前低的价格,因此,它面临的需求曲线是一条向下倾斜的曲线。由于垄断厂商所面临的需求曲线是向下倾斜的,因此,厂商的平均收益曲线与边际收益曲线的关系是,边际收

---

① 罗宾逊. 不完全竞争经济学[M]. 陈彪如,译. 北京:商务印书馆,1961:1.

益曲线总是在平均收益曲线的下面,即边际收益总是小于销售价格。因为,当垄断厂商多销售一个单位产品时必须降价,但是,这多销售一个单位产品引起的降价必然引起所有的产品一起降价,因此,计算边际收益时,在最后一单位产品的价格中还必须减去前边所有产品降价所带来的损失,所以,边际收益曲线总是在平均收益曲线(需求曲线)的下方。她对边际曲线和平均曲线关系的分析是十分透彻而明晰的,并且把这种关系推广到成本、收益、效用、要素生产率的分析中。现代微观经济学的企业行为分析,主要沿用她的这种边际分析方法。

2. 买方垄断分析

罗宾逊认为,买方垄断是指只有一个买者或所有的买者组成一个集团共同行动。效用是商品为买主需求的性质,边际效用是买主在改变商品的购买量上,增加购买一个单位所得到的总效用的增加额。当一个买主购买一种商品而引起一定的边际成本时,该商品对他的边际效用就等于它的边际成本。

与卖方垄断和卖方垄断者对应,罗宾逊着重创造和使用"买方垄断"和"买方垄断者"两词。当市场从无数相互竞争的买主变成一个买主时,会出现"买方垄断",即一群买主由彼此孤立行动,继而达成协议采取一致行动。

卖方垄断原理要求垄断者必须使"边际收入等于边际成本",这和竞争生产者的行为完全相同。唯一的区别是,对于竞争生产者来说,边际收入是商品现行价格。因此,价格、边际收入和边际成本三者都彼此相等。

买方垄断原理要求,只要从单个买主(一个买主或行动一致的一群买主)的观点来看,商品的供给曲线不是完全有弹性的,则这个买主将使"边际效用等于边际成本",并将按照相应的供给价格购买这种产品。在罗宾逊看来,分析买方垄断,通常都采取分析垄断相类似的方法,如同垄断者要获得最大限度的纯收入一样,买方垄断者则被认为要获取最大限度的"消费者剩余"。任何个人都将遵守边际收益(包括效用性和收入性)等于边际成本的这一常识性准则,对于买方垄断、卖方垄断和完全竞争,都是同样适用的。

罗宾逊分析劳动市场的结论是:买方垄断的条件下,工人是受剥削的。一个劳动市场的买方垄断者将雇用更少的工人,以避免抬高工资。

3. 经济增长理论

首先,罗宾逊着重考虑了历史的时间因素,区分了过去、现在与未来等概念。"过去"是不可改变的,故应注意历史的影响;"现在"相当于马歇尔的"短期",即不必注意资本设备存货的变动;"未来"具有某种不确定性。

其次,她的模型主要是用来分析现代资本主义的经济,生产者是私人企业,消费者以家庭为单位,两者相互作用。

她用"黄金时代"来描述一种在充分就业情况下的经济增长状况,即产出量按一个相对于劳动力增长率加上中性技术进步率的比率而增长的状态;此时,利润率与资本-产品比率均无变动,真实工资率增加与人均产出增加率一致,总收入中的利润与工资的份额也保持不变。她整理、发挥后的"黄金时代"一词现已成为当代经济学增长理论中的常用概念。

为了说明经济增长过程中投资怎样决定国民收入在利润与工资之间的分配,罗宾逊提出自己的增长模型:国民收入分为利润和工资两部分,生产分为消费品和投资品两个部门。经济运行条件有两个:① 工资全部用于消费,没有储蓄,储蓄=利润。这样,整个利润率取决于资本积累率和利润中的储蓄比率。② 利润全部用于投资,利润=投资,即利润在国民收入中的份额相当于投资在生产中的比率。在上述两个简单假定下,资本家投资量和现有技术设备条件(通过乘数作用)决定就业和收入水平,同时决定投资品和消费品生产之间的分工和这两类产品的总额。消费品生产实现工人的消费支出,投资品生产实现资本家的投资支出。在工资全部用于消费和利润全部用于投资的假定下,工资=消费品产量,资本家利润=投资品产量。因此,国民收入在工资和利润之间的分配,可以从生产消费品和投资品之间的分配中反映出来。投资品在生产中的比率越高,利润在国民收入中的份额也越高(相对于工资),即利润在国民收入中的份额是随着投资率增长而增长的。

如果改变第一个假定条件,即工资不是全部用于消费,而是部分储蓄,或持有少量股票等有价证券以取得利息或红利,工资-利润的关系也不受影响。不同的是,"职能收入"(即工资收入和利润收入)的划分与社会阶级(即工人与资本家)的划分已不一致。或者说,工人收入=工资+利息+红利。但只要存在利润收入的阶级,那么,上述有关国民收入在工资和利润这两大范畴之间的分配结论就不会因这些复杂因素而有所改变。

如果改变第二个假定条件,即资本家的利润不是全部用于投资,其中部分用于消费,那么国民收入额=生产额,工人将全部收入用于消费,工资=消费,两者相抵,上述关系式就变成:利润=投资+资本家的消费支出。

这就说明,资本家的利润大小及其在国民收入中所占的份额,取决于其投资支出和消费支出的大小。只要资本家增加支出,无论是花费在投资还是花费在消费上,结果都会增加他们的利润。总之,第二个假定条件的改变不会改变"利润在国民收入的份额随着投资率的增长而增长"这个基本结论。

4. 价值与价格理论

在古典学派的长期论战中,罗宾逊批判新古典的"边际生产力理论",并阐述自己的观点。她认为,归根到底是劳动创造财富。劳动者使用工具或机器设备可大大提高生产率,资本购置这些工具和设备。但这些生产手段都是劳动产品,资本本身也是长期积累起来的劳动,归根于劳动生产率的提高。

她认为,作为商品的资本,其价格与价值,也应同其他商品一样,最终应用劳动量来测量,应采用斯拉法的方法把它们"还原为有时间的劳动量"。

针对新古典学派将边际生产力与价格决定论结合在一起的做法,罗宾逊进行尖锐的批判。她认为,按照边际生产力论,企业家在一定的工资率下要雇多少人,取决于他生产的产品价格高低、所消耗的费用大小、贷款利息成本高低。纯产品是指企业家预计雇佣一名工人所增加的价值减去所需全部费用。如果说一个工人工资等于他本人劳动的边际纯产品,那么,为了测定这个纯产品,又必须计算他所生产的商品的全部生产费用。这是循环论证。

罗宾逊认为,资本边际生产力的概念是"形而上学"的。因为,机器等"资本货物"体现资本。这些设备蕴含技术,使劳动具有更高的生产力。怎么能从中给"资本货物"分离出资本的"生产率"来?况且利息是支付给货币所有者而不是给机器的,如何确定贷款与"资本货物"的"生产函数"呢?

现代生产越来越复杂,在多因素投入的情况下,要想区分每种生产因素的边际生产力是很难的。按照新古典学派的边际生产力理论,劳动、资本、土地等生产要素都可根据各自提供的生产力而"公平"地获得应得报酬(工资、利息和地租)。但要做到这一点,则要求三方都有"平等的谈判能力"以及每个集团内部都有"自由竞争"。但在现实经济生活中,很难满足这些条件。

罗宾逊认为,纯产品增加就是劳动生产率提高。若土地肥力增大,单产增加,则劳动边际生产力提高,地租应该下降。反之则相反。但这绝不是因为劳动生产率低于其他要素,而是由于劳动要素比其他要素更稀缺。所以新古典学派关于工资会自动趋近于劳动边际产品的说法,纯属是"形而上学"的。

5. 价格歧视

她把价格歧视称作是同一个厂商生产出来的同种商品按照不同价格售于不同买主的行为。她指出,价格歧视需具备的条件有:① 该厂商具有一定的垄断地位;② 该厂商能够为自己的同一种商品找到或人为创造出两个或更多的市场,且各市场的买者之间不可能转手倒卖;③ 不同市场的需求弹性必须不同。价格歧视与单一价格相比,哪一个更好,要取决于它们的产量比较。在她之前,庇古曾认为价格歧视下的产量等于单一垄断价格下的产量,并且价格歧视意味着消费者剩余减少,故价格歧视比单一垄断价格更坏。她通过分析确定两种情况下的产量未必是一致的,因此从增产这一点来看,价格歧视在一定条件下要优于单一垄断价格。这是罗宾逊对西方垄断理论做出的贡献之一。

四、垄断竞争理论的影响

在张伯伦、罗宾逊研究的起点上,后来有大量文献讨论垄断竞争的含义,分析资源配置、经济福利、税收、对垄断管制的公共政策、国际贸易以及收入分配。张伯伦准确地预言,他的理论挑战传统理论,改变人们观察经济制度的方式。他的思想和后来的有关文献促进人们理解许多问题,如价格刚性,固定工资会导致非充分就业和成本推动的通货膨胀。

他们的垄断竞争理论,其特点和可取之处是:① 用"垄断竞争"代替马歇尔的"纯粹竞争"的普遍假定;把"纯粹竞争"和"纯粹垄断"仅作为两个极端情况,这是符合垄断资本主义社会实际的。② 结论:在垄断竞争下,价格要高一些,生产规模要小一些,这也是符合实际的。③ 独创性地提出"销售成本"问题,包括它的"创造需求"和"增加需求"的功能,以及它与垄断竞争下的价值理论的关系,这在国际经济往来日益紧密、世界贸易和信息日益受到重视的今天,尤其具有现实意义。

垄断竞争理论虽有助于更好地理解经济运行,但仍有许多问题没有解决。由垄断竞争理论引起而尚未得到解决的理论问题,最重要的可能是寡头市场。在寡头市场中,厂商相互依存,一个厂商的行动将引起其他厂商的反应,从而市场中的所有厂商的收益和成本曲线将移动。这些似乎都会导致市场运行结果的不确定性。分析者的假定特别严格,就能建立起一些结果确定的寡头市场模型,但这将导致有多少寡头市场分析者就会有多少寡头理论。许多人认为,寡头市场近似于一个扑克牌游戏,各种战略和欺骗手段起着重要作用。所以,许多学者试图用博弈论去分析寡头市场,但还没有得到满意的结果。

第二节 福利经济学

一、概述

19 世纪末到 20 世纪初,是资本主义从自由竞争发展到垄断时期,也是福利经济学从萌芽到产生的时期。福利经济学是以一定的伦理价值判断为前提,对经济运行进行社会评价,以便确定经济体系运行是否符合增进社会经济福利目标的一种规范经济学,是衡量经济政策优劣的标准,也是制定经济政策的基础。其产生是以 1920 年庇古《福利经济学》的出版为标志的。

20 世纪 30 年代以后,特别是 1929～1933 年大危机以后,以庇古为代表的福利经济学由于以基数效用理论为基础,而效用是主观感受,难以用基数衡量,因而不能满足现实需要,遭到批判。随着对庇古的批判和福利经济学的发展,庇古福利经济学被称作"旧福利经济学"或"古典福利经济学",而庇古以后的福利经济学被称作"新福利经济学"或"新古典福利经济学"。在新福利经济学中,为区分卡尔多和希克斯等人的福利经济理论与伯格森和萨缪尔森等人的福利经济理论,有时称前者为新福利经济学的"补偿原则论派",称后者为新福利经济学的"社会福利函数论派",有时也称前者为"新福利经济学",称后者为"新新福利经济学"。

福利经济学的主要哲学基础是边沁的功利主义的两个原理:幸福最大原理和自利选择原理。边沁认为,追求幸福是人的天性。社会由个人组成,故社会利益只能以最大多数人的最大幸福为标准。每个人是他自身是否幸福的最好判断者,每个有理性的人都在谋求自身的最大幸福,这是人性的倾向。

马歇尔的"消费者剩余"概念是福利经济学的重要分析工具之一。消费者剩余是指消费者对某种商品所愿意支付的价格超过他实际支付的市场价格的差额。此概念直接来自总效用和边际效用之间的差额,因为边际效用递减,市场价格低于消费者为满足自己的欲望而愿意支付的价格,所以该消费者不仅在购买中得到满足,而且还得到额外的福利。

帕累托的"最优状态"概念也是福利经济学,特别是新福利经济学的重要分析工具之一。"最优状态"是指生产资源的任何重新配置,已经不可能使任何一个人的境况变好,也不可能使另一个人的境况变坏。根据这一概念,如果改革能提高每个人的福利,或者使一部分人的福利提高且没有人的福利下降,这种改革就是可取的;反之,如果改革使每个人的福利都下降,或者使一部分人的福利提高而另一部分人的福利下降,这种改革就是不可取的。

罗宾斯(1935)以效用不可用基数度量为据,严厉批判庇古的认识论基础。希克斯(1939)等以序数效用论为基础,引入 1913 年发表的"帕累托最优配置",使福利经济学进入新的发展道路。但现实生活中很难找到符合帕累托改进的政策。为了克服这种局限性,经济学家沿着两个方向努力。一种努力是由卡尔多(1939)、希克斯(1940)、西托夫斯基(1941)、利特尔(Little,1950)等人引入"补偿准则",通过引入受益者和受损者之间的假设补偿来拓展帕累托原则的适用范围。另一种努力是由伯格森(1938)引入、后经萨缪尔森(1947)给予发展的社会福利函数,力图说明"分配问题应该如何解决",从而给经济政策提供一种量化的目标函数。

阿罗(1951)对伯格森-萨缪尔森社会福利函数提出挑战之后,出现一大批探索社会福利函数性质的文献。这些文献集中讨论如何把个人偏好汇总为社会偏好的问题,也就是讨论在个人偏好给定的条件下应该选择什么样的社会状态的问题。阿罗的思想完善了伯格森-萨缪尔森的研究工作,进一步提出问题:是否存在着一种以符合社会普遍接受的道德准则的方式,从个人偏好之中推导出社会偏好的完美机制。阿罗的结论却是否定的。这一结论引起一些学者重新研究社会福利的判断基础问题。某些学者对阿罗不可能性定理提出不同的解释,拓展解决办法。还有一些学者力图以新的价值判断为基础来推导出社会福利函数,例如,以罗尔斯的《正义论》(1971)为基础的"最大最小"社会福利函数,以个人主义为基础的功利主义社会福利函数。所有这一类分析都是高度理论化的,但它们的现实意义是明确的,要实证地说明:经济学只能分析不同的分配方案会导致什么样的经济后果,因而只能以"既定的收入分配方案"为分析基础。至于这一"既定方案"则只能让社会上通行的道德准则来决定。换言之,虽然福利经济学第二定理表明,改变财富分配以改变市场运行的结果,从而改变帕累托最优的位置,以实现预期结果,但只有符合社会普遍接受的价值观的分配方案才行得通。

20世纪70年代以来,经济学家又提出次优理论、外部经济理论、相对福利理论、公平和效率交替理论及福利国家理论等,补充和发展了新福利经济学。

二、旧福利经济学

阿瑟·赛米尔·庇古(Arthur Cecil Pigou,1877～1959),剑桥学派最正统、最权威的解释者,1908年31岁时接替马歇尔,任经济学讲座教授,是当时剑桥校史上最年轻的经济学讲座教授。他对马歇尔推崇至极,宣称马歇尔学说囊括所有的经济学理论。代表作《福利经济学》1920、1924、1929和1932年连续再版,1952年第五版增加很长的附录,福利经济学从此系统化,形成较完整的理论体系。此书一直被视为"经典",庇古因此被称作"福利经济学之父"。

1. "福利"与福利经济学的基本命题

庇古的福利经济学主要分两个部分:一是根据边际效用价值学说提出一套福利概念,并把这种主观福利概念与国民收入联系起来;二是从国民收入的增加和国民收入的分配出发,推导出增加社会福利的各种因素。

庇古把"福利"分为两类:广义"福利"即"社会福利",狭义"福利"即"经济福利"。广义"福利"是指人们所能获得的全部福利,包括占有财富、事业成功、家庭幸福、精神愉快、享受闲暇、社会地位、友谊和自由等,统称为"社会福利",是人们对享受或满足的一种心理反应或主观评价的意识状态,它是难以计量的。狭义"福利"即"经济福利",是"社会福利"的一部分。它虽是主观评价,但可用货币计量,经济学研究的就是"经济福利"。

为了衡量经济福利,庇古运用边际效用基数论。个人经济福利即个人满足的总和,而满足来自商品的效用,因此个人经济福利就是由效用构成的。对效用的计量问题,边际效用论分为基数论和序数论两派。基数论者认为,可以用基数1,2,3,…来表示边际效用的绝对数值,并且可以在个人之间进行比较;序数论者持相反观点,认为边际效用是不可计量的,只能用序数第一、第二、第三……来表示效用水平的高低。庇古以基数论来建立其福利经济学。他认为,满足或效用可以用人们为获得它们而愿意支付的货币量来计量。庇古又认为,由于边际效用递减规律的作用,如果一个人的欲望不变,他所持有的某种商品越多,那么他对增加的单位商品量所获得的效用就会越少,因而他对增加的单位商品量所愿意支付的货币量也就会越少。既然效用的数量可以计算出来,则个人满足的总和,即个人福利可以计算出来。如同社会是个人的总和一样,社会经济福利是个人经济福利的总和。庇古认为,国民收入是个人有代价收入的总和加上可供分配的各种享受的新来源总和。可见,国民收入的增长就意味着经济福利增长。这样,庇古从主观福利论过渡到用国民收入来计算福利。他涉及国民收入理论的三个方面,即国民收入增加、国民收入分配和国民收入变动。

他的福利经济学有两个基本立论前提:一是以边沁的功利主义哲学为基础,人人都力图使自己的满足最大化,即"最大多数人的最大幸福"的"幸福最大化原理"。二是以主观边际效用价值论为基础,"收入的边际效用递减规律"成立。在这两个前提下,他得出两个基本命题:① 国民收入总量愈大,社会福利就愈大;② 国民收入愈是均等化,社会福利就愈大。

2. 社会资源的最佳配置

按照庇古的第一个基本命题,增加社会福利,就必须增加国民收入,而增加社会产量,就必须实现生产资源在各个部门的最佳配置。这样生产资料的最佳配置问题便成为庇古福利经济学的重要内容之一。

为了研究社会资源配置问题,庇古在马歇尔关于"外部经济"和"内部经济"概念的基础上,提出"边际社会纯产品"和"边际私人纯产品"两个概念。"边际私人纯产品"是生产者个人每增加一个单位投资所获得的纯产品,用货币形式表示,就是"边际私人纯产品"。"边际私人纯产品",即社会每增加一个单位投资所获得的纯产品,用货币形式表示,就是"边际社会纯产值"。二者的关系是,边际社会纯产值就是投资者所得到的边际私人纯产值外,再加上因这种投资和生产而使社会上其他人可能得到或损失的利益。如果在边际私人纯产品之外,社会上其他人还得到利益,那么,边际社会纯产值就大于边际私人纯产值,增加投资,扩大生产,就可以增加社会福利;反之,若社会上其他人的利益受损,那么,边际社会纯产值就小于边际私人纯产值,在此情况下,社会福利的增加有赖于减少此种经济活动。

总之,庇古认为,要使生产资源的配置达到最适宜的程度,必须使"边际私人纯产品"和"边际社会纯产品"相等,从而使"边际私人纯产值"和"边际社会纯产值"相等。然而,二者在通常的情况下是不等的。因此,应当由国家来进行调节,使之趋于一致。当边际社会纯产品大于边际私人纯产品时,国家应通过补助金政策扩大该部门的生产;而当边际社会纯产品小于边际私人纯产品时,国家应通过税收政策缩小该部门的生产。

3. 收入均等化

庇古接受马歇尔关于分配不均是资本主义制度的一个严重缺陷和希望采用不伤害人的主动性,不大大限制国民收入增长又可改善分配不均的方法,增加社会福利。根据边际效用递减原理,随着收入增加,货币边际效用递减。贫穷者的收入少,所以他们的货币边际效用很大。相反,富裕阶层的货币收入多,所以他们的货币边际效用很小。这样,把富人的一部分钱转移给穷人,就会增大货币的效用总量,社会福利总量也会增加,因为穷人所得大于富人所失,他的结论是,增加社会福利,必须实现收入分配的均等化。

庇古提出福利经济学的政策主张:向富人征收累进所有税、遗产税等;同时采取社会福利措施,如养老金、免费教育、失业保险、医疗保险、房屋供给等,将货币收入从富人那里"转移"给穷人,增加穷人所得,实现收入均等化,增加货币的边际效用,增加全社会的满足总量。

庇古认为,福利措施应当以不损害资本增值和积累为原则,否则就会减少国民收入和社会福利。在涉及转移收入的具体措施时,他认为"自愿转移"(即资本家自愿捐助)好于"强制转移"(即征收累进税和遗产税)。但"自愿转移"往往会少于社会所需要的收入转移量,仍需要强制转移。他把向穷人转移收入的办法分为两类:一是社会保险和社会服务等直接转移;二是间接转移,如对穷人最迫切需要的食品、住宅的生产单位及公共交通事业实行政府补贴,降低售价、租金和票价,使穷人受益。他还提醒,实行任何转移措施,都要防止懒惰和浪费。他认为,国家改变分配关系,能够避免无产阶级和资产阶级之间的对抗。

4. 非自愿失业

庇古的《工业波动理论》涉及经济周期问题,此书与《论失业问题》和《失业论》一道分析失业问题。在他早于凯恩斯的《论失业问题》中提出,现实社会存在非自愿失业现象,在第11章"国家减少失业的直接行动"中,提出国家调节生产和需求减少失业。但他坚持剑桥传统,强调市场机制不健全、竞争不充分、工资缺乏弹性以及劳动缺乏流动性。面对余波未消的资本主义大萧条,《失业论》仍固执地提出,自由竞争下,通过供求规律的自动调节,社会可达到"正常"就业水平。庇古指责凯恩斯对"老恩师马歇尔缺乏支持",严厉地批评《通论》的基本观点。凯恩斯也把他选为新古典学派的代表,进行回击。

庇古福利经济学的出现,标志着西方经济学的一个新分支产生。庇古以后,福利经济学发生演变,西方经济学界把庇古福利经济学称为"旧福利经济学"以区别于以序数效用论为基础的"新福利经济学"。

三、新福利经济学

新福利经济学从1939年希克斯的《价值与资本》出版开始流行,直到1950年"阿罗不可能定理"的提出为止。新福利经济学的基本概念和基本思想离不开帕累托的经济思想,所以,新福利经济学又被称为帕累托经济学。

20世纪30年代末,继罗宾斯之后,其他经济学家也都批判而没有完全抛弃庇古的福利经济学,对它进行修改、补充和发展,并建立起新福利经济学。

1. 新福利经济学的基本理论

新福利经济学反对旧福利经济学的边际效用基数论。他们认为边际效用不是数量概念,而是序数概念,只能用序数表示效用水平的高低。在边际效用序数论的基础上,新福利经济学提出与旧福利经济学不同的福利概念,认为福利是在自由选择条件下个人偏好的满足。新福利经济学的基本命题是:①"个人是他本人的福利的最好判断者";②"社会福利取决于组成社会的所有个人的福利,而不是取决于其他任何东西";③"如果至少有一个人境况好起来,而没有一个人境况坏下去,整个社会的境况就算好起来"。

福利经济学认为,经济效率是最大的社会经济福利问题。新福利经济学家特别是勒纳和霍特林等人论述经济效率。经济效率是指社会经济达到帕累托最优所必备的条件,包括交换和生产的最优条件,及生产与交换相结合的最优条件。交换的最适度条件是指在完全竞争条件下,当商品总量固定和消费者偏好既定时,任意两种商品之间的边际替代率对这两种商品的任意两位消费者来说都必须相等;生产的最适度条件是指在完全竞争条件下,当生产资源总量固定和外生因素不存在时,任意两种生产要素之间的边际技术替代率对用这两种生产要素生产任意两种不同商品的任意两位生产者来说都必须相等;生产与交换相结合的最适度条件是指在完全竞争条件下,任意生产者生产任意两种商品的边际转换率与任意消费者消费这两种商品的边际替代率必须相等。这样,新福利经济学家利用无差异曲线和契约曲线等边际分析工具,提出达到帕累托最优所必备条件,论证完全竞争可以使产量最大、组合最优,资源有效配置,并与消费者的消费数量和消费组合达到均衡,保证个人福利和社会经济福利最大。

2. 补偿原则和社会福利函数

前面提到新福利经济学有三个命题。对前两个命题,新福利经济学家的观点大体是一致的。但是,对第三个命题,即"如果至少有一个人境况好起来,而没有一个人境况坏下去,整个社会的境况就好了起来",新福利经济学家的观点出现分歧,并展开论战,争论的实质是检验社会福利的标准问题。

卡尔多、希克斯和西托夫斯基为首的"补偿原则论派",提出不同的福利标准和补偿原则。他们的核心论点是,如果生产和交换的任何改变使一部分人的福利增加而使另一部分人的福利减少,那么,只要增加的福利超过减少的福利,就可认为这种改变增加社会福利,是可取的。与之论战的是以伯格森与萨缪尔森为首的"社会福利函数论派"。他们认为帕累托最优条件是有用的,但帕累托最优状态不是一个,而是无穷多个。为找到使社会福利达到最优值的最优条件,引入社会福利函数,其有两个层次:首先是个人福利函数,其次是社会福利函数,且社会福利函数必须是个人福利函数的增函数。最优(公平的)国民收入分配是使社会福利达到唯一最优的重要前提条件。他们认为,帕累托最适度条件只是经济效率条件,而经济效率是社会福利达到唯一极大值的必要条件,公平(当然不是平均)分配是充分条件,只有必要条件和充分条件同时实现,社会福利才达到唯一的最优均衡状态。

四、帕累托最优

帕累托重新定义瓦尔拉斯的一般均衡分析,并提出帕累托最优、最适度或福利最大化的条件。后来,其他经济学家对完全竞争的产品市场和资源市场进行更为认真的数学证明,得到帕累托最优。即当没有任何变动能使一些人的情况变好而同时不会使任何人变坏时,就实现福利最大化。帕累托最优包括:最优产品分配、最优资源配置、最优产量。假定有两个消费者汤姆为A,格林为B;两种商品(面包和土豆)和两种资源(劳动和资本)的简单经济:

(1) 最优产品分配:A和B两人都有同样的两种商品间的边际替代率时产生的能使消费者福利最大化的分配。符号表达式为

$$MRS_{HP}S = MRS_{HP}G \tag{18.1}$$

公式符号分别代表A和B的面包对土豆的特定的边际替代率,它等于相应无差异曲线上特定点斜率的绝对值。假定A和B的这两种商品的边际替代率不一样,或具体说,A的边际替代率为5,而B的边际替代率为2。这意味着,A为了多得到1单位的面包愿意放弃5单位土豆,而B则只愿意以2单位土豆的代价来换取1单位面包。因此,边际上,A对面包的评价相对大于B的评价,而对土豆的评价则小于B的评价。于是,帕累托改进的基础就建立起来了。A可以用一些土豆来向B进行贸易(因为B对土豆的评价相对更大一些)而换回A评价更高的面包。交换使A和B都改善福利,提高两人的总福利。随着A得到更多的面包和B得到更多的土豆,A的边际替代率将下降,而B的边际替代率将上升。当边际替代率相等时交换将停止下来,这时已不存在进一步交换的可能了。因为这时任何一笔交换都将不再能够至少使一个交换者的福利得到改善而同时又不会使其他人的福利变坏。

(2) 最优资源技术配置:当面包和土豆生产中劳动(L)和资本(K)之间的边际技术替代率相等时,就达到资源使用的最优配置。劳动对资本的边际技术替代率就是在产出水平不变的条件下,单位劳动可以替代的单位资本的最大数量。表达式为

$$MRTS_{LK}H = MRTS_{LK}P \tag{18.2}$$

这里的符号分别代表面包和土豆生产中劳动对资本的边际技术替代率。

若两种要素使用的边际技术替代率不同,帕累托改进是可能的。假定生产面包的边际技术替代率是2,而生产土豆的边际技术替代率是3。这就意味着,维持既定的面包生产,1单位劳动只能代替2单位资本,在土豆产量不变的情况下,需要3个单位的资本才能替代1单位劳动。于是,边际上,生产面包比生产土豆的资本更有效率。投入更多的资本生产面包,可解放一些劳动生产土豆,这样从相同水平投入品的使用上得到更多总产量。资源增加造成产量增加将超过它们变动所造成的损失。一些人福利变好并没有使任何人的福利变差,这就是帕累托改进。

在这同一点上,要素投入的重新安排将会停滞,因为每种用途的收益递减将会引起增加

资源时的边际产品下降,而减少资源时边际产品将会上升。一旦生产两种商品的边际技术替代率相等,资源就不再进一步重新配置,因为将无法在不损害一些人福利的情况下有利于另一些人。

(3) 最优产量:若生产和分配满足帕累托最优条件,当面包对土豆的边际替代率等于土豆对面包的边际替代率时,达到最优产量。在边际转换率上,把生产土豆转换成面包,具有技术上的可能性。表达式:

$$MRS_{HP} = MRP_{HP} \tag{18.3}$$

假定边际替代率和边际转换率分别是 4 和 3。在这个比率上,两个消费者得到一个单位面包而愿意放弃的土豆单位数,超过这个比率,为得到一单位额外的面包而必须放弃的土豆进一步减产。在这个边际上,消费者的所得将超过社会的机会成本。只是在一种产品对另一种产品的边际替代率等于边际转换率的时候,才不再有增加一个人或者更多人的福利而又同时不会减少其他人福利的情况。

五、新福利经济学的新发展

(1) 次优理论。新福利经济学要求,只有同时满足全部帕累托最优条件,才能使社会福利达到最优。而实现这些条件,不是理论有问题,就是实践行不通,这就产生了福利经济学的次优(次好或次佳)理论。这样,能否通过满足原来没有满足的帕累托最优(仍未达到同时满足全部条件),使社会福利的次优状态更好,也就是说,能否通过这种方法使社会福利达到次优中的极优(大)值。

(2) 相对福利理论。20 世纪 60 年代以后,部分经济学家从福利的相对性出发,对庇古的两个福利命题,国民收入总量命题(即国民收入总量愈大,社会福利愈大)和国民收入分配命题(即国民收入分配愈平均,社会福利愈大),展开新的批判,形成相对福利理论:社会福利不一定随国民收入的增加而增加,个人福利也不一定随个人收入的增加而增加。不同的人都会在不同时间或地点因欲望满足而感到快乐,因欲望不满足而感到不快乐,所以无法确定福利水平的统一评判标准,即使是国民收入这个指标也不行。此外,相对福利论者对资源配置最优化和国民收入均等化观点也提出否定意见。

(3) 公平和效率。阿罗的不可能性定理证明新福利经济学只是一种空想,即在福利经济学提出"最大的选择自由"、"最高的经济效率"和"最公平的收入分配"三大社会目标中,经济效率与收入公平是对立的,是不可调和的。这就产生以弗里德曼为首的把效率目标置于绝对优先地位的极端观点,以约翰·罗尔斯为首的把公平目标置于绝对优先地位的极端观点和以亚瑟·奥肯(A. M. Okun)为首的公平和效率交替论的调和观点。弗里德曼夫妇认为,经济自由才能提高效率和全社会的福利水平。因此,效率第一的分配原则才是公平的,而政府强制实施的收入公平政策是不公平的。即使讲平等,也只能讲人身平等和机会均等,而不能讲收入平等。最好的制度就是完全竞争的市场机制,政府不能干预,只能采取自由放任的经济政策。罗尔斯在《论公平》中说:"全部社会价值……应该被平均分配,除非某种不平均分配……是对每个人都有利的。"奥肯的《公平和效率——大交替》提出公平和效率交替理论:在公平和效率发生冲突时应该坚持调和。有时为效率要牺牲一些公平,有时为公平要牺牲一些效率,即公平和效率的交替,但是,任何牺牲都必须是增进另一方的手段。

(4) 外生经济和外生不经济。当产品是公共品或收益递增时,完全竞争将不会导致资源的最优配置。美国经济学家莱夫特威奇在第 15 版《价格体系与资源配置》(1973)一书中证明,如果在一种产品的生产存在外生经济或其他外生因素,则生产契约线就不再代表最大效率的资源配置。

(5) 福利国家理论。政治上,认为现代资本主义国家已发生质变;经济上,福利国家的主要内容是混合经济、充分就业和最低标准等。只有国家干预经济,建立混合经济,才能充分利用资源,提高生产效率,实现经济稳定增长,保证个人福利和社会福利的最大化。在摩擦失业、自愿失业和非自愿失业三个失业范畴中,只要消除非自愿失业,就算达到充分就业。

一般均衡分析使实现社会资源的帕累托最优成为可能,有利于探究以社会经济福利和资源最优配置为考察对象的福利经济学。同时,阿罗和德布鲁专门探究了福利经济学的核心问题:社会真实经济福利,即适当环境中完全竞争能够产生最大化静态效率的课题。另外,福利经济学对市场缺陷的合理分析也是20世纪中期微观经济学的重要创新。

本 章 小 结

20世纪二三十年代以来,微观经济理论方面出现张伯伦的"垄断竞争"理论和琼·罗宾逊的"不完全竞争"经济学以及对需求理论的修改、补充。帕累托对福利经济学加以完善。

思考题

1. 评述垄断竞争理论。
2. 评述比较张伯伦与罗宾逊的垄断竞争理论的异同。
3. 新旧福利经济学的联系和区别是什么?

名词

纯粹竞争　垄断竞争　不完全竞争　福利经济学

第十九章 演化经济学

本章重点
- 演化经济学的基本理论
- 企业演化理论和制度演化理论

第一节 概 述

现代主流经济学一直使用古典力学作为其研究框架和分析方法,并愈来愈向在假设的基础上构建数学模型的方向发展。然而,一个多世纪以来,自然科学发展突飞猛进,加上传统的主流经济学对现实解释的困难,更新经济学的自然科学基础就迫在眉睫了。尤其是随着 2008 年金融危机的爆发,一些经济学家开始对主流经济学的均衡分析范式产生质疑,将目光转向演化范式。他们试图以生物学作为自然科学基础构建新的经济学理论,将生物学的基本概念和方法引入经济学中,对现实社会经济及其发展做出解释。这是演化经济学的基本特征。并且对于经济学而言,生物学方法要比古典力学方法更加适合,更具有优势。霍奇逊(G. M. Hodgson,2007)指出:"经济学研究的对象是人类社会,人类是有主观能动性的生物,有创造和改变的能力。"生物学则具有综合性研究方法的优势,"生物学思想之所以与经济学相关的另一个极端重要的理由是,经济系统和生物系统都是极为复杂的系统,都拥有繁杂的结构和因果关系,既包含连续的变化,也包含极大的多样性"。

一、演化经济学形成与发展阶段

1. 形成

经济学中演化的思想早已存在,但其一度与臭名昭著的社会达尔文主义、种族主义、精英主义和殖民主义相联系,在 20 世纪初曾遭到唾弃。1950~1960 年经济学的演化思想经过短暂的复兴后,囿于方法论,又再度陷入沉寂。自从 20 世纪 80 年代以来,演化的思想在经济学界又逐渐兴盛起来,其主要原因如下:

首先,主流经济学理论危机。居主流地位的新古典经济学方法论和认识论长期借用力学原理来解释经济现象。正像物体受合力的作用最后达成平衡一样,所有经济人的理性行为,经过市场各种力量的调节,最后都能使经济系统达到平衡。经济人是完全理性、精于计算的。新古典经济学的基础——均衡论和理性选择理论难以解释现实中的许多现象。许多经济学家认为理性选择依赖的是理性学习,而不是计算能力,至于这种学习行为能进行到何种地步,还得受制于社会价值、常规、信仰、习惯和实践,他们同时也认为参与经济活动的人毕竟是活生生的生命,而不是无生命的粒子和星体,经济系统从内部性质和结构到外部形式都处在不断演化之中,研究这样的由生命组成的动态系统更应在生物学中寻找类比物。

其次,生物学发展。人们发现人类文化的产生、传播、扩散、变迁与基因产生变化的过程非常相似,将演化理论应用于人类文化和社会演化过程的研究取得了丰硕成果。1982年,美国纳尔逊(R. Nelson)和温特(S. Winter)的著作《经济变迁的演化理论》一石激起千层浪,使演化思想再度受到关注。经过30多年的发展,演化经济学逐步形成一些系统的理论。

演化经济学内部门派庞杂,新制度学派、新熊彼特学派、新奥地利学派、法国调节学派等都自称是演化经济学派,还有一些使用演化博弈论、非线性力学理论为经济分析工具的经济学家也自认为属于演化经济学派。其主要的研究领域是:① 企业组织演进;② 经济制度变迁;③ 经济增长;④ 组织生态学。除实证分析和规范分析外,演化经济学所用的分析方法还有演化博弈论、非线性分析方法(包括超循环论、耗散结构论等自组织理论)、计算机模拟技术、实验经济学等多种方法。

2. 演化经济学的发展阶段

第一,演化经济学萌芽时期。斯密、马克思等学者都对"演化"进行过论述。如马歇尔提出的"生物隐喻"成为现代演化经济学中很流行的词语。凡勃伦是第一个将"演化经济学"作为专业术语使用的经济学家。

第二,旧演化经济学时期。熊彼特是绝大多数现代演化经济学家所公认的主张运用演化思想来研究资本主义长期发展的倡导者。熊彼特深受马克思和恩格斯动态观的影响,吸收了马克思企业间竞争推动资本主义进化的观点,但其动态演化观与马克思不同,而且是不彻底的,他受当时兴起的新古典经济学影响,是在新古典均衡框架下进行研究的。熊彼特之后的20世纪50~70年代则是演化经济学的黑暗时期。

第三,现代演化经济学时期。纳尔逊和温特于1982年出版的《经济变迁的演化理论》被视为现代演化经济学发展的里程碑。但演化经济学从来没有撼动新古典经济学在美国的主流地位,演化经济学兴盛于欧洲。目前,演化经济学在欧洲形成以英国、德国和荷兰为主,各国学者特别是亚洲的日本和中国学者普遍参与的局面。其是在批判以新古典为主体的主流经济学过程中发展起来的,是在主要针对主流经济学的方法论基础的批判中兴起的。经济学中存在一个明显的"历史主义—制度主义—演化主义"研究范式的脉络与演进,这种通过历史视角、制度结构和社会演进的动态框架来把握和分析经济现象的研究范式,一直是与主流经济学对立并存的,目前流行的演化经济学就是这一研究范式的延续。

二、演化经济学学术渊源

一般以为社会科学的演化思想源于达尔文,但实际上演化思想早已存在于社会科学中,并影响了达尔文。以生物学为方法研究经济学,演化经济学的学术起源被认为起始于马克思,灵感则源于熊彼特。在马克思主义经济理论中,无论是对生产资料和生产过程的描述,还是对资本主义是一个历史阶段的论述,都被认为是对达尔文演化(进化)思想的一种应用。

哈耶克(1982)说:"文化演化的思想无疑久远于生物概念的演化,查尔斯·达尔文是通过其祖父伊拉斯莫将贝尔拉德、曼德维尔和休谟的文化演化概念运用到生物学的。"马尔萨斯的有限资源竞争的经济模式以及斯密的劳动分工理论也都曾深深影响过达尔文。1859年《物种起源》成为人类思想的催化剂,对自然科学和社会科学的影响至深至广。但马克思的制度变迁理论不是达尔文式的"渐进主义",而是强调社会制度的革命式突变。制度经济学创始人凡勃伦曾想建立后达尔文主义经济学,运用生物进化论的概念和隐喻来构建经济理论。他于1919年发表《经济学为何不是演化的科学》一文,认为经济发展过程应用进化论的思想来解释。他认为,由于制度和惯例具有相对稳定性和惰性,在社会的演进过程中具有类似于生物学基因的作用,社会结构的演进制度上具有一个自然淘汰的过程,"制度的自然选择"和"思维习惯的自然选择"类似于达尔文的物种自然选择。受斯宾塞的影响,马歇尔认为:"经济学家的圣地在经济生物学而不在经济力学。"对演化经济学影响最直接的熊彼特认为,资本主义本质上是一种动态演进的过程,企业家创新是经济增长的源泉和推动经济系统演进的直接动因。人类社会的演化也是根植于过去的经验、传统和习惯模式,通过企业家对有效技术的选择(这种选择根植于日常生活),带动人类的新价值体系和理念的形成,进而推动社会的向前演化。这种技术的创新过程内生于人类的演化过程之中。熊彼特认为,企业家的创新活动是引起经济周期的一个内生因素,创新类似于生物学的"突变",经济创新的过程就是不断破坏旧结构、创造新结构的经济发展过程。资本主义的发展进程不是渐进的,而是创造性的毁灭过程。奥地利学派创始人门格尔认为,社会制度并不一定是经济活动个体有意识行为的结果,而是社会群体的非意识性行为的结果。哈耶克继承他的思想,其"自发秩序"理论认为社会秩序自然进化的结果是最后达到完美境界。

第一,发育型。最显著的代表是马克思将历史由低到高分为五个阶段:原始社会、奴隶社会、封建社会、资本主义社会、社会主义社会(最后达到共产主义社会)。这种演化阶段论如同生物按照某种规律生长发育一样(从出生、成长、成熟到死亡),注定要通过不同阶段,最后必然到达一个无阶级的平衡状态,但这不是达尔文意义的进化。达尔文认为,进化结果是难以预知的,未来社会变化的性质和形式是难以确定的,进化不具有任何预先决定的目标。

第二,基因型。根据基因解释经济系统的演化。基因是生物基因,又是人的习惯、经济个体、组织规则、社会制度甚至整个经济系统。基因演化又分为个体演化和系统演化。个体演化研究一个特定有机体如何从一套给定和不变的基因发展而来。大部分方法论个体主义的研究是个体演化,如斯密是以性格、动机和情操都假设不变的个体经济活动者为出发点来分析一个经济体系发展的,这些个体可被视为社会基因。马歇尔和熊彼特关于动态的类型虽不同,但按其分析方法也都属于个体演化。斯密和马歇尔的"演化观"是连续、渐进的,而熊彼特认为创新能使演化产生飞跃。系统演化是研究一个群体如何不断进行演化的,其组成部分和基因群都在变化。如马尔萨斯演化分析的主体是一个种群,由个体组成的基因库(人口)是在不断变化的,一些个体得以繁殖并繁荣,而另一些个体却消失。凡勃伦将具有惰性的习惯、本能和常规视为基因,认为演化是积累因果的过程,其中所有的成分都在改变,他反对演化可达到最高点和最终阶段的观点,认为演化是盲目的,没有最终也没有完美。

三、现代演化经济学的基本观点

演化经济学的基本特征在于借用生物学的方法来研究经济学,但是,目前其还没有形成一个完整的学科框架,也没有形成一个统一的理论体系。

1. 分子观

脱氧核糖核酸(DNA)作为地球生物的主要遗传物质,包含着生命体的所有信息;基因作为唯一能够自主复制、永久存在的单位,其生物学功能是以蛋白质形式表达出来的,其中心法则是遗传信息传递过程简练的总结。这些生物学的基本观点在演化经济学中得以应用,以下是其中的几种代表性观点。

(1) 基因说。达尔文的进化论重在"自然选择"理论,而早期演化经济学者也主要使用达尔文进化论研究经济学。随着生物学发展,达尔文"自然选择"论与孟德尔的"群体遗传学"综合,之后又与分子遗传学综合。这拓宽了"生物进化论"的研究层次与深度,使之发展到"综合进化论"阶段。与"综合进化论"相对应,现代演化经济学在分析中引入"基因"这一基础概念。这两个标准构成霍奇逊主张的 NEAR 演化经济学,即"接纳新事项,反对还原论(Novelty Embracing, Anti-Reductionism)"。

(2) 惯例说。纳尔逊和温特在 1982 年《经济变迁的演化理论》一书中认为,经济行为中的演化是"惯例性"的,而不是"理性选择"或是"市场自然选择"的结果。其前提是,经济主体现行的惯例会随着时间的推移而具有相对的刚性,这种惯例性行为就可以当作"基因在经济学中的对应物"。由此,演化是沿着惯例进行的,而不是沿着理性方向进行的。

(3) 企业遗传理论模型。以分子遗传学中 DNA 的结构和中心法则为模板,构建企业遗传理论模型,研究企业及其发展。有两种代表性模型:① 企业蜕变理论模型。高哈特等(1998)借用遗传学中染色体和基因的概念,将整个企业视为拥有 12 对染色体的有机生命体"生物法人",企业的目标就是让众染色体的追求协调一致。这 12 对染色体的功能分为 4 种:重新规划、重建组织、重振活力、自我更新。② 企业 DNA 模型。根据生物遗传学中的 DNA 结构构建企业 DNA 模型,它由 4 个要素组成:组织架构、决策权、激励机制、信息传导。这犹如生物 DNA 的 A、T、C、G 等 4 种碱基组合,形成了显示独特性的企业 DNA(Neilson,2004,2006)。但是,C. Verschoor(2004)认为该模型仍有不足,主要原因在于没有包括企业文化。另外,在生物体的 DNA 结构中,DNA 双链是由 A—T、C—G 互补成键形成的,而企业 DNA 中的四要素不是两两互补而是层层递进的。

2. 生理观

生理学的主要研究范畴是生物体的组成架构、组织和器官。以 Witt(1997,2009)等为代表的新奥地利学派中的演化经济学者突出强调主观知识对新奇的重要性,并提出用自组织理论替代达尔文主义。他们认为,"自组织理论……为演化过程提供一种抽象的和一般的描述"。自组织理论首先是在非平衡热力学中由普利高津等发展起来的,主要是指所需要的部分或全部组织过程信息由构成组织的个体自己来提供的一种组织过程。Foster(2000)认为,自组织是指对能量、物质和信息进行系统处理的一种原理。尽管经济自组织和生物自组织具有共性,但二者并非同一。皮里坎(Pelikan,2005)将自组织定义为共同执行某种(些)功能相互联系的经济主体集合。一定意义上,所有进化都有其共同目标:为了更好地生存。

3. 生态观

生态学是研究生物与环境、生物之间相互关系的,以种群、群落和生态系统为中心的宏观生物学。环境生态学和行为生态学被引入经济学,用以发掘人类进化历史中表象和理念的根本原因(Hammerstein,2008)。

(1) 多样论。J. S. Metecalfe 在《演化经济学与创造性毁灭》(2007)一文中力图说明世界经济的变迁是因其包含多样性。他认为任何类型的创新都是历史变迁的驱动力,并且创新驱动的经济过程是开放的。实际上,如同多样的地域环境,不同的国家或地区的资本主义外在表现形式自然会具有多样性的不同表现。他还以企业的发展为对象研究企业结构的演化与变革过程,认为演化是充满连续结构变迁的经济世界,这种结构变迁是内部驱动的结果。

(2) 崩溃论。C. Perez 在《技术革命与金融资本——泡沫与黄金时代的动力学》(2007)一文中以演化经济学的视角对技术革命与金融资本在资本主义危机周期中的作用及表现进行技术层面的研究,并得出结论:资本主义社会每隔 40~60 年必然发生一次崩溃,并给出范式。作者认为,危机是矛盾尖锐化,在此过程中,技术发展与革命是竞争客观促成的,金融资本发展愈加证明资本与生产分离的加剧,同时愈加使资本主义矛盾加剧,最后造成崩溃。技术变革的周期和固定资产的更替周期会对危机的爆发有短期或长期的影响。

(3) 博弈论。最佳觅食理论、演化博弈论和生态学的其他专业领域在经济学中的使用令人惊喜。由 Smith Price(1973)提出的演化稳定策略与由 Taylor Jonker(1978)提出的模仿者动态(RD ESS)构成演化博弈论最核心的一对基本概念,它们分别表征演化博弈的稳定状态和向这种稳定状态的动态收敛过程,ESS 概念的拓展和动态化构成演化博弈论发展的主要内容(方齐云,2005)。当前流行的制度博弈分析许多集中在解释和证明某种制度存在的效率上,这既包括某种制度得以自我实施的均衡机制,也包括多种制度并存时某一种制度能够占优的机制(黄凯南,2010)。而各种制度间是互相关联、互补,而且始终并存。蝴蝶效应和棘轮效应广泛存在于制度演进的机制中。事实上,其本身就受着参与者自身认知及状态的影响,参与者作为一个有主观能动性的意识自主的生物,势必会受到各方面演化过程的影响。

演化经济学特征如下:

首先,主要研究经济系统的动态性,如经济组织的产生和演化的淘汰机制、淘汰机制的内在动力以及随机因素对经济组织演化的影响等。其承认均衡存在,但认为均衡是暂时的,并非是经济系统的本质形态,经济系统的本质是充满冲突、不断进化的。

其次,普遍借用生物学的术语、概念和理论(如使用基因、突变、自然选择等术语)。演化经济学反对主流经济学将经济活动的系统视为机械的力学系统,认为基因类比物(惯例、制度)随环境变化而发生变异,会通过文化机制或学习机制传给下一代。

再次,反对完全理性的"经济人"假设。其理由主要有两条:一是非理性行为不仅存在而且占据重要地位。人的认识和思维过程是一种复杂、多层次的结构,而行为本身又是根据不同思维层次发生的非理性行为。此外,习惯存在不同类型,可分为条件反射行为和本能行为。由于社会的复杂性、未来的不确定性和人的计算能力有限性,人的行为更多表现为遵从习惯、服从规则,而不是连续的理性计算。习惯和规则对人的行为影响是重要的,每个人生命的大部分时间是适应历史传递下来的模式和标准。他们并不排除理性,只是认为理性仅仅是认知结构的一个层次,其也是由思维习惯所指导和形成的。二是人的偏好不是固定的,个体存在于一个进化的社会文化中,文化不仅同义于社会制度整体的结构,而且文化塑造人们的偏好,偏好不是自然的,而是处于一个不断变化的适应过程中。偏好是由学习形成的,通过学习文化塑造人的行为和偏好,只有一些基本偏好(如饥渴)是固有的。

最后,强调时间是不可逆的。新古典经济学的均衡没有时间因素,认为只要市场充分发挥调节作用,经济系统的变动最终将回到均衡,所以经济变动过程无足轻重,经济调整被假定为瞬间完成。但演化经济学认为个人与社会是与时俱进的,且难以回到原始状态,个人或组织目前的行动和决策将对经济系统的未来结构及其变化路径产生影响。他们认为新古典经济学的均衡概念非常空洞,过去是已知的,但未来都是未知的,社会发展的目标并不明确。

第二节 理论体系

一、企业演化理论

1. 企业性质

演化经济学认为,企业在竞争环境中存活的条件是有正常利润的,企业能否通过选择而生存依赖于其能力。作为生产单位,企业进行投入和产出的组织和决策是在一定的知识状态下完成的,知识状态表现为做事的方法。新古典经济学假设企业在知识状态给定的情况下进行生产和经营,而演化经济学认为若不解释知识状态就无法理解企业的能力。知识状态在个体层面表现为企业成员的四类技巧:接受培训中获得的专业操作性知识;训练而形成的熟练技巧知识;职业生涯中获得的各种经验;默示知识。与系统知识相反,默示知识是没有符号化的知识,不容易被传播、复制和储存。对企业成员而言,技巧已内生化,他们在工作中自动运用技巧,不涉及深思熟虑。技巧在一定程度上体现企业成员的能力,成员能力在企业内部的配置状况决定企业的生产和组织的效率。企业的组织能力由其成员的能力通过各种机制整合而成,包括:① 组织结构,依据企业的目标和企业内部各成员的能力进行分工。如公司的最高权力机构是股东大会,股东大会授权给董事会,董事会控制总经理,总经理领导各个职能部门。② 资源获取和退出的渠道。如企业从资本市场获取或撤出资金,从劳动力市场聘用和解雇工人。③ 认知机制。体现为惯例是演化经济学重要概念。纳尔逊和温特(1982)将惯例定义为做事的程序和方式。他们认为,企业是由一套惯例组成的。复杂惯例可分解为多个子惯例的组合。如做蛋糕的惯例包含很多子惯例,如涂抹、搅拌和烘烤。组织惯例等同于企业成员的技巧,是一套固定的程序。其包括很多内容,从生产的技术规则、雇用和解聘的程序、采购、存货到增产、投资、研发、广告等商业行动和战略。惯例在组织中的功能可通过技巧对个体的作用来理解。组织惯例是在企业演进中获得的,并从一个时期到另一个时期被复制和发展。惯例包括默示知识和系统知识,依据惯例行事能节约决策成本。不同企业的组织惯例虽涉及一些独特因素,但情况相同,其核心是相似的。多数企业采用的惯例差别不大,不同的是它们发挥和作用的技巧。如蛋糕配方不变,有人用手,有人用搅拌器搅拌。为使惯例的操作更有效,组织成员要有共同的文化认同。企业能否在竞争的市场环境中生存,依赖于企业核心能力所产生的效益与所需要的成本之比。

2. 企业演化

(1) 企业演化的三个机制:变异、维持和选择。任何企业都要经受市场选择,同行企业的数目和种类越多,市场选择就越严格。企业根据核心能力和市场环境进行收缩和扩张。短期内,收缩和扩张由于信息不完全和机会主义行为,决定于企业合约缔造者的信息成本。长期内,企业是遵循惯例行动的。惯例储存知识和个人技巧,具有"记忆"功能,类似于生物基因,是企业信息、默示知识和系统知识的载体。企业的特征通过惯例被一代代继承。由于惯例的稳定性和惰性,企业一般是稳定的,但惯例也可能发生变化,如同生物突变。这可能有利也可能不利,如科技创新是有利于企业的一种突变,而关键人物的离开可能是不利的。若企业在一定时期获得满意的收益,其一般就会安于现状。若企业对其业绩和现状不满意,就会搜寻更为有效的惯例。这种搜寻是对竞争环境做出的适应性调整,搜寻结果是不确定的,不能保证搜寻最终会找到更有效的惯例。通过比较,发现所找到的惯例优于现有的,企业才会采用新的。惯例搜寻主要是为了探究企业行为和生产方式的革新或发明。搜寻会带来企业核心能力的变化,搜寻到好惯例的企业将能控制更多的资源和拥有更多的发展机会。

企业有两种搜寻方式:开发新的,即创新;采用现存的,即模仿。创新比模仿更费时费力,但潜在回报更高。两种情况都需要搜寻成本,尤其是研发费用。这些成本随着搜寻难度的增大而增加。发现更好的惯例依赖于研发与其搜寻成本。搜寻投资的多少依赖于所搜寻的惯例特征和企业投资的意愿与能力,投资的意愿和能力在很大程度上依赖于企业盈利能力。大企业的研发投入多于小企业,更有可能发现好的惯例。大企业同样更可能从新的和更好的惯例中受益,其比小企业的竞争优势更多。在改变原有的惯例时,企业领导者必须对相关人员进行劝说、协调和交流,以利于新的组织惯例的推行并形成新的组织能力。

除搜寻行为外,学习也能使企业发生突变。学习首先影响个人技巧,然后影响企业惯例,最后企业间的惯例不断相互影响,使得最适应环境的惯例得以保留。企业竞争的条件、宏观经济结构、制度变迁也是企业发生突变的因素。各种因素对企业演化的影响程度是不同的。除变异机制外,企业演化如同生物进化一样也存在淘汰机制。与自然选择不同,企业演化的淘汰机制受内部条件和外部环境的影响,诸如企业的组织能力、研发投入、创业历史、激励机制、资源配置方式、市场状况和对手竞争程度、科技发展、宏观经济状况等。企业在组织技术上差异不大,但外部环境的波动会带来快速变异,采用适当惯例的企业将存活。企业的演化趋势是由低到高的,企业因适应外部市场环境而发生的变异将被保留下来。

(2) 企业演化的结果:最适者生存。关于企业演化最大的争论就是演化究竟能否产生最优。弗里德曼(1976)认为,在竞争的演化过程中,经过自然选择,最后存活的企业必定是最优的。阿尔钦(Alchain,1950)认为,企业即使没有要求最大化利润,但自然选择使得更有效率的企业得以生存,最优的不在于动机,而在于结果。而演化经济学认为,企业演化并不能产生最优和效率,优胜劣汰和劣胜优汰同时存在,他们主要列举如下理由:

第一,多样性和出错。选择需要许多种类,没有种类就没有选择,也就没有演化。同时,选择的过程是一个不断出错的过程,没有效率的结构确实随时存在。如在同一种行业中可能同时存在着大量的具有不同生产能力和不同盈利率的企业。

第二,繁殖。自然选择虽是有利于繁殖力强的物种胜出,但这些物种并非是最优的。一些企业成为市场主导,不是效率的原因,而是规模的结果。

第三,路径依赖。演化常常依赖于其通过的路径,特别是初始条件,其很可能将演化带入次优和异常道路。阿瑟(Arthur,1999)认为,当出现递增收益、边干边学和网络效应时,发展初期居于优势的企业往往容易被逐出市场,难以保证市场选择的就是真正的最优。

第四,锁定。演化过程可能由于内因驱动和导向被锁定在固定轨道上,一些影响可能将系统推出轨道,但最后又会回到原来的路径。埃弗里特和明克勒(Everett and Minkler,1991)的研究表明,西方工业体系的发展最初是受拿破仑战争和美国国内战争军事结构的影响,战争环境推动工业组织普遍采用军队的科层形式来管理劳动力。其他更有效率的组织结构虽然存在,但由于"转换成本"的限制,直到现在,科层企业仍是工业组织的主要形式。

二、制度演化

1. 制度

纳尔逊和温特(1982)认为,制度是相关社会群体认同的规范和标准。新制度经济学认为制度是一个群体中被广泛接受的行为习惯、秩序。演化博弈论经济学家 Shubik(1975)认为制度是博弈规则,制度的重要性在于:其是人们相互交往的行为底线,是在博弈参与人的共同知识背景相同的情况下,参与人可预见他人的行为;其能排除或阻碍成本高昂的行为,同时鼓励有效率的行为。现代奥地利学派认为,制度是一个社会中被广泛使用和认同的操作,是人类行为无计划的结果,是自发出现的。但 Schotter(1981)等认为,制度就是纳什均衡,是被有意识选择的博弈规则,当出现多个博弈均衡时,制度是博弈进行的方式,信念、预期和路径依赖影响制度的演化。演化经济学认为制度的特征是:大量的人去做;使这些行为呈现反复、稳定和可预见的规则;存在习俗使这些行为与规则合理化并被普遍接受。制度的功能可归结为两点:① 创造选择和限制选择。制度隐含"你可"和"你不可",提供机会又强加限制。演化经济学的制度定义强调社会规定,尽管人的行为存在随意性,但在一个社会中所有行为最后都服从于社会规定或禁令,特别是对所有有目的的行为,社会规定允许的和禁止的,对的和错的,赞成的和反对的。② 使人的行为可预见并使人从不断决策和选择中解放出来。制度对社会和文化的影响,如同人的本能一样。与动物相比,人的行为是可变或"具有弹性"的,对变化的环境是适应的。人的行为对变化多端的环境可做调整适应,但也产生一些问题,其导致人的行为不确定和不断地为如何行动做决策。制度使他人行为可预见并缓解不断决策和选择的问题,因为制度使人们可确定其他人将如何回应他人的行为,使他人理解其行为并做出反应。制度的功能类似于语言,规范人的思想,并塑造人们生活的世界:人们相互交流、沟通、理解,即一起规范思想、认同一个实在世界;语言允许思维自由,但不允许语法表达的任意发挥;语言也是一个历史的集体行动,是集体历史的结晶。

2. 制度演化

(1) 特点。演化经济学强调,要分析制度是如何出现的,也要解释其是如何演化的。其认为,制度具有稳定性,是经济系统演化的基因。像生物基因一样,制度决定经济系统的表面特征。演化经济学认为,制度发展是缓慢、连续的,但偶尔也会发生突变。在无突变的情况下,制度会在世代间不断传递,经济系统的演化进程可被事前预测。但与生物进化相同,制度变迁也存在随机性,制度的演化进程随时有可能被扰乱,从而产生变异。突变的产生使人们难以对经济系统的演化进行事前预测。使制度产生突变的因素有:外部冲击,如战争和外部竞争;内部变异,如制度的创新和模仿或制度移植。突变使制度的演化进程间断。制度演化没有最终和最后的阶段,其演化是复杂、不确定的,变迁中充满不确定因素,变迁的前景难以完全被预测到,人们只能知道变迁的概率范围。制度最终向哪个方向演化依赖于许多具体的环境,不一定是朝着最优的方向演进。

(2) 制度演化的四种机制:① 复制或遗传。惯例等就是社会有机体的基因组织,它们通过模仿而传递,但与生物演化不同,惯例突变即创新是有目的的而非随意的,获得的新惯例是可以遗传的。② 变异或新奇创生。有目的地创造新奇和多样性是人类社会演化最重要的特征。新奇创生是现有要素新组合的结果,是路径依赖的。③ 加速。频率依赖效应会产生报酬递增和自增强机制,使创新快速扩散。④ 适应性。这是指对以往有最频繁回报的选择做出更为频繁的回应。适应性学习与自然选择虽有共同之处,但更有根本区别。

(3) 制度进步的制约因素。制度是静态的,也是动态的。前者会阻碍制度变迁并会使制度的演进锁定在某个发展路径上,意识形态、信仰体系或文化认知模式是制度静态的一面。具体包括:

第一,容纳技术的知识存量。社会积累的知识存量的宽度和广度形成进步的制度变迁基础,知识存量越大,制度变迁的可能性越大。技术随着人类的发明累积而增加,而如何将知识存量中尚未加以利用的技术引入经济则依赖创新,创新决定制度变迁的速度。

第二,社会成员的理解力和适应力。其影响新事物的吸收和扩散速度。制度创新和移植都要求社会成员的思维和行动做出积极的反应。若进步制度变迁产生,那么就必须存在一些社会机制有利于思维和习惯的变迁,如文化教育体系就是这样的机制。

第三,破坏最小。要使进步的制度变迁方向和速度合理,必须考虑到最小破坏的原则。制度变迁中制度结构的破坏是不可避免的,制度要素间是相互依存的,制度变迁将会产生效率损失。只有社会行为模式破坏程度最小的才是进步的制度变迁。

(4) 制度变迁、技术和经济增长。纳尔逊和萨帕特(Sampat,2001)认为,技术分为社会技术和物质技术,社会技术是涉及人们交往的模式,物质技术是资本和劳动力的配置方式。制度是规范化和标准化的社会技术,不是所有的社会技术都能成为制度。经济增长源于物质技术和社会技术的共同演化。不同物质技术有不同的机制,并通过不同结构维持。然而,一旦其被制度化,就成为做事方式,成为约束。有效的制度和有效的物质技术,都规定做事的路径。缺乏一个有效制度化的社会技术,做事的成本将很高或根本就没法做事。

在经济演化中,创新是演化的关键。创新越多,经济越有活力。没有创新,经济将停滞,没有增长。创新包含物质技术创新和社会技术创新。新的制度化的社会技术需要新的法律、新的组织形式和新的预期。新的社会技术和它们支持结构的出现源于需要,新的物质技术需要新的社会技术,社会技术一旦流行并被广为接受就成为制度。纳尔逊用美国制造业的发展历史分析制度变迁、技术和经济增长的关系。19世纪和20世纪前半叶,美国制造业快速增长,是新技术带来的。如铁路和电信的发展使市场扩大;新机器出现和炼铁等技术的提高,又扩大生产资本的规模以及促成专业管理;新的技术导致新的组织,充分利用规模经济和范围经济,新的商业组织模式出现,所有权和经营权分离,职业经理阶层出现,新的融资机构和市场出现,培养专业经济人才的商学院出现,新的组织结构重塑共同的经济信念——资本主义理念。制度变迁在一定范围内是由物质技术引起的。若社会技术能调整自身,那么技术变迁的扩散力和吸收力是巨大的。流行的社会技术决定物质技术演化的方式,物质技术和社会技术是共同演化的。制度变迁过程是一个技术试错过程,也是一个文化演化过程。制度改革是为了鼓励采用优秀的物质技术,并为物质技术的应用和推广创造条件。

第三节 政策、作用与现存问题

一、政策

社会知识存量越高,技术创新的能力越强。政府应重视教育机构的发展和社会成员整体素质的提高,应在技术创新、教育和资源配置等方面加强干预;同时,为促进创新,必须重视知识产权的保护。政府要供给有利于技术创新和扩散的制度。

主张渐进的制度变迁。因为制度变迁的关键是传统的社会思维习惯和习俗的改变,而习惯、习俗是长期积淀下来的,具有历史惯性,其改变需要时间。在没有改变社会思维习惯和习俗的情况下,突变式制度变迁不仅会对社会造成巨大的破坏,而且会使传统的社会思维习惯和习俗产生反弹和抵制,这样的制度变迁难以彻底且代价高昂。模仿或移植先进制度,应注意在意识形态、信仰体系或文化等方面进行调整,以利于制度移植的吸收和扩散。

由于市场环境不完善将导致高昂的搜寻成本并损害企业的核心能力,因此政府对各种市场的培育和完善对企业发展和经济增长是至关重要的。

二、演化经济学作用:扩展经济学研究的边界

其将一些主流经济学不考虑的现象纳入经济研究中,如制度、文化、习惯等。从研究角度来看,新古典经济学是研究局部的个体,如某些企业或某个企业的状况,而演化经济学是研究整个的群种,如所有企业的演化状况。

加强经济学与其他学科的交流。演化经济学的基本概念和思想来源于生物学,研究领域涉及社会学和文化人类学。其以动态和演化的方法理解经济系统的思想也受到越来越多的经济学家的认可,但其还没有形成统一的流派和系统的分析框架,很多理论也还欠成熟和合理。如将无所不在的利益冲突和矛盾排除在研究之外,这就使其企业理论难以解释企业内外部的各种复杂关系。目前对其最大的质疑是使用生物进化的类比方法是否合适,有批判者认为,其用生物演化的方法来分析技术创新有很大的问题,生物系统中突变是自发的,而创新可能是设计的,有必然因素也有偶然因素;生物系统中物种的发展是有规律的(形成、繁殖、灭亡),而技术发展在那里是无规则的和不确定的。此外,生物进化论也在不断地发展和完善,现代生物学的发展推翻了许多以前被认为是正确的理论,这也为将生物进化论作为思想源泉的演化经济学带来争论,使其理论具有不确定性。

三、演化经济学理论现存问题

演化经济学虽还处于发展的初级阶段,但由于其理论思想、分析方法和研究工具的独特性而日益受到经济学界关注,很多西方经济学家认为其代表着经济学理论创新和发展的方向。其学术意义主要有:比较真实地表现人类社会经济的若干特点,如强调时间对经济系统和经济活动的影响;用具有历史时间概念的演化模式代替新古典经济学像钟摆来回摆动的均衡模式;用非最优理论代替最优理论;用有限理性代替完全理性。

演化经济学理论现存问题有:

① 理论分析框架上,缺少一个较为统一的分析框架,是制约演化经济学理论发展的重要原因。② 微观行为假设上,缺少一个较为成熟和统一的行为分析逻辑,因而也很难构建基准的行为模型。③ 模型构建上,尽管越来越多的模型被贴上流行的"演化标签",但有关演化经济学的数学模型还存在很大的争议。④ 演化分析与均衡分析的比较、融合和发展上,还有待更为深入的研究。⑤ 制度演化分析还处于起步阶段,许多重要的理论问题还有待更为深入的研究。⑥ 从技术变迁的视角研究经济演化增长较多,但是从需求和制度的视角研究经济演化增长,还处于起步阶段,许多问题还有待深入的研究。⑦ 实证研究方法上,有关计量、行为实验和仿真模拟等方法的综合运用还有待进一步的研究。针对流行的仿真模拟分析存在局限,如何运用历史分析、行为实验和计量分析来确定和校准各种参数和初始条件等还有待进一步的研究和应用。

本章小结

演化经济学从生物学视角研究经济学,扩张经济学边界,增强经济学的解释力。

思考题

1. 演化经济学受到哪些思想的影响？有何特点？
2. 惯例对企业有何影响？演化经济学的企业演化的基本观点是什么？
3. 什么是制度？演化经济学关于制度演进的主要观点是什么？
4. 演化经济学的政策及学术意义各是什么？

名词

演化经济学　企业演化　制度演化　演化博弈论　路径依赖　基因说　惯例说

第二十章　行为经济学

本章重点
- 行为经济学；决策模型——期望理论
- 行为经济学的理论内核、学科特点

第一节　概　　述[①]

一、行为经济学的理论内核和研究范式

行为经济学认为，新古典理论预设的单一的自利动机假定把人类动机狭隘化，必然会严重限制经济学的适用范围和分析效果；而行为经济学则主要考察最大化的行为模式是否符合现实或是否可行，其最大化模式所暗含的"机械理性主义"抹杀经济主体的个性因素，也限制新古典理论对行为异质性的解释能力。况且，仅仅用自利来概括人性的本质也是有失偏颇的。曼德维尔首次深刻论证自利与社会利益的一致性关系。斯密在其《道德情操论》中，揭示支配人类行为的动机除自利之外，还有派生于同情心的利他动机，这驱使人的行为合乎利他的社会规范。斯密在如何实现个人利益与社会利益结合的方面，即把自利转化为社会利益增进的动力方面，提出法律等制度驱动的思想。这个论证仍然不够有力。而行为经济学借助于神经经济学和实验经济学，说明人类不但自利，而且存在利他的机制。

行为经济学有两个"灵魂"，使其有别于新古典经济学：一是修正其单一自利动机的片面性，二是修正其完全理性的片面性。其试图对人的选择行为进行再抽象，并在抽象的过程中保留人类行为异质性这一关键特征，这可被视为行为经济学的理论内核，其目的在于使所构建的模型能够更为贴近现实、复杂多变的世界。探索和建立行为经济学的研究范式，在很大程度上可以借鉴和吸收奥地利学派的分析思维，因为奥地利学派最为坚守的方法论原则是：经济理论的基本组成部分必须是符合人性的，而人的行动是有特定目的的。奥地利学派给经济学规定两个任务：一是"使这个世界能够用人的行动加以解释"，二是"解释有目的的人的行动如何能通过社会相互影响而产生无意的结果"，并探索这些无意的结果。奥地利学派强调，个体为实现其特定目标，会有意地选择特定手段。从人性出发并将人类行为目的和实现手段相结合，这就是行为经济学研究人类行为的基本分析架构。人类不同于动物：一者，任何个体都具有生存、自我保护、获得尊重和发展实现的多层次需求，其需求在量上不断增加，在质上不断提升，从生理本能层次日益上升到社会心理层次；二者，任何个体都难以完全凭其个人孤立地实现自身这种不断上升的需求，而是要依赖于与其他个体或社会的合作和帮助，那些不断上升的社会心理层次的需求更是如此，要赢得他人帮助就要首先帮助他人。

[①] 朱富强.行为经济学的微观逻辑基础：基本假设和分析维度[J].社会科学战线，2011(10)：39-51.

即人既有生物性本能,又有社会性需求;本能使得个体行为根本上具有"为己"倾向,而社会性则规定个体实现"为己"目的的手段选择。大量不可忽视的"异常现象"主要表现为各种异质性行为,即各种经济行为并非按照新古典经济学所预测的那样具有内在的同质性(即最大化自利行为),而是在各个方面表现出异质性。这些违反理论预测的行为现象由于可重复地在经验上出现,因而意味着作为理论基本前提的经济人假定是失效的。

行为经济学对人类行为的分析有两个基本维度:一是个体的社会性水平,二是互动者间的关系状态。从这两个维度出发,可以考察年龄、教育、文化、社会环境以及机缘关系、互动频率、互动状态等对个体行为选择和互动行为方式的影响。因此,这两大基本假设以及相应分析维度为行为经济学提供坚实的微观逻辑基础。

行为经济学的基本假设——"为己利他"行为机理,将人的亲社会性纳入人性之中,比只有动物本性的"经济人"假设更为完善。结合本能需求和社会需求的考虑,并将人类行为的根本目的和实现目的的有效手段结合起来,可从人类丰富多样的具体行为中提炼出人类一般的"为己利他"行为机理。其中,"己"的需要是行为的根本出发点,"为己"即人类行为的根本目的,为动物本能;"他"的利益则是行为选择时需要关注的,"利他"是实现"为己"目的的有效手段,为社会性要求。自从人形成人类意识起,就出现有意识的合作,即"为己利他"行为机理的产生,人类社会才得以形成团队生产方式,社会分工和合作得以深化和扩展,使得人类社会具有根本上不同于一般动物世界的特性。如人的社会性源自于习惯、习俗的内化,产生对弱势者的关爱情感,并发展出如平等原则、需要原则等一系列社会性原则;基于平等、需要等社会性原则,人们更愿意帮助那些更需要的人,从而使个体行为呈现出明显的道德差异性。"己"的内涵和外延涉及互动主体间的社会关系:凡是被纳入"己"的范围内的,相互间的利他性和合作性就明显;而被排除在"己"的范围外的,不同"己"间就往往呈现出明显的竞争性,从而使得个体行为呈现出明显的社会差异性。行为经济学家一般将互惠行为分为两种类型:一是积极的互惠,即选择一个有利的反应,奖励合作者;二是消极的互惠,即选择一个不利的反应,惩罚背信者。

二、行为经济学的跨学科性质

行为经济学是心理学与经济科学的有效结合,因此常被称为心理学的经济学或经济学的心理学。一门学科的产生和发展进程同时取决于客观现实的需要和当时相关与相邻学科的研究进展。就相关学科来看,心理学的主流从行为主义转向认知心理学以及认知心理学有关不确定条件下,人们如何判断和决策的研究进展,有力地助推其产生和发展。就相邻学科来讲,其与实验经济学、神经经济学等新兴经济学分支学科互相借鉴、互相支持和协同创新,与相邻学科积极互动,加强合作,不断突破学科间的壁垒,吸收相关学科已有的研究成果,互相促进,这是其快速发展的路径选择,也将有助于其系统化发展,对经济现象提供一个相对统一的解释框架,从而在一定程度上消解其"支离破碎"的现象。快速发展的实验经济学在实验设计等方面已积累丰富的经验和技术,正可以被行为经济学所借鉴。反过来,其不断的理论创新和政策建议也会进一步激发实验经济学的实验设计,从多方面促进实验经济学的创新与发展。另外,神经科学、认知科学等都可以从不同侧面检验其理论,都可以也值得被其所采撷和利用,以推动行为经济学理论的深化和发展。

行为经济学与实验经济学两者虽有"合流"趋势,但在对经济理论改进时的分工是明确的。实验经济学要为其理论完善提供经验线索,而行为经济学则主要将这些经验成果以模型化的方式运用于理论改进中。因此,实验经济学可被看作不同于传统观测法的新的研究范式,其并不属于某个特定经济学研究领域,只是可用于任何领域的研究方法。

新古典经济学和计量经济学体现经济学家在构建实证理论时的两个方面:前者通过建立一个严密理论体系以完成对经济学的逻辑实证,而后者则代表经济学在经验实证的重要发展。实验经济学与神经经济学正是解决这一困境的尝试。实验经济学的主要工作是对人们的经济行为进行实验,以检验经典理论的结论和揭示人的行为动机与心理智力约束。其主要方法是通过设计受控的实验或是对受试者进行调查问卷,对各种行为背后的心理学基础进行深入了解,在一定程度上弥补传统的对显示偏好的观测法不足。

行为经济学的许多理论成果虽得益于实验经济学和神经经济学的研究发现,但后两者并不专属于行为经济学。实验经济学与神经经济学的工具色彩较浓,从经验验证或探寻行为的心理形成机制的方法或手段看,系行为经济学的实证部分,其研究成果较好地对利他行为动机和各种行为模式的产生提供自然科学的支持。当然,经济学的最终研究目标是经济行为,神经经济学的目标只是为经济理论模型提供更为坚实的生理学基础,而经济学不会将描述人脑功能的内容直接纳入其理论模型之中。神经经济学是指通过运用与大脑活动有关的经验证据,从生理物质的角度来揭示形成各种行为的心理学原因,从而对行为做出解释。

综上所述,若说新古典理论视野中的人是"最大化的自利者",那么行为经济学视野中的人就是"具有多样化行为模式的自利-利他者"。假定每个人具有双重的行为动机,意味着单一的自利动机就是一种极端的特例形式;而假定每个人具有多样化的行为模式,则意味着缺乏情感且绝顶聪明的最大化行为模式就是一种极端的特例形式。这样,新古典理论就很自然地被容纳于行为经济学的框架之内,并以特例的形式成为一种"局部"理论。

行为经济学具有较强解释力。从现有研究成果看,行为经济学主要是通过提出更为现实的个人决策模型来有效解释各种经济现象,这种模型无须严格地区分当事人的各类专门行为。因此,一个近似的说法是行为经济学在新古典经济学研究的基础上,重构这些模型的行为基础,进而改变这些模型的逻辑本身。行为经济学的这种特殊处境来自其继承新古典经济学赖以生存的两大基石——个体主义方法论、主观主义价值论;同时,其又不满新古典经济学对行为假定的非现实性,主张通过心理学打造一个现实的行为基础,其中西蒙"有限理性"假说起到先锋作用。行为经济学家也不主张回到边沁的享乐主义传统,而是力求揭示行为更广泛的心理基础。在这种前提下,行为经济学家一致同意,新古典经济学个体主义方法论和主观主义价值论是无须怀疑的,要改变的是关于行为研究的假定。

行为经济学是通过对西方主流经济学(特别是新古典经济学)的反思和批判而兴起的,其试图在心理学关于人的行为研究基础上,讨论经济活动当事人的各种心理活动特征对其选择或决策模式的影响;不同的心理活动影响到相应的决策模式,从而表现出相应的行为特征,这又通过决策后果反映到具体的经济变量当中。最直观和典型的例子就是证券市场,行为经济学家发现证券价格的波动很大程度上取决于投资者的心理变化,如过度乐观或过度悲观都会导致证券价格剧烈波动,纳斯达克网络股价格狂飙时代的产生就是投资者对网络前景过度乐观的结果,这被希勒称为"非理性繁荣"。

行为经济学家同意下述基本观点:当事人的理性决策并非完美;必须合理假定当事人的认知能力;经济模型的预测应和决策的微观水平数据一致,包括实验数据;对当事人选择行为的讨论必须建立在心理学基础上。与新古典经济学相适应,这些基本观点来自其对前者理论硬核的挑战,围绕这些挑战,行为经济学逐步形成自己的研究纲领。

第二节 基 本 理 论

一、行为经济学的一个重要发现

行为经济学的一个重要发现是广泛存在违背经济人自利假设的亲社会行为,主要包括利他、公平、信任、互惠合作等。行为经济学提出差异厌恶理论、社会偏好理论、亲缘利他主义、互惠利他主义、共生利他主义等理论来解释个体的亲社会性和利他行为,这种发展也赢得了学界的广泛兴趣。近来自然科学发展则为人的动机双重性提供有力支持,尤其是一些涉及脑部扫描和成像的技术等。这意味着不同行为心理对应于不同的脑部活动,当个体实施某项行为时,通过观察他的脑部活动就能大致得知他做出这种行为的心理机制成因。人脑决策"黑箱"正被逐渐打开。其中,爱伯斯坦等研究发现,人类普遍产生的利他行为根源于11号染色体的基因变异。[①] 路特等实验证明,利他行为的个体差异可由基因 COMT val158 met SNP 来解释。这充分说明,利己与利他动机并非是此消彼长的,而是二维正交的关系。并且人的认知能力、行为能力和计算能力都是有限的。与新古典经济学的三个基本假定是明显相悖的,即单一的自利动机、无限的计算能力和完全信息的外部环境。这在本质上是将不同情境下的人简化成了同一个参数,而抹杀了异质性的人在经济系统中的真实存在。越来越多的经济现象和经济行为被发现在新古典经济学的框架下很难得到有效的解释。同时,在新古典经济学框架下进行小修小补仍然无法就诸多异象给出逻辑一致的解释。而心理学的主流从行为主义转向认知心理学为基本假设的修正提供较为坚实的理论支撑,同时新工具和新技术(如计算机模拟和人脑扫描)的出现和采用也使得人们对人类行为和心理的研究更加科学和深入。内在发展诉求与外部客观条件共同作用,行为经济学应运而生,其研究范畴也日渐清晰。参与人的行为动机和行为能力具有情境依赖性,对行为动机、行为能力的合理抽象需要考虑行为环境,因此,以系统视角将行为环境视为参与人不可剥离的特征之一。就行为动机而言,斯密早在《道德情操论》中,就已认为人同时存在利己与利他动机。

行为经济学的两个层次定义是:从狭义或传统的角度,其是指通过借鉴心理学和神经科学的相关成果来证明异质经济人假定的,从而提高其解释与预测力;从广义或宽泛的角度,一切致力于在经济系统中恢复考察行为异质性的相关学科领域都可被纳入其范畴之内,包括神经经济学及认知经济学。经济学的基本假设必须是对现实进行抽象和简化,非此则理论模型无法得以构建。但是,对经济主体的抽象越具体,对经济现象的解释就会越有效,预测也越准确。因此,在兼顾理论解释一般性的同时,经济学应致力于让参与人的假设尽可能地向现实趋近,起码目前要符合心理科学的已有研究结论。

行为经济学对人性有两个基本假设:一是具有自我保存的本能,二是具有关注他人感受的亲社会性。相应地,人类行为也具有双重特性:一是"为己"的根本目的,二是倾向于采用"利他"的手段来实现"为己"目的。因此,人类的一般行为机理就是"为己利他",其具有很强的系统性和全面性,并能够很好地补充"经济人"假设的内在不足:它基于行为目的和实现手

---

① Ebstein R, et al. Dopaminergic Polymorphisms Associated with Self-report Measures of Human Altruism: A Fresh Phenotype for the Dopamine D4 Receptor[J]. Molecular Psychiatry, 2005(4).

段的视角将人性中动物性本能和社会性结合起来,不仅可以根据人性中的本能和社会性的比重来预测具体个体的行为,而且可以从人类社会发展的基本方向引导个体的行为。梳理影响互动行为的维度:个体的社会性和个体间的互动关系,并基于这两大维度进一步考察影响行为方式选择的诸因素。一方面,由于每个个体的社会性是不同的,这对行为选择来说衍生出不同的内在心理动机;另一方面,由于每个个体与社会其他成员间的互动关系又不同,这对行为互动方式来说产生不同的外在环境条件。正是基于"为己利他"行为机理,并从个体特性和互动关系这两大维度出发,就可以更好地理解人类的现实理性,更好地识别个体间的理性差异,并预测他们的行为选择;同时,还可以借助于这一行为机理来重新理解和评估现实生活中的种种行为,并反思现代主流经济学基于经济人范式得出的分析结论。

"为己利他"行为机理。人类个体不只是关注个体利益的经济人,相反往往能够关注他人利益、公平和正义;人类更愿意通过与他人合作的方式实现自身的目的和偏好,一定程度上体现出利他主义特征,当然,"为己利他"行为机理的遵循和贯彻并非平面和等序的,相反,它被实施的广度和深度往往与行为主体的社会性以及行为主体间的互动关系密切相关。一者,任何个体都不只是具有本能性的经济人,而是具有相当程度的亲社会性的;即使是在匿名的行为实验中,也无法通过实验控制而完全排除这种已内化的亲社会性。基于此,人们往往不会根据狭隘的自利原则行动,而是会关注他人收益;同时,这种社会性程度差异也使得不同个体产生认知"己"的内涵的差异,从而产生不同程度的合作倾向。二者,任何个体都不是孤立的经济人,而是与其他个体间存在或多或少的社会联系和责任关系;很大程度上,各种变异性的双盲或单盲实验所产生的结果差异都体现这种社会联系对行为产生的影响。个体间的关系主要有如下方面:一是个人间特殊的缘关系,这体现其身份特征,关系越密切,就越容易在移情和通感的基础上形成合作;这种密切的私人关系主要来自共同生活背景、共同爱好等,其源于天然的血缘和亲缘关系或后天志趣培养,包括同缘和德缘(神缘)。二是个体间的互动密度,如频率特征,互动频率越高,越容易在重复博弈的基础上实现合作;互动频率主要与共同体的规模和共同体内外互动关系以及社会制度和市场机制的健全程度等有关。三是个体间的互动强度,体现互动的状态特征,互动的变化和性质越强,越愿意在追求合作租金的基础上进行协调合作;这体现个体行为的互利性,涉及社会分工和互补性,它往往与个体间的异质性以及个体的需求层次有关。

"为己利他"行为机理是比"经济人"假设更合理、有效的行为假设,在此基础上构建的经济分析框架也将更具解释力和预测力。从行为的目的和手段的选择这一思路出发,将人类基于动物性的本能目的和基于社会性的实现手段结合起来,全面审视真实世界中的人性特征,并提炼出"为己利他"这一行为机理;这可以挖掘"无形的手"是如何运作而实现社会协调的,也可以解释现实社会中大量存在的分工和合作现象,从而有助于对具体人类的偏好和具体行为方式进行更合理而可信的分析。基于此,可得出两点结论:一者,基于经济人的分析可为社会制度的设立提供思维和基础,可更好地审视现实制度存在的漏洞;究其原因,社会制度本身就是对那些生活化程度低以及社会性不足的个体行为进行制约的,而具有较高社会性的社会人行为、道德人行为或更一般的"为己利他"人的行为则是有利于他人或社会的。二者,经济人分析并不适合作为研究人类现实行为的主要依据,由于社会性的差异而使得不同个体的行为往往差异巨大,而且几乎所有个体的具体行为都不能绝对符合经济人的分析:时刻准备全力以赴地利用一切可能的资源去追求效用最大化。

"为己利他"行为机理符合斯蒂格勒提出的三大标准,成为经济学的理论基石,成为探讨社会经济行为的各相关学科的共同基础。斯蒂格勒认为,经济理论应根据三个标准进行衡量:与现实的一致性、一般性和易操作性。第一,人性假设必须来自日常生活经验,与人们的差异性行为方式相适应;第二,人性假设必须具有普适性;第三,人性假设必须富于某种具体性。一般地,这三个要求间往往会存在冲突,如一般性与现实性间往往很可能不一致,因而关键在于在这个特性中取得平衡。首先,行为经济学将人的动物性和社会性结合起来;其次,在"经济人"假设基础上加上人的行为手段选择这一变量,满足一般性要求;再次,其所具有的丰富内涵以及由此得出的系列推论有助于对具体行为的分析,满足易操作性的要求。

二、行为经济学的核心观点

行为经济学的核心观点在于:经济现象来自当事人的行为,在有限理性的约束下,当事人的决策体现在目的和过程上;在决策中,决策程序、决策情景都可与当事人的心理产生互动,从而影响到决策结果;个体决策结果的变化导致总量结果的变化,对经济总量的理解来自对个体行为的理解;有限理性和学习过程会导致决策的偏差以及结果演变路径的随机性,从而产生异常行为,这种异常行为增添经济现象的复杂性,同时加剧有限理性的约束。可见,在行为经济学中,决策心理特征、行为模式和决策结果相互间是互动和关联的,存在许多决策反馈机制,一旦考虑到这点,新古典经济学关于偏好稳定的基本假定就被推翻。在这些互动过程中,偏好在一些条件下被产生出来,并在与环境变化的互动中演化着,这就构成当事人围绕偏好演化的学习过程。其存在使得行为经济学从一开始就是动态分析,而不像新古典经济学那样重视静态和比较静态的分析。行为经济学坚持主观价值论,坚持理性假定,但通过经济人本身的挑战,并通过利用心理学构造自己的行为基础,导致行为经济学逐渐成为一个独立派别出现在当代经济学丛林中。强调当事人认知能力的局限性和偏好的内生性,强调决策作为一个动态学习过程,这种对人的基本假定构成其与新古典经济学不同的硬核。行为经济学仍然表现出与新古典经济学非常不同的理论硬核。首先,行为经济学彻底改变新古典经济学中静止理想化的理性经济人假定,代之以演化有限理性的当事人假定,通过假定改变,行为经济学家眼中的当事人不再仅仅自利,还会考虑利他,也可能冲动;采取非理性行为等。行为经济学中,偏好的内生和演化带来异常行为及其相伴随的学习过程,按照阿克洛夫的说法,这会导致近似理性或学习理性。在这些基本假定的指导下,行为经济学从选择及相应的决策行为来分析问题,这种分析能够单一针对某种具体行动,如消费,也可同时分析某几个行动,如消费和生产。而新古典经济学只能从联系出发来分析问题。其次,硬核差异也会反映到保护带上,行为经济学不再需要假定要素产品同质,也不再需要假定市场充分流动或充分套利,有限理性的当事人本来就不同,面临复杂环境难以实现完美套利,也就难以获得一种线性效用函数关系。行为经济学家认为,决策中可能出现路径依赖,也可能出现随机选择,而不像新古典经济学那样假定均衡存在。

行为经济学对于实践的指导意义至少有:一是,其理论本质使得这门学科更加有用,更有效地解释和预测多样化和个性化的经济现象,揭示现象背后的因果机制,这恰恰是比较不同政策工具的福利结果。二是,其对参与人多维特征进行更科学和全面的揭示,如对人同时存在利己与利他二维正交动机的揭示,通过制度合理设计激发利他动机,而通过教育则可以积极地影响人们的价值观念,有助于抑恶扬善,促进合作秩序扩展。三是,其不再局限于单一的客观经济指标,对于主观指标也给予格外关注,深化人们对公平、贫困等概念的理解。四是,其为激励人努力工作提供了理论依据和实现途径。

行为经济学并不否定"工具主义"的方法论观点，它试图说明的是，在很多情形下，经济人假定不再具有导出真实结论的充分性，故此需要对新古典理论这个"工具"进行维修以"升级"它的功能，以提高经济理论的解释与预测能力。新古典经济学衍生的各经济学流派的人性假设都是抽象而先验的，此种假设的根本又在于其根深蒂固的自然主义思维将人类社会和自然世界都视为客观的存在：不仅自然世界独立于观察者而存在，而且人类行为也独立于自然世界而存在。同时，现代主流经济学将自然主义思维和方法论工具主义相结合，将人类在与自然的互动中形成的工具理性推广到人与人之间，从而犯了严重的工具主义错误。

三、行为经济学的选择行为

行为经济学的中心问题与新古典经济学的核心，都是选择问题。其核心是重新模型化当事人的决策行为，并对当事人行为的心理基础进行充分的经验检验。这就决定行为经济学的基本理论就是关于决策的理论。考虑到现实世界的复杂性，同时假定当事人有限理性，行为经济学在基本理论的研究工作就体现为当事人在不确定下的决策建模，从行为经济学的创立者卡尼曼等人的研究开始，一直到现在的后续研究，无不体现行为经济学家对决策或选择行为的重新思考。在重新构造不确定下的决策理论基础上，行为经济学家广泛地研究微观、宏观、金融、公共政策等领域的具体行为，并形成自己独特的理论体系和政策观。

行为经济学理解的关键在于解释这些学界拓展的不确定下的决策理论。从卡尼曼等人开始，就不满新古典经济学的预期效用理论。他提出预期效用理论，把当事人对不确定环境的主观判断等价为客观的概率分布，偏好和禀赋的稳定性就被保持，确定条件下的效用最优化问题就被转换为不确定条件下的预期效用最优化问题。给出偏好的完备性、传递性等公理，当事人即可把偏好序和客观的概率分布相结合，并通过一个预期效用函数来表达，当事人所做的仅仅是计算和比较预期效用函数的期望值而已。一个标准的预期效用函数表达式如下：

$$u(g) = \sum_{i=1}^{n} p_i u(a_i) \tag{20.1}$$

其中，g 是一个赌局，表示当事人的决策不确定性；p_i 表示赋予每一结果 a_i 的概率。若一个理性经济人偏好是由这个预期效用函数定义的，那么该当事人就是一个预期效用最大化者。

行为经济学的硬核和保护带都是与新古典经济学不同的，这就产生了一种特定的研究纲领，其也会反映到研究方法上。按照拉卡托斯等人的科学哲学观，硬核和保护带构成科学研究相互区别的纲领。为使研究贯彻上述纲领，行为经济学家需要寻找恰当的方法及方法论来理解现实当事人行为的心理基础。心理学在20世纪中叶的发展给经济行为的研究带来契机。一些心理学家和经济学家开始在实验室中测试实验对象的动机、环境特征和行为间的相互关系，以此来揭示当事人决策的规律。这些学者对新古典经济学把心理学和当事人决策行为人为割裂开非常不满，于是从重复检验新古经济学理性经济人所需的各项假定入手，逐步反驳其理论硬核。这种早期的实验研究给经济学带来很大冲击，但行为经济学自身也很脆弱，因为实验数据能否在统计上显著反映总体特征是有争议的，并且实验数据也很容易为实验对象操纵。借助于麦克法登等人对微观计量经济学技术的发展，以及各种计算机模拟和计算机技术，行为经济学家开始借助新的工具来研究行为问题，如采用金融市场上当事人的行为。

行为经济学放弃新古典经济学的边际分析方法，而采取广泛应用的实验方法和微观计量方法,以寻求各种非线性和动态的求解方式和经验实证方式。即使在坚持方法论个人主义的基础上,行为经济学仍然能够有效地处理有限理性、偏好和禀赋内生等问题,如演化分析和行为博弈分析等就能够有效地处理学习过程中的随机性、路径依赖性、角点解[①]等问题。在行为经济学家看来,这种分析是更符合现实、更有解释力的。

期望理论的构造依赖于以下理性假定:偏好的完备性公理和偏好的传递性公理。期望理论框架是由卡尼曼和特维斯基在1979年发表的《期望理论》这篇经典论文中奠定的。按照他们的期望理论,新古典经济学的选择理论有两个致命弱点:一是其假定程序不变,即不同期望的偏好独立于判断和评价偏好的方法和程序;二是假定描述不变,即不同期望的偏好纯粹是相应期望后果的概率分布的函数,不依赖对这些给定分布的描述。卡尼曼和特维斯基期望理论有三个基本内容:第一,人们的价值函数受到相对于参考点的改变量而不是绝对量影响,对收益或对损失,边际敏感性均是递减的;第二,损失厌恶,面对收益人们厌恶风险,面对损失人们偏好风险,并且人们对损失比对收益更敏感;第三,决策权重是概率的非线性函数:人们通常对低于0.3的概率赋予较大的权重,对高于0.3的概率赋予较小的权重。[②]

通过一系列心理学实验,卡尼曼等人在对实验结果科学处理的基础上,提出他们选择的理论框架,试图以此取代新古典经济学的预期效用理论。为与预期效用函数相区别,卡尼曼等人把其创立的效用函数称为"价值函数"。在卡尼曼等人看来,做出任何选择和决策都依赖于一定的程序,当事人常常采用的决策程序就是"启发式"程序,这种程序无须当事人完全理性,也无须当事人完全计算后决策(像理性预期那样),启发式决策仅仅需要当事人按照经验规则进行决策,并存在一个决策的学习过程,如典型的"拇指规则"就被经常运用。在启发式决策下,当事人的决策后果不仅依赖于其计算能力和经验,而且依赖于决策情景描述和个人的心理状态。在这些约束下,当事人很难找到最优解,但能够获得一个学习过程。

卡尼曼等人创立的价值函数特点如下:① 与新古典经济学用效用评价结果不同,期望理论中的当事人更关心损益等自然结果,即通过损益来评价决策结果。② 当事人对损益的评价于依赖参考点的选择,参考点可被视为现有财富水平,即当事人仅仅在乎相对于参考点的损益水平,而不在意损益的绝对水平。③ 当事人对损益的评价是递减的,表现为收益曲线为凹状,损失曲线为凸状,这是因为随着损益水平的上升,当事人的心理感觉递减。如当事人明显表现为损失厌恶,表现为损失曲线比收益曲线更陡峭,即损失给当事人带来的心理变化比收益更大,如在100元收益和100元损失间,人们更在乎后者。

当事人在不确定结果和确定结果间更偏好后者。因此,与新古典经济学的偏好假定相比,期望理论中当事人偏好对概率的敏感度要低。权重函数曲线在中间及接近1的部分低于45度线。因此,期望理论中的概率权重函数是非线性的,而新古典经济学中的概率权重函数是线性的。两者的区别反映出对偏好的各自理解,新古典经济学把决策行为和决策者的心理活动分割开来,使得偏好理论无法正确把握决策活动的本质。由于当事人的风险态度导致概率权重函数的非线性,以及当事人价值函数的非线性,导致其决策时面临多种可能组合。

---

① 它是指当一种商品不被消费(或选择)而只消费另一种商品时,最优选择点出现在预算约束线的端点上的情况。这时,消费者边际替代率在所有的消费水平下都不等于价格之比;消费者只消费两种商品中的一种可使其实现效用最大化。这是一种极端情况。

② 贺京同.论行为经济学的理论内核与其"支离破碎"的表象[J].南开学报(哲学社会科学版),2013(2).

决策时若考虑时间因素，行为经济学认为，新古典经济学在跨期决策时所依赖的折现效用模型也缺乏科学基础。折现效用模型可通过萨缪尔森1937年发展的效用函数表现出来，决策者对消费者的跨期偏好可用上述折现效用函数来表达，决策者要做的就是估计未来每一期的效用流，然后通过一个统一概率折现率折算成现值，静态效用最大化问题就转化为动态效用现值最大化问题。后来主流经济学家对上述折现效用模型加以改进了，但其共同问题是：① 折现效用模型中对新的选择计划和现有的计划的评价标准是相同的。② 折现效用模型假定一系列结果的总价值或总效用等于每一期效用的价值总和，因此，效用的跨期分配就毫无意义，即每一期效用和消费都是独立的。③ 折现效用模型中即时效用不随时间变化，任何活动带来的福利在每一期都是相同的。④ 折现函数不依赖于消费形式，即其是独立于消费的。⑤ 折现率在每一期相同，即跨期偏好时间一致。⑥ 边际效用递减和时间偏好为正假定。

上述折现效用模型的诸多假定，一个核心问题是决策者的偏好是否与时间一致，若与时间不一致，那么折现效用函数就毫无意义。行为经济学家的确发现偏好时间不一致的有利证据，如泰勒发现，实验对象要求回答和15元无差异的一个月后、一年后和10年后的收入，回答结果是20元、50元和100元，这意味着一个月期界的年折现率是345%，一年期界的是120%，10年期界的是19%。即实验对象明显表现出时间偏好的不一致，这个结果被后来的众多经验实证研究和实验研究所证实。除偏好的时间不一致外，行为经济学家还发现：收益的折现率高于损失的折现率；小额效用流的折现率高于大额效用流的折现率；对延期的事件折现更多；在选择结果序列时，人们更偏好递增序列而非递减序列；效用和消费的独立性不成立，跨期选择时不同时期的选择相互影响；等等。行为经济学在对新古典经济学跨期选择模型进行批评的基础上发展了自己的一系列模型，如莱伯森的双曲线模型就非常著名。

当事人在不确定下决策时，难以显示出偏好稳定。进一步考虑时间因素时，当事人也出现偏好时间不一致等现象。因此，新古典经济学中的预期效用理论无论是在静态还是在动态上都是不成立的。通过反驳后者，行为经济学建立自己的决策理论，并在期望理论的基础上进一步拓展，如引入累积权重函数并使其分别与收益和损失对应；考虑参考点转换；构造效用函数的非传递性；引入习惯因素；考虑自我意识；等等。随着这些研究的深入，行为经济学的决策理论既得到进一步完善，且越来越具备可实证的形式。众多的实验数据、场数据及微观计量结果均证实期望理论等行为经济学决策模型的强大预见力，行为经济学的研究成果也正被越来越多的人接受，卡尼曼获得诺贝尔经济学奖就是一个例证。

第三节 政策建议

在决策时，首先在与决策有关的行动、状态和结果中构造出一个"代表性"期望。构造具体事件的表征就是启发式的编辑过程，通过该过程当事人做出理性决策。另一方面，当事人对编辑后的期望进行评价与选择。这种评价不同于新古典经济学的概率加权计算，行为决策模型要求当事人首先对不确定性（客观概率）本身做出估算，然后把估算结果（即决策权重）分配给相应的损益结果，并且损益结果是相对于参考点的值，而不是绝对的财富水平。

通过这种决策理论的构造，行为经济学模型化新古典经济学所忽略的五个选择事实是：① 框架效应，即对期望的描述本身会影响到选择。② 非线性偏好，即当事人对概率0.99和

1.00 差异的偏好与对概率 0.10 和 0.11 差异的偏好显然不同,此即著名的"阿莱悖论"①。③ 来源依赖。不确定性的来源也会影响到当事人的选择。如在摸彩球游戏中,一个罐中是比例确定的红球和黑球,另一个罐中是比例不确定的红球和黑球,结果人们普遍偏好比例确定的赌局,即人们总是偏好力所能及的赌局,而不是偏好纯粹的机会性赌局。④ 风险爱好。在一定区域内,当事人呈现出风险爱好特征,且在全部区域内出现偏好逆转。⑤ 损失厌恶。当事人在面对损益时偏好不对称,对损失的敏感度更高。这五个事实在当事人跨期决策时就表现出偏好时间不一致性、消费和效用跨期的非独立性、习惯性决策等。

行为经济学所揭示的以上事实在经济领域中均有相应的具体表现,这些表现决定经济变量的变化。为获得更多的证据支持其决策理论,行为经济学家主要在宏观经济、劳动市场和金融学三个领域开展大量的经验实证研究,对经济政策的制定产生巨大影响。

一、行为经济学与宏观经济政策

宏观经济学史上,凯恩斯主义统治前 40 余年,新古典主义统治后 40 余年,而且正是新古典主义把宏观经济学带入到了一个崭新时代。但作为宏观经济学各主要派别共同基础的理性预期假说却在近年来受到行为经济学的严峻挑战。诺贝尔经济学奖得主阿克洛夫在颁奖典礼上的主题演讲是"行为宏观经济学与宏观经济行为",他列举新古典宏观经济学难以解释的六大宏观现象:非自愿失业存在;货币政策对产出和就业有实质性影响;失业率与自然失业率的偏离并未导致通货膨胀或通货紧缩加速;普遍的储蓄不足;股票市场的过度波动;社会底层阶级的身份认同和贫困问题。而行为宏观经济学则能有效解释这些现象。

行为经济学主要围绕两大主题来重新解释宏观经济问题,并提出自己的宏观经济理论和政策,一个主题是总需求管理,另一个是菲利普斯曲线(总供给问题)。无论是新凯恩斯主义还是实际经济周期两个流派,在围绕总需求管理相互辩论时,都假定消费者和投资者的时间偏好一致,即消费者和投资者偏好序始终保持不变。首先,当事人的偏好是内生的,不仅不完备,而且会逆转,会出现框架照应等问题,在涉及跨期决策问题上,就相应出现偏好的时间动态不一致性等"自我控制"问题。行为经济学的这些研究对宏观经济政策的制定有重要影响:① 若当事人是有理性的,那么他就不能准确预见未来的效用流变化,结果新古典宏观经济学提出的李嘉图等价原理不成立,因为当事人无法正确预期未来税负给自己带来的效用流,并按照双曲线折现理论,当事人对当期消费变化和对未来消费变化偏好不一致,这就导致当期增税带来的消费变化被过度折现,而国债融资带来的未来税负增加导致消费下降被折现不足,所以消费者对增税和债务融资两种不同财政政策的评价也会不同,政府更多地会选择债务融资,或债务融资和减税的组合政策,这对消费者的冲击较小。② 行为经济学中当事人理性不完美,并出现自我控制问题,导致当事人可能挥霍手头的流动性财富,又通过非流动性财富的积累来约束自己的消费,造成当事人的财富大多是非流动性的,面临流动性约束。此时当事人会表现出对当前流动性财富有较高的边际消费倾向,而对未来财富的边际消费倾向则比较低。所以,刺激总需求的政策通过当期减税的方式能够实现(边际消费倾向较高,乘数效用大),而转移支付政策通过持续小额方式能够保证降低不平等(较低的边际消费倾向说明家庭挥霍度小)。③ 当事人的边际消费倾向还表现为资产依赖现象,即不

---

① 阿莱悖论:按照期望效用理论,风险厌恶者应选择 A 和 C,而风险喜好者应选择 B 和 D。然而实验中的大多数人选择 A 和 D。其原因是确定效应(certain effect),即人在决策时,对结果确定的现象过度重视。

同财富来源导致不同的边际消费倾向,如人们对一次性劳动收入普遍表现出较高的边际消费倾向,而对股票账户的财富增加则表现出比较低的边际消费倾向,因而刺激总需求的政策在于增加暂时性劳动收入。

其次,对总供给问题的分析也别具一格。他们普遍赞同企业和工人都存在货币幻觉,这就导致双方的关注点是名义值而不是实际值。结合损失厌恶的偏好特征,工人还出现名义工资损失厌恶,这意味着若名义工资下降,工人将表现出损失厌恶,则工人的道德水平会下降,从而降低其生产率。因而,名义工资刚性是确保工资道德水平的重要举措。与主流经济学对工资刚性的信息不对称解释不同,行为经济学认为工资刚性来自效率工资。按照阿克洛夫和耶伦的说法,企业支付给工人高于市场出清工资的工资水平,目的是换回工人的忠诚和道德,效率工资就构成企业和工人间的"礼物交换"行为,从而形成企业和工人的合作。企业和工人的互惠行为可能带来高离职率和高失业率问题,在应对危机时,企业为避免道德水平下降,不愿降低名义工资,而采取裁员的方式,导致非自愿失业。

最后,把总供给的讨论上升到菲利普斯曲线,借用认知科学中的"经验规则",阿克洛夫等人认为,企业按照经验规则调整名义工资,而不是依据理性预期式的精确计算。对于这些企业来说,货币冲击给生产率带来的影响远大于工资刚性带来的损失,因此,企业宁可选择工资刚性,这种行为被阿克洛夫称为"近似理性"。结合行为决策理论可看到由于工人仅仅关心名义工资,当通胀较低时,只要名义工资不下降,通胀就会被决策者忽视。即使人们做出通胀预期,这也是不充分的。结果适当的通胀水平减轻企业面临的名义工资的压力,有利于企业采取提高生产效率的措施。如在适度通胀下,若通胀率为3%,即使提高名义工资1%,实际工资水平虽下降,但工人们却不会认识到实际工资水平的下降,而是看到名义工资水平的上升,从而提高生产率。所以,阿克洛夫等人提出通胀目标管理的政策观,通过适当的通胀目标在不损害生产率的前提下来管理物价水平,这就避免失业和通胀的权衡关系。

二、行为经济学和劳动市场政策

主流经济学中,劳动市场起着理解微观厂商决策和宏观总供给的枢纽作用,但在完全竞争的要素市场下,劳动市场行为只能通过垄断、信息不对称等条件的放松来说明,使得劳动决策和其他决策无甚差别。行为经济学对此提出挑战指出,劳动决策涉及当事人在动机和物质激励间的权衡,而不仅是在劳动和闲暇间权衡;当事人在决策时会运用启发式,这种习惯因素会影响激励结果;当事人是损失厌恶的,会寻求组织内的安定和忠诚,过度变化会降低道德水平。新的理论更注重当事人的偏好特征和习惯等对劳动市场的影响,注重劳动关系中的互惠、公平、平等和感情因素,注重决策情景的构造,这就使得行为经济学中的劳动市场政策是人性化的,而不像主流经济学那样只有货币和非货币激励和约束制度的调整。

第一,雇员是厌恶损失的,同样的任务,雇员接受的报价和放弃的报价不同,即更在乎失去的。这为大量的实验和市场数据所证实。说明雇员对现有工作和报酬的关注,解雇、降职及减薪对其构成有效约束,也说明若约束过度会降低雇员道德水平,更需要正向激励。

第二,雇员经常拒绝对变化的认识,面对可能的变化会产生惰性。特别是雇员在工作中养成各种习惯,进而扭曲其判断。这特别反映在激励中,若某雇员原先的薪酬是1000元/月,现提高到2000元/月,一开始雇员积极性会很高,但时间一长,雇员习惯这一收入水平,则提高收入的政策就会失效。即习惯和惰性的存在导致一次性激励政策仅仅具有暂时的效果。因此,行为经济学主张持续的相对小幅度的激励制度。

第三,"挤出效应"。主流经济学仅仅注意到相对价格变化带来的挤出问题,如政府支出可能通过利率变化挤出私人投资。但行为经济学则注意到当事人在决策时也面临挤出问题,即高强度货币激励或处罚过严会导致当事人工作自觉性下降等,弱化激励效果。这种挤出可能来自当事人对物质激励和处罚与内在动机间的权衡,若激励约束制度过严会压缩个人自我控制范围,导致当事人的自觉和自尊心理受损,迫使人们弱化所控制活动的内在动机,结果降低其生产率;反之,若对当事人进行正向精神激励,即可使其感到大家都在支持他,从而强化其自尊心理,提高其行动自由,进而扩大其自觉心理感受,提高其生产率。因此在劳动管理上,应重视物质激励和约束的适度性,更多地采取精神激励和正向激励。

第四,分配制度要贯彻公平和互惠的原则,若内部报酬结构不公平、不透明,对于人力资本比较重要的雇员来说,其道德水平就会下降。进一步看,如前所述,企业会维持一个相对的名义工资刚性,以避免损失厌恶和货币幻觉的雇员降低其道德水平。因此,一个组织应通过文化和公平的报酬制度来获得雇员认同,并形成其组织自豪感,提高其自我满足水平。

三、行为经济学和金融政策

行为经济学在应用研究领域最成功的范例就是行为金融学的兴起。从20世纪80年代开始,一些前卫的经济学家开始运用行为经济学中尚不成熟的理论和方法来探讨金融市场问题,并取得巨大成绩,如芝加哥大学的泰勒、哈佛大学的史莱佛、耶鲁大学的希勒、桑塔克拉拉大学的斯特曼和谢甫林等都是极为活跃的人物。与行为经济学还在其领域艰苦奋斗相对照,行为金融理论如今已成为金融研究领域的主流,并形成比较成熟的学科体系。

行为金融学主要挑战金融学的两大理论基石——有效资本市场假说和"MM"定理[①]。在有效资本市场假说看来,"价格总是正确的",因为它们由理解贝叶斯规则和一定偏好关系的当事人建立。在这种有效市场上,"没有免费的午餐",即没有任何投资策略能够获取超过风险调整后的平均回报,或与其风险相匹配的回报。通过理性投资者的套利行动,市场必然均衡,任何证券价格必须符合其基本价值。因此,新古典经济学一价原则总是成立的。但是,行为金融学认为,当事人是有限理性的,面临套利的风险和成本。如交易者对金融产品基本面的风险判断是多样化的;市场总是存在"噪音交易者"的,其可能盲从,可能过度悲观或过度乐观,也可能采取正反馈策略;套利本身存在较高交易成本如寻找替代品、规避制度约束、收集信息等,这些约束都导致完美套利难以存在,现实市场上都是不完美套利。套利限制说明市场是难以有效的,"一价原则"不成立。大量的金融市场证据有力支持行为金融学对有效资本市场的反驳。进一步看,若有效资本市场假说不成立,那么"MM定理"肯定就不成立,即企业发售何种金融产品对其价值是有影响的,线性的证券供给曲线很难推出。

在批驳新古典金融理论的基础上,行为金融学提出关于金融市场行为的理解,代表性看法如下:其一,股权溢价之谜,长期看,股票的历史平均回报率远高于债券。但理想的投资者进行跨期决策,为何还投资于债券?这些投资者都会考虑长时期决策问题,在这么长的时间内,长期债券与股票相比,是难以有吸引力的。因为,长期债券的固定利息支付会受到物价指数影响,这也是一种风险,并不能说这种风险就比股票的风险低,那么这就不能用风险来解释股权溢价。而行为金融学能够很好地解释这种现象,按照新的理论,投资者短视而厌恶损失,无法预见到长期的溢价问题,并偏好安全的债券。

---

① 企业在债务筹资上得到的好处被股票价格下跌抹掉,导致企业的总价值(股票加上债务)保持不变。

其二，市场波动之谜。若市场是有效的，就难以出现价格的剧烈波动。行为金融学从后悔与认知偏差等角度解释这个问题。按照这种理论，当股价下降时，投资者不愿卖出股票，而当股价上升时，他们加速卖出股票。这种投资行为并非害怕错误，而是不愿意接受后悔。还有有限理性的投资者对证券的评价不同，在套利限制的情况下，这种观念差异就会反映到市场上，若投资者事后检验自己的错误，那么一个不完全的学习和纠正过程即可能加剧市场的价格波动。此外，投资者决策时的锚定效应和框架效应也会影响价格走势，主流经济学用随机游走说明价格变化，但行为金融学认为，锚定和框架效应明显对股价水平起重要作用，如美国和日本市场 PE 值的差距就是如此。投资心态和策略也会影响股价。投资者普遍存在过度信心，这可能导致跟风或从众心理；投资者面对市场信息又会出现过度反应或低度反应。前者是指股价波动高于按照理性模型所预见的；后者是指股价的波动滞后于消息的发布，即股价对消息的反应是有时滞性的。此外，公众的注意、文化等也对股价有明显影响。

其三，季节效应和心智间隔。与锚定和框架现象不同，人们趋向于按照一些特定事件的表征把他们置于相应的心智间隔。即面对一种复杂现象，人们经常采取多种相对分离的小决策。如投资者经常把资产分成两个部分：一部分是安全的，用来防范风险；一部分是有风险的，用来获得致富的机会。心智间隔可用于理解"一月效应"，这种效应已在 15 个不同的国家被察觉到。很明显，避税等客观因素无法解释这种效应。行为金融学认为，人们普遍接受新年新气象的祝福，因而在年份转换的时候愿意采取不同的行动策略。

行为金融学认为市场并非有效，市场参与者的心理通过其决策影响到证券价格，对金融市场的监管就是对市场参与者心态和预期的监管，不是对具体风险和证券价格、数量的管制。诸如金融市场参与者观念多元化、投资者有限理性和心态特征、投资者的正反馈策略、投资者心理账户等都导致金融市场的价格波动和不同金融产品的价格差异，这种波动和差异无法像新古典金融理论那样通过套利来消除，特别是投资者的从众心理等带来金融"传染"问题，由此产生金融危机。这一价格特征也表明预测的困难，不能通过标准的估价模型来加以测算。

行为经济学并不全盘否定新古典经济学，因为新古典经济学通过效用最大化、均衡和效率建立比较完整的经济和非经济行为分析理论框架，并使得这种分析能够进行实证，这使得新古典经济学的分析仍然是有用的。行为经济学接受新古典经济学的理论基础和方法论基础，但否定新古典经济学的个人行为假定，由此也就动摇其理论逻辑。

行为经济学逐步建立独具特色的决策理论，并把该理论广泛运用到政治、法律和经济领域，逐步形成比较成型的行为决策理论、行为金融学、行为宏观经济学、行为劳动市场理论、行为法律和经济学、行为政治经济学等理论分支。特别是，行为经济学不满足于分析个体行为的局限，而把其理论扩展到博弈和社会行为范围，形成行为博弈论，深入研究博弈过程中的学习、互惠、公平等问题，并通过社会偏好的构造和引入，进入到经济学最抽象的领域——福利经济学，从现有研究看，这很有可能形成行为福利经济学的分支。

行为经济学及实验经济学近二三十年来的发展对传统的理性经济人分析框架提出诸多挑战，这包括预期效用理论的失败、非理性的合作以及时间不一致性的偏好等等。但迄今为止，这个挑战还是零星的，这些观察和实验结果还没有被合并成一个系统的理论，目前仍然"支离破碎"：其一，按照理论体系统一的标准，其是发展中的未完成形态，当前发展并非其终极形态，而是一个开放的理论体系，有待于统一和完善。其二，按照科学发展进程，这本身不是什么问题，即便是新古典经济学，其统一而精致的理论框架亦是在长期的发展中不断形成的。重要的是,在解释力上"支离破碎",是经济学发展中的必经阶段,是经济学沿着"行为"这条思路发展中在当前阶段呈现出的必然结果。

本 章 小 结

行为经济学是以实验经济学和神经经济学为依据的,提出人是有限理性的、人的行为准则是异质的"为己利他"等基本观点。

思考题

1. 行为经济学的出现能构成对新古典经济学的革命吗?其政策观对我国经济改革有何意义?
2. 期望理论有何局限性?

名词

行为经济学　为己利他　预期理论

第二十一章 信息经济学的新进展

本章重点
- 信息经济学对经济学研究内容的扩展
- 关于经济均衡意义和性质的理论

经济学家奈特1921年在其著作《风险、不确定性和利润》中指出,在人类生活中,不确定性无处不在,因此信息应该是经济组织的最基本商品。他对不确定性的认识不仅使"风险"成为经济学的研究对象,而且使信息具有经济价值,也应该是经济财富或商品。

哈耶克在《美国经济评论》上发表了著名的《社会中知识的应用》一文,提出价格制度与其说是一种配置资源的方式,不如说是一种社会利用知识的经济方式。计划经济与市场经济孰优孰劣,取决于哪种制度能够更好地利用知识或信息。

美国著名的经济学家马尔萨克(J. Marschak)1959年在论文《信息经济学评论》中首次提出信息经济学这一术语,标志信息经济学诞生。信息经济学就是研究经济行为中的信息现象及其规律的学科,是知识创造、获取、共享和重用的制度化过程中进一步创造价值的模式,是实现快速知识创新的有效方式。其包括非对称信息理论、激励机制理论,还包括搜寻理论、信息价值理论、信息商品定价、因特网经济、信息化理论及信息产业理论等。

乔治·斯蒂格勒(George Joseph Stigler,1911～1991)认为,消费者获得商品质量、价格和购买时机的成本过大,使得购买者既不能、也不想得到充分的信息,不可避免地造成一物多价。这就更新了"一价定律"的假定。

信息经济学认为,价格在内的很多其他方式都可以传递经济信息,如人的行为可以传递信息,而信息又会影响行为,这就使仅靠价格传递信息的传统消费者和厂商理论有时不能正确描述消费者和厂商的某些行为。信息具有公共产品性、不完美性,获取信息需要成本;信息存在着严重不对称问题,而信息不对称受到企业和个人影响。因此,保证对知识和信息的投资取得相应的收益是信息经济学研究的关键(Stiglitz,2000)。信息经济学还集中研究两个核心问题:特征鉴别(选择问题)和行为监督问题(激励问题)。信息经济学集中研究选择的两个方面:一是自我选择,二是探讨为获取更多信息而发生的直接费用(信息甄别、检验、搜寻)。前者是指通过自身选择表露信息的过程,即自我选择(Stiglitz,1976)。它包括信息拥有方的信息显示过程(Spence,Michael,1974)及缺乏信息方如何运用自我选择机制进行分类从而甄别信息的过程;后者则探究如何使每项搜寻和验证的投入得到相应回报,它在很大程度上决定对搜寻和验证的激励(Stiglitz,1975;Arrow,1973)。

阿罗(1971)在他的开创性演讲中描述信息经济学的另一个核心问题:道德风险,即激励问题。这个问题最初源于保险市场,也出现在对佃农问题的分析中。解决这一激励问题的通常途径是依赖共担风险的合约,但张五常(1969)却得出相反结论,即租佃合约已经隐含地规定了佃农的努力程度。

激励问题本质上是信息问题,如果信息是完备的,那么最优的合约将是一个工资合约;

在同一篇论文中,斯蒂格勒(1974)还列举两种解决激励问题的基本方法:监督和激励报酬。同时,罗斯(S. Ross,1973)以委托-代理为主题对此进行研究,运用均衡分析解决委托-代理问题,批驳阿罗-德布鲁模型的不充分性,及关于存在性、最优性以及发散化的核心定理。信息经济学对以往研究的突破还体现在它推翻马歇尔提出的某些权威理论。比如,通常情况下,在边际报酬递减条件下,非凸性是不会出现的。

在信息经济学中,信息与非凸性存在固有联系,不连续性是大量存在的。莱德纳和斯蒂格勒(1984)认为在一系列自然的限制条件下,信息的价值基本上表现为非凸性。同时,信息经济学还推翻与竞争市场相关的基本均衡的存在性和福利定理,以及存在多个企业的市场经济基本特征的定理。此外,它还深刻认识市场的有效性:不是每个人都需要知道准确反映资产真实价值的价格信息。格罗斯曼和斯蒂格勒(1976,1980)指出,获取信息、需要成本,存在价格和(基础)价值之间的差异,这种差异可以为个人获取信息提供激励(Grossman,Stiglitz,1976)。这就表明,在一个信息不完备的市场中,均衡状态的需求与供给并不相等。这不但解释了持久性失业现象,而且解释了生产率很小的差异可能导致工资很大差异的原因,因此,考虑到信息的不完全性,近一个世纪以来一直被认为正确的研究与分析是站不住脚的。信息经济学认识到传统微观经济理论的局限性,积极推进了20世纪后期微观经济学的发展。

信息经济学存在三条基本研究思路,相应形成三个分支体系:微观信息经济学、中观信息经济学、宏观信息经济学。前者涉及市场中的不完全信息、非对称信息对经济活动的影响,作为非对称信息博弈论应用的道德风险、逆向选择、信号传递等问题,社会资源配置中的信息机制等。因此,信息经济学是以微观部分的形式而被纳入一个"学科"领域之中。

第一节 信息经济学对经济学研究内容的扩展

一、新古典经济学对市场功能和性质的认识

20世纪占据统治地位的微观经济学是建立在竞争均衡分析范式基础上的新古典经济学。其主要目的是证明亚当·斯密"看不见的手"的原理,认为市场的竞争性价格机制可自动使资源达到最优配置的状态。微观经济学的核心内容即均衡价格是如何决定的,以及由均衡价格所决定的资源配置效率如何。对新古典经济学的分析可分为三个层面。

第一,个体如何决策?微观经济学从资源稀缺性和理性假设出发,把个体行为构造成为一定约束条件下的目标函数的最大化——消费者效用最大化、厂商利润最大化。在这种最大化的选择中,可对价格的意义做出解释,如边际效用理论对价格意义的解释。

第二,社会如何决策?社会是一个由许多人构成的群体。集体如何配置资源?新古典经济学分析的社会经济制度是市场经济,一个分散决策体系,经济社会的决策是在竞争中完成的。

第三,个体决策和社会决策两者的关系是什么?这是任何社会科学都关心的核心问题:个人和社会的关系如何构成?其性质如何?新古典经济学说明这种关系的方式大致如下:在市场竞争条件下将形成均衡价格,其将成为个体决策的约束因素。如其形成对消费者的约束因素,以及厂商追逐利润的约束因素。在这些约束因素下个体做出最优选择。新古典

经济学试图说明：均衡价格是唯一存在的，个体在均衡价格的约束下做出选择，形成社会资源配置（社会选择）具有"帕累托最优"性质。总之，新古典经济学认为稀缺性资源的配置问题是基本的经济问题。市场制度中，其价格竞争机制可以有效配置资源。

但是，哈耶克认为，经济知识是分散的，社会作为一个集体在资源配置时，其集体的决策奠定在社会成员知识使用的基础上。由于知识分散性，社会就必须解决这些分散在个人之中的知识如何转换成为集体决策的知识问题。哈耶克指出，经济学应从知识角度来分析个人与社会的关系，市场制度是一种有效利用分散知识的集体决策方式。

必须指出，新古典经济学理论虽没有明确将分散存在的私人知识（信息）（或信息经济学的非对称信息）纳入理论分析，但其蕴涵着关于个人与社会信息（或知识）关系的认识。

第一，从个体决策的角度，当竞争市场达到均衡时，每个社会成员具有做出最优决策的完全信息。这既来自私人信息，如自身初始禀赋的数量、偏好等信息；又来自市场，如市场均衡价格，这些是社会共同信息。此外，关于社会中他人的私人信息，当事人无须了解，只要了解市场传递给他的共同信息就足够了。因此，在市场竞争中，新古典经济学认为，个体具有进行最优决策的完全信息，除自身的私人信息外，市场时常向其传递最优决策的完全信息。

第二，从社会整体的角度，市场是一种使用分散于社会成员之中的信息或知识的完美方式，或者说市场对知识的使用是完全的。新古典经济学表明，市场建立的这种个人与社会的信息或知识关系将使得社会资源的配置达到"帕累托最优"。

可见，新古典经济学理论既蕴含着市场具有哈耶克所说的利用分散知识的功能，又蕴含着市场对分散知识的利用是有效率、完善的。这是新古典经济学对市场性质的判定。必须指出，在信息经济学形成之前，经济学家早就认识到价格具有信息传递的作用，是调整资源配置的信号。这本身就蕴含着社会知识是分散存在的，否则就无需价格这个信号了。

二、价格与非价格信息

价格是市场中传递经济信息最为重要的工具。新古典经济学认为，价格既传递着消费者的偏好信息，又传递着资源稀缺的信息，因此，价格反映资源相对于偏好的稀缺性。这是新古典经济学对价格意义的基本解释。市场价格形成，新古典经济学对这个问题的分析是有缺陷的。如瓦尔拉斯说明其均衡竞争的理论中有一个喊价者来形成价格。但是，在新古典经济学中，这个喊价者是虚拟的而非实际的。观察现实不难发现，市场价格的形成并非自动的，是需要投入资源的。若价格具有综合和显示经济信息的功能，那么为价格形成而支付的代价就是为信息综合和显示而支付的代价。显然，与其说新古典经济学认为价格具有综合和显示消费者偏好和资源稀缺性完全信息的功能，不如说假设价格形成的成本为零。

市场价格是在个体活动中形成的，成本则由个人承担。人们总是要搜寻最佳交易对象，这是有代价的。而很早就有的拍卖活动，就是为发现更有利的交易价格。总之，斯蒂格勒和维克瑞的工作使经济学家开始关注价格形成过程———一个信息交流和发展的过程。

市场传递的信息是多样化的，消费者偏好和资源稀缺性并非市场中要传递的唯一信息。即使简单的交易，也要询价，还要了解商品的质量、数量，交易的地点、时间、支付方式等信息。在一份交易契约或合同中，上述信息都是契约中详细加以规定和说明的。但是，在新古典经济学的经典理论中，如在德布鲁的《价值理论》中，除了数量外，其品质、地点以及时间等因素都被市场化。即品质不同的商品交易构成不同市场，地点不同的交易也构成不同市场等。这样，新古典经济学实际上假设交易者具有市场分类的完全信息，在交易中只需要传递交易价格和数量的信息。显然，这个假设与现实是很不相符的。了解这些信息，而信息交流需要成本。不难理解，若不能有效地交流这些信息，价格机制就会失灵。

1970年，阿克罗夫发表《次品市场：质量不确定性与市场机制》的论文，说明当一方交易者不能区分所交易商品的品质时对交易效率的影响，市场因此会失灵，这种现象也被称为逆向选择。类似的问题还会导致道德风险问题。信息经济学通过逆向选择和道德风险问题说明市场竞争性价格机制会因为非价格信息的交流问题而失灵。

要进一步说明的是，交易中信息交流涉及商业道德问题。一般情况下，交易者可不告诉他人交易物的成本（稀缺性信息）或价格（偏好信息），这并不构成商业欺诈。但交易契约常常会规定交易者必须如实地告诉另一方其他方面的信息，如品质、数量以及交易地点和时间等非价格信息，若交易者有意隐瞒这些非价格信息即可能构成商业欺诈，因为这将影响他人对交易中自身利益的评估。交易者需要交流信息，但并非所有信息都需要交流，交易者有权保留一定的信息不进行交流。欺诈是一个道德问题，何种行为构成欺诈需要根据具体情况来加以界定。由于信息经济学所分析的逆向选择和道德风险又是人们了解信息经济学最为通俗的内容，因此，一些介绍信息经济学的通俗读物也把逆向选择和道德风险作为信息经济学的代名词，甚至把信息经济学看作研究欺诈的学问。

三、机制设计

对搜索、拍卖、逆向选择和道德风险等问题的分析构成信息经济学的经典内容，包括市场具有传递信息的功能，但这种功能的形成并非无需任何代价，其存在于交易活动中，并非在竞争中即可自发形成的。这样，经济学就必须对市场功能和性质重新加以分析。

一般说来，市场是交易的集合。新古典经济学只是通过交易中货币的流向将交易者分为买者和卖者。供求分析是新古典经济学的基本分析方法。但在交易中交易者需要交流信息，大致可分为价格信息和非价格信息。从信息的角度讲，交易者间不仅是买者和卖者的关系，还存在着委托人-代理人的关系，占有信息优势的常被称为代理人，反之被称为委托人。

进一步地说，交易就是签订契约以及执行契约的过程。交易者间如何设计一份双方都接受并能够自我执行或履行的契约，这是一个需要解决的现实问题。而设计合同的关键是如何使委托人相信代理人真实地传递有关信息，并在此基础上优化双方的利益。如委托人如何设计契约激励代理人保证实现其利益，或代理人如何通过一份契约来取信于委托人？因此，机制设计理论、合同理论、激励理论或委托-代理理论成为信息经济学的重要内容。

机制设计理论成为信息经济学重要的分析工具，使得经济学家们对一些经济现象给出不同于新古典经济学的认识。如斯彭斯对教育机构功能的分析：是给予学生技能和知识，还要甄别学生的能力，以及向学生提供显示自身能力的机会。从这个角度，经济学家可对银行业、保险业的一些特定交易方式（如信贷配给等）以及其他许多特定的交易方式（如土地租赁分成合同等）做出自己的解释。有关内容近年来已有十分丰富的发展。

机制设计的观点能够更好地分析具体交易活动，还能够更为一般地分析整个经济制度的性质。经济制度配置资源的过程也可看成全体社会成员签订契约和执行契约的过程。这个过程如何？由此，赫维茨从信息交流和激励角度对整个市场制度的功能和性质进行分析。

机制设计的思想使得信息经济学家能够更为真实地分析市场制度传递信息时是如何使用分散知识的功能加以进行的，使其对市场制度的性质得出和新古典经济学不同的看法。大致说来，市场制度是一种有效利用分散信息的制度，但由于信息成本及激励的原因，这种利用效率不能达到最优，而是处于次优状态。

四、分配问题

这是经济学的核心问题之一。信息经济学研究分配，与新古典经济学有所不同。

委托-代理关系存在于私人交易之中，也存在于个人与社会间。这种关系可具体地表现为政府和社会成员间的关系。一方面，国家领导人在一定程度上是公共利益的代理人，另一方面，国家领袖一旦获得这种公共权力，或公共权力一经形成，其又是社会利益的代理人。个体和公共权力间的关系是社会政治生活的本质内容。这种关系为何形成，以及这种关系的委托人-代理人的性质，早在赫布斯和卢梭的著作中已有阐述。

在西方经济学史上，萨伊曾试图将政治关系排除在经济学之外。但是，一方面，政治关系本质决定着社会成员的经济利益，这是经济学，也是政治学、法学的一个基本内容。西方经济学的现代发展无非是将这些内容重新纳入到其研究领域之中。

政治关系的研究可从两个方面进行，一是公共权力的形成，这可以说是社会政治生活的主要内容，如选举等；二是公共权力的行使，如政府政策以及国家法律的制定等。

假设国家的目的是社会福利最大化，以及其目的得到社会的认同，问题是国家如何做到这一点。要明确国家本身并不能够带给社会成员任何福利，社会福利都是社会成员自身努力的结果。因此，如何来"设计"每个社会成员的工作？其次，观念上认可国家的目标，但在行动上未必执行这个目标，国家如何使社会成员履行其应尽的责任？国家主要通过法律手段来解决这些问题。这同样是一个机制设计问题，即如何利用其设计契约的优先权来安排和激励每一个社会成员做出恰当的努力，使得社会福利最大化。

假设国家的目的就是让每个社会成员各尽其能、各得其所。这是公平的，也是有效率的。因此，公平和效率是同一的而非分离的。但这个目标能否完全实现？现实表明：不能。此时，国家需要在公平和效率间进行权衡，结果形成公平和效率的替代问题。在人类思想史上，其并无新意。但是，对于新古典经济学而言，这十分重要。

新古典经济学的理论基础之一是边际生产力分配论。信息经济学的发展在一定意义上对新古典经济学的这个理论基础提出质疑。

新古典经济学认为，按生产要素边际效率分配是一个公平的分配原则，同时，由这种分配原则决定的资源配置最终结果是最有效率的。大致说来，社会总产品要在劳动和资本间的分配，两者因何、如何获取收入？因此，市场制度的分配是公平的，又是有效率的。

新古典经济学认为，劳动是要支付代价的，劳动又是形成产出的。竞争将使得劳动的供求达到均衡，均衡工资（劳动的边际生产率等于其边际成本）使得劳动投入达到最优状态。

一定意义上，信息经济学的效率工资理论否定边际工资理论。假设每个社会成员都在保留工资条件下愿意接受一定数量的劳动，愿意接受保留工资的每个工人的劳动能力和产量都是不同的。这样，若支付所有工人相同工资，有能力的将会偷懒。为激励这些工人更好地工作，需要对他们进行额外支付，即信息租金。这是对工人真实能力的激励，这就形成多劳多得的分配原则，即信息经济学效率工资理论的基本观点。要强调的是，效率工资理论的一个重要基础是人的能力是不同的，这使多劳者支付的代价不一定就大，而新古典经济学实际上承认人的能力是同质的。异质性是信息经济学的一个重要内容。当然，效率工资将导致一定后果，如部分工人失业以及工人收入的差异。这是一个次优状态。

关于资本收入，新古典经济学的基本解释是，一方面，资本供给源于储蓄行为，这是需要支付代价的;另一方面,储蓄可通过投资转化为资本,并提高生产率,这形成资本需求。同样,竞争均衡将给支付代价的资本供给者支付恰当的回报。因此,资本收入是公平的,付出者得到回报,同时市场均衡将使得这种付出是有效率的。

但是,新古典经济学对资本性质的认识有很大的局限性。马克思早已明确指出资本的本质是人与人的一种社会关系,具有历史性。熊彼特指出,资本主义制度本质是一种信用制度,使具有创新精神和能力的企业家能够有权力抽取社会剩余,并为其创新活动提供风险担保。经济学说明,货币制度的本质是信用制度的产物。企业家等利用信用制度所能够支配的资本,由此得到的收入与其对欲望的节制没有关系。经济学家应从信用制度本身解释资本收入。当信用制度被少数人垄断时,信用制度下的分配是否公平?资本目的本身是否公正?建立在不确定性分析基础上的信息经济学为真实分析资本的性质提供了重要的工具。

最后,国家对社会成员利益的主要安排手段并非是直接的,而是赋予社会成员一定的权利,社会成员使用这些权利来获得收益。在社会成员使用权利为自己谋取利益的过程中,国家实现自己的目标。因此,国家需要解决的一个问题就是产权设计,这是通过一系列的法律活动来完成的。如何设计产权?经济学可使用委托-代理理论来分析这个问题。同样,在产权制度的设计中存在着公平和效率的置换问题。市场制度是有效率的,但未必是公平的。

五、组织问题

市场经济的组织结构是复杂的。家庭、企业以及相互间的交易构成的市场,构成经济社会的私人部门;政府构成公共部门,其是公共物品的生产者。政府机构的活动都要在一定的法律约束下进行,国家是法律活动的主体。但是,这种组织结构是如何形成的?新古典经济学对此缺乏分析。这里可以企业为例来说明这个问题。

新古典经济学中,企业首要的性质是组织生产的机构,生产资源通过企业转换成产品。但对于商业社会而言,任何一种产品生产都不是单独在一个企业中完成的,实际上是在市场的多次交易中完成的。如消费者可在电子市场中通过多次的交易攒出一台电脑,这台电脑不是哪一个企业生产的,而是市场生产的。观察现实不难看到,在交易中,本身就存在从生产要素到产品的流向,即商业社会生产过程和生产流程,交易本身就具有组织生产的功能。因此,在新古典经济学中,实际上只有生产函数,而没有作为一种组织机构的企业。

消费者为何不通过市场得到一台攒机,而要购买一台联想电脑呢?市场具有局限性,如通过市场得到的攒机产品品质缺乏保证,因此,通过市场方式来组织电脑的生产未必是一种最有效的生产方式。此时,企业方式却可能是更有效率的。但是,联想电脑中的绝大部分元件并非联想生产的,也是采购的。同样,联想和在电子市场中雇人攒机器的消费者一样,也要雇用工人在厂房里攒机器。其也是在交易中完成电脑生产。那么,联想通过交易组织生产和消费者直接通过市场中的交易组织生产有何区别?不难看到,正如市场是交易的集合一样,联想实际上也是交易集合。只是联想在这个交易集合中,有一些交易在性质上和市场的交易不同。相对于交易,这些交易具有长期、不明确以及科层结构的性质。如被联想雇用的一位攒机的雇员应干什么、干多少,都要听从他的老板或上级的指令。企业在利用交易组织生产时,具有一种不同于市场的生产流程,即企业自身的生产流程。市场中的生产流程是自发组织的,而企业的生产流程是通过企业家组织的。

当企业以这种方式来组织生产时还引出其他问题。市场本身就有经济计算的功能,这种计算是在交易中自发形成的,无需财务人员、账目和财务报表。显然,企业的经济计算和市场的经济计算方式是不同的。作为一个特定的交易集合体，企业必然面临着利益相关者间的利益权衡。市场通过竞争自发地权衡买者与卖者的利益关系，企业对利益相关者间的利益权衡方式必然与市场有所区别。企业如何权衡利益相关者间的利益？这是公司治理中的问题。总之，生产流程、财务和公司治理都是企业家必须面对的问题。信息经济学发展使得这些现实问题纳入到经济分析范围中。显然，这些问题也都是约束企业规模的重要因素，在某些方面虽比市场更有效率，但企业并不能无限地代替市场。

企业是一种不同于市场交易组织生产的方式，企业组织方式也有特性，因此，形形色色的企业间存在竞争。新古典经济学只是看到不同资源配置方案间的竞争，忽略不同组织方式间的竞争。而这种竞争也是市场竞争中十分重要的内容。了解一点企业管理常识的人都知道，寻找更具有竞争力的组织结构及产业结构是企业管理的重要内容，企业组织方式以及产业组织结构都是在竞争中不断变动的，而这些内容在新古典经济学中是难以分析的。

企业、家庭、市场、政府以及国家是不同的组织结构，其总是由特定形式的契约构成的。市场经济可看成是社会成员间所形成的各种不同的社会契约以及各种私人契约，其构成社会成员间复杂的关系。社会是所有这些关系的集合，从中可观察到复杂的组织结构。

经济学分析的内容应是：社会组织方式是如何决定的？其配置资源的效率如何？社会的契约集合是如何决定的？其资源配置的效率又如何？价格只是一部分契约的构成因素。因此，信息经济学是扩展新古典经济学的研究内容，可更为一般地分析社会现象。

第二节 信息经济学对经济均衡意义和性质的认识

均衡分析是新古典经济学分析方法的基本特征。当信息经济学将分析内容扩展到契约时，同样需要分析契约均衡性，如威尔逊对逆向选择均衡性的分析。当市场经济制度作为一种各种组织形态(契约)的混合体时，是否存在着均衡的组织方式(契约)集合可使社会有效解决稀缺性资源的配置问题？如市场和非市场的均衡等。这里均衡的含义应是指某种意义的稳定性和不变性。这是经济学需要进一步回答的，也是信息经济学发展的重要方向。

一、经济学的行为分析与经济均衡的意义

经济学的一个基本观点是经济现象是社会成员行动的结果。行为分析是经济分析的基本内容，行动可看成选择或决策的过程。决策过程有两个阶段或层面：最终决策和信息决策。信息决策对于最终决策具有决定性的作用。新古典经济学更多的是在最终决策的层面上分析问题，而信息经济学则更多的是从信息决策上分析问题。

从决策的角度，社会成员间的关系是社会成员决策间的关系。由于这个原因，博弈论在现代经济分析中具有重要的地位。博弈论中的贝叶斯均衡很好地说明了博弈的这种性质。

决策过程是有阶段或有层面的，决策中的选择对象也是具有层次的。如在博弈论中，参与人的选择对象是行动、策略、博弈规则还是决策方式？这样才能明确经济学所要寻求的均衡解是行动、策略、规则还是决策方式。如在新古典经济学对均衡价格的解释中就涉及这些内容。均衡价格是能够使买卖的数量相等的价格。在交易背后是交易者的"交易策略"，即供给曲线和需求曲线，他们描述在各种可能的价格下，交易者愿意并能够采取的行动，这实际上是交易策略。这种策略和博弈规则有关，在不同博弈规则下，交易策略不同。交易者交

易策略将取决于市场竞争结构等因素。无论如何,经济学假设交易决策都是完全理性的。

显然,市场价格会变动,交易者策略(供给和需求)和博弈规则也会变动,但新古典经济学认为,交易者理性的决策方式不会变动。经济学的本质是揭示人类行动的逻辑、形式或方式。必须指出,这种人类行动的逻辑或方式同样有两个层面:个体的和社会(集体)的。

关键问题是,人类行动逻辑或方式是否不变?简单均衡存在吗?当信息经济学把人类决策分为信息决策和最终决策两个层面时,对这个问题的回答显然不同于古典经济学。

二、主观期望效用理论与行为的均衡性质

首先考察不确定条件下的个体决策的方式。实际上,信息问题和不确定问题是一个问题的两个方面,信息经济学在一定意义上是不确定经济学的延伸。

冯·诺依曼和摩根斯滕(Von Neumann, Morgenstern, 1944)建立期望效用理论,简称为 VNM 理论。这个理论在三个基本假设的情况下,说明决策的形式或方式具有期望效用的形式。这三个基本假设是完全性假设、独立性假设和连续性假设。

萨维齐(1954)通过人与自然的博弈方式描述个体不确定性下的决策。随后,安索莫泊和奥曼(1963)描述主观概率。他们努力建立了主观期望效用理论,简称为 SEU 理论,即每个结果都是期望概率与其价值概率的乘积。但是,这个价值成分是主观的,依赖于个体差异。其中,一个重要的内容是逆序假设替代独立性假设。SEU 理论成为经典博弈论的基础。

雅克·德雷茨(1987)进一步扩展主观期望效用理论,揭示 SEU 理论的信息性。SEU 理论的逆序假设相当于假设对于在一定层面上的选择,信息无价值。信息的时间价值对于理解信息经济学的现代发展具有重要意义。这里提供一些解释。

具体时间的信息对于如何行动具有价值。如天气信息对于明天出门是否带雨伞的行动选择是有价值的。个人最优策略选择和明天天气状况无关,若一个策略选择是最优的,无论明天早晨的天气状况如何,该策略仍然是最优的。因此,天气信息对决策者选择是无价值的。进一步说,一些信息可能对策略选择有价值。因为,无论在何种情况下,理性人总是以期望效用最大化的方式做出选择,这应具有一致性和完备的逻辑性。

对于如上的人与自然的博弈中这种关于信息价值性质的分析也可扩展到人与人的博弈中,如经典的非合作博弈。对于一个博弈规则给定的博弈问题,求解参与人的策略选择。若某个策略选择是均衡解,那么随着博弈进行,参与人的均衡策略不会变动。因此,博弈中的信息显示对于参与人的均衡策略选择没有价值,如此等等。

三、对主观期望效用理论的批判

主观期望效用理论并不能解释所有的人类行为。2002 年诺贝尔经济学奖授予对行为与实验经济学有突出贡献的卡尼曼和史密斯。行为和实验经济学的十分重要的内容之一就是怀疑和批判 SEU 传统理论的正确性。在主观期望效用理论的决策形式上具有两个重要因素,即效用函数和主观概率,我们从一些经济学家的工作来理解对主观期望效用理论决策方式的批判。

首先,考察动态消费决策问题。如下分析源于斯彭斯(1972)的一篇论文。新古典经济学描述消费者的决策问题大致如下。给定消费者收入(W)以及商品价格(P_X, P_Y),形成约束条件 $W = P_X X + P_Y Y$。然后给出消费者效用函数 $U(X,Y)$ 并假设是 VNM 的效用函数。消费者在这个条件下决定最优商品组合(X,Y)。设价格不变,对于不同的 W 就有不同最优的

商品组合和最优效用,在这个意义上有 $V=U(W)$。这样,V 就是关于 W 的效用函数。

选择商品组合,或收入或工作机会。不同决策带给决策者的收入是不确定的,因此,每份工作相当于一个关于 W 的彩票。此时,工作选择是一个典型的不确定条件的选择。选择工作相当于在彩票空间中抽取彩票。而 $V(W)$ 是应做出这种选择时合理的效用函数。

假设决策者面临着这样的处境或博弈规则,简称为博弈 A。首先,他面临着若干工作机会。选择工作带来的收益都是不确定的,他必须选择工作 W,然后再选择消费 (X, Y)。

再考虑这样的不同处境或博弈规则,简称为博弈 B。决策需要先对 X 的消费数量进行选择,然后再选择工作 W,收入决定后,再选择 Y 的消费数量。

显然,博弈 A 和博弈 B 都是动态博弈,但它们的信息结构有所不同。博弈 A 中,决策者是先观察到收入的信息,然后再决定消费。博弈 B 中,决策者是在观察到收入信息之前,就必须对部分消费做出决策。

斯彭斯说明,不同的信息结构将使得关于 W 的效用函数的性质不同,在博弈 B 中决策者更具有风险规避性质。即并不能一般性地从商品效用函数中导出收入效用函数。对于工作选择,并不存在一种一般意义上的效用函数,决策者的效用函数依赖于信息结构。

若把 A 和 B 作为两个选择对象让决策者选择,会认为两者是无差异的吗?显然,一般的情况下是不会的,不同博弈的信息结构对于决策者而言是重要的。斯彭斯的分析说明,对于决策者而言,并不存在着某个不变的期望效用的决策规则。SEU 理论实际上假设个体的决策规则是不变的。这和 SEU 理论的假设有关,也和 SEU 理论对信息价值的判定有关。

其次,考察主观概率的性质。在 SEU 理论中,决策者可根据获得的信息修正其主观概率。修正的方式是贝叶斯决策①。按照控制论,预测和控制互为反问题。预测是给定现在求未来的结果,而控制是给定未来的结果求现在的行动。这样,从控制的角度,即可采取逆推的方式从最终可能的结果开始求解现在的行动。当然,在时间无限情况下,可采用一定的技术来处理这个问题,将无限的问题转换成有限的,但是逆推性质不变。实际上,博弈论中子博弈精炼的方法就是这种思想的体现。哈默德说明,主观概率的贝叶斯决策性质和逆推方法是一致的,一个通过逆推方法做出选择决策者,在预测上是运用贝叶斯方式的。

控制论对现代文明的发展贡献重大,但其是分析人类行为的恰当方法吗?当预测和追求未来时,面对的问题与航天专家发射导弹时遇到的问题一样吗?逆推方法是否恰当?

SEU 理论蕴涵的观点。首先,决策相关变量的空间是事先给定的,如现在和未来所有的行动空间以及策略空间都是事先给定的。其次,时间逻辑上是可逆的,如逻辑上可用逆推方式求出时间因果关系。SEU 理论关于人类决策中空间和时间性质的假设是值得怀疑的。因为,首先,很难想象现在和未来所有的行动和策略空间都是事先给定的,或先验决定的,未来 50 年后人们的行动空间如何得知?其次,时间的基本性质是不可逆性,这不仅是经验事件的一个序关系,更应有人类行为的逻辑性。这种逻辑关系应与关于未来空间性质的认识有关系、与信息有关系。信息价值性应与时间的性质密切相关。因此,人们质疑期望效用理论的主要概率理论,如概率性质可是非可加性的,决策者也就未必采用贝叶斯方式。

总之,无论是从效用函数的角度,还是从概率的角度,现代经济学正在不断地提出大量

---

① 贝叶斯决策是在不完全信息下,对部分未知的状态用主观概率估计,然后用贝叶斯公式对发生概率进行修正,最后再利用期望值和修正概率做出最优决策。这属于风险型决策,决策者虽不能控制客观因素的变化,但却掌握其变化的可能状况及各状况的分布概率,并利用期望值即未来可能出现的平均状况作为决策准则。

的新理论,试图能够更为合理地解释人类的行为方式。但是,从经济学的这些现代发展中可提出这样的一个问题:存在着某种可适用于任何状况的一般人类决策方式吗?这种决策方式能够使得任何信息无价值。显然,对于这个问题,经济学还不能给出肯定的答案。

四、市场均衡性

经济学家本意无非是通过对均衡价格的求解来寻求价格现象背后不变的规律或逻辑,如资源配置的规律或逻辑。这是均衡分析的目的。问题的关键是否存在唯一不变(换句话讲,均衡的)的规律。新古典经济学认为,市场不仅将个体的知识集合起来作为一种决策方式,其还具有超越个体分散知识的性质。人们的许多决策需要延伸到未来,关于未来的一些信息谁也不能确切知道,人们面临着不确定条件下的决策。当然,决策者若做出决策就相当于赌博,他的最终结果是不确定的。这种不确定性以及由此导致的风险是任何个体决策都无法避免的。信息经济学在一定意义上就是对不确定条件下决策分析的发展。

但是,可通过交易来克服这种不确定性,这种交易的本质是风险交易。当然,在交易中,一些人需要支付代价,而另一些人则可获得收入,因此,风险市场必然使得收入在社会成员间进行重新分配。德布鲁将风险市场纳入一般均衡理论。风险市场的均衡价格一方面取决于参与者的风险偏好,一方面取决于参与者对未来不确定事件概率分布的判断。社会成员间的风险交易具有这样的性质:随着时间推移,即随着信息的显示,参与人无须重新谈判,或重新进行交易。必须指出,随着时间逝去的信息,对于参与人的初始风险契约形成也没有价值。这样,新古典经济学就从市场的角度进一步说明市场具有超越时间或超越信息的性质,社会通过风险交易的方式来解决个体无法解决的风险问题,并和未来的信息无关。

获取信息,投入一定资源是有利的。价格部分地取决于市场参与人对未来概率分布的判定。若现在有人可获得关于未来的准确信息,即比其他市场参与人更具有信息优势,那么,他即可赢得市场,获得更多利益。如股票市场是一个典型的规避投资风险的市场,股票价格引导人们投资。但是,股票市场中的投机活动对于市场价格的发现具有重要意义。而投机活动的本质就是试图通过信息优势来赢得市场。投机家投入资源发现市场价格,而社会则可利用市场价格进行投资活动,这是搭投机者的便车。但是,若市场价格一经发现,投机者就难以再赢得市场,那么,他们将退出市场。这里存在一种矛盾,即发现和享用信息。

决策需要信息,信息存在供求问题,而市场的功能就是供给信息。信息的供给源于部分社会成员的信息搜寻活动或信息决策活动,这些活动是有代价的。这些私人投入形成的信息通过市场价格转变成为公共信息。公共物品生产与市场失灵,这是市场自身存在的一个矛盾。简单地讲,若市场价格具有显示信息的功能,市场参与者将会相信市场而不进行具有私人成本的信息搜集和交流活动,但是,若这样,市场价格将不具有信息显示功能。斯蒂格勒(1980)在其著名的论文《论信息有效市场的不可能性》中提出这个问题。他认为,在信息支付的激励问题上,市场存在深刻矛盾,并认为这个矛盾使市场效率难以实现。

从信息行为的角度讲,市场具有局限性。当组织结构具有信息生产性质时,这个问题就必须从信息性质的角度解释。信息与一般物质资源不同,如人们可日复一日地吃同样的早餐,但难以日复一日地学同样的知识。新的信息才有意义。从此可理解现代经济学中正在兴起的一门新兴学科——演化经济学的价值。熊彼特说,创新是资本主义社会迅速发展的核心,创新包括新的组织。信息经济学发展正在成为演化经济学的一个重要基础。

第三节　信息经济学的理论意义

信息经济学的理论内容：不确定性条件下的选择理论与风险理论是现代经济学的重要理论基础；信息交流是交易的重要内容，信息交流的效率决定于交易方式。

信息经济学明确地将认识论纳入经济学对经济行为的分析中，在研究个人行为方式的基础上研究社会行为（组织）方式，研究何种社会行为（组织）方式能够促进社会发展。人的行为是受思维支配的。经济学必须通过思维方式来说明人的行为方式。柏拉图在其著作《理想国》中就已从知识角度描述人与人的关系，并由此解释社会组织方式。必须回答市场制度的性质、市场制度是否合理，是否有效率。信息经济学从认识论的角度深化经济学对这个问题的分析。

现代科学一方面承认对具体经验的超越是思维努力的方向，思维寻求具体背后的一般规律，或存在于经验背后的逻辑；另一方面也否认终极逻辑的存在，至少不事先假设终极逻辑的存在，因为承认终极逻辑的存在等于承认上帝的存在。总之，一般和具体、逻辑和经验，或形式和内容的矛盾本身就是推动思维和科学发展的基本动力。

信息经济学揭示完全理性的逻辑意义，完全理性的假设相当于假设个体具有超越一切具体经验的一般行为方式，且是先验存在的。新古典经济学实际上认为市场制度作为一种集体的行为方式也同样具有完全理性的特征。但是，现代经济学的发展使得经济学更为合理地考虑到人类理性的有限性，这无疑是经济学的进步。存在于人类理性中的矛盾应是推动社会发展的基本动力，人类理性的发展应也是社会发展最核心和最本质的内容。

围绕"市场是否有效"，现代宏观经济学的发展，形成凯恩斯宏观经济学和新古典宏观经济学之争。凯恩斯认为，站在集体的角度，个体在市场制度中的行为并非是理性的，这将导致有效需求不足；这种缺陷不是市场自身可克服的，为此，应由更有远见卓识的政府担当起克服市场局限性的重任。但哈耶克认为，任何个人或少数人都不能超越社会智慧，更不能以此为理由获取支配社会大众的权力，社会发展不能是少数人计划和控制的产物。必须指出，在这种争论中，信息经济学所具有的重要理论意义越来越受到人们的关注。

本 章 小 结

信息经济学明确地将认识论纳入西方经济学对经济行为的分析之中，通过思维方式来说明人的行为规律。

信息经济学通过分析经济活动的信息因素及其经济影响，建立自己的领地。

思考题

1. 从信息角度上，新古典经济学认为市场的功能和性质是什么？
2. 市场仅仅是依靠价格机制配置资源吗？信息经济学是如何认识市场配置资源的？
3. 是否存在着均衡的组织方式？如何看待这个问题？

名词

信息经济学　信息交流　私人信息　社会信息

第二十二章　转型经济学

本章重点
- 转型经济学的形成、学术渊源和特点，主要范式，发展趋势

第一节　概　述

在一定程度上，基于比较经济学、演化经济学对转型过程的研究无法从本质上揭示转型的特征，因此多数学者更倾向于运用新制度经济学作为这类研究的基础研究范式。比较经济学自身缺乏稳定可靠的研究领域和范畴，仅有的比较研究视角和结构主义方法并不能弥补理论研究范式的空白；而演化经济学所研究的是独立的制度安排在时间的推移中所呈现出的新旧交替的过程；相比之下，转型经济学则是整个经济系统结构性的变化，这一变化不仅局限于经济体制，也可以扩展到经济结构、社会体制等。新制度经济学强调制度安排对经济绩效的影响，而通过成本-收益分析框架比较不同改革路径的成本与收益，则成为转型经济学最主要的研究内容。从这一研究目的出发，改革的路径选择实质上可以被归结为以利益最大化为目标的理性人在一定的约束条件下寻求最优改革路径问题，而最优的衡量标准则是改革成本最小。这一结论具有较强的现实意义。但基于成本-收益分析的方法研究经济转型并非没有缺陷，它要求有一个具有完全理性的行为主体能够准确衡量成本与收益并做出相应选择，这个行为主体一般情况下被假定为政府。然而，政府对于经济利益最大化以及社会福利最大化都难以明确明晰。经济转型的内涵是体制模式的整体性转换，而制度变迁只是其内涵的一部分，除此以外还包括社会经济的存在方式、组织结构、利益关系等。

一、转型经济学的演进

最初的转型经济研究，是以新古典经济学理论为指导，以华盛顿共识为政策主张，形成转型经济研究的三个主要流派，并分别从"比较""信息""制度"三个不同的视角研究转型经济。如何认识转型纲领、具体目标、路径以及所建立的各不相同的多样化制度安排和转型绩效，学界的看法各不相同，甚至针锋相对、争论激烈。在对转型经济的研究中，似乎存在一个为经济学家广泛接受的共识，即无论是传统的社会主义经济学，还是现代西方经济学，都不能提供一个令人满意的解释。最初的转型经济研究大多以政策性文章为主，注意理论与实践相结合，强调其研究成果在政策实施上的可行性，其意图旨在影响转型政策的方方面面。最近研究表明，资本主义国家在制度安排方面差异很大，而且这些制度差异对各国的经济和政治发展都产生重大影响。因此，比较经济学不再把研究对象局限在资本主义和社会主义两大经济制度间的静态比较上，而是转而对不同的市场经济进行比较，着眼点在于国家和市场经济制度间的比较研究，这大大丰富了比较经济学的视野。如何生产和为谁生产这是两个传统问题，更广泛的问题是资源配置的决策是如何做出的。

正是东欧的改革理论以及现代西方经济学理论与马克思主义经济学的融合,形成崭新的、具有中国特色的经济改革理论,为中国转型经济学的产生奠定理论基础,并最终形成完善的学科体系和特有的研究范式。转型经济学是具有综合性、基础性、应用性强,年轻、鲜明探索性和原创性、顽强生命力的学科。

根据研究内容所呈现出的阶段性,可以将中国转型经济学的演进划分为以下三个阶段:① 中国转型经济学的雏形,经济改革理论探讨阶段。其研究对象相当广泛和全面,几乎涵盖中国市场化改革的各个领域,也正是基于这一原因,有学者试图使用"改革经济学"的称谓对不同的经济改革理论进行概括。② 转轨(过渡)经济学阶段。由此,经济体制由计划经济运行轨道向市场经济运行轨道转变的方式,对体制转轨不同方式的研究和评价、运行机理、适用范围、潜在后果等都成为理论研究的热点。到 20 世纪 90 年代中期,转轨经济学成为主流的提法,并逐渐取代"改革经济学",这主要是基于这一时期的研究重点——经济体制转变方式的需要。③ 转型经济学批评阶段。随着中国渐进式改革道路取得巨大的成功以及转轨理论研究的逐渐完善,对转轨道路孰优孰劣的讨论及其评价逐渐从理论研究的焦点与核心中淡出,取而代之的是对转轨经济学研究缺陷与不足的探讨,以及在此基础上对新的研究内容的拓展。以转轨解释一切现象的研究思路首先遭到批评。

转轨经济学和转型经济学两者均以经济体制的变化作为基本研究对象;但前者是经济处于一种向某种最优的目标模式转变发展的过程,其研究的时间跨度被限定在经济体制由计划经济向市场经济转变的这一有限的时间范围内,而在转轨过程结束后,这一学科的研究任务即告结束。而后者并不包含这样一个最优的目标模式,只是研究经济体制转型与经济发展阶段变化的过程,没有终点。在此基础上,部分学者明确指出"转型"比"转轨"能更好地描述中国经济的变化,其原因在于"转轨"是指改革过程最终将达到一种明确的状态,而中国的情况则是经济体制改革将达到的最终状态仍然是未知的。

二、经济转型研究或比较研究的主要领域

(一)向市场经济转型策略的比较

斯蒂格利茨的文章《改革向何处去》中,将中国与俄罗斯转轨作对比,着重分析俄罗斯"激进"失败的原因。首先,其是对"市场经济最基本的概念理解错误",美国模式的教科书很大程度上仅仅是依赖新古典主义的一种学术学派,而没有涉及其他学派,然而恰恰是其他学派的观点可能会对转轨阶段的国家有更深刻的解释。其次,混淆手段和结果,如将私有化或公开资本账户看作成功的标志而不是手段。

波兰经济学家格泽戈尔茨·W. 科勒德克的《从休克到治疗》,从另一个角度对"激进"与"渐进"的选择作分析。其中有三个观点值得重视:一是若政治改革进程不是很深入,那么经济发展是有限的。二是"激进"和"渐进"的选择,主要发生在三个领域:① 经济自由化和宏观经济的稳定方面,要看货币和金融的稳定程度。斯蒂格利茨以信息经济学、交易费用论对新古典经济学理论进行反思,他将原社会主义国家的经济转型和世界经济一体化、金融国际化联系在一起,认为社会主义市场经济也有缺陷。② 结构改革和制度变革方面,包括民营化、公司治理结构,则必须采用"渐进"的改革方法而不能采取"激进"的改革,因为这项改革所需要的时间长,花费的财政成本和社会成本高。③ 产业的微观结构重组方面,要注入新的投资,要关闭旧工厂,要对劳动力重新进行调配和再培训、要提高行业的竞争能力、要吸收流动资本等,这些改革措施都需要时间,在这个问题上,也不能采取"激进"的方法。三是以

一个时期经济增长的快慢来判断转轨策略选择的得失,并非科学。从长时段看,制度改革是经济发展的必要前提。他的观点,通常被归结为新政治经济学派。

(二)马克思主义生产关系变革理论与新制度经济学的制度变迁理论的结合在转型经济研究中得到有益探索

在对待制度变迁评价的标准上,马克思坚持生产力标准,但并不排斥交易成本标准。同样,新制度经济学的交易成本标准,也可以包含在生产力标准中。在发挥意识形态的作用上,二者都重视意识形态在制度稳定和变迁中的作用,不能脱离意识形态来分析制度变迁,都认为意识形态具有群体性:马克思的"群体"以阶级为主,同时具有地理环境、宗教等方面的含义;新制度经济学则主要从地理环境、文化等方面解释意识形态的形成。所以,科学吸取新制度经济学中某些观点,可以丰富马克思主义的制度变迁理论。比较经济学在对转型经济的研究中得到广泛应用。改革与转型或转轨首先在研究目的和理论定位上不同,改革理论的目标是直接指导改革实践和政策制定,而转型经济学是一种实证的纯理论研究,其目标是对改革和制度变迁过程做出科学的阐释。其次,二者遵循的理论规范不同,改革理论研究的母体是马克思主义经济学,而转型经济学一出现就是以西方经济学特别是新制度经济学和公共选择理论为基础发展起来的。改革焦点是调整与完善现有制度,而转轨是改变制度的基础,用自由市场经济体制替代社会主义计划经济体制,过渡、转轨和转型三个概念的核心内涵是一致的,都是指从计划经济向市场经济的转变过程,但它们各自所凸显的重点并不相同。从学科发展的角度,转型是最能准确表达这一研究领域和对象的术语:从计划经济体制向市场经济体制的转型,是整体意义上制度系统的结构和性质的改变。

转型经济学研究的理论基础为新古典自由主义经济学,主要以现代货币主义、新制度学派、供给学派、理性预期学派、伦敦学派、弗莱堡学派等为代表。其中,货币主义和新制度学派的影响最大。后华盛顿共识把转型与发展联系在一起,强调政府在转型中的作用,也强调竞争作用,私有化只是手段,而不是目标。新凯恩斯主义并非是一个关于市场生成和发展的理论,其虽强调政府在转型中的重要作用,但着重于阐述政府的政策工具,依然是基于对市场内在缺陷认识提出的,没有明确区分转型条件与市场条件下政府功能的本质区别。

转型经济学研究的主题、范式与前景。以演化经济学来研究经济转型会发现,一项良好的经济政策制定必然要持有系统观和过程观,前者注重经济政策在社会经济系统中的嵌入性,而后者则强调时间的建设性作用,包括历史沉淀、现在的选择、未来的不确定,新奇以及保持变迁的连续性等。在此基础上,经济政策的演化观必然要坚持最小限度打乱原理。中国经济改革始终贯穿着一条利益诱导、利益补偿、利益替代的战略主线,可总称为"替代型改革",无论从经济转型层次,还是从国家转型层次,转型理论研究急需一种统一范式。

三、转型经济学的形成

转型经济学又被称作转轨经济学或过渡经济学,其是以计划经济向市场经济的过渡为研究对象的一门新的经济学科。

社会主义制度的最初模式是高度集中的计划经济模式。其在社会主义经济发展的初期曾经发挥过巨大的作用,有效集中和动员有限的社会资源,加速工业化进程,并在生产力水平较低的情况下,实现收入分配的高度平等。但随着经济和社会的发展,计划经济中动力不足、经济体制僵化、效率低下、官僚主义盛行等弊端日趋明显,引入市场机制成为经济发展的必然要求。这种情况下,20世纪50年代末60年代初开始,实行计划经济体制的各个国家多在不同程度对体制进行一些改革。改革内容虽然各不相同,但都是围绕着如何在社会主义制度中发挥商品关系和市场的作用而展开的,这种以市场取向为目标的改革一度对于经济发展起到积极的推动作用。关于经济改革的理论出现许多重要成果,如,20 世纪 30 年代波兰经济学家奥斯卡·兰格提出计划模拟市场的著名"兰格"模式;60 年代布鲁斯提出集权与分权相结合的含有市场机制的计划经济模式;捷克经济学家奥塔·锡克提出宏观收入分配计划指导下的自由市场理论;南斯拉夫自治经济理论家卡德尔提出自治社会主义理论。

总体上,在 20 世纪 90 年代以前,绝大多数社会主义国家的经济改革基本上是在完善社会主义宪法制度和计划经济体制的框架内进行的,严格意义的转型问题或过渡问题并没有产生。转型经济学和过渡经济学的出现是以 80 年代末前苏联和东欧各国政治剧变和 90 年代初其经济全面向市场经济过渡为标志的。90 年代以前的改革与 90 年代以后的过渡在性质上有很大不同。实践上,在 90 年代后,社会主义宪法制度在原苏联、东欧国家被否定,宪法制度的改革演变成宪法制度的"革命"。理论上,90 年代以前的改革是以市场社会主义理论为基础的,其核心思想是探索计划与市场、公有制与商品关系的兼容性,而在 90 年代以后,过渡经济学被纳入西方主流经济学及其流行的经济学分析框架之中。

四、转型经济学的学术渊源和特点

转型经济学不是一种独立的经济学理论或流派,而是对既有的经济学基本理论的运用和扩展,不同理论流派的经济学家对经济转型的目标、过程和前景等问题的认识也各不相同,不同的转型理论有着不同的理论或学术渊源。"苏东剧变"刚发生时,在正统经济学家中间立刻达成一种共识,向市场经济的过渡必须实行以宏观经济的稳定化、价格的自由化和国有企业私有化为核心的激进式改革。

实践结果却出人意料:价格自由化和宏观经济稳定化之后产量大幅度下降;私有化的结果导致"内部人"获益;有组织的犯罪活动显著增长;如此之多的国家分崩离析,最大的正面意外是中国经济改革的成功。推崇激进式改革的经济学家虽提出许多理由来为前苏联、东欧经济转型的恶劣绩效辩护,如,绩效取决于改革的初始条件而与改革的政策和路径无关,宪政规则的彻底改变所造成的短期内的负面效应会带来长期繁荣,如同持续大约一个世纪的法国大革命最终带来法国强盛一样。但是,面对激进式改革与渐进式改革在经济绩效上的鲜明对比,如此辩护苍白无力,不同流派的经济学家纷纷起来批评新古典经济的激进式改革理论和政策,并提出自己的理论主张。总之,转型经济学理论具有如下显著特点:

第一,研究对象:① 由计划经济向市场经济的过渡中的经济制度和运行规律,不是稳定成熟的经济和社会秩序。随着经济转型过程的完成,其研究对象将不复存在。② 研究范式是转型经济学的学科。③ 研究视角具有较强的综合性,在经济转型中,政治、法律、文化及其他社会因素发挥着十分重要的作用。

第二,研究层次:转型的研究对象可划分为三个层次:① 从社会主义计划经济向市场经济体制的转型,即市场化或狭义转型;② 国家或社会的转型,是指在经济转型的基础上再加上政治体制转型;③ 文明转型或历史转型,即国家转型再加上文化和社会结构的重大变化,即现代化或广义转型。转型是从狭义转型走向广义转型的过程,经济由封闭向开放的转型,即国际化。显然,经济转型是整个转型研究的核心和基础,其本身可以构成独立的研究领域。

第三,研究方法:① 激进与渐进的分析方法,即用体制变革的速度来对转型进行分类和价值判断;② 转型的收益-成本分析法;③ 宪政与非宪政的分析法;④ 将预先设定转型目标作为可观察的指标来对转型进行分类和判断;⑤ 制度分析法,包括新制度经济学的制度分析以及比较制度分析等。

转型经济学是20世纪80年代适应市场化改革的实践需要而在经济学研究中出现的一个新领域,其研究范围严格地界定在由计划经济向市场经济转变的历史时段所提出的理论和实践问题。其综合马克思生产关系变革理论、新制度经济学制度变迁理论,以及发展经济学、比较经济学等学科中最新的研究成果,以中国由计划经济向市场经济转变的实践为依据,参照国际转型国家的经验与教训,探索符合本国国情的转型策略和重要转型问题的破解。

第二节 转型经济学的理论体系

一、主要的理论范式

转型经济学并非某种独立的经济学流派或经济学理论体系,其是运用经济学基本理论研究经济转型的产物,流派不同,其转型理论不同。其主要的理论范式可概括为以下几种。

(一)新古典经济学的转型理论

转型之初,以新古典经济学为基础的华盛顿共识在过渡经济理论和政策领域中占据统治地位。华盛顿共识体系认为,严厉的需求紧缩,加上放松管制、贸易自由化和私有化,即可推动经济增长。这一观点通过国际货币基金组织、世界银行等金融组织的大力推广和新古典经济学教科书的强势话语,在很大程度上成为转型国家的实际政策,结果就是"休克疗法"和"大爆炸"。其内容包括稳定化、私有化、自由化和制度化四个部分,其试图通过紧缩货币、放开价格、全面推进私有化,在短时期内实现计划经济向市场经济的过渡,以推动经济稳定增长。激进式改革的具体措施包括:大幅度缩减货币供应量,实行高利率,取消优惠贷款;消除预算赤字,减少对企业和价格的补贴;保留少数重要商品的国家定价,绝大多数商品的价格全面开放;取消工资限制;取消和减少政府对经济活动的各种限制,对外经济活动自由化;全面改革财税体制,引入新的预算制度和税收制度;引入新的银行制度,实行银行商业化;建立新的社会保障制度;更新民法体系,建立新的法规制度;分步实行国有企业的私有化。

一方面,这一理论所推崇的激进式改革绩效使人们大失所望;另一方面,由于新古典经济学只关心市场运作,而不关心市场发展的理论,他们抽象掉时间、制度以及政治和文化等重要因素的作用,因而无法对制度变迁的复杂过程做出系统解释。新古典经济学的研究范式的缺陷:首先,在研究对象上,新古典主义是基于供求的均衡分析,而经济转型更多地关注市场生成与制度结构的变化,两者不可避免地存在着偏差;其次,在理论假设上,新古典主义假设制度是恒久不变或是整体性突变的。因而受到来自各方面的众多批评,制度经济学、政治经济学和演进经济学的影响迅速扩大,至少在过渡经济学领域内,主流与非主流的界限变得模糊不清,理论发展进入"战国时代"。

(二)制度经济学和新政治经济学的转型理论

20世纪90年代以来的经济学理论中,制度经济学是最大的赢家,是目前转型经济研究的主流。"若转型的经验给任何启示的话,那就是,没有以适当的制度为基础的自由化、稳定化和私有化政策,不大可能产生成功的结果。随着合同理论、政治经济学、法律与经济学、规制理论、公司财务以及应用经济理论及其他领域的发展,重点向制度学派观点的转向已在很大程度上发生着",这种状况在过渡时期的中国经济学界表现得尤为明显。80年代,比较经济体制学曾经盛极一时,成为中国改革经济学的一个主要理论来源。90年代以来,新制度经济学代替比较经济体制学,成为过渡经济学特别是中国过渡经济学的主流理论,影响日益增大,产权理论、企业理论、合约理论、制度变迁理论等受到广泛的重视和应用,有关文献如雨后春笋般出现。一些学者认为,以科斯为代表的新制度经济学和以布坎南为首的公共选择理论,不仅自身具有很强的理论魅力,而且对中国的具体问题和过渡流程有着很强的解释力和指导意义。根据这些理论,当改革的成本与收益或是制度的供给与制度的需求相等时,制度处于均衡状态;当改革的预期收益大于改革的成本时,制度变迁就会发生。因此,改革的过程实质是追求利益最大化的理性人在一定的约束条件下寻求改革成本最小的最优改革路径问题。对科斯的理论加以推导,对科斯的交易费用理论与布坎南的公共选择理论加以综合,构成支撑"计划权利交易"的理论方法的基础。改革的"实施成本"是改革的"激进程度"的减函数,改革的"摩擦成本"是改革"激进程度"的增函数,"实施成本"的存在,使人们倾向于激进式改革,"摩擦成本"的存在使人们倾向于渐进式改革。

"苏东剧变"的灾难性后果,使得人们逐渐意识到:成功的市场经济应有充分的制度基础作为支撑,还应包括更微小方面,要更加注重合同的制订和履行,注重法制与政治环境。钱颖一指出,市场经济与计划经济的区别不仅在于是否用价格实现资源配置,更本质的是激励与约束的机制不同。简单来说,市场经济通过制度安排给予广大的人民对生产和对创新提供强有力的激励;同时它又对每一个经济决策者提供有效的约束,这种约束使得他要对自己的经济决策的后果负责。演进制度学派研究沿着两条线索展开:一条是以罗纳德·科斯开创的产权经济学为理论工具的产权学派,着力于产权、激励与经济行为关系的研究,尤其是探讨不同的产权结构对收益-报酬制度及资源配置的影响,权利在交易中的作用也给予突出关注。他们提出,通过私有化、让私有权自然地形成激励机制,从而利用价格机制、供求机制等市场调节机制配置资源,提高经济效率。另一条线索是以诺斯开创的以新经济史学为理论工具的新制度学派,解读历史充分论证制度变迁对经济增长的重要作用。在影响经济绩效的诸多制度变量中,产权的功能极其重要,但它毕竟只是其中的一个,除它以外的其他一些变量也在上述方面产生影响。对诺斯所宣称的"制度是重要的"理解正在不断深化,从制度层面来看,经济转型实际上是一个旧制度瓦解、新制度生成的过程,把经济转型看作一个制度变迁过程,就是要强调制度构建在经济转型过程中的重要地位,从而揭示转型后国家迥然不同的经济绩效以及转型背后的深层次原因,制度变迁理论对实行大爆炸和渐进式转型战略的转型国家在经济绩效上的差别,分别做了较成功的解释。按照制度变迁理论,对不同转型战略的选择完全取决于不同转型方式下制度变迁方式的成本与收益分析。由于在较长时期内,渐进式转型中,两种体制并存,制度间不协调较多,完成整个制度变迁需要多次的"谈判"签约,因而转型的交易成本较大。但是渐进式转型对既得利益集团的影响只是局部的、少量的,而且可以用由制度变迁所带来的外部利润的增加给予一定补偿,这样转型受到的反对和抵触也较小。而激进式转型一次性地剥夺既得利益集团的利益,其受到的抵触和反对就大得多,由此造成的经济损失也大得多。青木昌彦等人认为,经济体制是一个复杂的进化系统,其内部具有自我强化的机制,不同制度间存在着互补性,互补性越强,改革成本越高。同时进行大规模经济改革的时候,即使总方向已定,改革的结果和过程也会有很大不确定性,制度发展过程中还必然会产生形形色色的利益集团,给体制改革的推进带来政治困难。戈瑞博·斯塔克认为,从进化论看,没有多样性,就没有选择。制度和组织的快速变化,往往会牺牲长期效率;相反,旧体制存在,制度变迁中的摩擦,会保留制度多样性,为新制度的选择和产生提供广泛空间,促进制度成长。毫无疑问,转型研究的不断深入,是在不同研究范式的交融和碰撞中进行的,在这一过程中日渐清晰的,是加深对实现社会经济繁荣发展条件的理解。

新古典经济学的研究发现了市场的力量,认为只要每个人都能够按照市场价格来进行经济决策,就一定会实现资源的最优配置,华盛顿共识正是要发挥价格对人类行为的影响作用。但是在对"华盛顿共识"及其背后的新古典经济学理论进行批判和反思的过程中,经济学家们却看到一系列非价格因素同样对人类行为产生重要的影响。无论是从比较的视角还是从信息的视角,抑或是从制度的视角来看,市场经济的正常运行都有赖于相应的制度结构作为支撑,转型经济研究范式的转向必然深化人们对实现长期的社会繁荣发展条件的理解,这或许是转型经济研究对经济学理论创新和发展所提供的一个重要启示。

转型经济学在一定程度上弥合此前的经济学理论在分析转型问题方面存在的不足,既深化对转型实践的理解,也推动经济学理论的创新和发展。其是随着对这些问题研究的不断深入而逐渐形成的一个新的经济学研究领域。在过去的二十多年时间里,其相关研究一直较活跃,出现一大批高质量的原创性论著。其形成和发展为理解转型的内在规律、明晰转型的未来走向提供极有价值的研究成果,并在很大程度上推动对西方主流经济学和传统政治经济学的批判和反思,但时至今日依然少有文献从总体上对其所积累的丰富文献进行系统梳理和评价。这使得一些学者虽看到其在指导中国等国实践方面的重大指导意义,但却低估其在发展现代经济学方面所做出的不可忽视的贡献,以至于转型经济学领域的一个重要代表人物 Gerard Roland 也对转型经济学的学科定位和发展趋向提出质疑,开始思考其"转型"问题。①

总之,根据研究风格的不同可把其研究分为两类:一类转型对策研究或战略研究。这些经济学家熟悉中国和俄罗斯、东欧国家转型的现实,或与政府决策部门关系紧密,其研究与转型实践的发展紧密结合,跟踪转型发展的最新动态,以当下亟待解决的问题为研究对象,注重结论的实用性。另一类转型学术研究,其主要研究目的是揭示转型背后的逻辑和内在规律,强调经济学理论工具的运用,注重分析深刻性。其又可分为两个流派:一个是以欧美国家高等学府和研究机构的经济学家为代表,主要以现代西方经济学为理论工具,如哈佛大学的 Janos Kornai 和 Andrei Shleifer、加州大学伯克利分校的 Gerard Roland、哥伦比亚大学的 Jeffrey Sachs 和 Joseph Stiglitz、国际货币基金组织的 Oleh Havrylyshyn,以及一些旅居欧美的华裔经济学家,如刘遵义、钱颖一、许成钢等,他们的研究成果经常发表在国际一流的学术期刊上。另一个流派主要以传统的政治经济学为分析工具来理解转型的内在规律。如,俄罗斯经济学家布兹加林和拉达耶夫在原有政治经济学体系基础上,从转型经济或"过渡经济"的基本特点、社会关系体系、宏观再生产和微观再生产四个方面构建一套较完整、系统的理论框架来分析俄罗斯的转型问题。总体上,转型经济学的形成和发展在一定程度上弥合此前的经济学理论在分析转型问题方面所存在的不足,对于理解转型进程中的各种现象、解决转型不同阶段的各种矛盾,进而制定未来的转型战略具有重要的现实意义。而在这一过程中所引发的不同经济学范式的碰撞与交融,既对已有的经济学理论进行检验,又在一

---

① Roland G. Transition and Economics: Politics, Markets and Firms[M]. Bosten: MIT Press, 2000: 19.

定程度上推动经济学理论的创新和发展,因此,其研究的重要学术意义同样不可忽视。

对新古典经济学的批判和反思是转型经济学研究所取得的一项重要理论成就。长期以来,新古典经济学一直占据着现代经济学的主流地位。新古典经济学强调自由市场在实现资源配置方面的重要作用,其政策主张在当代最具代表性的表述就是"华盛顿共识",其核心内容就是要自由化、私有化和市场化。由于理论和实践上的巨大反差,促使学界开始对新古典经济学进行批判和反思,这导致转型经济学研究范式的多元化。在这一过程中制度经济学、发展经济学、比较经济学、信息经济学、演化经济学、新政治经济学相互碰撞和交融,促进经济学理论的发展和深化,这至少表现在以下三个方面:

第一,加深对新古典经济学适用性的理解。林毅夫认为,自马歇尔以来的新古典经济学中除有"理性人"假设之外,还暗含一个假设,即"企业是有自生能力"的。但是转型国家和其他许多发展中国家的企业却因政府的赶超愿望,进入不具有比较优势的产业。因此,在分析社会主义经济、转型经济和发展经济的问题时,应放弃新古典经济学体系中企业具有自生能力的暗含前提,把企业是否具有自生能力作为一个具体的考虑变量。在此基础上,产权学派和新制度学派分别运用产权分析和制度变迁分析来解释转型中形成的多样化的制度安排和绩效;演化经济学通过对转型中制度移植的检讨,更加强调制度变迁的内生性,认为制度变迁从根本上来说是一个内生的自我演化过程。不同的初始条件、不同的演进道路所带来的路径依赖是形成多样化的制度安排的根本原因;新政治经济学则将转型视作一个综合的政治经济运动过程,强调政治因素(如利益集团)在大规模的制度变迁中所发挥的重要作用。

第二,深化对市场经济运行机理的认识。钱颖一指出,新古典经济学理论框架下的市场经济,在供求背后还有许多深层次问题没有被揭示出来,其中最主要的两个问题:一是没有研究市场经济中人的行为深层次机制。二是在研究资源配置上也有很大的局限性,主要原因在于假定信息是对称、充分的。在这种情况下,对资源配置的预测常常与现实不符。钱颖一认为,市场经济与计划经济的区别不仅在于是否使用价格实现资源配置,更本质的是激励与约束的机制不同。市场经济通过制度安排,给予广大人民的生产和创新以强有力的激励;同时又约束每一个生产决策者,使得他要对自己的经济决策后果负责,而法治是这种约束机制的重要体现。由于市场经济中存在着不完全的信息、不完备的市场和不完全的竞争,因而价格所传递的信息是不完全的,新古典理论指导并不能实现资源的最优配置即帕累托效率,这导致以新古典理论为指导的"华盛顿共识"对市场经济的基本概念的误解。事实上由于信息是不完全的,这使得市场经济必然存在着外部性,需要政府加以弥补。随着转型经济学研究的持续发展,它已成为推动经济学理论创新的一股不可忽视的力量,在一定程度上促进"苏东剧变"、比较经济学乃至社会主义政治经济学的复兴。早期转型经济学研究是在新古典经济学理论基础上进行的,新古典经济学显然是在抽象的理论意义上来理解市场经济,把市场经济看作实现资源最优配置的机制,进而认为,转型实质是用市场经济来取代计划经济的市场化过程。随着研究不断深入,人们发现市场经济是丰富多样的,其差异在很大程度上源于政府和市场间的边界不同。

由此引发一场转型经济学的范式革命,对政府作用的深入分析使经济学家认识到,建立完全的市场经济并非转型的全部,在这个过程中如何实现政府转型,以及政府和市场间关系的重新界定才是转型的实质。这引发关于分权改革、政府治理与体制转型、经济增长间关系的理论和实证研究。在转型国家的市场经济体制基本确立,转型进入到深化与完善阶段之后,为建构起能够支撑其长期发展的制度基础,应从更高的层次上来统筹政府与市场的关系。重要的是,一个运行良好的社会能够在很大程度上替代政府来提供市场运行所需要的各种公共产品。因此,转型过程实际上涉及政府、市场和社会三者间关系的重建。而究竟应当如何协调这三者关系,使之在互惠共生的基础上实现耦合,仍需要进一步的深入研究。转型究竟产生哪些重要的影响,仍然悬而未决。因此,对转型经济学的研究要看到它作为一场巨大社会变革和体制转变的特殊性,更要看到它作为后发国家追求社会进步、经济发展的一种探索的一般性。转型经济学最终会消逝于历史长河之中,或与其他经济学学科分支融合在一起。但当代经济学的发展正处于一场大变革之中,几乎所有的经济学理论分支都在经历着蜕变过程,转型经济学依然有其独立存在的价值。从学术研究的角度会发现,转型经济学研究要理解转型背后的内在规律、评估当前的转型绩效、预测转型今后的发展方向,更要在对转型问题的研究中得出具有一般性和普适性发展规律,为经济学理论的创新和发展提供有益借鉴。从对世界经济增长的贡献来看,"转型经济体"正在逐渐让位于"新兴经济体",一些关注全球经济形势的国际机构已用"新兴经济体"取代原来的"转型经济体"。

作为一个独立学科的转型经济学发展仍然很不成熟,主要表现在:首先,转型背后的内在规律是什么?转型经济学的理论框架如何?总体上对转型中出现的各种问题给出综合、逻辑自洽的解释。当前对转型的对策研究或战略研究大大超过学术研究。只有在兼顾对策研究、战略研究的基础上来加强学术研究,才能深化对转型的理解,建立一个逻辑严谨的理论框架,总体上理解转型,进而总结概括出转型经济学研究对经济学理论创新和发展的贡献。

在过渡经济学领域,与制度经济学一起广受关注的还有新政治经济学,其代表人物布坎南指出,市场制度是自由交易的,这种制度的有效运转依赖于能够促进自由交易的制度结构和能够适应并按照市场理念行动的个人,而这些制度结构和具有市场理念的个人又是长期历史发展的产物,认为市场经济可在没有历史、没有制度结构和没有市场理念的条件下形成并发挥作用,是一种天真想法。那些建议市场黑箱总是有效率的历史较短,并没有系统成熟的理论体系,只能增加而不是减少市场转型的困难。布坎南还认为,对于转型经济,一些理论是有益的,包括奥地利学派、交易经济学、制度经济学、一般均衡理论、实验经济学、法经济学、新制度经济学、产权经济学、公共选择理论。杰弗里·萨克斯(2002)等人的观点很具代表性,他们认为,转轨核心是宪政规则的大规模改变,宪政制度的转轨才是衡量改革成败的最终标志,而经济转轨只是转轨的一个部分。

(三)凯恩斯主义的转型理论

新凯恩斯主义的代表人物斯蒂格利茨认为,不完全且代价很高的信息、不完全资本市场、不完全竞争,都是市场经济的体现。以完全竞争范式为基础的新古典经济学不仅在转型经济和制度选择中用处很小,即使在解释发达的市场经济方面也存在根本局限,经济转型的实践证明,华盛顿共识的局限和建立一种新的发展观的必要性。新的发展观认为,促进发展需要更广泛的目标和更多的手段,人们的目光不能只盯住 GDP 数值,而应当追求民主、平等与可持续发展;市场的有效运转需要自由化、稳定化和减少政府干预,也需要健全的金融规制、有效的竞争政策、促进技术转化和鼓励透明化、维护社会组织并提高社会资本;等等。

斯蒂格利茨在系统批判新古典理论的基础上,对社会主义国家的经济转型问题提出一系列值得重视的观点。他认为,转型经济中,竞争远比私有化重要得多,实行私有化就能提高效率的看法是一个危险的神话,至关重要的区别是竞争与垄断,而不是私有制和国有制。在转型经济中,由于没有正常运转的资本和劳动力市场,而且供给反应可能更为重要或不同,因而紧缩需求可能会在减少供给的同时减少需求。他还认为,渐进改革的可取性有两个主要理由:首先,政府可选择较有希望成功的领域进行改革,在合理预期的影响下,投资者会考虑政府的举措。其次,由计划经济向市场经济转轨中,个人和组织都要学习渐进过渡可避免"信息超载"和因组织受到破坏而引起的信息损失,有助于这种学习过程。马克·奈尔等后凯恩斯主义者认为,激进式改革对于自由市场的崇拜是盲目的,市场化和私有化的方案忽视这样一些重要事实:人与人的经济关系并非一种单纯的交易关系,而是一种生产关系;企业与市场是互补的,而不是相互代替的;价格机制是资源配置的一种手段,还具有金融、战略、生产等重要功能;私有化对于提高效率并非是必要的,若环境适当,国有企业也可对市场做出积极反应;货币供给是金融制度的内生变量,宏观经济政策的制定受到严格限制。阿姆斯坦和泰勒等认为,向资本主义过渡更多需要的是"看得见的手"而不是新自由主义的"看不见的手"。资本主义的成功有赖于能够支持长期投资和承担风险的制度,而这种制度的建设,包括建立明确的产权和契约法律,可执行的宏观政策和贸易、竞争、技术和工业政策的私人及公共组织等,只有通过国家才能建立。彼得·诺兰认为,在经济转型的不确定环境下,私人行为更倾向于短期化,市场失败的范围更大,强有力的政府干预是解决市场失灵、顺利推进经济转型过程的有效手段。

(四)演进主义的转型理论

渐进式改革的成功和激进式改革的挫折为演进主义提供有力的事实根据,演进主义的兴起及其影响的逐步扩大是过渡经济学发展的一个重要的趋势。演进主义理论主要由三个部分组成:演化经济学、保守主义政治学和哲学上的不可知论。其基本思想是:知识和信息是主观的,而且是以分散的个人状态存在的,因而,人们根本无力认识和控制社会生活,文明的进化知识对经验和传统不断适应的结果,自然而然的社会是最好的,通过理性设计而进行大规模的社会变革只能是一种乌托邦,必然会造成社会的灾难。因而其主张渐进主义,反对大规模变革。麦克米伦和诺顿认为,计划经济之所以缺乏效率,在于计划者不能获得充分而准确的信息,而在市场经济中,生产决策所必要的信息都集中体现在市场价格中。在计划经济向市场经济的过渡中,根据一个预定的时间表进行一揽子改革时,设计人和执行人同样面临信息不足的难题。美国经济学家蒙勒根据演进经济学和保守主义的政治理论,对计划经济向市场经济过渡的两种改革方式的区别作了深入的分析。他认为,两种改革方式的根本区别在于:激进改革观把社会看成是一种资源配置手段,因此其设计一个理想的资源配置体制并希望将其一步到位;渐进改革观则把社会也看成是一种信息加工的手段,认为社会的信息量有一个累积过程,任何改革方案最终都是以旧体制下获得的信息为基础的,对于未来,改革者只能走一步看一步。两种改革观的这种根本差异决定其他的一些区别:如激进改革是从预期的终点来规定自己的计划,强调立即实施成熟的市场经济,而渐进改革要解决的是目前最迫切需要改革的问题,其建立的基础是对目前需求的实际评价;激进方法强调破坏旧的体制,认为旧体制在最终状态中毫无价值,渐进方法则承认现存组织在持续运作中所掌握的信息和经济因素,在持续互动中所掌握的信息;激进方法追求速度,实行坚持不变的既定方针,渐进方法则强调信息和知识的连续性,实行可逆转性政策;渐进改革可以是小规模、可试验的;等等。他认为,最成功的改革将属于那些在一段较长的时间里不断进行变革的国家,而不是那些用激进战略在过去和将来间造成突然断裂的国家。青木昌彦等人认为,经济体制是一个复杂的进化系统,其内部具有自我强化的机制,不同制度间存在互补性,互补性越强,改革成本越高。同时进行大规模的经济改革时,即使总的方向已确定,改革的结果和过程也会有很大的不确定性，制度发展中还必然会产生出形形色色的利益集团，给体制改革的推进带来政治困难，因此渐进式改革方式更为可取。Gernot Grabberand David Stark 认为，从进化论观点看，没有多样性，就没有选择，制度和组织的快速变化，往往会牺牲长期效率。相反，旧体制存在，制度变迁中的摩擦，会保留制度多样性，为新制度选择和产生提供广阔空间，从而促进制度成长。王辉认为，要使计划经济下形成的高度专门化的物质资产、制度资产特别是人力资产适应市场经济，并提高其潜在价值，需要时间和空间。没有这种恰当的转化和再生值，实行市场经济时各种资产必然会发生贬值，造成资源浪费，降低资源配置效率。

（五）市场社会主义的转型理论

市场社会主义是以实现社会主义和市场经济的结合为目标的一种理论和主张，其理论庞杂，流派众多，但他们的基本思想是一致的，即认为社会主义和市场机制不是对立的，而是可统一起来的，市场机制可成为实现社会主义目标的手段。按照罗默等人的概括，迄今为止市场社会主义理论经历五个重要的发展阶段，有近百年的历史：第一，社会主义中的资源配置不能使用自然单位，而必须求助于某种价值符号；第二，社会主义经济需要通过计算方程式来达到一般均衡，是基于瓦尔拉斯的一般均衡理论；第三，用竞争的方法解决社会主义经济中的资源配置问题；第四，社会主义国家市场化改革的理论和实践。目前市场社会主义理论的发展进入到第五个阶段，必须把社会主义的目的和手段区分开，改革传统的公有制形式。

20 世纪 90 年代以前，市场社会主义理论在社会主义国家的经济改革中一直处于核心地位。"苏东剧变"以后，新自由主义者普遍认为，市场社会主义的试验已失败，社会主义与市场经济是水火不容的，向资本主义过渡是市场化改革的必然结果（Kornai，1995）。但是，中国经济改革的经验对这种观点提出挑战。1992 年以后，社会主义市场经济成为中国经济改革的目标，目前正在进行的国有大中型企业建立现代企业制度的改革实验，就是以实现公有制与市场机制的兼容，在市场经济条件下更好地发挥国有经济的主导作用为目标的。

经过近百年的探索和实践，市场社会主义的理论与实践获得巨大的发展，社会主义理论和社会主义制度已完成从反市场向亲市场的转变。但是，实现社会主义与市场经济联姻的任务还远没有完成。社会主义国家经济改革的实践已表明，实现公有制与市场经济的兼容是一个复杂的长期任务，难以一蹴而就，需要长期的努力和探索。

（六）信息经济学视角

麦克米伦和诺顿指出，计划经济缺乏效率，是因为计划者不能获得充分而准确的必要信息；而在市场经济中，决策所必要的信息都集中体现在市场价格中。在计划经济向市场经济的过渡中，根据一个预定的时间表进行一揽子改革时，设计人和执行人同样面临信息不足的难题。约瑟夫·斯蒂格勒以信息经济学为工具，指出由于市场经济中存在着不完全的信息、不完备的市场和不完全的竞争，因而价格所传递的信息是不完全的，以阿罗·德布鲁模型为代表的新古典理论并不能实现资源的最优配置，即帕累托效率，从而导致以新古典理论为基础的华盛顿共识，对市场经济的基本概念以及对机构改革进程最基本情况的误解，低估信息问题的机会主义行为和人为失误所造成的不利的后果。斯蒂格利茨认为，由于华盛顿共识未能深刻理解市场经济，未能认识到私有化和自由化其实并不足以使市场经济正常运转、因而是在此基础上所形成的。休克疗法强调最多的是私有化和自由化，而不是市场竞争，它更多关注的是对现有体制重组,而忽视创造新企业和就业岗位。斯蒂格利茨赞成渐进式改革,认为在从计划经济转向市场经济的过程中,个人和组织都要学习,个人要学习如何对市场信号做出反应,社会要学习哪种制度更有效,组织要学习如何适应新环境。而渐进式改革有助于这种学习过程,因为它既避免"信息超载"问题,也避免组织遭到破坏而引起的信息损失问题,而这些是实行"休克疗法"所不可避免的。斯蒂格利茨指出,华盛顿共识以及早期的发展理念只是狭隘地看待发展,对经济的关注混淆了手段与目的两者的关系,过分关注社会转型的某个方面,却没有从更广阔的范围看待发展,所以它所倡导的发展范式在实践中多数遭遇失败。斯蒂格利茨认为对转型经济的研究应主要围绕着明晰产权关系,形成激励和竞争机制,解决信息问题,降低交易费用等问题展开。他主张政府应在经济转型中起主导作用,让市场与政府两者间建立适当平衡;强调体制转型与经济持续稳定增长有机结合,认为在转型过程中应抓住金融体系的建立和创新这个关键,追求金融稳健,保持金融安全以实现可持续发展,因为金融体系实际上表达一种传递信息的模式。基于马克思主义政治经济学与发展经济学的研究范式,使用政治经济学的分析范式研究转型经济学有一定的优势;而发展经济学家则将转型问题作为经济发展的一种特殊类型或特殊条件看待,转型问题实际上被归为发展经济学的一个部分或分支。

二、对中国经验的不同解释

1978年以来,中国改革历经40余年,逐步形成一条独具特色的渐进式改革道路,推动中国经济高速增长,改革成就巨大。但如何解释这一经验,如何说明中国渐进式改革的内在逻辑和未来趋势,经济学家们却众说纷纭,对中国模式的研究成为过渡经济学中的焦点问题。

罗兰德等人运用微观经济学均衡模型证明,价格的完全自由化必然导致经济产出的下降,而中国的价格双轨制则可避免这种结果。有的学者认为,以价格双轨制为特征的"边界改革"的经验在于,国有部门在计划外边界上通过对价格信号做出反应去捕捉获利机会要比突然被私有化的国有部门对经济扭曲和短缺做出的反应更迅速。双轨制是中国渐进式改革的典型形式,因此,对双轨制的分析成就揭示中国渐进式改革经验的基本环节。20世纪80年代,经济学界对于双轨制的分析集中到价格双轨制上,90年代以后,对于价格双轨制理论的说明更加精细和专业化。很多人已注意到,中国经济改革最重要的特点不是一步放开价格和对国有企业实行私有化,而是逐步放开价格并在经济转型过程中出现大量的非国有经济,从而在经济生活中引入竞争机制,产生硬性预算约束和足够的供给反应,导致短缺逐步消失,并迫使国有企业改变其行为方式,推动经济增长。有的学者明确地把渐进式改革概括为增量改革。他们认为渐进式改革的基本特征就是在旧体制因阻力较大、还"改不动"的时候,先在旁边或周围发展起新体制,并随着新体制的逐步壮大逐步改革旧体制;而苏东激进式改革的基本特征在于从一开始就必须对旧体制进行改革,并以此来为新体制的成长铺平道路。布兰查德提出一个将双轨制一般化的理论模型。他认为,经济转型的核心要素是私有企业的成长、国有企业的改革和失业间的关系,私有经济的增长减少失业,国企改革导致失业,两个因素结合起来使转型分为两个阶段:第一阶段,高失业阻止国企改革;第二阶段,经过一个较长时期,私有企业吸收国企调整中所释放的失业。因此,要先发展私有经济,然后再进行国企私有化。科尔奈(Kornai)把所有制改革的战略概括为两种:有机发展战略(A战略)和私有化战略(B战略)。A战略设想是,新的私有经济使私有经济在社会总产出中比重扩大,同时出售和清理国有企业,缩小国有经济比重。B战略设想是,通过转送方法发展人民资本主义,快速消灭国企。科尔奈认为,前一种战略是成功的,而后一种战略则是不成功的。

中国渐进式改革的特征和经验。诺顿认为,其主要有以下五个特点:① 在保留旧的行政体制下开始进行宏观经济的稳定和工业结构的调整;② 农村改革很快获得成功;③ 在政府垄断的部门逐步放松控制;④ 建立价格双轨制;⑤ 在计划规模绝对不变的同时,允许经济在计划外增长。有的学者认为,经济改革的核心是经济发展战略的转轨,改革以前中国发展缓慢的根本原因在于推行重工业优先发展的赶超战略,而改革以来中国经济需要快速发展的关键则在于改革三位一体的传统经济体制,使中国的资源优势充分发挥出来。同时,中国改革成功的一个重要保证是采取一条代价小、风险小、又能及时带来收益的渐进式改革道路。世界银行在《90年代的改革和计划的作用》一书中,把中国改革具有普遍意义的经验概括为五个重要特征,即:以农业改革为突破口;强调市场化而不是私有化;采取渐进改革方式;重视发展出口以及进入世界市场;发挥国家在维护社会稳定上的作用。

学界对于中国渐进式改革经验意义的估价上分歧很大、褒贬不一。新古典经济学家认为,中国的成功主要得益于一系列有利的初始条件,如半工业化经济结构、松散的传统体制等,与改革的政策和道路无关,因而其不具有普遍意义,而是一种特殊环境的产物。另一方面,他们强调,中国渐进式改革的成功是十分有限的,中国的改革正在陷入困境,而这正是由于没有实行彻底的自由化路线所导致的。而多数学者不赞同这种观点,他们认为,经济转型的绩效与改革的道路和政策联系密切,并试图揭示中国改革道路的内在逻辑。

肯定者则认为,中国的改革是一条代价低、风险小、能够及时带来收益的成功道路,最接近于"帕累托改进"或"卡尔多改进"。既然传统经济体制及其弊端都是相同的,改革道路也应是相同的。所以,中国改革的经验是普遍的而不是独特的。这些关于中国经验的不同认识又直接影响着人们对改革的未来和走向的判断。

第三节 转型经济学的规律及意义、局限、发展趋势

党的十九大报告出现70处"改革",此后,习近平同志从坚持和发展中国特色社会主义大局出发,立足中国发展实际,坚持问题导向,逐步形成并积极推进全面建成小康社会、蹄疾步稳、把改革向纵深推进,着力增强改革的系统性、协同性,拓展改革的广度和深度,重要领域的改革取得突破性进展,改革的主体框架基本确立,全面依法治国、全面提高治理能力,使社会主义制度更加完善,国家的发展活力和创新活力明显增强。

改革的根本经验是坚持唯物辩证法,即解放思想和实事求是相结合,把国际通行的做法和多年来已经形成的惯例与我国具体国情相结合,才能成功实施改革。这要求把专家意愿与群众意见相统一。全面获得专家队伍的参与和支持,人民群众永远是改革的"主角",广泛听取人民群众的意见,改革方案公布于众、尽量听取社会意见。坚持辩证法,注重抓主要矛盾和矛盾的主要方面,注重抓重要领域和关键环节。既要快马加鞭推进改革,又要持之以恒抓落实改革,坚持"取势"与"取实"的高度统一。

一、整体协调与局部改革相结合,系统配套与突出重点相结合

整体思维,就是要求从经济社会系统与因子、因子与因子、系统与环境的相互联系、相互

作用中分析问题、解决问题。整体性,要求改革的思路与方案能够全面涵盖现行体制的各个领域和主要环节,实现各系统有机融合、形成合力。改革的成功有赖于其他改革的协力和支撑,许多改革事项是互为条件的。相对于激进式改革,渐进式改革是局部、分步骤的改革。其强调通过一个个局部变革入手来改革体制,最终转变整个经济体制。

（一）坚持改革的基本路径

十二届三中全会通过的《中共中央关于经济体制改革的决定》提出,社会主义经济是"公有制基础上的有计划的商品经济"等一系列新观点。其强调"有计划",与当时"公有制"所占的极大比重是相适应的。以这一认识为基础,我国的资源配置方式开始由计划经济向市场经济转轨。整体协调与局部改革原则的贯彻,基于社会主义商品经济这一理论前提展开,并日渐清晰。

1985年,邓小平指出,社会主义与市场经济之间并不存在矛盾,计划经济与市场经济相结合,才可以更好地解放生产力。1992年春,在南方谈话中,他提出著名论断"计划和市场都是经济手段"。党的十七大报告"把坚持社会主义基本制度同发展市场经济结合起来"作为中国改革开放获得成功的一个重要的历史经验。

2015年,习近平强调,坚持辩证法和两点论,既坚持社会主义市场经济改革方向,又继续发挥社会主义基本制度和市场经济两个方面的优势,在二者结合上下功夫。这具体表现为政府与市场的关系。习近平指出,市场在资源配置中要发挥决定性作用,有效市场要与有为政府有机结合起来。有效市场产生动力和活力,有为政府产生导向和发展的平衡。一辆经济"列车"需要发挥这两者的各自优势,规避这两者的各自不足,生成协同效应。破解这道世界性经济学的难题。

在保持发展整体协调的同时,强调从实际出发,循序渐进,分步推进,在不同的部门、地区和不同的历史阶段,改革的目标、任务和重点各不相同,分步推进。

（二）坚持渐进破解新旧矛盾

改革开放后不同时期,针对新时代的新情况新问题,邓小平同志提出现代化建设的过程不能单打一,要促进各个方面综合平衡。他提出一系列的"两手抓"战略。

进入21世纪,我国经济社会发展的结构性矛盾日渐突出,不平衡、不全面、不可持续问题不断积累而凸显。从这一阶段性特征出发,党的十六大以后,党中央创立一系列重大理论,提出以科学发展观为指导的一系列方针政策。2003年,《中共中央关于完善社会主义市场经济体制若干问题的决定》提出,要"统筹城乡发展、统筹区域发展、统筹经济社会发展、统筹人与自然和谐发展、统筹国内发展和对外开放"。

2016年,习近平在重庆调研时,提出创新、协调、绿色、开放、共享的新发展理念。科技进步提供发展动力,协调发展破解发展不平衡问题,绿色发展破解人与自然和谐问题,开放发展破解内外联动发展问题,共享发展破解社会公平正义问题。

我国经济结构大量存在的失衡问题,只能通过深化改革来解决,完善社会主义市场经济体制,发挥市场在资源配置中决定性作用。按照社会主义的理念和原则,基于公有制优势,发挥国家有效调控的作用,并与有效市场有机结合起来,是社会主义市场经济发展的基本要求。这一时期,一系列反映当时阶段性特征的结构协调型平衡原则重要改革措施出台,如,在坚持土地集体所有制的前提下,统分结合,农村实行家庭联产承包责任制;国企实行"放权让利"、承包制、股份制改革。这与城镇发展个体、私营经济齐头并进,建立公有制为主体、多种所有制经济形式共同发展的初级阶段的基本经济制度。

针对"国进民退"的问题,习近平强调,公有制和非公有制是对立统一的关系,要坚持两个"毫不动摇",即毫不动摇巩固和发展公有制经济,毫不动摇鼓励、支持、引导非公有制经济发展。坚持公有制的主体地位和国有经济的主导作用,保证我国人民共享发展成果,巩固党的执政地位以及坚持社会主义制度。

针对收入差距过大的问题,习近平提出,要处理好做大蛋糕和分好蛋糕的关系。即共建共享、渐进共享,共享国家经济、政治、文化、社会、生态各方面建设成果;将经历从低级共享到高级共享、从不均衡到均衡的发展过程。

城乡发展不平衡不协调是计划经济中形成并发展起来的突出矛盾,也是今天全面建成小康社会、加快推进现代化必须解决的重大问题。必须健全体制机制,以工补农、以城补乡,打造新型工农城乡统筹发展的关系,使得广大农民平等建设现代化、共享现代化成果。

(三)坚持旧体制向新体制渐进转轨

新旧体制之间不是断裂的,而是具有明显的连续性和继起性。其在时间上具有继承性,这就要求:

一是依据经济发展的具体要求,科学安排相应的经济体制改革的先后次序,不能滞后也不能超前;先从改革成本较低、而收益较高的部门开始改革。采取先易后难的顺序,可以分解难题,降低改革的风险。一些率先改革并获得成功的可以产生连锁反应。二是依据经济发展的具体承受能力安排相应的经济体制改革,不能因惧怕困难而使改革裹足不前,科学确定改革的力度大小。三是改革方案的策划与制定要考虑内在系统协调性和逻辑合理性,也要考虑有关的外溢效应,采取应对措施。

改革具有明显的连续性和继承性。各个具体部门和领域的改革也经历相应的改革过程。如,价格改革历经改革伊始的调价、1984年以后的调放结合、1992年以后的以放开为主三大变革。国企改革历经改革伊始的让利扩权、1986年以后的厂长承包制、1992年以后、至今仍在实施的现代企业制度改革。

空间上,不同领域间,改革有次序先后和改革程度不同的明显区别,因而形成农村"包围"城市、沿海地区"包围"内地、民营经济"包围"国有经济,最后实现经济体制整体转换的独特道路。

渐进性改革思想,要求坚持整体协调与局部改革的统一。渐进式改革,是为了规避激进性的休克疗法给经济社会发展带来的巨大冲击,主要采取整体协调与局部改革、经济改革与政治改革相结合、双轨过渡与增量先行、自上而下与自下而上、体制内改革与体制外推进相结合、改革与开放相结合、增长与稳定相结合、中央集权与地方分权相结合、目标与过程相结合这九个方面相结合,我国实现了成功的体制转型。

渐进式改革,基于新旧界限不是泾渭分明,而是具有很大的兼容性、连续性。在我国这些因素却是社会主义制度的本质要求,包括在新体制的框架中。这就更清楚地看到,那种主张整体推进、一步到位的激进式改革在我国多么缺乏现实。经济体制的转换显然难以毕其功于一役,新旧体制长期并存、摩擦和融合,是渐进式改革的必然产物,双轨制不可避免。

中国改革,最具特色的是双轨制,其既存在于价格改革中,又渗透于企业、部门、所有制诸方面改革。

关于双轨制的地位和作用,众说纷纭。但是,不管人们对它的利弊作如何的评价,都不能否认,双轨制不是人们主观臆想的结果,而是对现实改革难题做出的必然选择。双轨过渡,可以保持现有经济体制、经济秩序和利益关系的相对稳定性,保证经济正常运转;又可以逐步引入新的经济体制,为经济发展提供新的动力和调节机制,加快生产力发展。当然,双轨过渡、新旧体制并存,旧体制在相当长的一个时期内还要继续发挥作用。理论上,这可能会降低资源配置的效率,还可能导致旧体制复归。但是,任何制度都是在一定条件下产生并发挥作用的,计划体制的存在具有自己的历史合理性,市场体制的成长需要一定的社会条件,双重体制在过渡时期就是有效率的。从新的进化论看,若多样性缺失,选择则不复存在。制度快速创新,则可能提高效率。与此相反,新旧体制并存,制度摩擦虽然存在,但是制度具有多样性,为新体制创新提供广阔的空间,有利于新体制的成长。

激进式改革的理论主要来源于新古典经济学,这种理论要求:企业自由、价格自由、充分竞争的市场环境和宏观调控完善等条件并存,才能发挥作用,而部分改革只能导致部分成功。这种观点表明,新体制与旧体制之间在时间上是断裂的,在空间上是排斥的,新旧体制的转换时间越短越好,中间环节越少越好。

上述理论并不正确。承认世界的普遍联系并不否定事物的相对独立性。经济体制的整体性并不意味着所有的改革措施要同时展开,不能有任何时间和空间上的差异。相反,采取分步骤改革的方式更符合事物发展的规律,更具有合理性。

(1) 改革发生于成本较低、阻力小而收益大的部门。如,农村承包制改革,绕开传统体制的主体部门,农民积极性得到调动,提高农业生产力,取得了成功。企业始于扩权让利,阻力也小,而引入市场体制,解决了国企动力不够的问题。

(2) 率先改革并首获成功的部门产生了积极的连锁效应,推动有关部门的改革。从区域上看,沿海地区在改革开放与发展两方面先行,带动全局的改革与发展。

(3) 改革由易到难,逐步分解破解难题,降低改革风险。新体制的各个部分在发育中所需条件不同,这些难易程度不同的改革若同时推开,必然引起改革条件缺失部门的混乱,不利于整个经济改革与发展。相反,若系统联系是松散的,改革内容以及改革次序则是相对独立的,经济体制的不同因子均可适应各自环境,形成相互适应与促进的良性关系。

面上推行和点上试验与兼顾。对风险较大、难度较大的改革事宜要先行试点,然后推开。这是改革深入的良好途径,可以大幅度降低风险,大幅度降低制度变迁成本,大幅度提升改革的效率。

当然,部分改革与整体改革的区分是相对的,实际上所有分步骤改革的措施都不是孤立的,而是一个有机整体,服从于党和政府总的路线、方针、政策和改革战略,是在党和政府统一指导、协调和推动下有序进行的。

(四) 坚持中央集权与地方分权的统一

中央与地方的关系问题,是经济体制改革中一个重要的问题。处理这一矛盾,要坚持整体与局部的统一。一般说来,市场机制是与分散决策不可分离的,而宏观调控则与中央政府的决策难解难分。改革开放之后,为适应社会主义市场经济的要求,我国逐步形成中央集权和地方分权相结合的体制模式。

改革的系统性、协同性显著,要坚持举国体制、整体掌控和宏观策划。其他具体改革,特别是与地方利益密切相关的改革,应交由地方依据有利的原则进行策划,以充分发挥中央和地方等各个方面的积极性。包括:一是国家重大决策的原则性与地方创新的灵活性相结合;二是国家的统一性与地方的多样性相结合;三是统一指导与分层决策相结合。

坚持中央政府的主导作用,是我国社会主义市场经济体制的一个根本原则。中央政府代表着国家全局和长远利益,承担着制定发展战略、维护市场秩序、保障公平正义等重要职能,是推动经济发展、经济改革和对外开放的主导性力量。

在坚持中央政府主导作用的前提下,经济领域中的地方分权得到广泛发展,包括:通过改革立法体制,下放立法权;通过改革经济管理体制,下放经济管理权;通过改革财政税收体制,扩大地方财政自主权;通过建立经济特区、自由贸易区、改革试验区等多种形式,赋予地方以更大的经济自主权等。这些分权,在我国的渐进式改革中发挥了重要的作用:

首先,充分调动地方政府发展经济的积极性,促进地方经济的繁荣与发展,特别是对沿海地区的经济发展起到明显的推动作用。打破中央和地方以及地方之间财政分配的"大锅饭",地方政府成为一个利益相对独立的经济主体。

其次,充分发挥中央和地方两个积极性,提高政府调控的效率。地方分权改变政府内部的组织结构、利益结构和信息结构,形成中央集权与地方分权相结合的新型央地关系,有利于市场经济发展。

最后,增强地方政府改革的动力,提高地方政府在改革决策中的地位和作用。为各地区从实际出发大胆创新与试验,选择和推行合理有效的改革政策和体制机制,创造广阔空间。

二、自上而下与自下而上相结合

激进性改革的顺序是自上而下,渐进性改革则是自上而下与自下而上相结合的。

自上而下与自下而上是经济改革的两种不同办法。激进式改革是一种自上而下的,预先设计出一个以西方发达资本主义国家为样板的市场经济体制,并据此制定出一揽子的改革方案,然后通过政府法令自上而下全面实施,而渐进式改革则强调自上而下与自下而上改革的有机结合。

我国改革具有明显的自上而下的特点:在党和政府的领导下有组织、有计划进行的,改革目标的提出、完善,改革理论的产生、演化发展,改革方案的设计、优化,改革政策的讨论制定、落实实施,直至宪法修订、市场规则建立与完善,重大改革措施的渐次出台等,均为党和政府自上而下指导推动的结果。

改革伊始虽是自上而下的,但这是对早已存在的改革渴求的一种响应;改革是在党中央统一领导下循序渐进进行的,但各地、各部门的改革内容和步骤应该是多姿多彩的;提倡大胆创新体制、大胆改革试验,并在实践证明是科学合理的情况下,加以推广。因此,单位、个人都应该在体制创新中大显身手。

自下而上改革的优点:

第一,在一个地域辽阔、情况复杂的大国中进行改革,充满了不确定性,即使小的政策失误可能导致整个经济转型的失败。在政策制定过程中,政府应进行全方位的思考,充分收集信息,严谨论证政策的可行性,防止经济改革走到错误的轨道上去。第二,自发性改革,是在主体预期收益大于成本的条件下才会出现的。第三,从计划体制到市场体制的过渡,是以部分否定行政命令、扩大企业和个人的自主权为改革方向的。激进性改革的顺序是自上而下,渐进性改革则是自上而下与自下而上相结合的。

(1) 改革,没有现成经验可资借鉴,也缺乏成熟理论指导,由政府自上而下推进,信息不足而风险巨大。而充分发挥基层单位和人民群众在改革中的创新性、积极性,使他们能够根据工作实际采取有效措施,充分利用以分散存在的信息资源,能够避免大的失误,减少损失。

(2) 自发性改革是主体为增加自身利益而进行的制度创新活动,只有在主体的预期收益大于成本时才能出现。主体为了提高其活动收益,应对激烈的市场竞争压力,其必然会选择那些能够提高效率和竞争力的制度形式,而改变那些效率较低、阻碍发挥自己能力的制度形式。

(3) 计划体制转向市场体制,是以扩大企业和个人选择权为方向的,制度选择权由集中到分散、由政府到群众,是必然趋势。逐步扩大群众的制度选择自由,增强制度变迁的自发性、多元性和竞争性,才能为新体制成长提供一个宽松的环境。

但是,单纯自下而上的改革,弊端明显。① 许多改革属于全局性改革,只能自上而下地加以推进,如财税体制、金融体制、外汇体制等。② 由于预算软约束和市场机制扭曲,单纯强调放开并不能使竞争有效和效率提高,反而会使市场混乱,资源配置效率降低。因此,自上而下的改革与自下而上的改革应统一起来,不应当把两者相对立。

自上而下与自下而上的统一,要求坚持顶层设计和基层探索辩证的统一,稳中求进,把握好节奏和力度,久久为功。深化改革阶段,不能像过去那样"摸着石头过河",必须进行顶层设计,但也不存在一种现成的理论拿来使用。需要人们不断总结概括、梳理有关理论和实践,得出规律性设计体系。坚持统筹集成、整体推进,让各项改革举措在政策内容上相互配合与协同,成为政策体系;在政策实施中相互促进,在改革过程中、在成效上互补互动互惠。

三、经济改革与政治改革相结合

经济改革具有系统性,各领域、各环节的关联性、互动性凸显,必然要求统筹谋划改革深化的各个方面、各个层次,趋利避害,进行一系列相关改革的设计,以经济改革为主线,紧密兼顾政治、社会、文化、生态等多领域,使经济改革与发展相互促进、良性互动、协同配合,以完善各方面的体制机制,解放和发展社会生产力。

四、经济发展与社会稳定相结合,坚持胆子大和步子稳关系相结合

市场经济系统的特点:第一,整体性;第二,历史性,中国的市场经济是处在发展与转型中的社会主义市场经济;第三,不确定性,市场经济体制将随着客观条件的变化而变化。

作为改革目标的社会主义市场经济,是人类历史上一种崭新的市场经济体制。其只有在不断的实践中,才能逐步建立、逐步完善。同时,作为一个完整的制度变迁体系,绝非是一种简单地追求经济利益大小计算过程,而是一个复杂的充满选择与创造的历史过程。

所有制是决定经济制度的主要特征。因此,所有制改革是经济改革的中心环节,国有企业的地位和作用,决定其改革是经济体制改革的中心环节。

我国经济改革坚持体制内改革与体制外改革相结合。改革以社会主义初级阶段的基本经济制度为基础的。即公有制经济为主体同多种所有制经济共同发展相结合,使我国的所有制改革走出了一条体制内改革与体制外推进相结合的特殊道路。我国渐进式改革的成功在很大程度上得益于多种所有制形式特别是非国有经济的迅猛发展,其绕过国有经济的诸多难题,创造出比较充分的市场关系和竞争的市场环境,并会对国有企业改革产生积极推动作用。但是,强调体制外改革的积极作用,不能因而忽视国企改革在改革与发展过程中的巨大作用。第一,公有制的主体地位和国有经济的主导作用保证改革的社会性质。第二,国有经济的主导作用有利于国民经济的稳定协调持续发展。第三,国有经济与市场经济的相结合,是建立和发展社会主义市场经济的关键和中心环节。国企改革与非国有经济发展有机结合,促进渐进式改革的顺利进行。

改革的目标是建立一个复杂的经济与社会相统一的社会主义市场经济系统,理解这一复杂系统,要把握以下特点:计划经济体制下普遍存在商品短缺和价格扭曲问题,随着改革中价格的调整和放开,物价总水平必然会大幅上涨。因此,宏观经济稳定对于经济转型来说至关重要。

与"休克疗法"不同,我国的渐进式改革是在社会相对稳定的条件下推进的,宏观经济政策的基本目标是实现经济的持续快速发展。因此,政府在制定宏观经济政策时要考虑稳定的需要,也要考虑改革、发展和稳定之间的相互协调;要考虑总量问题,也要考虑总量、结构和体制问题的相互关联。这种综合供求、经济结构和行政协调等多种因素而形成的渐进主义的宏观政策,保持经济的持续高速增长的保证。渐进性改革的优点是:

(1) 改革具有整体性。市场机制是以价格为核心配置资源的经济系统。但是,若产权不明晰,价格信号就难以充分发挥作用。产权改革又要求要素市场完整,法制和社会保障体系的健全,要求政治法律制度,意识形态与之配套。这些因素又最终取决于社会生产力的发展水平。因此,转向市场经济既涉及资源配置方式变革,更包括社会的经济、政治、文化诸方面深刻变革的演化发展过程。

(2) 改革具有历史性。市场经济并非是可以脱离社会结构而独立存在的,可以在不同的制度、不同的历史条件下任人搬来搬去。相反,历史阶段、社会结构、市场经济所面临的制度条件、生产力水平和意识形态千差万别。因此,市场经济体制间有共性,更有差别。古典市场经济有别于当下的,欧美市场经济有别于德日的,东亚模式当然有独特之处。我国市场经济是处在发展与转型中的社会主义市场经济,内涵十分特殊而丰富。改革立足化解当前突出矛盾,重塑中长期经济增长动力,战略上坚持持久战,战术上打好歼灭战。

(3) 改革具有不确定性。社会主义市场经济,并非是改革伊始就明确提出的,而是改革实践不断深入与发展的结晶。市场经济是历史的,必然会随着主客观条件的变化而变化。

总之,作为改革目标的社会主义市场经济是人类历史上一种新的市场经济制度,只有在不断的实践中才能逐步建立和完善的。

改革本身不是目的,经济发展、生产力发展才是改革的目的,"发展是硬道理",改革是发展的动力,是为发展服务的。中国的改革是一种以发展为中心导向的渐进性体制转型。因此,要坚持经济发展与经济改革的统一。

(1) 我国经济快速发展带动国民收入和就业机会的增加,增强政府、企业和个人等经济主体对改革的承受力。这就有效预防因破产、失业和收入下降而产生的社会动荡,为改革的深入创造了前所未有的良好物质基础。

(2) 增量改革带动存量改革。经济发展为增量改革创造巨大的空间,使新体制比重迅速增大,为旧体制的改革支付物质成本,打造良好的社会环境。

(3) 改革带来经济高速增长的收益。同时,保持新旧体制过渡中的连续性,减少体制转换和结构调整的成本,充分利用已经形成的物质资源、人力资源、组织资源和信息资源,提高资源配置的效率。

(4) 改革在较短时期内带来经济快速发展,缩短改革的"投入"与"产出"之间的时滞,增强各方面对改革的信任,实现改革与发展良性循环。

(5) 改革要考虑价格总水平的稳定性,也要考虑国民经济持续增长的需要。

(6) 改革与"创立"统一。边探索边总结,边反思梳理提炼边建章立制,把那些经过实践和时间证明是成功的模式与做法,通过规则、法制加以确立,由点到面,循序渐进,不断完善,逐步建立起符合我国国情、反映全球化要求，促进生产力发展和增进人民福祉制度体系。

总之，我国经济转型是不可能在短期内放开价格的，需要总量、结构和体制三方面配合才能得到解决，努力做到总量平衡、结构优化、市场有效，才能实现经济持续健康发展与市场经济体制完善的双赢。

五、对内改革与对外开放相结合

现代市场制度是按照两种不同的变迁道路发展起来的：一种是内源性变迁，这是西欧的变迁道路；一种是外源性变迁，即西欧以外的较大国家和地区的变迁道路。前者是在内部力量的驱动下，通过自发的自下而上的渐进式方式，经过漫长的演化过程，逐步向现代市场经济过渡的制度变迁。后者则是在外部冲击的刺激和诱导下，通过自上而下的强制方式，经过激烈的冲突和急剧变革，在较短时期里向市场经济过渡的制度变迁。

我国的现代化和市场化是资本主义列强入侵的产物，它最初是一种被动反应、一种外源性变迁。后来，这种被动反应转变为主动回应，外源性变迁推动和刺激内源性变迁。改革就是对外部挑战所做出的主动回应。历史上，对内改革是对外开放的一种必然结果，改革与开放具有内在的一致性。

改革目标是建立市场经济，而现代市场经济是在发达资本主义国家主导下形成的。因此，对外开放，就是向发达的市场经济开放，引进发达市场经济国家先进的技术、产品、管理方式和经济体制。遵循"国际惯例"和共同做法，应该是按照发达国家市场经济的一些规则，推动我国经济体制转向市场经济。

改革与开放是一致的，但又存在深刻矛盾。总体上，现代世界体系是资本主义主导的，资本主义的经济关系和政治秩序支配世界，资本主义的经济规则支配国际市场和国际经济关系。因此，社会主义的生存和发展，只能在与世界资本主义秩序保持相对独立的条件下才能实现。

我国社会主义经济与世界市场体系之间存在着一种既相互联系、相互依赖，又相互区别、相互矛盾的复杂关系。通过对外开放，积极参与国际分工和国际竞争，促进国内改革与发展，加快现代化进程，但同时也会使国内的经济、政治和文化在更大程度上依赖于、受制于国际资本主义秩序。因此，为巩固完善社会主义制度，就必须在积极推进对外开放的同时，坚持独立自主，自力更生。同时，对外开放必须是渐进、有条件的。独立自主与改革开放有机结合，是我国的渐进式改革重要的制度保障。

综上所述，我国的改革是以完善社会主义市场经济体制为根本路径，遵循唯物辩证法，基于系统论、协同论，坚持整体协调与局部改革相结合，系统配套与突出重点相结合；坚持自上而下与自下而上、经济改革与政治改革、经济发展与社会稳定、蹄疾与步稳、对内改革与对外开放诸方面协同推进。

六、转型经济学的意义与局限

转型经济学的发展大大扩展经济学研究的视野，深化人们对市场经济和制度变迁过程的认识，并使经济学中的假设和命题受到新的检验，主题、视角发生新的转变，一些基本理论被重新检讨和反思，推动一场新的理论综合。这主要包括：

经济制度的作用和制度经济学的观点广受重视。对宪法制度、利益集团和经济与政治相互关系的研究得到加强。对社会秩序和人类行为的复杂性、自发性和不确定性的理解有很大提高。对经济转型和市场演化的整体性(经济、政治和文化互动)的认识日益深刻。主流经济学与制度主义、演进主义和新政治经济学间出现相互渗透和融合的趋势。

新古典经济学是关于市场运行的理论,而不是关于市场生成的理论。他们舍弃时间,抽象掉制度,且忽视政治、文化和传统的作用,从而把复杂的制度变迁问题简化成资源配置方式的转变问题,把向市场经济过渡的核心简化成"管住货币,放开价格"。这种过分简化的经济思维无法深刻理解制度变迁这一复杂的动态过程。新古典理论把渐进式改革的经验仅仅归结于有利的内部条件,这样他们就难以对实践提出的挑战做出真正回答,如,既然国有企业与市场经济是对立的,那么为何在国有企业占主导地位的条件下,改革与发展能持续推进?既然初始条件已决定改革的成败,那么制度的选择和人们的行动还有何意义?在新古典经济学理想的市场王国中,这些问题难以得到合理的解释。

凯恩斯主义经济学家对于转型经济中政府与市场的关系、产权改革、宏观经济、转轨速度和次序等一系列重要问题的认识都很值得重视。与新古典主义理论相比,凯恩斯主义经济理论中的一些基本观点,如经济的不确定性、时间的不可逆性、市场的不完善和信息的不对称、货币供应的内生性等,更符合转型经济的实际,但总体上,凯恩斯主义经济学是主流经济学范式的一个发展,因而,他难以超越主流经济学的根本局限性。与新古典主义理论一样,它是关于市场体制运作的经济学理论,而不是关于市场机制生成的制度变迁理论;他们脱离开生产力和生产关系的互动和具体的历史环境,抽象地考察市场运行,而没有对转型过程中经济、政治、文化和各种社会组织和社会集团在制度变迁中的作用进行完整的说明。

演进主义在一定程度上揭示社会变迁的复杂性、社会进化的不确定性和人类理性的局限性,对于人们克服激进式改革的简单思维有积极意义。但是,由于其否定人类认识和控制社会的可能性,否定社会理性和集体行动在制度变迁中的作用,否定社会变迁中存在客观的内在规律,把人类社会与自然进化完全等同起来,因而难以正确地认识经济发展和制度变迁的内在规律,也无法为人们有效地制定和实施正确的经济改革和经济发展战略提供理论指导。新制度经济学把理性人范式套用于制度分析中,把社会当作个人的简单加总,无法解决个人和社会的整合问题;把任何经济关系都归结为抽象的交易关系或契约关系,把交易费用当作解释社会经济现象的万能钥匙,否认社会整体的独立性和客观性,否认生产过程在人类社会中的基础地位,最后只能把社会制度的变迁仅仅看作个人心理的偏好或文化问题。

把经济、政治和文化因素结合起来,才能较完整地说明中国改革的内在逻辑。其与前苏联、东欧国家激进式改革的根本差异不是市场化的方式方法问题,是一步到位还是分步前进,是整体推进还是分步推进,是强制性变迁还是诱致性变迁,是经济改革为主还是政治改革为主,是增量改革还是存量改革,是先立后破还是先破后立,是从农村开始还是城市开始等问题,而是改革的性质和目标问题。中国渐进式改革是在社会主义宪法制度的基础上进行的市场化,而前苏联、东欧的改革是由社会主义宪法制度向西方社会制度过渡;与前苏联、东欧国家激进式改革在性质和目标上存在的这种根本差异,决定两者在具体的转型方式上存在着具体差别。

七、转型经济学的未来

经过二十多年的经济转型,从计划经济向市场经济过渡的主要任务在大多数国家已完成,后转型或后过渡时期已到来。在这一时期,旧体制束缚和新旧体制摩擦已不再是经济生活的主要矛盾,代之而起的是市场经济普遍化和与此相伴生的经济波动、失业、两极分化以及经济全球化与民族国家的冲突。中国改革任务虽很繁重,但是,在加入世界贸易组织以后,双重体制并存的局面已从根本上得到改变,市场体制的主导作用已牢牢确立。

转型经济学的价值并不因为转型问题的消失而消失,相反,却由于过渡问题的消失而更加普遍和持久。这不仅是因为转型经济学理论的发展大大扩展经济学研究的视野,升华人们对市场经济和制度演进过程的理解,而且是因为建立发达和完善的市场经济还需要很长的路要走,更重要的,是因为在市场化那里,生产方式不断变革,社会关系持续变迁,社会生活日新月异,"创造性的毁灭"永不停息,过渡与转型不再是一种特殊的社会形态,而日益成为社会存在和社会发展的通常形式。更广泛意义上,人类社会无时无刻不处在深刻的变化之中,农业化、工业化、信息化、市场化、民主化、全球化,历史潮流浩浩荡荡,永不停息。研究经济转型和过渡的历史是经济学研究的重要内容之一。因此,转型经济学的意义是普遍、持久的,其将在人类社会不停顿的变化中得到发扬光大。从转型经济学的发展中得到启示,需要把经济学的一般理论与中国的特殊国情结合起来,需要一种整体和历史的思维,经济学界不应当沉溺于在经济学帝国主义的傲慢王国中自我陶醉,而应向古典政治经济学家的优秀传统学习,从哲学、政治学、文化学、社会学和历史学以及自然科学中吸取智慧和营养。

对于转型的效果,特别要强调改革、发展和稳定的协调。人民生活水平是否提高是改革与发展和稳定是否协调的重要标志。

本 章 小 结

近期以来,不再把研究对象局限在资本主义和社会主义两大经济制度间的静态比较上,而是转而对不同的市场经济进行比研究,表明资本主义国家在制度安排方面存在着很大的差异,而且这些制度差异对各国的经济和政治发展产生重大影响。因此,比较经济学着眼点在于国家和市场经济制度间的比较研究,这大大丰富了比较经济学的视野。作为本书的一个例外,本章使用一定篇幅梳理总结中国改革与转型经济的运行规律。

思考题

1. 简述新古典经济学的转型理论。
2. 简述制度经济学的转型理论。
3. 简述演化经济学的转型理论。
4. 中国转型的规律有哪些?
5. 试论转型经济学的贡献、局限和发展前景。

名词

转型经济学　经济转型　激进式改革　渐进式改革　市场社会主义

第二十三章　比较经济学的新进展

本章重点
- 比较经济学的对象和方法，发展脉络
- 比较经济学各个流派的特点和发展趋势

第一节　比较经济学形成与传统方法论

一、比较经济学的形成

比较经济学是一门运用比较方法、以世界各国的经济体制特征为研究对象的科学。其理论渊源可追溯到马克思和空想社会主义者，但其作为一门学科真正形成，是在20世纪30年代，即苏联经济度过困难时期，成就令人瞩目，而资本主义世界却遭受普遍、严重的经济危机。在这种现实经济绩效对比和刺激面前，西方某些经济学家开始进行比较制度分析，并由于不同观点和立场而展开激烈的论战。

早在十月革命前，意大利经济学家帕累托及其学生巴罗内就曾经对资本主义经济制度和社会主义经济制度进行过对比，并提出社会主义"计划"不仅不排除市场，而且可与资本主义自由市场经济达到同样的最优效果的观点。"十月革命"后，新奥地利学派著名代表米塞斯瞄准现实社会主义这个靶子，从理论上对其运行机制的弊端发起猛烈攻击。他在1920年发表的《社会主义的经济计算》一文中指出，社会主义的存在是不合理的，因为这里并不存在市场，从而缺乏经济计算的标准，而"没有计算，就难以有合乎经济的活动"。若说帕累托和巴罗内试图证明社会主义的合理性，或至少证明其同资本主义一样合理，那么，米塞斯则首次在理论上向人们证明社会主义的不合理性。这一理论观点在西方经济学界影响极大，导致支持与反对的双方争论日渐激烈，终于迎来了20世纪30年代关于社会主义经济问题的一场大论战。以米塞斯、哈耶克、罗宾斯等一方坚持认为，社会主义没有私有制和市场，不会有经济的合理性。以奥斯卡·兰格、勒纳等人为另一方，在理论上为社会主义经济进行辩解。兰格在《社会主义经济理论》这篇著名论文中，以新古典的一般理论为武器，力图证明社会主义经济不仅是合理的，而且是优于资本主义制度的。

20世纪30年代关于社会主义经济的大论战为促进比较经济学的产生提供强大刺激，并在研究的核心内容上为这门学科的兴起奠定基础。但是，论战毕竟不同于学科的形成。真正有意识地以论战为背景、创立这门学科，是一批制度经济学家如康芒斯，福利经济学家如庇古。他们开始全面地对当代资本主义和社会主义经济制度，以及其他各种经济体制展开研究，并逐渐使这一研究系统化。然而，真正把这一领域的研究成果系统整理为一门学科体系的是美国经济学家劳克斯和胡特，他们于1938年正式以《比较经济制度》为书名，出版史上第一本比较经济学教科书。其摆脱对具体对象进行比较研究的局限性，把经济制度分为资本主义、法西斯主义、社会主义（指欧洲国家的"民主社会主义"）和共产主义四类，并对其系统地进行比较分析。该书的出版可看作比较经济学作为一门学科正式诞生。

二战后，大批发展中国家崛起并自己选择经济制度，走上独立发展的道路。经济制度开始多样化，特别是在20世纪60年代以后，随着社会主义国家纷纷开展经济改革，世界经济体制更加丰富多彩。于是，对经济制度的比较研究引起许多经济学者的广泛兴趣，大批比较经济学家涌现出来，他们的著作传遍世界各地。西方特别是美国各大学的经济系都开设比较经济学课程，出版大量的比较经济学教材和专著。20世纪60~80年代是比较经济学的繁荣时期，除美国学者外，西方其他国家的经济学家也纷纷加入这一研究，如瑞典林德伯克在其《新左派政治经济学》一书中提出著名的经济体制"八面体"的分析方法，艾登姆出版比较经济学简明读本《经济体制》。同时，应经济体制改革的需要，东欧的改革者，如匈牙利经济学家科内尔、捷克经济学家奥塔·锡克、波兰经济学家布鲁斯等也纷纷介入并出版一批很有价值的比较经济学论著。此外，在公开发表的著作中，还有大量探讨某个国家经济体制的，如范尼克、B.沃德对南斯拉夫模式的研究，A.诺夫、G.格罗斯曼对前苏联体制的研究等。

20世纪60年代后，比较经济学已较成熟，内容上不限于选择若干经济模式进行分析和比较，在学科结构上已颇成体系。其力图从理论上剖析经济体制的内涵和构成要素，阐明经济体制在整个社会大系统中的地位，探讨影响经济体制形成和发展的环境，确立经济体制绩效的评价和标准及经济体制与其绩效间的函数关系，考察各种经济体制间的相互影响及发展趋势等。20世纪70年代末比较经济学传入我国，并在80年代得到迅速发展。

二、比较经济学的特点

第一，比较经济学的研究对象是两种或两种以上的制度。一般来说，一门学科的研究对象只有一个。其以国别为单位，把若干个现实的经济制度（或体制）作为研究对象，并着眼于它们的特征或差异。因此，其研究经济制度，但又不同于研究一般制度的制度经济学，不同于研究一般资本主义经济制度的政治经济学。

第二，基本研究方法是比较法。其研究方法有多个，如规范分析与实证分析、演绎法与归纳法等。在任何一门学科中，人们都自觉或不自觉地被使用着比较法。但是，比较法，对于比较经济学来说是绝对不可缺少的，对于其创立和独立化具有决定性意义，并贯穿这一研究的始终和全部。其中所有重要结论如各种经济制度的特征、经济绩效和原因等，都是比较研究的结果，当然，并不排除同时采用其他研究方法。

第三，其是介于理论经济学与应用经济学之间的一门学科。其不像理论经济学那样由一系列纯抽象的范畴、模型和严密的逻辑推理构成一个理论体系，也不同于许多应用经济学，以服务于某个特定经济领域的实际运作为目的的，对其实际操作层面的问题做出理论解释和研究。其是在大量系统的经验材料或数据的基础上，运用某些理论工具进行分析所构成的学科体系，其目的是提高整个国民经济的效益。

三、比较经济学传统的方法论

比较经济学必须首先解决其研究对象的分类问题。在这个问题上，比较经济学家一开始大都采用"主义比较法"，即把世界上的经济体制分成若干个"主义"进行比较研究。比较经济学之所以一开始就把"主义"放到核心位置，是与当时两大营垒的"冷战"的背景相联系的。其产生本身就与一场意识形态大论战的背景相联系，这一背景对比较经济学中"主义比较法"的采用有决定性影响。对于这种方法,20世纪60年代就有人表示过怀疑,后来的实践越来越证明其不够科学,已落后于时代发展的状态,被称为"传统的研究方法"。

比较经济学一经产生就是根据主义分类法进行研究的。劳克斯和胡特在1938年出版的《比较经济制度》教科书中把世界各国的经济制度分为四种"主义",并按照这样的体系结构进行研究。这是对老制度经济学家康芒斯的直接继承,同康芒斯三种"主义"类型划分相比,他们增加一种"主义"类型,即"社会主义"类型。格鲁奇在他的《比较经济制度》一书中,根据二战后世界经济制度的变化,抛弃"法西斯主义",增加"不发达经济"的新类型,结果变成"成熟的资本主义""成熟的民主社会主义""发达的独裁社会主义或共产主义"以及"不发达经济"间的比较研究。劳埃德·雷诺兹则把世界经济分成"社会主义""资本主义"以及"既非社会主义,又非资本主义"的"欠发达经济",他在《经济学中的三个世界》一书中从经济体制、经济政策和经济理论三个方面对这三种类型的经济进行系统分析。

有些比较经济学家力图摆脱"意识形态"色彩,寻求一种"纯经济"的比较方法来研究经济体制,但运用他们所设定的经济标准进行分类,其结果依然是几种"主义"类型。美国马萨诸塞大学的维克拉夫·霍列索夫斯基强调,所有制是经济体制分类的基础,他以生产资料所有制和劳动者在所有制中的地位为标准,在这双因素相交的各个节点就形成复杂的各种所有制类型。他所划分的各种经济体制类型仍然是各种"主义":原始共产主义(部落经济)、封建主义、家庭资本主义、资本主义合伙制、股份资本主义、私人垄断资本主义、国家资本主义、集中制社会主义(强调劳动集中营)、自治社会主义(南斯拉夫自治)、完全共产主义、合作社等其他类型。不过,他所说的"主义"类型是独具特色的,不完全是以国家为单位来划分的,就是说,一个国家可同时存在几种"主义"类型。这里所说的"主义",可以是宏观的体制类型,也可以是微观的。而且,"主义"类型不一定同所有制相对应。如,公有制也可同资本主义(家庭资本主义、股份资本主义等)相对应。

保罗·格雷戈和罗伯特·斯图尔特也对传统的"主义"方法提出批评,但又不同意完全撇开"主义"另搞一套。因为"读者倾向于对'主义'感兴趣,完全撇开'主义'的新定义因固有兴趣的缘故而失去吸引力"。而且当今世界已被分成不同的经济和政治集团,它们被称为"资本主义制度、社会主义制度和共产主义制度"。他们采取"折中办法",即"把传统的和现代的方法结合在一起",对资本主义和社会主义进行现代多元结构的考察。其结果是把世界现实的经济体制划分为"资本主义经济体制、市场社会主义经济体制和中央计划社会主义经济体制"三种类型。不言而喻,其本质仍然是"主义"的研究方法。

真正跳出"主义"框架的是蒙泰斯、威廉·达菲、纽伯格和艾登姆。他们可称为非主义学派的代表。早在1967年和1968年,就有一些学者在比较经济学对象与方法研讨会上呼吁抛弃"主义"方法,代之以现代方法。因为几个"主义"原型内部已发生变化,世界的经济体制也更加丰富多彩,原来的传统方法已成为比较经济学的研究障碍。

1971年,J.E.蒙泰斯和J.E.库普曼合作写出第一篇冲破"主义"方法的论文——《论经济体制的描述与比较:理论与方法的研究》,随后蒙泰斯又出版《经济体制的结构》一书。在他们的论著中,竭力避免先验地按"主义"对体制进行分类,"而代之以具有特殊功能的组织安排的比较为开端"。1976年,E.纽伯格和W.达菲出版的《比较经济学体制》是一部极有影响力的比较经济学专著。该书在批判传统"主义"方法论的基础上,力图"开拓一种分析经济体制的统一方法",并将其贯彻到分析的始终。这种新方法名为"DIM"方法,即"决策、信息、激励"三因素分析法。其中主要是"决策"方法,所以该书的副标题为"从决策角度进行的比较"。但他们的试验并未取得预期效果,也没有得到同行完全的认同。

总之,在20世纪30~80年代的比较经济学研究中,现代学派终究是少数。整体上,比较经济学是摆脱传统"主义"的比较研究。

第二节 比较经济学的危机和复兴

一、新的制度变迁与比较经济学面临的危机

20世纪80年代末90年代初,20多个苏联、东欧社会主义国家,占地球近1/5的面积和世界1/4的人口,纷纷宣布放弃社会主义和共产主义(简称"苏东剧变"),其与西方国家间已不存在两大"主义"的界限。

"苏东剧变"对西方主流经济学也许没有任何影响,但对比较经济学的研究所造成的影响却非同小可。如前所述,比较经济学家都是在"主义"的大框架下来研究经济体制的。如今,某个"主义"的制度大部分突然消失,这就提出:比较经济学向何处去,其能否存在下去?

随着"苏东剧变",比较经济学已失去比较对象、走向"消亡"。比较经济学在世界和时代巨大的变迁面前,遭遇重挫和危机。

二、比较经济学的复兴

比较经济学虽遇到挫折,但发展前景仍然广阔。20世纪80年代末的"苏东剧变",对于比较经济学来说,既是挑战,又是发展的机遇。美国现任《比较经济学》杂志主编伯宁曾引用查尔斯·狄更斯的一句名言:"当今既是最好的也是最坏的时代。"比较经济学今后究竟何去何从?如何发展?其作为一门新兴的年轻学科仍然面临重新"寻找自我定义"的任务。

比较经济学发展的关键是究竟何为其研究对象:是"主义"还是"制度安排"?时代变迁对其提出的挑战实质在于,尽快改变该学科研究方法和对象的定位,抛弃"主义"比较法。

比较经济学的另一关键是必须动态地研究经济体制。以往的比较经济研究大多是两种以上的经济体制从结构和效果上作静态比较分析,基本上没有对新旧经济体制的变化和更替过程进行比较研究。当然,有些教材和著作也设有专章对经济体制的发展和前景以及"趋同假设"进行讨论。这里讨论的真实内容通常是两大"主义"未来发展变化的一般条件(如政策、意识形态和自然环境等),以及是否"趋同"等,根本不涉及对现实经济体制变革的解释、分析和比较。"苏东剧变"后,接着便是经济体制的根本转轨,即从计划体制到市场体制的转轨。而其转轨纲领、具体目标、路径、方式,以及所建立的特殊制度及效果各不相同,对于这种制度变迁过程的描述和比较分析,在原有比较经济学中没有也难以有这样的内容。这种对过渡经济的比较分析是绝对必要的,其对于解释不同国家形成不同制度、采取不同路径和方式的根源,寻求新的制度安排及其运行的经验具有重要意义,而由比较经济学来完成这一重大革命是责无旁贷的,其应当在自己的学科中填补这一空白。

在总结原有学科的基础上,采用不同研究方法,把经济体制和经济发展新变化纳入自己视野,并利用世纪之交经济学新的研究成果,重新活跃在学术舞台,对比较经济学进行新的探索,显示比较经济学正在复兴的强大活力。

第三节　新比较经济学出现和多元化发展

面对制度变迁,比较经济学的进展前所未有。原有比较经济学家并没有完全退出这一研究领域,还有经济学家加入这一队伍,以极其浓厚的兴趣为其创新作出巨大贡献。

一、新比较经济学的出现

"新比较经济学"是"对各个国家所实行的不同的资本主义制度进行比较分析",而不再是对社会主义与资本主义的比较。世界银行专家 S. 詹科夫、哈佛大学 R. 波塔和 A. 施莱弗、耶鲁大学 F. 洛佩兹·德一希拉内斯等联合著文声明:"新比较经济学,其继承传统比较经济学的基本理念,即通过比较不同的经济体制,能够更好地理解各种经济制度如何运行的。"

有些比较经济学家虽没有使用"新比较经济学"这个名称,但他们在"苏东剧变"后的近十年出版的比较经济学新著,也都在方法、理论、内容和观点甚至体系等各个方面作很大或根本性改进。这些著述也应当属于"新比较经济学"的范畴。如,R.C.M 于 2002 年出版的《产业资本主义的比较政治经济学》一书中,在批判新古典经济学的基础上,吸收新政治经济学理论,采用制度主义的分析方法,然后,对现代资本主义在第二次技术革命后和全球化影响下的新改变进行分析,然后,又对现代资本主义的三种典型的制度模式作详细的比较研究,这三种模式:盎格鲁-美国模式、德国社会市场模式以及日本-东亚模式。James Angresano 1996 年出版的专著《比较经济学》颇具特色。他运用演化经济学的方法,对各种经济体制形成的历史根源进行深入挖掘。以历史递进的方式研究各种体制的生成和特征,首先,以古代罗马和中世纪英国作为典型来分析前现代经济,在此基础上来研究自由市场的形成和演化;然后,阐明和比较各种经济体制的类型,其中包括战前和二战期间德国的"统制经济"、凯恩斯模型或有指导的市场经济(日本、法国)、民主控制下的社会经济(瑞典、欧盟),以及国家控制下、转轨中的社会经济(前苏联、东欧、匈牙利和中国)等。对每一种体制都力图从理论、哲学、历史、政治多维度进行研究,并描述这些国家的市场体制,在此基础上,比较和评价不同体制,最后对体制的发展趋势及国际关系进行展望。此外,从 20 世纪 60 年代就倡导比较经济学改革的著名经济学家、美国耶鲁大学 J. M. M 和 E. 纽伯格合作出版《比较经济学》一书,在吸收信息经济学和新制度经济学某些研究成果的基础上,以组织为核心范畴对各种经济组织形式(从家庭到政府)进行比较研究,并对经济体制的绩效以及体制变迁做出分析。最后,还应特别提到美国斯坦福大学青木昌彦等人在"比较制度分析"等两本著作中,提供比较经济学领域的全新内容和方法。总之,新的比较经济学已立于众多学科之林。

二、新比较经济学的各种流派

据研究,新比较经济学大体可分为三个流派,即新"主义"学派(或称"资本主义"学派)、组织学派和比较制度分析学派。

(一) 新"主义"学派

这个学派的主要代表人物是 S. 詹科夫、R. C. Mascarenhas、James Angresano 等。作为新"主义"学派,是因其抛弃旧的"主义"方法,但又宣布他们的研究对象仍然是"主义"。新比较经济学将"侧重于对各个国家所实行的不同资本主义制度进行分析比较"。在他们看来,支配资本主义经济资源配置的各种制度中，最主要的是市场监管制度和政治监管制度。各国经济制度的差异不在于"主义"不同，而在于市场和政治制度安排的不同。首先，在市场监管制度领域，各国间的巨大差异主要表现在对产权保护和自由竞争的制度方面。在一个相对安定的社会，地方司法体系可较少受到破坏和威胁，而在有些国家其却被利益集团所左右，"法院无法有效抵御新兴起的强大经济利益集团——'强盗资本家'的破坏行为"。这是市场监管制度是否能够取得成功的主要原因。其次，在政治监管制度领域，各国的差异主要表现在对行政、司法和立法三者制衡状态的选择。这一选择取决于一国政治制度的设计，而政治家们总是要自己设计和改变制度来"保证自己及其政治联盟者大权在握"。最后，制度不同、绩效也不同。一国制度的形成取决于内因和外因。内因包括经济发展水平、地理、种族等，外因主要是指制度的移植，但制度移植必须服从于内因才能生效。

2003年，A.施莱佛以会长身份在一次比较经济学研讨会上，对新比较经济学的研究内容做出进一步理论化的说明。首先，他提出比较经济学的两个基本概念，即"无序和专制"。他认为，各资本主义国家间的制度差异实际就是在控制无序和限制专制间做出"相机选择"的差异。其次，制度的功能就是对无序和专制这两个危害的控制。两者都会导致出现巨大的社会成本，制度的设计就是要尽可能减少这些成本，通常会采取四个战略，即私人订货、私人诉讼、政府管制和政府所有制，这四种战略都有正负两面性，这就需要相机选择。再次，三个历史时期的不同制度选择。12~13世纪间，法国比英国更为混乱，地方势力常常冲击法律体系，而英国政局平稳。法国采取专制色彩更浓的法律体系，执行成本虽高，但还是合理的。美国在1900年前后制度选择的变化也是同经济无序度的扩展相联系的。1900年以后，随着工业化和商业化的发展，美国大公司欺瞒员工和顾客、以不正当的手段击垮竞争者的现象增加，从而使经济无序行为扩大，这不仅破坏专制，而且带来无序和混乱。于是，在进步主义改革中逐步形成管理型国家。各国的制度选择就是在这两者间寻求均衡的。

（二）组织学派

这个学派以蒙泰斯、本奈和纽伯格为代表。他们在其《比较经济学》新著中充分表达自己对比较经济学的革新思想，其突出的特征是把对组织的分析与比较，放到经济学的核心地位。所以，称他们为"组织学派"。

方法论上，除静态方法外，还使用动态方法，即在对组织进行描述或比较的时候假设构成体制的规则、法律、风俗以及正式程序是不变的。在探讨体制变迁时，探讨体制对于环境变化以及公共和私人组织演进的反应。同时，作者除继续使用决策理论来进行组织功能分析以外，还吸收信息经济学、产权理论的研究成果，并将"有限理性""机会主义""信息不对称"等理论作为比较体制分析的出发点。

研究内容上，作者力图将比较经济学微观化。蒙泰斯等人认为，经济体制虽然由各种经济规则所构成，但却是由各种组织来体现的。离开组织就无法理解体制。因此，他们把重点放在对组织的研究和分析上。一定意义上，他们把制度等同于组织。

他们指出，组织是由下列元素构成的三位一体：① 一群相互影响的个人；② 一组制约这群人决策的规则（其中一些规则是组织内生的，另一些则是外生的）和正式程序；③ 与经济组织息息相关的环境。环境，是指现实或潜在的对经济运行产生影响的外部世界状态。组织间可通过市场进行协调，而在组织内部的协调则是通过自上而下传递的命令和建议实现的。作者按照三个标准对组织的类型进行划分，这三个标准是：① 谁拥有、控制或赞助这些组织及组织追求的目标是什么；② 组织成员所享有的行政、财务或金融自治的程度；③ 组织内部的治理方式。根据上述标准,经济中包括五种基本组织类型:a 产权私有的;b 雇员所有的;c 资源联合的;d 用户导向的;e 政府所有的。前者是指所有者将企业家才能或资本等生产要素作为投入品投入到企业中,若所有者投入企业的生产要素主要是劳动力,则这类企业被划入雇员所有的组织;资源联合的组织建立在各个所有者将一种或多种投入品或产出品(如:土地、零售业务等)共同使用的基础上。产权私有、雇员所有和资源联合的组织中,企业收益主要按照所有者对要素的投入比例进行分配。在用户导向的组织中,企业所有者更关注的是这个组织生产或提供的产品或服务,因为他们的效用能够直接从这些产品或服务中获得,或通过其他人对这些产品或服务的消费中获得。这类组织包括合作性组织、受托组织、家族企业等。政府所有的组织,顾名思义,就是由国际、国家或地方政府所有和控制的组织。这个学派对组织的分析详尽而细致,不仅描述各种组织不同的运行机制,而且研究协调上述基本组织行为的各种超级组织,如政府组织、企业集团、卡特尔、特许经营企业、工会等。

他们始终认为,比较经济体制的最终目的是提高体制的绩效。因此,必须"将经济体制(准确地说是体制规则、法律、习俗、一般程序)对基本的经济运行结果(如人均收入水平及其增长、收入分配、经济稳定、国家竞争力等)的影响加以识别和度量,并将这种影响与环境变量的影响以及经济参与者的决策和政策区别开来"。在他们的著作中,对各种组织或一个组织不同时期绩效差别的一般原因,用公式推导的方法作概括。关于体制变迁和转轨,他们特别强调体制内的各种规则必须配套,单纯从外部移植是不能达到预期目标的。

(三)比较制度分析学派

以青木昌彦为首的比较制度分析学派独树一帜,他们并不把自己的理论归入比较经济学或新比较经济学的范畴,但是,由于他们宣称"比较制度分析是对现行各种制度进行比较分析",因此,仍然可把他们作为新比较经济学的一个学派来研究。

他们的理论深刻,提出并创立一系列新的理论范畴,如"共有信念""博弈形式""域"(共有资源域、交易域、组织域、组织场、政治域社会交换域)、共时性、历时性、元制度、制度互补、层级分解、信息同化、信息包裹等,并通过这些范畴对制度的形成和演化,制度的关联和结构以及制度多样性等给予深刻的理论解释。

他们的研究方法具有广泛性、跨学科性,如博弈论、信息经济学、社会学的分析工具等,特别是博弈论已成为他们进行比较制度分析的主要工具。这是该学派不同于其他学派的一个显著特征。制度是比较制度分析中的一个最基本的范畴,青木昌彦等人不是一般地给制度范畴下定义,而是借助博弈论语言来界定制度内涵:制度可"概括为关于博弈重复进行的主要方式的共有信念的自我维系系统";关于制度形成与变迁的许多理论分析都是采用博弈论和信息经济学的方法进行的;还从社会学的前沿成果中汲取营养,如把"社会嵌入性"和"社会资本"等概念引入经济制度分析之中。关于制度的一系列分析有其独到的观点和见解:

其一,制度意义。马克思把制度看作人与人之间某种稳定的关系;老制度主义者康芒斯认为制度是多数人对少数人的控制。青木昌彦的制度观不仅不同于上述观点,也不同于某些采用博弈论解释制度的观点:如诺斯认为"制度是社会的博弈规则";赫维茨把制度视为博弈规则的实施;格雷夫等人则从博弈均衡的角度,把制度看作子博弈精炼均衡。青木昌彦指出,诺斯和赫维茨的制度观是制度设计论,格雷夫等人的制度规则假定博弈参与人具有完备的演绎推理能力,因而他们的子博弈精炼均衡是一种与现实不符的"超理性均衡"。青木昌彦把制度定义为博弈参与人"共有信念的自我维系系统",而博弈规则不过是"博弈不断重复进行的方式"。正是在这种重复博弈中,参与人的行为策略达到某种均衡,从而形成一定的"概要表征",即制度。参与人的共有信念又是受"概要表征"调节的。

其二,制度性质。青木昌彦强调,制度具有双重性,即内生性与客观性。制度是内生的,不是人为设计出来的,并非由外部环境决定的。参与人必须遵循博弈规则,但博弈规则不是外部给定和人为设计的,而是在参与人重复博弈中建立起来的。当然,制度的内生性并不排斥外生因素对制度形成的影响,相反,在共有信念引导下,参与人的策略行为也有多重均衡,究竟哪一种均衡最后占据上风?这又取决于历史因素和近邻"域"的状态。制度在本体上虽是主观的,但其又必须客观化。作为一种均衡现象,制度均衡的显著性特征必须客观化,这样才凝结为一种制度,如表现成文法、协议、某种社会结构和组织等。

其三,制度的关联与互补性。制度间是相互关联的,就是说,制度的演进不能脱离历史,即"路径依赖"制度的共时关联和历时关联,表明制度间存在着互补性。

其四,体制多样。体制是由多种相互关联的制度构成的系统。若说一个体制内各种制度的相互关联和互补表明这些制度间的同质性,那么,恰恰是由于制度间的这种同质性才造成体制间的异质性。因为一种体制内同另一个体制内单个制度差异所造成的体制异质性是很微弱的,也易于同化,但是,一种体制内一系列制度的关联和互补就会大大强化这种体制的特殊性和异质性,拉大同其他体制间的距离。如,企业年功序列制、终身雇佣制和内部工会制度间的关联和互补造成日本企业体制同其他国家企业体制间的极大差异。体制多样性是比较经济体制的基础,没有这种多样性,体制间就不能也没有必要进行比较分析。

三、简评

新比较经济学本质上已抛弃"主义"间的比较方法,而是主张"主义内"(即资本主义内)的各种体制进行比较。其次,其各派都吸收现代西方经济学甚至是跨学科的最新研究成果和方法。最明显的是各流派都把新制度经济学(如企业与组织理论、制度变迁理论等)的成果作为自己研究的理论基础,比较制度分析学派还大量使用博弈论和社会学理论与方法。这些新的理论和方法的吸收大大推进新比较经济学的探索和研究。再次,其各派都定位于制度或体制的比较,但又各具特色。新"主义"学派的研究角度是宏观经济体制,其基本的比较研究单位是各个国家;"组织"学派则着重研究微观经济体制,其基本的比较研究单位是各种"组织"(小企业、大公司、政府、工会等)。

比较经济学仍然是一门不成熟的学科。第一,一门成熟的学科必须有一个统一、完整和稳定的基本内容,然而,比较经济学家至今仍然没有就此达成共识。从整体来看,他们的新比较经济学在内容上极不统一,差别极大,更谈不上完整与稳定。第二,其内容安排还未能构成一个严密的体系。当今的新比较经济学还处于创立和探索阶段,各家各派只能抓住比较经济学的核心问题即制度差异的原因、表现及效果进行研究,还无法顾及其研究的严密体系。而且,各个流派的研究角度、方法、重点各不相同,没有形成统一的学科体系。

比较经济学与制度经济学的比较。新比较经济学各个流派都大量吸收新制度经济学的方法和理论,因为它们都以经济制度为研究对象。但两者差异是明显的:前者着眼于制度的特殊性,研究各种不同制度的差别;而后者则着眼于制度的一般性,探讨制度变迁和发展的一般规律。两者的主要区别在研究对象上,即是研究众多制度的特殊性还是它们的一般性。

新"主义"学派和"组织"学派都在研究制度的特殊性,前者重于宏观,后者重于微观。它们的问题在于对制度特殊性的研究不够完整。比较制度分析学派则有些不同,其虽然运用比较方法从理论上深入探讨制度多样性,但并没有对现实各种类型制度的特征展开比较研究。就其研究对象和内容来看,其更接近于制度经济学,更少属于比较经济学。大概正是由于这一原因,该学派从来没有把自己的研究成果同比较经济学相联系,而宁可称为"新经济学"或"比较制度分析",同新制度经济学一样,被人们视为新古典经济学的发展。

比较经济学的理论发展方向。以往比较经济学发展中的一个重要缺陷是理论性薄弱。新比较经济学既注意到现实经济体制的历史变迁,又力图朝着理论化加强的方向发展。但是,就其总体情况来看,关于体制特殊性的理论研究与体制多样性的现实比较没有得到全面展开,更谈不上有机结合。新"主义"学派重视从宏观上划分体制类型,为此提出"专制""无序"和"控制",或"市场监管""政府监管"等理论范畴。但是,其相对于庞大的体制分析和纷繁复杂的体制特殊性的比较,这些范畴还是显得简单、稀少、不成体系的。"组织"学派也只是围绕组织的构成要素及组织分类标准提出少量简单的理论,基本上还是思想材料的整理和描述。比较制度分析学派的理论贡献较多,但其较少对现实体制进行分析和比较。

比较经济学的性质,不是一门以制度为对象的纯理论性的经济学科,否则,其就变成制度经济学或政治经济学。比较经济学类似于植物学或动物学,其需要搜集大量的实际材料,其中包括具有代表性的典型材料和涵盖面广泛的统计材料,其注重现实材料的整理、归纳与分类,但是,必须上升为理性认识,具有理论性,这样才能科学地揭示现实的规律性并指导人类的实践活动。显然,要使新比较经济学成为一门成熟的科学,还需要对目前新比较经济学各个流派的成果进行认真研究,吸收众家之长,将已有的运用比较方法探索体制的理论、宏观体制比较和微观体制比较,以及体制转轨比较领域出现的最新成果进行整合与创新。当然,这是一个需要众多比较经济学家共同努力和艰苦工作的过程。

本 章 小 结

新比较经济学本质上已抛弃"主义"间的比较方法,而是主张"主义内"(即资本主义内)的各种体制进行比较。其各派都吸收现代西方经济学甚至是跨学科的最新研究成果和方法,最明显的是各流派都把新制度经济学(如企业与组织理论、制度变迁理论等)的成果作为自己研究的理论基础,大量使用博弈论和社会学理论与方法。其各派都定位于制度或体制的比较,但又各具特色。新"主义"学派的研究角度是宏观经济体制,其基本的比较研究单位是各个国家。

思考题

1. 比较经济学是怎样的一门学科?其是如何产生的?
2. "苏东剧变"给比较经济学发展带来何种影响?为何说比较经济学不会消亡?
3. 新比较经济学特征是什么?其中各流派的主要内容和主张如何?

名词

比较经济学 "DIM"方法 新比较经济学

第二十四章　经济学的第四次革命
——新制度经济学

本章重点
- 现代产权经济学；交易费用经济学；交易费用与外部性、产业组织的关系；新经济史学；利益与制度变迁

新制度经济学，是20世纪60年代以来在经济自由主义思潮复归中于美国形成并发展起来的。其以凡勃伦等旧制度学派学说为先导，以科斯的交易费用理论为基础，在继续研究企业权力结构的同时，着重研究社会权力结构，探讨各个利益集团之间的关系，并寻找协调他们利益关系的办法，促进整个社会健康发展。

科斯运用交易费用分析方法研究外部性问题，开创现代产权经济学派；诺斯把产权和交易费用概念引入经济史研究，创立新经济史学；威廉姆森运用交易费用分析方法研究垂直一体化问题，创立交易费用经济学和新产业组织理论。

第一节　概　　述

一、代表人物

罗纳德·科斯(1910～2013)生于伦敦威尔斯登，1929～1932年学于伦敦经济学院，1931年通过商科学士考试，并获得一笔奖学金，之后在英国的敦迪经济学院、利物浦大学、伦敦经济学院任教，"二战"期间，曾在英国中央统计局工作；1951年，获得伦敦大学理学博士学位，并于同年移居美国，先后任教于布法罗大学、弗吉尼亚大学和芝加哥大学，1991年获诺贝尔经济学奖。他一生著述不多，但质量很高，代表作《企业的性质》(《The Nature of the Firm》载于《经济学家》1937年11期，《社会成本问题》(《The Problem of Social Cost》载于《法学与经济学杂志》1960年10期。这两篇论文是新制度经济学派的奠基之作，经济学的经典之作。其中，交易费用、产权界定、企业和市场的最优规模与界限、外部性的解决思路以及这些问题对资源配置效率的影响，为新制度经济学的产生和形成奠定至关重要的基础，涉及20世纪微观经济学乃至整个新古典经济学大发展的重要契机。他还著有《边际成本争论》《英国广播：垄断的研究》《经济学中的灯塔》《马歇尔方法论》等。

他一生从事产权研究，大致分为两个阶段。第一阶段，20世纪30年代批判地考察正统的微观经济学，指出市场机制存在摩擦或交易费用，减少摩擦的关键是创新产权制度和企业组织。在分析企业的起源、性质和生产纵向一体化的过程中，他首次将交易费用概念引入经济分析，奠定现代西方交易费用和产权理论的基础。第二阶段，1960年，在《社会成本问题》中，从一个全新的角度来考察企业外部性问题，全面分析产权明晰的重要作用。

道格拉斯·诺斯(Douglass C. North, 1920～2015)生于美国马萨诸塞州坎布里奇，1942

年和 1952 年先后获得加州大学伯克利分校文学学士、哲学博士学位，1942 年留校任教，1950 年任华盛顿大学教授，1960～1966 年间任《经济史杂志》副主编，1972 年任美国经济史学会会长，1975 年任西部经济协会会长，1993 年获得诺贝尔经济学奖。主要著作有：《1790～1860 年的美国经济增长》《美国昔日的增长与福利》《新经济史》《制度变革与美国经济增长》《西方世界的崛起：新经济史上》，等。《1600～1850 年海洋运输生产率变化的原因》(《政治经济学杂志》1968 年 10 月)与《1870～1914 年的投资市场：国民市场的发展》(《经济史杂志》1965 年 9 月)，两篇论文被认为是"制度创新"理论的重要开创性成果。

威廉姆森(O. E. Williamson，1932～2020)生于美国威斯康星州苏必利尔镇，1960 年获得斯坦福大学工商管理硕士学位，1963 年获得卡内基工程学院哲学博士学位，在加州大学伯克利分校和宾夕法尼亚大学从事研究和教学工作。20 世纪 60 年代中期，他任政府反托拉斯部部长的特别助理。1973 年起先后任《贝尔杂志》副主编和主编；1983 年任耶鲁大学组织与管理学院院长，创办《法律、经济学和组织杂志》。1994 年起，任美国国家科学院院士。主要著作有《自由支配行为的经济学：企业理论中的管理目标》(1964)、《公司控制与企业行为》(1970)、《市场与等级制》(1975)、《资本主义制度》(1985)、《治理机制》(1996)，以及重要论文《管理权限和企业行为》(1963)、《交易费用经济学：契约关系的管理》(1979)等。他在 1975 年最早正式提出"新制度经济学"，并被誉为重新发现"科斯定理"(Coase theorem)的人①。2009 年获诺贝尔经济学奖，使该学派的影响达到顶峰。

他将新制度经济学的重要特征概括如下：① 制度具有深刻的效率因素。其利用"经济理性"的思想，从效率角度研究和比较经济组织的微观特征，保留与主流经济学的关系。② 资本主义经济制度的重要性在于技术本质和管理方式结构。其造成不同组织类型中信息传递、激励和分权控制的区别。③ 特别有用的概念是交易费用。④ 经济组织的中心问题，行为假设被看作重要部分。

阿门·阿尔钦(Armen Albert Alchian，1914～2013)生于美国加利福尼亚州弗雷斯诺，1936 年和 1944 年在斯坦福大学先后获得学士和博士学位。主要著作有《大学经济学》(与 W. R. 艾伦合著，1964；1972)、《交换与生产》(1969；1983)、《经济力量在起作用》(1977)等。主要论文有《不确定性、发展与经济理论》(1950)、《通货膨胀所引起的工资滞后的意义和有效性》(与 R. A. 凯塞尔合著，1960)、《信息费用、价格形成和资源闲置》(1969)、《生产、信息成本与经济组织》(与德姆塞茨合著，1972)等。

哈罗德·德姆塞茨(Harold Demsetz，1930～)生于美国芝加哥，1953 年在伊利诺伊大学获学士学位，1954 年和 1959 年先后在西北大学获工商管理硕士和经济学博士学位。1963～1971 年任芝加哥大学教授，1963～1977 年任斯坦福大学胡佛研究所高级研究员，1978 年后任加利福尼亚大学洛杉矶分校教授。主要著作有《产权理论探讨》(与阿尔钦合著，1967)、《经济活动的组织》(两卷本，1988～1989)、《生产、信息费用和经济组织》(与阿尔钦合著，1972)、《竞争的经济、法律和政治维度》(1982)、《从经济人到经济组织：人类行为和资本主义制度论文集》(2008)等。

张五常(1935～)生于中国香港，新制度经济学和现代产权经济的重要代表人物之一，在交易费用与合约理论等方面作出卓越贡献。1967 年获美国加州大学洛杉矶分校博士学位，1969 年任华盛顿大学(西雅图)教授，1982 年任香港大学教授、金融系主任。曾任美国西部

---

① 在威廉姆森之前，美国经济学家乔治·斯蒂格勒曾经阐释和命名"科斯定理"。

经济学会会长,是第一位获此职位的非美国本土学者。《佃农理论》(1969)和《蜜蜂的寓言》(1973)两篇文章享誉学界。

二、方法论

(1) 证伪主义倾向。波普尔对实证主义提出尖锐的批评,指出知识是靠"证伪"而非"证实"而发展的,新古典经济学家也在一定程度上坚持,经济学的理论模型应具有证伪性。新制度经济学大量使用证伪主义方法,对新古典假设推导出的理论进行证伪,经济学家在创立理论后的主要任务就是想方设法推翻自己的理论。

(2) 凸显个人主义方法论,强调人与人的竞争关系,精髓在于强调个体意义的重要性。个人主义方法论具有如下特征:① 强调个体独立存在的意义和利益特征,承认利己主义价值观;② 相对于集体主义,主张通过个人之间的安排来解决问题,尤其是当集体利益与个人利益不一致时;③ 相对于制度主义,其思想方法是制度(外部影响)对个体影响的范围有限,个体面对外部约束条件做出反应。但是新制度经济学忽视人与制度的相互关联和影响机制。

(3) 广泛运用博弈论于其分析范式中,不同的产权制度结构对应着不同的效率和产出水平。德姆塞茨认为:① 产权制度是个人行为刺激和反刺激的集合,个人效用和福利是分析的落脚点;② 团队生产理论具有集体主义的某些特征,要解决的问题恰恰是个人主义不能得到良好体现和自由运转时才出现的。设计机制,让监督者分离出来并拥有剩余索取权,才能保证最大化的边际产出。这一机制促成集体主义向个人主义的回归,在适当的激励或监督下,每个人恪尽职守、获得相应报酬,通过个人的利益动机保障集体的利益不受损失。

(4) 强调自然秩序观和演化观念,自然形成的制度是最好的。

(5) 推崇"案例"研究方法,为当代西方科学哲学家波普尔、库恩、拉卡托斯、费耶阿本德等极力提倡的。新制度经济的三大支柱理论"交易费用理论""产权经济学""制度变迁理论"中到处都充满着案例研究,从中引申出一些具有一般性意义的经济学原理。

(6) 重视思想实验的方法。对不可控的世界中的复杂事物,通过纯粹抽象,形成关于事物之间关系本质认识的方法。这种方法最早可追溯到伽利略,他在研究运动的惯性时曾设想过一种无摩擦的思想实验。其后在自然科学中广为运用。关于"二手车市场""公地悲剧""灯塔问题""狐兔博弈"等,特别是罗伯特·考特和托马斯尤伦在考察财产制度的起源时,建立了至今为人们所津津乐道的思想实验,彰显这种方法的生命力。

总之,新制度经济学最重要的一个基础就是一个十分复杂的混合体方法论,它包含以往经济学方法论发展史上自认为有用的多种成分,甚至一些相互矛盾的因素都被其所吸收,体现有容乃大的气度。

三、形成过程

新制度经济学发端于科斯的《企业的性质》,将制度研究与新古典经济学的立场、观点、方法有机结合,对传统的理论中不考虑交易费用的假定和相关的结论进行意义深远的修正和澄清说明,以新的角度说明企业产生的原因、企业和市场最佳规模的确定与界限的区分,为以后的新制度经济学奠定基础。

新制度经济学的经典范式是科斯的《社会成本问题》,并成为现代产权学派产生的标志。科斯主要研究产权制度对社会和人们的经济活动产生的影响问题。产权学派的重要代表人物阿尔钦认为:"经济学是研究稀缺资源的产权的,一个社会中稀缺资源的配置是对稀缺资源用途的权利安排……经济学问题,或说关于价格如何决定的问题,是产权如何界定和交换,以及按怎样的条件界定和交换的问题。"现代产权制度理论是新制度经济学的理论及方法论的基础,也是整个经济学的新自由主义运动的重要传播内容。

新制度经济学侧重点是放在交易费用为正的前提下研究制度对资源配置效率的影响,而不是像新古典经济学那样抛开制度问题,且在暗含着不存在交易费用假定的情况下研究资源配置的效率。

科斯在《企业的性质》中首次引入交易费用概念,正式提出并分析交易费用与企业这两个被新古典经济学所忽视的两个概念。在新古典经济学中,企业被简化为一个生产函数,企业的职能仅仅是根据这个生产函数把投入品转变成产品或服务。在新古典经济学的理论框架下,对于企业为何会存在、企业的结构和规模边界是由什么来决定等问题,都未加注意,当然它也无法做出解释。

《企业的性质》与《社会成本问题》一并成为经济学经典论文,经历了一个相当长的历史过程,这既反映现实经济生活的要求,也反映经济理论发展本身的要求。《企业的性质》发表之初,人们关注如何优化配置资源。23年后,处理和协调企业内部的关系问题突出,于是科斯这两篇论文得到普遍认可,形成新制度经济学并迅速发展。

科斯认为企业和市场是两种不同但又可相互替代的交易制度。市场交易是由价格机制来协调的,而企业的存在将许多原属于市场的交易"内部化"。在企业内部,行政命令取代价格机制而成为生产活动的协调机制。对于企业产生和存在的原因,在于企业通过对市场交易的"内部化",可节省交易费用。也就是说,交易费用的节省是企业产生和存在以及替代市场机制的唯一原因和动力。

科斯把交易费用看作决定企业和市场边界的关键因素。若企业"内部化"交易能够带来交易费用的节省,则企业规模将会无限扩张,直至完全取代市场,使整个经济成为一个大企业。不过,这是不可能的,因为企业组织协调生产活动也会产生管理费用。随着企业规模扩张,某些交易费用尽管会减少,但管理费用却会日益增加。当企业规模扩张到某一程度(某一边际点)时,即一定企业这时"内部化"交易引起的管理费用将等于别的企业"内部化"交易所需的管理费用,也等于该项交易所需的交易费用时,静态均衡就实现。这时,企业与市场之间的规模边界也就确定下来,全部交易在企业和市场之间以及各企业之间的分布处于费用最小的状态。

从产权角度看,交易费用就是个人变换他们对于经济资产的所有权和确立他们的排他性权利的费用。交易费用同样是一个机会成本,可指与事前签订契约和事后监督与实施契约相关活动的各种费用。

科斯为代表的新制度经济学家在接受新古典传统经济学基本观点、逻辑和方法的基础上,把自己的理论看作对新古典经济学的发展。从现实问题出发,注重新古典经济学所忽略的方面,注重从微观角度研究制度的构成、运行以及制度的作用,被主流经济学所接受。其主要理论和方法出现在产权理论、交易费用理论、新经济史理论、新产业组织理论等理论之中。

严格说来,新制度经济学派中也包含着形形色色的观点和倾向,但最主要的是,他们都坚持新古典经济学的主要传统,并在这些传统之下从经济制度角度来探讨问题。即使在新制度经济学研究最为充分和成熟的生产活动中的组织形式上,仍然表现出该学派与新古典经济学传统的依存关系。新制度经济学涉及的制定经济制度和经济规则的人是完全符合新古典经济学中具有稳定偏好、理性、寻求自身利益最大化的行为假设的,他们在分析社会制度的产生和形成时,仍然进行成本(交易费用)-收益分析,仍然使用新古典传统的在约束条件下寻求最优化的方法建立社会制度模型。

新古典经济理论体系不考虑现实社会经济制度因素,将自己的理论体系建立在关于"经济人"行为的三个基本假定和一个基本信条基础上。一是追求自身利益最大化;二是行为完全理性;三是偏好稳定。一个基本信条则是完全竞争将能够解决一切矛盾和问题,使社会各方面的利益达到最好的程度。但是,这种假定和信条有些脱离现实。因此,新制度经济学派采取有别于新古典理论体系传统假定的较为实际一些的假定,分析经济人的行为。

新制度学派虽然同传统经济学一样,以人的利益为研究的前提和出发点,但新制度经济学对传统经济学经济人假设的突破主要有如下三点:

第一,人的双重行为,即追求财富最大化和财富的非最大化。后者如诺斯提出的利他主义、意识形态和自愿负担约束等行为引入个人预期效用函数,从而建立更加接近现实的人类行为模型。还揭示人类行为与制度的内在联系,即制度产生于人类行为中的财富价值所具有的集体行为倾向。

第二,人们交易越多,交易结果的不确定性越大,信息越不充分和不对称。因为重复交易很少,人的理性及计算能力和认识能力是有限的,要求设计一系列规则减少交易的不确定性,稳定预期以稳定社会。

第三,人的行为具有损人利己的倾向,是由信息不充分、不对称性以及资源有限性引起的。有两种表现:追求私利、附带损人。机会主义有两种结果:与冒险、创新相联系,有利于经济和社会进步;伤害社会利益,这是制度产生的原因。

第二节 新制度经济学基本理论

新制度经济学是在修正新古典理性经济人假设的基础上构建自己的理论体系的。这种修正主要来自两方面:一是对行动者动机的考察。他们不仅主张用效用最大化代替经济利益最大化的传统,个人所获得的效用满足既来自经济因素,又来自非经济因素,而且假定在强烈而复杂的自利动机支配下,人类有机会主义的倾向,即人们会随机应变,借助于不正当手段来谋取自身利益,包括:有目的、有策略地利用信息,按个人目的加以筛选和扭曲;背信弃义,违背对未来行动的承诺。另一个是对解释环境的主观模型考察。现实世界是信息不完全和不对称的,人的理性是有限的,即处理信息和决策的能力是有限的,他们不可能知道全部备选方案,不可能把所有的价值考虑统一到单一的综合性效用函数中去,也无力精确地预计所有备选方案的实施后果,经济人只能追求满意的结果,而非十全十美的最优解。

综上,新制度经济学通过对理性经济人假设的修正,揭示两个矛盾:个体理性与整体理性间的矛盾,环境复杂性与人类有限理性间的矛盾。二者的存在给人们的相互交往带来种种不确定的因素。制度存在降低了这种不确定性。一方面,以制度规范个体的行为,有助于更好地协调人们的利益冲突;另一方面,个体通过学习和遵守制度,能够有效地减少搜寻和处理信息的巨额成本。因此,制度提供保障人们互相合作的秩序,以此来增进人类的福利。新制度经济学这一有机体系主要由以下内容所组成。

一、产权理论

(一)企业理论

企业理论,包括企业出现的原因和企业内部组织的经济理论。科斯在《企业的性质》中,第一次把企业和费用相联系,在一个专业化的交换经济中,探讨企业出现的根本原因及其规模决定因素。企业"是作为价格机制的替代物出现的"。生产要素在各种用途的配置取决于价格机制。若价格在 X 部门高于 Y 部门,则 A 就从 Y 部门流向 X 部门,直到两者的价差消失为止,除非存在着某种程度的其他利益补偿。这标志企业理论的出现。但是,这种说法在许多场合并不适用。如一个工人从部门 Y 流向部门 X,并非价格变化,而是行政命令。企业外部,价格引导生产,而价格运动是由一系列交换实现的。企业内部,企业家替代拥有交换的复杂市场。[①]

企业出现是因为企业管理的成本低于交易费用。科斯还推测出由交易发展到企业经营的过渡形式,即长期契约。并考察其在企业形成中的作用。起初交易双方倾向于签订长期契约来代替一系列短期契约,以节省交易费用。由于预测困难,买方很难在长期契约中预先详细规定卖方必须做什么,只能对卖方做一般规定,而把具体问题留待以后解决。

企业建立旨在节省交易费用,扩大企业规模旨在降低交易费用,但并非是企业规模越大越好。"撇开收益递减问题,在企业内部组织交易的成本似乎也可能大于公开市场上完成交易的成本","随着组织交易的空间分布,交易差异性及相对价格变化可能性的增加,组织成本和失误带来的亏损也会增加。当更多的交易由一个企业来组织时,交易似乎将倾向于既有不同的种类也有不同的位置,这为企业扩大时效率趋于下降提供一个附加的原因"。[②]这表明,企业虽节省交易费用,但它也要付管理费用,有时还不低。

(二)产权的概念及含义

产权经济学派重点研究产权的变化和约束对经济活动的影响,以寻求各种与效率相适应的产权界定和制度。

阿尔钦认为,产权是一个系统,一组行为性权利或"权利束","一个社会所强制实施的一种经济品使用的权利",或是人们使用资源所必须遵守的规则。"分配权利的方法,该方法涉及如何向特定个体分配从特定物品种种合法用途中进行任意选择的权利"。某些资源的产权可分割性。把物品所附着的权利数量及其强度看作那些物品经济价值大小的决定性因素。不同情况下,这些权利根据需要加以拆分或重组使用。如,同一块土地同一时间,A 可能有权在上面种植小麦,B 可能有权步行之上,C 可能有权在上面倒垃圾,等等,这些权利均可交换让渡。但是,少数经济学家已认识到,对于产权的确认和保护,政府的作用极其重要。

德姆赛茨认为,产权是"一个人或其他人收益或受损的权利",或说是界定人们是否有权利用自己的财产获取收益或损害他人的权益,以及他们之间如何进行补偿的规则。经济学上的产权,是在相应法律保护下的财产权利在经济活动中具体的和实际的运用,若产权不同,同样的经济活动很可能会取得不同的经济结果。一般说来,"产权"的范畴远比"所有权"的范畴大。经济资源的使用权、收益权、让渡权,是最为重要的核心产权。一个完善的产权包括使用权、收益权和转让权的简单相加,产权的全部权利在空间和时间上的分布状态,以

[①②] 科斯.企业、市场与法律[M].盛洪,陈郁,译.上海:三联书店,1990:7;11.

及产权内部各种权利之间的边界和互相制约的关系。产权概念,还包括各种社会准则、风俗习惯、约束机制等。

德姆塞茨指出,资源稀缺,私有产权是不可避免的。"产权是一种社会工具,其重要性就在于事实上它们帮助一个人形成他与其他人进行交易是的合理预期。"产权的一个主要功能是"引导人们实现将外部性较大地内部化的激励"。有效的产权制度将抑制人们通过分配性努力去实现利益最大化的行为倾向,而激励人们通过生产性努力来增加收益。社会经济绩效,最终取决于产权制度安排对个人行为能够提供的激励作用大小、积极还是消极。

艾尔奇安提出,"产权是一种通过社会强制而实现的对某种经济物品的多种用途进行选择的权利"。产权实际上是指社会约定俗成的习惯或法律赋予人们对某种财产拥有或可以实施一定的权力或权利,即对不同财产本身所拥有的所有权、占有权、使用权、支配权、处置权和相应的受益权,也指人们所拥有的对这些财产所派生的有形、无形的物品或作用的受益权和不受损权。产权一般分为两类:私有产权和公有产权。属于个人支配的产权叫私有产权;属于国家、政府、公共团体以及乡村俱乐部的产权叫公有产权。科斯的产权理论讨论的就是私有产权。

总之,产权经济学家把产权看作人们对物的使用引起的人们相互关系。

(三)科斯定理,现代西方产权经济学的理论基础

科斯在《社会成本问题》中提出两个结论:①"如定价制度的运行毫无成本,最终的结果——产值最大化不受法律状况影响的。"②"一旦考虑到进行市场交易的成本,合法权利的初始界定会对经济制度运行的效率产生影响。"[1]这是科斯定理与科斯第二定理的原型。

关于牛吃掉邻近土地的庄稼问题,科斯设想两种情况:第一种情况是养牛者无权允许牛群损害谷物。这时,对养牛者来说,只要赔偿费不高于修建隔离牛群的篱笆所需的费用,就愿意付赔偿费,否则他将选择修建篱笆。对农夫来说,只要从养牛者那里获得赔偿费高于其不受损害耕种土地的纯收益,就愿意放弃耕种。第二种情况是养牛者有权允许牛群损害谷物。这时,农夫为避免谷物受损,要为养牛者支付赔偿,赔偿费等于受损谷物的价值。若两者之间交易是无成本或无代价的,那么,无论养牛者是否有权让牛去损害谷物,养牛人和农夫之间的交易都能达到利益最大化的结果。

科斯定理,旨在解决外部性问题。庇古解决外部性的方法是,养牛人补偿种谷人,或政府对前者收税以减少牛的数量,或禁止在此养牛,政府甚至可以将这两块地收归国有或将其合并,将总收入以最合理的方法分配给他们,使外部性内部化。科斯所举的例子也存在漏洞:他没有谈到养牛者的牛吃不到一定量草所受损失的赔偿问题。所以,科斯的例子仅限于修建预防性篱笆的费用与其可能遭受损失之间的权衡。

科斯一反这种传统,从自愿性协商的角度,按权利界定的原则,探讨养牛人究竟是否有权让其牛群吃谷物的问题,有两种假定:

第一种假定,假定养牛者买牛吃谷物的权利,则会出现三种情况:

(1)吃谷的增殖>吃谷的补偿,养牛者将增加购买吃谷权,扩大牛群。

(2)吃谷的增殖<吃谷的补偿,养牛者将减少吃谷权,缩减牛群。

(3)吃谷的增殖=吃谷的补偿,这时,对于养牛者和种谷者全体而言,社会总产值达到

---

[1] 科斯.企业、市场与法律[M].盛洪,陈郁,译.上海:三联书店,1990:83.

最大,此时权利调整处于均衡状态,不再变动。

第二种假定,种谷者买牛不吃谷的权利,同时为不让牛吃谷,赔偿养牛者的损失,也会出现三种情况:

(1) 不吃谷的收益＞为不吃谷而给养牛者的补偿,这时,对于种谷者而言,他将继续购买不让牛吃谷的权利,增加谷物产量。

(2) 不吃谷的收益＜不吃谷而给养牛者的补偿,这时,种谷者将放弃部分不吃谷的权利,降低谷物产量。

(3) 不吃谷的收益＝为不吃谷而给养牛者的补偿,对于种谷者和养牛者全体而言,社会总产值达到最大,此时权利调整处于均衡状态,不再变动。

上面的相反假定条件,揭示一个定理,即科斯证明无论初始产权界定如何,只要交易费用为零,交易双方就会通过市场交易(产权调整)使资源和产权合理配置。所以,当外部性导致市场失灵时,也不一定非要政府干预。

(四) 科斯第二定理

财产权的初始分配将影响最终资源的配置效率,权利调整可能会带来更多产值,亦可能带来更高费用,交易费用影响资源配置效率。现实生活中,交易费用不仅不为零,反而较高。完全依靠市场机制,是无法实现帕累托最优的。因此,需要法律合理界定和安排产权。合法权利的初始界定影响经济制度的效率。

产权明晰,是指产权彻底私有化,使每一项财产以及由此财产所派生的有形、无形物品或其享有的拥有权和不受损权都明确地划归个人。即允许私有者在市场上自由交换,交易费用就会降到最低,甚至为零。不过,科斯真正要研究的是交易费用为正的情况。所以,他在阐述上述观点之后,又提出"科斯第二定理"的观点:一旦考虑到交易费用,合法权利的初始界定及经济组织形式的选择都会对资源配置效率产生影响。在科斯第二定理中,隐含产权经济学的许多思想,主要有两个方面:当交易费用为正时,资源配置的帕累托最优状态难以实现;产权安排影响产权转让和重组的交易费用,也影响资源配置效率。

(五) 产权安排与资源配置效率

为科斯所认可、诺贝尔经济学奖获得者斯蒂格勒定义的"科斯定理":当交易费用为零时,在标准经济理论的假设中,不管初始权利如何安排,当事人谈判都能导致财富最大化安排。"在完全竞争条件下私人成本等于社会成本。"[1][2]这奠定了科斯作为现代西方产权理论的开山鼻祖和主要代表的地位。罗伯特·库特在《新帕尔格雷夫经济学大辞典》中,强调"科斯定理"的关键是,只要产权明晰,只要交易费用为零,完全竞争的市场,不论财产权初始如何分配,当事人可以通过谈判和协商消除外部有害影响,在这三个条件具备的情况下,外部效用问题可运用市场机制自行解决,有效配置资源。通过产权的交易和重组,资源才能得到有效配置,即可解决新古典经济学家庇古所说的外部效应问题。

以舒尔茨为代表的自由竞争学派进一步指出,产权界定明晰,还必须通过竞争,排斥垄断,才能实现资源的有效配置。科斯说:"若定价制度的运行毫无成本,最终的结果(产值最大化)是不受法律状况影响的。"

---

[1] Stigler, George J. The Theory of Price[M]. 3rd edition. NewYork: Macmillan, 1966: 113.
[2] Demsetz, Harold. Toward a Theory of Property Rights[J]. American Economic Review, 1967, 57(2): 347-359.

视角不同和强调重点的不同,导致经济学家对"科斯定理"的不同理解。这也表明"科斯定理"本身的较大包容性。在科斯理论的启发下,一些经济学家从不同角度进一步撰写一系列经济著述,最终形成新制度经济学派。

产权经济学派的理论,开辟以不同的产权状况和交易费用来分析经济问题的做法,使新古典经济学进一步发展和深化,对于经济理论的发展和深入作出了贡献,意义重大。

(六) 制度与产权

交易成本就如同物理学世界中的摩擦力,新制度经济学将没有摩擦力的世界引入到有摩擦力的世界。在有交易成本的经济中,才会出现各种用于节约交易成本的不同组织和制度安排。换言之,有效的制度是使交易成本降低的制度。

诺斯认为,规范地说,制度是构建人类相互行为的人为设定的约束规则。其是由正式规则、非正式规则以及它们的实施特征三个方面的内容所组成的。其中最为重要的是正式规则,包括:政治规则(及政治体制)、经济规则(即产权)和具体的单个合同。新制度经济学认为,交易成本是制度的源泉,交易成本若过高,将阻碍交易的实现,制度的"使命"和功能是降低环境的不确定性和约束人的机会主义行为倾向,以此来减少经济活动的交易成本和他人机会主义对当事人利益的损害,或使得潜在交易能够进行。博弈论的引入丰富了对制度的研究。制度被认为是人们在社会分工与协作中的多层规制框架。其规范人们的相互关系,保障合作的顺利进行,减少信息成本和不确定性。

经济规则即通常的产权制度,其是一个社会经济的根本基础,有什么样的产权制度就有什么样的组织、什么样的技术、什么样的效率。阿尔钦的产权定义是"一个社会强制实施对于某种经济物品的多种用途进行选择的权利"。其用来界定人们在经济活动中如何受益、如何受损,以及在他们之间如何进行补偿的规则。产权包括使用权、转让权、收益权等多项权能。产权是否完整,主要从产权的拥有者所具有的排他权和可转让权来衡量。当产权明确界定之后,经济活动的当事人会自发进行谈判,将外部效应内部化,从而改善资源的配置效率,这是科斯另一篇经典论文《社会成本问题》的寓意。明晰产权能帮助一个人在同他人的交易中形成合理、稳定的预测,激励产权主体为自己的利益而努力行使产权。其可以规范经营者和生产者的行为,提高投入产出率,进而形成资源的优化配置。任何一种产权与其他产权间,若没有清晰的界限,那么权能的行使就无法有效地进行,利益也就无法实现。

二、交易费用

(一) 交易成本

新制度经济学基本继承康芒斯对交易的定义,但更强调交易的普遍性。新制度经济学的产生与发展是以交易成本概念为基石的。科斯在《企业的性质》这篇经典性论文里,开创性地提出"交易成本"概念。其被定义为运用市场机制的费用,表现为人们在市场上搜寻有关的价格信息,为达成交易进行谈判和签约,以及监督合约执行等活动所花费的成本。科斯开创交易成本的理论先河,而威廉姆森是交易成本的集大成者。其基本思想概括如下:

交易被认为是经济活动的最小单位,并被作为制度分析的基本单位,继而交易可分为三种:买卖的交易、管理的交易和限额的交易。交易成本理论以交易成本为基本范畴,以节约交易成本为中心思想。交易的性质是决定选择何种治理机制来组织交易的关键,威廉姆森采用资本专用性、交易的不确定性和交易频率三个维度来刻画交易的性质。

交易成本理论是以人类机会主义倾向和有限理性的假定作为出发点的。人的理性有限,不可能对复杂、不确定的环境做出正确的判断,不可能获得关于现在与将来的全部信息。因而投机取巧行为就有生存空间。为保护自身利益不受损害,需要投入时间、精力和金钱等资源,即支付资本。并存在如下趋势:环境不确定性与复杂性会恶化人的有限理性,助长机会主义倾向,这又导致歪曲信息或信息阻隔,进一步加大环境的不确定性与复杂性。

科斯的《企业的性质》奠定了交易费用理论的基础。威廉姆森的《市场与等级制》(1975)和《资本主义的经济制度》(1985)两本著作,是系统地阐述交易费用理论的代表作。交易费用经济学派主要是从契约的角度来看待和研究经济组织问题的。由于契约可从相当广泛的角度去看待,因此交易费用经济学的潜在研究范围相当广泛。在科斯提出交易费用之前,在绝大多数情况下,制度经济学和新古典经济学都假定交易费用为零,暗含着交易费用不是稀缺的。交易费用概念的提出和使用,使得交易和制度纳入新古典经济学的研究领域成为可能,更贴近现实,也使得新古典主义经济学的分析方法可适用于研究制度问题,使新古典境界的研究领域得到拓展,使新制度经济学和新古典经济学相区别并改变研究方向:交易费用使所有权的分配成首要因素,并提出经济组织问题,使政治制度结构成为理解经济增长的关键。但是,该学说的成熟理论体系,却是在20世纪七八十年代形成的。其经济作用在于把若干要素的所有者组织成一个单位参与市场交换,以减少市场交易者的数量,降低信息不对称的程度,最终减少交易费用。因此,交易源于分工,交易费用是一种源于分工的制度成本。

(二)交易费用的性质

交易是人类主要经济活动,有时比生产活动都重要。古希腊哲学家亚里士多德最先使用"交易"这一概念,将其定义为"人与人之间的关系",称其为三种致富技术之一。并将其分为商业交易、金融货币交易和劳动力交易三类①。但是,"交易"概念长期没有得到经济学家的重视。将交易引入比较严格的经济学范畴的是制度经济学家康芒斯,他认为"交易"是人类活动的基本单位,是经济学的基本分析单位,"交易"不是简单的物品交换,而是人与人之间对物品所有权的让渡和取得。"交易"分为三种基本类型:买卖的交易、管理的交易和限额的交易。但康芒斯忽视交易是需要成本的。从契约角度,把"交易"进一步的细化和一般化。

威廉姆森认为,当一项物品或劳务越过技术上可分开的结合部(interfere)而转移时,交易就发生。阿罗则认为"交易费用是经济制度的运行成本"。交易是经济活动中人与人之间关系的最基本和最一般的形式,对协调经济活动中人与人之间的组织制度的研究,必然会把"交易"作为分析的基本单位。交易费用最初是指签约及契约付诸实施中所需要的费用。后来,新制度经济学家们将交易费用概念广泛地运用于经济、法律、社会、历史和政治等研究领域,使交易费用概念普遍化。

从20世纪70年代中叶以后,研究交易费用成为现代经济学发展中最为活跃的一个学派的研究内容。

(1)交易分工说。交易源于分工,交易费用是一种源于分工的制度成本。企业或其他组织在社会分工中作为一种参与市场交易的单位。诺斯指出,交易费用的产生与分工和专业化程度提高有关。张五常、杨小凯等分别从劳动力交易和中间产品交易角度区分企业和市场,指出企业是劳动市场替代中间产品市场,而非市场组织之间的替代;另外,企业与市场

---

① 亚里士多德.政治学[M].吴寿彭,译.北京:商务印书馆,1983:25.

的边际替代关系取决于劳动力交易效率和中间产品交易效率的比较。

(2) 交易行为说。诺斯在一个人的社会不存在交易费用的认识基础上,建立完善人类行为理论。从人类社会分工的分析入手,将人类的社会行为分成交易行为和转化行为。其中,交易行为是购买投入品、中间投入、协调生产、获取信息、进行市场营销、产权保护等行为;转化行为指对自然物质的开发研究、变换和位移、服务的生产等行为。交易费用是为交易而花费的资源;转化费用就是为转化行为而花费的资源。

(3) 交易合约说。制度被看作契约问题。企业家等根据契约规定的生产资料的有限使用权安排生产活动。要素所有者有三种选择:自产自销;出售全部;引入契约,把生产要素的使用权委托给代理人以获得一定收入。

(4) 制度成本说。张五常认为,只要是一个人以上的社会,就需要约束个人行为的规则或制度。广义上,制度是因为交易费用产生的,所以交易费用也可以叫作制度成本。

(5) 交易维度说。威廉姆森提出资产专用性等三个维度。

(三) 交易费用的构成

科斯认为,交易费用包括发现和通知交易者的费用、谈判费用、签订合同以及保证合同履行而进行必要监督的费用等。威廉姆森最充分地运用"交易费用"的概念,将交易费用分为事前和事后两部分,事前的交易费用是指搜寻商品和交易对象的成本、取得信息和交换信息的成本、讨价还价的成本、决策与签订契约的成本、监督履行的成本和违约成本等六种成本,事后的交易费用是解决契约本身存在问题时,从改变条款到退出契约花费的成本、建立及运转成本和保证成本。

交易费用,较权威的一般认为是库特(Robert D. Cooter)的定义:其分为狭义和广义的,前者是指一次交易所花费的时间和精力,可以看作一系列制度费用,包括搜寻有关商品和要素的价格、质量以及潜在的买者和卖者行为等信息费用;协商谈判、拟定合同等签约费用,监督契约履行、违约后寻求赔偿的费用,制度结构变化的费用等。广义的交易费用是指协商、谈判和履行协议所需的资源。还有人提出最广义的,所有生产成本之外的费用都是交易费用。虽然不同学者指出的交易费用具体构成不同,但都是伴随整个交易过程所发生的全部费用,是为完成交易活动所必须付出的成本。影响交易费用的首要因素是市场的不确定性。由于交易费用在性质上属于市场机制运行的成本,它会使资源配置的效率降低。

三、委托-代理理论

(一) 委托-代理理论的特点

在产权和交易费用理论的基础上,发展起来一种崭新的组织和制度分析理论,把经济组织问题概括为交易和缔约的问题。这对于经济组织的重要性表现是:具有多重属性和角度的要素一般由不同个人占有,为得到专业化分工的规模收益,他们必须结合在一起,通过一定的组织形式来满足各自利益需要。按效率标准,为确保一定经济组织的生产价值最大,重要的是设计一种规则和格局,使每个要素的所有者在追求自己利益最大化的同时,也增进组织中他人的利益,即实现协调和激励的统一。这种规则和格局就是契约的主要内容。人们自愿达成的契约,即交换哪些权利,并按一定条件进行交换。因此,经济组织是支配不同要素所有者活动的一组契约。

委托-代理理论是组织制度理论的发展,也是交易费用理论的延伸,还是信息经济学所涉及的重要问题。近年来，新制度经济学在研究组织和制度问题时，不可避免地遇到信息不对称的问题。这导致新制度经济学中大量的研究文献集中到对信息不对称条件下不完全契约问题的研究上，委托-代理理论，即契约理论便迅速被现代制度经济学所接纳，成为现代制度经济学的一个重要分支。

（二）委托-代理理论的内容

主要研究信息不对称条件下的委托-代理问题，即这两者的缔约问题。具有信息优势的一方为代理人，而不具有信息优势，受代理人的私人信息约束的一方为委托人。委托人通过契约将某些经济决策授予代理人来代表自己进行可谋利的经济活动。当双方利益不一致时，如何借助于契约或制度来约束或激励代理人为委托人的利益行事，至少不损害委托人的利益，即委托-代理理论集中研究的问题。

代理活动要付出一定的成本，一般包括制定、管理和实施这类契约的全部费用。美国经济学家简森和麦克林将代理成本分为三类：第一类是委托人的监视费；第二类是代理人的担保费；第三类是剩余损失。简森将委托-代理理论分为两类。一类是实证代理理论（即代理成本理论），注重运用数学的和实证的方法研究委托-代理关系，以及由此而产生的代理成本对组织形式和契约安排选择的决定性作用，考察资本密集程度、资本专用性等缔约环境因素以及监督技术、守约技术对代理成本和契约选择的影响。另一类是委托-代理理论，注重运用数学的和非实证的方法来研究委托-代理关系，并通过建立模型着重分析三个因素对契约所起的作用：一是缔约各方面所具有的偏好结构；二是各方面所面临的具体不确定性；三是缔约环境中的信息结构。

1. 信息不对称、逆向选择和机制设计问题

乔治·阿克洛夫认为，信息不完全和不对称经济活动中将会引起"逆向选择""道德伤害"和机制设计问题。

信息完全时，物美价廉的商品具有竞争力，"逆向选择"则恰恰相反。由于信息的不完全或不对称（卖方信息比买方的信息更多更准确），质量差的商品留在市场，导致市场萎缩。在信息经济学里，"逆向选择"被定义为由于信息不对称或一方隐藏信息而造成的交易一方利益受损的情况。

"逆向选择"普遍存在，其典型例子就是保险市场和旧货市场。对于"逆向选择"问题，已有大量研究。归纳起来，主要解决办法是从制度和机制的设计入手，具体途径有三种：

第一，设计和制定某种制度、机制或契约，使具有信息优势的一方愿意公开其真实的信息，从而解决信息不对称的问题。这类解决办法也叫作"发送信号"的办法。如，在商品市场上，生产高质量商品的企业可向顾客和买主提供质量保证书和维修卡提供保修、商品退还、赔偿等售后服务，来显示自己商品的质量可靠性情况。

第二，设法由掌握信息较多的交易方来制定价格、优质优价，并通过契约保证价格高低与其商品质量的高低相一致，由此保证价格信息的可靠性。这是另一种向消费者发送信号的办法。这种办法是符合消费者心理的。

第三，国家或权威部门的计划来代替市场。如，国家或某机构将健康保险作为福利提供给所有的人，以金额补助或资助的形式支持人们参加健康保险，也会取消逆向选择。

总之，解决"逆向选择"问题，只能是运用制度和契约的办法，使不完全和不对称的信息完全化和对称起来，并适当约束具有信息优势者的机会主义行为。

2. 信息不对称下道德伤害和机制设计问题

"道德伤害"是指当事人借助于缔约后的信息不对称，为自己牟取私利而伤害交易另一方的利益的情况。其成因：缔约后，一方无法准确地观察到另一方的行为，而另一方采取机会主义行为以伤害对方利益的办法获取最大利益。这时，对"道德伤害"行为进行有效监督并实施惩罚的成本是很高的。而"逆向选择"是发生在交易缔约之前的。解决"道德伤害"问题，要从组织、制度、机制和契约等方面入手。

一般把"道德伤害"问题纳入委托-代理的理论框架中进行分析。在"道德伤害"模型中，一般假定代理人的行为是不可考察和不可证实的，而委托人的行为结果却是可知道的。如，汽车投保人是否故意忽视安全，是无法观察和无法证实的，而投保人的汽车发生受损害的结果却是可确知的。"道德伤害"模型还假定委托人存在一个目标值，他努力寻找能够反映代理人行为的信号，并以这些信号为根据，设计代理人的报酬结构，尽量使代理人的行为结果接近或等于委托人的目标值。设计对代理人进行激励的机制有一个核心问题，那就是如何诱导代理人去努力实现委托人的利润最大化目标。其具体途径是：

第一，代理人和委托人共享或分成企业的利润，也为委托人承担一部分风险。

第二，委托人向代理人收取固定租金，而支付固定租金后的剩余则归代理人所有。如，利润承包制（包干制）。

第三，让代理人的报酬水平和企业的利润水平密切相关，建立某种激励制度或机制，如股票期权制度。

第三节 诺斯、威廉姆森的制度经济学说

一、新经济史学

诺斯认为，新古典理论所关心的是市场运作，同时假设市场中存在能够运作的先决条件，但是略而不提市场是如何演进而来的。再者，新古典理论是静态分析，而新经济史学需要一套动态的理论来说明经济是随时间而演进的。他指出，传统的制度经济学虽然注重分析制度因素，但无法提供一套理论框架，因而无法真正替代新古典理论。新古典理论的长处在于它关注资源稀缺性，将竞争视为整个经济学的关键所在，同时以个人为分析单位，并以经济的方式进行分析。如何将上述各种方法的优点融合于一套理论结构之中，成为新制度经济学的努力方向。

制度是调整人际关系的社会游戏规则，是塑造经济、政治、社会组织的诱因架构（framework of incentives）。制度包括正式规则（宪法、法律、规定）与非正式的限制（惯例、行事规则、行为规范），以及上述规则与限制的有效执行。执行者可能是第三者（执法与社会放逐）、第二者（报复行为）或第一者（自我要求的行事规则）。制度加技术，决定构成总生产成本的交易及转换（生产）成本，从而影响经济绩效。由于制度与采用技术之间关联密切，所以，市场效率直接取决于制度架构的好坏。

诺斯初期的两本著作：《制度变迁与美国经济增长》（1971）和《西方世界的崛起：新经济史》（1971）虽基于新古典经济理论的假设之上，但其中缺陷太多，如制度是有效率的（不论定义为何）。尤其是，在新古典的架构下，无法解释经济陷于长期低迷的现象。

诺斯在《经济史的结构与变迁》(1981)中,放弃制度是有效率的这个假设。解释这些无效率统治的原因,不外乎竞争(统治地位被竞争对手取代的威胁)和交易费用限制(有效率的统治可能会耗费过高的征税成本,导致统治者收入减少)。即诺斯著名的"国家悖论",即"没有国家办不成事,有了国家又有很多麻烦。如给国家权力,让它强制执行合同或其他规章,它就会利用自己的权力强制性施加影响,使经济效率不高……或说,我们故意建立一个效率低下的政治制度,防止一个效率高但想干坏事的政府危害。实际上,要取得交易费用低的经济市场和有效的政治市场,也需要有这种诚实的、合乎理性的、好的行为准则"。[1] 新制度经济学认为,任何规则都好于无规则。诺斯认为,国家是"制度"结构,它生产和出售"安全和公正"的社会"产品"。人们把权力的垄断权,即确定和保护"所有权"的垄断权交给国家,以便它能够完成人们要求它完成的任务。诺斯强调,"国家的存在是经济增长的关键,然而国家又是人为经济衰退的根源。"[2]同一国家,过去是阻碍经济发展的,如今变成促进经济发展的。同一时期,A国的某种制度是促进经济发展的,而B国的这种制度则不利于经济发展。

诺斯在《政治的交易费用理论》(1991)提出,政治市场效率低于经济市场。后者有财货和劳务的物理特性的客观标准,法制使合约执行,竞争使成本降低。而政治市场倾向于无效率。因为候选人以政见来交换选票,每位投票者所占分量微乎其微,因此投票者充分了解政见的动机并不强烈。政治市场没有确保合约执行的机制,竞争非常不完全,政治市场充斥意识形态的陈腔滥调,复杂、效率低。

二、制度变迁理论

在《制度、制度变革和经济表现》(1990)中诺斯着重分析制度变迁理论。他认为,制度是竞赛规则,组织是参赛者,即组织是由具有某种目标函数的个人所组成的。组织是厂商、合作社等经济组织,也是政党、立法机构、主管单位等政治组织,还可以是教会、运动协会等社会组织。组织及其内部的开创者为实现目标,用竞争促使组织设法修正制度,以提高本身的竞争力。制度变革的速率决定竞争强弱,参与者认知决定变革方向。

诺斯利用这套框架对比分析荷兰、英国与西班牙的发展经验。前两国的政府演化,催生现代经济成长的财产权。受到政治拖累的西班牙,经济停滞不前。在这本书中,诺斯还探讨"理性"的基本假定。他认为,应该解释人们为何做出既有选择,也应该了解为何佛教或基督教等意识形态,能够长期主宰人们的选择和指引经济运行。深入挖掘认知科学(Cognitive Science)的范畴,理解心灵学习与决策方式,才能掌握意识形态的内涵。其最佳方式是了解人类的学习过程。学习不只是涵盖当前经验,也包括世代积累的文化。过去经验累积的知识存量,将深植于人们的学习中,是影响人们行为的重要根源,对现在及未来影响巨大。学习是一个逐步积累的过程,在学习中要过滤该社会的文化,以决定主观价值。不过,一个社会过去累积的经验,未必有助于解决新问题。学习成就主要取决于:① 既定信念会过滤经验所产生的资讯;② 个人与社会在不同时间有不同的经验,不同经验会产生不同的资讯。

发展经济,最重要的前提是营造能改变成本效益比(benefit-costratios)的制度,鼓励大家合作,因为经济依赖于创造有效、生产的经济及政治制度。政治市场先天低效,政治制度

---

[1] 诺斯1995年3月9日在北京的演讲,转引自1995年4月8日《经济学消息报》相关报道。
[2] 诺斯.经济史中的结构与变迁[M].陈郁,等译.上海:三联书店,1991:20.

决定经济绩效。由现代经济衍生的非个人化市场,并不会自动降低交易费用。

诺斯接受演化分析方法,认为制度变迁也是从均衡到不均衡的过程。新古典经济学和演化经济学认为,经济发展、变迁过程如同生物界,是一个渐进、连续和累积的过程,其调整是一个边际过程,制度变迁一般是对构成制度框架的规则、准则和实施组合所做的边际调整,只有均衡状态才是稳定的。其原因是相对价格和偏好的变化。由于各种因素使潜在的外部利润无法在现有的制度下实现,有必要建立新制度来降低成本。他认为,像商品市场存在供求关系一样,制度市场也存在供求关系。制度需求是指接受者对制度的需求,该需求是在分析社会成本和收益的基础上确定的。制度供给,是由制度决定者生产和提供的。这虽然是在比较制度成本和收益的基础上决定的,但所依据的不是制度的社会成本和社会收益,而是个别成本和个别收益,而且决定制度供给的个别成本一般也不是指制度的运行成本,而是制度的变革成本。当制度供求相一致时,制度均衡将产生。其实现的条件是制度供给者的边际收益等于边际成本(MR=MC)。这对制度供给者来说,增加或减少制度的生产都不会带来更多收益,不具有改变制度现状的动机。对制度需求者来说,也无法改变使制度供给者得到更多的利益而增加制度供给。

制度非均衡是常态,这必然导致制度创新。制度非均衡,是指扩大或缩小同一制度的覆盖范围能够增加制度收益时的状态,当现有制度安排无法实现潜在利益时,行为者产生新制度需求,即一项新的制度安排只有在创新预期收益大于预期成本时才会做出。制度供给者此时具有选择新制度——谋取制度收益最大化的动机。制度非均衡必然导致制度变迁。不同的行为者推动制度变迁的动机、行为方式及其结果可能不同,但他们都要服从制度变迁的一般规律。即只有在预期收益大于预期成本时,行为主体才会推动直至最终实现制度变迁。

三、威廉姆森的经济学说

威廉姆森从阿罗的信息经济学,领会到信息的重要性,以及跳出新古典框架来处理一些难题的重要性;从钱德勒的现代组织理论,认识到组织创新是产业发展以及效率形成的关键;从科斯的企业理论以及交易费用理论,领会到交易费用是组织研究的核心,比较制度方法是进行企业以及产业组织分析的恰当方法;从西蒙的管理经济学,认识到新古典行为假设严重约束其分析范式的解释能力。[①] 对这些理论的继承和发展,成为威廉姆森发展交易费用经济学的核心基石和范式框架。

威廉姆森的最大贡献是在代表作《市场与等级组织》(1975)中,发展科斯对企业和市场的经典认识,提出以交易费用差异为基础的经济组织决定论,使交易费用分析用于处理市场与企业的关系,也可以处理其他一系列组织问题;指出市场和包括企业在内的等级组织都可纳入微观经济的研究范围;指出市场与等级组织是相互替代的,在不同环境下这两者存在的合理性是不同的。以新古典为基础的观点没有认识到纵向一体化、企业联合体、优势企业、卖方寡头垄断及其他等级组织,在适应有限理性、机会主义、不确定性、小数目交易、信息问题及交易环境方面的优势,而只是在理想的假设环境,认为完全竞争市场是效率的标准,任何偏离完全竞争市场的组织形态都要受到法律限制和纠正。他指出,有必要引入交易费用处理组织问题。交易费用经济学为研究组织制度的功能及其选择提供一种全新的理论和方

[①] Mark Blaug. Who'who in Eeconomics: A Biographical of Major Economists 1700—1986[M]. Cambrige Massachusetts: The MIT Press, 1986: 989-990.

法,还被成功地应用于许多研究领域:纵向联合、生产组织、劳工组织、非营利性、技术转让、跨国公司、公司内部组织结构和公司融资等。

(一)方法

判断经济组织优劣的标准是交易费用的节约与否。继承和发展康芒斯制度经济学,视多样性契约模式为不同的治理结构,不同环境下不同治理模式的效率是不同的。应针对交易特性使激励、控制和治理与制度相匹配。

在《经济组织的逻辑》(1988)中,全面总结交易费用经济学的分析方法,交易费用经济学是在拓宽新古典分析框架的基础上,以交易费用为基石,比较研究各种经济组织的经济学科。其核心方法如下:

(1)微观比较契约分析方法:① 交易费用经济学具有两个重要的行为假定:人是有限理性的,契约是不完全的;存在机会主义。经济组织的作用是:在有限理性环境中,建立各种契约关系,最优配置资源。② 程序。契约不完备,使很多交易内容会因环境而变化,其结果是难以预测的。所以,在交易分析以及交易规则分析时,需要从动态连续的角度来考虑问题。

(2)比较交易费用方法,即通过比较各种经济组织的交易费用来确定可选择的治理结构和组织方式,将不同性质的交易与各种规制结构联系起来,努力寻找区别不同交易的各种维度,根据交易维度的差别来确定包括企业、市场、混合模式以及等级组织在内的规制结构,关键是利用维度分析确定交易费用大小,以便确定组织的效率。

(3)暂时性的程序性,确定有关替代的组成方法。若简单地指出组织宗旨是节省交易费用,是无法将交易费用经济学带入实证分析的,需要研究特定契约中组织的程序特征。

20世纪60年代以来,美国司法界认为的"垄断即罪恶"的思想是没有理论根据的,垄断及纵向一体化是否合理取决于纵向一体化和兼并的社会收益与成本比较。

它援引美国法学家迈克内尔关于契约关系的三种区分:① 古典契约关系是十分理想的。契约条件在缔约时就得到完全、明确、详尽的界定,当事人的各种权利和义务都得到准确的度量,违约后各方都会无成本地按照契约内容承担相应的责任,因此交易是否连续、是否一次性都无关紧要。② 新古典契约关系是长期的,它意味着当事人关心契约的连续性,并认识到契约的不完全性和日后重新调整的必要性,如发生纠纷,当事人会首先谋求内部解决,再寻求法庭的帮助。新古典契约关系强调建立一种包括第三方裁决在内的规制结构。③ 关系性契约是制度化的,当事人愿意建立一种规制结构来对契约关系进行适应性、相机性调整。与新古典契约关系不同的是,契约活动中的相应规制结构一旦形成,就会自我演变,其演变的模式可能并不遵循初始的契约条件。

(二)交易维度

威廉姆森在他的另一代表作《资本主义经济制度》(1985),对交易费用下定义,深入系统地分析了契约人行为假设和契约关系治理等内容,进一步发展和系统化交易费用经济学。这是用制度比较的方法研究经济组织的理论,分析何种交易应采用何种组织(市场、企业、政府、非营利组织)来协调。经济组织的主要目的是节约交易费用。围绕这一核心问题,他找出区分不同交易的三个维度:

1. 资产专用性

为特定交易而做出的持久投资一旦形成,很难转移到其他用途上,若交易过早地终止,所投入的资产即为沉没成本,无法收回。资产专用性存在,产生事后的要挟以及依赖。这使缔约方式变得十分重要。这是区分各种交易的主要标志，也是使交易费用经济学与其他经济组织理论相区别的重要特点。交易主体具有两大基本行为特征，机会主义行为倾向和有限理性。与正统经济学中的"经济人"概念相区别，威康姆森把这两大基本行为特征的交易者叫作"契约人"，这是组织制度分析的逻辑起点。交易中，"契约人"具有以损人利己手段获取私利的机会主义行为倾向。在有限理性条件下，人们对这些行为可能发生的时间和方式作出正确的判断，并采取措施加以预防，需要支付高额的交易费用。资产专用性越强，由于有限理性以及信息不对称，各种契约无法完备，为预防机会主义行为所付出的交易费用可能越高，交易双方越要建立一种持久、稳定的契约关系。在资产专用性下，缔约后的机会主义和要挟行为，可能导致专用性资产投资不足，从而降低资源配置效率。为防止专用性资产投资不足，要找出替代交易的方式，包括纵向一体化、长期契约、企业联盟等组织治理结构。大大扩展交易费用的内涵，并将早期的静态制度分析推向比较静态分析，使交易费用分析方法很好地解决新古典经济学的难题。研究交易频率、资产性质、契约关系内涵以及程序分析等，使它们进一步规范化和体系化。资产专用性可分为五类，包括地理区位、人力资本和物理资产专用性，根据用户订单而形成的专用性和商誉专用性。

在不同的环境中，人们会遵循交易费用最小化的原则选择不同的契约关系及治理结构。交易与规制结构的匹配关系可分为三种：

(1) 一定程度的专用性资产、交易程度不高，双方倾向于采取三边规划结构，即在发生冲突时，邀请第三方进行仲裁或协商解决争端。涉及非通用性资产投资交易，双方都关注交易关系的持续性和和谐性，希望通过建立某种保障机制来规避交易的不确定性风险。由于交易频率较低，设立专门规划机构的费用难以补偿。节省交易费用，要建立一些组织或规划结构，有效地防止机会主义行为。每一种规划结构都具有不同的激励功能和保障功能，他们分别适用于不同的交易。交易费用学派所要研究的一个重要内容是，在规划结构中，完成何种交易所付出的交易费用是最小的。首先要描述交易性质，以便对交易分类。

(2) 专用性资产且交易频率较高，由双方组成对交易进行组织管理的规划结构。其中，交易双方保持各自的独立地位，主要通过相互持股、买方在卖方作专用性资产投资等方式，分摊交易风险，增加双方的共同利益，使交易关系保持较高的稳定性和持续性。企业和市场是两种最为典型的规划结构。实际上，一体化规制结构就是企业内部管理结构，即企业体制。这类交易，由于资产专用性很强，交易一旦终止，寻求和建立新的契约关系发生摩擦的可能性很大，双方所承受的风险也很大。这时，双方对关系稳定性的要求非常迫切，而设置专门机构来对交易进行组织和管理的费用容易得到补偿。一体化使市场交易完全内部化比较合算。如资产是通用性的，无论交易频率大小，相匹配的肯定是市场规制结构，这时发生的是古典契约关系。如交易频率较低，资产是混合性或专用性的，相匹配的应当是当事人双方加上第三方参与的三方规制结构。还存在多样化中间性的规划结构，这时发生的是新古典契约关系。如交易频率很高，资产专用性较高，这时发生的是一系列等级组织结构关系。

(3) 资产专用性弱，双方互不依赖，都不关心交易关系的持续性，因为各自均可随时找到交易伙伴。

2. 不确定性

交易双方面临交易本身和外部环境的两个不确定性，交易过程中机会主义行为所带来的不确定性。资产专用性越强，不确定性也就越大，交易各方越要建立保障机制。

3. 交易频率

在时间连续性上表现交易状况。它对组织制度选择的影响主要体现在设立某种规制结构的费用能否得到补偿。频率越高,组织制度的费用也就越能得到补偿。

(三)对新古典经济学的修正和扩展

新制度经济学在研究经济组织制度时,基本保留新古典主义的三个基本要素:稳定性偏好、理性选择模型和均衡分析方法,但是又根据经济现实情况进行适当的调整。威廉姆森对经济人行为假定所做的修正是:

1. 经济人行为有限理性与机会主义行为倾向

美国经济学家赫伯特·西蒙和约翰·肯尼斯·阿罗等人对新古典经济学关于人的行为完全理性假定提出批评,认为人的理性是有限的。人们追求的实际是"满意"的标准,而不是"最优"或"最大化"的标准。而新制度经济学派则继续沿用新古典经济学的"最大化"假定。

新制度经济学派认为,在有限理性假定下,制度分析是必要的,更是至关重要的。人的有限理性,对未来的不确定因素也不能完全了解,甚至无法为不确定因素给出一个概率分布函数。因而,在交易中,人们不可能在合约中对所有未来可能发生的事件给当事人所带来的收益或风险做出详细规定。这样,交易当事人必须承担未来不确定风险以及因不完全的契约引起纠纷可能带来的损失。这时,通过设立制度或制度"创新"降低交易中的不确定风险,协调不完全契约引起冲突。有限理性,使人们不可能判断人的自利行为是否是损人利己,并对此做出迅速反应,因而凭借说谎、欺骗、毁约等不正当手段谋取私利的机会主义行为即可得逞。所以,人们要设立规章制度规范人的行为,建立良好秩序。

以人的有限理性为前提研究人,必须承认人的机会主义倾向,着重研究现实制度。新制度经济学派的一个重要研究风格,就是注重研究现实世界提出的问题,通过案例分析,阐述深奥而又精湛的理论。基于对新古典经济学关于人的行为假定做出修正,新制度经济学派对新古典经济学的研究和应用领域进行拓展。

2. 引入制度因素分析

长期以来,对于经济制度的分析一直是非主流或"异端的"经济学家所关注的重点和所从事的工作。作为主流的新古典经济学则一直是把经济活动中的制度因素当作理想的既定因素对待,因而在经济分析中从不考虑制度因素对人们的行为和经济活动的作用与影响。这显然是不妥的。很早以来,经济学研究的一个重要方面就是,通过设立一系列制度协调人与人之间的经济关系。制度经济学派是这方面典型的代表。新制度经济学派试图把新古典经济学的基本方法运用于研究包括法律、企业组织、市场组织和社会文化等制度在内的"生产的制度结构",从而把新古典经济学的研究领域拓展到人与人之间的交易活动。将制度因素的分析和研究引入新古典经济学体系,或说用新古典经济学的分析方法展开经济制度分析,显然是对居于主流地位的新古典经济学的一大改进和修正。

第四节 加尔布雷思的经济学说

约翰·肯尼思·加尔布雷思(John Kenneth Galbraith,1908~2006)著作颇丰,《经济学和公共目标》(1973)是其新制度主义理论的最完整的论述。

一、早期经济学说

1. "抗衡力量"论

加尔布雷思承认,寡头市场占统治地位,寡头是具有一定的垄断力量,通过控制价格来获取高额垄断利润的。资本集中虽形成少数几家大公司,从而削弱市场竞争,但却引起对立和抗衡的力量——工会、合作社、连锁商店、新的联合组织和国家力量等。在强大的卖主和买主之间、在大公司和工会之间常出现一种相互对抗的力量,各方都想捍卫自己的利益而削弱对方利益。在这种抗衡局面下,双方会关注对公众消费者的影响,有时能促进公众的福利。但是,随着经济发展,各方的力量会发生变化,为了防止某一方经济力量的过分强大和滥用权力,不能寄希望于此组织本身,需要相对抗的另一方对其进行阻挠;同时,政府应出面协助抗衡力量较弱的一方,使双方力量趋于平衡。

加尔布雷思解释各种"抗衡力量"。劳动市场,买主寡头强大,而工人是弱小的卖主。但由于长期遭受寡头剥削,促使工人组织工会,并发展成为与之抗衡的力量。寡头势力越大,工会力量就越强。工人能保护自己,而且能分享部分垄断利润。工会作为一种强大的"垄断势力"与大公司一样成为既得利益者。工会势力过大,造成非工会会员弱小的卖方地位,难以提高其议价能力。

小生产者建立合作社组织,形成抗衡寡头的一种力量。消费者虽不组织抗衡力量,但他们要求零售商为消费者的利益而组织抗衡力量。① 在生产资料销售市场上,厂商数目虽然不多,但作为买方的大公司钳制作为卖方的大公司。总之,垄断权力的运用会产生一种与其自身抗衡的力量,前者为后者所"抵消"。

在他看来,抗衡力量是在垄断资本主义条件下产生的一种代替竞争的自动调节机制,因此,"抗衡力量的增长使自动调节经济的力量得到加强"②。抗衡力量的产生与增强,使现代资本主义既摆脱垄断统治,又清除竞争的破坏性作用。因此,他否定市场机制能自动趋于稳定和均衡的传统经济学的观点。

2. "丰裕社会"论

加尔布雷思指出,今天美国等许多国家进入"丰裕社会",并没有出现日益不平等的现象。这主要是由于产量增加和低收入者就业情况"大大改善",分配"不均作为经济问题的兴趣已趋下降"。但人们依然被建立在贫困假设的传统经济学——传统智慧所束缚,因而出现理论和实际的脱节,引起如下问题:

经济周期波动加剧。消费者的迫切需要已得到满足。消费者的许多欲望是被生产者的广告和推销技术创造出来的,推销术和分期付款的发展使许多人债台高筑。过去人们对投资变动捉摸不透,现在信用的扩张与收缩也令人难以琢磨,再加上争取顾客的手段又使消费不稳定,这就加剧了经济波动。

通货膨胀。通过广告、推销术和分期付款创造出来的需求,往往是在新投资尚未导致产量增加以前就形成,结果造成需求大大超过供给,出现通货膨胀。

---

① 加尔布雷思的观点有所变化。1954 年他把这种行为解释成为零售市场的激烈竞争;1973 年认为消费者为了本身的利益应该直接组织起来,成为一种抗衡力量。参见:胡寄窗. 1870 年以来的西方经济学说[M]. 北京:经济科学出版社,1988:641.

② Galbraith J K. American Capitalism: the Concept of Countervailing Power[M]. Boston: Houghton Mifflin Company,1952:118.

投资的结构性失调。"传统智慧"只专注于资本形成,误认为技术进步是偶然的,从而导致对后者的投资不足。

针对上述弊端,他认为,首先要抛弃不合时宜的传统经济理论,改变人们关于经济增长和福利的旧概念。福利增进,不是生产水平的提高,而是社会冲突和不均衡的减轻;不迫切需求的商品生产,已不值得叫人忍受残酷的市场机制和物竞天择的折磨。这样,人们才能享受丰裕的果实。

加尔布雷思反对加重个人所得税的做法,主张利用销售税增加政府收入。他认为,"丰裕社会"改变过去人们反对征收销售税的理由,因为各种日用消费品的销售税即使提高两三倍,对人们的生活影响也很小,所以不会遇到阻力。此外,销售税可以削减富裕的人们对非必需品或有害物品的购买。随着经济发展和私人消费的增加,政府的消费税收入同样增加,这样,政府就可以利用它来解决公共服务所需的资金不足问题,并维持私人消费和集体消费之间的均衡。

实施"商业循环分等补偿"制度和人力投资政策,解决失业和贫困问题。即失业增加、失业补偿金也增加;当接近充分就业时,失业补偿金就减少。建立和发展社会福利或"公共服务"设施。此外,加尔布雷思认为,对少数贫困人口或贫困地区,政府与公众应超比例地提供学校、文化和卫生设施等,以补救人力投资的不足,使其恢复对社会贡献的能力,并提高下一代的谋生能力。

削减军费。应尽可能同假想的敌人达成谅解,削减军费,并以此来加速科技经济发展。尽量以自动化代替单调的工作,使人们有更多的闲暇和接受更多的教育与训练,以取得非物质消费所能提供的幸福感。他认为,在"丰裕社会",经理、科技人员、教师等地位特别重要,已形成新阶层。

加尔布雷思的《美国资本主义:抗衡的力量》和《丰裕社会》为其新制度经济学奠定了基础,在他的《新工业国》(1967)一书中得到进一步发展。

3. "新工业国"论

加尔布雷思的《新工业国》系统地分析美国战后20余年的社会经济制度与政治结构的变化。他认为,在现代经济社会中,科学技术进步对社会发展具有决定性的影响,导致以信贷大公司为基础的美国社会经济的性质发生重大变化,进入崭新的发展阶段——新工业国阶段。新工业国具有如下特征:

权力从资本家转向"技术结构阶层"[①]。后者是指现代大工业中受到高度训练和重视的工程师、科学家、管理人员、经济学家、律师等专家阶层,他们具有稀有技巧和难得知识,在巨大而技术先进的组织中日益代替名义的经理和不起作用的股东做出决策。加尔布雷思认为,不同时期,"最难获得或最难代替的"生产要素是不同的;谁拥有宝贵的生产要素,谁就可以控制其他要素,就拥有权力。封建社会,土地最重要,地主掌握土地,成为社会和经济领域的掌权者。工业社会,资本最重要,资本家掌握资本,是工业社会的掌权者。根据对战后20余年美国社会发展情况的观察和研究,他认为,近年来,由于工业迅速发展和科技不断进步,资本供给日益充足,社会储蓄过多;而工业和技术发展所需专门知识成了企业发展和成功的决定性因素。于是,资本所有者的权力就转到知识拥有者——"技术结构阶层"的手里。由

---

① "技术结构阶层"(technostruture)一词系加尔布雷思在《新工业国》中首创,是他继承凡勃伦的技术决定论的思想,结合当时流行的企业家职能思想所发展的新观点。

于企业决策需要信息，而个人知识和能力有限，因此，"技术结构阶层"的掌权和决策，必然是集体掌权和决策。任何个人如果想要更改集体的决策，必须求教另一批专家，让另一批具有同样专门知识的专家来判断。这样，权力或决策权就落在"技术结构阶层"。

公司结构变化。现代公司的最外层是普通股东，向内一层是生产工人，再向内一层是基层管理人员，最内一层是"技术结构层"。因为他们的事业心、技术兴趣和责任感把他们与公司密切地联系在一起。普通股东之所以在最外层，因为他们同公司的关系纯粹是金钱关系，他们关心的只是手头股票能赚多少股息。如赚得少，他们会把股票抛掉，投资于其他地方。因此，这些没有专业知识的普通股东，对公司的经营因其无知而无权过问，也不想过问。

公司目标变化。权力转移到"技术结构阶层"手中的公司是"成熟的公司"。"成熟的公司目标是技术专家组合目标的反映。""成熟的公司并不一定要使它的利润最大化。"[①]因为"技术结构阶层"的收入主要是薪水和奖金，而不是股息。考虑自身利益，他们力求使企业利润保持一定水平，不让股东卖掉股票。如果追求利润最大化，那么得到最大利益的将是最不忠于企业的股东们，而"技术结构阶层"却要为此承担风险。因此"技术结构阶层"把企业"稳定"和"增长"作为公司的主要目标。

"生产者主权"取代"消费者主权"。加尔布雷思强调，大公司按自己的计划生产、定价，然后通过无孔不入的广告和巧妙的推销术兜售商品，使生产和销售实现"计划化"。消费者主权主要存在于工业发展的早期阶段，边际效用原理反映的是这一时期的消费模式。但是，在"丰裕社会"，收入很高，人们已不满足于基本生活需求，心理需求越来越重要，满足某种虚荣心、舒适感、美感等需要显得越来越重要。心理需求领域，边际效用递减原理将不再适用。另外，"技术结构阶层"控制现代大公司，以稳定为目标，公司之间可能达成某种"谅解"，避免激烈的价格竞争和价格崩溃的危险，他们可采用一致行动来保持价格稳定，并使消费者接受该"计划价格"。

工业资本战胜银行资本。加尔布雷思说，在"丰裕社会"或"新工业国"里，"技术结构阶层"控制的企业以稳定为目标，尽量减少对银行信贷的依赖，以免受银行控制。同时，大企业通过生产者主权保证一定的利润水平，实现资本积累，作为股息分配给股东的部分并不多，保存了"大量未分配收入"[②]。

资本主义和社会主义两种制度"接近"或"趋同"。加尔布雷思的根据是：① 计划在逐步加强，市场作用渐渐减弱。两种制度都是计划管理需求、价格和工资。大生产要求消除"市场和消费者的最高权力"。② "技术结构阶层"都是事实的掌权者。③ 政府在教育和培训中所起的作用也就越来越大。在现代经济社会中，掌握科学技术和专门知识的人才是"最难得到或最难代替的"生产要素，是经济发展的必要条件，企业"人力投资"越来越重要。

二、"二元体系"论

这是加尔布雷思在《经济学和公共目标》中所宣扬的核心观点，是他的成熟思想。他认为，当代美国经济不是由自由竞争的私人企业组成的单一结构，而是"二元体系"，即"计划体系"（Planning System）和"市场体系"（Market System）。前者是指一些能够实行计划生产和销售的大公司，其权力掌握在"技术结构阶层"手中；后者是指受市场机制支配的小工商企

---

① Galbraith J K. The New Industrial State[M]. Houghton：Mifflin，1971：160-161.
② 加尔布雷思. 经济学与公共目标[M]. 蔡受百，译. 北京：商务印书馆，1980：284.

业。他估计,在美国,属于计划体系的大公司约有1000家,属于市场体系的小工商企业约有1200万家,这两部分的产值大约各占GDP(不包括国家经营的部分)的一半,但两者的权力却相差甚大。前者的主要特征是:操纵价格、消灭贫困、不存在阶级对立,企业追求稳定增长而不是利润的最大化,生产者主权取代消费者主权。后者的特征是:小企业技术简陋、力量单薄,无法支配价格和消费者,受市场支配。因此,计划体系支配市场体系,大公司剥削小企业,使两者更加不平等。

二元体系的危害:社会经济发展不平衡,两个体系之间人们收入的不平等。大企业收入高,即使在通货膨胀情况下,大企业也有条件随着工资的上升而提高产品价格,而小企业必然蒙受损失,加剧两者的不平等。

加尔布雷思认为,计划体系剥削市场体系,美国更甚。"计划体系的参加者得到的是比较可靠和有利的收入,而市场体系的参加者得到的则是不那么可靠和不那么有利的报酬。"[①]市场体系的人员是难以进入计划体系的,造成"持续的不平等"。这两种体系的对立是美国现代社会的基本冲突,是一切弊端的根源。政府、公众应支持小企业,政府研究机构研究小企业发展,支持弱者在市场体系中组织工会,实行最低工资法和规定最长工作时间。

加尔布雷思主张提高市场体系的地位和扩大它的权力,同时,限制计划体系的权力并消除它对市场体系的剥削,这样才能让这两个体系的权力相等,"缩减两个体系的不平等,提高市场体系的谈判能力,减少计划体系对它的剥削"[②]。他把这种措施称为"新社会主义"。

为了胜任实施"新社会主义"的职能,政府首先要从计划体系的控制中解放出来,或政府不要再把计划体系的目标当作公共目标。政府解放,国会是关键。要造就一大批具有新观念的立法人员,这是科学教育界的任务,所以改良的责任最终落在科学教育界的肩上。

加尔布雷思认为,"信念解放"是改良的起点、前提和最艰巨的任务,其他各项改良都有赖于它的实现。信念解放是指思想观念要从传统观念和传统经济学的束缚下解放出来。他说,传统经济学是由消费者主权、企业利润最大和市场这三个命题支撑的,它的注意力放在千万个小企业上,看不到大公司对整个经济的决定性作用。传统经济学教导人们为计划体系效劳,排除权力概念。这是过时和有害的,其最大坏处在于把大公司目标说成是公共目标。他认为,政府从计划体系的控制下、从传统观念的束缚下解放出来后,成为"公共政府",重要的改良行动是制定和实施政策,进行"结构改良"和"权力均等化":① 改良计划体系和市场体系之间的关系,实现权利均等化;② 改良整个二元体系,以公共目标为国家目标的先决条件;③ 实现工人收入均等化;④ 提高市场体系的权力,减少两个体系在收入上的不平等。

他的"新社会主义"论试图用两个体系的矛盾取代资产阶级和无产阶级的矛盾,依靠政府"限制"垄断资本,仍然由资本统治的社会被视为"技术结构阶层"统治,进而寄希望于由知识分子和教育界来启蒙和改良这个社会。

加尔布雷思尽管揭露资本主义社会的种种问题,并提出制度改良要求,但他绝不是要消灭资本主义本身。他的二元体系论,把分析大公司的权力结构发展到分析社会经济结构,这是他对制度经济学的重要贡献。

---

①② 加尔布雷思.经济学与公共目标[M].蔡受百,译.北京:商务印书馆,1980:217-218;217-218.

第五节 新制度经济学评价与制度变迁的近期研究

一、新制度经济学思想的贡献及缺失

（一）科斯企业理论的经济思想贡献

开辟新古典经济学的研究新领域，让新古典经济学的理论框架有可能取得内在逻辑上的更加一致。新制度经济学认为，企业组织和货币的出现及其作用都与交易费用密切相关。科斯奠基的新制度经济学对制度变化和创新的论述具有开拓性意义。此后关于制度创新需求上的论著基本上是遵循着科斯理论的发展和引申的。新制度出现或制度转换只有在这种变化所产生的预期收益超过它所需成本时才会发生。社会经济制度各个层次上，都会有一些制度在不同情况下是可进行帕累托改进的，强调和确认产权和交易费用在决定制度变革中的重要作用与地位，决定人们对制度选择的需求强度，决定制度创新能否发生及如何发生，且导致效率变化的某些决策或制度还会导致其他决策和制度的变化。

开创新制度经济学理论发展的新篇章，在经济思想史上首次把"交易费用"引入经济分析。新制度经济学的理论和方法在各个领域的应用已相当广泛，交易费用已成为近些年来西方经济学文献中出现频率和引用次数最多的概念。科斯指出，传统古典经济学仅注意供求均衡分析，或市场机制运行的分析，根本没有考虑到运用市场机制是要花费成本的。因此，便会考虑到是在企业内部组织交易，还是在企业外的市场中进行交易，若在企业内组织交易的成本低于在企业外的市场上的交易费用，当然就选择企业内组织的交易，于是就有企业存在的根据。而当企业内的交易边际成本等于市场交易的边际成本，或等于其他企业内交易的边际成本，便决定企业的规模。这种分析无疑是新颖的，使新古典经济学的企业理论发生重大变化，也使新古典经济学的分析范式发生变化。

发现市场组织及制度安排资源配置的新功能。进一步说明，价格失灵导致各种旨在降低交易费用的组织和制度出现，国家干预仅仅是各种可供选择的资源配置手段之一。传统产业组织理论一直以垄断理论考察大型企业的反竞争性和无效率性，而新制度经济学则从效率上为研究产业组织的运行和重组提供新的理论途径。

开创经济学与管理学各自的基础理论紧密结合的新条件。新制度经济学家（诺斯除外）对于组织和制度分析的效率模型特有的观点：一种有效率的或交易费用最低的制度安排必定会取代无效率的。但最近的研究表明，并不存在那种替代的必然性。再者，另外一些经济学家也认为，权力结构的分析也许是解释制度及其变迁的关键性因素。这些经济学家认为，制度变迁中不涉及资本主义变迁中的权力和再分配因素也许是更为重要的因素。新制度经济学研究，仅仅在资本主义具体的一些层面做文章。

开创具有旺盛生命力的新经济学，注重理论联系实际，这是一切科学发展的必由之路。其把脱离现实而崇尚空谈的经济学称作"黑板经济学"。

总之，新制度经济学的一些理论是有新意的，这些研究也远比新古典经济学体系更接近现实，使经济研究扩展到更广阔的范围。党的十九届四中全会要求"推进国家治理体系和治理能力现代化"，这实质上就是一个不断促进国家制度变迁与创新的持续过程。

（二）新制度经济学的三个理论缺陷

（1）制度理论动态分析缺失。线性地看待制度是其主要缺陷之一，聚焦于制度对发展的单向因果解释，忽视经济发展对于制度变迁的推动作用，这种理论的逻辑过于简单、线性且是静态的。经济发展的财富积累效会引致更高质量的制度，通过发展经济累积更多的社会财富才能更好地支撑起新制度。由于缺少动态和累积因果分析，制度变迁理论显然忽视制度的时空特定性这一本质特征，在解释长期经济增长时过于简单化。制度的时空特定性和多样性预示着，相同制度在不同国家运行的绩效是不同的；相同制度在同一个国家不同时期也有着迥异的经济内涵。新制度经济学派仍然没有形成统一、规范化的理论体系。

除了诺斯、格雷夫和青木昌彦等少数新制度经济学家外，多数新制度经济学家对历史、动态和比较的分析方法都不够重视，而这正是演化经济学所重视和擅长的领域。

（2）科学的个体行为动机理论缺失。遵循个人主义方法论，但却缺少一个科学的个体行为理论，也就不能从根本上解释制度变迁、不完全合约的存在等内在机理，本质上忽视人类动机和意向性对制度的重要性。

制度是行为主体互动的结果，它反过来又塑造人类行为。因此，基于心理学的个体行为假设是制度分析的重要基石，这正是新制度经济学所忽视的，新制度经济学完全可以在老制度经济学中找到完善自身理论的智力资源。

（3）技术对制度的影响缺失。与新古典经济学一样，新制度经济学将技术视为给定的外生变量，完全忽视技术对制度和组织的影响，成为其理论的又一大缺陷。

二、新制度经济学近期关于制度变迁的争议

新制度经济学，前期重视制度影响，近期重视制度变迁问题。围绕对制度变迁的研究，新制度经济学可分为历史制度主义、理性选择制度主义和社会学制度主义三个派别。它们经历从早期理论分歧、相互批评到近期自我反思、彼此借鉴的演进过程。

（一）制度变迁的机制

历史制度主义重视制度形成中宏观历史背景与权力关系的不平等性，强调制度变迁的关键转折点和制度存续的路径依赖。理性选择制度主义主张只要供需失衡，制度变化就有必要，行为者可随时改变制度以达到预期目的。社会学制度主义强调制度的同质性以及组织形态的相似性、稳定性。与理性选择的制度主义逻辑结构相反，社会学制度主义认为，制度变迁依据的是"恰当性逻辑"而非"工具性逻辑"。其将制度变迁的过程视为新的行为规范或组织形态获得合法性并进行扩散的过程，而不是行为者之间利益冲突的过程。第一，"制度变迁"的解释，历史制度主义基于断裂均衡模型的理解，认为制度变迁只能是激进式、革命性的变化。相反，理性制度主义则主张制度变迁被看作在对既有制度安排下的渐进式过程。而社会学制度主义主张制度趋同化变迁结果也具有渐进性。第二，"制度变迁发生机制"，理性制度主义将制度视为行为者对其现状满意的一种均衡状态，以行为者的策略选择来解释制度如何基于成本收益的比较，实现从非均衡状态到均衡状态的变迁。第三，"制度变迁原因"，历史制度主义和社会学制度主义，都将战争、革命和经济危机等事件的冲击以及环境变化压力等外部因素视为制度变迁的主要原因。而理性选择制度主义则将主体谋求私利和成本收益的比较视为制度变迁的根本动因，强调制度变迁中主体的能动作用。

"制度重组"机制用于解释制度如何以一种路径依赖的方式发生渐进式变迁。制度变迁

是既有制度要素得到部分修正的结果，又有旧制度对新制度的产生发挥决定性影响。将制度视为复合体并以此为基点运用"制度重组"机制发展路径依赖理论，克服既有制度变迁分析框架的缺陷，是制度变迁解释性研究的新近发展取向。奥伦和斯科隆内克指出，制度是由多样化异质要素构成的，这些要素是在不同时间为解决不同问题而出现，每一个制度的形成都有各自不同的逻辑，制度构成要素之间必然会发生冲突，加上个人或集团会为实现自身目的而加剧这一冲突，最终导致制度变迁。一方面，作为自变量的制度对行为的制约作用。强调既有制度的不完全性在给行为者提供采取策略行动机会的同时，也会约束行为者的认知、偏好和能力，行为者以何种方式重组制度，受既有制度的约束。另一方面，作为因变量的制度，即行为者对制度变迁的能动作用。制度要素的重组依赖行为者，即利用各要素矛盾促使制度变迁。行为者是制度变迁的推动者，而既有制度是其行为的出发点。同时，行为者是制度变迁结果的受体，但又是引发新一轮制度变迁的主体。这意味着必须在历史的脉络中把握二者的动态互动作用，才能避免陷入结构主义或功能主义的误区。

路径依赖理论的重要贡献是在制度变迁分析中引入时间概念。但是，其却只强调外部冲击的静态分析局限，并有可能陷入机械论的误区。

（二）制度变迁的权力与行为者

制度维持是既得利益者不断行使权力的结果，制度均衡状态取决于既得利益者拥有控制利益受损者抵抗的权力资源状态，制度会随着这种权力资源状态的改变而发生变化。为克服有关制度形成与变化的工具主义的解释局限，理性选择制度主义也逐渐承认制度形成与变化背景中存在的"权力关系的不均衡"，并主张与历史制度主义整合的必要性。新制度主义三个流派通过聚焦理念，打开行为者通过克服结构性制约因素推动制度变迁的可能性，提高对制度变迁的解释力。通过协商和讨价还价等修补方式，通过组合制度内既有的各种理念和话语，赋予既有理念新的活力，创造新的联合来推进制度变迁。

（三）制度变迁的理论框架

通过理论反思、借鉴与创新，有关制度变迁的解释性研究已逐渐摆脱传统单一理论视角的解释困境，该过程被称为新制度主义的"第二次运动"。关于制度变迁的解释性研究成果主要集中在针对制度变迁动因或过程的某一方面论述，鲜有综合理解制度变迁原因、结果及其发生机制的解释性框架。

1. 制度变迁原因

以多重复合因果关系为焦点，从环境、制度和行为者三方面探究制度变迁的原因。

影响制度变迁的环境包括国家历史、政治、经济、社会、文化、技术以及国际特点，它们既影响参与制度变迁的行为者策略选择，还会催生制度变迁的需求，并影响制度变迁的趋势。为减少改革阻力或降低决策风险与执行成本，参与制度变迁的核心行为者将倾向于以渐进方式推进制度变迁。当环境急剧变化，如受战争、自然灾害等重大事件冲击，在面对危机形势且不得不立即采取行动的"关键节点"上，参与制度变迁的核心行为者将倾向于从维护宏观政治稳定出发，促成制度的根本性变迁。

影响制度变迁的制度：一是制度状态，从非均衡到均衡状态的持续改进。非均衡是制度变迁的诱因，制度变迁在制度非均衡状态下发生，但制度非均衡不必然导致制度变迁。二是制度安排。制度合理性及其之间的冲突性是构成制度变迁的内部因素，也关系到既有制度的最终成败。三是制度绩效。既有制度处于局部冲突或总体成功的状态时，核心行为者将倾向于对既有制度要素的排列组合,采取新制度代替旧制度。相反,当既有制度维度处于严重冲突或完全失败时,促使制度发生根本性变迁。

影响制度变迁的行为者。制度变迁过程中的核心要素是具有主体性、能动性和创造性的行为者,包括个体层面的决策者、专家、公众等,又包括集体层面的政府、政党、企业等。制度变迁是行为者行动的结果,但行为者的行动又受客观环境、既有制度以及自身因素的制约。对有关制度变迁原因的解释应落脚到对行为者的分析,并考虑其主要影响因素:一是个性特质。行为者特质包括个人的思想倾向、性格品质、兴趣偏好、专业技能和政治忠诚度等,按照马霍尼和西伦的划分,主导制度变革的核心行为者可分为造反者、共生主义者、破坏者和机会主义者。其中,共生主义者和机会主义者倾向于维持现状或以渐进方式推进制度变迁,而造反者与破坏者更有可能寻求制度的替代或根本性变迁。二是权力关系。制度变迁要在一定的政治系统中完成,其背后反映的是核心行为者之间的权力关系。系统趋于封闭且制衡性弱,高层决策者掌握着越高的决策权力,就越有能力也更容易从根本上推进制度变迁。相反,在多元民主体制下,权力系统趋于开放且制衡性强,利益集团、公众、媒体等行为者将以各种方式影响决策,制度变迁通常是经多元主体公共选择的结果,会更多地呈现出渐进式变迁。三是行动逻辑是行为者用于指导行为实践的动机和计算方法。在参与制度变迁过程中,行为者会遵循"工具性逻辑"或"恰当性逻辑"等不同的行动逻辑。四是政策理念是行为者为实现政策目标的立场和话语指向,制度变迁的程度反映的是核心行为者之间政策理念的竞争。由于制度变迁是因环境、制度与行为者等多种因素之间持续互动产生的,制度变迁的结果可能是有意的也可能是无意的。

2. 制度变迁过程

渐进式变迁导致制度的连续性,而激进式变迁导致制度的非连续性。前者是制度变迁的常态,其与激进式变迁反映的是制度变迁的速度和量的累积关系,渐进式变迁积累到一定程度将有可能引发根本性变迁。坎贝尔通过对路径依赖和制度扩散因果概念的关注研究,为新制度主义者从制度重组到制度转化过程理解制度变迁中的"质量互变"提供重要的洞见。总之,制度变迁是一种连续变量,由一系列变迁程度不同的事件构成。

3. 制度变迁性质

首先,运用"制度重组"机制发展路径依赖理论,制度要素通过重组会以一种路径依赖的方式进行演化。其次,制度重组中的核心要素是具有能动性和创新性的行为者,进行的是相对审慎的重组即只有少数制度维度发生变迁,这时制度变迁就是渐进式的;如行为者进行的是相对激进的重组即很多制度维度都发生变迁,那么制度变迁就是根本性的。再次,"制度扩散",使新的制度要素可能被引入行为者的要素选择范围,并增加制度发生根本性变迁的可能性,特别是当这些新要素与既有要素较为不同时更是如此。最后,当新的制度要素向外扩散时,其接受者会以不同方式来实施,这就涉及"制度转化"的程度问题,如新旧制度要素相结合并被转化为实践的程度越高,制度变迁就越有可能倾向于根本性而非渐进式。

4. 制度变迁与制度的创新思路

制度变迁是一个不断演进的过程,包括制度的替代、转换和交易过程。其中存在路径依赖,如诺斯所说,"人们过去做出的选择决定他们现在的选择",它具有一种报酬递增和自我强化的机制。因为循着原有制度变迁的路径与既定方向前进,总比另辟蹊径要更便利。这种制度变迁一旦步入某一路径,其既定方向会在以后的发展中得以强化。假若初始选择的方向是正确的,制度演化就可能进入良性循环,加以优化;假若初始方向是错误的,制度的演化就可能锁定在一种低效率的状态中,导致长期的经济停滞。

制度变迁的关键是有效组织,即相对价格和偏好的变迁。当组织经过成本-收益分析,决定正式制度改革时,便可称为制度创新。诱致性制度变迁是一群人在响应由制度不均衡引致的获利机会时所进行的自发性制度变迁;强制性制度变迁是指由政府法令引起的变迁。前者是一种自发性行为,其很难确立为一种正式的制度安排,因而其效率受到极大影响。强制性变迁的优势在于,它能以最短的时间和最快的速度推进制度变迁,降低变迁成本;但它同时又会面临统治者有限理性、意识形态刚性、官僚政治、集团利益冲突和社会科学知识局限等问题的困扰。国家是最大的制度供给者,在有效制度形成中起着至关重要的作用。需要指出的是,制度是公共品,其供给中不可避免地会遇到搭便车的问题,因而有力的制度安排并不一定产生。当它不再合理时,由于种种原因,有利的制度安排并不马上出现。

从历史和现实的角度出发,把制度作为经济分析的一个内生变量来处理是非常重要的。经济绩效、经济发展是由制度内生决定的,土地、资本、劳动等生产要素的配置总是在一定制度框架内进行的。制度的建立是为了减少交易成本,减少个人收益间的差异,激励个人和组织从事生产性活动,促进经济增长。制度在经济发展中的作用,在发展中国家和转轨国家经济增长中体现得尤为明显。若制度安排不合理,它将成为经济发展的瓶颈和最大的制约因素。有效率的制度促进经济增长和发展;反之,无效率的制度甚至阻碍经济增长与发展。

本章小结

以凡勃伦等旧制度学派学说为先导,以科斯的交易费用理论为基础,在继续研究企业权力结构的同时,着重研究社会权力结构,探讨各个利益集团之间的关系,并寻找协调他们利益关系的办法,促进整个社会健康发展。制度变迁是新制度经济学派的核心主题。围绕制度变迁研究,早期历史制度主义、理性选择制度主义和社会学制度主义从各自理论视角出发,提出有关制度变迁的不同解释并相互批评。基于对制度及其与行为关系的新认识,越来越倾向于将"渐进式变迁"视为现实中制度变迁的常态,用"制度重组"机制来发展路径依赖解释理论,并从"内部因素"切入探讨制度变迁的行为者动因。提升制度变迁理论的解释力和预测力,有必要在对上述问题进行梳理的基础上,进一步结合各流派的理论优势,从制度变迁原因、结果与发生机制方面整合建构"制度变迁的解释性框架",以拓展政策分析的制度变迁研究途径,促进制度变迁研究的中国化应用与创新。

思考题

1. 新制度经济学派对新古典经济学的理论观点进行了哪些修正和扩展?
2. 科斯对新制度主义学派经济学的主要贡献是什么?
3. 叙述产权学派理论。
4. 叙述交易费用理论。
5. 叙述委托代理理论。
6. 叙述制度变迁理论。

名词

新制度经济学　交易成本　产权理论　科斯定理　制度变迁　交易维度

第二十五章 法国调节学派

本章重点
- 资本主义的积累体制、调节模式；战后发达资本主义国家经济运行规律

1973年"石油危机"导致企业倒闭、生产萎缩，发达资本主义国家陷入"滞胀"危机，经济学也遭遇危机。法国部分左翼青年经济学家运用马克思主义经济学分析社会现实问题，建立法国调节学派（以下简称"调节学派"），提出较为系统的概念体系和分析框架，对现代经济危机的原因和形式进行研究，形成一种以调节概念为分析工具的经济学流派。其最重要的成果是运用其理论框架对战后资本主义从福特制向后福特制的转变进行分析，历史考察从"福特主义"到"资本主义多样性"，再到"金融主导型发展模式"，将当时发达资本主义国家经济运行模式概括为福特主义积累体制，并揭示出其走向失败的必然。这为马克思主义政治经济学深度认识当代资本主义经济危机的复杂性和多极世界的变化趋势提供重要的理论启示。其影响波及制度经济学、演化经济学以及新政治经济学等当代西方经济学各学派，是当前国际上较有影响的经济学流派之一。

1976年，调节学派的代表人物米歇尔·阿格利埃塔（M. Aglietta），是巴黎第十大学国际经济学教授，出版《资本主义的调节理论和危机：美国经验》，标志该学派创立。他的著作还有：《调节与资本主义危机》（1997）、《货币的力量》（1982）、《雇佣劳动社会的嬗变》（1984）、《主硬通货的终结》（1986）、《金融全球化：迫不得已的历险》（1990）、《金融宏观经济》（1997）。在调节学派中，以他为首的巴黎学派把马克思利润率下降趋势规律理论改造成"资本与产出"稳定关系理论，即"资本的内涵积累与资本增长理论"。20世纪90年代以来，发达国家金融部门的过度扩张导致资本积累与配置扭曲，从而引发经济危机。2008年金融危机后，调节学派以金融主导性积累体制来解释发达资本主义国家的经济形态。

同其他西方经济学流派一样，调节学派具有多元性，内部既使用共同的理论分析工具，也有不同的理论观点、关注焦点和研究方法。在资本主义具有自我调节、自我更新、自我发展能力的问题上，他们持共同观点，但关于资本主义制度的命运，看法却不尽相同。在理论分析工具上，他们都非常重视运用马克思的利润率下降趋势规律，认为这是分析资本主义经济运行机制最重要的理论工具，但在具体应用上存在分歧，可划分为三个学派，分别是"巴黎学派""格勒诺布尔学派"和"国家垄断资本主义学派"。其中，巴黎学派影响最大。格勒诺布尔学派致力于批判一般均衡理论，力求从历史视角动态地把握资本主义的本质特征，并把资本主义划分为竞争或自由资本主义、简单垄断资本主义、国家垄断资本主义三个阶段，每一个阶段都有与之相适应的调节模式，每一次危机后都会出现一种新的调节模式。

第一节 调节学派的基本理论

通过对战后30年的"经济繁荣"期的凯恩斯主义、20世纪70年代危机以来的新自由主

义、新古典学派及后凯恩斯主义关于调节模式、资本主义的积累体制做历史、理论和比较分析,说明战后发达资本主义国家经济生活和经济运行的变化规律。

一、资本主义积累体制和调节方式

(一) 前提假设、理论结构和概念体系

调节学派,与马克思主义政治经济学相通达,继承其对资本主义的批判精神,认为"人与人、社会主体,人和社会主体"之间都存在着冲突,社会持续运转需要不断地解决冲突。他们不懈地对新古典经济学静态、均衡、缺乏历史意识的分析方法展开批判。阿格利埃塔代表作的开篇抨击新古典经济学的缺陷与无能:第一,不能从权力和冲突的视角有效解释经济现象,不能对经济历史进行有效说明;第二,不能提出经济结构的第三层面,即联结宏观与微观的中观方面——制度形式。[①]

第一,新古典经济学强调,经济主体是理性人,认为资本和劳动之间是平等的关系;调节学派认为,微观经济主体在特定环境中是仅具有限理性的;新古典经济学的研究对象是"市场和均衡";调节学派的研究对象是资本积累体制,关注国家调节等五种制度形式的调节。

第二,凯恩斯注重对封闭经济的研究,调节学派则包含对开放经济的研究,注重对"国家参与国际体系的形式"研究。调节学派开始用"制度形式"代替"结构形式",从中观层次入手来沟通传统的微观和宏观划分,创造性提出一个中观层面,即"制度形式"的概念,还提出"积累体制""调节模式""发展模式""危机分类"等概念,它们共同组成一个较为完整的理论体系。长期从宏观、中观和微观三位一体的视角研讨资本主义经济制度演变,再度引起有关理论演进的研究,将为马克思主义政治经济学深度认识当代资本主义经济危机的复杂性和多极世界的变化趋势,提供重要的理论参考。这拓展了马克思的经济学,也为制度研究的创新作出重要贡献。

第三,凯恩斯坚持"凡事都依靠政府调节",调节学派认为并非所有的政府干预都能促进经济增长,因为所有的政策都必须建立在"相互妥协"的基础上。

(二) 制度形式

"制度形式",是为了说明一定历史时期经济再生产的规律,其包括五个方面:资本与劳动关系、货币信贷关系、竞争形式、国家作用和国际体系。第一,资本与劳动关系是调解模式中的核心命题,形成调节学派的劳动关系理论。雇佣劳动关系,规定劳动的使用和收入,影响着社会消费和再生产。第二,货币制度,一定时期内某个国家确立的交易主体关系。第三,竞争制度,关乎企业间、地区间和国家间关系是自由竞争还是垄断竞争。第四,国家制度,包括具体的财政、金融和产业政策。第五,国家参与国际体系。

上述五种关系之间绝不是横向排列,而是按照层级结构的主从性进行的纵向垂直排列关系。最重要的制度居于顶层,每层对其上层都有从属关系,并对下层的制度形式起支配作用。"福特主义发展模式"时期,居顶层的是雇佣劳动关系的制度。但随着20世纪90年代"金融主导型发展模式"的形成,五种制度形式在排列顺序上发生变化,雇佣劳动关系制度的重要性下降,居于从属地位。但是,何种制度成为顶层,调节学派内部产生了分歧。博耶认为其是国家参与国际的制度,阿格利艾塔认为其是货币制约的制度,阿玛布尔等认为是竞争

[①] 吕守军.抓住中间层次剖析当代资本主义:法国调节学派理论体系的演进[J].中国社会科学,2015(6).

的制度。该分歧不仅影响到建立在这个概念基础之上的调节模式、积累体制等理论的发展，甚至有导致整个概念体系不能自洽的危险。为此，调节学派第二代学者引进比较制度分析学派的"制度互补性"概念，以弱化"制度阶层"理论中存在分歧的问题。

（三）积累体制与调节模式

积累体制是指维持两大部类平衡的资本再生产模式。调节学派认为，在资本主义社会，不同时期及同一时期的不同国家中，积累体制都具有多样性，而每一种积累体制又都具有特定的"调节方式"，并支配着积累过程。积累可分为外延型和内涵型两类。前者，积累主要依靠劳动时间增加和劳动力等生产要素增加而实现的。后者，积累主要依靠劳动生产率提高而实现的。内涵型又可细分两类为"有大规模生产但不伴随大规模消费"和"有大规模生产并伴随大规模消费"——"福特主义积累体制"。上述资本主义积累体制在历史上依次出现，外延型积累体制存在于19世纪，以延长劳动时间、增加雇佣劳动人数为手段，增加绝对剩余价值。20世纪以后，资本主义转而以提高生产力为手段、扩大相对剩余价值生产为主的内涵型或内生型积累体制。20世纪初，由于缺少大规模消费的内涵型积累体制，无法实现生产与消费之间的均衡，因而出现1929~1933年间的经济大萧条。第二次世界大战后，按照劳动生产率提高指数增加实际工资的协调性社会契约，形成具有大规模消费的内生性积累体制，工人人均消费水平稳步增长，即福特主义模式。其因高生产率、高工资而扩大有效需求，实现高速的经济增长。20世纪70年代以后，由于科技进步遇阻以及分配不公引起社会矛盾的激化，资本主义形成"滞涨"危机，陷入困境。调节学派认为，在信息革命时代，实行密集性信息投资，大力提高资本生产率，实行金融资产的增长方式，资本主义才能走出积累体制的危机。这在一定程度上反映了社会化大生产的规律。

在内涵型积累体制下，劳动生产率增长，而工人消费水平却停滞，越来越多的新增价值就必须通过购买更多资本品或增加非生产阶级的消费来实现，这引起消费不足。

每种积累体制都在特定的调节方式的框架内运行，与之相应的调节方式分别为"旧调节""竞争性调节""垄断性调节"。

资本主义积累体制和调节方式的关系。重要的结论是，资本主义具有自我调节、自我更新、自我发展的能力。资本主义社会内部虽有矛盾，但互为条件、互相渗透和互相依存，因此社会关系在一定时期内会保持稳定。既然社会关系存在矛盾，问题就在于如何实现社会关系的统一性。这引出调节方式。调节学派认为，资本主义矛盾，并非只是市场现象，而是受到更广泛的各种社会制度制约的积累体制矛盾，受到货币、劳资关系、竞争、国家、国际关系等各种制度的影响，也受到个体与各个集团的特定意识和行为的影响。调节学派主张以社会制度为中介建立相应的调节方式。

（四）调节模式与发展模式

调节模式是使积累体制以稳定的习俗、制度、组织形式、社会网络和行为类型的社会突破性结构。调节学派的"调节"概念与马克思的唯物史观关系密切，具有广义和狭义之分。广义的"调节"是指制度形式对经济基础和上层建筑对立关系的调整。狭义的"调节"是指制度对社会供求关系、资本之间竞争关系、劳资关系、社会消费规范的结合之间相互对立关系的调整。

发展模式，是指积累体制和调节模式相互契合，并能够维持相当长一段时期经济稳定发展的模式，包括社会各阶级及各集团的动态变化、经济调节的性质、经济增长的强度、通货膨胀或通货紧缩的指数、经济危机的性质等。

（五）危机分类

在马克思周期性经济危机理论的基础上，调节学派把危机分为五类：

第一，"外部干扰"危机，由自然灾害、气候灾害等自然因素以及战争、引起国际贸易摩擦等人为的政治因素对经济发展产生干扰而爆发的危机，如石油危机。

第二，周期性危机，由发展模式的内部调节矛盾导致。但这并不说明调节模式是不健全的，反而说明，通过周期性经济震荡能够实现暂时均衡，因而调节模式具有内部调节的健全功能。

第三，"调节模式"危机，由于新的积累体制与旧的调节模式不相适应而产生的，如1929～1933年的大萧条。

第四，发展模式危机，由旧的积累体制阻碍生产率提高和经济复苏，引起制度内部结构剧变。如19世纪晚期（1873～1896年）英国大萧条，使外延型积累体制崩溃，并向内涵型积累体制过渡。

第五，最终危机。即资本主义"生产方式结束"和"资本主义灭亡"。

上述第一、第二种危机都是"小危机"（含"周期性危机"），"小危机"频繁出现会演变成"大危机"。第三、第四种危机都是"大危机"或"结构性危机"。

二、调节学派的方法论和"资本主义多样性"理论

（一）调节学派的方法论

调节理论主要受马克思主义和凯恩斯主义经济理论的启发和影响，但是它又力图"超越"前两者。它认为，现有的经济理论都有自身缺陷：新古典学派以经济行为的不变性为前提，把历史排除在外，不考虑任何时间和地点，提供的是一种非历史的经济规律，不能解释资本主义经济的历史演变过程。马克思关于资本主义发展动力的学说虽然强调社会关系和积累过程的历史特殊性，但其概念过于抽象。其用价值代替价格，用剩余价值代替利润，只能应用于总体分析和一般计算，而无法应用于具体研究。凯恩斯主义偏重技术经济学，它没有充分研究经济增长所带来的社会矛盾等，特别是它着重研究短期的经济政策和管理，而忽视研究规律。此外，凯恩斯主义研究封闭经济，而现在面临的却是全球化经济。

调节学派认为，发展一种对资本主义多样化经济形态演变进行解释的理论框架应从高度抽象的概念（如生产方式等）分离出中介概念（如积累体制和制度形式等），用来解释经济行为主体在互动表现的规律性，然后再与观察到的经济现象进行比较。调节学派试图发展马克思的制度理论，把其与凯恩斯的宏观经济理论结合起来，开创一种前所未有的历史和制度的经济理论。调节理论以现实前提为基础，认为适用于一切时间和一切地点的理论是不存在的，相反，必须把概念分析和现实条件结合起来，不断创立新的调节方式和经济制度。

国际学界对调节学派在方法论的创新和贡献评价较高，调节学派借鉴、坚持马克思历史唯物主义的观点并对其有所发展。第一，积极运用历史学、政治学、经济学、社会学和法学等学科的研究成果、方法来探索积累体制与调节方式的关系。它认为没有纯粹的经济，各种经济行为都是在密集的社会关系和政治规定的网络框架中进行的。如，集体约定是经济必然性的产物，也是社会斗争的产物。其主张把不同但又相互关联的学科，把经济和非经济、宏观和微观结合起来，同时保持新古典学派理论形式的严格规定性，并创造了新的概念工具，

为宏观经济分析提供新的理论依据。第二,生物进化论作为其方法论的一个源泉,成为演化经济学派内部四大流派之一。阿格利埃塔认为,生物学是研究生物基本结构再生产的,资本主义再生产类似于生物体的再生产,它包含社会结构再生产的基本信息,也包含多样性的信息。21世纪初,调节学派提出"资本主义多样性"理论,是其方法论的进一步阐释和运用。进而提出"时间可变性和空间多样性"的方法论。"时间可变性",强调制度形式是随着时间变化而变化的,引导经济主体行动的变化,当这些行动符合积累体制发展的需要时,就会出现经济增长。因此生物学的方法最适合对再生产的研究……把人类历史视为物种进化的过程,把生物进化论,作为研究人类史和叙述人类史的手段。空间多样性强调各个国家和地区在制度形式等方面存在差异,每个国家和地区都有其独特的经济结构,并表现为多样性。

调节学派虽没有采用旧制度经济学派以叙述为主的研究方法,但突出制度对于微观经济主体行动的调节作用。其与比较制度经济学派、新制度经济学派相似,都假设微观主体是"有限理性"的当事人,但其更强调微观主体之间存在对立与冲突。正是为调节这些冲突,形成制度及其变迁,其不像比较制度经济学派仅仅专注于制度的静态学分析,而是凸显制度的动态学分析;也不像新制度经济学派那样,强调交易费用制度产生的决定性作用。

新古典经济学不仅提出声名远扬的"华盛顿共识",而且妄称"世界正在向美国型资本主义转变"。为此,调节学派第二代学者阿玛布尔提出针锋相对的"资本主义五类型说",被视为"资本主义多样性"中最具代表性的学说。首先,他认为,对资本主义制度进行比较,不能囿于宏观指标,还应对一组制度进行比较。他提出"创新和生产的社会体系",即各个国家在科技、产业发展中最关键的一组制度,包括:"产品、市场竞争制度""劳资纽带关系和劳动市场制度""金融制度和政府协调制度""社会保障和福利国家制度"以及"教育制度"这五个子制度。其次,他对21个经合组织国家进行比较研究发现,每个国家的五个"子制度"之间都具有强烈的"互补性",会对外来制度进行"抵抗",使后者侵入发生"变异"甚至被"淘汰",导致各国制度各不相同,而在每一个国家里,各个时代又各不相同。资本主义内部存在美国式"市场主导型资本主义"、日本式"亚洲型资本主义"、瑞典式"社会民主主义型资本主义"、德国式"欧洲大陆型资本主义"和意大利式"南欧型资本主义"五种类型。最后,阿玛布尔实证分析证明,与"市场主导型资本主义"相比,其他类型的资本主义同样具有效率和比较优势。这就彻底否定世界向美国型资本主义转变的必要性。结论是,资本主义在过去、现在和将来都只能保持多样性进化。

综上所述,调节学派的方法论具有现实意义和理论意义,对新古典经济学派进行批判,也对当代资本主义的发展规律提出新见解,为马克思历史唯物论的运用做出有益补充。

调节理论最初以美国和法国的经济为考察对象,后来扩展到第三世界国家的经济,如阿根廷经济。研究结果表明,阿根廷拥有丰富的自然资源、人力资源(熟练的工人和技术人员)和资金,但是由于没有解决好土地贵族、工业资本家和工会之间的社会冲突,使经济停滞不前。这说明良好的经济社会调节方式是经济发展模式取得成功的前提。调节理论对俄罗斯和东欧国家的经济进行研究。研究结果表明,这些国家的积累制度是外延、僵化的,缺少调节机制。而发达国家战后所采取的福特积累制度则是集约、灵活的,把经济调节和社会调节有机地结合在一起,实现经济、工人工资和社会福利的同时增长。20世纪80年代以来,调节理论被运用到转型经济、发展中国家经济和经济全球化的研究之中,目前它已成为一个具有国际影响的经济学流派。

（二）调节方式对经济危机的影响

调节学派十分重视特定积累体制中调节方式对经济危机趋势的影响。如布瓦耶认为，在缺少群众大规模消费的内涵型积累体制中，竞争性调节使竞争在工资决定中起着重要作用，使工资非常容易随着产业后备军的规模而变动，并排除任何实际工资显著提高的可能，从而抑制群众大规模消费的出现。这种内涵型积累体制快速提高劳动生产率，但由于资本有机构成提高、消费不足而产生矛盾和危机。利比茨认为，危机表明调节方式不能满足积累体制的需要，有两种情况：一是新体制被过时的调节方式所阻碍；二是积累体制的潜力已在占主导地位的调节方式内被耗尽。20世纪30年代的大危机是前一种危机的实例，一种过时的竞争调节方式导致危机，其阻碍包含着群众大规模消费的内涵型积累体制的出现。而20世纪70年代后当代资本主义经济危机则是后一种危机，即福特主义的发展潜力被耗尽。

调节理论关注积累体制与调节方式的关系对利润率和价值实现的影响。其认为，克服经济危机需要建立一种新的积累体制和与之相适应的调节方式，在某种程度上是积累体制演化的结果。在20世纪30～50年代，伴随世界经济危机和世界大战，美国形成福特主义积累体制，即从外延型积累体制转向内涵型积累体制——以泰勒制劳动组织和大规模生产消费品为特征的积累体制。当资本主义建立一种新的劳动关系和劳动组织以后，这种积累体制就有活力。泰勒制劳动组织，对生产劳动过程进行科学分解，使劳动分工极度深化；同时，传统的熟练技术相对贬值，劳动强度大大提高，劳动生产率极度增长，又使工资在一个长期内能够持续增长，使工人阶级成为大规模群众消费的主要力量。泰勒制推动消费品生产彻底工业化，为资本大规模生产消费品提供劳动组织和技术基础，并扩大劳动力再生产。为保证工人维持他们的消费水平，必须有新的金融机构提供长期贷款并改变工资的形成过程，为工人提供社会保险。

福特主义的主要特征是，和谐的集体谈判、福利国家、凯恩斯主义的宏观政策和美国霸权。福特主义的劳动过程带来生产率的高速增长，而集体谈判和罗斯福新政则催生大规模群众消费，这有利于新增价值的实现。凯恩斯主义的宏观政策也有助于解决价值实现的困难。国家军备扩张产生的新技术带动民用部门，进而提高劳动生产率。价格制定中的寡头垄断模式，有利于积累体制的稳定，战后货币和信用制度的发展创造信用扩张和积累所需要的流通手段，而美国的霸权则为资本积累创造稳定的环境。

（三）福特主义积累体制危机的根源

20世纪70年代，西方经济陷入危机，通货膨胀不断恶化，马克思主义经济学和新李嘉图学派对以边际效用论为基础的价格和资本理论提出质疑。20世纪70年代滞胀危机推动新自由主义登上政治舞台，其主张调整国家政策，摒弃凯恩斯主义，放宽管制，削减福利开支，实行紧缩的财政方针，宣告福特主义积累体制的结束，马克思主义复兴。

调节学派运用马克思利润率下降趋势规律，基于资本积累过剩和资本贬值角度，分析资本主义经济危机的成因，指出这是源自资本主义生产内部的必然趋势。其理论基础是：伴随着新科技革命和资本积累，资本有机构成必然提高，导致利润率下降，并引发经济危机。战后资本主义国家对市场的干预和通货膨胀政策，虽然缓和这个规律的作用，但无法改变这个规律。调节学派这个分析对其他研究资本主义的经济学流派产生很大影响。福特主义积累体制危机的根源，在它的调节方式内发展潜力已被耗尽，靠泰勒制提高生产率的可能性已耗竭。在取代旧的外延型积累体制以后，福特主义生产组织最初在生产率上带来的收益超过固定资本增长,在劳动和资本生产率上是相当有效率的。但其后问题是深化而不是扩展这种劳动组织方法时,要达到同样的效果就越来越难,而且成本高,这种效应消失。福特主义生产组织能力的极限,造成增长停滞。此外,其危机表现为阶级斗争加剧。在资本增值日益困难、利润下降的情况下,在阶级妥协下所形成的社会再分配格局、政治调节模式难以为继。

三、当代资本主义积累体制和调节方式

(一)金融资产积累体制产生

20世纪资本主义使雇佣劳动社会得以巩固和发展,形成福特主义的积累体制,通过大众消费把雇佣劳动纳入社会财富再生产的循环之中。但20世纪70年代中期,石油危机冲击,通货膨胀加剧,国际货币秩序动荡,福特主义变得不稳定并陷入危机。历史说明,资本主义运动不是自动调节的——资本主义经济以相对稳定的增长趋势发展,但它一再被危机所打断。福特主义的衰落引起新的积累体制——金融资产积累体制应运而生。这与经济全球化和新技术革命特别是信息革命有着紧密联系,因为这两个进程都源自分工。国际交换扩大分工,技术发展使其深化。这两种现象的相互依赖性主要表现为劳动生产率提高和国际贸易发展。分工引起的这两种变化是资本主义逻辑发展的结果,即在国际上追求利润的结果。承载这种变化的行为主体旨在实现全球化的企业。由于商品、资金、技术和管理人才的全球流动性,企业把所有与利润形成有关的流量都包括进去,整合各种资源,扩大和加剧竞争。技术发展也发生深刻变化,这些不同力矩积极地互动,产生新的增长方式。

经济全球化引发企业间全面竞争。在产品市场上,企业丧失影响价格构成的能力,而该能力在过去可使它们控制产品成本与售价的差额率。在金融市场上,它们感受资本成本的日趋国际化。在所有权市场上,企业以治理完善实现自有资金赢利。市场竞争压力增加产品需求的价格弹性。在大众化产品领域,降低生产成本是强制性的。企业不可能在继续使用过去技术的同时强行降低成本,要通过取消许多非熟练劳动职位,外包各类服务(会计、维修、司法救助……),减少中间层次和改变企业结构来降低成本。生产结构中,非熟练劳动的普遍节省使雇员数量趋于下降。此外,对非熟练劳动的需求随着工资的变化而更具弹性。非熟练劳动与熟练劳动的报酬差距扩大。由于劳动力在国际流动,其报酬由国际人才市场决定。这些动荡意味着流动因素使不流动因素处于竞争状态。集体协议中所包括的许多社会福利条款受到质疑。过去的国内劳动力市场,报酬支付大多是固定的、不受经济波动的影响,而新的劳动力市场则重新使雇员在经济上丧失安全性,使依据利润来计算的工资指数化。竞争的另一手段是产品创新。费用昂贵的技术,以较高价格售出的唯一方法是创造消费需求的多样化,以此刺激价格之外的竞争。但在过去批量生产技术中,产品多样化的成本很高,其不符合标准化生产的规模效益。这是通过产品设计中的标准系统获得的,它可成批生产,也可使产品生产的最后阶段具有差异。把该生产工艺与进入多功能统一体的有关需求信息相结合,实现订货的充分多样化选择和最大限度减少库存,也能解决质量问题。在等级结构中,质量监督费用很高,需要许多监督员。而每一个人对自己产品的一切负责的机制则鼓励自我监督。多样化得到最大发展的领域是服务领域。这是信息技术充分展示其效力的领域,是美国发展最快的领域。信息技术密集使用的部门将有利于对所有有助于资本增值的活动进行调节。这样,就会减少不必要的资本存量和生产过程中因停工造成的损失。在福特主义时期,机械投资使工业生产中要素结构发生巨大变革,资本密集度和劳动生产率提高。信息投资是结构投资,它通过增加就业和提高资本生产率,使服务业中的脑力劳动发

生巨大变革。这源自新的技术发展方向的资本经济,即金融资产的积累体制。

(二)金融资产积累体制特征

金融资产积累体制同福特主义积累体制比较,反映近20年来资本主义经济结构的变化(见表25.1)

表25.1 积累体制比较

特点	福特主义积累体制	金融资产积累体制
生产和技术	资本密集型、机械投资,提高劳动生产率	生产密集型、信息投资,提高资本生产率
治理	内部监督+偿还能力	机构投资股份制
效益标准	企业扩大	股利
中期目标	自筹资金	股息
工资	通过集体协议确定国民工资标准	价格限制内降低工资成本
价格	生产成本+一般边际率	国际计算标准+汇率

在金融资产积累体制中,企业行为决定于股利。机构股东的治理将促使企业最大限度地促进股利最大化。该效益标准对企业的战略选择、决策结构的组织、利润的分配和使用产生影响。由此,在股息分配和管理者占有利润(它决定管理者为股东利益而使企业资产增值的能力)之间产生矛盾。治理就是调解该矛盾。在跨国公司中,治理效率在于确认股份制的价值可能高于与其对立的国家干预。企业应在股息分配和对于未来将使股利增长的各种创新的融资间进行套利,寻求使它们的生产结构向资本经济方向转变的投资,而转向服务性生产的信息技术投资则最符合该目标。这就是企业对于改变技术发展方向的回答。在新的积累体制中,股票市场成为使企业投资产生社会效益的场所。对于股市行情的判断直接或间接地通过合同储蓄,比平常收入更快地使股民家庭纯财产增加,并与产品价格的竞争压力相互配合以促进消费多样化。该需求将维护产品创新并使企业从创新中获利,实现机构股东让其资金赢利的愿望。可见,该积累体制是结构紧密的。但它也存在对雇佣关系和金融不稳定性进行调节的问题。

寻求金融资产积累体制的调节方式,解决两个主要问题:其一,对雇佣劳动制度进行调节;其二,对所有制关系进行调节,即企业通过机构投资为中介的股份制,扩大社会投资。这种合同储蓄是对企业资本所有权的补偿。该储蓄使企业资本所有权具有社会性质。

四、劳动关系理论

(一)现代劳动关系

全球化条件下,技术变化和企业系统地降低成本,对雇佣劳动制度都产生重要影响,其后果是生产过程分散化和重新使用,雇员在经济上丧失安全性。为消除该后果,要对雇佣劳动制度进行调节,要解决的主要问题是劳动制度弹性与就业安全的矛盾。基于降低工资成本的迫切需要,新的技术发展方向打破福特主义的就业模式。以男劳动力为核心的长期固定工虽然没有消失,但已被侵蚀。各种各样的就业形式随着弹性工作(如半日制合同、在家工作、兼职)的增多而发展。福特主义就业模式源于一种制度妥协,这使国内雇员以服从等级制度换取经济安全。他们同意增加劳动强度,但要分享收益、增加实际工资。而现代企业通过就业形式弹性化,重新使雇员在经济上丧失安全性。就业形式碎化使集体协议谈判内容或部门协议中的一般规定减少,最终使集体协议谈判分散化或工资个体化。就业形式碎片化,劳动自由只是单方面有利于雇主,原先受劳动法保护的雇员,依据商业合同成为服务提供者。生产结构中的变化导致对雇佣关系的重新定义,对于雇员来说,工作弹性意味着工资差异性、就业不稳定、经济不安全性加大。尽管这些就业形式明显降低劳动成本并非常有益于企业调整,但它们仍对积累体制的持续发展提出质疑。该现象表明具有现代劳动特征的雇佣关系,是以社会从属为表现形式的经济依附关系。这是合法的社会保障使工作弹性与经济安全协调一致所必需的,劳动法,也是使集体谈判适应新的积累体制,是恢复经济活力的基础。确保有利于雇员的劳动自由就是建立一种职业安全,以防止劳动自由受到弹性劳动制度的损害。这实际意味着个人在其职业生涯中应连续从事或变换多种职业,保证他们享有应得的社会权利。

调节学派深受马克思主义经济学的影响并直接继承马克思主义学说的核心命题:如生产力和生产关系、社会再生产、剩余价值、平均利润率、阶级分析等。由于资本主义的新变化和社会矛盾日益加深,劳动关系调节模式的更替速度也愈发加快,先后产生竞争性、泰勒主义、福特主义和金融主导性四种劳动关系。

第一,竞争性劳动关系。调节学派指出,在机器化生产尚不充分和普及的年代,资本主义生产主要以手工劳动为主,完整的生产过程由工人主导,工人拥有自主权并控制着生产节奏。此时资本家对于工人的依赖程度很大;同时,工人自我认知程度高、反抗意识强,阶级斗争能力和意识较强。第二,泰勒主义劳动关系。工业革命,机械化大生产代替手工劳作,大机器生产方式对工人群体进行整合,形成完整的流水线作业模式和泰勒主义劳动关系。第三,福特主义劳动关系,在二战后出现,特征如下:生产和分配的决定权分离,因为工会的实力增强,能够在劳资谈判中为劳动者发声,而雇主方为继续保持稳定的大规模生产以获得高利润也选择接受劳资双方的集体谈判制度,增加工人收入和促进社会消费。工人自治已完全消失,工人无力对雇主不断加码的生产规定进行抵制。当福特主义或泰勒主义发展到极致时,实际工作愈发艰苦和枯燥,很多被招聘的工人不再有机会获得长期合同,而是经过培训后即上岗劳动,获得计件工资。这使劳资双方的收入差距加大。同时,机械化生产的周期长且不易调整,导致产品愈发固定和单一,无法满足消费者日益追求的差异化需求,导致总需求下降,引发经济危机。消极怠工、罢工和对抗运动攀升,劳资矛盾难以调剂,福特主义劳动关系在20世纪70年代的"滞胀"危机中崩溃。第四,金融主导性劳动关系。股票、债券产生很大收益,提升股东的作用和地位,资本主义经济体制由福特主义积累体制转变为金融主导性积累体制,主要特征是:长期稳定的雇佣合同减少,劳动合同工、短期临时工、兼职等更为灵活、弹性和碎片化的就业形式增加,工人自由度提高,但失去长期合同制所带来的诸多福利保障。因此,社会经济越发受到金融市场的绑架,企业之间来自金融市场的竞争压力加大,金融全球化导致通货膨胀或通货紧缩时有发生。

总之,伴随着资本主义调节模式的变迁,资本主义社会的劳动关系也发生相应变化。劳资矛盾也从最初的单纯工资问题演变为雇佣制、生产方式、劳动过程、工会组织、产品需求等多方面的复杂矛盾叠加。按照调节学派的逻辑,资本主义社会形态的演进产生不同的冲突和矛盾,需要相应的劳动关系进行调节以改善社会运行。

(二)所有制关系

金融资产的积累体制主要依赖于储蓄的增长趋势。这在西方各国主要受到人口老龄化的影响。部分日益增多的储蓄,集体存放于公共基金、人寿保险公司和养老基金。这些机构投资者增加它们组合证券中的股份,间接增加家庭金融财产中的股份。由于人口老龄化,这种积累体制将受到人口冲击的影响,根本的问题是要在未来10年或15年,实现经济巨大增长,以使购买力重点向非就业人口上转移。建立退休养老储蓄是实现财富真正转移的重要因素。集体投资者作为机构股东拥有战略性货币和左右企业长期决策的能力。因为机构股东持有企业的多种组合证券而不介入治理,但关注对企业创造价值的组织能力评价。合同储蓄构成退休权。这是个人获得的社会权利,以作为对其职业生涯中所提供服务的补偿。这些在退休期间实现的权利,是退休权享有者参与市民社会的条件,也使他们享有公民资格。因而退休权是对一种社会债务的补偿。这样,该债务以负债形式落在机构投资者,即使拥有私人实体的法律地位,也不是私人的财务代理人,因为他们的资产所有作为一种对社会债务的补偿,应被看作社会所有。正如负债形式管理着货币而受到特殊规定限制的银行一样,作为退休养老储蓄基金托管者的机构,也应受到公正与集体安全的制约。这样,当代雇佣社会的金融体系就发生根本变化,因为个人所有权在这里将作为一种对社会债务补偿的权利,由此将导致金融调节向两个方向发展。第一是涉及公共调节,即国家应规定风险共担、权利转让和对就业者职业管理中的一般条件。第二是涉及雇员与储户的利益问题。因为集体基金管理者和个人储户间的主要联系受信息不对称的影响。储户没有任何可能对执行长期合同的管理者素质做出估价。这样,管理者可能违背储户的意志,收取高昂的管理费,从事与其受托管理不符的冒险活动,乃至在极端情况下,利用储户对其委托的便利,来谋取他们自己的利益。为保护委托者的利益,应由工会填补金融监管的空白。

五、发展模式与当代资本主义经济危机

调节学派提出"金融主导型发展模式",全面理解资本主义经济危机,揭示2008年国际金融危机的发生机制。

(一)"福特主义发展模式"及其危机

调节学派认为,资本主义生产方式虽然存在对抗性矛盾,但也存在抑制和延缓对抗性矛盾爆发的一些条件,使资本主义获得相对稳定发展的资本积累路径。二战后,福特主义发展模式主要表现在三个方面。首先是制度变化,包括:一是工会组织化。长期稳定的雇佣劳动时间,有利于构筑金字塔式的工资分配制度和晋升制度,被大多数工人所接受;也有利于把劳动者阶级整合到资本主义的生产方式中,经营者以更多的精力投入到生产管理中,其获得稳定利润,被大多数企业所接受。二是国家干预强化。二战后凯恩斯主义盛行,确保一国宏观经济稳定发展。三是国际货币体系稳定。二战后,伴随世界银行、国际货币基金组织的创立以及美国对欧洲的大量投资,形成稳定的国际货币制度。它控制和调节着关税不断降低条件下的国际贸易,促进国内价格和国际价格的协调统一。四是劳资关系长期稳定。二战后,企业向工会妥协,倾向于签订长期雇佣合同,并保证工资上涨。五是积累体制变化,经营者引进泰勒主义生产方式,牢牢控制劳动过程、掌握生产和投资于新技术等系列重大问题的决策权。工会在利润分配方面,有较多的发言权,形成"生产率上升—实际工资增加—消费需求增加—生产扩大—雇佣劳动扩大",这是福特主义良性循环。

阿格利埃塔认为,长期萧条的根本原因不在于"石油危机",而在于"福特主义发展模式"的崩溃,主要原因是调节模式不当。一是分配体系不公平,企业减少长期雇佣人数,导致"离职人数增加—需求下降—资本积累下降—经济长期萧条"的恶性循环。二是价格体系崩溃。

在金融市场上出售抵押贷款和证券筹款,诸多金融杠杆的运用,加大金融系统的风险。缺乏规制,金融机构减少雇佣劳动,使劳动收入进一步下降,彻底瓦解福特主义大众消费的基础。

(二)"金融主导型发展模式"及其危机

博耶提出如下观点:其一,雇佣劳动上,始于里根政府,工会权力不断被削弱,导致工人雇佣劳动的不稳定,实际工资长期停滞。但该时期,企业普遍采取股票期权的分配方式,工人可以从金融中介获得收益,从而容忍上述变化。其二,竞争上,产品竞争越来越激烈,但来自金融市场股票升值的压力更大,后者成为左右企业决策的主要因素。其三,国家上,宏观决策受到新自由主义思想的影响,国债越来越多,减税、削减公共支出、放松金融规制等。其四,货币制度上,央行承担起新的职能。20世纪80年代之后,美联储主席格林斯潘偏好低利息率的政策,促进"债务经济"的发展,在去规制的信用体制下,进一步发展为"赌场经济"。一旦爆发金融危机,央行必须加倍承担最后出借人的职能责任。其五,国际体系上,英美两国的发展模式接近,在金融技术创新上,大多数银行依靠储户存款为购房者提供抵押贷款,加上积累体制下资本家依靠大众消费来实现再生产,但在金融主导型积累体制下,雇佣劳动历经泡沫破灭的冲击,需要依靠消费信贷来维持生计。这加大金融风险。因为美国信用体制及其金融危机不可能大批量地卖掉自己的美元储备。当然,原因不在于金融化,而在于收入分配的不平等。在新自由主义推波助澜下,1999年,为提高国家竞争力,美国废除1933年制定的将投资银行与商业银行脱钩的《格拉斯-斯蒂格尔银行法》,拓展银行间购并空间。调节模式变化,20世纪90年代初期,美国企业强化经营者报酬与股价密切关联的制度,迫使经营者更加重视股东主权。

(三)"金融主导型发展模式"崩盘与2008年金融危机

马克思早已揭示,资本主义生产方式固有的矛盾在深层中仍然发挥决定性作用。就金融领域本身而言,如博耶指出,金融史表明,当金融产品的估值存在不确定性时,其买卖迟早会恶化,绕开生产过程的单纯金融投资从来不存在稳定的、几近两倍的资产收益率。但投资者的押宝往往更多关注股价的未来走势,几乎不对以往的经验进行探究。他们相信,金融技术创新可以改写以往规律,"新经济"时代必定与以往任何时代有所不同。无论投资者多么狂热,都无法改变反复出现的历史结局。他们忽视"金融主导型发展模式"具有的不稳定性、脆弱性和不可持续性。

首先,资产价格迅速上涨导致"华尔街逻辑"肆意横行。为获取高额利润,金融中介和股东希望企业投资金融产品,不再投资或少投资实体产业。金融业走上与实体经济相脱节的自我循环的危机之路,并把整个经济带进不稳定性领域。非金融法人企业也通过信用杠杆谋利,获得金融市场的高收益率。道德风险盛行,如安然公司等企业,不惜采取做假账的欺诈方法,伪造收益率,加大金融的不稳定性。

其次,金融脆弱性主要表现在缺乏社会购买力的雇佣劳动者对第二部类产品的过度消费、债务增加,推动股价和房价的大幅上涨,形成经济虚假繁荣的金融泡沫。由于劳动者工资长期停滞和雇佣劳动时间的不稳定,资产价格一旦下跌,则引起次贷危机。

再次,与20世纪50年代和60年代相比,90年代后资本主义发生危机的频率显著增加。这证实金融市场并不像新古典经济学鼓吹的"具有自我调控的能力",而是具有不可持续性。

最后,国际体系方面,美国过度消费方式的崩溃,引起进口减少和对外投资下降,导致"全球消费和投资下降—需求下降—利润下降—经济恶化的预期增强—资产价格进一步下跌"的恶性循环,世界经济终于陷入经济危机的泥潭。利比兹对危机爆发的原因进行进一步说明,2008年经济危机不单是金融危机,也是"自由主义生产发展模式"的危机。即除了上述社会和金融的原因外,利比兹强调其生态成因,这曾为传统经济学甚至其他调节学派学者所忽视。地球供人类生存资源的有限性,导致其价格昂贵。在"自由主义生产发展模式"下,资本资产价格已过高,但它仍然疯狂地攫取剩余价值,致使生产过度、环境污染和能源几近枯竭,进一步抬高价格。中低收入阶级的需求被限于食品、能源、耐用消费品等基本生活必需品,支付不起高价商品,不得已才通过抵押方式获得贷款,以致引发次贷危机。利比兹建议,摆脱生态危机就必须转变调节方式,推行全球"绿色新政",各国政府应通过财政、货币等宏观政策,引导企业采取节能环保的新技术,降低食品和能源的价格,保障中低收入者的基本需求。

(四)摆脱危机的对策与新发展模式的探索

国内政策,博耶认为,强化政府对金融创新的规制,以防金融业再次失控和新自由主义死灰复燃。第一,对商业银行、投资银行和保险公司进行综合性监督。明确债权人和债务人之间的责任关系,提高金融衍生产品的风险透明度。第二,禁止拥有充分信息的当事人向不具有充分信息的当事人销售具有风险转嫁性质的金融产品。第三,制定金融产品销售许可制度。第四,强化政府和国民之间的信息沟通,让金融专家掌管金融治理机构。阿格利埃塔还认为,应对从事证券化的机构进行重组,对其信贷运行实施标准化要求,重新明确交易规则,让大投资者承担组织者的责任,让银行对股东投资进行强制性管理,等等。

国际政策,博耶认为,第一,改革新自由主义和金融自由化排头兵的世界银行和国际货币基金组织等机构;第二,加强以G20峰会为代表的国际合作,须对其决策程序进行规制。

新的发展模式的探索,博耶认为,现代资本主义从"物对物的生产"(福特主义发展模式)转向"货币对货币的生产",从"金融主导型发展模式"转向人对人生产转换的福特主义发展模式。人类主导型发展模式的主要特征:第一,积累体制,数据显示,数十年来美国生产率提高的主要源泉已从有形资产转变为无形资产。"人"取代"物"和"货币",即不能与人分离、以知识和能力等形式存在的人力资源成为经济发展的原动力。第二,调节模式,教育、培训、健康、医疗、护理、文化、休闲等行业对社会需求都起着较强的调节作用,应成为新的调节模式主要内容。美国资本在收入分配中占比越来越高,在这种极端不平衡的分配体制下,如何实现两大部类再生产的平衡?利比兹指出,主要依赖两种方式:一是再投资。利润用于扩大投资,能部分解决劳动者的就业问题,但劳动者的工资依然很低。二是涓滴效应。资本家通过购买和消费休闲品和服务,把利润的一部分支付给从事这部分产业的雇佣劳动者。调节学派似乎还说明制度形式的产生是为调节微观主体互动的行动,而政治在制度变迁中起着决定性作用。如此研究方法,阿玛布尔称为"新现实主义的研究方法"。持西方"普世价值"的新自由主义"全球化"理念声称,经济的私有化、市场化和自由化将成为世界经济长期稳定增长永不熄灭的引擎,各国社会经济政治制度的趋同发展,将以美国模式的全球胜利而宣告"历史的终结"。2008年国际金融危机爆发,遭受重创的世界经济格局发生极其复杂的多样性大变动,成为世界资本主义体系从经济增长的"大稳健"时期跌入长期停滞的转折点。那时以来,新古典经济学派和新自由主义理念及其政策成为众矢之的,资本主导的"全球化"概念不断被质疑。

随着美国"金融主导型发展模式"的江河日下,调节学派把中国发展模式作为研究的一个重点。博耶和阿格利埃塔认为,中国的改革实现政治与经济的协同进化,产生两个结果:

市场经济成为一种工具;开放提高效率。这形成竞争主导型积累体制,国家干预保证经济的稳定增长,并将推动中国向"福利主导型发展模式"转变。

六、"资本主义多样性论"存在分歧

罗尔敦等正在尝试进一步引进旧制度经济学等理论,从经济、法律、伦理的视角,对调节学派的概念体系和分析框架进行修正、完善和发展。为较好解决这个问题,要求在深层次中进一步厘清"制度形式"与"积累体制""调节模式""发展模式""危机分类"内在的机理机制。

该学派在创立之初提出"制度的、伦理的视角,调节学派的概念体系阶层性"概念,包含"雇佣劳动关系的制度和分析框架进行修正、完善和发展"。在深层次制度形式、"国家的制度形式"和国家参与中进一步厘清"制度形式"与"积累体制",资本主义经济无法自我稳定,也无法在危机中自愈,但经济外的因素如制度、社会机构、政治、文化、习俗等,对资本主义具有调节作用。"美国霸权行为将终结",以 G20 峰会为代表的霸权地位也将随之而告终结;2008 年国际金融危机宣告"金融主导型发展模式"的崩盘,在资本主义新旧发展模式的转换之间存在一个过渡期,今后十年将是痛苦的调整期,其将以实体经济衰退和高失业率现象长期持续,美国和世界经济长期萧条为主要特征。今后十年,将是对国际合作的决策程序达成一致的痛苦调整期。

第二节 调节学派学说与积累的社会结构理论

一、共同的理论基础

调节学派在法国兴起,与积累的社会结构(Social Structure of Accumulation, SSA)学派在美国兴起的时间大致相同。两派试图通过分析资本积累过程和影响该过程的一整套社会制度之间的关系来解释资本积累的长期模式,核心思想都是:在长期内,资本积累过程的主要特征是一整套社会制度的支撑作用的产物。这些制度在特定的时间和地点对积累起到促进作用。而调节学派用来描述制度与积累之间的关系的术语则比较复杂。对"积累体制"的界定各不相同。阿格列塔(Aglietta)认为,其是指积累过程的特定形式,为一套特定的社会规范所制约,包括积累过程和 SSA。利佩茨认为,其本质上是一种"再生产图式",即"社会生产在消费和积累之间的长期而稳定的配置"。那些影响积累的行为规则或规范被称为"调节方式"。利佩茨所使用的概念含义更接近于 SSA 学派所使用的概念。调节学派认为资本主义经历一系列不同阶段,每一阶段都以一种特定形式的积累过程为特征,并嵌入一套特定的制度之中。在法国,支配着积累的制度有三个依次更替的阶段:18 世纪的"旧调节"阶段,一直持续到第二次世界大战的"竞争性调节"阶段和战后的"垄断调节"阶段。不同的积累体制与不同的调节模式联系在一起。SSA 理论认为,存在着一系列不同的、赋予一国资本主义历史以积累的社会结构特征。

第一,积累中的不平衡导致周期性危机,会在既有制度内被自动地克服。此种短期危机正是消除积累所产生的不平衡手段。在长期内,长期或结构性危机包含着积累率显著下降。随着积累和制度之间的关系变得越来越不协调,这种长期危机最终必将发生。第二,积累和制度协调的手段落后,导致 20 世纪 30 年代的大萧条和当代资本主义危机。两个学派的许

多成员都期待社会主义替代资本主义,但都提出在资本主义内部进行改良的理论。第三,积累包括各种经济体制、经济过程,也包括政治和意识形态的各种体制。第四,使用马克思的经济危机的概念,把危机看作从一个阶段过渡到另一阶段的前奏,每一个阶段在制度与积累之间有着不同的关系。在两种学派的理论中,积累和制度间的关系也经历着产生、发展、衰退、转型的循环,就像一种生产方式一样。社会危机是占统治地位的生产方式的革命性变革的前奏,在调节理论和SSA理论当中,这种社会危机被代之以一场经济危机。

调节学派和SSA的分析,在理论抽象的程度上居于中间层次,与有关资本主义发展的具体历史叙述相比,要更为一般和抽象,但与资本主义的一般抽象理论相比,则更特殊而具体。这种层次的理论与比较抽象的理论相比,更容易受到经验证据的检验,且其中相当一部分理论是从历史研究推论得来。

二、两派的区别

第一,两个学派都认为制度安排对资本积累过程有重要影响。调节学派的焦点在于积累中各种可能的质变,更注重解释一定时期内积累的特征,强调特定的积累体制和调节方式的发展趋势:资本有机构成提高、消费不足,积累与制度间的关系对利润率和价值实现的影响,等等。这些观点体现马克思主义的积累概念,而SSA理论的观点显得更倾向于凯恩斯。因为它所强调的重点,是在未来不确定的环境下资本家的投资决策。SSA理论最初是作为对经济增长的长波问题而提出的,旨在解释长期内资本积累率的量变。

第二,两派都认为每一种积累与制度的关系最终都会导致一场危机,但也存在重要分歧。由于SSA学派认为高速扩张是因为制度对积累起促进作用,那么,一场经济危机就被看作SSA解体的结果。在SSA中起关键作用的制度被削弱,不能有效地运行。各种相关制度被视为一个整体,某些起关键作用的制度解体会终结SSA对积累的促进作用,积累便会减慢或停止,引发危机。由于SSA理论目的是解释长波,应有一个简单机制可用来解释这种机制。与SSA理论相似,调节理论也认为,积累和制度间矛盾的激化导致危机,但危机完全是因为积累和制度间的矛盾所产生的影响,而不是各种制度解体的结果。危机的代表是20世纪30年代的大危机,一种过时的竞争性调节方式导致的,这种调节方式妨碍包含大规模群众消费的内涵型积累体制的出现。70年代后现代资本主义的危机,说明福特主义的发展潜力被耗尽。这里,调节理论再一次显示出它受传统马克思主义理论的影响较深,调节理论更具有唯物主义视野。对于SSA理论而言,高速积累完全取决于一个适当的社会结构。即便调节方式仍然存在,积累体制自身还是会耗尽其潜力,从而导致危机。无论以哪种方式,相对于SSA理论而言,积累体制的发展在危机的形成中都起着更重要的作用。

第三,两派都认为克服一场经济危机需要制度创新。但关于制度出现的过程,观点却有不同。在SSA理论看来,各个阶级和集团进行的政治革新创新制度。经济危机,引起劳资之间、在各个阶级内部不同部分之间以及在阶级和非阶级的集团之间尖锐斗争,每个集体被迫提出制度改革以促进积累,其中一个新的制度逐渐出现。SSA学派强调制度不会自动出现,而且哪种制度的出现并非是预先设定的。调节理论认为,克服危机需要建立一种新的积累体制和与之相适应的调节方式。当资本家发现新的方法组织、劳动过程,新的积累体制就取得进展,该过程还伴随着阶级斗争。新的调节方式建立,在某种程度上是积累体制演化的结果。随着福特主义积累体制的发展,机械化劳动过程增加劳动强度。工人的劳动力必须在生理上得到恢复,而最有效的恢复途径就是在家消费。于是产生住宅标准化以及方便工人上班的汽车。工人购买这类商品,即大规模消费。为使工人能买得起如此昂贵的商品,便要有一种新的金融结构来提供长期贷款。最终,为保证工人能够维持其消费水平并偿付债务,必须改造工资形成的过程,并为工人提供社会保险。阿格利埃塔(Aglietta,1979)这种关于新制度形成的结构主义的论述,SSA学派并没有提到。SSA理论始终认为,SSA并不只是一系列制度的罗列,而是一个相互联系的整体,但除强调各种制度都以某种方式促进着积累,并相互巩固以外,要发现这些不同制度怎样形成一个整体却很难,每一种制度都表现为独立发展的实体。而调节理论认为,积累与制度之间各个方面的关系具有不同程度的重要性。阿格列塔最清楚地表述该思想,他经常提到马克思主义的一贯立场——生产关系对资本主义发展起着核心作用。调节理论又一次显得比SSA理论更为唯物主义。

第四,马克思主义作为一种理论产生以来,就存在两个内在矛盾:结构性分析和阶级分析。尽管两个学派不能划归为这两种解释,但调节学派更倾向于前者,而SSA学派更倾向于后者。任何极端都是不正确的,历史是两组力量互动的产物。在长期内,结构性力量更为强大,阶级斗争也趋向于反映这样的结构性力量。在短期内,阶级行动可能是决定性的。作为关于中期的理论,调节理论和SSA理论所涉及的时间框架中,结构性力量和阶级冲突都起着重要作用。这两派都没有予以足够关注。作为中期分析,一个过于强调结构主义,另一个过于强调自发性。

三、调节学派与马克思主义经济学

(一)劳动关系是最基本的社会和生产关系

借鉴马克思主义经济学的研究方法,在劳动关系上,这两种理论具有紧密联系。调节学派的劳动关系理论来源于马克思主义经济学,这是该学派内部的共识。不过,在调节学派的部分学者看来,马克思的再生产理论过于抽象,他们在马克思关于资本主义生产关系和生产方式论述的基础上,提出调节模式和工资关系的概念,旨在深化对当代资本主义雇佣制度和劳资对立的研究,并提出不同时期的资本主义劳动关系形态。

(二)对资本主义劳动关系的本质认识存在差异

调节学派指出,资本主义社会的劳资矛盾仅是一种经验性客观存在,是一种目的明确的简单政治斗争,即工人阶级为争取更高的工资等福利待遇而进行的权利争取活动。可见,资本主义劳资矛盾的根源不在于生产资料私有制问题,因而没有必要针对所有制问题展开集中分析,这使得调节学派走向历史经验论。他们认为,劳动者利益和社会生产行为是在整个社会结构中发生的,资本主义的劳资矛盾可以通过采取不同的劳动关系调节模式,缓和阶级对立与保证生产顺利进行。总之,调节学派没有揭示出资本主义劳动关系的本质问题。

第三节 调节学派的政策主张

一、国家与市场关系的调节

调节学派在国家与市场关系问题上持后凯恩斯主义观点。事实证明,从20世纪80年代开始,对凯恩斯国家干预主义的攻击以及向市场的复归,新自由主义的政策不能解决西方普遍存在的经济衰退和失业问题。凯恩斯认为,现代社会的复杂性、社会技术发展范式的内在要求,以及各国经济发展相互依赖性的加强,更加突出国家干预的作用。同时,通过制度建设,规范政府行为,最大限度地减少寻租活动,充分发挥中介组织和机构的作用,使国家与市场的关系相得益彰。阿格利埃塔特别强调国家在积累体制中代表社会集体价值(利益)并对个人的意志和利益进行调节。在资本积累作用下的各个空间,增长方式的发展形式不尽相同。因为各种冲突在隐蔽地扩大,将社会凝聚力置于危险境地。而正是调节方式——作为规则、惯例和制度的总体对各类行为产生影响,以使私人利益符合社会生存的共同条件。该调节不是私人协议的结果,也不是社会契约的体现,它扎根于市民社会。任何市民社会都是每一代人作为社会资产接受的关系体系。基于每一个市民社会的历史深度,相同的增长方式会与一些调节方式即与一国不同于另一国的一些调解系统互动。在这些调节中,政治是突出的,实际上是以一个社会的所有成员作为属于整个社会的原则所接受的集体价值(共同信仰、法律准则),构成市民社会的关系网。一旦国家成为这些集体价值的承载者,便具有一种权威,使它的权力合法地高于其他权力。这样,调节方式便有了国家的身份。

二、政府与企业关系的调节

发达国家遭遇20世纪70年代初两次能源危机冲击、战后"黄金30年"结束,主要发达国家经济进入"滞胀"时期,凯恩斯主义破产、国家垄断资本主义陷入危机。当代资本主义国家调节方式的转变始自20世纪80年代。

阿格利埃塔认为,国家调节方式转变的宗旨和任务是改变战后经济增长方式,使之适应新技术发展和国际竞争日益加剧的需要。战后的经济增长方式成为福特主义增长方式。从20世纪80年代起,在发达国家,首先是在美国,在国家干预下形成一种新的增长方式,即金融资产增长方式,以增加供给、扩大投资的理论为基础。从福特主义增长方式向金融资产增长方式的转变(表25.2),是国家宏观调控的结果。

表25.2 福特主义增长方式与金融资产增长方式的区别

	福特主义增长方式	金融资产增长方式
生产和技术	强调对资本的集约投资,重视劳动生产率提高	强调对劳动的集约投资和信息投资,重视资本生产率提高
企业治理	强调内部监督机制	推行雇员股东制和机构投资
企业效益评估标准	强调企业规模的扩大	强调股市赢利水平
劳资关系	强调集体谈判方式决定国民工资标准	强调在价格的制约下,尽量降低工资成本
市场竞争	强调产品价格由生产成本加边际成本决定	强调产品价格由国际价格加汇率决定

该转变在微观层次的反应是:企业股权分散化,管理者把部分权利转让给股东,投资者把投资风险转让给企业,企业到资本市场寻求风险资本以分散风险,从而获得新的投资和发展动力,也有学者把这种国家调节方式的转变,称为从财政赤字政府向企业投资政府转变。

三、雇主与雇员关系的调节

劳资关系调节对积累体制的稳定具有关键性作用。调节内容如下:① 雇佣关系的调节,劳动法、雇主与工会的谈判和妥协、雇主与雇员的谈判和妥协;② 劳动力使用和管理的调节,招工、劳动组织、技能等级的确定、流动、弹性工作制度、解雇等;③ 收入的调节,工资调节、国民收入再分配等;④ 就业保障,就业、再就业培训、终身教育、分担失业及增强劳动力国际竞争力的调节;失业补助金、家庭补助金和防止自愿失业。对劳资关系的调节需要国家发挥重要作用。首先,确保由利润转化而来的投资增长与工人购买力增长相配合,需要国家干预政策,以维持有效需求。其次,劳资要建立起长期、稳定的合约关系,以避免失业、罢工等不安定因素危及资本主义制度存在的基础。

四、国际经济关系的调节

国际经济关系的调节分为三个层次。第一,确保市场资金流动,保护消费者。担负该调节职能的是竞争调节者,即有组织的票据交易所、国际私人中介机构、独立的公共事务所等。第二,确保银行支付能力,监督支付能力比率和内部控制。担负该调节职能的是独立的银行监控机构或央行。第三,确保金融安全,解决银行破产问题,抑制系统传染。担负该调节职能的是系统调节者,即解决破产问题的公共组织或以最后贷款人身份发挥作用的央行。前两个层次的国际合作源自金融全球化所决定的相互依赖性。银行风险治理,主要是建立银行内部的监控系统,采用自控原理,该系统是代理人负起谨慎的责任。相应地,监控者的作用更多的是对监控系统的性能做出评价。即实施受托的监控,它与银行建立的是互动而不是等级关系。谨慎调节者之间为实行全球性监控而进行的合作机构是国际清算银行。最后,当金融市场被流动资金危机侵害时,最后贷款人具有特殊功能,即货币绝对权力机构的功能,是唯一能使市场恢复正常运转的机构,配合有力的银行监控,会使大银行介入对市场的支援行动。因而它必须具有决定权并坚持建设性的立场,以避免道义风险,旨在恢复信任。国际最后贷款人的作用应充分肯定,其只能是超国家的机构,因为只有在世界货币空间统一的情况下,央行才能担负起共同责任。因此必须在国际范围建立具有现代货币体系特征、分成等级的货币组织。而在此前,国际货币基金组织应担负起国际最后贷款人的职责,并将成为金融全球化最终目标下的央行雏形。

五、评价

调节学派以马克思主义经济学为理论基础,吸收凯恩斯经济学的部分思想,提出较为系统的概念体系和分析框架,对马克思主义经济学关于当代资本主义的研究作出重要贡献,也为制度研究作出重要贡献。其影响波及制度经济学、演化经济学以及新政治经济学的发展。尽管其创立者们始终聚焦经济学研究,但该学派的研究方法已成为哲学、政治学、社会学、文化学、经济地理学等学科交叉关注的一个重点领域,促进各个学科研究的发展,且给社会主义、生态主义、女性主义等社会运动带来灵感。与其他流派的发展相同,调节学派自创立以来受到很多学者的质疑。调节学派亦认为,调节理论应基于资本主义出现的新问题和新现象,不断进行自我完善和发展,与其称为"调节理论",不如称为"研究调节问题的方法"更为确切。调节学派对资本主义的批判具有重要的借鉴意义,对资本主义历史、现实的分析和实证研究所提供的经验证明材料更是弥足珍贵。但也有很大的局限性,他们认为,资本主义经济制度虽有许多弊病,但仍是世界上最好的经济制度,其本质上是一种改良主义。他们的一切理论分析都是在资本主义经济制度的框架内进行的,丝毫没有触及资本主义所有制。调节学派重视现代资本主义各种制度的作用及其调节方式,但忽视《资本论》的有关原理。

调节学派虽重视制度分析,但对全球条件下资本主义和社会主义制度的关系以及世范围内南北关系的复杂性认识不足。因此他们关于国际经济关系调节的理论和政策包含很大的空想成分。关于福特主义积累体制形成的原因,战后资本主义的发展既受到世界大战的影响,也受到国内外社会主义力量压力的影响,因此,其体制的演化不能只从资本积累的内在逻辑来说明,但是在调节学派的文献中却很难看到对上述两个方面影响的分析。

调节学派受到很多学者的批评或质疑。如,伊藤诚指出,初创时期的调节学派重视雇佣劳动关系的分析,但却把美国看作"典型的福特主义"国家,认为OECD国家与美国"典型的福特主义"之间的"偏差"不大,忽视各国政治、经济、历史、文化等方面的独特性,甚至一度不分时间和地点,将其研究方法"普遍化"和"标准化"。面对理论界的批评或质疑,20世纪80年代末期,调节学派开始通过对各个国家历史、制度、宏观经济统计数据进行比较分析发现,"福特主义只不过是少数国家所具有的特征",一些资本主义国家具有"同质性",更多的国家具有"异质性",是资本主义发展中的一个本质特征。在此基础上提出,资本主义向着三条不同的轨道演变,即美国的"新福特主义"、瑞典的"沃尔沃主义"和日本的"丰田主义"。从以前的"一个福特主义积累体制适用于所有国家"的思想,转变为存在"多种类型的积累体制"和"多个国民轨道"的理论。21世纪初,他们提出"资本主义多样性"理论,一步摆脱将"福特主义"一般化的单维度倾向。与当代西方其他左翼经济学派的比较,有助于更准确地理解调节学派对马克思主义经济学的独到贡献,也便于认清当代国外马克思主义经济学发展的内在逻辑和总体风貌。除马克思的政治经济学批判之外,有关制度的研究还可追溯到20世纪30年代的旧制度经济学派以及70年代的新制度经济学。80年代以来,美国的SSA学派、比较制度分析学派、法国的公约经济学等左翼经济学流派,都在制度理论方面作出贡献。

如前所述,SSA学派深受调节学派的影响,强调运用"时间可变性和空间多样性"的方法论,考察制度形成。市场经济成为一种"调节学派"的工具,而非目的。需要制度形式和调节模式之间在对立不可逆的历史时间中,向着不确定性的未来,在统一运动中进行不断调整,并适应积累体制发展的需要。20世纪80年代之后,调节学派不再把研究重点放在如"福特主义"具体制度的形成上,而是多维度地探索一般制度的形成及其在各国的异质性。

法国公约经济学(Qconomie des convention)和调节学派均属左派,虽然也强调主体之间存在着对立与冲突,但认为微观主体可以在道德标准下选择"最正确的"制度,把社会冲突"一扫而光"。调节学派则认为,制度是各个主体互动达成妥协的结果,自产生那刻起,并非是"最正确"的,难以把所有的对立与冲突"一扫而光",制度形式和调节模式之间要在对立统一运动中不断调整,适应积累体制发展的需要。

总之,调节学派理论的独特性在于,从普遍存在的对立与冲突入手,说明制度在变迁中起决定性作用。

21世纪初,调节学派完成新老两代交替,且具有多元性。尽管"资本主义多样性论"摆脱将"福特主义"一般化的理论倾向,其实证研究对欧洲各国的制度分析较为细致,但在世界经济重心已从大西洋转至太平洋的新世纪,对亚洲各国制度的实证研究很不充分。而且,如何使"资本主义五类型说"不陷入"类型固定论"和"类型不变论"的陷阱,如何对"资本主义多样性论"和"资本主义阶段论"关系进行系统阐述?如何不陷入"资本主义发展趋势的不可知论"和"资本主义万年论"的陷阱?关于这些问题,他们并没有给予正面的回答。

本章小结

调节学派试图发展马克思的制度理论,其与凯恩斯的宏观经济理论结合起来,以现实前提为基础,把概念分析和现实条件结合起来,对现代经济危机的原因和形式进行研究,形成一种以调节概念为分析工具,考察从"福特主义"到"资本主义多样性",再到"金融主导型发展的模式",将发达资本主义国家经济运行模式概括为福特主义积累体制,并揭示出其走向失败的必然。

思考题

1. 调节学派的理论渊源是什么?
2. 调节学派是怎样对资本主义积累体制和调节方式进行分析的?

名词

调节学派　制度形式　积累体制　调节模式　发展模式　危机分类

第二十六章 新经济地理学

本章重点
- 新经济地理学的基本理论模型；收益递增-不完全竞争模型；异质性企业集聚经济。

第一节 概述：从古典区位论到"新"新经济地理论

一、新经济地理学产生背景

市场经济主要解决四个问题：生产什么、为谁生产、生产多少、在哪生产，最后便是空间问题。经济活动在空间上最突出的特征便是聚集或集中。人口与经济活动的空间分布是极不均衡的，经济活动在空间上的集聚是非常普遍的。目前，1.5%的土地面积囊括世界一半的生产活动，北美、欧盟和日本三者总人口不到 10 亿，却创造了 75%的世界财富。

长期以来，主流经济学一直排斥关于空间经济的研究。尽管古典区位论在 19 世纪兴起、成熟并产生一定的影响力，但一直被主流经济学排斥在外而无法进入主流经济学的殿堂，直到 20 世纪 50 年代，整个主流经济学对现实经济世界的分析都是缺少空间维度的。在空间异质性模型中，比较优势论、要素禀赋论忽视规模报酬递增和运输成本，杜能区位论和单中心城市模型将城市作为外生变量，本质上是局部均衡的；外部性模型也忽视了厂商层面的规模经济。主流经济学虽然长期忽视空间维度，但诸如区位论、城市经济学、区域经济学、经济地理学等学科一直研究并关注经济活动的空间特性，其中也产生了很多经典的空间分析范式。然而这些学科在研究经济现象时，常常假设经济活动的集聚体如城市，是外生的，如德国经济学家约翰·杜能的农业区位论，并把这种经济活动在地理空间上的集聚现象视作"黑箱"处理，这种处理方式显然无法对主流经济学产生很大的影响。然而，由于经济活动的空间"块状"特征非常普遍且无法回避，于是主流经济学理论从"外部性"来解释经济活动的空间差异现象。但是，主流经济学这种外部性对集聚形成的内在机制的解释无法令人信服。主流经济学由于缺乏合适的技术工具而长期缺失空间维度，D-S 模型的出现和新贸易理论的创立为新经济地理学的产生奠定了技术基础；新经济地理学只关注宏观异质性而缺乏微观基础，"新"新贸易理论则为"新"新经济地理学的产生提供了微观理论基础。基于微观异质性，"新"新经济地理学推动了新经济地理学理论体系的完善和发展，其理论模型主要基于三大分析框架，即 D-S 模型、OTT 分析框架和 BEKJ 分析框架。

新经济地理学（New Economic Geography，NEG）把空间因素纳入一般均衡理论分析的框架之中，在集聚效应和选择效应的综合作用下，异质性微观主体（企业、消费者、劳动力）会通过渐进式自组织方式逐步达到均衡稳定的空间结构，而一旦外部环境发生变化时（诸如交通、生产技术、人口规模、工业化程度等），原有均衡稳定的空间结构会被打破，重新在集聚效应和选择效应的综合作用下以渐进式自组织方式达到新的均衡稳定的空间结构，探究经济活动空间分布的规律,解释产业活动的空间集聚机制,并以此来分析和探讨区域经济增长的规律与途径(安虎森,2009)。与新经济地理学相比较,其特别之处主要是空间选择效应和渐进式空间自组织。经济活动空间分布的非均衡性或者说经济活动具有空间结构性这一特征,是现实经济无法回避的。

经过 20 多年的发展,新经济地理学日趋成熟与完善,形成许多理论模型。尤其是近年来,企业异质性(Heterogeneous Firm)理论的引入,增强了新经济地理学对现实经济的解释力,完善新经济地理学的理论基础。新经济地理学是当代地理学与经济学融合最杰出的结晶,对经济地理学产生了巨大而深远的影响。

经济学家对经济地理活动和现象的关注,历史悠久,形成产业空间布局的四个理论:一是马歇尔的外部性——行业内集聚经济;二是雅格布斯的外部性——行业间集聚经济;三是克鲁格曼的新经济地理理论——收益递增基础上的集聚经济;四是美国学者梅里兹(Melitz)的"新"新经济地理学——异质性企业集聚经济。二战前,经济地理学经历古代的史志描述、商业地理研究和近代经济地理学的创立与发展三个阶段[①],学科的基础理论和内容体系基本确立。在史志描述和商业地理研究阶段,更多停留在一般解释性描述,直到 19 世纪后,源于古典经济学的区位论确立,农业区位论、工业区位论和中心地理论的提出,将空间要素与区域要素纳入经济学研究,发展成为区域经济学,也将确定性解释融入地理学,经济地理学从地理学分化为一门独立的分支学科。传统经济地理学立足于区域性与综合性两大基石,经由现象到因果关系再到理论,但是,理论抽象升华仍然不够。在空间异质性模型中,比较优势论、要素禀赋论均忽视规模报酬递增和运输成本,杜能区位论和单中心城市模型将城市作为外生变量,本质上是局部均衡的,这种外部性模型忽视企业层面的规模经济。新经济地理学的区位思想,在借鉴区位论数学模型的基础上,针对具体区域,深入分析诸多地理条件,再结合综合思维,形成对区域经济规律的认识。

二、新经济地理学代表人物和主要观点

克鲁格曼 1991 年在《政治经济学杂志》发表《报酬递增与经济地理》,为新经济地理研究的开山之作,在空间上完成中心-外围理论,即对"D-S"模型的解释,奠定新经济地理学的理论基础,成功地揭示经济集聚的内在机理,为区位论一般均衡研究提供微观经济学依据。由此,新经济地理学得出结论:当集聚力大于分散力时,形成中心-外围的产业空间结构;当集聚力小于分散力时,形成对称分布的产业空间结构。自 20 世纪 80 年代末期以来,学术界已发表大量有关的著作和论文。

1977 年,印度裔美国著名经济学家迪克西特和美国经济学家约瑟夫·斯蒂格利茨(A. Dixitand, J. Stiglitz)发表《垄断竞争与最优产品多样性》一文,创建收益递增-不完全竞争模型,即迪克西特-斯蒂格利茨模型(Dixit-Stiglitz Model, D-S Model)即 D-S 模型。为新经济地理学家们提供了将规模收益递增和不完全竞争纳入一般均衡模型的工具,从而新经济地理学得以被主流经济学所接纳。他们根据张伯伦的垄断竞争思想于 1977 年开创将主流经济学长期忽视的空间因素及运输成本问题纳入理论分析框架。以此为基础,出现一系列具有突破性理论贡献的"新经济学"研究浪潮。D-S 模型设计精巧,涉及产业组织、国际贸易、经济增长、新经济地理学等领域,产生较为深远的影响。针对运输成本不断下降,信息技术

[①] 李小建.经济地理学[M].北京:高等教育出版社,1999:1.

发展引致搜寻成本、交流成本等贸易成本大幅下降的现实情况,新经济地理学对贸易成本给予充分关注,除了广泛使用的"冰山运输成本",Ottaviano等(2002)提出的OTT垄断竞争分析框架采用了线性运输成本替代前者,使得模型能够得到解析。OTT是"迪克希特-斯蒂格利茨垄断竞争、冰山交易技术、演化以及计算机模拟"框架的简称。Dixit和Stiglitz(1977)通过假设商品效用函数的拟凹性和不变替代弹性以及差异化产品,保留企业在垄断竞争市场上自由进入和退出的假定,构建消费者消费多样化与企业生产规模经济的一般均衡分析框架。根据原假设,在报酬递增和垄断竞争市场结构下,产品之间具有一定程度的替代性和差异性,消费者具有多样化消费偏好特征。对生产者来说,在市场规模和生产资源一定的情况下,产品的种类越少,市场竞争就越不激烈,厂商就越能利用规模经济进行一种产品的生产。对于消费者来说,由于多样化消费能促进效用的增加,因此产品的种类越多越好。这样就产生厂商偏向商品种类少样化而消费者偏好种类多样化的"两难"冲突。在市场规模不变情况下,新厂商自由进入最终导致市场均衡,厂商利润为零;然而市场规模的扩大有利于生产者发挥规模经济优势,促使产品种类增加和单位产品生产成本下降,即生产效率的提高。D-S模型暗含的"商品贸易促使市场规模扩大、规模经济有效利用以及消费者效用水平提高"的思想,在国际贸易研究领域得到吸纳和应用,并最终发展成为新贸易理论。如前所述,无论是新贸易理论、新经济地理还是"新"新贸易理论,D-S框架都是其理论模型的基础分析框架。

1979年,克鲁格曼在《收益递增、垄断竞争和国际贸易》一文中,使用D-S模型构建全新的综合传统观点的新贸易理论框架。这篇论文不仅包含"即使不存在比较优势和生产要素禀赋差异,规模经济也是导致国家或地区间贸易产生的重要原因之一"的新贸易理论核心思想,而且具有新经济地理学的雏形思想,即可以在主流经济学的一般均衡框架内分析经济活动和生产要素的区位。1980年,克鲁格曼在《规模经济、产品差异与贸易模式》一文中,用"冰山运输成本"(Iceberg Transport Cost)假设替代传统的运输成本假设,在进一步完善新贸易理论的同时,其提出的"本地市场效应"(或市场接近效应,Home Market Effect)同样是新经济地理学的重要内容(克鲁格曼,1980)。尽管新贸易理论蕴涵了新经济地理学的思想,但没有实现立足于消费者与企业空间区位选择的一般均衡分析。因此,直到1991年克鲁格曼发表的《收益递增与经济地理》(1991a)被认为是新经济地理学的开篇之作。

因此,新贸易理论被经济学界誉为垄断竞争和规模报酬递增革命的第二次浪潮,并为新经济地理学的诞生奠定了诸多基础。

(一) C-P模型的创立与新经济地理学的批判性发展

克鲁格曼(1991a,1991b)建立的C-P模型(Core-Periphery Model,译为"中心-外围模型"或"核心-边缘模型")揭示出集聚是由规模经济、市场规模和运输成本等因素相互作用决定,并将经济活动的空间集聚现象完全内生化。克鲁格曼是在新贸易理论模型广泛使用的基本元素(如消费者多样化、规模报酬递增、垄断竞争等)的基础上,增加了具有规模报酬不变和无运输成本等特征的农业部门以及工业企业和工人在地理空间上的无成本迁移而得出的。在克鲁格曼创立新经济地理学之后,国际贸易理论与经济地理学通过新的理论视角而联系得越来越紧密,即在给定生产要素国际分布的情况下,同时探讨不同国家之间的专业化(国际贸易理论)和这些要素在不同国家之间的区位运行(经济地理学)的共同驱动力。

克鲁格曼(1995)指出,运输成本与产业集聚水平之间是非线性的,呈倒"U"形关系,即在贸易自由度很低(即运输成本非常高)的情况下,经济活动分散格局;随着贸易自由度开始提升(即运输成本开始下降),由于存在"黏性"特征①,经济活动的区位不会很快发生改变;但是当贸易自由度达到某个特定的临界值时,会产生"突发性集聚",经济活动会突然向某个区域集中并不断发生累积,并最终形成"中心-外围"(中心是工业区,外围是农业为主的区域)的空间结构。C-P 模型的问世标志着新经济地理学的诞生,其模型本身也不断被克鲁格曼本人及其他学者改善和补充。

"新"新经济地理学采用"新"新贸易理论研究的最新成果,并在沿用新经济地理学的分析框架的基础上,力求构建更加多元化的模型。

克鲁格曼等经济学家开始致力于以"D-S"模型为基础,逐步构建一个不完全竞争的空间经济模型,以主流经济学可以接受的方式对传统经济地理学进行改造,将其纳入主流经济学的研究范畴。他本人先后出版《地理学和贸易》(1991)、《发展、地理学与经济理论》(1995)等几部新经济地理学著作,发表系列论文,尤其是他与藤田和维纳布斯 1999 年合作发表的《空间经济:城市、区域和国际贸易》,是综合近十多年来新经济地理学研究成果的集大成之作。在肯定马歇尔外部性经济主要思想的基础上,关于产业集聚的原因,他做出新的提炼与解释:即集聚的向心力主要包括中间投入品市场规模、劳动力市场充裕和纯外部经济性或外溢效应三方面共享。该理论的建立使经济地理学重获新生,对于新经济地理学的创立具有里程碑意义。克鲁格曼主要围绕着空间经济集聚这一主题进行探讨。决定经济活动是集聚还是分散的主要因素,要看促使集聚的向心力和离心力两者中,谁居主导地位。他认为企业和产业一般趋向于在特定区位集中,然而不同产业群体又倾向于集结在不同地方。他认为工业活动倾向于空间集聚,但由于贸易保护、地理分隔等因素的影响,产业集聚的空间格局是多样的,而且产业区的形成具有路径依赖性。

克鲁格曼还进一步分析战后以来学术界尝试将空间纳入经济学主流的两次重大努力。

第一次把空间纳入经济学的重大努力发生在 20 世纪 50 年代,代表人物为著名的区域科学家艾萨德(W. Isard)。他在其著作《区位和空间经济学》(1956)中给自己定下的目标是:把空间问题带入经济理论的核心。克鲁格曼认为,艾萨德的开创性贡献是把区位问题重新表述为一个标准的替代问题,即企业是在权衡运输成本和生产成本后做出决策的。但他不同意艾萨德据此所推断的结论,即仅仅将区位视为竞争性一般均衡模型中的一个选择变量。克鲁格曼认为,为理解艾萨德所讨论的区位观点,必须考虑到收益递增与不完全竞争。

第二次把空间纳入经济学的重大努力发生在 20 世纪 60 年代末和 70 年代初,代表性理论为曾风光一时的"新城市经济学"——城市的内部空间结构。经典模型是一个单中心城市,其中,至少有一部分人每天要乘车去商业中心区。这个模型分析的问题是同时决定商业中心区周围的土地使用情况和地租。新城市经济学无疑是杜能模型的翻版,因此,该模型也具有杜能模型的基本缺点:模型只有一个商业中心,并在它的周围形成城市,却没有解释这一命题的根据。他们无法回答,因为这些问题不可避免地与收益递增有着密不可分的关系。在评述空间经济学五大传统以及其在战后发展的基础上,克里格曼提出,这些主要研究中,有些提供十分有意义的思想,但不能进行模型分析;有些提供可进行强化的观点,但这些观

---

① 新经济地理学中的"黏性"特征即指"路径依赖"现象。"DCI 框架"是指以 D-S 模型为基础,并采用不变替代效用函数(CES)和冰山运输成本(Iceberg Transport Cost)假设。借鉴 Baldwin 和 Robert-Nicoud(2005)等学者将引入企业异质性理论的新贸易理论称为"新"新贸易理论的做法,Ottaviano(2011)将引入企业异质性假设的新经济地理学称为"新"新经济地理学。

点又不切中要害。

(二) D-S 模型的出现和新贸易理论的创立为新经济地理学的产生奠定技术基础

Fujita 和 Krugman(1999)认为,整个新经济地理学都是建立在 D-S 垄断竞争分析框架、冰山贸易成本理论、特别动态演化和计算机模拟的基础之上的。因此,"新"新经济地理学的最初创立者也沿用了这一传统。其中,鲍德温(Baldwin)和日本经济学家大久保(Okubo)(2006)在 D-S 框架下探讨了企业异质性对企业区位定位的空间选择与空间分类效应;法国经济学家克里斯蒂安·贝伦斯等也在 D-S 框架下证明了大城市具有高效率的特征(Behrens et al.,2014)。

(1) OTT 分析框架。OTT 框架是由 Ottaviano、Tabuchi 和 Thisse 等建立的一个基于准线性二次函数的分析框架(Ottaviano et al.,2002)。与 D-S 框架相比,OTT 框架一方面克服了 D-S 框架下企业产品边际成本加成定价的缺陷,使得企业产品的最优定价策略随市场规模的变化而变化;另一方面用准线性效用函数替代 CES(不变替代弹性)效用函数,使模型中所有内生变量都可以用外生变量以线性形式表示,具有完全解析能力。OTT 框架一经推出,就在贸易领域与新经济地理领域得到了大量的运用。其中,Melitz 和 Ottaviano (2008)采用 OTT 框架分析了市场规模与企业生产率之间的关系;大久保等也基于 OTT 框架分析了企业异质性对其空间区位选择的影响。

(2) DCI 分析框架。DCI 框架包含了 D-S 垄断竞争的市场结构、CES 效用函数、消费者多样化偏好、规模报酬递增、产品间的替代弹性、成本加成定价、冰山交易成本等。"新"新经济地理学是异质性微观主体理论与新经济地理学的结合,一方面,继承了新经济地理学将不完全竞争和报酬递增、要素流动、运输成本纳入一般均衡的分析框架,因而延续了新经济地理学的主要方法;另一方面,以异质性微观主体替代了新经济地理学的同质性微观主体假设,因而实现了对新经济地理学的超越。"新"新经济地理学延续了 DCI 和 OTT 框架。Baldwin 和 Okubo 关于异质性企业的研究最早选用了 DCI 框架,之后的相关拓展研究也大都沿用了该框架(如 Baldwin 和 Okubo;Baldwin 和 Nicoud;Okubo;Forslid 和 Okubo 等),这样 DCI 框架成了"新"新经济地理学最常用的分析框架。然而,由于 DCI 框架忽视了预期的作用,许多模型只能通过数字模拟的方法得到模型的解,冰山交易成本也因而缺乏现实基础,而 OTT 框架能够克服这些问题,因此近年来 OTT 框架受到很多"新"新经济地理学者的青睐,特别是关于异质性消费者和异质性劳动者的研究(如 Melitz 和 Ottaviano;Nocco;Okubo、Picard 和 Thisse;Saito 和 Gopinath;Ottaviano 等)。当然,OTT 框架的拟线性函数假设导致该框架没有收入效应,这就限制了许多区域政策的分析。

以"DCI 框架"和线性函数为基本特征的两种模型构成了新经济地理学在经济关联(E-Linkage)方面的理论体系。日本经济学家藤田昌久(Fujita et al.,1999)以规模经济、报酬递增和不完全竞争为条件研究区域经济问题,正式提出新经济地理学的 DCI 分析框架。[①] 他建立的关于知识关联(K-Linkage)的模型(Fujita,2007),以及最近兴起的企业异质性的引入,使新经济地理学的研究向贴近现实世界的方向拓展,这种趋势也代表着未来新经济地理学的发展方向。新经济地理学描述集聚力和分散力决定经济主体的区位选择问题,集聚力和分散力的联合作用决定区域经济的市场规模及其相应的经济效率,市场均衡的结果显著

---

① Fujita M,Krugman P,Mori T. On the Evolution of Hierarchical Urban Systems[J]. European Economic Review,1999,43(2):209-251.

受到经济一体化的影响。

集聚力源自三个方面：① 经济主体流动导致的本地市场效应以及企业迁移所产生的生活成本效应(Krugman,1991)；② 生产最终产品的企业和生产中间产品的企业所显示的前后向因果关联效应(Venables,1996)；③ 特定地区生产相关产品具有的技术优势。分散力源自：不可流动的地方需求；对市场的争夺导致市场拥挤效应；地区间技术溢出效应。①

新经济地理学,把距离、密度、分割的动力机制视为影响全球化和区域经济一体化的主要动力②。第一,距离动力机制。研究显示,集聚的向心力与离心力的平衡很大程度上取决于运输成本的大小,并决定经济的空间结构,运输成本使供应商更倾向于接近市场,而消费者更倾向于向差异化产品集聚区集中。市场接近程度、竞争密度及要素价格在决定集聚的过程中发挥关键作用。中心-外围模式也印证这一点,高收入国家形成的中心地区集中于北半球,单位人均GDP随着与中心区的距离增加而递减。第二,密度(即单位地理面积的经济总量或经济活动的密集程度)动力机制。集聚提高,尤其是大范围的经济密度提高将发挥规模经济效应,并通过溢出效应带动周围经济体发展,形成集聚与引力中心。高经济密度将较大程度地集中于市场,促进雇员与雇佣者的匹配,使其共享基础设施、公共品与中间商品,并促进创新。③ 第三,分割动力机制。其阻断要素流动与市场经济发展。若政策、市场环境改变,则促进市场准入程度的提高以及要素的自由流动,促进经济集聚与区域经济一体化发展。集聚区域扩大导致国家与地区间的失衡问题加重。经济一体化的动力带来趋同效应的良性循环：商品和服务、人口和资本的自由流动,促进经济增长速度加快和利润趋同,促使资本流向回报率更高的区域,带来经济发展的趋同。

总之,经济地理的重塑在于区域经济一体化向心力与离心力共同作用下均衡的打破以及再次均衡的循环实现,使区域一体化表现为经济距离缩短、经济密度提升以及分割问题的减少,这三者合力作用的结果,是经济体集聚的过程。第一,距离缩短,主要是通过技术进步,使交通通信设施日趋发达,使发展中地区与发达地区的经济差距缩小,进而带动区域经济一体化。第二,密度提高,主要是通过经济发达水平的趋同与经济密度的提高而实现,通过规模效应与溢出效应,带动周边地区的区域经济一体化。第三,分割问题减少,通常表现为要素在地区间自由流动。

关于经济均质空间,传统的经济地理学不能解释两个重要的经济现象：第一,在纯自然条件上并不具有优势的一些地方却成为工业集聚地；第二,在自然条件非常相近的两个地区之一却可能因经济集聚而异军突起。传统区位理论亦缺乏微观基础来分析和回应经济行为的空间特性,只能求助于简单的描述和几何图表。企业之间的相互联系构成经济区位和经济空间。法国经济学家佩鲁1955年出版《经济空间：理论与应用》,认为经济空间存在着若干中心、力场或极,产生类似"磁极"作用的各种离心力和向心力,形成相互联合于一定范围的"场",并总是处于非平衡的极化过程之中,并不存在趋于均质的现象。这种不对称的区位增长集被概括为增长极,其建立在抽象、无形的经济空间,是非均质的。系统论、控制论、信息论、耗散结构理论认为,持续不断的非平衡发展带动经济体远离物质与能力的平衡位

---

① Venables A J. Equilibrium Locations of Vertically Linked Industries[J]. International Economic Review,1996(37).

② 世界银行. 重塑世界经济地理[M]. 北京：清华大学出版社,2009.

③ Fabien Candau,Elisa Dienesch. Spatial Distribution of Skills and Regional Trade Integration[J]. Ann Reg Sci,2015(54)：451-488.

置——非平衡思想，是佩鲁增长极理论的基础。其强调以非总量、非平衡的方法安排经济计划，以"极"的发展推动整个国民经济的增长。法国经济学家布代维尔提出"增长极"，以"区域发展极"为标志，这与以经济空间、创新性产业和推进型产业综合体为主题的佩鲁增长极是不同的。他认为经济空间是变量在地理空间中的运用，增长极的空间结构决定经济空间模式。市场机制支配的自发生成的增长极是市场区域，而由计划机制支配的增长极是计划区域。

在集聚分布上，增长极理论通过空间内的作用力解释集聚所服从的分布关系。距离衰减模型认为，区域增长极与周围腹地或其他区域的相互作用力与距离成反比，并随空间距离的增加而减少。区域空间吸引力模型借用牛顿引力公式，认为城市对周围城镇的吸引力与该城市的人口规模成正比，与两地间距离的平方成反比。空间扩散模式认为经济资源在时间和空间上呈扩散流动过程，空间扩散是以指数速度增长。空间经济相互作用的动力可改变或加强区域间的联系和互动，区域增长极对周围腹地的扩散效应一般具有非连续性。

克鲁格曼抓住使工业集聚的最为本质的经济力量——收益递增，强调规模经济在国际贸易中的决定作用。新区位论产生之后，地理学将其纳入为基本理论框架，空间与区位形成与发展规律的数理论证构成现代经济地理学的基本内容。经济地理区位是从地理学角度对一个地理位置、交通、信息条件进行的综合地理分析；而区域经济学的区位是从经济学角度，研究如何取得最大的经济效益；对最佳经济区位进行选择的经济地理学，是从地域合理性来评价经济活动的合理性。Duranton 和 Puga(2004)详细分析集聚提高生产率的微观基础：一是企业共享公共设施，多样性和专业化，并共担风险；二是集聚①在大城市可提高企业和工人之间的匹配机会和匹配质量；三是通过信息、技术和知识的快速传播，互相学习，积累和创造知识，即"集聚学习"机制，提高企业生产率。

与古典经济学相比，藤田昌久和克鲁格曼认为，新经济地理学的理论创新体现在如下主要方面：第一，规模报酬递增或生产的不可分割性预防"庭院资本主义"经济的出现，这不同于传统区位理论的空间经济的一般均衡模型。这引领新一轮经济学革命，也更加契合信息时代的知识外溢、共享、扩散的新特征。克鲁格曼认为规模报酬递增主要体现在产业外部性、人力资本水平、购买力强弱、交通条件四个方面。第二，规模报酬递增导致垄断竞争性市场结构出现，这样企业在空间集聚及专业化更有利于平衡消费者多样化偏好与企业规模经济之间的矛盾，运输成本使得区位选择变得十分重要；集聚经济就是消费者和企业改变区位的过程。第三，部分产品作为运输成本消耗掉，即"冰山运输成本"。这既有效避免将运输部门引入模型造成的问题复杂化，又成功地将运输成本因素内生化。关于新经济地理学模型新的含义以及空间经济非均衡的现象，一些学者从以下几方面对新经济地理学的原始模型进行拓展，如，内生化城市或城市体系在空间经济发展中的作用，引入生产中投入产出的垂直联系对集聚的影响，引入技术外部性研究产业集聚与区域增长的相互作用。

新经济地理学认为，劳动力和资本在空间层面的动态分布是影响城市产生、发展及采取何种体系的主导因素。首先，劳动力流动必须同时满足两个条件：① 迁移后的收入要大于或等于迁移前的收入加上迁移成本；② 流入地的最大化效用要大于或等于流出地的最大化效用。假设资本流动没有成本，则资本的空间流动需要满足资本在流入地获得的平均报酬

---

① 截至 2019 年 12 月 31 日，在中国知网 cssci 期刊库搜索，输入"集聚"，共有 7767 篇论文；输入"聚集"，共有 1767 篇论文。故而使用前者。

率要大于或等于流出地的平均报酬率。其次,克鲁格曼将这一系列"新经济学"研究浪潮划分为四大阶段:第一次浪潮是20世纪70年代后期出现的新产业组织理论,构建出产业组织与结构的收益递增——不完全竞争模型;第二次浪潮是80年代初期以来出现的新贸易理论,构建收益递增情形下的国际贸易理论模型;第三次浪潮是80年代中期以来出现的新增长理论,构建收益递增情形下的经济增长理论模型;第四次浪潮则是80年代末期以来出现的新经济地理学,根据收益递增——不完全竞争模型对经济的空间结构做出新的解释[①]。不过,克鲁格曼认为,新经济地理学应被看作新贸易理论研究的进一步深化,甚至可认为,新贸易理论将在某种程度上包容于新经济地理学之中。他本人既是新贸易理论的主要缔造者,又是新经济地理学的重要领军人物。新经济地理学是地理学与经济学融合最成功的结晶,对经济地理学产生巨大而深远的影响。空间集聚机理包括基于需求关联的市场接近效应、成本关联的生活成本效应和市场拥挤效应。市场接近效应和生活成本效应组成的集聚力,促使企业空间集聚,市场拥挤效应则形成分散力,促使企业分散。

(三)"新"新贸易理论为"新"新经济地理学的产生提供微观理论基础

新经济地理学只关注宏观异质性,但缺乏微观基础,这是其饱受批评者诟病的主要原因之一,而"新"新贸易理论的出现为新经济地理学解决微观基础问题提供了极为重要的思路。Baldwin和Okubo(2006)借鉴美国经济学家马克·梅里兹(Melitz,2003)的研究思路建立了第一个基于微观主体异质性的新经济地理模型,并开启了基于微观主体异质性的经济地理研究潮流(杨开忠等,2016)。2011年,Ottaviano首次将纳入企业异质性的新经济地理模型称为"新"新经济地理学(Ottaviano,2011)。[②] "新"新经济地理学将企业之间的效率差异引入传统的新经济地理模型中,以考察企业异质性条件下的生产成本和市场规模的差异。当不同企业面临区位选择时,效率低的企业为避免激烈的竞争而选择远离区位优势较好的地区(Baldwin et al,2006)。因此,企业异质性可以作为额外的分散力(Dispersion Force),更何况,贸易成本越大,企业产品之间的替代性就越大。此外,通过NNEG模型,可以从竞争性企业供应产品的数量差异及生产效率差异的角度来分析区位差异。

从这个角度出发,研究企业产品之间的替代弹性可以阐释横向产品差异化(Horizontal product Differentiation)[③],而研究企业生产效率差异可以阐释垂直产品差异化(Vertical product Differentiation)。在"新"新经济地理模型中,横向产品差异化可以促进企业空间集中,垂直产品差异化则促进企业空间分散。从这方面来看,不同企业在效率上的异质性程度成为决定经济活动地理分布的一个微观因素。同时,对代理人异质性(Heterogeneous Agents)的研究,对于进一步理解企业与劳动者异质性导致经济集聚的机制也产生了重要的影响(Duranton et al.,2004)。"新"新经济地理学认为,相比生产率低的企业,生产率高的企

[①] Krugman, Paul. Space: The Final Frontier[J]. Journal of Economic Perspectives,1998,12(2):164.

[②] Ottaviano,G. I. P. New" New" Economic Geography: Firm Heterogeneity and Agglomeration Economies[J]. Journal of Economic Geography,2011,11(2):231-240.

[③] 产品差异化(Product Differentiation)是指企业通过某种方式改变同质性或差异较小的产品,使消费者相信这些产品具有差异并产生偏好的不同。若产品特征水平在空间上扩大使得一个消费者效用上升而另一个消费者效用下降,这种产品差异就是横向的;若产品特征水平在空间扩大使得所有消费者效用都增加,这种产品差异就是垂直的或是纵向的。产品差异性与垄断竞争市场结构密不可分,并一同被引入经济学文献中。在区位类比分析中,根据具有不同特征的产品的相对数量,某一特定产品被认为,定位于一个特定空间中,进而可根据差异产品空间分布的特征来分析企业之间的区位差异。

业更具竞争力,因而能在市场规模较大的核心地区生存并获得规模经济效应;而生产率较低的企业为避免竞争会离开核心区而定位于竞争并不激烈的边缘区域,这样就形成了存在"质"的差别的"核心-边缘"结构。很显然,这种空间结构与新经济地理模型中的同质化的空间结构是不相同的。企业异质性理论的引入,激发了国外一些经济地理学家们的研究热情,出现一系列的研究成果,不断补充和完善"新"新经济地理学。

综合这些研究成果,可以把企业或个人等微观异质性对经济活动空间分布的影响归结为以下三大效应:① 集聚效应,即由于企业的地理集中会产生知识溢出等正的外部性和形成规模经济而有利于企业生产率的提高;② 空间选择效应,在竞争的作用下,生产率高的企业会集聚在核心区而生产率低的企业只能布局在边缘区;③ 人才归类效应,指优秀人才会主动选择在核心区(大市场区)工作(Baldwin et al.,2006;Okubo et al.,2010;Behrens et al.,2014)。总体而言,"新"新经济地理学主要从以下三个方面推动了新经济地理学理论体系的完善和发展:一是探讨了微观异质性对新经济地理模型主要特征和结论的影响,并为新经济地理学奠定了微观基础(Baldwin et al.,2006,2009);二是从企业和劳动者异质性出发重新探讨经济活动空间集聚形成和城市空间结构变化的微观机制(Behrens et al.,2014);三是在企业异质性假设条件下,探讨区域政策对区域经济增长与福利变化的影响(Baldwin et al.,2006,2009;Baldwin和Forslid,2010)。《贸易对产业内的再分配和产业总生产率的影响》(Melitz,2003)一文一经发表,就在国际贸易领域内掀起了以企业异质性为基本特征的"新"新贸易理论研究浪潮。NNTT从一个新的角度,即更加强调企业而不是行业的重要性,来理解在全球化时代下国家或地区所面临的机遇和挑战。相比传统的贸易理论中用比较优势和要素禀赋原理来解释产业间贸易以及新贸易理论中用规模收益递增原理来解释行业内贸易,"新"新贸易理论则是从更加微观角度——企业来解释国际贸易活动。NNTT模型揭示出国际贸易导致一个地区或国家同一产业内只有生产效率更高的企业才能进入国外市场,而效率低的企业只能被淘汰出国际市场,同时市场份额的再分配也会促使效率更高的企业拥有更大的市场份额,并最终会提升整个行业的生产效率。近年来,得益于微观企业统计数据获得的便利性,大量实证研究也验证了"新"新贸易理论的结论。

因此,引入企业异质性的"新"新贸易理论,弥补传统贸易理论和新贸易理论只研究产业层面而缺少企业层面的微观理论基础的缺陷,进一步增强贸易理论对现实国际贸易活动的解释力。随着新贸易理论稳步发展到"新"新贸易理论,新经济地理学也逐渐发展到"新"新经济地理学("New"New Economic Geography,NNEG)。"新"新经济地理学仍然以规模经济和不完全竞争为基础,但更强调企业、个人等微观异质性和企业的集聚行为。更关注微观异质性(Micro-heterogeneity)的"新"新经济地理学是对关注宏观异质性(Macro-heterogeneity)的新经济地理学的理论发展和补充,在整个新经济地理学的体系中搭起了理论与现实的桥梁,而理论与实际的不符正是新经济地理学饱受批评的原因。

梅里兹2003年总结众多学者对国际贸易的观察与研究,对基于同质性企业来解释产业内贸易的新贸易理论提出质疑,即现实中企业之间存在巨大差异。提出"异质性企业贸易模型",首次从微观异质性的企业层面出发研究国际贸易,被称为"新"新贸易理论。借鉴"新"新贸易理论,新经济地理学将企业等微观主体的异质性纳入模型,更加切合企业的现实经济行为。"新"新经济地理学认为,新经济地理学夸大集聚经济的作用,地区之间生产率和发展水平的差距还源自异质性企业的空间选择效应。"新"新经济地理学主要关注企业的异质性,与新经济地理学一样,其主要研究经济活动的空间分布与集聚过程。"新"新经济地理学的研究内容分为三方面：① 异质性企业的区位选择与空间集聚；② 异质性企业对区域政策的影响；③ 企业异质性实证研究——基于微观数据。同一产业内只有部分企业参与国际贸易，而其余企业则仅仅服务于国内市场。将基于生产率差异的企业异质性内生到贸易模型中去，从而将传统贸易理论的研究对象由国家和产业层面拓展到企业层面，得出重要结论：生产率最高的企业既供应国内市场又出口产品，生产率中等的企业仅服务于国内市场，而生产率最低的企业将被淘汰。若技术水平等因素不变，仅仅通过贸易即可提高整体生产率水平，因为贸易将淘汰生产率最低的企业，使市场份额向高生产率企业再分配。

长久以来，新经济地理学与新贸易理论遵循共同的研究框架。但近年来新贸易理论向"新"新贸易理论的转变，为新经济地理学的发展提供新的研究思路和视角。与新贸易理论相同，新经济地理学过去也是在同质性假设下进行研究的，在发展之初这种同质性的假设使得模型处理方便，但也忽视经济活动空间分布的一些重要问题，使得新经济地理对现实经济的解释力不强。在"新"新经济地理学框架下，企业是异质的。随着贸易成本下降到一定程度后，尽管单个异质性企业的区位选择是瞬间完成的，但是从部门层面来看，由于不同异质性企业承受的市场竞争压力不同，因而它们之间的区位选择过程是一个循序渐进的过程。具体来说，假定最初区域间的贸易成本足够高，企业在区域间对称分布。随着贸易成本下降到一定程度后，市场机制会内生出一个决定异质性的企业区位再调整的临界生产率，临界生产率两侧的企业会各自选择有利于自身的区位；此后，贸易成本每次的微小下降都将内生出一个与之相对应的临界生产率，临界生产率的微小变化又使得企业会不断选择有利于自身的区位。

此外，新经济地理学仅仅关注企业产出等"量"的方面，仅具有"一维性"，而"新"新经济地理学还关注企业生产率等"质"的差异，具有质量与数量的"二重性"。同时可见，众多学者得出的结论有所不同，有些甚至是完全相反的。这是因为现实经济的运行非常复杂，不同的模型适用于分析不同的情况，在不同的假设下企业异质性对经济活动的空间分布的影响也是不同的。如 FC 模型更适合分析两国之间的情况，FE 模型更适合分析一国内两个区域的情况，而运输规模经济则适合分析运输成本很高的产业部门。

（四）企业异质性与区域政策

企业异质性引发分类效应和选择效应，使得新经济地理模型得出的区域政策的适用性降低，如鲍德温和大久保（2006）指出，由于分类效应，那些温和的旨在吸引企业迁移至边缘区的政策只能吸引低生产率企业，导致区域生产率差异进一步放大，区域政策效果大打折扣。微观异质性的引入使得理论模型更加贴近现实，并制定更有针对性和实效性的政策，因此需要在"新"新经济地理模型下重新讨论区域政策对地区经济发展和福利的影响。现有文献的研究主要集中于税收政策和补贴政策上。

(1) 税收政策与区位选择。目前"新"新经济地理学关注的企业异质性综合体现在企业成本上。税收影响生产成本，从而影响企业的区位选择。税收又是政府收入的主要来源，直接关系到居民的社会福利，因而税收竞争是政策制定者关注的焦点问题之一，而税率高低会影响企业数量多少，影响到税收收入，制定合理的税收政策尤为重要。鲍德温和大久保（2009）指出税收对规模不同企业的影响是不同的，税率较高时大企业更倾向于迁移，且生产率最高的企业最先迁出，因为税收是针对企业利润的固定比例征收的，而大企业的利润更高，所以税率较高时大企业被征收更多的税。而低生产率的企业则留在征税区域，从而核心区的平均生产率降低，边缘区的平均生产率上升。政府不应一味地进行减税竞争，而应设定协调税率,吸引最优数量的企业,实现税收收入在私人和公共消费方面的有效分配。

(2) 补贴政策与区域协调发展。在企业存在生产率差异的情况下,补贴政策的效果如何?大久保和富浦(Okubo & Tomiura,2012)的研究模型显示,产业转移补贴政策会吸引低生产率企业迁移至边缘区,并加大核心区和边缘区的生产率差距。此外,大久保(2011)还分析不同的补贴政策对边缘区发展效果与社会福利的影响,结论是企业利润与财政补贴正相关,才能吸引高生产率的企业迁至边缘区,达到理想的政策效果。

"新"新经济地理学的基本思路是在集聚效应和选择效应的综合作用下,异质性微观主体(企业、消费者、劳动力)通过渐进式自组织方式逐步达到均衡稳定的空间结构,而一旦外部环境发生变化(如交通、技术、人口规模、工业化程度等),原有均衡稳定的空间结构会被打破,系统重新在集聚效应和选择效应的综合作用下以渐进式自组织方式达到新的均衡的空间结构。显然,与新经济地理学相比较,其特别之处主要是空间选择效应和渐进式空间自组织。

(五) 空间选择效应

按照新经济地理学,地区之间生产率和发展水平的差距源于空间集聚带来的成本降低和效率提高。其中,空间集聚机理包括基于需求关联的市场接近效应、成本关联的生活成本效应和市场拥挤效应。市场接近效应、生活成本效应促使企业空间集聚,市场拥挤效应促使企业分散。微观主体的空间选择效应是市场竞争优胜劣汰的结果。

经济活动的空间分布问题,形成融合微观主体异质性的空间选择效应,是市场竞争优胜劣汰的结果,这种空间主动选择行为在不同的模型框架、不同的市场规模和不同的贸易条件下会表现出不同的特征,即具有"双向选择效应":即正向空间选择效应和逆向空间选择效应,前者是高生产率企业倾向选择布局于核心区,而低生产率企业选择布局于边缘区,主要是因为区域竞争激烈,高生产率企业的边际生产成本更低,能够在激烈竞争中生存并出售更多产品,其选择布局在核心区以占领更大的市场份额;而低生产率企业为避免竞争,布局在边缘区,力求通过运输成本等壁垒来维持市场份额。既有研究主要体现在企业层面,在特定市场环境中,高生产率企业会选择在边缘区,而低生产率企业选择在核心区。说明集聚产生集聚效应,导致地区间生产率差距,引起进一步集聚,但反过来,地区间生产率差别、空间集聚并不一定,至少并不全是集聚效应的结果,因此,新经济地理学夸大集聚效应的作用。

异质性劳动力,会根据个人技能禀赋进行区位选择。一般地,高技能劳动力倾向于核心区域,而低技能倾向于边缘地区,人才向大城市集中,会吸引高效率的企业选择大城市,后者则会吸引高技能人才选择大城市。这与 Glaeser 的消费者城市理论的结论是一致的。

诺科(Nocke,2003)较早研究异质性企业的区位选择问题,首次提出企业空间选择效应,即大市场的竞争更加激烈,所以优秀的企业家总是选择进入大市场,而平凡的企业家总会选择进入小市场。维纳布尔斯(Venables,2011)、奥塔维诺,Ottaviano,2012)指出异质性企业的分布会形成"高生产率企业——相对优势区位、低生产率企业——相对劣势区位"的空间结构。此外,异质性企业的区位布局并非是一个随机突发过程,而是企业主动选择的渐进过程,高生产率企业往往更具有向大市场集聚的倾向,且按企业生产率由高到低的顺序逐渐迁移。因此,核心区与边缘区的生产率差异和市场一体化程度呈现出一种倒"U"形的关系。这个结论与鲍德温和大久保(Baldwin & Okubo,2006)的不同,他们认为随着贸易成本降低,只有高生产率企业选择迁移至核心区,而低生产率企业不动。同时,企业异质性条件下,本地市场放大效应仍然存在。此外,企业异质性有时是一种集聚力,而有时则是一种分散力,要视市场中高生产率企业的数量而定:当高生产率企业占多数时,企业异质性是一种集聚力,反之则是分散力。

萨伊托(Saito,2011)通过拓展新经济地理学模型,研究贸易自由化对异质性企业集聚的影响,得出与大久保、皮卡德和蒂斯(2010)不同的结论。即在封闭经济中,高生产率企业可从集聚中获得更多收益而更愿意集聚,而在开放经济中则会形成不完全集聚,低生产率企业和部分高生产率企业会从核心区迁出,因此贸易自由化可缩小国内的福利差异并促进区域发展。除贸易自由化以外,众多学者还分析其他因素的影响。在企业家流动的情况下,大久保(2010)建立一个包含前后向联系的异质性企业 FE 模型,得出与此前关于异质性企业研究不同的结论:第一,企业异质性是一种集聚力,且当企业的异质性很强时,贸易自由度的突破点更低,更容易打破对称均衡,由企业异质性引起的集聚力更强;第二,当产生分类集聚时,所有低生产率企业集聚在大市场,激烈竞争则会导致高生产率企业在大小市场均衡分布;第三,与分类均衡相比,对称均衡能带来更高的社会福利,但分类均衡的市场结果总是次优的且导致过分集聚。福斯里德和大久保(2013)认为运输规模经济的存在,对异质性企业空间布局具有重要影响,并将运输规模经济融入鲍德温和大久保(2006)的模型中进行研究。对于一些运输成本占总成本比重很高的产业部门有一定的政策意义。

(六)渐进式空间自组织

传统新经济地理学认为,当贸易成本下降到一定程度后,整个产业就会由最初的区域间均匀分布结构突发性地转变为中心-外围结构;而当贸易成本下降足够低的时候,产业的中心-外围分布结构又突然转变为区域间均匀分布模式。这显然与产业转移过程和经济活动动态分布的现实是不一致的。

第二节 新经济地理学的产生

新经济地理学与传统经济地理学的区别主要是,它采用收益递增-不完全竞争模型的建模技巧对空间经济结构与变化过程进行重新考察,将经济地理分析纳入主流经济学的范畴之中。

一、主流经济学忽视空间问题

生产活动的空间区位是经济社会的一个显著特征,但是,克鲁格曼认为,以往只有地理学家和区域经济学家以及部分城市经济学家在研究空间经济问题。迄今为止,没有哪本畅销的初级经济学教科书含"区位""空间"或"区域"甚至"城市"等条目索引。[1]

主流经济学为何忽视空间问题?克鲁格曼认为,主要是由空间经济学的某些特征造成的。他指出,经济活动最突出的地理特征是集中。如,美国大部分人口居住在东西海岸的部分地带及五大湖地区。在这些地区,人口又集中于少数几个经济发达的城市,因此,产业在空间上十分集中。这表明,集聚是收益递增的普遍证明。

克鲁格曼接着说,收益递增比规模收益不变或收益递减更难模型化。若收益递增是完

---

[1] 克鲁格曼.发展、地理学与经济理论[M].北京:中国人民大学出版社,2000:35-36.

全外在于企业的,还可继续使用竞争性的分析工具,但是外部经济被证明不仅难于分析,在实证中也让人难以捉摸。若收益递增是内在于企业的,将不得不把不完全竞争模型化。因此,本质上,对于经济集聚,任何讨论都必须摆脱规模报酬不变的假设。①

克鲁格曼认为,经济地理学或空间经济学具有五大传统:德国区位论、社会物理学、累积因果理论、地方外部经济及地租和土地利用理论。他逐一分析,提出独到见解。②

(一) 德国区位论

德国经济学家杜能(Thünen)1826 年提出著名的"孤立国"模式,创立农业区位论,拉开集聚经济研究的序幕。他最早把经济学视野引向对经济活动空间分布特性的关注。区位方面,最早考虑的是运输成本最小化(Weber,1909)问题。20 世纪上半叶德国的区位论通常包括两个部分:一个是韦伯(Weber,1909)以德国鲁尔工业区的调查为基础,创立工业区位论;另一个是新古典区位理论的代表人——克里斯塔勒(Christaller,1933)和廖什(A. Losch,1940)分别提出中心地学说和市场区位论,分析制造业中心或市场营销中心的区位。中心地学说认为,人类经济活动的地理单元即使很小,也总是处于非均衡状态中,空间上永远存在中心地和外围区的差异。该理论成为一种以市场为中心的加工工业的区位论,生产区位的选择原则是降低生产成本,选择的主要因素是原料、燃料和工人的集聚,这将古典区位论发展成为近代区位论,即由生产扩展到市场,由局部扩展到一般,由单项扩展到综合。企业要么位于市场区,要么位于原材料产区(坂下,Sakashita,1967),或者这两者兼而有之。Koopmans(1957)认为,经济活动的不可分性导致区位选择问题的产生,运输成本的大小决定企业的区位选择问题;企业水平的规模报酬递增导致生产活动集中于少数几个厂家。马歇尔 1895 年提出,企业收益递增源自内部规模经济与外部规模经济,前者主要是由产出增加和平均成本下降引致的,后者是由企业的外部环境或外部性引致的。他最早系统阐述外部性思想,将外部经济分为三类共享:中间投入品市场共享,劳动力资源共享,信息和技术交流共享。经济学家后来又进一步将外部性经济区分为技术性外部经济(即纯粹溢出效应)和以市场为媒介的金融性外部经济(Esmealin),它们分别对应于马歇尔所提到的第三类外部经济和前两类外部经济。企业集聚是因为外部分工使效率提高和生产费用减少。雅格布斯理论的思想基础是,不同行业的企业集聚也可降低生产成本。新经济地理的基本逻辑是:收益递增吸引更多的企业形成一个循环累积的过程。阿兰·斯科特(Allen Scott)在 20 世纪 80 年代通过研究洛杉矶女装生产,发现该行业中劳动分工、交易成本与地理集聚之间的关联,奠定交易成本学派,成本随着交易企业之间的距离增加而增加,当企业之间的相互信任和默契对交易的达成至关重要时,地理距离以及由此带来的缺乏相互了解会直接阻碍交易进行。因此,相关企业的空间集聚有效减少交易成本,带来集聚,促进失衡的区域经济增长。

克鲁格曼等逐步居于主流地位的英美学派认为,德国区位论的问题主要是,它似乎是关于几何学的理论,而与经济学无关。事实上,德国区位论的传统与 18 世纪的力学分析方法类似:区位问题被直接作为平衡几种彼此无联系、但具有吸引力的内容。因此,这一区位论传统又被称为"在一个两维平面上的区位几何学"。这一传统对于谁做出什么决策的问题含糊其辞,在个体的决策如何相互影响的问题上也几乎只字未提。

---

① 克鲁格曼. 地理和贸易[M]. 张兆杰,译. 北京:中国人民大学出版社,2000:4.
② 克鲁格曼. 发展、地理学与经济理论[M]. 张兆杰,译. 北京:中国人民大学出版社,2000:39-62.

(二) 社会物理学

物理学家在18世纪使用力学分析方法,在19世纪已越来越多地从直接研究几种不同的机械因素的交互影响,变为间接地求解某些"作用力"系统的最大化或最小化问题。第二次世界大战后,沿着这个思路,美国社会物理学派的经济地理理论发展起来。

社会物理学评价空间经济学,为实证研究奠定基础,甚至可作为某些特定均衡模型的基础。如,美国地理学家曾提出一种"市场潜力"理论,认为在其他条件相同的情况下,企业倾向于选择拥有最大"市场潜力"的区位,区位的市场潜力通常用指数来表示,指的是一个特定市场的收入或购买力。该指数表示市场进入状况,包括企业可能在其中销售的所有市场的购买力,以及与那些市场的距离。

克鲁格曼认为,市场潜力方法的缺点是:企业选择市场潜力最大的区位时,根本不清楚什么是最大化变量。事实上,计算市场潜力的想法肯定隐含一些市场结构的假设,且不可能表现出规模报酬不变。因此,在市场潜力方法的背后似乎隐含着一个垄断竞争的情况。

(三) 累积因果关系

企业往往希望选择市场潜力大的区位,即靠近大市场,而许多企业集聚的地区才会有大市场。因此,区域的增长或衰落过程中存在着自我增强的可能性,或说累积因果(Cumulative Causation)关系。

发展经济学家缪尔达尔首先从区域角度对"累积因果关系"原理进行阐述,赫希曼有关区域失衡发展的论述也体现这一思想。不过,克鲁格曼认为,将累积因果关系原理明确应用于区域增长问题的是普雷德(A. Pred)。他曾假设,当一个地区的经济增长到关键时刻,使得以当地规模经济生产的产品替代进口产品变得有利可图时,这种进口替代就会增加该地区的就业,吸引其他地区的工人;这进一步扩大当地市场,而市场扩张反过来又会提供第二轮进口替代必需的市场规模。或说,市场规模和一个地区所拥有的产业范围之间存在着一种循环关系。对于普雷德等人有关累积因果关系的讨论,克鲁格曼认为,它明显避开了市场结构问题,并且缺乏严谨的模型分析。

(四) 当地外部经济

与主流经济学联系最紧密的是外部经济分析。生产者集聚在一个特定区位有许多优势,而这些优势反过来又可解释这种集聚现象。

(五) 地租和土地利用

关于地租和土地利用分析的传统与其他方法差别很大,也是主流经济学最能接受的传统。它直接源自杜能提出的农业区位论。在一个农业平原,向一个孤立的中心城市供应各类产品,从中心到最外围的地租水平是不断下降的。因此靠近中心、地租高的土地会种植运输成本大或产值高的作物,而最外围的土地则种植土地密集型或运输成本小的作物。

地租和土地利用模型以一种出人意料的方式阐述新古典经济学中的许多关键概念:均衡思想,商品和要求价格的同时决定,市场产生有效结果的能力,等等。但在克鲁格曼认为,杜能模型着墨不多的正是空间经济学的核心问题,即它把中心城市市场的存在放进假定之中,模型的重心在于理解使经济活动远离中心的力量即"离心力",对于使经济活动集中、创造中心的"向心力"没有也不可能提供任何解释。

二、经济地理学的复兴

综上所述,传统经济地理学文献往往忽略市场结构模型化问题,还留恋于平面几何学的构建。而主流经济学家又不愿意思考他们不能模型化的内容,致使他们都忽略经济地理学中许多非常出色的思想。不过,克鲁格曼乐观地相信,将会有一个大团圆的结局:"最终,会借助巧妙的模型……把空间问题纳入到经济学中来,这些模型使地理学家的观点成立,又达到经济学家要求的标准。"

20世纪70年代产业组织理论的发展突飞猛进,提供一系列分析收益递增-不完全竞争的理论模型。尽管这些理论模型可能不尽完善,但它们使经济学家在收益递增-不完全竞争条件下,做出条理清晰、严谨、精致的理论模型。事实上,这次理论革命已从产业组织领域传播到其他一系列领域,出现新贸易理论、新增长理论甚至新商业周期理论和"新经济地理论"。克鲁格曼为代表的新贸易理论指出,市场规模和报酬递增密不可分,产业受市场引力的影响,市场规模的扩大有助于产业经济的快速增长。大部分贸易代表的是基于收益递增的任意分工,而不是为利用资源和生产率等方面的外生差异;持续增长可能源自收益递增。因此,在克鲁格曼认为,用这些新工具复兴经济地理学,将其作为经济学的一个重要领域的时代已到来。现在,将收益递增模型化的要求再也不能使一个领域让人望而却步。相反,至少从目前来看,收益递增模型风行一时,承认空间确实很重要,应努力将地理带回经济学分析。

Porter从竞争优势的角度分析产业集聚现象,指出产业集聚有利于资源共享,可提升地区综合竞争力。克鲁格曼认为规模报酬递增、运费以及生产要素通过在市场中互相作用形成产业集聚,密切的经济联系比技术外溢更有利于产业集聚。新经济地理视角下的集聚效应主要包括三方面:地方市场需求、产业关联引致的专业化分工所导致的规模经济以及产业地方化。但是,经济空间中也并非只有集聚力,土地不能流动,某些不可流动或只具有部分流动性特征的生产要素,运输成本、市场拥挤导致的负面效应引起与集聚力相反的力量——分散力存在。分散力与集聚力之间复杂的相互作用或权衡导致世界经济空间的复杂多样多变,两种力量之间时刻处于"拉锯战"状态,随着对立双方力量的此消彼长,经济空间格局也随之改变。新经济地理学认为,当贸易自由度较低时,集聚力小于分散力,从而对称结构是稳定结构;当贸易自由度处于中等水平时,产业空间结构与预期因素有关;当贸易自由度较高时,集聚力大于分散力,此时中心-外围结构是稳定的;当贸易自由度很高时,产业活动又倾向于分散布局。当然,具体的前提条件不同,集聚和分散的规律将十分复杂。

(一)集聚力来源的静态分析

(1)市场规模效应,即产业的前后向关联效应是指由于生产技术、工艺环节及价值实现之间形成的产品关联,后向关联是指在一个接近较大规模的市场而从事商品生产能够带来的规模经济;前向关联是指一个大的区域市场能够支持该区域中间商品的生产,进而降低下游生产者的成本。前向关联称为价格指数效应,后向关联称为本地市场效应,二者综合表现为产业前后向关联效应。产业集中能够促进充裕劳动力(尤其是专业劳动力)市场的产生,为劳动力提供较为广阔的就业空间。通过信息的溢出效应,集聚则创造出纯外部经济。离心力包括要素不可流动性、地租和纯外部非经济性。前者是指土地和自然资源受自然条件的限制难以流动,劳动力由于受国籍限制而不能在国际间自由流动,无论是从供给还是从需求角度,它们均妨碍产业集中。因为生产必须在有劳动力的地方才能进行。主导企业往往是首先打破初始区域资源均衡状态、最先确立集聚区位的企业,对前后关联中的企业形成空间拉力,对所在的集聚区域形成集聚力。集聚力大小主要取决于主导企业对前向和后向企业价值关联度大小和技术上被替代的可能性。由于效率差异和产品替代弹性是决定区域集聚差异的重要微观因素(Ottaviano,2011),价值关联度越大、技术上被替代的可能性越小,而集聚力越大,集聚效果与主导企业所处的生产价值链的位置及由运输成本和交易成本综合影响的贸易自由度的大小有关。此外,由于集聚带来商品多样化,会增加生产性投入和消费性支出,会扩大相对市场规模,使生产性需求和消费性需求的同向变动,会提高相互的购买力,使得生产和消费物价指数趋于降低,提高区内居民的实际收入水平。而市场规模、需求的不断扩大又进一步吸引更多的生产要素集聚,形成良性循环累积效果。

(2) 溢出效应。高生产率的企业收益能力较强,在自我选择效应和竞争机制的作用下,高生产率的企业从集聚中获得的收益大于低生产率企业的。其选择集聚的动机高于低生产率的企业,其结果导致集聚区内的平均生产率水平高于外围的,这是异质性企业自动选择的结果(Baldwin & Okubo,2006;Combe 等,2009;Puga,2010)。集聚区域首先吸引其他区域的较高生产率水平企业集聚。在满足高生产率企业地理接近后,同一产业链条的前后向关联作用表现在企业之间,存在明显的技术上互补效应,在管理方式和组织形式上存在显著的借鉴性,通过正式或非正式交流产生溢出效应。克鲁格曼认为,马歇尔的讨论并不拘泥于"纯粹"的外部经济,人们也可用马歇尔的方法对这种纯粹的外部经济进行分析,可利用最大化和均衡竞争这些常用的经济学分析工具。不过,从可信度和可研究性来看,纯粹外部性假设的代价十分高昂,它把外部经济效应都放进一个黑箱里,难以进一步研究。企业之间依然保留形式上的独立性,由于相互溢出效应,形成生产环节内部化联动的经济效果,提高资源的配置效率。与区域之外的企业相比较,溢出效应带来额外的收益是集聚力根源。

(3) 劳动力池效应。集聚区域随着要素不断流入,由于资本和劳动的组合需要根据市场需求变化不断进行匹配和调整,劳动力集聚会产生劳动力池效应,即通过劳动力的供求匹配,提高工人工资和企业收益。静态上,大量不同结构与层次的劳动力集聚,减少企业的搜寻成本和时间成本。劳动力池效应极大地提高资本和劳动配置的效率。动态上,劳动者具有适应环境的不断学习能力,大量不同结构与层次劳动力的集聚和扩散,是技能信息交流学习的过程,也是整个集聚区域劳动力质量结构不断优化的过程。对集聚区域外部的资本产生吸引力而提高工资水平,从而对集聚区外的劳动者产生吸引力。

(二) 分散力来源的静态分析

(1) 市场拥挤效应是与前后向联系效应相反的,若市场容量、基础设施、技术进步与创新相对不足,约束资源配置的效率,出现生产和生活成本的提高、利润和收入相对下降,形成分散力、低生产率的企业首先退出。随着集聚度提高,集聚供给的增加大于市场需求的增加,产生过度竞争,即市场拥挤,相对降低企业的获利能力,形成分散力。市场拥挤效应降低集聚租金,减少潜在资源的流入,即减小集聚力而形成的一种分散力。

(2) 资源要素的非完全流动性。在职员工存在技能选择的路径依赖性,学习新技能、补充新知识需要足够的时间和精力,过度竞争会占用员工大量的精力和工作时间,不利于掌握和更新技能。不断变化的新市场需求、新产品工艺、新技术与员工技能之间的结构性失衡,使劳动与资本要素不能自由匹配。非完全流动使要素组合效率降低,成为进一步的分散力。若没有合理的制度安排,在集聚区域形成企业垄断,通过扭曲市场效率的方式把资源集聚锁定在企业内部,使得资源不能进行竞争性使用,降低整个区域的生产率,成为资源区域配置的分散力。在诸多理论中,新经济地理学解释力极强,既把运输成本、要素流动、规模经济等因素纳入主流经济学的一般均衡分析框架,又包含偶然性因素的重要作用。一系列内生和外生、必然和偶然的复杂因素得以在新经济地理学提供的理论框架中被统一起来。包括:体现运输和贸易成本优势的地理区位,市场化改革下流动性日益增强的生产要素、规模经济、率先开放和政策优惠、引进外资等。诸多因素的互动最终被归结于该理论的经典模型所揭示的循环因果机制,这导致沿海与内陆形成巨大的核心-边缘型区域空间结构。

第三节 新经济地理学的基本理论

收益递增对生产空间分布的影响一般可分为高、中、低三个层次,在最高层次上,一国内部主要区域之间的失衡发展过程是由累积过程驱动的,这些过程又是根植于收益递增的。在中等层次上,城市本身的存在就明显是一种收益递增现象。在最低层次上,一些特定产业的地方化现象,明显地受到历史和偶然事件累积过程的影响。不过,鉴于人们对城市化问题的研究较多,其与国际贸易的联系较少,因此,新经济地理学主要集中讨论最高层次和最低层次的收益递增,即区域核心-外围之间的失衡发展过程和特定产业的地方化过程。

一、区域核心-外围模型分析

区域差异如何内生出现? 克鲁格曼以迪克西特-斯蒂格利茨模型为基础,在空间分析中引入规模经济和不完全竞争因素,构建一个地理集中的核心-外围模型。鉴于完整形式的核心-外围模型比较复杂,在此,仅介绍经克鲁格曼加以简化的核心-外围模型的梗概。

(一) 收益递增、运输成本与需求的相互作用

克鲁格曼认为,地理集中依赖于收益递增、运输成本和需求的相互作用。若规模经济足够大,每个制造商就都想在一个地方生产,为全世界的市场提供产品。为了运输成本最小,他会选择当地需求大的地方,但当地需求大的地方也正是大多数制造商选择的地方。因此,累积循环关系,使得一个制造业带一旦建立起来,就一直存在下去。

设想一国的生产可能位于东部和西部两个地区,分别生产两种产品。生产农产品使用一种地区特有的要素,因此,农业人口在这两个地区之间外生地划分。为简化起见,假设两个地区各有一半的农业人口。制造品(有许多对称的种类)可在其中的一个地区生产,也可在两个地区都生产。若某种制造品只在一个地区生产,为其他市场服务就有运输成本;另一方面,若两个地区都生产该产品,又会有额外的固定开办费用。在每个地区,假定在制造业就业的劳动力与该地区制造品的产量成比例。最后,假设每个地区对每种制造品的需求与该地区的人口严格成比例。

假设:用 π, S_m, S_n 分别表示从事制造业的人口所占比例、西部制造业劳动力所占比例、西部人口所占比例。因为有一半的农民居住在西部,西部的人口比例至少是 $(1-\pi)/2$。西部制造业越多,这个比例越大: $S_n = (1-\pi)/2 + \pi S_m$。若西部人口占比很小,那么,企业就不该在西部建厂,而应在东部建厂,提供的商品和服务比较便宜。相反,若西部人口所占份额很大,就不该在东部生产制造品。若固定成本相对于运输成本不太大,只要人口分布在两地足够平均,就会使制造商在两地都生产,并在当地销售。

进一步假设,用 x, F, t 分别表示一个典型制造企业的销售量,一个工厂的固定成本,一个单位制造品从东部运到西部或从西部运到东部的运输成本。若固定成本相对于运输成本

不太高,那么,只要 $S_n xt < F$,即 $S_n < F/tx$,则 $S_m = 0$,或说,东部建厂生产并向西部的市场提供服务就比在西部另外开办一个工厂便宜;若 $(1-S_n)xt < F$,即 $S_n > 1 - F/tx$,则 $S_m = 1$,或说,在西部建厂生产并向东部的市场提供服务就比较便宜;若 $F/tx < S_n < 1 - F/tx$,则 $S_m = S_n$,即在每个地区各开办一个工厂较为便宜。值得一提的是,若固定成本相对于运输成本太高,如若 $F > tx/2$,那么,即使人口在这两个地区平均分布,在一个工厂生产,向两个市场提供服务总是比较便宜的。这样,制造业在两个地区平均分布的均衡不复存在。

据此,容易导出制造业集中于一个地方的必要条件。若制造业都在东部,西部人口在总人口中的比例是 $(1-\pi)/2$。因此,一个典型的制造商在东部生产并向西部市场提供产品的运输成本是 $tx(1-\pi)/2$。在西部开办工厂的成本是 F,因此,只要 $F > tx(1-\pi)/2$,生产集中一旦在东部建立起来,就会持续下去。若这个条件不满足,制造业的地理分布就会同农业一样分散。可见,制造业的地理集中取决于三个系数:F 较大,即规模经济足够强大;t 较小,即运输成本足够低;π 较大,即不受自然资源的影响,"游离的"产品所占份额足够大。

(二) 突变历史与预期

需求区位决定生产区位,这又决定需求区位,这种循环关系也是非常保守的力量,它会将任何业已形成的核心-外围模式锁定。而克鲁格曼认为,永恒的事物很少。首先,生产的地理结构可能在长时间内不变,但其一旦变化,可能非常迅速。事实上,潜在条件的逐渐变化有时可能导致爆炸性或说灾难性的变化。其次,生产的地理结构突变时,会受到客观条件的强烈影响,也会受到预期的影响,尤其是往往可能受自我完成的预言(Self-Fulfilling Prophecy)的影响。

生产的地理结构因何突变?克鲁格曼进一步假设农业劳动力不是平均分布,而是非均衡地分布在两个地区,开始时,西部人口较少,而东部有突出优势,西部不再生产制造品。假设,农业劳动力从东向西逐渐再分配,使东部逐渐丧失制造业优势。当西部人口达到某一个临界值,制造商便值得在西部生产,西部制造业生产和人口进一步增加,刺激制造业生产进一步增加。因此,农业基础的一个微小增加,可能会导致一个进口替代和增长的累积过程。引入突变因素的核心-外围模型,有助于解释历史的重要性。除突变因素以外,克鲁格曼还将预期因素引入到核心-外围模型之中,以便对模型做出进一步扩展。假设农业劳动力从东向西逐渐再分配,使东部逐渐丧失制造业优势。那么制造业的工人和企业能否意识到西部人口即将会增加?当预期到这种变化以后,他们能否不向西部流动,使变化的过程变得较为平缓?克鲁格曼认为,若工人和企业掌握充足的信息,对这些问题的回答是肯定的。

在核心-外围的基本模型中,假设相对于运输成本,规模经济非常强大,因而长期内只有两个均衡:制造业完全集中于东部或西部。但是假设工人不能立刻全部流动,有某种调整成本限制制造业转移的速度。因此,一旦工人选择在一个地区就业,至少在一段时间内他们不能改变选择。可见,在这种情况下,工人关心的就不光是工资,在做出流动决策时还要考虑未来工资的贴现值。但是,在任何时候,每个地区的实际工资率取决于制造业工人的分布,这意味着每个工人目前决定在何处就业取决于他预期其他工人未来的决策。

自我完成预言的可能性现在就变得很明显。假设东部和西部的农民人数相同,刚开始的时候东部制造业稍多。因此,由于优越的前向关联和后向关联,东部制造业工人的实际工资较高。人们可能预期制造业从西部转移到东部。但是,假设由于某种原因,公众认为西部将会是转移的目的地,而不是东部,结果西部的实际工资最终会超过东部。这种信念会导致看似反常的转移:从实际工资高的地方转移到实际工资低的地方,这种转移最终会将实际工资的差异倒转过来。若这种倒转迅速发生,从西部迁移到东部的工人就会发现他们事实上做出正确的决策。西部是"乐土"的信念因此形成自我完成的预言。当然,若每个人都对东部有信心,工业就会转移到东部。

自我完成的预言何时超过最初优势? 有如下重要因素:首先,相对于未来工资差异的贴现速度,工人和企业流动的速度要足够快,使得一个地区的未来优势比另一个地区目前现有的优势更突出。其次,收益递增要足够强大,使得预期未来人口分布引起实际工资的差异迅速变化。最后,起点不能太不平均,若有足够多的制造业集中于一个地区,这种最初的优势可能太大,即使对另一个地区最乐观的预期也不能战胜该优势。克鲁格曼根据对自我完成的预言进行模型化后得出结论:最初工人分布在一定范围,在该范围内,两个地区最终都有可能成为制造业的集中地。这样的范围是否存在? 若存在,将会有多大? 这取决于调整速度,只有调整速度较慢,才能确保最初的优势逐渐积累,而不被自我完成的预期取代。

二、产业地方化现象分析

产业高度地方化现象是工业化过程中一个突出的特征,19 世纪末就被普遍关注。其中,马歇尔对这个现象进行经典分析,即产业地方化有三种原因:首先,一定产业、一定数量的企业集中于一地,形成一个共享的劳动力市场,这对工人和企业都有利。其次,集聚地提供该产业专用的多种类、低成本的非贸易投入品。最后,信息在当地流动要比远距离的流动更容易,产生技术外溢。克鲁格曼有关产业地方化的论述是建立在马歇尔的思想之上,并通过构建正式模型对马歇尔的思想进行重新解释。

(一) 劳动力市场共享与地方化

马歇尔提出,产业集中有利于形成劳动力共享市场。克鲁格曼运用一个简单的两地区模型进行系统阐述。[①]

假设一个产业包括两个企业、两个地区,每个企业均可选择其中的一个地区进行生产,这两个企业都使用某种相同的特殊熟练劳动力。然而,由于它们可能生产有差别的产品,或可能面临不确定的需求,或可能受到针对特殊企业的生产冲击等原因,这两个企业对劳动力的需求是不确定的,而且不是完全相关的。假设每个企业可能会经历一段"好时光",此时它愿意以当时水平的工资雇用更多的专业人员;假设企业可能会经历一段"坏时光",此时它只愿意雇用较少的工人。假定企业对劳动力的平均需求等于供给,若两个企业选择不同的地区生产,它们将各自拥有一半的劳动力;若这两个企业选择相同的地区生产,所有劳动力均可为这两个企业工作。

若工资固定在一个预期市场出清的水平上,那么,企业和工人在一个地区对双方都有利。一方面,从企业的角度看,若每个企业选择不同的地区生产,当劳动力需求多时,企业不能雇到更多的劳动力。若两个企业是在一个地方,那么,一个企业的"好时光",就是另一个企业的"坏时光",前者会有额外的工人可雇。另一方面,工人认为,若他们分别居住在两个地区,那么,企业的"坏时光"就是他们的"坏时光"。若对劳动力的需求少,会有工人被解雇。若两个企业在同一个地区,那么,至少一个企业的"坏时光"会被另一个企业的"好时光"所抵消,因此平均失业率相应较低。

[①] 克鲁格曼. 地理和贸易[M]. 张兆杰,译. 北京:中国人民大学出版社,2000:37-47.

克鲁格曼认为这一简单的模型分析可以澄清一些经常被误解的问题。首先,它澄清从劳动力市场共享中得到收益的性质。人们可能认为,创造一个劳动力共享市场的激励可能仅与工人规避风险有关。但是,即使工人是完全风险中性的,创造一个劳动力市场共享的地方化产业会提高效率、带来收益。其次,只有风险是不会产生地方化的,还需要收益递增。因为要使共享的劳动力市场有优势,就需要假设每个企业必须选择此地或彼地,而不能同时选择两个地方。若每个企业都可在两个地方同时生产,或若每个企业都可分裂成两个相同的企业,一地一个,那么,企业和工人完全的"组合"就可在两个地方复制,地方化动机不复存在。但是,对于企业不在两个地方同时设厂的假设,最自然的解释是存在足够的规模经济,使得企业只能选择一个生产地点。因此,正是收益递增和不确定性的相互作用,证明马歇尔地方化的劳动力市场共享论,是成立的。

(二) 中间投入品与地方化

马歇尔提出,集聚的第二个理由是,可以得到专业化的投入品和服务。这一观点似乎非常直观:因为一个地方性的产业可支持当地更多专业化的供应商,这些供应商反过来又使该产业更有效率,因而强化地方化。克鲁格曼认为,同样可构造一个与核心-外围基本模型十分相似的中间产品和产业地方化的模型来对中间产品的集聚条件进行分析,

只要将核心-外围模型中的制造业和农产品份额分别替换为中间产品和最终产品份额即可。根据克鲁格曼核心-外围基本模型,产业地理集中与运输成本成反比,与"游离的"制造品需求成正比,与规模经济的重要性成正比。与此类似,运输成本下降,工业化进程加快,规模经济增强,将会导致制造业带内的产业日益地方化。

根据上述模型,克鲁格曼认为有关中间投入品与集聚关系的分析有两点内容要澄清:首先,中间投入品的生产在很大程度取决于一定程度的规模经济。若中间投入品生产中没有规模经济,那么,较小的生产中心即可小规模地模仿较大的,并获得同样效率。只有存在收益递增时,才使一个大的生产中心比一个小的生产中心更有效率,供应商更多。其次,并非只有在中间产品较之于最终产品的运输成本非常高这一特殊情形下才会发生由供应商云集而形成的地方化。事实上,除非运输中间产品的成本比运输最终产品的成本低很多,否则就会出现地方化。中间产品和最终产品运输成本的普遍下降,应该鼓励而不是阻碍地方化。

(三) 技术外溢与地方化

马歇尔谈到,地方化的最后一个原因是相邻企业之间的知识外溢。克鲁格曼对此却持谨慎态度。他认为,在一些产业的地方化过程中,真正的技术外溢确实发挥重要作用,但不应假设它是主要原因,理由如下:

第一,美国现在或过去许多高度地方化的产业根本不是高技术部门。加利福尼亚的硅谷和波士顿的128号公路这些集聚区声名远扬,但同样显著的集中例子还有佐治亚州多尔顿的地毯制造商、纽约的金融服务业。因此,在形成地方化的力量中,除与高技术有关的力量外,还有一些力量的作用也非常强大。

第二,集中研究可被模型化的那种外部经济。理论上,只要知道一个产业的技术,就可直接对劳动力共享或中间产品供应进行研究和预测。另一方面,形成地方化的力量非常具体,对经济学家的假设有所限制。比较而言,知识流动是无形的,没有留下书面痕迹可供度量和跟踪,也没有什么可阻止理论家随心所欲地做出任何假设。社会学家所用的调查方法可能有助于经济学家,但在求助于其他学科之前应尽可能地进行经济分析。

第四节　新经济地理学的实证研究

新经济地理学除构建反映经济活动地理集中现象的理论模型外,还特别强调运用所构建的新经济地理模型对经典案例进行实证分析。克鲁格曼运用他构建的核心-外围理论模型对美国制造业的兴起案例、产业地方化案例进行实证分析,并通过对欧洲与美国之间的地方化程度差异的比较研究,对欧洲一体化的经济地理前景进行预测。

一、美国制造业带兴起的案例分析

以核心-外围理论模型为基础,克鲁格曼对美国制造业带兴起的案例进行实证分析。[①] 20世纪初,地理学家注意到美国大部分制造业集中于东北部相对较小的地方以及中西部的东面,大致来讲分布在由格林湾-圣路易斯-巴尔的摩-波特兰所组成的一个近似平行四边形的区域内,这一地带最早被美国地理学家德格尔(S. DeGeer,1927)命名为"制造业带"。当然,这种制造业并不受国界限制,如,加拿大工业集中于安大略省的一部分,也是美国制造业带的一部分。并且,这种制造业带也不是独一无二的,在欧洲大陆上,由德国鲁尔区、法国的西北部以及比利时所构成的"制造业三角"也类似于美国的制造业带。

美国制造业带在19世纪的下半叶成形后就一直久盛不衰。有关学者估计,到1957年,在制造业带就业的人数仍然占美国制造业就业人数的64%,只比20世纪初的74%略有下降。[②] 并且,这一数字还是低估制造业在这个区域的支配地位,因为在美国制造业带的鼎盛时期,制造业带之外的大部分制造业要么只加工原材料,要么生产仅供应当地很小的市场。

美国制造业带为何能长期居于支配地位? 显然不是由于自然资源持续的优势,即使农业和矿产的中心已转移到美国西部,但制造业带仍然欣欣向荣。1870年,美国东北部、中区东北部(新崛起的制造业带)占美国"资源采掘业"(农业、采矿、森林、渔业)就业人数的44%。到1910年,这个比例已下降到27%。然而,这些地区制造业的就业人数仍然占70%。

美国制造业集聚的原因可归纳为接近其他制造商,这明显解释为何即使美国大部分初级产品生产已转移到其他地区,但制造业带仍然久盛不衰。

美国建国之初的人口主要为农业人口,制造业几乎没有地理集中和规模经济,运输成本非常高。随着美国开始产业转换,制造业在北部农业人口众多的地方发展起来,南部则由于实行奴隶制而不适合制造业发展。在19世纪后半叶,制造业的规模经济增加,运输成本下降,在非农部门就业的人口增加,导致制造业带最初的优势被锁定在制造业带,但是,已建立起来的制造业地区的吸引力如此之大,使这个制造业中心并未受到影响。

美国制造业带的历史说明:收益递增和累积过程无处不在,通常是历史上的偶然事件发挥一种决定性的作用。尤其是,美国制造业带的形成可追溯到19世纪中叶,说明美国制造业的地理集中早在信息时代来临之前就已发生。因此,传统的收益不变的模型没有很好地说明经济。

---

①② 克鲁格曼.地理和贸易[M].张兆杰,译.北京:中国人民大学出版社,2000:58-60;72-80.

二、制造业地方化典型案例分析

美国制造业非常地方化。典型案例说明，一些偶然事件在创造地方化上发挥了重要作用。克鲁格曼曾分析美国"地毯之都"兴起的典型案例。1895 年，美国多尔顿一个名叫伊万斯的小女孩做了一件植毛的床罩送给朋友作为结婚的礼物，朋友们十分喜爱。在以后的几年里，伊万斯小姐又做了许多植毛的东西，并在 1900 年发明了一种将丛毛镶嵌在衬垫里的方法。然后，她开始出售床罩，并和朋友、邻居在当地创办了一些手工艺工厂，向很远的地方出售手工艺品。

第二次世界大战结束后不久，一种新发明的机器用来生产植毛地毯，其价格非常便宜。20 世纪 40 年代末至 50 年代初，在多尔顿及其周围出现许多小的地毯企业，还有许多辅助性企业，向地毯企业提供衬垫、染色等。其他地方一些地毯制造商从事纺织，但最终不是遭到多尔顿后起之秀的驱逐而歇业，就是将其业务从传统的东北地区转移到多尔顿——美国的地毯之都。美国前 20 名地毯制造企业中有 19 个位于多尔顿及其附近。对于经济学家来说，重要的并非最初的偶然事件，而是使此类偶然事件有如此大且持久影响的累积过程。

三、欧洲经济一体化的经济地理前景

新经济地理学认为，随着经济全球化发展，国际经济学和区域经济学之间的界线已变得日益模糊。如随着欧洲成为一个统一市场，资本和劳动可自由流动，用标准的国际贸易的范式来谈论欧盟成员国之间的关系就变得日益没有意义。相反，对欧盟的经济关系，有必要采用新经济地理学的研究方法来分析经济一体化问题。

欧盟的最终目标是消除所有阻碍欧盟内部贸易、资本流动和劳动力迁移的障碍，若这一目标达到，欧盟最终就会成为一个像美国那样的一体化经济区。那么，欧盟地方化和专业化程度发展前景如何？克鲁格曼首先对比分析目前美国与欧洲在地方化程度上的差别，并以此为基础对欧盟的经济地理前景进行预测。

克鲁格曼运用的分析指标是根据欧美国家（大致）两位数产业的就业统计数据所构造的区域-美国区域-国家差异指数。他采用的分析样本是美国的四大区——东北部（新英格兰与大西洋中部）、中西部（中区东北部与中区西北部）、南部和西部，在人口和经济规模上与欧洲四强相媲美。克鲁格曼根据其所构造的区域-国家就业差异指数，首先对美国四区与欧洲四强进行比较。其次，对美国中西部和南部与德国和意大利进行比较，对传统重工业产地与传统轻工业产地进行比较。最后，对欧美之间的汽车产业进行比较。克鲁格曼最后得出结论：美国产业的地方化程度高于欧洲。

美国各区域之间的经济差异为何比欧洲国家之间的经济差异大？克鲁格曼根据中心-外围模型对比进行理论解释。他认为，国家与区域之间的差别是，国家政策会影响产品和要素的流动。尤其是国界通常阻碍贸易和要素流动。如，当代所有的国家都限制劳动力流动，许多国家还限制资本流动，并且国际贸易中也存在着有关明显或潜在的限制。

根据核心-外围模型，当运输成本下降，规模经济上升时，会产生集聚。从 20 世纪 80 年代起，随着运输成本下降，规模经济的重要性凸显，无论在美国还是在欧洲，地方化演变日益增强。但是，在欧洲，运输成本的下降通常被关税的提高所抵消，以后又被汇兑管制所抵消，而两次世界大战又把欧洲弄得四分五裂。即使欧盟成立后，国界仍然是阻碍发展的一个重要的障碍，再加上各国五花八门的管制，以及难以捉摸的优待本国产品的政策，其结果是欧洲的经济地方化程度较之于美国相差很远。据此，克鲁格曼认为，欧洲经济一体化将加剧其地方化和专业化程度，或者说欧洲一体化意味着要解散部分欧洲产业中心。如随着欧洲一体化的发展，德国应将其纺织业和服装业搬迁到南欧；作为补偿，德国应发展一些关键性的重工业和高技术产业，而南欧应使这些产业衰落下去，这对双方都是有利的。

新经济地理学更多运用主流经济学的观点来解释区域经济问题，以便将经济地理分析纳入主流经济学的研究范畴。这对于西方经济学，是十分重要的。主流经济学长期忽略空间因素，空间研究是一个薄弱环节，而新经济地理学恰恰丰富主流经济学的这一研究。

新经济地理学与传统的经济地理学相比，其特点是将收入递增-不完全竞争模型引入空间分析之中，对传统经济学提出的某些问题进行直观说明。规模经济、不完全竞争、多重均衡、历史、预期、突发等因素的相互作用是新经济地理学研究空间经济活动的基本视角，从而丰富和发展经济地理学的理论内涵。

新经济地理学是新贸易理论研究的进一步深化。随着经济全球化推进，竞争主体在很大程度上不再是国家之间的竞争，而是区域之间的竞争。国际经济和区域经济学之间的界线已变得日益模糊。新经济地理学成为研究国际经济问题的一个新视角。

作为主流的数理经济学家，新经济地理学的倡导者倾向于认为只有那些能够用数学符号表示的经济思想才是严格意义上的经济理论，克鲁格曼将其称之为"希腊字母经济学"。由于过分强调数学建模，因而无法排除进行模型化的社会、文化、政治等有关因素，而使其无法对经济活动在特定空间集聚的原因进行全面分析。

本 章 小 结

侧重研究跨行业集聚的雅格布斯理论，侧重研究行业内集聚的克鲁格曼理论，基于收益递增假设的新经济地理学，采用收益递增-不完全竞争模型的建模技巧对空间经济结构与变化过程进行深入考察，旨在将经济地理分析纳入主流经济学之中。其得出的结论是：运输成本下降，工业化进程加快，规模收益递增，集聚增强。

思考题

1. 主流经济学为何忽视空间问题研究？经济学家如何关注空间经济？
2. 简述新经济地理学主要理论。
3. 影响经济活动地理集中的主要因素是什么？"新"新贸易理论与新经济地理学有什么关系？影响经济活动地理集中的主要因素是什么？

名词

市场规模效应　收益递增　集聚经济

第二十七章 新增长理论与新发展经济学

本章要点
- 西方增长经济学的发展;新古典增长模型、基本结论;新经济增长理论的发展内容
- 新古典政治经济学、新增长理论、可持续发展理论、社会资本理论的新思路

第一节 增长经济学的新进展

二战后,经济增长一直处于经济理论研究和政策制定的中心。通常认为,现代增长经济学是在凯恩斯理论之后发展起来的。但是,在西方经济学中对经济增长的论述由来已久。自斯密创建经济学理论体系以来,经济学家就不乏对经济增长理论的探索。依照西方主流经济学的发展线索,以19世纪70年代和20世纪30年代末为标志,把斯密以来的经济学大致划为古典时期、新古典时期和现代三个阶段,以说明不同时期增长经济学的发展。

一、古典时期的经济增长理论

在古典时期,西方一些重要的经济学家就对经济问题进行了深入的研究,其中,亚当·斯密和大卫·李嘉图最具代表性。

1. 斯密的经济增长理论

斯密非常关注经济的增长,促进经济增长有两种途径:一是增加生产性劳动;二是提高劳动生产率。他着重分析劳动分工的作用:① 提高劳动熟练程度和劳动生产率;② 减少由工作转换所造成的时间浪费;③ 使得工作趋向于单一,缩短新机器发明所需要的时间。

斯密认为,首先,资本积累使资本存量扩大,生产性劳动的数量相应增加,从而促进经济增长。其次,资本积累的规模扩大导致生产劳动集中,为分工创造条件。资本越充分,劳动分工就越细致。伴随着资本积累,劳动分工在技术变革和生产方法变革中的作用充分显示出来,并最终促进经济增长。

总之,斯密对经济增长源泉的分析可以归结为生产性劳动量的增加、分工和资本积累。至于这些因素的互动能否保证社会经济实现稳定的增长,斯密的观点与他"看不见的手"原理相一致。在他看来,由于生产中所使用的劳动投入量、劳动分工程度和资本积累都有赖于投资,而投资又受到利润的驱动,因而经济增长将会在个人追逐自身利益的过程中实现。由此引申出来的政府政策也就简化为维持和促进自由竞争。

2. 李嘉图的经济增长理论

承袭斯密的基本思路,李嘉图从收入分配的角度探讨经济增长的源泉。在他看来,收益递减趋势使得谷物价值提高,导致劳动工资率上涨,使得生产成本提高,利润降低,因而投资下降,最终导致资本积累减少。同时,随着生产扩大,对土地的需求扩大,地租也将增加。但地主只进行非生产性消费而不进行投资,所以上述过程必将导致资本积累停止。因此,李嘉

图对资本主义经济增长的前景是悲观的。

不难看出,李嘉图更注重斯密增长分析中的劳动量增加和资本积累的作用。

古典时期的经济学家已认识到资本积累、分工和劳动生产率水平提高对经济增长的作用。不过,他们对经济增长的分析是以农业占主导地位的经济社会为对象的,土地肥力递减等边际收益递减规律被过分强化,而技术进步的连续性问题则没有得到应有的重视。

二、新古典时期的经济增长理论

19世纪70年代之后,边际分析为基本特征的新古典经济学成为西方经济学的正统。总体上,新古典经济学使用静态分析方法,侧重分析资源配置,而经济增长问题并没有占据非常显要的地位。但是,新古典理论不仅为现代增长经济学提供边际分析工具和一般均衡的理论框架,而且其某些观点也为后来的增长理论奠定基础。其中代表性的观点包括马歇尔对规模收益递增的分析、阿林·杨(A. Young)的分工理论和熊彼特的经济发展理论。

1. 马歇尔的分工与增长理论

马歇尔作为新古典经济学的代表人,为后来增长经济学的发展提供具有启发性的研究思路。首先,与斯密等古典经济学家一样,他认为分工促进生产效率的提高。其次,他用规模收益递增来解释经济增长。在他看来,经济系统中导致收益递增与收益递减的因素是同时发挥作用的。与既定的投入量相联系,边际收益递减规律起作用,而与生产能力相联系,则可以存在规模收益递增。随着人口增加、财富(在他那里有时与资本混用)增加、智力水平提高、工业组织(如分工协作)引入等,工业生产效率得到提高,表现为收益递增,从而促使经济增长。再次,他明确区分厂商的收益递减与行业的收益递增。在他对完全竞争条件下代表性厂商和行业的均衡所进行的分析中,厂商主要表现为收益递减,其成本曲线呈U型,而行业产出变动则可以使得代表性厂商的生产呈现收益递增,进而使得长期供给曲线向右下方倾斜。他的上述分析对现代西方经济增长理论的意义在于,代表性厂商的收益递减与整个社会的收益递增可以在一个模型中出现。现代增长经济学家从不同的侧重点建立的经济增长模型都或多或少与此有关。

2. 阿林·杨的分工与增长理论

阿林·杨在《收益递增与经济进步》(1928)一文中,以动态分析方法重新解释规模收益递增、分工和经济增长间的关系,对收益递增提出另外一种解释。他认为,首先,经济增长过程应是动态而不是静态的。其次,收益递增有赖于持续的劳动分工。他的观点是收益递增取决于劳动分工的发展。劳动分工最重要的形式是迂回生产方式,分工越充分,迂回生产链就越长;迂回生产链越长,分工就越充分。正是分工与生产链相互影响,使得收益递增可以维持。最后,分工取决于市场容量,而市场容量又取决于分工。至于什么因素决定分工,他借用斯密的观点,认为市场容量是决定分工的主要因素:市场容量越大,分工越充分。但同时他也认为,市场容量也取决于购买能力,这取决于生产能力,而生产能力又取决于分工状况。因此,市场容量与分工这两者与收益增减间存在着相互促进的机制,促使经济增长。

他和马歇尔提出的两种规模收益递增,为解释持续的经济增长提供两种可能的方向。

3. 熊彼特的创新与经济增长理论

约瑟夫·熊彼特是这一时期第三位对增长经济学产生过重要影响的经济学家。他的破坏性创新推动经济发展的理论也被现代增长经济学所借用。创新的出现,使得单个厂商因具有垄断优势而处于规模收益递增,同时不断创新又使得这种收益递增得以维持,使经济实现持续增长。

除上述三位著名的经济学家外,在这一时期另一位对现代增长经济学产生重要影响的学者是拉姆齐(F. Ramsey),他在1928年发表《储蓄的数学理论》一文中为现代增长经济学提供基本方法。但由于这一方法首先被新古典增长理论用于扩展其基本模型,为行文方便,把这一部分内容纳入新古典增长理论之中。

三、哈罗德-多马模型

罗伊·福布斯·哈罗德(Roy Forbes Harrod,1900~1978)致力于凯恩斯的理论动态化和长期化,主要贡献是经济增长模型。

埃弗塞·D. 多马(Evsey. D. Domar,1914~1997)深入研究经济增长理论,主要著作是《经济增长理论论文集》(1957)。

哈罗德和多马对经济增长理论的研究成果被称为"哈罗德-多马模型"。二战后,有效需求不足问题逐渐淡出经济学研究范围,经济增长理论成为经济学家研究的焦点。哈罗德-多马模型的基本方程是,经济增长率(G)等于边际储蓄率(s)与资本产出比($v=K/Y$)的比率,即 $G=s/v$。如果基本方程的 v 是资本的实际变化量与国民收入的实际变化量的比率,那么由此决定的经济增长率就是实际增长率。哈罗德还提出有保证的增长率的概念,即当企业家满意的资本产出比等于实际的资本产出比时,国民收入就按照有保证的增长率增长。

但是,哈罗德-多马模型面临两个问题:一是经济是否有均衡增长的途径,即"可能性问题";二是经济一旦偏离均衡增长途径,是否能够重新回到均衡增长的道路,即"稳定性问题"。前者由于预期不确定性、外部环境等因素,企业家满意的资本产出比不一定等于实际的资本产出比,因此经济不会长久地按照有保证的增长率增长下去。而且,即使实际增长率等于有保证的增长率,还要考虑充分就业,这就要求有保证的增长率等于自然增长率。因此,哈罗德认为,资本主义条件下,充分就业均衡增长的可能性是存在的,但是这种可能性很小。据此,哈罗德-多马模型的增长途径被形容为像锋利的刀刃一样。"可能性问题"也被称为"刃锋问题"。对于后者来说,当实际增长率偏离有保证的增长率后,在乘数的作用下,不但回不到均衡位置,而且会越来越偏离均衡位置。这意味着,资本主义经济发展很难稳定在一个不变的速度上,容易出现剧烈波动。

在不同时期虽有许多经济学家对经济增长问题做出开拓性分析,但这些论述大都停留在一些思想观点上。一般认为,现代西方增长经济学是在凯恩斯理论基础上发展起来的。哈罗德和多马分别在1939年和1946年独立地提出建立在凯恩斯理论基础上的经济增长理论。由于基本思想一致,他们的理论也被称为哈罗德-多马模型。该模型中有许多明显、隐含的假设,主要包括:使用劳动和资本两种生产要素生产一种产品;使用的劳动和资本不能相互替代,即总量生产函数是固定比例的,资本的产出比保持不变;经济中的储蓄率不变;不存在技术进步和资本折旧;劳动按固定不变的比率增长。

在这些假定条件下,哈罗德-多马模型可以简单地表示为

$$g = \Delta Y/Y = s/v \tag{27.1}$$

式中,Y 为总产出;$s=S/Y$,为储蓄率;$v=K/Y$,是经济中的资本-产出比。

式(27.1)表明经济增长率与储蓄率以及资本-产出比间的关系:储蓄率越高,经济增长速度就越快;资本-产出比越高,经济增长速度就越低。

进一步,哈罗德-多马模型借助于(27.1)式说明经济实现稳定增长的条件。按哈罗德的

说法，经济实现充分就业条件下的稳定增长，要求实际经济增长率 gA、有保证的经济增长率 gW 和人口增长率 gN 相等，即

$$gA = gW = gN \tag{27.2}$$

式中，经济中的储蓄率 s 一定，gA 是按实际资本-产出比计算的经济增长率；gW 则是按投资者意愿的资本-产出比计算的经济增长率；而人口增长率 gN 是外生给定的。上述三个增长率相等可以保证经济在充分就业条件下实现持续增长。

但问题在于，这一条件并不能自发实现。首先，由于资本-产出比是固定不变的，产出增长需要一定数量的资本，也就要求有一定数量的劳动，但人口增长按自然规律变动，因而也就不存在一个自发的机制来保证经济增长能在充分就业下实现。其次，实际经济增长率与有保证的经济增长率间相等的条件是不稳定的。按哈罗德的解释，gA 与 gW 的差异源于实际和投资者意愿的资本-产出比间存在的差异，但这种差异并不能依照经济体系本身自发地加以调节并趋向于稳定。若 $gA>gW$，则实际资本-产出比低于投资者意愿的资本-产出比，从而投资者会进一步投资以便增加实际的资本存量，结果会促进实际经济增长率进一步提高。增长率提高只有受到源于劳动量制约时才会停止。相反，若 $gA<gN$ 将导致实际增长率的进一步下降，并导致失业。因此，哈罗德-多马模型给出的经济增长路径是不稳定的。

四、新古典增长模型

鉴于哈罗德-多马模型得出的结论过于悲观，而且所得到的不稳定性的结论与二战后西方国家实际经济波动也不完全相符，因而许多西方学者尝试建立新的模型。其中 20 世纪 50 年代由索洛(1956)和斯旺(1956)建立的模型奠定新古典经济增长理论的基础，并在很长时期内处于增长经济学的正统地位。

索洛-斯旺模型对哈罗德-多马模型最根本的修正是假定总量生产中资本与劳动间存在不完全的替代关系，从而使得增长理论具备新古典的特征。利用资本与劳动可平滑地替代的特性以及资本边际产量递减规律，索洛-斯旺模型有效地解决了哈罗德-多马模型中经济增长率与人口增长率间不能自发相等的困难。由于劳动与资本存在替代关系，因而劳动与资本间的搭配可以由资本积累的数量加以调节。此外，在特定的劳动数量下，随着资本存量的增加，资本的边际收益递减规律保证经济增长稳定在一个特定的数值上。这样，索洛-斯旺模型就得出资本主义经济可以实现稳定增长的结论。之后，在 1965 年，凯斯(David Cass)和库普曼斯(Tjalling Koopmans)分别在《资本积累总量模型中的最优增长》和《论最优经济增长概念》的论文中使用拉姆齐(1928)方法，将消费者最优化分析引入到新古典经济增长模型中，从而建立一个更为一般的经济增长模型。这一模型经常被称为拉姆齐-凯斯-库普曼斯模型，也被简称为拉姆齐模型。

在随后的很长时期内，新古典增长模型成为分析增长理论的基本方式。然而，无论索洛模型还是拉姆齐模型，得出的结论都是长期增长率取决于外生的人口增长率和技术进步率，这极大地限制了新古典增长理论对稳定状态下的经济增长特别是技术推动经济增长机制的解释。但同时，由于解释经济增长方法上的欠缺，也使得经济增长理论的研究趋于沉寂。

这种状态在 20 世纪 80 年代中期被打破。以 1986 年罗默(Paul Romer)的《报酬递增和长期增长》和 1988 年卢卡斯的《论经济发展的机制》两篇论文为先导，西方经济学界出现增长经济学研究的热潮，并取得一些重要突破，形成"新经济增长理论"。在这些理论中，技术进步具有内生决定形式，因而新经济增长理论也被称为"内生经济增长理论"。它强调知识

积累、人力资本投资、技术创新等对经济增长持续不断的效应,因而在更大程度上说明经济增长的动因,而且更符合经济增长的事实。这些理论所提供的政策建议也在很大程度上改善政府对如何保持长期经济增长缺乏对策的状况。

新增长理论是在新古典增长模型基础上发展起来的,分析应从新古典增长理论体系出发。

五、新古典增长理论及其扩展

1. 索洛-斯旺模型为代表的新古典增长理论的基本假定

索洛-斯旺模型为代表的新古典增长理论的基本假定主要包括如下方面:

(1) 全社会只生产一种产品,其生产技术由外生因素所决定,通常假定为不变。这样,经济社会的生产函数可以表示为

$$Y(t) = F[K(t), L(t)] \tag{27.3}$$

(2) 生产函数具有新古典的特性。这要求生产函数至少满足如下三个条件:产量随着一种生产要素数量的增加而增加,但又服从边际收益递减规律;生产函数规模收益不变;生产函数满足稻田(Inada)条件,即边际产量在要素投入量趋于0时为无穷大,而在要素投入量趋于无穷大时为0。

(3) 储蓄率为常数。以 s 表示储蓄率,即收入中储蓄所占的份额。在最简单的新古典增长模型中,储蓄率 s 外生给定。于是,储蓄函数可以表示为

$$S = s(Y) \tag{27.4}$$

式中,$0<s<1$。

(4) 一切投资都作为新增资本,不存在资本折旧。

(5) 劳动数量按一个不变比率 n 增长。通常假定劳动的初始数量为1。在上述假定下,索洛等人推导出来的新古典增长模型的基本方程是

$$k = sf(k) - nk \tag{27.5}$$

式中,$k=K/L$ 为人均资本数量;k 表示单位时间内人均资本量的改变量;$y=Y/L=f(k)$ 为人(或劳动力)均产量。式(27.5)表明,一个经济社会的人均储蓄量 $sf(k)$ 被用于两部分,一部分是为新增人口配备的资本,即资本广化;另一部分是为每个人增加的 k,即资本深化。在经济实现稳定增长、人均资本量保持不变时,于是,根据式(27.5)得到的稳定增长的条件为

$$sf(k) = n \tag{27.6}$$

在生产函数符合新古典假设而储蓄率 s 和人口增长率 n 保持不变的条件下,式(27.6)唯一地决定一个人均资本量 k。围绕着这一人均资本量,如在人均资本量低于 k 时,人均资本量所对应的储蓄大于新增人口所需占用的资本,因而人均资本量会相应地增加。但由于生产技术服从边际收益递减的规律,由此造成的资本积累必然在 k 处停止。这意味着,经济可以实现长期的稳定增长,而且经济的长期稳定增长率为 n。

根据索洛-斯旺模型,经济社会所具有的增长速度恰好可以吸收人口的增加量,从而可以在充分就业下长期保持稳定增长。这一结论同时也表明,生产技术、储蓄率和人口增长率的变动可以使得均衡时资本量发生变动,但长期稳定的经济增长率只与人口增长率有关系,与储蓄率和生产的特征无关。因此,长期的经济增长由外生因素决定,任何旨在通过增加积累来提高长期增长率的努力都是无效的。

2. 索洛-斯旺模型的简单扩展

在以索洛模型为代表的新古典增长模型中,存在若干假设条件。不过,对这些条件的简单扩展并不影响模型的基本结论。

以索洛模型为代表的新古典增长理论很容易地扩张到包含资本折旧的情况。假定经济中资本存量的折旧率为 δ,这时,式(27.5)可改写为

$$K = sf(k) - (n+\delta)k \qquad (27.7)$$

式中意味着只有在扣除人口增长和资本折旧之后,储蓄才形成资本的增加。这一改变显然并不影响新古典增长模型稳定增长的条件,也就不改变其基本的含义和结论。

索洛模型也可以扩展到包含外生技术不变的情况。假定生产技术水平以一个不变的速度 x 提高,则技术水平 $A(t)$ 可以表示为

$$A(t) = e^{xt} \qquad (27.8)$$

技术进步导致有效劳动时间的增加。令 $\hat{L}=A(t)L=e^{xt}L$,用来表示有效劳动时间,则 $\hat{y}=Y/\hat{L}$ 表示已有有效劳动平均的产出,$\hat{k}=K/\hat{L}$ 表示单位有效劳动平均的资本,故式(27.7)可改写为

$$\hat{k} = sf(\hat{k}) - (n+\delta+x)\hat{k} \qquad (27.9)$$

于是,运用新古典增长理论的基本模型可知,按有效劳动平均的资本 $\hat{k}$ 和产出 $\hat{y}$ 的增长率为 0。这样,由 $\hat{y}$ 的定义,新古典增长理论得出结论:在技术水平按外生增长率 x 增长时,经济在稳定状况下的增长率等于 $n+x$。

由此可见,在增加资本折旧率和外生的技术进步率之后,以索洛模型为代表的新古典增长理论的结论并没有实质性改变。

3. 索洛-斯旺模型的动态效率问题

在索洛-斯旺模型中,经济在长期稳定状态下的人均资本量取决于既定不变的储蓄率,即 $k=k(s)$。若考虑到经济社会的福利特征,那么对于既定的社会目标而言,特定储蓄率这一稳定状态下的资本量未必是社会最优的。这是增长理论中经常提及的动态低效率问题。

若以人均消费为社会福利目标,则适当储蓄率,使稳定状态下的人均资本量 k^* 对应的人均消费量最大。满足这一条件的人均资本量 k_g 被称为资本积累率。但对于特定的 s 而言,稳定状态下的人均资本量未必等于黄金人均资本量 k_g。特别是,若稳定状态的人均资本高于 k_g,则提高储蓄率反而导致人均消费量减少。这使新古典增长理论缺乏微观基础。

4. 拉姆齐模型

为解决索洛模型的动态低效率问题,新古典增长理论利用动态最优化方法,引入消费者对储蓄率的选择,从而使得新古典增长理论建立在一般均衡的分析框架上。新古典增长理论的这一模型被简称为拉姆齐模型。其中存在代表性的家庭和厂商,完全竞争的市场把它们联系在一起。从家庭角度看,一个无限存续的家庭部门决定消费数量和储蓄,这一家庭通过选择每个时期的消费量,使长期效用最大。以 $c(t)$ 表示第 t 期经济中的人均消费量,则家庭中每个人在第 t 期的效用为 $u[c(t)]$。假定最初规模为 1 的家庭按不变的数值 n 增长,即家庭的规模为 $L(t)=e^{nt}$,则家庭在第 t 期的总效用为 $u[c(t)]L(t)=u[c(t)]e^{nt}$。若家庭的时间偏好率为 $p(>0)$,则无限存续家庭的总效用为

$$U = \int_0^\infty u[c(t)]e^{nt}e^{-pt}dt \qquad (27.10)$$

在追逐效用最大化的过程中,家庭要面临着收入限制。为简单起见,假定家庭的收入来源只有劳动的工资和资本的利息。以 $w(t)$ 表示在 t 时的工资效率;$r(t)$ 表示利息率;$a(t)$ 表示家庭的人均资产拥有量,则家庭面临的收入约束条件为

$$a = w + ra - c - na \tag{27.11}$$

式(27.11)表明家庭中人均资产总额的改变量等于工资和利息收入扣除消费和新增人口所占用资产之后的余额。

由于家庭是无限存续的,因而通过借新债来偿还旧债是可能的。为防止债务增长无限大,通常要求家庭在未来时间里所拥有的人均资产的贴现值是非负的,即

$$\text{Lim}\{a(t)\exp - \int_0^t [r(v) - n]dv\} \geqslant 0 \tag{27.12}$$

这样,代表性家庭的行为表现在式(27.11)和式(27.12)的约束条件下实现效用最大化。

其次,从厂商角度来看,未来实现利润最大化,厂商根据边际产量等于要素价格原则选择要素投入量,即

$$[f(k) - kf'(k)] = w \tag{27.13}$$

$$f'(K) = r \tag{27.14}$$

最后,当经济处于一般均衡状态时,家庭部门的人均资产 a 等于厂商部门的人均资本 k。这样,式(27.11)和式(27.12)可以表示为

$$K = f(k) - c - nk \tag{27.15}$$

$$\text{Lim}\{k(t)\exp - \int_0^t [f'k(v) - n]dv\} \geqslant 0 \tag{27.16}$$

式(27.15)实际上即索洛模型的基本公式,它给出资本积累的变动轨迹。(27.16)式则表明,资本收益率要超过人口增长率,以便使中括号中所得到的数值为负。

于是,经济社会的最优增长路径可以借助于家庭在式(27.18)和式(27.19)的约束条件下实现(27.13)式的效用最大化过程来得到。借助于庞特里亚金极大值原理,拉姆齐模型得到

$$c/c = ó(r - p) \tag{27.17}$$

式中,$ó$ 是消费者的跨时替代弹性;$r = f'(k)$ 是资本的收益率;p 为家庭的时间偏好率。

式(27.17)给出消费增长率的动态轨迹。设家庭的时间偏好率 p 为常数,在稳定状态下,资本边际收益率 $r = f'(K)$ 和消费者的跨时替代弹性 $ó$ 均为常数,则式(27.17)中给出稳定增长率的表达式。利用式(27.15)、式(27.16)和式(27.17)可以考察整个经济的动态变动过程。用 g_k 和 g_c 分别表示稳定状态下的人均资本和人均消费的增长率。若人均资本的人均增长率 $g_k > 0$,则对应于最初大于 0 的资本量,在经过若干时期的变动以后,人均资本趋向于无穷大。但是根据新古典增长理论的基本假设,此时有资本的边际产量为 0。但是只有当 $g_k > 0$ 时,边际产量 $f'(k)$ 不能总小于 n,否则式(27.16)不成立。因此,只有当 $g_k \leqslant 0$ 时才能满足条件。但是,若 $g_k < 0$,则人均资本趋向于 0,使得边际产量为正无穷大。这将导致人均消费的增长率 g_c 无限大。这说明,只有当人均资本增长率 $g_k = 0$ 时,经济才能达到稳定状态。

若人均资本的增长率为 0,那么经济中人均产出增长率 g_y 以及人均消费增长率 g_c 也必然为 0。所以,经济中资本 K、总产出 Y 和消费 C 都以人口增长率 n 的速度增长。很显然,这些经济变量的长期增长率与生产函数的性质及时间偏好率无关,只由外生人口增长所决定。这些结论与储蓄为外生给定的索洛模型完全一致,并消除原有模型的动态效率问题。

5. 新古典增长理论的主要缺陷

第一，这一结论不能对不同国家在经济增长率存在显著差异给出解释，与不同国家广泛存在的增长差异不同。依照新古典增长模型，在经济处于稳定状态下，经济增长率等于人口增长率。但是，由于人口增长率是由外生因素决定的，所以新古典增长理论对稳定状态的增长率缺乏必要的解释。

在新古典增长理论中，不同国家在经济增长方面存在的差异主要源于人均生产能力的不同，只有劳动才对长期稳定的经济增长率产生影响。但世界范围内的有效劳动差异并不足以说明不同国家的增长率。类似地，若借助于人均资本向稳定状态的调整来解释增长率的差异，那么直接的结论将是经济趋同。因为，在贫穷国家人均资本量往往比较发达国家更低，但是按照新古典增长理论，由于边际收益递减规律的作用，贫穷国家的经济增长率会比富裕国家更高。然而，这种增长的趋同现象并没有得到经验支持，相反，却是各国在增长率方面普遍存在差距。

第二，这一结论不能解释不同国家人均收入的差异。由于稳定状态的增长率由外生因素决定，所以稳定状态的人均收入差异只能借助于稳定状态的人均资本量来解释。但是，若借助于资本差异来解释各国存在的收入差异至少会遇到下面两个问题。首先，按照新古典增长理论，较小的收入差距需要巨大的资本差异加以说明，但事实并非如此。其次，收入上的差距要求资本的收益率差距更大，这也没有得到经验支持。

第三，新古典增长理论没有解释技术进步的原因。尽管新古典增长模型中可以引入技术进步率，但技术进步被认为是"上帝赐予的财富"，由外生因素决定，这极大地限制新古典增长理论对技术进步的解释。正是这些缺陷，为新增长理论的发展提供突破口。

六、新增长理论

1. 新增长理论的基本思想

20世纪五六十年代形成的新增长理论极大地改进新古典增长理论。如前所述，新古典增长理论的缺陷较为严重，原因可归结为两方面：一是假设经济中的生产规模收益不变性，每种生产要素的边际收益服从递减规律。二是假定技术进步是由外生因素决定的。这导致增长经济学对于经济现实特别是对技术进步缺乏解释。围绕这两个问题，新经济增长理论的基本观点如下：① 经济增长是经济系统内部诸多因素互动而不是外部力量推动的结果；② 众多因素中，技术进步是决定性因素；③ 技术进步是经济当事人最优选择的结果，是经济系统中内生决定的；④ 技术进步使得生产呈现规模收益递增，并使得经济持续增长；⑤ 技术、知识积累和人力资本投资等都具有外部效应，使得经济在处于均衡增长状态时不能达到社会最优状态。因此，影响当事人最优选择行为的政策，可影响经济长期增长率。

为构造内生增长模型，新经济增长理论采用两种"技术路线"。第一种构造模型的方式倾向于认为导致经济长期增长的因素有多种，而这些因素对于收益递增作用的大小又是不明确的，从而规模收益递增是理论分析的出发点。另外一种模型则可以从导致收益递增的一种或几种因素出发，从而为收益递增提供一个"基础"，并进而解释持续增长。

新经济增长理论尽管放弃新古典增长理论中规模收益不变的基本假设，而采用规模收益递增来解释经济增长，但在早期的理论分析中，新增长理论仍以完全竞争为基本的分析框架。在那里，单个经济当事人仍是完全竞争市场中的行为人，只是技术进步所表现出来的外在性使内生增长得以维持。这种情况在20世纪90年代得到改变。一些经济学家抛弃完全竞争假设,开始在垄断竞争的框架下分析产品品种和质量提高对经济增长的影响。由于分析框架是垄断竞争式的,因而诸如模仿和创新等行为也被纳入到经济增长模型之中。此外,新增长理论既考察封闭经济中的内生经济增长问题,又分析国际贸易对经济增长的影响,并利用新增长模型的分析框架对各国经济增长做经验分析。

2. 凸性内生增长模型

具有凸性的生产技术是新古典分析中不可或缺的特征,但与生产技术凸性假设相联系的资本边际收益递减又导致经济的长期增长停止。为既消除新古典增长模型的缺陷,又保留生产技术的凸性特征,新增长理论进行了大量的研究。

早在1957年,索洛就已指出,若资本的边际收益不小于一个正数值,那么即使不存在技术进步,持续增长也是可能的。或许受到索洛这一思想的影响,新增长经济学家建立各种旨在说明单个要素边际收益趋于正常数的模型。尽管这些模型差异很大,但它们都可以看成是 AK 模型的扩展。AK 模型的有关经济社会的基本假设类似于新古典模型,只是总量生产函数具有下面的 AK 形式:

$$Y = AK \tag{27.18}$$

式中,A 是正的常数,反映生产的技术水平。这里给出的 AK 生产函数与新古典增长模型中的生产函数关键区别在于,这里资本的边际收益不再具有递减性。

AK 模型不仅说明技术进步的变动机制,而且给出经济可以实现持续增长的可能性。将式(27.18)给出的生产函数应用于新古典增长模型式(27.5)中,则可以得到

$$k/k = sA - n \tag{27.19}$$

式(27.19)意味着,人均资本量按照不变的增长率($sA-n$)增长。这表明,即使经济中的人口增长率为0,资本进而收入也会按照 sA 的速度持续增长。

AK 模型说明,由 AK 生产技术表示的经济在没有技术进步的条件下也可以实现稳定持续增长。经济增长率由 s,a 和 n 三个参数所决定。特别地,储蓄率较高将导致长期人均收入增长率较高,而且,若技术水平得以提高并保持下来,那么长期增长率也会提高。AK 模型也表明,资本的边际收益不会因为初始资本量的不同而不同,因而也就不会出现收入的趋同现象,除非经济中所有的技术和制度参数都相同。

该模型的政策含义:经济增长率取决于人口增长率、储蓄率和技术进步,政府政策要促进积累和提高技术水平,增加物质资本、设备和基础设施投资,加大科技投入;减少预算赤字对私人投资的挤出效应,税收优惠促进研发和投资;鼓励社会资本在教育培训上的投入。

3. 具有外在性的内生增长模型

1986年,罗默把 AK 模型的基本思想扩展到具有外在性的内生经济增长模型之中。早在1962年,阿罗通过引入资本积累过程中的"干中学"来解释技术进步。沿着阿罗的思路,罗默假定知识是追逐利润的厂商进行投资决策的副产品,而知识在全经济范围内存在溢出效应。这使得资本边际生产率不会因为某种固定生产要素的存在而趋近于0,从而保证内生增长的条件得以成立。同时,由于内生增长的唯一原因是资本溢出的外在性,因而经济自发实现长期稳定状态并非是帕累托最优的。这样,政府干预是必要的。

若把资本扩展到包含人力资本,那么1988年卢卡斯对人力资本与内生增长的分析可以看成是上述分析的一个自然扩展。他强调人力资本与其他要素的差异,人力所拥有的知识更容易被他人所效仿。此外,他把人力资本的生产与其他部门的生产区分开来,因而卢卡斯模型又可以看成是具有外在性的两部门内生增长模型。由于罗默模型与卢卡斯模型间存在

相似性,在这里着重分析强调物质资本外在性的模型。罗默模型假定经济中存在若干个厂商,代表性厂商 i 的人均生产函数为

$$y = f(k, A_i) \tag{27.20}$$

式中,A_i 是代表性厂商所使用技术的知识水平,它对单个厂商而言是固定不变的。

具有外在性的内生增长模型中最为关键的假定,由于存在"干中学",因而知识存量 A_i 随着资本存量的增加而增加。同时,这一模型也假定每个厂商所拥有的知识是公共物品,这种资本的增加所导致的知识存量增加(即技术水平的提高)具有典型的外部性特征。

假定代表性厂商所使用的技术与整个经济中的资本存量呈同方向变动:

$$A_i = \varphi(K) \tag{27.21}$$

在分散决策的条件下,代表性厂商把 $A_i = \varphi(K)$ 视为常数,因而与新古典增长理论一样,经济增长率为

$$g(\text{分散}) = \sigma(f_k - \rho) \tag{27.22}$$

若经济受到中央计划的控制,上述分析则有所不同。从整个经济计划者的角度来看,知识溢出对技术进步的影响可以被视为决策变量。那么,经济增长率为

$$g(\text{计划}) = \sigma(f'_k + f'_\varphi \varphi' - \rho) \tag{27.23}$$

由于式(27.21)给出的技术函数与人均资本呈同方向变动,因而 $\varphi' > 0$。比较式(27.23)与式(27.22)后发现,中央计划条件下得到的增长率要高于分散决策条件下得到的增长率。

综上所述有三点结论:其一,由于边干边学或知识溢出效应,经济可以实现持续的内生增长。原因在于知识溢出效应导致平均的技术水平 φ 不再是常数,它随着资本的不断积累而逐渐增加,从而抵消生产中的(人均)资本收益递减。其二,由于溢出效应对单个厂商和计划部门所产生的影响不尽相同,因而分散经济中的经济增长率与集中决策条件下的经济增长率不同。这预示着,分散经济条件下的均衡状态并非帕累托最优的。其三,由于分散决策的低效率,因而旨在促进外部效应内生化的政策可以增进社会福利。

4. 创新与内生经济增长

上述模型直接从技术进步抵消资本边际效益递减倾向的角度说明经济持续增长问题,但它们并没有对与技术进步本身相联系的经济活动进行分析。这就是说,技术进步还缺少相应的"微观基础"。20 世纪 90 年代以后,新增长理论通过引入创新奠定这一微观基础。

具有技术创新的内生增长模型有两个值得注意的方面:一是生产技术的构造;二是具有垄断竞争的市场结构。首先考虑在生产函数中引入中间品的方式。假定现有的中间品种类为 N,第 i 种中间品的投入量为 $X(i)$,$i \in [0, N]$,这样,生产函数可以表示为

$$Y = AL^\alpha \int_0^N X(i)^\beta di \tag{27.24}$$

其中,$\alpha + \beta = 1$,即在 N 给定的条件下,上述生产函数是规模收益不变的,而且相应于每一种中间投入而言,边际收益都是递减的。为简化分析,并把注意力集中于中间品种类的扩大,假定厂商使用的每种中间产品的数量都相等,即 $X(i) = X$,则式(27.24)可表示为

$$Y = ANL^\alpha X^\beta \tag{27.25}$$

由以上函数可见,尽管关于劳动 L 和中间投入 X 的规模收益不变,但若中间品的种类数 N 也是变量,那么产出关于 N, L 和 X 则是规模收益递增的,这使内生增长成为可能。

假设经济中投入一定的成本可使中间产品增产,忽略中间产品研发存在的不确定性,同时假定以产出作为衡量单位,每增加一种新的中间投入需要的成本为 η,则整个经济总产出

与中间投入和新产品研发部门的总收入间的关系为
$$Y = C + NX + \eta N = ANL^{\alpha}X^{\beta} \tag{27.26}$$
若决策是在社会意义下进行的,那么类似于拉姆齐模型分析,经济社会的最优增长率为
$$g(\text{计划}) = \sigma[\alpha(L/\eta)\beta^{\beta/\alpha}A^{1/\alpha} - \rho] \tag{27.27}$$
与 AK 模型类似,上述模型得出的最优计划增长率是一个常数,并与参数 θ,ρ 以及 α(或 β),A,L 有关。

具有创新的内生增长模型的意义还在于它给出的微观基础是"垄断竞争"式的。长期以来,经济增长是以一般均衡为基本分析框架的,这一框架是与垄断因素不相容的。但新产品创新必须具有利润动机,而获取利润又必须以创新厂商占有垄断地位为特征。

从经济社会对创新产品的需求看,使用这种产品的厂商将按该中间投入的边际产量价值等于其价格的条件决定使用量,这构成创新企业所面对的需求。这时创新厂商按利润最大化原则确定该中间产品的价格和产量,获得最大利润。但是,创新产品的利润必须能弥补初始投入 η,否则厂商不会创新。但一旦利润超过 η 时,与这一结果对应的均衡利息率为
$$r = (L/\eta)(\alpha/\beta)\beta^{2/\alpha}A^{1/\alpha} \tag{27.28}$$
于是,企业自主创新所实现的经济增长率为
$$g(\text{分散}) = \sigma(r - \rho) = \sigma[\alpha(L/\eta)][\beta^{(1+\beta)/\alpha}A^{1/\alpha} - \rho] \tag{27.29}$$
比较式(27.29)与式(27.27)给出的两个增长率后不难发现,分散决策条件下的增长率低于计划决策。与具有外在性的内生增长模型一样,这一结论具有两方面的含义。首先,分散决策经济的均衡状态是非帕累托最优的。其次,通常反垄断的措施是消除垄断,但在这里,消除垄断并不可行,因为这里的垄断权是创新得以补偿的保障。维持研发部门的垄断利益成为实现持续增长的条件。因此,对新产品的发明创造给予鼓励是设计政策思想的基本原则,具体包括:对购买中间科技产品和最终科技产品给予补贴,对研发部门给予补贴等。

第二节　发展观的新进展

发展经济学兴起于 20 世纪 40 年代,形成和繁荣于 20 世纪 50 年代。其发展已经历强调工业化、计划化和资本积累的第一阶段以及新古典主义复兴的第二阶段,在 20 世纪 80 年代又进入一个新的发展时期。在探索经济发展意义和经济增长源泉的过程中,发展经济学的研究视野日益拓宽和深入:在对传统发展观批判的基础上拓宽发展概念的内涵;在对经济增长源泉的探索中逐渐形成新制度主义的发展思路;新增长理论的兴起促进增长理论和发展理论的融合;对资源耗竭和环境退化的担忧使可持续发展问题成为发展经济学家研究的热点;在市场自由主义和个人主义盛行的当代社会中,国家权力在下降,人际关系变得日益重要。于是,社会资本理论研究悄然兴起。

一、发展经济学中发展观的演变

发展经济学是研究后进国家的经济增长与经济发展问题的学科,因而发展观构成其核心内容之一。近半个世纪以来,发展观基本上形成三种模式,其基本形态是:物的要素—人的要素—综合的要素,从而使经济发展内容日益遵循事物发展的内在要求,形成一个不断激进的发展趋势:唯经济增长论—基本需要论—人、经济、社会与环境相协调的发展观。

在发展理论的初期，人们普遍对经济增长给予更多的关注，发展经济学自觉不自觉地在恪守"增长能解决一切"信条的基础上构建起理论体系。这一传统的发展观聚焦于经济数量上的扩张，迷恋 GDP 和工业化。在诸多文献中，经济发展与经济增长这两个概念被不加区分地使用。因而，在实践中出现一个较为极端的现象——丰裕中的贫困：片面追求经济增长并不一定能保证社会政治和经济生活进步，相反，却出现一系列负面效应，如在市场经济国家中两极分化严重、贫困悬殊、社会问题层出；在计划经济国家中，产业结构失衡、消费品短缺、浪费严重。切中时弊，20 世纪 60 年代末 70 年代初出现一股重新解释发展意义和界定发展目标的新潮流。很多学者严厉地指责经济增长至上论，认为经济发展的旨在提高全体人民的生活水平，发展的目标应是多维的，除收入增加之外还应包括就业增加、贫困减轻、分配公平和乡村发展。联合国国际劳工组织制定"基本人类需要"战略，即以人民的基本生活要求普遍满足为目标的发展战略。

这种发展观比前者有明显的进步，但把发展观仅仅定义于满足人类的基本需要是远远不够的。人、经济、社会和环境仍然处于脱节的状态，从而需要一种新的发展观来加以整合。在以弗朗索瓦·佩鲁、帕金斯和阿马蒂亚·森等人为代表的学者以及联合国等世界组织的努力下，新的发展观逐渐深入人心，人们对发展的含义已有基本的共识：经济发展除经济增长之外，还应包括社会经济结构诸方面的变化，如投入结构、产出结构、产业结构、分配状况、消费模式、社会福利、文教卫生、自然环境与生态平衡、群众参与等。在这里，提高生活质量、改善收入分配、消除贫困和饥饿、提高人力资本等问题，对于发展中国家尤为重要。

二、新发展理论概述

在新发展观的理论研究上，1982 年，法国经济学家弗朗索瓦·佩鲁在其专著《新发展观》中，从发展中国家的角度论证"新发展观"：人的全面发展不是指少数人或少数国家中的一部分人发展，而是指所有国家的人民都应得到公平的发展。人的发展也不仅是指当代人的发展，而且是指包括后代人的发展；同时，包括满足人们物质生活的需要，还包括满足人们社会生活、精神生活的各种价值需要，实现人的全面发展，使人的体力和智力的各种潜能都得到充分展现。在以人为本的这种新发展观看来，经济增长只不过是实现人的发展的手段，经济、政治、社会的各种制度的演变和改进也给人的发展创造一种更好的社会环境。

在《资本论》中，马克思将未来社会称为"自由人的联合体"，可见自由是社会发展的基本目标。在其发表 100 多年之后，1998 年诺贝尔经济学奖得主阿马蒂亚·森再次将自由和发展的目标与手段联系起来。自由是发展的首要目标，也是促进发展不可或缺的重要手段。依据森的解释，自由的含义是指"个人拥有的按其价值标准去生活的机会与能力"，其中包括法定的自由权利和获取某种福利的法定资格，如失业者有资格得到救济。作为发展手段的自由，按照他的分类有以下五种：政治自由，对于人类发展十分重要。真正的民主政治要求的公民权与政治权利，以便为有效的平等参与提供空间。若没有诸如参与社团或表达意见等政治自由，人们的生活选择将会大大减少。经济机会，是指个人享有的、运用其经济资源于消费、生产和交换的机会。市场经济为这种自由提供充分的机会。社会机会，是指在保健、教育等方面的社会安排。它们影响个人赖以享受更好生活的实质自由。就教育来说，它不仅是人力资本投资，而且培养作为人的能力，培养自由的能力。透明性保证，是指人们在交往中需要的公开性、对信息分享和信息准确性的保证。保护性保障，是指为那些遭受灾难或其他突发性困难的人、收入处于贫困线以下的人以及失去劳动能力的人提供社会安全网。

三、人类发展概念与人类发展指数

在 1996 年的《人类发展报告》中，UNDP 列举五种有增长而无发展的情况，进一步丰富对人类发展概念的阐述。

第一，无工作岗位的增长。一个令人不安的趋势是经济增长并没有创造出足够多的就业机会，即便是在那些经济增长较快的国家也常常如此。在发展中国家，失业群体的扩大，危及其自身和子女的人力资本投资的能力，由此陷入一个贫困的恶性循环中。

第二，无声的增长。典型的现象是，对增长的追求已异化：人们在危险的状态下从事艰辛的劳动，被要求长时间地加班，没有独立的工会组织或代表去维护他们正当、合法的权益。

第三，无情的增长。在很多发展中国家，经济发展比较快，但收入分配的不公反而进一步加剧，增长的利益大部分落入富人腰包，公共支出也偏向于富人，而穷人的状况并没有得到多少改善，有的甚至更加恶化，穷人数量在相对方面和绝对方面都有所增加。

第四，无限的增长。一种具有包容性和参与性的增长模式能够培育和增强文化传统，从而能够为人们以相对丰富的方式享受他们的文化提供的无限的机会；一种具有排他性和歧视性的增长模式却能毁灭文化的多样性，从而大大降低人们的生活质量。

第五，无未来的增长。不顾自然资源的耗竭与人类居住环境的恶化而换来的增长，可能正在破坏着发展基础，它是不可持续的，也是不值得持续的。其不仅是危及当代人生活条件和健康的祸害，而且人类将面对森林过度砍伐、河流严重污染、生物多样性毁灭和自然资源过多消耗等问题，更严重的是对后代子孙的发展造成巨大乃至毁灭性的损害。

在上述思想的基础上，联合国发展计划署（UNDP）在 1990 年首次提出"人类发展"的概念。即一个不断扩大人们选择的过程，为人们创造一种有益的环境，使人们能够独立和集体地去发展他们的全部潜力，并有恰当的机会去实现与其需要和兴趣相吻合的值得珍视的和富于创造性的生活。具体而言，其包括如下内容：

（1）充分就业和生活安全。对于个人而言，工作意味着生活有可靠保障，失去工作就等于剥夺一个人的生活能力和自我发展的能力。收入损失，也对生理和心理等多方面造成负面影响，如损害其尊严和自信，失去工作动机、技能和自信心，增加身心失调和发病可能，扰乱家庭关系和社会生活，加剧社会关系的紧张和性别歧视，助长对某些群体的"社会排斥"。

（2）人民自由和权利增加。通过民主治理促进参与，有助于发挥个体和集体的能动作用，这已成为保护环境、推动性别平等和促进人权等人类发展的关键问题取得进步的动力。民主的优越性还表现在它可以通过协商的方式而不是对抗的方式去处理冲突、解决问题，有助于推动稳定和平等的经济社会发展。政治自由赋予人民要求保障自身经济社会权利的能力，而教育则提高人民素质、能力。

（3）参与管理、公平分配。保障人们的尊严也要求他们享有自由，能够参与制定管理他们的规则与制度，并参与管理工作。具有参与性、包容性的治理有助于消除贫困和促进更加普遍的增长，也会使经济和社会更加公平。

（4）促进社会凝聚力和合作。生活在一个复杂的社会结构网络中，从家庭到国家、从地方团体到跨国公司，人们都是珍视自己是参与社区生活的社会人。这种归属感是人类福祉的一种重要的源泉，人类发展必须同文化联系起来，文化是人们生活在一起的方式，植根于共同的价值观和信仰的社会凝聚力，塑造着人类福祉。人类发展不仅只涉及单独的个体，而且也涉及人们在社区中如何相互影响和合作。

(5) 维护人类未来。人类发展在满足当代人的需要时,不应削弱未来人类满足其需要的能力,这是一种代际公平。保护未来发展的可能性意味着不致让未来的人们背上沉重的债务负担,不留给他们一个不稳定、不民主的社会。这需要当今的政策制定者们具有远见和领导才能,因为未来的人们对当今的决策没有投票权。

衡量和比较人类发展水平,UNDP 设计一个易于量化和可操作的指标——人类发展指数(HDI)。人类发展最为基本的目标是能过上健康长寿的生活,受到教育,获得体面生活所必需的资源,参与到其所在的社区中。其是对这三个维度的一种简单而又概括性的测度。健康长寿,用预期寿命表示;教育,用成人识字率(占2/3)以及小学、中学和大学毛入学率(占1/3)表示;体面的生活水准,用人均 GDP 表示。在计算 HDI 之前,需先算出以上三方面的指数。首先选定每个基本指标的最大值与最小值,然后通过下面的计算公式,把每一指标写成 0 到 1 间的数值:分项指数=(实际值-最小值)/(最大值-最小值)。最后将这三个子指标进行简单平均后,即得到 HDI 数值。HDI 将预期寿命、入学率和收入水平等衡量指标结合起来,表明一个国家或地区在人类发展三个基本方面上的平均水平。尽管其不免招致过于简单的批评,无法涵盖政治、经济和社会的方方面面;但与单一的收入指标相比,其能使人们用更加开阔的视野来观察一个国家或地区的发展。自 1990 年设立人类发展指数以来,联合国发展计划署又创立三个相互补充的指标体系,突出人类发展的三个重要方面,即贫困指数(HPI)、性别发展指数(GDI)和性别赋权尺度(CEN),使人类发展指标体系日臻完美。

从早期追求 GDP 增长到现在强调以人为本的全面发展,反映发展中国家经济发展进程的变化和发展经济学研究领域的拓宽。在贫穷阶段,首要问题是温饱问题。因此,特别强调 GDP 和人均收入的增长,而民主、自由、社会公平和资源环境可持续利用等问题都是次要的。在经济发展到一定阶段以后,收入水平提高,收入分配日益不均,资源消耗和环境退化问题也变得日益严重。于是,发展经济学开始更多地关注经济增长之外的社会问题,开始重视收入分配、民主、自由和资源环境对经济发展的影响问题,于是发展的内涵拓宽,把研究扩展到经济学之外的政治、社会和文化等其他社会科学领域,下面介绍的新古典政治经济学思路、新增长理论、可持续发展理论和社会资本理论,都可以说是发展经济学研究从纯粹的经济学领域扩展到其他社会科学领域的具体表现,也是发展观扩展的具体表现。

第三节　发展理论中的新古典政治经济学思路

一、新古典政治经济学的主要思想与分析框架

发展经济学家强调制度在经济发展中的决定性作用,从此,经济发展理论研究进入新古典政治经济学时期,同时对于经济发展源泉的探索也走向一个新的阶段。

新古典政治经济学是对古典经济学和新古典经济学的扬弃与发展。其恢复古典经济学的传统,批评新古典经济学把政治、法律、制度等视为经济运行的既定因素或外生变量,相反,认为这些因素的影响是深刻和决定性的;同时,其对制度研究中延续新古典经济学的基本范畴,如效率、均衡、最优化等,也采用新古典分析方法,如收益-成本分析、均衡分析等。

新古典政治经济学认为制度是内生的,发展最需要的是(特别是初始阶段)努力推动制度变迁,即"制度至关重要"。新古典经济学倾向于把制度看成是外生、既定的。发展经济学

发展的前两阶段,曾经把经济增长与经济发展归结为资本积累或技术进步,或把资本范畴扩大到人力资本和知识积累。新古典政治经济学认为,与其说高储蓄率、高教育水平或活跃的技术创新是经济增长和经济发展的原因,不如说它们是经济增长与经济发展的表征或结果。从根本上说,除非现行经济组织或制度是有效率的,否则经济不会发展,更不可能持续。

新古典经济学隐含地假定零交易成本,这意味着人们可以毫无成本地利用其资源以达到最优配置。现实是正交易成本的世界,政治、经济、法律等制度结构对于资源配置和经济增长的影响非常显著,人们的经济活动总是在一定制度、组织与行为规范下进行的。因此要提高经济绩效,就不能单纯依靠新古典经济学的理论核心:市场-价格机制,而必须在不同的制度结构中做出比较和选择,根据交易成本、产权、契约的规定,实现经济最大绩效。

新古典政治经济学在指出新古典完全竞争模式缺乏现实意义的同时,还需注意到市场经济中拥有垄断地位的集团或个人可以凭借所掌握的权力攫取特殊利益或租金,他们所进行的活动给自身带来利益,却给社会造成损失,因此是"直接非生产寻利活动"。由于这种寻租活动的存在,使得在市场经济中绝不只有一只"看不见的手"在引导人们从事自身利益与社会利益相一致的活动,还有一只"看不见的脚"在市场中肆意践踏,致使"看不见的手"无法发挥预期的作用。与发达国家相比,发展中国家的市场很不完善,信息很不对称,制度很不健全,因而寻租现象往往比发达国家更为显著,成为经济健康发展的巨大威胁。

新古典政治经济学兴起,显示对现实的强劲解释力,其对制度分析、寻租分析与新古典分析紧密结合,使人们更深刻地认识到不发达社会经济结构呈僵化和刚性的实质和原因,丰富经济发展和经济增长理论。

二、新增长理论与传统发展理论的融合

经济增长理论产生于20世纪40年代末,以哈罗德-多马模型为标志,繁荣于20世纪五六十年代,以新古典增长模型最为流行,该模型把长期的经济增长归因于外生的技术进步。由于该模型与现实渐行渐远,经济增长理论研究逐渐沉寂下来。20世纪80年代中期以来,对经济增长的研究又开始火热起来,成为经济学研究的一大热点。以罗默、卢卡斯为代表的一批经济学家放松新古典增长模型中一个关键的假定——资本报酬递减的假定,相继提出各种各样的增长思路和增长模型。他们寻着两条路线开始研究:一是在新古典增长模型的框架下修正和发展新古典增长模型,如继续坚持报酬递减的假设和增长趋同的观点;另一种路线是完全放弃新古典增长模型的基本假定和结论,如放弃报酬递减、完全竞争假定和增长趋同假说,建造不同于新古典增长模型的模型,被称为新增长理论。新增长理论的一个突出特点是把技术进步内生化,因此,它也称为是内生增长理论。

在发展经济学与经济增长理论早期的发展中,二者所关注的问题不同,在研究方法上也有所不同,因而它们的分离趋势日益凸显。但是,新增长理论的出现则戏剧性地改变这种学科分离的状态,一方面,新增长理论显然从发展理论中吸取越来越多有价值的思想,超越新古典经济增长理论,完成对新古典增长理论的修正和改造;另一方面,新增长理论的形式化的贡献也可以用来澄清发展理论中的还没有解决的问题。因而,它的出现也标志着经济增长理论与经济发展理论的融合。这种融合主要体现在以下两方面:

首先,在研究主题上,新增长理论也努力试图回答发展理论中早已有的核心问题。

发展经济学和经济增长理论单就其名称而言应是同一概念,至少,它们应是紧密地交织在一起的。"为何有的国家比其他国家贫穷,为何有的国家的经济增长要比其他国家快得

多",这样的问题应是它们共同关注的焦点。但事实并非如此。很长时间以来,这两门学科只是"远房堂兄弟",甚至它们有时还是对立的。

二战后,在大批殖民地纷纷独立的时代背景下,发展经济学诞生,一开始即以发展中国家的经济发展为研究对象。同时,西方经济学界掀起研究发展与增长问题的热潮。作为经济增长模型源头的哈罗德-多马模型以凯恩斯的收入决定论为基础,将其理论动态化和长期化,最初的目的是要说明发达国家经济增长的均衡条件。而20世纪50年代出现的新古典增长模型即索洛-斯旺模型及其类似模型最初也是为解决增长理论中的某些困难,即是对哈罗德-多马模型中有保证的增长率加以调整,仍然只关注发达国家的经济增长,极少涉足发展中国家的经济增长问题。相反,新增长理论是在一个统一的框架内把发达国家与发展中国家看作同一个经济发展过程来研究,关注发达国家的经济增长,更关注发展中国家的经济增长问题。一国经济增长主要取决于它的知识积累、技术进步以及人力资本的水平,知识、技术和人力资本高的国家和地区其经济增长率就高,相反就低。进而,新增长理论提出维持并促进长期增长的富有建设性的政策建议。就这个意义而言,新增长理论成为发展经济学的一个重要组成部分,并把发展经济学推向一个新阶段。

其次,研究思路上,采用现代分析方法的新增长理论也继承一度沉寂的传统发展理论中重要的假定。

但是,这两者在研究发展中渐行渐远,因为其研究主题上存在偏离。新增长理论集中关注稳态的分析,其全部经济变量的扩展速度是相同的。相反,发展经济学则关注非均衡状态以及一个稳态向另一稳态的动态转型过程。但这并不意味着发展理论对稳态不关心,实际上它关注一种与传统增长理论不同的特殊稳态形式,即低水平均衡陷阱。其是一种局部的均衡,一个小小的偏离就会导致经济回到原来的均衡点;而在整体上,其又是不稳定的,因而一个较大的冲击会导致这种偏离的积累远离起初的均衡而达到索洛的稳态均衡。这种思想便产生一个多均衡的增长模型,其与早期的新古典增长理论不同。最明显的差异是它们从亚当·斯密和阿林·扬等那里吸收营养,强调规模报酬递增及与之相关的技术-经济上的外部性。罗森斯坦·罗丹的"大推进"理论,利本斯坦的"临界最小努力"理论,纳克斯的"贫穷恶性循环"理论和赫尔希曼的"联系效应"理论都是在规模报酬递增条件下展开的。在50多年前,他们把发展经济学建立在不完全竞争、收益递增、劳动剩余等这些今天广泛使用的假定上,只不过他们没有能够很好地利用数学模型将它们整合在一起。

增长理论关注稳态的分析,在这个稳态中大多数或全部经济变量的扩展速度是相同的。随着研究视角向发展中国家扩展,这一分析在实证上与发展中国家的经验是不相符的,要解释收入水平、增长率跨国间的差异,显然需要补充新的假设条件。20世纪80年代中期迄今,以罗默和卢卡斯为代表的一批经济学家在坚持要素自由替代、自由流动的同时,放松新古典增长模型的报酬递减的关键假定,引入不完全竞争和外部性,相继提出多样化的增长模型。收益递增、不完全竞争及外部性等早期发展经济学家的思想在内生增长模型中复活,并以规范化、形式化的数学模型出现。

新增长理论放弃新古典增长理论的关键假定,从而突破新古典增长模式的局限性,结论更符合史实。新增长理论是把发达国家和发展中国家都包括在内,研究经济增长的一般规律,使新增长理论能够包括到发展经济学理论体系中。新增长理论把发展经济学家早期提出的发展观通过现代方法表述出来,使发展经济学融合到现代经济学的理论框架中,成为主流经济学的一个分支,而不是成为一个游离于现代经济学之外的非主流学科。

第四节 可持续发展理论——资源与环境融入

一、可持续发展理论研究简述

早期发展经济学家并不十分关心资源与环境问题,这主要是因为他们很少认识到资源和环境对经济发展的重要性,即使有人提到,也并没有引起主流发展经济学家足够的重视。进入20世纪80年代以来,世界各国特别是发展中国家的资源耗竭和环境退化问题日益严重,使居民的生活质量下降,还直接地制约着经济的长期可持续增长。在这种情况下,经济学家包括发展经济学家开始重视资源和环境与可持续发展问题的研究。20世纪90年代出版和修订的发展经济学教科书都毫无例外地增加新的一章,专门论述环境与可持续发展问题。这表明环境和可持续发展问题已成为发展经济学一个重要的研究主题。

蕾切尔·卡森1962年出版的《寂静的春天》一书被认为是较早研究资源环境影响的著作。1972年以丹尼斯·米都斯为首的17人专家小组向罗马俱乐部提交《增长的极限》的研究报告,其出版引起国际社会和学界空前的轰动,影响巨大。该报告在指出人类面临的一系列全球问题的同时,提出"世界系统有机增长"——增长极限论。美国著名环境学者布朗1981年提出"建设一个持续发展的社会",法国学者弗朗索瓦·佩鲁1982年从发展中国家的角度论证"新发展观"。同时各国政府和联合国有关组织很快加入进来。1972年,联合国人类环境与发展的斯德哥尔摩会议形成正式文件,可持续发展的思想初见端倪。虽有分歧,但都认为环境与发展间联系密切,保护与改善环境已成为关系到人类幸福和经济发展的重要问题。

"可持续发展"的概念于1980年首次出现在世界自然保护联盟(IUCU)的文件《世界自然保护战略》中,该文件从生物资源保护角度出发,提出"可持续发展强调人类利用生物圈的管理,使生物圈既能满足当代人的最大持续利益,又能保护其后代人需求和欲望的潜力"。1987年,挪威前首相布伦特兰夫人领导的世界环境与发展委员会,在对世界重大的经济、社会、资源与环境问题进行系统调查研究的基础上,提交长篇报告《共同的未来》,指出发展与环境间的影响是相互的,为促进人类间及人与自然间的和谐,必须实行可持续发展战略,其所定义的可持续发展概念已被学界普遍认同:既能满足当代人的需要,又不对后代满足其自身需要的能力构成危害的发展,并给出可持续发展的原则、要求、目标与策略。

世界银行在《1992经济发展世界通告》中,在赞同上述定义的同时,又对其内涵进行更明确的界定:"把发展与环境政策建立在成本与收益相比较的基础之上,建立在审核的宏观经济分析之上,将能加强环境保护工作,并能导致福利水平的提高和持续性。"进而,世界银行更新了1995年新的国家财富及发展能力的评价系统。1992年召开的世界环境与发展会议通过《21世纪行政议程》和《里约宣言》等重要文件。同年,联合国成立可持续发展委员会,负责评审环境与发展及其后续工作。所有这些,不仅标志着人们的社会经济发展观有重大转变,而且标志着追求人类社会与自然界的和谐日益成为人类的自觉行动。

二、可持续发展经济学的基本观点

20世纪90年代,可持续发展已成为学界的一个热门课题,形成一门涵盖经济学、社会学、伦理学、哲学、环境学、生态学的跨领域的交叉学科——可持续发展经济学,其研究对象是人口、资源、环境与经济社会发展的持续协调发展问题。一般经济学是在资源稀缺下研究资源在当代人间的有效配置问题。可持续发展反对以追求利润最大或利益为导向、以贫困悬殊和资源掠夺性开发为代价的经济增长。其鼓励的经济增长应是适度和高品质的,以无损于生态环境为前提,以可持续性为特征,以改善人民的生活水平为目的。通过资源替代、技术进步、结构变革、制度创新等手段,从总体的成长收益分析出发,使有限的资源得到公平、合理、有效、综合和循环利用,使传统的经济增长方式向可持续发展模式转变。

可持续发展必须以自然资源为基础,同环境承载能力相匹配,可持续发展的实现,要运用科技手段,增强资源的再生能力,引导技术变革使可再生资源替代非再生资源成为可能。同时,运用经济手段和制定可操作性的政策,利用与保护并重,限制非再生资源的利用,使其利用趋于合理,包括改变人们不适当的以牺牲环境为代价的生产、生活方式,控制生活污染,改善环境质量,保护生命保障系统,保护地球生态的完整性。

可持续发展以提高生活质量为目标,同社会进步相适应。经济增长不同于经济发展已成为共识,经济发展不只意味着 GNP 的增长,还意味着贫困、失业、收入不均等社会经济结构的改善,持续进步与发展。贫困与不发达正是造成资源与环境恶化的基本原因之一,对发展中国家而言,各国发展阶段不同,发展的具体目标各异,但发展内涵均应包括改善人类生活质量,保障人类基本需求,创造一个自由、平等、和谐的社会。

可持续发展的原则如下:首先,可持续性。维持人类发展的长久过程和状态,这是可持续发展的核心原则,也是与唯经济增长论的发展观相区别的关键所在。其中,生态可持续性是人类持续发展的首要条件,经济可持续性是人类持续发展的主导,社会可持续性是人类持续发展的动力与目标,三者是统一的有机整体,共同构成可持续发展的内容。其次,公平性。即人类分配资源和占有财富的"时空公平",有三层含义:① 公平分配有限资源;② 国家范围内同代人公平;③ 代际公平,即世代间的纵向公平,当代人应意识到人类赖以生存的自然资源的有限性,不能因为自己的发展和需求而忽视后代对资源环境问题承担更多的责任,为解决当代的不公平尽更多的义务。再次,共同性。各国由于历史、文化和发展水平的差异,其可持续发展的具体目标、政策和实施步骤不可能相同,但地球资源的有限性和相互依存性要求必须联合行动,实现可持续发展的总目标。最后,系统性。把人类赖以生存的地球看成一个以人为中心、以环境为基础的系统,系统内自然、经济、社会和政治因素是互补互动的。

可持续发展理论是人类在 20 世纪 90 年代在认真总结、反思人类发展历史的进程中,重新审视人类自己的社会经济活动与发展行为而提出的一种新的发展思想与战略,这对于发展中国家有着极其重要的意义,它已成为发展经济学研究的一个重要方面。但是,目前的可持续发展理论研究的重点仍放在社会发展与自然资源、环境的关系上,明显地忽视社会文化、社会体制等因素对可持续发展的制约,有关这方面的研究有待进一步加强。

第五节 社会资本理论:发展经济学研究的一个新思路

一、发展经济学对社会资本的关注

发展经济学产生 50 多年来,经历三个阶段的重大转折,从 20 世纪 50 年代初结构主义思路和内向发展战略的创立到70年代初新古典主义复兴和外向型发展战略的转变,再到90年代初新制度主义思路的兴起和计划经济国家体制改革浪潮的出现,使发展经济学理论研究的思路随着经济发展形势的变化而不断得到扩充和完善,使人们对增长和发展之谜的认识日益深刻和全面。在过去50多年中,发展经济学的演进从"计划至关重要"到"市场至关重要"再到"制度至关重要"。最近几年来,发展经济学家又进入一个新的前沿研究领域——社会资本理论,因而把发展经济学又推到一个新的发展阶段——"社会关系至关重要"。

理论发展史上,一个新概念的提出会导致理论体系和研究方法的重大创新和突破,甚至会带来一场革命。"社会资本"这个概念最先是由法国社会学家布尔迪厄在1980年发表的一篇论文中提出来的,但只是在美国社会学家科尔曼于1988年发表一篇可称为经典的社会资本论文之后,社会资本理论才开始成为社会科学各个领域研究的焦点和热点。

20世纪90年代以来,社会资本成为多学科交叉研究的交汇点和纽带,社会学家、政治学家、人类学家关注经济学所关注的经济增长和市场效率问题,而经济学家则把研究视野扩大到社会学家、政治学家所研究的人际网络、共同规范、信任和公民社会制度等问题上。

90年代后期,越来越多的经济学家加入社会学和政治学家发起的社会资本理论研究中,阿罗、索洛、斯蒂格利茨等著名经济学家对社会资本理论发表自己的评论和看法,世界银行在一份研究报告中指出:一个能够对高质量增长起到积极作用的力量源于强化一个国家的非正式制度,即"社会资本"。美国著名发展经济学家、斯坦福大学教授迈耶在《新老两代发展经济学家》一文中指出:"在相继强调物质资本、人力资本、知识资本之后,一些经济学家现在又把'社会资本'加到增长的源泉中。"当社会相互交往产生外部效应和促进为获取市场之外的共同利益而采取集体行动时,社会资本就会产生经济收益。信任、互惠、人际网络、合作和协调可被看作调节人际交往和产生外部性的社会资本。日本著名发展经济学家速水佑次郎在1997年出版的《发展经济学》著作中,把国家、市场和社区作为经济发展制度中三个社会组织的有机结合,这里的社会组织即指社会资本。他指出,市场是在价格参数变化的信号下协调在竞争中追逐利润的个人组织,国家是通过政府命令强制人们调整他们的资源配置的组织,社区是在加强人际关系和相互信任基础上引导社区成员自愿合作的组织,简言之,竞争、命令、合作构成一个社会经济有效运行以促进发展的不可或缺的三大机制。这无疑是对传统经济学只重视国家与市场两个组织而忽视社区组织即忽视社会资本缺陷的一个重大补充和发展。他的观点为扩展、发展经济学的研究视野和理论框架提供有益的思路。

二、社会资本在经济发展中的作用

经济学家把社会学领域的社会资本概念引入经济学领域,即强调社会资本对资源配置和经济增长的重大促进作用。从微观经济层面看,社会资本能够减少经济运行中的交易成本和信息成本;宏观经济上,社会资本能够改善法律、法规的执行效率和政府政策的宏观经济绩效。对社会资本的批评主要集中在三个方面:资本隐喻(即人际网络、规范和信任是否具有资本的属性)、与经济理论融合(能否融合到现代经济学理论框架中)以及社会资本度量(如何对社会资本进行度量和加总)。著名经济学家阿罗就反对使用"社会资本"这个概念,虽然他早在20世纪70年代就注意到类似于社会资本的东西对经济增长的影响。

定义和度量社会资本虽有困难,但有不少经济学家和社会学家就社会资本对经济增长的贡献进行了实证研究。这方面比较有影响的是纳克和基弗的研究。他们利用1980~1994年间的数据,从实证的角度考察社会资本对经济绩效的影响,考察的指标是信任、共同规范和协会。他们对整个国家层面的诚信进行计量,结果是信任值上升一个标准差,就会带来超过 0.5 个标准差的经济增长。还有不少实证研究支持较高的社会资本有助于减少政府腐败、改善司法效率、提高居民生活福利和增加投资率等观点。

社会资本理论研究社会网络、共同规范和规则以及在此基础上建立的人际关系及社会关系对经济活动所产生的持久而重要的影响。以往经济学家在探索经济发展的动因时并没有完全忽视人际信任、规范、网络、信念等非经济因素,但由于没有提出一个恰当的概念把这些属于社会学范畴的东西包括起来,因而很难综合到经济学理论体系中,社会资源概念的提出恰好起到这种黏合剂的作用,把经济学和社会学巧妙而又自然地结合起来。把社会资本引入经济学框架,无疑是一个重大理论创新,它将会扩大经济学家和发展经济学家的研究视野,突破传统分析的局限性,推进经济学和发展经济学的更深入发展。

社会资本理论的研究还处在初创阶段,作为一个理论体系还很不完善。迄今为止,社会资本还没有一个公认的权威性定义,社会学家的定义和经济学家的定义往往相差甚远,在社会学或经济学领域内,其观点也千差万别。概念界定不统一,度量就更难。概念的界定和度量问题是社会资本研究的核心问题,解决这一问题需要社会科学家进一步的努力。

20 世纪 80 年代中期以前,西方增长经济学的正统是新古典增长理论,拉姆齐模型被认为是具有一般均衡基础的增长理论框架。其理论缺陷已在第二节说明。

第一,进一步发展新古典增长理论。新古典增长理论的分析框架建立在完全竞争的一般均衡基础之上,尽管这一框架可以很好地建立竞争性均衡与帕累托最优状态间的对应关系,但其对现实的解释力有限。而新增长理论的分析框架却包含导致市场失灵的诸多因素。知识溢出效应以及总量生产函数规模收益递增是新增长理论模型的典型特征,而正是由于这种溢出和收益递增,才使经济实现持续增长。从马歇尔的《经济学原理》开始,新古典的分析中虽已包含完全竞争与行业的规模收益递增兼容的分析,但是利用其关于"外部经济效果"的概念说明生产的规模收益递增,并把这种递增结合进完全竞争市场模型则是新增长理论的贡献。其已被西方经济学界誉为"很可能成为主导的思想"。

第二,修正新古典增长理论的两个问题。经济增长率取决于外生给定劳动增长率以及对技术进步的解释,被认为是新古典增长理论两个严重理论问题。通过技术进步内生化,新增长理论在很大程度上弥补这些缺憾。在新增长理论中,生产具有规模收益递增性,使经济可在无人口增长下实现增长。同时经济增长率并非取决于人口增长率,而是取决于技术状况参数,因而经济并不存在绝对的趋同现象。这表明新增长理论超越新古典增长理论。

第三,丰富政策内涵。在新古典增长理论中,经济稳定增长的条件是与帕累托最优状态相一致的,因此,其模型并不具有鼓励政府干预以促进经济增长的含义。新增长理论却有所不同。在存在外在性条件下,市场自发运行的结果是非帕累托最优的,而社会最优只有在计划决策时才能实现。这就意味着,促进经济增长的政策是增进社会福利所必需的。

第四,1980 年、1990 年及 2000 年的《世界银行发展报告》均以消灭贫困为主题,体现以人为本的发展观。2000 年和 2001 年的《世界银行发展报告》提出,解决贫困问题着眼于三个方面:① 通过经济发展,以市场和政府手段,增加穷人的资本(土地和教育);② 促进人权:及时回应穷人的呼声,消除由种族、性别、地区和社会地位造成的贫困;③ 加强社会保障体系:减少穷人在应对疾病、灾荒、暴力和养老等方面的脆弱性。这三个方面是相互补充的。

与新古典增长理论相比,新经济增长理论取得重要的进展,但是,该理论目前还存在着一些显而易见的问题。首先,其基本上继承新古典增长理论中有关总量生产函数的设定,从而也就必然继承原有理论中生产函数所存在的缺陷,如资本加总问题。其次,其与正统的经济理论间存在着矛盾。这主要体现在规模收益递增的生产函数与新古典理论不相融合上。新古典理论静态分析的基础是规模收益不变,边际要素分配论、一般均衡与帕累托最优的一致性等重要的结论都是建立在规模收益不变基础之上的。新增长理论突破这一假设,解决经济内生增长问题,却带来理论的不一致性。此外,目前新增长理论还没有一个统一的模型框架,而且实证研究的结果差异也很大。因此,新增长理论还处在不断的探索之中。

本 章 小 结

增长经济学的新进展既包含对新古典增长模型的扩展,也包含对该理论的修正。增长经济学与发展经济学融合,体现经济发展与社会发展的统一。

思考题

1. 评述新经济增长理论的贡献和缺陷。
2. 评述新古典增长理论。简述并评论发展经济学中的发展观的新观点。
3. 简述并评论发展经济学中的新古典政治经济学思路。
4. 简述并评论新增长理论与发展经济学的融合。
5. 简述并评论可持续发展理论。
6. 简述并评论发展经济学中的社会资本理论。

名词

哈罗德-多马模型　索洛-斯旺模型　内生增长模型　新发展理论　可持续发展

第二十八章　产业组织理论的新进展

本章重点
- 不同产业组织理论派别的理论观点、政策及其内在联系

第一节　概　　述

产业组织理论又叫产业经济学,是 20 世纪 40 年代发展起来的微观经济学的一个分支,它主要研究市场结构、市场手段与市场绩效之间的关系。

一、新产业组织理论的形成

20 世纪 70 年代末 80 年代初,囿于自身的理论缺陷,传统产业组织理论及"结构-行为-绩效"(Structure-Conduct-Performance,SCP)范式逐渐衰微,新产业组织理论逐渐兴起。相对于传统产业组织理论而言,新产业组织理论的研究重点如下:从传统的哈佛学派重视市场结构转向重视市场行为,即由"结构主义"转向"行为主义";突破传统产业组织理论单向静态的研究框架,建立双向动态的研究框架;博弈论引入并成为新产业组织理论研究的统一方法,其中非合作博弈论及其分析方法无疑又居于统治地位。其在寻求与新古典微观经济理论更加紧密结合的同时,引入现代微观经济学的最新成果,从理论基础、研究方法和政策主张三个方面对传统产业组织理论进行创新;其是建立在交易费用理论基础上的现代经济学家对企业的看法,是"以自由、契约为基础的"。

产业组织理论是 20 世纪 40 年代以来在西方国家产生和发展起来的,以特定产业内部的市场结构、市场行为和市场绩效及其内在联系为主要研究对象,以揭示产业组织活动的内在规律性,为现实经济活动的参与者提供决策依据,为政策的制定者提供建议为目标的一门微观应用经济学。该理论自产生以来一直对国家产业组织政策的制定产生重要影响。近年来,随着经济全球化进程和国际经贸往来活动的加强,国际间产业经济活动准则也在不断地发生变化,产业组织理论也随之发生一系列新变化。

产业组织理论的学术渊源可追溯到斯密"看不见的手"市场机制命题上,按照该命题,完全竞争市场下一切资源的流动都以均衡价格的高低为导向,在不受外界因素干扰的情况下,这一流动过程将持续到社会各部门的利润平均化时才会停止,此时资源配置便达到最佳均衡状态,厂商在均衡价格体系的调节下,只需按照边际成本等于边际收入的基本原则来进行投资和生产,便可使成本达到最低,产量达到最佳,生产出来的产品刚好能够满足社会的需求,消费者也可得到最多的剩余。这种古典理论所包含的政策含义是:在完全竞争条件下,市场是实现资源配置的最佳方式,任何人为干预市场的做法都是不必要的。19 世纪末期,以马歇尔为代表的新古典经济学家看到现实经济活动中存在垄断现象,指出垄断会带来垄断利润产生或均衡价格上升,妨碍资源最优配置。但他们又认为垄断只不过是竞争过程中

的暂时现象,长期中,垄断企业终将因技术进步受到阻碍而无法维持垄断地位,从而恢复到完全竞争状态,长期中调节市场均衡的决定力量仍然是市场机制。直到 1936 年,张伯伦和罗宾逊才在他们颇具影响的垄断竞争理论中提出,由于存在产品差异,典型的市场结构并非完全竞争,而是垄断竞争。在垄断竞争市场结构中,厂商具有一定决定价格的"市场力量",这会使垄断利润长期大于零。因此,单靠市场机制的自发作用是不足以优化资源配置的,必须由政府出面对垄断势力加以干预,才能确保适度竞争。

产业组织理论主要有哈佛学派、芝加哥学派两个派别,两者在理论基础和研究方法上基本相同,通常又将它们归为传统产业组织理论。

二、传统产业组织理论的形成

哈佛学派是最先出现的产业组织理论派别,由哈佛大学梅森(E. Mason)与其弟子贝恩(J. Bain)建立。贝恩撰写的第一部系统阐述产业组织理论的教科书《产业组织》于 1959 年出版,标志着哈佛学派的正式形成。贝恩以实践截面的分析方法推导出企业的市场结构、市场行为和市场绩效间存在一种单向的因果联系,即集中度的高低决定企业的市场行为方式,而企业的市场行为方式又决定企业市场绩效的好坏。这便是产业组织理论特有的分析范式。按照这一分析范式,行业集中度高的企业总是倾向于提高价格、设置障碍,以便谋取垄断利润,阻碍技术进步,造成资源低效配置。为此,要想获得理想的市场绩效,最重要的是要通过公共政策来调整和改善市场结构,阻碍垄断力量的发展,保持市场适度竞争。哈佛学派建立的 SCP 分析范式,为早期产业组织理论研究提供一套基本的分析框架,使该理论得以沿着一条大体规范的途径发展。不过在后来的发展中,SCP 分析范式的内涵发生了很大变化。

20 世纪六七十年代,美国经济在国际上的竞争力趋于下降,出现经济"滞胀"现象,不少研究者和分析家将导致经济不景气的主要原因归咎于哈佛学派所主张的强硬的反垄断政策,于是从 70 年代后期开始,以斯蒂格勒为代表的一些芝加哥大学学者对哈佛学派的观点展开激烈抨击,并逐渐形成他们的产业组织理论。

芝加哥学派对哈佛学派的批评主要包括四个方面:其一,垄断竞争理论中关于下降的需求曲线的分析在理论上不准确,因为若说相互竞争的企业生产的产品是"相近的替代品"或"有差别的产品"的话,就意味着各个企业的平均成本是不一致的,它们的需求曲线的倾斜度也必将因替代程度的不同而不一致,但张伯伦却假设竞争企业的单位成本相同,这在逻辑上是讲不通的。其二,张伯伦引入"差别产品"这一概念,混淆"产业"和"市场"的划分界线,使"产业"的范围变得无法定义。其三,垄断竞争理论将企业规模的扩大与垄断势力的提高视为等同是不对的,因为企业规模的扩大和集中度的提高完全可能是由技术因素或规模经济的内在要求决定的,并不单纯是为了获取垄断利润。其四,SCP 范式过于简单武断,事实上企业的市场结构、市场行为和市场绩效间绝非是一种简单的、有其一必有其二的单向因果关系,而是双向的、相互影响的多重关系。

基于上述认识,芝加哥学派提出产业组织问题还是应通过完全竞争理论而不是垄断竞争理论来加以说明,他们用"规模经济"理论来为企业规模的扩大进行解释,企业规模经济是与技术水平提高的要求相一致的,是自然和合理的,政府不应加以干预和管制。对于企业规模与竞争度的关系问题,他们利用"可竞争市场理论"来加以说明:只要潜在竞争者在进出市场时是完全无障碍的,市场上现有厂商——不论是仅有一家企业还是多家活跃的厂商,总是面临来自潜在进入者的竞争压力,为避免引来更多的竞争者,原有企业的定价和产量选择将总是被迫处于一种"无显著超额利润的均衡约束下"。由此,并不像哈佛学派所言的那样,大厂商可任意定价,获取高额垄断利润。"可竞争市场理论"说明,企业规模的扩大或集中度的提高并不意味着垄断程度的提高和竞争程度的下降。在上述两方面分析的基础上,芝加哥学派提出不能以集中度高低和规模大小来判断垄断,不应毫无区别地对大企业实行强硬管制,应将企业绩效好坏作为判断标准,放松对大企业的不必要管制。这一政策建议极大地影响同时期美国的产业组织政策,也对后来的新产业组织理论产生重要影响。

斯蒂格勒对产业组织理论的发展主要表现在以下几个方面:

(1) 他的实证研究发现:"通过兼并其竞争对手的途径发展成巨型企业,是现代经济史上一个突出的现象。"几乎没有一家大公司是靠内部扩张成长的。

他认为,企业兼并的主要原因不是规模经济,而是兼并后的大公司大市场,能获得高额利润。他还认为,过去,财富分配限制厂商的规模,在现代经济中,个人已不能垄断大产业。公司和资本市场割断了个人财产与企业规模的联系,从而削弱了竞争企业的制度基础。也就是说,企业规模大小,不是由企业家能力所左右的,而是与资本市场的状况及法律制度密切相关的。兼并扩大企业规模,而决定是否兼并的关键是看兼并前后的得失对比。

(2) 他首次提出用"生存技术"来确定企业的最佳规模,即凡是在长期竞争中得以生存的规模都是最佳规模。他对美国制造业的情况进行了考察,发现最佳规模是一个范围相当大的领域,即多种不同的规模都是最佳的。

(3) 他利用企业内部分工和社会分工理论,提出产业生命周期假说。① 在产业年轻期,市场狭小,这时的企业往往是全能的,主要是企业内部分工。企业"需求新类型或新品质的原材料,所以只能自己创造;它们必须自己解决其产品使用中的技术问题而不能等待潜在的使用者来解决;它们必须劝诱顾客放弃其他商品,而不可能找到专业化的商业机构来承担这一任务;它们必须自行设计、制造专业化设备;自己培训技术工人"。② 随着产业发展和市场规模扩大,各环节生产规模大到足以独立进行时,企业内部分工就发展为社会分工,各专业化企业承担生产的各个环节。③ 在产业衰落期,随着市场和生产规模的缩小,企业独立进行专业生产不具有效率,于是社会分工又转化为企业内部分工,企业再次成为全能企业。

第二节 新产业组织理论与其主要变化

进入 20 世纪 80 年代以来,随着各国经济向外向型发展,巨型跨国企业集团已成为现代产业结构的一个重要特征,各西方国家的产业组织政策也日益向保护本国企业在国际竞争中的优势地位上倾斜,产业组织理论必须有助于说明现代产业结构的变化,为政府放松干预的政策取向做出合理解释。正是在这样的背景下,产业组织理论发生了深刻的变化。

一、理论基础改变

产业组织理论的变化首先表现在交易费用理论的应用上。如前所述,哈佛学派以垄断竞争理论为依据,认为行业集中度的提高和企业垄断势力的扩大是政府必须对市场加以干预的重要原因,强调对集中度的控制是保持适度竞争的关键。对于这一观点,以威廉姆森为主要代表人物的新产业组织论者同芝加哥学派一样持否定态度。但在有关企业规模问题的解释上,新产业组织论者却与芝加哥学派的观点相左,主要表现在三个方面:其一,芝加哥学派关于企业横向适度边界由平均成本最低的产出规模决定的分析缺乏说服力,因为已有大量实证研究表明,平均成本最低的产出往往是一系列产量,因此技术成本状况并不能清楚说明企业的适度规模边界。其二,随着技术不断进步,企业规模必然会越来越大,小企业将无法生存,但现实是大小规模的企业同时并存,可见单纯以技术因素来解释企业规模的变化是不充分的。其三,"可竞争市场理论"代替完全竞争市场理论,并由此证明市场机制的有用性和减少政府干预必要性的分析未免过于简单机械,因为在现实经济活动中,企业进出市场难以完全无障碍,即使技术障碍可被克服,但由于信息的不充分、外部性、寡头企业间实施的各种策略等因素也足以影响到市场均衡的实现,对此,可竞争市场理论并不能做出解释。可见,芝加哥学派的理论观点并不能为政府的放松管制政策提供充分依据。

新产业组织论者提出,企业的适度边界是由技术、交易费用和组织费用等因素共同决定的,其要点如下:首先,企业规模变动的真正原因是节约交易成本。威廉姆森认为,人类行为具有有限理性和机会主义倾向这两个特点,使得现实交易活动充满复杂性和不确定性,而为减少交易中的不确定性并确保交易的顺利进行,交易双方就必须起草和订立各种契约,并对契约进行修改、监督和执行……伴随着这一系列活动的展开,大量交易费用由此发生。当从事市场交易活动所花的交易费用过于高昂,以至超过将供需环节纳入到同一企业内部进行统一管理和支配时,交易双方就会产生兼并、联合的意向和动机,企业规模和边界也就由此发生横向扩张;而当企业规模扩张到一定程度,以至于某项经济活动通过外部市场交易比在企业内部进行更为节约管理费用时,企业规模就会缩小。其次,企业需要通过订立契约或建立一定的组织关系,如扩大生产经营范围,将资产专用性环节纳入到企业内部环节中来,以避免各种可能出现的欺诈行为对交易带来的不利影响。由于技术原因,现实经济活动中各生产环节内常常存在或强或弱的"资产专用性"关系,资产专用性越强,交易双方对市场波动的反应就越敏感。为减少交易的不确定性,确保生产经营活动的顺利进行,交易双方就必须订立各种契约。所以,资产专用性是影响交易费用、导致企业纵向一体化的重要因素。最后,企业规模的变化受外部交易费用高低的影响,同时也受企业内部组织管理费用的影响。适度规模应是在企业和市场这两种治理结构间寻找的一种合理组织。

二、研究方法改变

新产业组织论者认为,传统产业组织理论使用静态分析方法有许多不足:首先,过分依赖经验性统计数据,缺乏理论依据和正式的市场分析模型,其结论并不具备一般规律性;其次,SCP框架是对典型事实进行有意排列的结果,事实上各变量间的联系只具有某种相关性,而并非一定是因果关系;再次,该种研究方法顶多只能反映出一定时期既有行业结构下行为和绩效的特定联系,并不能说明该结构的形成原因及未来发展趋势。因此,传统的SCP分析范式只适于短期静态分析。其以给定的产业结构为前提,将现实企业间既存的各种差异看成是决定产业竞争的外生变量,对特定企业和产业的实际行为进行静态截面观察,然后再将分析结果与企业绩效相联系,得出集中度高的企业必然具有垄断厂商的行为特征,占有非法垄断利润的SCP单项因果联系的分析范式,并由此提出强硬的反托拉斯政策。

新产业组织理论的研究重点从结构环节转向行为环节。市场结构取决于企业规模,而企业规模取决于交易费用高低,交易费用高低则取决于交易活动所具有的复杂程度和不确定性,而所有这一切都源自于交易者的行为属性。因此,要想了解行业结构产生和变化的原因，就必须深入到经济活动参与者的行为属性中进行研究。由于企业间行为相互影响，行为属性具有很强的不确定性，很难再以实证的分析方法进行研究，因此新产业组织理论采用推理演绎为主的研究方法。产业组织理论的研究方法很多，而对新产业组织理论影响最大的是博弈论。除提供一个正规的产业组织学的理论基础之外，博弈论还为有关企业行为和市场绩效的经验研究提供精确指导。伴随着理论层次上对博弈论的广泛重视，除非合作博弈论仍将在产业组织理论中扮演主要角色外，网络博弈和合作-非合作混合博弈日益渗透到产业组织的分析中。例如，为预测和说明寡头厂商的各种策略行为对均衡结果产生的影响，他们采用博弈论将各种可能的对策模型化，并通过逻辑推理的方法来对寡头厂商的决策行为做出各种预见性推测，在此基础上，得出"非合作博弈均衡"的重要结论，从一个方面说明，由于寡头市场结构下厂商行为具有不确定性，因此资源配置往往只能达到一种"次优均衡"状态。这时，价格水平可能会高于完全竞争状态下的均衡价格水平，资源配置可能达不到完全竞争条件下的"帕累托最优"，但这种结果却是寡头市场竞争的必然结果。该结论说明，企业规模大小或价格水平高低均不能作为判别企业是否具有垄断力的标志，而唯有企业行为才是判断其是否具有垄断力的依据。该结论也为新产业组织理论以反不正当竞争行为为目标，而不是以企业规模或绩效为主要管制目标的政策提供有力的支持。20世纪80年代后期，新一轮经验研究，包括计量经济学分析、案例研究和实验经济学开始出现。

新产业组织理论所采用的推理演绎法虽比实证分析法更具有理论逻辑性，但其最大的不足是缺乏实证数据的有力支持。例如，博弈论的许多推论都以严格假定为前提条件，其结论也无法得到证实或证伪，正因为如此，该种方法在当代同样受到来自学界的许多批评和质疑。20世纪八九十年代以来，随着计算机和网络技术的进一步发展，各种统计数据的可得性增强，传统的实证分析方法也得以将截面分析和时间序列分析、行业数据与企业数据结合起来，较好地反映出产业结构的动态变化情况，这在一定程度上弥补了实证研究单纯从个别行业、个别年份的统计数据来分析产业结构的不足，使分析结果更具有说服力。与此同时，新产业组织理论也开始寻求一种更具有实证支持的理论研究方法。例如，在寡头定价问题上，已不再只是笼统抽象地讨论行业定价的博弈问题，而是更多地深入到具体行业的定价行为中去进行实证考察，并通过大量案例研究和分析来验证先前的各种推断。

首先，SCP是一种单向线性研究思路，而实践和越来越多的研究文献发现，产业结构的行为和绩效是互动、相互影响的双向关系，而非单向、简单的关系；其次，传统产业经济学的研究模型是短期、静态分析，而忽视对产业绩效长期、动态的研究；最后，传统产业经济学从企业外部宏观、中观角度分析产业绩效的影响因素，而忽视企业内部、微观因素对产业绩效的影响。从实际和长远看，产业绩效研究需要企业内部与外部因素相结合、长期分析与短期分析相结合、微观与宏观（中观）相结合、静态与动态相结合，因此，构建基于产业外部环境和企业内部资源双向联动的动态优化理论研究框架就成为一种必然的选择方向。

三、企业内部组织与治理问题研究

将企业内部的组织与治理问题纳入到产业组织理论的研究范围，是产业组织理论的又一项重要发展。如前所述，传统产业组织理论视市场机制为资源配置的唯一方式，企业只被当作市场机制作用下生产技术水平决定的生产单位，完全忽略其对资源配置产生的影响。因此，传统产业组织理论中并不包括对企业内部活动的研究，认为那应属于管理学的研究范围。20世纪80年代以来，科斯和威廉姆森等人以交易费用理论为基础，提出企业同市场一样参与资源的配置过程,企业内部活动是影响市场行为和产业结构的重要原因。对企业内部活动的考察便构成新产业组织理论中一个不可或缺的部分。

新产业组织理论关于现代企业内部组织问题的研究,主要集中于代理人目标偏离问题的影响及治理上,核心是解决现代企业代理人的无效率或低效率问题。为此,研究者们提出一系列的理论与主张。例如,在20世纪七八十年代法马(Fama)、霍姆斯特龙(Holmstrom)和哈特(Hart)等人提出"现代企业外部约束机制"理论,指出在经理市场上,管理者业绩的好坏是对他们声誉和身价的重要评价标准,经理们为能够树立良好的声誉而不得不约束自己的行为,因此,健全完善的经理市场是约束管理者行为的一种有效机制。爱德华(Edwards)和汉南(Hannant)等人提出,若能保持在产品市场的充分竞争,销售业绩的好坏将反映出企业经营状况的好坏,因此,产品在市场中的销售业绩是促使管理者精打细算、努力降低成本、提高产品质量、扩大市场份额的有效约束机制。尤金·法马(Eugene Fama)于1980年在《代理问题与企业理论》一文中指出,股票市场同样是代理人外部约束机制的一种有效形式,企业经营业绩的好坏,可通过股票市场上广大股东的选择来体现,他认为,建立和发展有效的股票市场,就能有效地制约代理人的目标偏离行为。钱德勒和威廉姆森提出,通过企业组织制度设计可达到制约代理人目标偏离行为的目的,指出M型组织结构能够通过企业内部的计划控制较好地避免目标偏离问题。詹森(Jensen)和麦克林(Meckling)于20世纪70年代末期在《企业理论:经营者行为、代理费用与产权结构》一文中提出"企业融资约束机制"理论,证明在债权和股份间进行合理搭配,可产生对管理者行为进行约束的机制,使管理者的目标利益与投资者一致。克拉克(Clark)等人提出"产权制度设计"理论,如通过建立董事会,可增强分散的股东在经营管理中的控制力,以抗衡"内部人"控制问题,确保股东利益与公司目标的一致;通过分散持股者数量,则可减少决策层中大股东数量,增强大股东的相对影响力和控制度。为激励管理者去冒一定风险、承担更大责任,可在风险和激励间寻找一种最佳平衡机制,让管理者获取确定的利益所得,如高额的薪金、奖金、养老金或股权,让他们有动机来关心企业的利益目标。20世纪70年代以来,企业治理理论在美国得到极大的发展和应用,在这套理论的指导下,美国建立堪称史上最严谨最科学的现代企业治理体系。

四、企业边界的决定因素扩展

新古典经济学认为,交易费用不但存在,而且往往起着决定性的作用。现代企业理论的基本假定是:在市场上所观察到的契约形式都可以看作在既定的信息制约下,是专业化的生产要素间的交易费用极小化的反映。从科斯始创以来,现代企业理论的研究一直围绕企业的边界展开。交易成本和管理成本的比较被认为是传统企业理论中分析企业边界的基本方法。之后,资产专用性、敲竹杠和不完全合约相继被学界应用来进一步阐述这个问题。企业契约说的兴起让人们突破企业法律边界的限制,开始研究企业的实际边界。西蒙认为,企业规模取决于组织内部决策分工和协作的效率边界,而决策分工与协作的效率又取决于企业作为一整体的知识和能力积累状况。沿此思路,潘罗斯(Penrose,1959)和蒂斯(Teece,1995)等认为,企业边界取决于管理者拥有的知识和(或)企业能力。而以纳尔逊和温特为代表的演化理论重视企业战略动态和行为分析,既可以"遗传",又可以通过"搜寻和创新"调整的企业"惯例",是决定企业边界及其演进的基本要素。随着经济发展和组织结构的演进,原本清晰的企业边界变得逐渐模糊,新科技涌现也为企业边界的研究提供新的视角。互联网应用带来的网络外部性会导致企业横向边界和纵向边界的同时变动。

1. 进入壁垒及其福利效应

经过斯彭斯、迪克西特和布罗等的研究,过剩产能已成为学界所公认的一个均衡阻止进入策略。此外,在不对称信息条件下,通过限制性定价产品扩散和企业间的纵向合约等途径也可以成功地实施进入阻止。其次,威泽克(1980)表明进入壁垒可以增进社会福利。随后,曼昆和温斯顿(1986)和安德逊(1995)的研究则进一步指出,当存在市场势力时,一个进入者部分利润相当于现有企业转移来的收入,而与社会福利增长无关。自从约万诺维奇(1982)的开创性论文发表后,有关特定产业在一定时期的进入和退出的动态研究已成为20世纪90年代以来新产业组织理论的一个热点。市场和企业是相互替代而不相同的交易机制,因而企业可以取代市场实现交易,以减少交易费用;因此,交易费用存在决定企业存在。企业在内化市场交易的同时还会产生额外的管理费用。当管理费用增加与市场交易费用节省相当时,企业边界趋于稳定(不再扩大或缩小)。在科斯理论的基础上,威廉姆森进一步提出企业适度边界,其不单纯由技术因素决定,而是由技术交易费用和组织管理费用等因素共同决定的。在假设人的有限理性和机会主义的基础上,威廉姆森提出以资产专用性、交易频率和不确定性三个维度来刻画交易费用的方法,并利用该方法提供一个区分企业和市场与混合组织最佳边界的分析框架。由于人类行为具有的有限理性和机会主义倾向未来的不确定性和资产专用性,市场交易环境十分复杂,达成一项契约的交易费用很高。在明确区分企业的生产费用和组织管理费用后,威廉姆森通过给出的模型说明企业成长的边界或效率边界取决于总费用大小,而非计算单纯的生产费用或组织管理费用。当交易费用高于将供需环节纳入到同一企业内部进行统一管理的管理费用时,交易双方就会产生兼并联合的意向和动机,企业规模和边界也就由此发生横向扩张;而横向扩张超过一定的限度,以至企业的组织管理费用超过交易费用时,企业规模就趋于缩小。因此,最小化交易费用是企业规模变动的真正原因。交易费用理论也构成此后新规制理论的基础。早期产业组织理论的研究重点集中于市场结构问题,在对市场结构的研究中,主要采用静态的实证分析方法,以既定的产业结构为前提,对市场结构(行业集中度)与产业或企业利润的关系进行估计,来研究某一行业的结构、行为、绩效(SCP)。但早期SCP分析缺乏坚实的理论基础。它过于依赖经验性统计分析,缺乏理论依据和正式的关于寡头市场的分析模型,充其量只是对大量观察的经验性描述或仅仅是理论的某种推测。新产业组织理论认为,市场结构由企业规模决定,企业规模取决于交易费用的高低,交易费用的高低则取决于交易活动所具有的复杂程度和不确定性,这一切又都源自于交易者的行为属性。因此,研究重点就从结构环节转向行为环节。

单边市场理论转向双边市场理论。21世纪以来,首先是许多实证研究证明间接外部性和双边市场的存在。双边市场的主要特点如下:① 与传统单边市场不同,双边市场具有市场间的网络外部性(参与者间的网络外部性)与相互依赖性和互补性(同时向两边用户销售具有相互依赖性和互补性的产品或服务)。② 平台竞争是双边市场的核心问题,关于双边市场的研究大都涉及这个问题。双边市场形态中的平台企业具有很多不同于单边市场形态中的企业行为特点,是传统市场理论无法合理解释的,这对传统的单边市场理论提出挑战。平台企业是按照价格总水平进行决策的,其针对两边用户的价格不反映边际成本及其变化。这说明,传统企业基于边际成本等于边际收益的定价原则不能简单地适用于双边市场形态。同时,由于双边市场的总价格由两部分构成,任何一边用户的价格可以很低,非对称价格结构是一个普遍特点。双边市场的定价策略研究目前主要有三个方向:一是主要探讨消费者行为、产品多样性、偏好差异等;二是主要考察平台的排他行为和价格承诺等问题;三是研究其他因素对于平台定价的影响,如两边用户的价格弹性平台差异化等。双边市场平台企业的一高一低(或免费)的非对称价格结构不属于掠夺性定价范畴。因为这种非对称定价不符合单边市场下掠夺性定价的两个基本特征:暂时性降价以获取超额利润为目的;实施企业在规模和成本的绝对优势。③ 竞争优势。传统的单边市场中,实施规模化战略是增强企业竞争力并保持市场势力的一个重要途径。然而,在双边市场中,没有证据证明,快速建立市场份额可阻止其他企业进入和保持主导产业的先发优势。④ 规制问题。双边市场中,除价格总水平外,双边用户面临的价格结构是决定市场交易总量的关键因素,反垄断问题大多是针对价格结构问题展开的。传统规制理论认为,企业交叉补贴属于不正当竞争行为,为反不正当竞争法所禁止。而在双边市场中,平台企业的一边用户对另一边用户的补贴非常普遍,很大程度上是由双边市场自身的性质和特点决定的。⑤ 捆绑销售不一定损害双边用户利益或社会总福利。然而,对双边市场的研究才刚刚开始,还有大量问题要解决。

寡头竞争企业的策略性行为是新产业组织理论研究的核心内容,其包括合作策略性行为和非合作策略性行为,后者是新产业组织理论研究的重点。在垄断或寡头市场中,市场环境不再是外生的,主导厂商可通过策略性行为改变市场环境,从而影响竞争对手的预期,改变竞争对手对未来事件的信念,迫使竞争者做出对主导厂商有利的决策行为。策略性行为主要包括两个方面:影响未来市场需求函数和成本函数的;影响竞争者对事件估计信念的。前者包括过度生产能力策略、提高对手成本的策略、品牌多样化策略等,后者包括与进入遏制和退出引诱相联系的限制性定价策略、掠夺性定价策略、消耗战策略、研发竞赛策略等。

价格歧视理论。经济学将价格歧视分为一级、二级和三级。随着时间推移和外界条件变化,新的价格歧视的种类不断出现。国外最新价格歧视理论主要有两大特点:第一,其由垄断市场结构向寡头市场结构转变。根据传统观点,价格歧视一直被视为垄断厂商追求利润最大化的行为。但近来的经验研究发现,价格歧视非垄断企业的"专利",在寡头竞争下价格歧视也很普遍,如 Goldberg(1995)、Leslie(2004)和 Cabolis 等人(2005)分别发现汽车市场、百老汇市场和图书市场的研究已转向寡头竞争领域。第二,其由静态向动态扩展。随着现代信息技术的发展,厂商获得消费者的信息已成为可能,很多厂商利用这些历史信息来对消费者实行价格歧视。依靠消费者的历史购买信息实施的价格歧视称为动态价格歧视。这已成为产业组织中新的理论热点。研究发现,在寡头竞争市场中,实施价格歧视,不仅是在剥夺消费者剩余效应,还在加剧竞争效应。当加剧竞争效应占上风时,整体价格可能下降,厂商剥夺消费者剩余的能力也随之下降。纵向约束是上下游企业间产品交易的一种契约关系。随着产业链纵向关系的日益复杂化和研究方法的多样化,尤其是随着技术进步和零售产业国际兼并浪潮的出现,市场势力从上游企业向下游企业转移,纵向约束的方向发生变化。由此导致纵向约束问题的一些新研究,这尤其集中于转售价格维持(PRM)、独占交易(ED)和通道费等。① 独占交易的动机及其效应,证明在上游、下游企业都是不完全竞争时,ED 合约不仅减少下游竞争(品牌间),而且也减少上游竞争(品牌内),降低批发价格。近年来,学者普遍认为独占交易是企业的一种策略性行为。② 转售价格维持(PRM)能够解决外部性问题,降低市场失灵,提高消费者福利。PRM 限制下游零售商的价格竞争,有利于生产商获得或维持垄断优势,也有助于零售商或生产商形成卡特尔。③ 通道费多与新产品密切相关。通道费是供应商为说服下游渠道采购展示和支持其新产品而支付的总费用。其产生的主要原因有两方面:首先,零售商的谈判力和企业规模是通道费收取的决定因素之一。其次,信息不对称。在零供关系中,生产商比零售商拥有更多的产品质量功能的信息,这种信息不对称可以通过通道费来弥补。进一步研究通道费的效率促进效应,即通道费具有提高分销效率促进竞争的作用。但是,也有些学者认为,通道费增强零售商的市场势力,损害竞争。进入21世纪,随着跨国大型超市的迅速发展,学界日益关注由零售商主导的纵向约束。

产品差别化理论。这是非价格竞争的重要形式。新产业组织理论将传统产业组织理论中含义模糊的产品差别模型划分为垂直差别和水平差别两种。前者是因产品质量不同所形成的,后者是因适应不同消费者的不同偏好而形成的。产品差别化理论包括三个主要内容:首先,分别运用伯川德-纳什均衡的方法分析两类差别的市场均衡及其社会福利含义;其次,在差别化产品下的价格决定;最后,寡头垄断企业的产品选择。具体分析中,产品差别化理论分别运用空间差别化的两个标准模型,即霍特林线性选址模型、萨洛普两阶段博弈圆形进入和定位模型,展示有差别产品的伯川德竞争性质,阐明差别化原则,并研究自由进入的多种均衡问题。大多数产品差异化研究都是基于产品水平差异化或垂直差异化的寡头模型。克鲁格曼等注意到报酬递增和垄断竞争对国际贸易的重大影响,并加入技术创新、交易费用以及产品差别化等因素拓展国际贸易研究范围,将产业组织理论运用于国际经济研究。

新产业组织理论以交易费用理论和博弈论等新的理论和方法为基础,在研究广度和深度上,极大地拓展产业组织理论:在企业问题上,其用交易费用分析来说明企业规模和内部的组织形式,揭示企业内部治理结构和外部市场机制的相互关系;在市场机制及其作用上,其指出市场机制的作用是有限的,在很大程度上可以被企业的治理结构所替代,利用市场机制需要付出代价;在政府干预问题上,其认为,由于信息外部性和协调外部性引起的市场失灵,需要政府实施产业政策,同时,作为决策主体的政府也受有限理性的机会主义倾向的支配和影响,政策的制定和实施要因地制宜,既要考虑成本问题,又要考虑实施中的有限承诺问题。此外,其克服作为传统产业组织理论基础的SCP分析范式的缺陷,凭借着其对寡头市场的一系列分析及其成果,使产业组织理论的发展得以成功地回归正统经济学。

五、传统规制理论转向以机制设计理论为核心的规制理论

新规制理论强调规制者与被规制企业间的非对称信息,从而进一步强调要建立激励性规制机制,以激励企业通过技术创新提高效率、降低成本。20世纪90年代以后,新规制理论进一步探讨规制的制度结构互动的过程,从交易费用和规制承诺的视角分析规制供给问题。这些研究偏重于约束条件下的最优选择,由于外部制度环境经济当事人的有限理性和政治交易费用等因素的限制,规制往往难以实现最优,只是次优的结果。斯皮勒(Spiller,2010)进一步把新规制理论分为交易费用的规制理论和激励的规制理论。在威廉姆森的交易费用的基础上,前者研究政府和某些公用事业投资者间的相互关系。在具有自然垄断的行业中,缔约的风险是由规制和规制合约的特征决定的。由于公用事业产品消费的非排他性,在需求层面具有规模经济和范围经济的特性、资产投资的高度专用性,这些特征容易引起政府或第三方的机会主义行为,为此需要通过合约行政程序或立法程序等政府规制。换言之,规制过程和性质取决于该社会的制度结构,即部门或部门运行的制度环境会影响规制制度的本质行为方式及其绩效。斯皮勒(2010)认为,相对于激励性的规制理论,规制的交易费用理论具有如下特点:① 制度环境决定企业的契约方案,缔约方案只能提供次优激励。通过揭示制度环境与规制制度类型间的相互关系,进而可以揭示可行的激励性规制所赖以存在的制度条件。② 强调制度环境的决定作用,不像激励性规制强调单纯的效率动机(激励)。③ 对政治参与人的看法不同。交易费用理论认为,政治参与人既不像芝加哥学派所

说的那样被动,也不像激励性规制理论那样仁慈,而是具有机会主义倾向,会不择手段地追求自己的私人利益。

新规制理论的新特征是:① 研究领域不断拓展,研究热点逐渐转移到环境规制方面;② 研究方法转向实证研究;③ 激励性规制理论的推广和规制框架下竞争理论的出现,为规制问题的研究提供更加完善的理论支撑。相应地,20世纪80年代后期以来,由于博弈论等分析工具在反垄断分析中的广泛应用,反垄断经济学出现革命性发展,动态博弈论、信息经济学、机制设计理论、拍卖理论、模拟技术以及非参数经济计量方法等正从方方面面重新塑造着当代反垄断经济学的范畴分析框架和工具箱,并表现出若干具有规律性的趋势:反垄断与规制政策分工日益明确,理论研究的难点和实践关注的热点正从企业间横向关系(兼并)到纵向关系的转变;反垄断执法重点从注重反垄断结构转变为注重反垄断行为;反垄断执法原则从本身违法向合理推定倾斜;反垄断政策国际化的趋势愈加明显,等等。新产业组织理论的政策主张发生较大变化,主要是反垄断政策的变化。其核心内容是竞争法,此外还包括以分拆重组为主要内容的结构性改革、以准入制度为主要内容的放松规制等促进竞争的公共政策。遵循结构主义的哈佛学派因循西方主流学派的观点,对政府规制的必要性和有效性深信不疑。但是,他们将政策看成是影响经济活动的外生变量,更多的只是对规制的方法和手段提出建议,并未对政府规制的实际效果、政府规制的动机和成本等问题做过系统研究。例如,应如何对高集中度的行业进行分割,如何对不正当的设置障碍活动进行管制等。规制政策出现三个变化:一是伴随着对公用事业部门的自由化和私有化,实施放松管制;二是以激励性规制取代过去的传统规制;三是在放松经济性规制的同时,强化社会性规制,以加强环境保护、实施可持续发展和保护消费者权益不受侵害。

从20世纪60年代开始,芝加哥学派的主要代表人物斯蒂格勒在《管制者能管制什么》和《管制经济学》两篇代表作中分析政府管制的成本和收益问题,提出具有影响力的政府管制理论,即行业中的厂商是政府管制政策的需求者,为了实现自身利益,他们会向政策的供给者(官员)支付"价格",以获取政府政策的保护。他将规制这个因素内生化,运用经济学方法指出无效规制存在的原因:利益集团向规制者支付"价格",俘获政府,使得产业内或产业间出现进入壁垒、差别补贴等一系列无效率的政府保护措施。斯蒂格勒为代表的规制理论,刻画政府规制中各个利益集团相互行为关系的理论,他将政治学有关理论及分析方法引入对政府规制目标和效果的研究,大大拓展了政府规制研究的视野。因此,政府管制政策是受行业集团的利益影响而形成的,而这些政策又反过来影响着行业的经济活动。这里他已将政府管制当成影响经济活动的内生变量,看到政策对产业结构的影响和作用。不过,虽看到政府管制对经济活动的影响,但斯蒂格勒认为,政治家地位仍然是被动的,他们似乎只是在经济利益集团的游说下按照其利益和偏好进行立法和规制的"政策供给者",并没有自身的利益要求。

20世纪80年代以来,一些西方学者如麦克斯切内(Fred S. Mcchesney)和克鲁格等人提出,政策制定中,政治家也有自身利益要求,他们会通过有意设立某些管制政策来向行业集团获取好处,以满足自身利益需求。按照这类观点,任何一项政策规制都将引发一系列的寻租活动,因此政府管制应受到限制,否则政治家就会为自身利益而制定大量不必要的政策规制,从而使经济活动产生扭曲。尽管如此,政治家的作用没有被很好地整合到其理论模型中。同时,其忽视政策制定和执行过程中所存在的信息不对称,只集中于需求方面,所有行动发生都由利益集团引起,而将供给方面作为黑箱处理,因而没有真正解决为什么规制当局拥有自由裁量权以及利益集团和权力所在的问题,也忽略官僚体系中政客与其代理人间的重要代理关系。20世纪70年代末80年代初,产业组织理论中的新规制理论兴起,其从规制者角度出发,认识到规制环境里存在着三种规制性约束:信息约束、交易约束、行政或政治约束。一个令人满意的规制理论应反映规制者和企业所面临的信息结构约束条件和可行的工具。由于信息不对称引起道德风险和逆向选择行为,限制规制者对企业的监控能力;规制者有自己的小算盘,并容易被利益集团收买,所以不会最大化社会福利。新规制论有两点突破:一是引进信息不对称,建立起规制俘获的委托代理分析框架;二是打开规制机构的"黑箱",将其分为规制机构(监督者)和国会(委托人)两层。其中,国会追求社会福利最大化,而规制机构则追求自身利益最大化,它可能被规制企业或其他利益集团俘获而与之合谋。不难发现,新产业规制经济学的理论基础是博弈论、信息经济学和交易费用理论。

本 章 小 结

哈佛学派依据垄断竞争理论,重点研究市场结构;芝加哥学派依据"规模经济"和"可竞争市场"理论,重点分析市场绩效,政策为相对放松的"绩效主义";新产业组织理论依据交易费用理论,重点研究市场行为。

思考题

1. 叙述西方主要产业组织理论流派的学术渊源。
2. 叙述产业组织理论中哈佛学派与芝加哥学派的理论分歧。
3. 叙述新产业组织理论的基本内容与其意义。

名词

SCP分析范式　新规制理论　交易成本　管理成本　交易机制　可竞争市场理论

第二十九章 国际贸易理论的新进展

本章重点
- 产业内贸易理论;产品生命周期理论;规模经济和垄断竞争理论

第一节 概 述

现代西方的国际贸易理论是以李嘉图提出的"比较成本说"为起点的。此前的重商主义属于早期贸易理论。显然,按照重商主义的观点,任何一国福利的增长,都是以其他国家福利的损失作为代价的,即"零和博弈"。

最早对重商主义发起挑战的是古典经济学家大卫·休谟,他在 1752 年出版的《政治论丛》一书中认为,以贸易顺差的途径来增加一国黄金数量,必然会导致一国货币供给的增加,促使价格和工资水平上涨,这将会降低该国的竞争力。因此,从长期看,该国并不能持续保持其贸易顺差的地位。

彻底摧毁重商主义的是斯密,在《国富论》一书中,他全面激烈地批判重商主义,提出"绝对优势"概念,认为参与贸易国只要存在着在某种产品生产上对其他国家具有绝对优势的情况,则贸易可使双方同时获益。基于这种理论,他主张自由贸易,即各国都要根据本国优势进行专业化生产,然后通过贸易使大家都获益处。

李嘉图同意斯密的基本观点,但是他进一步认为,即使一国不具备绝对优势的条件,只要在某种产品的生产上具有"相对优势",通过贸易仍然可使参予贸易的各方同时获益。

斯密和李嘉图奠定了现代西方国际贸易理论的基础。但他们却没有能够解释以下两个与比较优势理论相关的问题:一国因何具有比较优势?即决定贸易基础的基础理论究竟是什么?当贸易开展以后,以前各国比较优势的状况是否将发生变化?

前一个问题主要是由瑞典经济学家赫克谢尔与其学生俄林解决的。他们提出"要素禀赋"理论,认为,决定各国商品在贸易前相对价格不同的主要原因是各国的要素禀赋不同,即拥有资源状况不同以及要素组合不同。在不考虑要素组合的条件下,一般而言,一种商品价格的高低取决于在其生产中密集地使用某种生产要素价格的高低。一国拥有的某种生产要素越多,其价格就越低;反之则相反。一国应当出口本国相对丰富和便宜的要素密集型产品,进口本国相对稀缺和昂贵的要素密集型产品。

后一个问题主要是由美国经济学家斯托尔珀(W. F. Stolper)和萨缪尔森解决的。他们在 1941 年发表的论文中,论证了"要素价格均等定理"。其开始主要是研究关税对收入分配的影响。后来,这一理论被用于解释国际贸易对收入分配所产生的总效应。该定理认为在贸易前各国都处于充分就业的前提下,国际贸易将会提高一个国家丰富要素的相对价格,而降低稀缺要素的相对价格。随着贸易充分开展,最终贸易国间要素的相对价格将是均等的。要素价格均等定理的前提是假定要素在国与国间不能流动。若解除这一限制条件,那么在不考虑"移民代价"的情况下,各国要素不仅相对价格均等,最终绝对价格也相等。

赫克谢尔、俄林和萨缪尔森等人丰富和完善了国际贸易理论,这一理论被称为"H-O-S定理"。对一国出口该国丰富要素密集型产品以及进口该国稀缺要素密集型产品的这一理论,从常理上都是能够接受的。至于后来出现"里昂惕夫之谜"以及学界对"谜"这一反常现象的解释,被认为是一种例外。按照 $2\times2\times2$ 的模型,假设两国都使用劳动和资本生产并交换劳动密集型产品和资本密集型产品,则人口多的国家主要生产和出口劳动密集型产品,而人口少的国家主要生产和出口资本密集型产品。因为在贸易前,这两种产品的资本对劳动的比例,人口多的国家都要小于人口少的国家(要素价格均等定理的重要假设前提是两国同时生产两种相同的产品且两国的技术水平相同)。因此,人口多的国家劳动生产率较低,货币工资率也较低,从而形成比较优势。在贸易中,随着人口多的国家劳动密集型产量增多,每单位劳动密集型产品所使用的资本对劳动的比率也逐渐上升,说明单位劳动的边际生产率将会提高。即 $MP_k/MP_l=P_k/P_l$,其中,MP_k,MP_l 分别代表资本和劳动的边际产量;P_k,P_l 分别代表资本和劳动的价格,显然,劳动的相对价格将会随着劳动边际产量的提高而上升,而资本的相对价格下降。

H-O-S 模型是一个完整的国际贸易理论体系,是国际贸易及贸易自由化趋势的理论依据。

第二节 国际贸易理论新发展

20 世纪中期以后,国际贸易迅猛发展,大量传统国际贸易理论不能解释的新现象出现。实践在发展,国际贸易理论也必须发展,于是出现了许多国际贸易新理论,其中最具代表性的就是产业内贸易理论、产品生命周期理论和规模经济理论。

一、产业内贸易理论

产业内贸易是指各国间相互交换同一生产部门生产的相同产品。该理论产生于 20 世纪六七十年代,其代表人物是瑞典经济学家林德(S. B. Linder)和美国经济学家格鲁贝尔(H. Grubel)等。1958 年,成员国间相互取消关税和其他贸易壁垒,极大地促进了欧共体内部各国的贸易增长。在贸易增量中,多数属于产业内贸易性质,如德、法、意相互交换汽车等。这种现象显然是不能用传统的要素禀赋理论来加以解释的。

产业内贸易理论与要素禀赋理论截然不同,后者是从要素供给出发来研究贸易行为的,其反映一国的比较优势;而前者则是从需求角度来解释贸易行为的,并不反映一国的比较优势。林德(1961)认为,决定贸易基础的主要是消费偏好,而消费偏好是由该国的人均收入水平决定的。一国生产的商品可按照质量或复杂程度从高到低加以排序。不同国家由于收入水平不同,其商品排列也不同。但是将两国放在一起加以比较,可发现其中有一部分商品是相同的。例如,甲国的人均收入水平低于乙国,而乙国的人均收入水平又低于丙国。这时,乙国的中、低质产品可能会与甲国的高、中质产品相同,乙国由于人均收入水平比甲国高,因此不会生产和消费甲国的低质产品。但乙国产品可能又与丙国的中、低质产品相同,乙国也不会购买丙国所生产的高质产品,其原因如同甲、乙两国的关系一样。这样,各国间的生产和消费就出现"重叠现象"。林德认为,各国贸易的产品就是具有"重叠需求"性质的商品。

因为一国重叠需求的商品是反映该国人均收入水平的代表性产品,一国生产者首先是面对本国多数居民的需求进行生产的。由于这些重叠产品又是其他一些国家居民所消费的,因而具有出口的可能性。林德特别强调,制成品的国际贸易在人均收入水平相似的国家间要比在人均收入水平不同的国家间更加频繁。经济学家们对林德理论进行了大量实证研究,发现除少数例外,两国间人均收入差别越大,其贸易频率就越小。这证实了林德的理论文化需求。

一国产业内贸易的程度通常用"产业内贸易指数"(Intra-industry Trade Index)来衡量。公式表示为

$$T = 1 - \sum(X_i - M_i)/\sum(X_i + M_i) \tag{29.1}$$

式中,T 代表产业内贸易指数;X_i 和 M_i 分别表示某一特定产业商品的出口额和进口额。

产业内贸易指数值 T 位于 0 和 1 间。当一国没有产业内贸易时,某特定产业的产品只有进口或只有出口,则 $T=0$;当产业内贸易最大化时,同类产品的进出口量相等,则 $T=1$。

格鲁贝尔等经济学家对产业内贸易的原因做进一步的说明,认为它主要是由于产品的差异性造成的。至于为何会形成产品的差异性,主要有以下一些解释:

第一,由商品质量、功能特性以及品牌等形成的差异。例如,同类产品的质量不同,即使质量相同,但某些消费者偏好于某一特定商品的品牌;同类商品存在着不同的功能特征,如汽车有大小之分,有省油和耗油之分,在外观造型上也不尽相同,等等。

第二,由商品成本的不同而形成的差异。造成商品成本不同的原因可能是出于运输距离的长短,如美国东北部缅因州的消费者宁可购买加拿大的产品,也不购买本土加利福尼亚州生产的同类产品。同样,储存、销售和包装等也会形成商品的差异。

第三,由各国收入分配的不同而形成的差异。格鲁贝尔在 1970 年提出,即使两国的人均收入水平相同,但收入分配状况可能不同。本国生产的产品主要满足大多数消费者的需求。因此,对因收入分配不同造成的特殊消费,如收入极高者或收入极低者,由于不能在本国购买到满意的商品,只能购买别国的产品。

第四,由对进出口商品的分类不同而形成的差异。如一国出口饮料而进口烟草。假如该国采用"联合国标准国际贸易分类——SITC体系",就会出现产业内贸易的现象。因为该体系是将饮料和烟草作为同类商品加以分类的。如一国采用更细的分类标准,将饮料和烟草分开,则不会产生产业内贸易的现象。

综上所述,产业内贸易理论对传统的要素禀赋理论的创新之处,其证明一国在不具备比较优势的前提下也能开展国际贸易,还说明与比较优势相比,其可获得更多的额外收益。

二、产品生命周期理论

产品生命周期理论最早由著名经济学家、美国哈佛大学弗农(R. Vernon)于 1966 年提出。即把市场营销中产品发展的规律用于国际贸易中,解释传统的要素禀赋理论所不能解释的国际贸易新现象。波斯奈于 1961 年提出技术差距模型,各国间技术发展水平各不相同,先进国技术传输到另一个国家时,有一个滞后过程。其中,先进国生产暂时处于垄断地位,向其他国家出口产品。滞后过程产生是由于其他国家对先进国的产品需要一个模仿、学习的过程。这一过程完成后,先进国的垄断地位被打破。要占有优势,就必须不断创新。

弗农进一步分析先进国出口商品变化的全程。当一种新产品诞生时,处于生命周期的新产品(第一)阶段。这时,该产品仅在发明或创造出这种产品的先进国进行生产和消费,尚

没有贸易。当进入生命周期的成长(第二)阶段时,该产品便可使用先进技术进行大批量生产,形成规模经济。这时,该产品除能够满足本国需求外,还能满足其他发达国家高收入者的需求而出口。由于其他国家还不能生产这种产品,所以先进国在市场上处于垄断地位。当该产品进入生命周期的成熟(第三)阶段时,随着国外需求增加,国外生产成本又小于本国包括运输在内的成本,则先进国厂商可能在他国投资建厂。同时,其他国家也开始模仿生产该产品。产品能在该国销售,还可能向第三国出口。于是,原先生产这种产品的先进国出口开始下降。当该产品进入生命周期的产品衰退期(第四阶段)时,模仿国能向第三国出口产品,还能向最早生产该产品的发明国低价出口产品。这时模仿国对该产品的生产已定型,并可能具有劳动要素便宜等优势。这时,该产品发明国又会投入新产品生产。

弗农、格鲁伯、梅塔和基辛等经济学家在1967年的研究发现,一国的出口与该国研发经费的支出间存在明显的相关性。一国研发经费的投入是生产新产品的决定性因素。后来的经济学家也验证了这一现象。关于发明国出口的新产品结构,发达国家出口的产品基本上是技术含量较高的新产品,而发展中国家出口的则是传统产品。

产品生命周期理论的修改,这是因为新产品最初被开发出来时不一定在新产品开发国的国内生产。随着跨国公司活动全球化,子公司遍布世界各地,都具有优良生产条件,较充分熟悉外部环境。因此,当一种新产品开始生产时,其初始产地不一定在发明国本土,很可能开始就在海外。另外,美国人均收入与其他发达国家相比,也没有1966年弗农提出产品生命周期理论时那么高。因此,满足高收入者的需求不再仅仅是满足美国高收入者的需求。

产品生命周期理论是一种新贸易理论,也是对"里昂惕夫之谜"的一种破解。该理论提出后,一些经济学家并不认为其与传统的要素禀赋理论有本质上的不同。他们认为,产品生命周期理论与要素禀赋理论是互补而不是替代的关系。两国间要素禀赋差异越大(如美国与墨西哥),其间的贸易就越有可能是"产业间贸易"。反之,差异越小(如美国和加拿大),则它们间的贸易就越有可能是"产业内贸易"。如同要素禀赋理论一样,产品生命周期理论的基础也是比较优势,只不过是一种"动态比较优势"。换言之,具有比较优势的国家是不断变化的,最初是新产品的发明国,到后来则会转移到其他国家。

持这种观点的代表人物有迪诺洛斯、奥姆克和西格斯特罗姆等,他们在1993年提出一个模型,认为产生产品生命周期理论所解释的贸易现象原因仍然是各国间要素禀赋不同的结果。该模型假定条件与H-O模型相同,仍然为$2\times2\times2$的模型,并且各国生产函数相同,规模报酬不变。该模型研究一个国家的三个部门:一是创新的高技术部门,二是不从事产品创新的"外部商品"部门,三是提供研发服务的部门,是资本密集度最高的部门。其会使该国高技术部门的厂商能够在新产品的生产上保持暂时的垄断地位,因为新产品总会受到专利保护。然后该国出口这种新产品。当专利过期后,他国便可生产并逐渐出口这种产品。

此外,马库森等人在1995年还提出"新技术生命周期"的观点,不仅产品会有生命周期的规律,而且任何一种新技术也有类似规律。该理论强调技术在一国贸易中的重要性,当发达国家开发的新技术和新机器最终传入劳动力丰富的发展中国家时,生产技术和机器设备也会呈现出类似产品生命周期的规律。

"产品生命周期理论"论述了在产品生命周期不同阶段要素密集度的变化,进而论述不同要素禀赋的国家在产品生命周期不同阶段的分工,从而论述产业升级的方向,即从劳动密集型到资本密集型再到技术密集型的升级方向。要素禀赋结构变化和商品要素密集度变化,从一国要素禀赋供给和产业发展不同阶段对要素禀赋需求两个维度对一国产业升级面临的条件变化作了很好的阐述。产业升级得益于要素禀赋结构的改善,同时,在产业生命周期的不同阶段,由于产品要素密集度不同,在不同要素禀赋的国家存在不同的分工。

三、规模经济和垄断竞争理论

这是克鲁格曼于1979年提出的,被称为"克鲁格曼模型"。即相当多的国际贸易特别是现代国际贸易,并非产生于国家间要素禀赋的差异,而主要是由于报酬递增所形成的国际分工。产生报酬递增的原因在于规模经济。规模经济是指规模报酬递增,指产量增加的比例高于投入要素增加比例的生产状态。

克鲁格曼模型的假定前提与李嘉图模型是相同的,即两个国家只用一个生产要素——劳动,生产两种产品,并且两国的技术相同,没有运输成本。他的理论产生于严格的数学证明。他首先证明封闭国家生产的均衡过程,即最终达到边际收益与边际成本相等,同时平均收益与平均成本也相等。在此基础上若有两个这样的国家,按上述假定,两国技术水平相同,则在要素禀赋上已不存在差异(单要素模型)。那么,按照传统的H-O理论,这时两国间难以进行贸易。然而,克鲁格曼指出,在这种情况下,两国不仅仍有可能进行贸易,而且通过贸易还可获益。若不考虑运输成本,则两国的货币工资率、产品价格都是相等的,两国劳动要素增长所起的作用也相同。劳动力增长会使两国生产规模扩大、产品品种增加,两国福利都增加。但是,假如两国中有一个国家在生产规模扩大过程中属于规模经济性质,即产量增长率大于劳动要素投入的增长率,于是就产生贸易基础。

克鲁格曼概括他的观点:规模经济导致国际分工。因为每个报酬递增的产业都向一个国家集聚,使各国间要素禀赋相同,仍然还会形成国际分工,而且规模经济一定会导致贸易产生。尽管每个报酬递增的产业必须向一个国家集聚,但是集聚到哪一个国家却是不能确定的。克鲁格曼模型的结果显然与林德模型相似,但林德的模型没有提到规模经济的作用。

克鲁格曼还认为,除规模经济以外,垄断竞争也是形成贸易的一个原因。由于各个行业中不同厂商的产品质量是不同的,即存在产品差异性,因此,每一个厂商的产品都能拥有一定数量、忠于其品牌的消费者。同时,厂商还会通过广告和其他活动来推销自己的产品。在垄断竞争状态下,其他厂商更容易进入市场参与竞争。同时,垄断竞争厂商生产的产品很容易找到替代品,因此,垄断竞争厂商面临的市场需求曲线弹性很大。从长期看,其结果与完全竞争相同,都处于"零利润均衡状态"。

20世纪80年代初产生的"新国际贸易理论"与传统国际贸易理论模型——包括李嘉图模型基于克鲁格曼与赫克歇尔俄林模型,主要有如下区别:该模型的基本假设是规模效益递增(不完全竞争),而传统国际贸易理论模型的基本假设是规模效益不变(完全竞争)。这一模型的基本结论是,规模效益递增决定每个国家的贸易模式,即每个国家只集中生产一种产品中的某几个品牌并出口,以此获得规模效益,而传统国际贸易理论的基本结论是比较优势,如李嘉图模型的劳动生产率比较优势、H-O模型的资源禀赋比较优势。一个国家会生产与出口其具有比较优势的产品,在该模型中一个国家从国际贸易中获益是专业化分工与贸易带来的消费品种类增加,成本与产品价格下降,而在传统国际贸易理论模型中,一国从国际贸易中的获益,是以进口产品表示的实际工资增长,即李嘉图模型或充裕型生产要素实际回报率增长。H-O模型适用于解释发达国家间相互贸易的主要形式——产业内贸易,即不同国家出口同种商品中的不同品牌,而传统国际贸易理论模型适用于解释发达国家与发展中国家贸易的主要形式——产业间贸易,即不同国家出口不同产品,这一模型考虑企业的角色与作用。

四、要素合作型的国际专业化取代传统国际分工

国际贸易理论要素观发展，经历单要素到多要素的过程，这种演变既遵循着理论发展一般的逻辑，包括对假设前提的不断放松，也体现对不断发展的现实世界的回应。未来贸易理论的发展要建立在对生产要素多样化的认识上，也要建立在生产要素组合对生产率和比较优势影响的基础之上，还要将生产要素跨国流动作为理论构建的基础。

在古典贸易理论阶段，理论分析的是劳动单一要素，但它真正关注的是劳动生产率。新古典贸易理论囿于分析工具和视角，以要素的相对稀缺程度，取决于要素禀赋水平作为理论分析的起点，忽视对生产率差异更深刻的分析，但贸易理论的要素观得到拓展，要素禀赋理论所获得的理论视野更宽阔，同时把比较优势和生产率差异归结到要素禀赋的不同，使得这两者有观测的要素禀赋的差异。二战后，特别是里昂惕夫之谜的出现，对现实问题做出回应，学界进一步将要素拓展为多种。一个理论问题是要素与生产率间的关系，即不同要素组合带来的生产率差异，在要素不能跨国流动时，一国要素禀赋或许可以反映一国的生产率水平，但在要素跨国流动下，一国生产并不简单决定于本国要素禀赋。未来贸易理论在分析贸易结构时，必须把生产要素跨国流动纳入到分析贸易结构形成及其影响的理论框架之中，理论分析需要解决的重点是，在生产要素的流动性和各类生产要素差异分析的基础上，找寻综合要素禀赋形成的一般性规律，从而形成对生产要素跨国流动下各国贸易结构形成的理论性认识，探讨生产要素跨国流动与贸易方式的关系。古典和新古典贸易理论的前提决定它们所解释的贸易方式，只能是限于商品的一般贸易，对生产要素的认识需要进一步细分探讨。根据生产要素对生产率和生产的影响进行分类考察，形成新的分析分工的理论工具，对于要素组合的考察，必须结合生产要素的流动性，探讨生产要素跨国流动的原因方向和影响因素，并在此基础上深化对要素合作型国际专业化的分析认识，取代并超越传统国际分工理论，探讨生产要素跨国流动与贸易结构的关系。传统贸易理论均基于生产要素不能跨国流动的基本假设，因此对贸易结构的讨论，最终都可以理论性地归结为各国间要素禀赋的差异。诚然，在市场化状态下这一理论结论具有基础性意义，也是正确的。但生产要素跨国流动后的现实世界中，各国的贸易结构绝不是简单地决定于各国初始或静态的要素禀赋，而是决定于生产要素跨国流动后形成的综合要素禀赋。因此，可以说全球化经济下的要素流动决定着贸易结构。贸易理论和新新贸易理论结合，跨国公司直接投资理论可以解释产业内和产品内贸易（企业内贸易），而这种结合所产生的中间品贸易、生产片段化、价值链分工等概念，本身就是对生产要素跨国流动这一全球化经济本质特征的反映，生产要素跨国流动下，贸易方式必定是多样化的，除传统贸易理论所解释的一般商品贸易外，被中国称为加工贸易等的其他贸易方式必然普遍存在。全球化经济条件下，加工贸易等这类贸易方式很大程度上将不断发展，成为主要的国际贸易方式。从这个意义上，流动要素的内容决定着贸易方式，因此，生产要素跨国流动带来贸易方式多样性与形成机理及其影响，也应是未来贸易理论发展必须关注的重要方面。这是国际贸易的理论问题，也是经济全球化下世界经济的理论问题，解决这一理论问题的关键仍然在于对生产要素跨国流动的理论分析，并且延伸到国际贸易理论的修正和发展中，探讨生产要素跨国流动对贸易收益的影响。传统贸易理论的重点不在于讨论贸易收益，更多的是说明贸易所带来的利益或自由贸易的好处。其对贸易收益的讨论基于生产要素均在各自国内使用，贸易收益归各贸易参与国所有，传统贸易理论认为，贸易收益是不确定的，甚至可能出现巴格瓦蒂所称的贫困化增长情况，并且往往把

贸易收益不确定情况归因为市场垄断力量、政治因素、市场等级及供求关系等方面的原因，已有贸易理论实际上没有确切地回答贸易收益问题。这需要综合生产要素跨国流动的理论，包括要素收益（价格）决定的原理、生产要素流动和组合的理论等说明。全球化经济下讨论各国贸易收益，必须区分参与贸易的生产要素的国别属性，必须深入到生产要素的层面来讨论各国贸易收益，才能判断各国贸易收益的真实情况。全球化经济下，流动性生产要素所有者（也是收益获得者）与该要素参与生产的地方分属两个不同国家，再运用传统贸易理论分析各国的贸易收益，即对各国要素合作所生产的最终商品以其出口国的国别讨论各国的贸易收益，显然是不合适的。

第三节 "新"新国际贸易理论

一、"新"新国际贸易理论概述

"异质性企业模型"是"新"新国际贸易理论的核心，该理论以克鲁格曼新国际贸易理论为基础，以及在国际贸易微观实证研究的推动下，主要研究国际贸易环境从封闭到开放和开放度的变化对不同企业的影响，以及由此产生的宏观经济效应。厂商的贸易和投资行为与自身条件的关系是：厂商进入市场方式与其生产率水平是相对应的，出口和贸易自由化能够提高行业生产率，汇率变化、贸易政策和产业集聚对厂商出口具有重要影响，厂商进入出口市场前后存在自我选择效应和出口中学习效应，这两种效应导致生产率提高，最终生产率最高的厂商将以对外直接投资的方式进入国际市场。

异质性企业是推动贸易发展和总生产率提高的重要因素。以哈佛大学 Melitz 为代表的经济学者考察微观层面异质性企业贸易特征的问题，逐渐成为一个新兴的研究领域，成为国际贸易研究领域中的一个重要组成部分。而传统贸易理论和新贸易理论都假定每个行业至少存在一个代表性厂商，企业是同质的，忽略考察贸易厂商的具体特征。代表性厂商的假设与事实中行业内厂商间存在生产率差异、资本密集度差异和劳动密集度差异的情况。

异质性企业的动态行业模型，是 Melitz 以垄断竞争行业为背景建立的。事先上单个潜在厂商在该行业中的生产率的位次是不确定的，每个厂商的生产率水平在进入市场以后由外生的分布函数给定，且保持不变。同时，所有厂商都面对一个外生不变的行业退出概率。在垄断竞争条件下，所有厂商在该行业内生产差异化产品。固定生产成本表明，生产率低于某一临界值（零利润生产点）的厂商生产利润为负，这类厂商将退出该行业；生产率超过较高水平临界值（出口生产点）的厂商选择出口并获利。行业内厂商数量是稳定的，表明进入该行业且生产率水平超过零利润生产点的厂商与退出该行业的厂商在数量上是相等的。贸易壁垒的削弱使出口厂商获利，并且降低出口生产率临界值，于是更多的厂商加入成为出口商，加上已有出口商扩张，导致行业内劳动需求增加，引起要其价格上涨，导致处于边际生产点的低生产率厂商退出，劳动力要素和产出流入到生产率较高的厂商，提高行业平均生产率。

异质性企业和行业生产率相联系，模型分析的虽是微观经济结构，但却能在宏观层面上帮助更好地理解出口在经济增长中的作用。该模型的重要意义，首先，是合理化效应。出口活动增加预期利润，吸引更多厂商进入，提高现有厂商生产率的临界值，并且在熊彼特"创造性破坏"的波动中将生产率最低的厂商驱逐出行业,这个过程提高行业平均生产率水平。其次,是资源配置效应,出口活动促使生产率较高的厂商扩大规模,促使生产率较低的厂商收缩规模,资源从低生产率厂商流向高生产率厂商,提高行业平均生产率。

异质性企业模型的扩展,检验贸易自由化引起的国家间竞争均衡结果非对称的情况:大国国内竞争更残酷、产量更高,平均生产率更高。贸易自由化促进两国间的竞争,提高总生产率,但是大国从中得到的效应要远多于小国获得的效应,因为大国厂商要远多于小国。

异质性企业与不完全竞争、规模经济条件以及国家间要素禀赋非对称条件相结合的方法,由 Bernard 等人采用,将其模型预测由厂商引起的跨行业的资源重新配置。产品转换取决于与差异产品产量和生产率异质性有关的沉淀成本,较高生产率的厂商内生选择市场沉淀成本更高的产品。厂商在自己具有比较优势的行业内改变产出组合,从而避免在不具有比较优势的行业内竞争。Falvey 等人检验国家间技术生产率非对称的情况,得到一个新结论:产品间的替代程度越高,其所在行业的自我选择效应越强。因此,厂商停业概率可能与产业内贸易水平负相关。他们还发现一国的平均生产率越高,其厂商越容易在出口市场上存活。但若对生产率更高的国家出口,则出口厂商存活的概率变小。该结论强调贸易结构的重要性。国家间的贸易方式由贸易国市场规模和生产率差距决定。对于给定的生产率差距,随着市场萎缩,国内差异产品产量将减少。而对于给定的市场规模,随着生产率差距扩大,国内差异产品产量将增加。贸易成本下降会提高厂商为维持存活所需的最低生产率,从而提高厂商自我选择的临界值,这个效应在生产率较高的国家中十分明显。

二、异质性企业出口的影响因素

企业是否进入国际市场完全是由进入沉淀成本和厂商生产率共同决定的。

异质性企业出口受到汇率变化的影响。微观研究发现汇率是出口沉淀成本(即已发生或承诺、无法回收的成本支出)变化的重要原因。在出口沉淀成本存在下,出口厂商对汇率变化的反应要比非出口商更剧烈。汇率变化更可能导致出口发生内延型(产品产量)而非外延型(厂商数量)的变化。然而,汇率变化并没能对微观反应给出全面解释,有三个主要原因:第一,汇率显著变化引起厂商跨行业流动效应。第二,本币贬值导致厂商退出。进一步分析发现,本币贬值引起新厂商加入、增加出口,但同时原出口商停止出口,使出口总量基本不变。原因如下:一是,与新进入的出口商相比,原出口商在本币贬值后遇到一系列问题,包括流动性约束、基础设施使用问题等,使原有出口商没有资金再投入研发,选择停止出口;二是,汇率波动和国内外需求变动导致的出口量实际变动与通常的判断相悖;三是,所有关于汇率变动效应的微观分析都是在本币贬值下进行的,而本币升值的汇率效应是未知数。

异质性企业出口受到政策影响。一项促进竞争的政策或减少中间产品进口成本的政策,若能够促使厂商生产率提高,那么非出口厂商就很有可能进入出口市场,当然对现有出口厂商而言,可以更容易地供应现有市场或开辟新市场。然而,实证研究的结论不一致。一些研究表明,贸易自由化产生内延型和外延型两种出口效应。另一些实证研究的结果不支持激励政策对出口有促进作用。促进出口政策并没有取得预期成效。可见,在估计促进出口政策效果时,必须要关注厂商的自我选择效应。他还发现原有出口商比新进入市场的出口商更愿意利用已有的激励政策提高出口量。

三、异质性企业生产率和出口活动的因果关系

异质性企业贸易理论则将厂商生产率和出口二者关系的讨论引入到微观层面,相关的研究主要集中在对生产率和出口的因果关系进行实证检验上。而传统贸易理论对经济增长和开放关系的讨论一直局限于宏观总量层面。

1. 自我选择效应和出口中的学习效应

只有较高生产率的厂商选择进入出口市场,即厂商生产率异质性决定厂商是否进入出口市场,这个过程被概括为厂商自我选择效应。同时,厂商生产率差异的主要方面具有国家特定的敏感度。他们认为大部分国家与美国的情况极其相似,即厂商是否进入出口市场与其生产率变化紧密相关。出口商的生产率水平都较高,出口市场上竞争非常激烈,要想存活,厂商必须不断扩大规模,增加产量,通过出口活动提高生产率水平,该过程可以被概括为厂商出口中的学习效应,其通过三个途径实现:第一,在与跨国厂商竞争和与消费者接触中,本国厂商获得关于产品生产和经营的重要信息,能够降低生产成本,提高产品质量。第二,出口活动导致厂商扩大生产。第三,出口市场上本国厂商与跨国厂商激烈竞争,促使本国厂商努力实现提高生产率并创新。在可观测异质性和不可观测异质性得到控制的条件下,出口商比非出口商的生产率高,出口商生产率随着出口份额的增加而增加。

2. 两种效应产生的原因

保证不同国家的机制相同(如厂商寿命相同、外部竞争环境相同),才能认定厂商异质性是绩效差异的主要原因。因为厂商投资开发和应用新技术使其生产率在进入出口市场前就发生变化,所以厂商是先学习后出口,而不是先出口后学习。这种观点认为学习效应既非必然发生的,又非自动发生的,对本国技术进行投资开发是产生学习效应的必要条件。由于厂商决定开始出口的那一时刻不可观察,并且不同厂商准备出口所花费的时间也不相同,因而用厂商微观数据对此进行实证检验的难度非常大。

四、"新"新国际贸易理论与新国际贸易理论的关系

"新"新国际贸易理论的研究趋势:首先,厂商进入国际市场的方式受到极大的关注。迄今为止,对出口厂商和非出口商的特征以及厂商进入出口市场后的效应了解得较多,而对厂商如何在出口和FDI间进行选择的实证检验方面了解较少,主要原因在于检验所需数据获取的难度较大。同时,对企业出口和FDI两种方式选择的检验也仅针对数据较丰富的国家,如美国和日本,还需要其他国家的实证研究予以补充验证。其次,尽管所有研究都认同沉淀成本的重要性,但很少有研究关注沉淀成本到底包括哪些内容。许多学者虽对产品设计、建立销售渠道等问题进行探讨,但这只是一般性研究,若想真正了解企业异质性,还必须进行更深层次的考察和分析。而这种深入分析需要合并数据集并对企业和行业做详细的问卷调查。此外,贸易和FDI的母国和最终目的国的信息也需要深入合并数据集的支撑。

"新"新国际贸易理论是在新国际贸易理论的基础上,在国际贸易微观实证研究的直接推动下发展起来的。其最大贡献在于将传统国际贸易理论、"新国际贸易理论"及其相关实证研究,从宏观、国家与中观、产业领域推进到微观企业领域,并着重研究"企业异质性"在国际贸易中的地位与作用。其相关实证研究在过去十余年中迅速发展,并通过与企业产品质量相结合、与企业产品多样化相结合、与企业内贸易相结合等方式,进行自我修正与完善,使其研究范围不断扩展,适用性不断增强。

"新"新国际贸易模型继承新国际贸易理论的前述第一、第二、第四三个特点,但在以下三方面做出重要创新,以解释国际贸易微观实证研究领域的发现。该模型的核心内容是:① 企业是"异质性"的,效率存在差异。这就改变克鲁格曼"新国际贸易理论"第五个特点中关于企业"同质性"的假设。② 贸易自由化对不同效率的企业产生的影响不同:当一国开放贸易之后,由于竞争加剧,效率最低的企业会被迫从市场上退出,效率稍高的企业会继续在国内市场销售,效率最高的企业则会在国内市场销售的同时,通过出口扩大其市场,这就使其理论与实证发现一致。③ 贸易自由化对不同效率的企业产生的上述不同影响,促使资源从效率低的向效率高的企业转移,促进整个行业乃至整个社会的生产率提高。贸易自由化的这一作用,是传统国际贸易理论与克鲁格曼的新国际贸易理论都没有指出的,是对新国际贸易理论前述第三个创新。除 Melitz 模型之外,Bernard Jensen(1999)模型是"新"新国际贸易理论的又一开创性模型。该模型以李嘉图模型为基础,并加入不完全竞争等元素,也有力地解释了国际贸易微观实证研究领域的重要发现,如企业效率的差异。出口企业的高效率、出口企业在所有企业中的低比重、获益企业在出口企业中的低比重、出口企业相对较大的规模、贸易自由化对不同效率企业以及整体经济效率的影响,等等。"新"新国际贸易理论及其相关实证研究在过去10年来迅速、蓬勃发展,形成一股研究热潮。最近五六年来,该领域研究出现三个新的发展方向:与企业产品质量相结合;与企业产品多样化相结合;与企业内贸易相结合。

1. 与企业产品质量相结合

"企业异质性"与产品质量,融入产品质量的模型被称为"质量扩展型异质性企业模型",主要用于解释经典"异质性企业模型"所不能解释的一些贸易现象,包括出口价格与出口距离的关系,出口价格与出口企业效率的关系,出口状态与企业规模的关系,等等。

(1) 出口价格与出口距离的关系。"异质性企业模型"以及传统国际贸易理论、新国际贸易理论均预测,企业要想其产品在远距离的市场上具有竞争力,其出口离岸价格应较低,这样加上运费之后的到岸价格才不至于太高,即出口离岸价格应与出口距离成反比。但实证发现,企业的出口离岸价格与美国同进口国的距离成正比。为解释这一实证发现,将产品质量融入 Mslitz 模型之中,并且证明:离岸出口价格较高的产品,其质量水平也较高。一定条件下,质量水平提高幅度比价格提高幅度更大,因此高价格产品的"性价比"更高,更有能力出口到远距离的市场上。

(2) 出口价格与出口企业效率的关系。"异质性企业模型"预测,企业生产效率越高,成本越低,价格越低,即企业出口价格与企业效率成反比。但利用哥伦比亚企业层级的数据发现,出口价格与企业规模成正比,而企业规模反映企业生产效率,因此,出口价格与企业效率成正比。为解释这一实证发现,他们将产品质量引入 Melitz(2003)模型之中,并且证明:企业生产效率高,产品的质量也高,其价格越高。将产品质量引入另一个著名的"异质性企业模型"即 Melitz 和 Ottavino(2008)之中,也证明由于高效企业生产高质量产品,导致出口价格与生产率成正比。从理论与实证上证明企业效率对出口价格有方向相反的两种影响:一是直接影响,即效率越高,成本越低,价格越低。二是间接影响,即企业效率、产品质量和价格三者正相关。理论与实证证明,上述两方面影响的相对大小取决于产品特性:对产品质量差异较小的"同质性产品"而言,上述直接效应更大,企业效率与价格成反比;但对产品质量差异较大的"异质性产品"而言,上述间接效应更大,企业效率与价格成正比,即优质高价。

Ludemn 和 Yu(2012)在此基础上进一步从理论与实证两方面研究关税传导与效率、产品质量的关系:当一国关税变化时,国外出口商会通过调整其税前价格而吸收部分关税变化,效率高的出口企业税前价格调整即关税吸收的绝对幅度越高,对产品质量差异较小的"同质性产品"而言,效率高的企业原始价格较低,其税前价格调整即关税吸收的相对幅度更高,即关税吸收的相对幅度与效率成正比;对产品质量差异较大的"异质性产品"而言,由于效率高的企业原始价格较高,当这种"原始价格效应"超越其关税吸收绝对幅度较高效应时,其关税吸收的相对幅度会比效率低的更低,即关税吸收的相对幅度与企业效率成反比。

(3)出口状态与企业规模的关系。"异质性企业模型"预测,企业出口状态与其规模间是一种单调关系:规模大、效率高的出口,而规模小、效率低的不出口。但有关实证研究却发现这两者的关系并非如此简单:有些小企业会出口,而一些大企业却不出口;规模相同的企业,有的出口,有的不出口。理论与实证证明,企业生产效率、高质量产品能力的差异,同时融入其模型之中,以此为基础解释上述现象。规模既定,出口企业与非出口企业相比,其产品的质量与价格更高,工资更高,资本密集度也更高。

2. 与企业产品多样化相结合

"异质性企业模型"假设每个企业生产一种产品,但现实的绝大多数企业都是生产多样化的产品的。产品转换取决于企业及企业产品组合的特性;企业在增减产品中更有可能放弃那些生产时间短、产量少的产品,即其不善于生产的产品。这就意味着企业会将内部资源更多地转向更有效率的生产,从而提高企业的生产效率。在这一实证研究的基础之上,将产品多样化融入"异质性企业模型"之中。该模型中,企业间能力的差异、企业内部产品特性的差异同时并存。这些差异决定企业的进退选择、产品种类的选择。贸易自由化通过两种渠道促进整个社会效率的提高,促进资源更有效配置,促使出口企业增加优质产品的生产,增加出口产品的种类,拓宽产品出口广度(也叫扩展边际)和产品出口深度(即每种产品出口的数量,也叫集约边际),从而提高企业效率。在企业间促进资源的更有效配置,促使能力低的企业退出,增加所有企业中出口企业的比例,从而提高行业的整体效率。同时,该模型还预测企业能力提高,可以提高产品出口广度,还可以提高产品出口深度,使企业的产品出口广度与深度呈现正向关系。

3. 与企业内贸易相结合

"企业异质性"与企业内贸易即关联企业交易相结合。这主要是基于关联企业交易在国际贸易中的重要地位,研究其存在与规模的决定因素,以及在定价与其他方面的特性。

(1)企业内贸易又称关联企业交易,即一个跨国公司的国内机构与国外关联机构相互控股达到一定比例间的进出口贸易,与此相对应的一家企业与国外非关联机构间的贸易,称为企业间贸易或非关联企业交易。美国跨国公司的外贸占美国外贸的90%以上。实证研究关联企业交易存在可能性与相对规模的决定因素包括产品特性与国家特性。产品特性,越适合于通过合同进行交易的,即越适合于通过中介进行交易,就越容易通过非关联企业进行交易,那么关联企业交易存在的可能性与规模就越小;国家特性,政府管制质量越高,外国跨国公司在该国设立分支机构的可能性越大,那么关联企业交易存在的可能性就越大。但在外国跨国公司已在该国设立分支机构的情况下,政府管制质量越高,意味着外国企业与该国其他企业进行非关联企业交易越容易,因而关联企业交易的相对规模就会越小。

(2)企业内贸易与企业间贸易的区别是:理论与实证两方面证明,关联企业交易与非关联企业交易在定价上明显不同。关联企业交易价格、转移定价,比非关联企业交易价格显著地低。两者差价受很多因素的影响。首先,异质性产品与同质性产品相比,这两种交易差价大。其次，出口对象国企业所得税越低，企业就越愿意将利润更多地向该国转移以减轻所得税负担，因而会将对该国关联企业的出口价格定得越低，导致关联企业交易与非关联企业交易的差价越高，出口对象国的关税越高，企业就越愿意将对该国关联企业的出口价格定得越低以减轻关税负担，从而导致关联企业交易与非关联企业交易的差价越高。最后，企业规模越大，市场控制力与定价能力越强，其对非关联企业出口的定价就越高，因而关联企业交易与非关联企业交易的差价就越高。实证发现，关联企业交易与非关联企业交易对外部贸易环境变化的反应也不相同。例如，在亚洲金融危机期间，亚洲多国货币对美元贬值，美国非关联企业交易出口深度降低，进口深度增加，但关联企业交易无论是在出口还是在进口方面的深度都有强劲增长，导致关联企业交易相对于非关联企业交易的比重，在出口与进口两方面都得到提高。

异质性企业贸易理论的政策含义是：目前各国对外贸易政策措施的制定都是以宏观经济研究为基础的，而异质性企业贸易理论将政策制定的基础引入到微观企业层面。与出口中学习效应相比，厂商自我选择效应得到实证方面更多的印证，若厂商自我选择是有意识的，政策干预能够在更大程度上激发厂商的自我选择意识，从而提高生产率水平。若出口中学习效应确实存在，那么生产率会进一步提高；若能够产生溢出效应，政策措施的效果会更明显。具体地讲，现有政策主张减少出口壁垒，促进自由贸易，在减少沉淀成本方面，可以考虑改进基础设施、促进信息流动、促进产业集群等干预措施。

历经两百多年的发展、扩展和更新，比较优势理论在放松传统假设条件的基础上，呈现出越来越强的包容性和综合性，从而把许多国际贸易理论的分支融入到比较优势的思想框架内。在国际贸易理论向前发展的过程中，比较优势理论从不同角度体现出新的活力，其内涵已远远超出李嘉图比较成本理论和要素禀赋理论的研究范畴，国家间技术、要素禀赋方面的差异研究不断得到拓展，规模经济、制度、金融发展和企业异质性等新的影响因素作为比较优势来源的重要性受到重视，对多种因素的综合研究，更是增强比较优势理论模型对国际经济现实的解释力。比较优势理论研究，从多个角度体现出新的活力，呈现出越来越强的包容性和综合性，从传统理论拓展和新比较优势源泉的角度评价新近研究对贸易动因、贸易模式和贸易福利效应的理论和实证分析结果。新的理论研究遵循传统比较优势理论的基本逻辑，对传统理论分析构成有机补充，为不断更新的国际经济实践提供新的合理化解释。

第四节 国际贸易政策

两大根本对立的贸易政策——自由贸易政策和保护贸易政策并存。从斯密时代起，它们之间的争论就从来没有停止过。双方均拥有许多著名的经济学家。如凯恩斯就是反对自由贸易的代表，他主张在因总需求不足而导致大量失业时应实施贸易保护主义。希克斯则反击对自由贸易的批评。克鲁格曼也曾经向贸易保护主义妥协过，后来才坚决地回到自由贸易的立场上来，并认为，从某种角度上讲，其是绝对真理。但在实践中，自由贸易和保护贸易的争论从来都没有停止过。主张自由贸易的根据主要有：

第一，更有效地配置资源，通过交换，能够获得封闭经济达不到的社会福利水平。无论传统的贸易理论还是现代国际贸易新理论，都是支撑自由贸易的理论基础。

第二，产生额外收益，其中最重要的就是规模经济产生的收益。因为，若一个市场被加以保护,不仅生产会被分割,而且还由于竞争减少,垄断利润增加,从而吸引很多厂商进入被保护的行业,使得狭小的国内市场拥有大量的厂商,因而难以产生规模经济。许多封闭的发展中国家拥有大量汽车生产厂家,就被认为是这种情况的典型表现。

第三,限制自由贸易的成本很大。其中最典型的是采用一般均衡分析法和局部均衡分析法分析关税效应所得出的结论。一般均衡下,对进口产品征税,会产生两种截然相反的效应:一是因贸易条件改善而带来的正效应;二是因贸易量下降而带来的负效应。这样,即使维持原来的贸易条件,两国贸易量也必然下降,贸易利益相应下降。局部均衡下,一国征收关税可产生四种效应:① 消费效应;② 生产效应;③ 政府收益效应;④ 再分配效应。其中②和③是正效应;①是负效应;④是指②和③的增加源于①的减少。不仅如此,定量分析结果表明,②和③的增加小于①的减少,两者之间的差就是"无谓损失"即净损失。

第四,任何一种保护贸易政策出台,不管其最初动机是否正确,也不管该政策设计得如何周全,最终都会被某种利益集团所控制和利用。克鲁格曼 1974 年发表文章,论述配额会引起寻租活动,增加贸易保护的代价。他以土耳其为例进行估算,其代价为 GDP 的 40%。

贸易保护政策有两种:传统的贸易保护政策和新贸易保护政策。两者的区别在于保护对象以及保护手段不同。传统贸易保护的对象主要是本国相对弱小的幼稚工业,保护手段主要依靠关税。新贸易保护主义是 20 世纪 70 年代后在西方发达国家开始兴起的。由于科技发展使世界经济和国际贸易的相对优势发生变化,导致新的国际分工产生,产生新的贸易结构。新贸易保护主义保护的是本国相对落后的产业,包括高新科技产业,保护的手段主要是非关税壁垒。

保护贸易的主要理由有:

第一,改善贸易条件。对一个能够影响出口产品价格的大国,关税可降低进口产品的交换价格。当然,关税也会造成资源配置的扭曲,给征收关税国带来损失。但只要关税适度,总体结果还是有利的。大国低关税税率政策所产生的社会福利要比自由贸易政策的效果大。因此,一国可通过征收"最优关税税率"的办法使收益最大化。

第二,当国内市场失灵时关税可产生超过消费和生产损失的社会收益。保护主义者认为,自由贸易的前提是市场竞争的完全性,如劳动力充分就业、资本和劳动要素充分流动、不考虑技术外溢条件等,这时,"看不见的手"可有效地配置资源,从而自由贸易就是最优的。若市场不能有效地运作,那么政府对特定产业的保护可能会提高全社会的收益。若某种产品生产所积累的经验有助于提高全社会的技术水平,可是该产业本身并不能因此而获得好处。那么政府采取关税或其他手段对该产业加以保护,若保护措施得当,其产生的社会收益完全可能超过自由贸易论所说的"无谓损失"。再如,劳动力市场没有充分就业,那么政府对特定劳动密集型产业所进行的补贴有可能促进就业,即当市场不能满足资源充分配置条件下的最优状态时,可通过政府保护而达到次优状态。

第三,其他好处。有利于改善一国的国际收支状况,有利于防止其他国家的产品倾销,有利于保护本国的幼稚工业和军事工业。此外,还有利于促进公平竞争(如通过征收关税的办法使进口产品的生产成本与本国成本相同)等。

国际贸易新理论与传统理论间是继承和发展的关系。传统理论是在特定历史阶段中对国际贸易活动理论的概括和总结,其难以对事物发展的所有方面都提供完美无缺的证明,更难以对事物未来的发展提供充分的证明。没有新贸易理论,传统的贸易理论在现实面前显得有些无力;若没有传统的贸易理论,新贸易理论显得有些脆弱,存在的基础缺失。其实,国际贸易新理论的提出者们从来不否认前人的贡献。如克鲁格曼就说过："显然,现在已有两个渠道能够使贸易带来利益:一是利用要素禀赋的差异实行国际分工;一是利用更大规模的生产来实现国际分工。"他还说:"报酬递增和比较优势都是贸易产生的原因。"

本 章 小 结

报酬递增、比较优势和企业异质都是国际贸易产生和发展的原因。

思考题

1. 产业内贸易理论是如何解释国际贸易新现象的？与传统国际贸易理论相比,其研究方法有何不同？
2. 产品生命周期理论与要素禀赋理论之间是什么关系？
3. 克鲁格曼模型的基本内容是什么？
4. 评述自由贸易和保护贸易理论各自的依据。

名词

产业内贸易　克鲁格曼模型　异质性企业模型

参 考 文 献

[1]　马克思,恩格斯. 马克思恩格斯全集:第13、23、25、26、46卷[M]. 北京:人民出版社,2006.
[2]　斯密. 国民财富的性质和原因的研究[M]. 郭大力,王亚南,译. 北京:商务印书馆,1981.
[3]　吴易风,王健,方松英. 市场经济与政府干预[M]. 北京:商务印书馆,1998.
[4]　胡寄窗. 1870年以来的西方经济学说[M]. 北京:经济科学出版社,1988.
[5]　胡寄窗. 西方经济学说史[M]. 上海:立信会计出版社,1991.
[6]　晏智杰. 经济学中的边际主义[M]. 北京:北京大学出版社,1989.
[7]　张维迎. 博弈论与信息经济学[M]. 上海:上海三联书店,1996.
[8]　布阿吉尔贝尔. 布阿吉尔贝尔选集[M]. 伍纯武,梁守锵,译. 北京:商务印书馆,1984.
[9]　熊彼特. 经济分析史[M]. 朱泱,译. 北京:商务印书馆,1991.
[10]　埃里克·罗尔. 经济思想史[M]. 陆元诚,译. 北京:商务印书馆,1981.
[11]　托马斯·孟. 英国得对外贸易的财富[M]. 袁南宇,译. 北京:商务印书馆,1959.
[12]　威廉·配第. 配第经济著作选集[M]. 陈冬野,马清槐,周锦如,译. 北京:商务印书馆,1981.
[13]　马尔萨斯. 人口原理[M]. 于箕,等译. 北京:商务印书馆,1961.
[14]　坎蒂隆. 商业性质概论[M]. 余永定,徐寿冠,译. 北京:商务印书馆,1986.
[15]　魁奈. 魁奈经济著作选集[M]. 吴斐丹,张草纫,译. 北京:商务印书馆,1979.
[16]　马歇尔. 经济学原理[M]. 朱志泰,陈良璧,译. 北京:商务印书馆,1981.
[17]　李嘉图. 政治经济学及赋税原理[M]. 郭大力,王亚南,译. 北京:商务印书馆,1983.
[18]　西斯蒙第. 政治经济学新原理[M]. 何钦,译. 北京:商务印书馆,1977.
[19]　萨伊. 政治经济学概论[M]. 陈福生,陈振骅,译. 北京:商务印书馆,1963.
[20]　约翰·穆勒. 政治经济学原理[M]. 朱泱,赵荣潜,桑炳彦,译. 北京:商务印书馆,1991.
[21]　西尼尔. 政治经济学大纲[M]. 蔡受百,译. 北京:商务印书馆,1986.
[22]　罗雷尔. 历史方法的国民经济学讲义大纲[M]. 朱绍文,译. 北京:商务印书馆,1981.
[23]　巴斯夏. 和谐经济论[M]. 王家宝,译. 北京:中国社会科学出版社,1995.
[24]　李斯特. 政治经济学的国民体系[M]. 陈万煦,译. 北京:商务印书馆,1961.
[25]　凡勃伦. 有闲阶级论[M]. 蔡受百,译. 北京:商务印书馆,1964.
[26]　康芒斯. 制度经济学[M]. 于树生,译. 北京:商务印书馆,1962.
[27]　戈森. 人类交换规律与人类行为准则的发展[M]. 陈秀山,译. 北京:商务印书馆,1997.
[28]　庞巴维克. 资本实证论[M]. 陈端,译. 北京:商务印书馆,1964.
[29]　维塞尔. 自然价值[M]. 陈国庆,译. 北京:商务印书馆,1982.
[30]　杰文斯. 政治经济学理论[M]. 郭大力,译. 北京:商务印书馆,1984.
[31]　瓦尔拉斯. 纯粹经济学要义[M]. 蔡受百,译. 北京:商务印书馆,1989.
[32]　克拉克. 财富的分配[M]. 陈福生,陈振骅,译. 北京:商务印书馆,1983.
[33]　詹姆斯·M. 布坎南. 自由、市场与国家[M]. 平新乔,莫扶民,译. 上海:上海三联书店,1989.
[34]　希克斯. 价值与资本[M]. 薛蕃康,译. 北京:商务印书馆,1962.
[35]　罗宾逊. 不完全竞争经济学[M]. 陈良璧,译. 北京:商务印书馆,1961.
[36]　凯恩斯. 就业、利息和货币通论[M]. 徐毓,译. 北京:商务印书馆,1963.
[37]　魏克赛尔. 利息与价格[M]. 蔡受百,程伯撝,译. 北京:商务印书馆,1959.

[38] J R. 沙克尔顿. 当代十二位经济学家[M]. 陶海粟,潘慕平,译. 北京:商务印书馆,1992.
[39] 门罗. 早期经济思想[M]. 蔡受百,译. 北京:商务印书馆,1985.
[40] 缪尔达尔. 货币均衡论[M]. 钟淦恩,译. 北京:商务印书馆,1963.
[41] 熊彼特. 经济发展理论[M]. 何畏,易家详,译. 北京:商务印书馆,1990.
[42] 俄林. 地区间贸易和国际贸易[M]. 王继祖,译. 北京:商务印书馆,1986.
[43] 林达尔. 货币与资本理论的研究[M]. 陈福生,陈振骅,译. 北京:商务印书馆,1963.
[44] 熊彼特. 资本主义、社会主义与民主主义[M]. 绛枫,译. 北京:商务印书馆,1979.
[45] 希克斯. 凯恩斯经济学的危机[M]. 杨志信,译. 北京:商务印书馆,1979.
[46] 琼·罗宾逊. 资本积累论[M]. 于树生,译. 北京:商务印书馆,1963.
[47] 琼·罗宾逊,约翰·伊斯韦尔. 现代经济学导论[M]. 陈彪如,译. 北京:商务印书馆,1991.
[48] 罗宾逊. 马克思、马歇尔和凯恩斯[M]. 北京大学经济系资料室,译. 北京:商务印书馆,1963.
[49] 布赖恩·斯诺登,等. 现代宏观经济学指南[M]. 苏剑,译. 北京:商务印书馆,1998.
[50] 斯拉法. 用商品生产商品[M]. 巫宝三,译. 北京:商务印书馆,1991.
[51] 诺思. 经济史中的结构与变迁[M]. 陈郁,罗华平,译. 上海:上海三联书店,1991.
[52] M. 卡莱斯基. 社会主义经济增长理论[M]. 符钢战,译. 北京:中国社会科学出版社,1989.
[53] 安道尔·马加什. 现代非马克思主义经济学说[M]. 张晓光,李兴华,译. 北京:商务印书馆,1992.
[54] 林德伯克. 新左派政治经济学[M]. 张自庄,赵人伟,译. 北京:商务印书馆,1980.
[55] 格鲁奇. 比较经济制度[M]. 徐节文,王连生,林泽曾,译. 北京:中国社会科学出版社,1972.
[56] 科斯,诺思,等. 财产权与制度变迁:产权学派与新制度学派译文集[M]. 刘守英,译. 上海:上海三联书店,1991.
[57] 加尔布雷思. 经济学和公共目标[M]. 蔡受百,译. 北京:商务印书馆,1980.
[58] 霍奇逊. 现代制度主义经济学宣言[M]. 向以斌,译. 北京:北京大学出版社,1993.
[59] 贝利. 没有财产的权力[M]. 江清,译. 北京:商务印书馆,1962.
[60] 布坎南. 自由、市场和国家[M]. 吴良健,桑伍,曾获,译. 北京:经济学院出版社,1988.
[61] 多恩布什,费希尔. 宏观经济学[M]. 6版. 李庆云,刘文忻,译. 北京:中国人民大学出版社,1997.
[62] 科斯. 企业、市场与法律[M]. 盛洪,陈郁,译. 上海:上海三联书店,1990.
[63] 诺思. 西方世界的兴起[M]. 张炳九,译. 北京:学苑出版社,1988.
[64] 弗里德曼. 资本主义与自由[M]. 张瑞玉,译. 北京:商务印书馆,2004.